LA LETTRE D'ERIC LEMAIRE,

PRÉSIDENT AXA PASSION

Si vous lisez ces lignes, vous faites probablement partie de ceux pour qui le camping-car est le moyen de transport idéal pour découvrir notre pays.

Synonyme d'évasion et de liberté, le camping-car élargit le champs des possibles du voyage. Mais si ses possibilités offrent souplesse et flexibilité, il n'en demeure pas moins qu'un voyage réussi rime bien souvent avec préparation et accompagnement. C'est dans cet esprit que nous inaugurons cette année notre partenariat avec le Petit Futé Camping-car.

Grâce à ses conseils et autres bons plans, ce guide complétera la sérénité qu'AXA Passion vous apporte grâce à son produit d'assurance et vous permettra ainsi d'optimiser vos périples. Chaque circuit proposé dans ce livret a été minutieusement préparé et pensé pour rendre votre voyage des plus agréables, toujours accompagné d'informations pertinentes pour dénicher les richesses géographiques, culturelles et gastronomiques de notre beau pays.

Que vous soyez camping-caristes amateurs, un brin connaisseurs ou de vrais spécialistes, ce Petit Futé sera le compagnon idéal de tous vos trajets sur les routes de l'hexagone.

A vos marques, prêts, roulez !

France
EN CAMPING-CAR

Vous tenez entre les mains un guide dédié aux camping-cars, vans et fourgons aménagés qui a deux buts : vous donner des idées sur de beaux circuits, tout en vous proposant des pauses gourmandes, des visites attractives, la découverte de sites d'exception. Vous découvrirez et sillonnerez ainsi notre pays et ses régions au volant de votre camping-car. De merveilleuses aventures vous attendent et donneront lieu à n'en pas douter à de multiples récits foisonnants.

Avec sa sélection d'itinéraires adaptés vous partirez sur les plus belles routes de France en quête de jolies découvertes. Premiers pas ou non dans cet univers, les dossiers en début de guide vous apporteront de précieux conseils.

Grâce aux circuits accompagnés des indispensables cartes et *road books* pour être toujours plus pratique et futé, vous vous déplacerez à travers les régions avec facilité tout en rencontrant les singularités de chacune.

Ce guide est un bon plan proposé, à vous, camping-cariste qui respectez ces valeurs : liberté, beauté des paysages, confort du véhicule et rencontre d'un lieu.

Parce que vous êtes un touriste curieux et toujours à la recherche d'étonnements, vous serez ravi de découvrir des paysages majestueux et bien d'autres surprises. Amateur de courts séjours, votre mobilité vous permet d'être toujours en chemin sur les routes de France à n'importe quelle période de l'année et de goûter au *carpe diem*.

En somme, à vous de profiter de cette belle manière de voyager, tout en respectant vos envies. Bonne route !

SOMMAIRE

Façades typiques à Obernai. © PACKSHOT / ADOBE STOCK

5 CARNET PRATIQUE

73 NORD-EST

151 NORD-OUEST

Vignes de la montagne de Reims. © ARTJAZZ - SHUTTERSTOCK.COM

Le village de Belcastel. © MARIO EDUARDO KOUFIOS FRAIZ - ISTOCKPHOTO.COM

Le port du Lavandou © CHRISTIAN MUSAT - FOTOLIA

273 SUD-OUEST

389 SUD-EST

La baie de Somme vue du ciel. © FRANCOIS - STOCK.ADOBE.COM

CARNET PRATIQUE

Boulogne-sur-Mer
Aire-sur-La Lys
Arras
Abbeville
Amiens
Cherbourg
Les plages du débarquement
Le Havre
Gerberoy
Rouen
Compiègne
St-Lô
Caen
Evreux
La côte de granit rose
Carantec
Saint-Quay-Portrieux
Saint-Malo
Versailles
Brest
La côte d'Emeraude
St-Brieuc
Alençon
Chartres
Evry
La cité des corsaires
Autour de Quimper
Rennes
Laval
Authon-du-Perche
Quimper
Pont-Aven
Argentré-du-Plessis
Sarthe et Mayenne
Le Mans
Le golfe du Morbihan
Orléans
Vannes
Pays de la Loire
Sablé-sur-Sarthe
La vallée de l'Erdre
Briare
La Roche-Bernard
Plessis-Macé
Blois
Tours
Les châteaux de la Loire de Tours à Angers
Angers
Vouvray
Nantes
Issoudun
La Roche-sur-Yon
Poitiers
Châteauroux
Niort
La Rochelle
Melle
Guéret
Trizay
La Charente-Maritime
Limoges
Le pays de Cognac
Angoulême
La Corrèze et la Vézère
Tulle
Périgueux
Le Médoc
Arsac
Argentat
Aquitaine et Sauternes
Au fil de la Dordogne
Bordeaux
Bergerac
Sarlat-la-Canéda
Laguiole
Cahors
Le Bassin d'Arcachon
Parentis-en-Born
Belcastel
Le Quercy au fil du Lot
Agen
Montauban
Mont-de-Marsan
Auch
Albi
Les bastides du Gers
Castres
Biarritz
Toulouse
Pau
Béarn et Pays basque
Carcassonne
Saint-Jean-Pied-de-Port
Tarbes
Le pays cathare
Foix
Tuchan
Pyrénées aux sommets
Tarascon-sur-Ariège
100 KM

NOS PLUS BEAUX PARCOURS EN CAMPING-CAR

UN PEU D'HISTOIRE

Si l'on vous dit Bourlinguette, Goëlette ou encore Estafette, à quoi vous font penser ces noms rimant en « ette » ? Ce sont les précurseurs des camping-cars de nos jours, pour certains très luxueux. A l'époque, les riches particuliers furent les premiers à commander un véhicule unique, à la fois roulant et habitable, qui remplaça alors la caravane. Par la suite, les constructeurs se sont emparé du marché et ont produit en série, puis de manière industrielle, grâce aux progrès techniques et à la demande croissante. Aujourd'hui, les véhicules de loisirs ont gagné en puissance et en confort, mais l'on n'a rien à envier au design de l'époque, plus qu'original. D'ailleurs le Combi Volkswagen éveille encore pour beaucoup d'entre nous de la nostalgie. Retraçons dans les grandes lignes l'histoire et l'évolution des vans, fourgons aménagés et camping-cars depuis plus d'un siècle. Une histoire loin d'être terminée.

Les premiers camping-cars : pour les classes aisées...

Avant de correspondre à l'usage principal de loisirs que nous lui connaissons, les premiers véhicules intégrant un habitat, autre qu'une caravane attelée, ont vu le jour parmi les classes aisées. Souvent, de riches hommes d'affaire qui avaient les moyens de payer pour la construction d'une cellule de luxe sur un châssis porteur. Le plus ancien camping-car que l'on peut dater et tracer est la « Bourlinguette » (1903), un salon roulant de 7 mètres établi sur le châssis de camion Panhard 20. La « Bourlinguette » a été la demande (capricieuse comme le rapportent les articles sur le sujet) du distillateur bordelais, inventeur de l'apéritif Toni-Kola, Jules Sécrestat. Elle possédait des roues en bois cerclées de fer, car les pneus de l'époque ne pouvaient supporter son poids. La cabine de conduite était fermée, le salon se changeait en chambre, une pièce d'eau et un espace cuisine étaient présents, le tout éclairé par un système électrique.

En 1912, un record est à signaler : celui du rallye de Saint-Sébastien remporté par la « Ménagerie Grégoire », un camping-car parti de Pologne avec à son bord huit personnes.

D'autres articles de presse des années 1920 relatent les « roulottes posées sur châssis », ou une villa roulante avec « un étage télescopique offrant trois chambres et une extension en toile servant de salle à manger aux domestiques. » La plupart de ces voyageurs employaient en effet des domestiques qui venaient avec eux et logeaient dans une pièce aménagée, si cela était possible.

... et les travailleurs itinérants

Au début du XXe siècle, le besoin d'un tel véhicule se comprenait parfaitement pour les individus amenés à voyager sur la route du fait de leur profession. Le Delahaye (1911), en est l'exemple même. Ce véhicule appartenait à un dentiste ambulant qui avait aménagé tout l'espace arrière pour effectuer ses soins. Au centre, le Delahaye, exempt de vitres, disposait d'une habitation. Une reproduction exacte de ce modèle est aujourd'hui exposée au musée Maurice Dufresne à Azay-le-Rideau, en Indre-et-Loire.

Grand'Louis Chassino, un prestidigitateur avait posé une sorte de cabane sur un châssis Renault qu'il utilisa dans les années 1920. Il n'avait cependant pas bien mesuré la longueur du châssis, car la cabane dépassait fortement à l'arrière.

Un forain de l'époque choisit de se déplacer avec le Rochet-Schneider type 32 000 B (1932), qui fut parmi les premiers véhicules habitables plus aérodynamiques, grâce à un toit à lanterneaux et des coins arrondis.

L'inventif Charles Louvet fait partie des pionniers de l'histoire du camping-car. Il faisait visiter ses Carling-Home au public, tout en vendant ses canoës. Le premier de sa conception, le CHL2 (1925) était immense avec ses 10 m de long, 2,50 m de haut et 2 tonnes. Sa particularité consistait au fait d'être une monocoque et non posé sur un châssis classique. Il ne dépassait pas les 25 km/h. Le second et dernier, le CHL3 (1931), plus court (7 m) offrait ainsi une meilleure maniabilité.

Années 1950 : les débuts du camping-car de loisirs en série

Bien avant la France, quand cela était réservé à une élite, le développement des camping-cars en série a commencé dès 1906 au Royaume-Uni (Belsize de 40 CV).

Les débuts de la production de camping-cars en série en France, au début des années 1950, peuvent-être attribués au spécialiste de matériel forain et constructeur de caravanes Notin, avec son « living-car » (1960), ainsi que Pierre Digue. Ce dernier a commercialisé trois modèles de son Passe-Partout sur châssis Renault. On retrouve alors la forme arrondie des caravanes,

© MONKEY BUSINESS IMAGES - SHUTTERSTOCK.COM

Vacances en camping-car vintage.

un excellent confort, une capacité de deux à six personnes, et le poste de conduite évidemment intégré. Mais ils sont encore lents. Le Passe-Partout s'est fait d'autant plus connaître qu'il a presque réalisé un tour du monde en 1958, durant les Jeux Olympiques de Melbourne, en Australie.

Le carrossier Heuliez aménagea par ailleurs certains de ses autocars Robustacier en 1955.

Du côté des vans et fourgons aménagés, Renault produisit la Goëlette (1947-1965), puis l'Estafette (1959-1980) dotée d'un moteur Cléon-Fonte, réputé pour sa robustesse. Ces versions n'avaient pas vocation en premier lieu à être aménagées en camping-car. Elles servaient notamment à la police et la gendarmerie. D'ailleurs, l'Estafette est une icône dans le film « Le gendarme de Saint-Tropez ». Le constructeur Autostar a fabriqué sa gamme de camping-car sur base Estafette à partir de 1979.

Quelques infos sur le Combi Volkswagen

Tout commence en 1949, lorsque le PDG de Volkswagen, inspiré par un néerlandais, a fait construire un modèle d'utilitaire à la forme bien ronde, le Bulli. C'est ainsi que les Allemands appellent encore aujourd'hui le Combi, en référence à l'avant des premières générations, rappelant, il faut le croire, la face d'un bouledogue. L'année suivante, le Type 2, évolution de la coccinelle, plus perfectionné, mais tout aussi reconnaissable par sa forme et ses phares ronds, est présenté. Le Combi « Camping Box » sera aménagé dès 1951 par Westfalia. Ce transformateur de véhicules allemand rend fonctionnel l'espace de couchage, le lieu de vie et la cabine conducteur. Plusieurs générations de Combi se sont depuis succédées. Avec les années, la technique industrielle a fait évoluer les modèles : meilleure suspension, moteur plus puissant, confort amélioré… Le Combi existe sous sa version années 2020.

Fin du XXe siècle : le phénomène camping-car s'amplifie

Après des décennies passées à expérimenter, à proposer des modèles intrigants pour le public, le public, désormais familier, se retrouve avec de plus en plus de choix dans l'aménagement et d'accessibilité. Capucine, intégral ou profilé entrent dans le jeu. Les marques leader de nos jours sont plus que présentes, comme Pilote, Autostar, Hymer, Rapido… Place à l'inventivité, à la prise en compte des besoins des clients et à la restauration d'anciens modèles.

Le marché du camping-car prend un véritable essor à partir de 1994. Onze ans plus tard, on célébrera les 20 000 immatriculations enregistrées pour une année sur des véhicules de loisirs neufs, un record ! (banalisé désormais). La production est alors réalisée industriellement, à la chaîne et l'on compte près de 100 marques de constructeurs en Europe.

LES TYPES DE CAMPING-CARS

Un camping-car se compose le plus souvent de deux parties, à savoir d'une base motorisée (porteur) et d'une cellule posée sur cette base. Selon les familles de camping-cars, la base et la cellule revêtent des configurations différentes. En effet, il existe plusieurs catégories de camping-cars et on en dénombre même cinq, dont trois principales : la capucine, le profilé, l'intégral, auxquels il convient d'ajouter le fourgon aménagé et la très marginale cellule amovible. Ainsi, entre le fourgon (décrit plus précisément dans le dossier van) et l'intégral de luxe, le spectre de la gamme est large : plus de 100 marques et 1 600 modèles. Chacun trouvera volant à sa main selon son profil de voyageur. A deux ou à cinq, vous n'opterez évidemment pas pour le même type de camping-car. Passons en revue les atouts et inconvénients de chacun des modèles, afin de vous aider à vous projeter à bord de la maison roulante idéale pour vous.

Les porteurs

Le porteur est la base motorisée du camping-car. De nombreux constructeurs automobiles proposent des porteurs issus de leur gamme utilitaire. Ainsi, Fiat, Ford, Citroën, Renault, Mercedes, Peugeot et Iveco se partagent le marché hexagonal. Le moteur diesel est le plus souvent utilisé pour favoriser le couple et la consommation. La transmission peut être à traction ou à propulsion. Dans le premier cas, les roues avant sont entraînées par des cardans, dans le second, l'arbre de transmission transfère la puissance sur les roues arrière. Les porteurs de nouvelle génération ont été parfaitement pensés pour un usage touristique : les moteurs à couples élevés sont plus performants et moins bruyants. La norme environnementale européenne Euro 4 s'applique à tous les véhicules : filtres à particules réduisant les émissions de CO et CO2, boîtes de vitesses à six rapports permettant de réduire la consommation de carburant.

Le porteur délivre également au camping-car les équipements du poste de conduite : commandes, rétroviseurs, pare-brise, climatisation, airbags...

Le châssis

Le constructeur associe un châssis à la base moteur. Le « plancher », en quelque sorte, la base métallique des véhicules utilitaires. Châssis-cabine, plancher-cabine, AL-KO surbaissé, auvent pour les intégraux, autant de possibilités qui se décident selon le type de camping-car et la transmission du porteur. Certains constructeurs dont Rapido aménagent leurs cellules sur un plancher cabine qui permet d'abaisser le plancher par rapport au châssis-cabine. La rigidité de l'ensemble n'est peut-être pas aussi convaincante qu'avec un châssis-cabine, mais le véhicule est ainsi un peu moins haut.

Certains profilés sont aussi réalisés sur plancher-cabine pour être proposés à un tarif moins élevé que sur châssis AL-KO. La grande majorité des cellules capucine et des intégraux sont montés sur le châssis-cabine. Ils sont rigides et certains sont conçus pour des PTAC supérieurs à 3 500 kg. La firme AL-KO conçoit des châssis surbaissés en acier zingué et à roues dépendantes. Ces châssis sont surtout commercialisés avec les camping-cars profilés, mais quelques intégraux et quelques capucines l'adoptent maintenant. La garde au sol des camping-cars est quelquefois bien faible. Comme plusieurs empattements sont proposés, même sur de longs véhicules, le porte-à-faux n'est pas trop exagéré. Des versions doubles essieux sont disponibles. Bien entendu, les châssis AL-KO ne sont disponibles que sur des véhicules traction avant. Les Mercedes sprinter, Ford Transit et Iveco Daily ne sont donc pas concernés par ce montage. Les châssis présentent des empattements différents (distance entre les deux roues). Ainsi, plus l'empattement est long, plus le porte-à-faux peut être réduit. Cela permet de manier le véhicule plus aisément, surtout quand il y a peu d'espace pour tourner. Il est fréquent d'améliorer la suspension du véhicule par des adaptations (JSA, AL-KO, Driverite...). Vous pouvez les faire poser ou les monter vous-même à l'aide d'un kit.

La cellule à capucine : alliée des familles mais pas que...

La cellule à capucine correspond au camping-car tel que le conçoit le plus grand nombre, même si ses ventes ont largement diminué depuis quelques années. Avec son apparence facilement identifiable, on la distingue avec la présence d'un lit au-dessus de la cabine. Son avantage, c'est que cette cellule à capucine présente un espace habitable important qui convient bien aux familles. Le rapport qualité-prix est généralement intéressant à l'achat, puisqu'il varie entre 40 000 et 95 000 euros, neuf.

Son inconvénient majeur est sa hauteur et sa prise au vent qui nécessitent une consommation supérieure. Pour le look, chacun ses goûts. Si la capucine n'est sans doute pas le camping-car le plus esthétique, elle compense en termes d'espace et de fonctionnalité.

Dans les années 1980-2000, la capucine représentait 80 % du marché du camping-car. Elle a été, depuis, dépassée par les profilés. La capucine reste malgré tout le camping-car idéal pour les familles. Généralement équipée pour 4 à 6 personnes, la capucine permet à un couple avec 2 à 4 enfants de passer des vacances ou des week-ends tous ensemble. Les versions les plus vendues sont, pour la plupart, des capucines avec des lits superposés pour les enfants. Les parents trouveront leur lit douillet dans la capucine. Autre configuration : un lit mobile dans le salon à l'arrière pour les parents, la capucine et/ou le lit dînette pour les enfants. Ces véhicules mesurent entre 4,99 m et 7,50 m de long. Vous devrez donc faire vos choix en fonction de vos besoins.

Les principaux avantages

Dormir à 4 ou 6 personnes : 2 enfants dans le lit superposé (ou la capucine), 2 sur la dînette convertible, les parents au fond ou dans la capucine selon la configuration.

C'est le camping-car familial par excellence ou qui offre un grand espace à vivre si l'on part à deux.

Il possède un style certain contrairement aux autres camping-cars (selon les modèles anciens ou récents).

Les inconvénients

Hauteur globale du véhicule, proche de 3 mètres. La plupart sont des porteurs châssis cabine.

Il consomme plus que les autres camping-cars : environ 14-15 L au 100 contre 11,5-12,5 L au 100.

Risque d'un manque de rangements suffisants pour 6 personnes (car possède rarement une grande soute) ; il faudra se priver de beaucoup d'objets personnels.

Monter dans le lit à capucine, à 1,50 m du sol, peut s'avérer compliqué. L'espace entre le matelas et le plafond est généralement de l'ordre de 60 cm. À éviter pour les personnes corpulentes, malheureusement.

Le véhicule est lourd et encombrant. Il faut une bonne prise en main (qui s'acquiert assez vite néanmoins).

Le profilé : une dégaine appréciée des couples et moins gourmande en carburant

Comme la capucine, le profilé associe porteur et cellule rapportée. Cependant, la protubérance frontale de la capucine a disparu au profit d'un profil nettement plus aérodynamique. Le lit au-dessus de la cabine est remplacé par une couchette à l'arrière. L'habitabilité se trouve réduite, mais pas le confort. La prise au vent diminue donc, tout comme la hauteur du véhicule, ce qui facilite certaines manœuvres.

Idéal pour les voyages à deux, le profilé est la « famille » préférée des camping-caristes français. C'est le véhicule le plus vendu actuellement. Il bat des records de ventes, et devient le numéro un, tant en neuf qu'en occasion, passant ainsi devant les capucines. Le profilé est bien souvent un camping-car deux places. Il possède un lit permanent à l'arrière du véhicule, soit dans le sens de la longueur, soit transversal, lui permettant d'avoir des côtes plus généreuses. Son salon se trouve à l'avant autour d'une dînette entière, ou d'une demi-dînette, et les fauteuils de cabine deviennent dès lors, en pivotant, des fauteuils de salon. Ce type de véhicule de loisirs est généralement utilisé en couple. Moins haut et moins imposant qu'une capucine, il permet en outre un rangement plus important, notamment avec sa soute située sous le lit permanent, permettant d'amener avec soi un grand nombre d'objets qui ne trouveraient pas forcément leur place ailleurs. Les profilés les plus standard ont une longueur de 6 mètres, une largeur de 2,30 m et une hau-

Camping-car à capucine.

teur de 2,70 m, soit environ 30 centimètres de moins en hauteur qu'une capucine. Permettant ainsi de pouvoir passer presque n'importe où, d'avoir moins de prise au vent de face ou latéral, et moins d'effet « roulis ».

▶ Les principaux avantages

C'est le camping-car le moins haut et donc le plus agréable à conduire.

Le tarif d'un profilé neuf devient égal au prix d'une capucine, à partir de 30 000 euros.

Son lit permanent. Vous pouvez aller dormir ou faire une sieste sans avoir d'installation à faire au préalable. Ce lit permanent permet également d'avoir une grande soute, sous le lit. Cette dernière est presque toujours accessible de l'intérieur comme de l'extérieur.

Du rangement en plus dans la « casquette » (là où se trouverait la capucine).

La plupart des profilés sont sur plancher cabine, ce qui rabaisse la hauteur hors tout du véhicule et permet un accès moins haut à la cellule.

▶ Les inconvénients

2 à 3 places généralement. Si vous êtes une famille, orientez-vous vers la capucine.

Même si c'est un avantage, le lit permanent occupe beaucoup de la place intérieure.

Le coin cuisine est souvent plus réduit que sur les autres types de camping-cars, principalement dû à l'espace occupé par le lit permanent.

L'intégral : un investissement pour un confort et une tenue de route assurés

L'intégral est très prisé et correspond aux modèles les plus luxueux. A l'inverse des familles précédentes, la carrosserie englobe la cabine de conduite, le porteur et la cellule ne faisant plus qu'un. L'intégral reste un « must », car plus cher que les modèles déjà présentés. La finition est souvent meilleure, pour un tarif plus élevé. Le lit à l'arrière réduit l'espace habitable (sauf s'il se replie), mais les sièges pivotants de la cabine de conduite ajoutent comme une pièce supplémentaire. Dans un intégral, le pare-brise prend des allures de véranda. C'est le camping-car haut de gamme par excellence. Le prix d'un intégral se situe dans une fourchette pouvant aller de 50 000 euros à plus de 100 000 euros ! L'intégral est équipé d'un lit pavillon dans la cabine qui descend du plafond grâce à un système de vérin, et souvent d'un deuxième lit arrière sur soute. Ce type de camping-car est généralement réservé à un couple. Il est très confortablement équipé. Son plan réunit un vaste salon panoramique sur la partie avant, utilisant les sièges de cabine pivotants. L'intégral a une surface à vivre plus importante que les autres types de camping-cars. Il n'a pas de lit en capucine, ce qui lui permet d'avoir un pare-brise de très grande taille, et donc une vue exceptionnelle, ni de lit permanent occupant de l'espace, et encore

Camping-car intégral.

moins de lits superposés. La douche séparée, un grand frigo avec congélateur, un four à gaz, un grand toit-dôme, la parabole font souvent partie de l'équipement standard de ce type de véhicule de loisirs. Attention, certains intégraux ont un PTAC supérieur à 3,5 tonnes, obligeant à posséder un permis poids lourd si votre permis a été délivré après le 20 janvier 1975.

▶ Ses nombreux avantages

Plus spacieux qu'un profilé ou une capucine.

Luxueux, c'est un produit haut de gamme.

Vue panoramique depuis le salon avant.

Possède un équipement ultra complet.

▶ Ses inconvénients

Son prix est le principal frein. Un intégral coûte en moyenne 2 fois le prix d'une capucine bas de gamme.

Sa hauteur, proche de 3 mètres.

Le co-pilote n'a souvent pas de porte de cabine. Il doit entrer et sortir du camping-car par la porte cellule (pour les bas de gamme évidemment !)

La cellule amovible : la petite marginale qui doit encore faire sa place

C'est une cellule à capucine qui se pose sur le porteur, un 4*4 pick-up avec un plateau arrière. Elle est beaucoup appréciée outre-Atlantique, un peu moins utilisée en France. Une fois la cellule verrouillée au porteur, vous disposez d'un vrai camping-car. A l'arrêt, vous avez l'avantage de pouvoir dissocier la cellule grâce à ses pieds escamotables qui la font ressembler à une maison sur pilotis. Cela vous permet de profiter de votre voiture. A l'étape, la cellule reste posée sur des pieds amovibles. L'espace est restreint dans ce type de véhicule de loisirs, comme les équipements.

Son prix à l'achat neuf varie entre 15 000 et 30 000 euros, sans compter le pick-up...

LES VANS ET FOURGONS AMÉNAGÉS

Plus compacts et discrets qu'un camping-car, stationnement plus aisé grâce à leur hauteur, les vans et fourgons aménagés constituent l'apanage du baroudeur indépendant en quête de liberté et de contact avec la nature. Neufs ou collectors, déjà tout équipés ou que l'on aménage soi-même après l'achat de l'utilitaire, les configurations sont nombreuses. Bien que moins chers qu'un camping-car (environ 15%), le prix neuf reste relativement élevé, à partir de 35 000 €. Quelles différences entre un van et un fourgon aménagé ? Dans quels cas opter pour ce genre de véhicule de loisirs à la place d'un camping-car ? Quels équipements, quelle autonomie sont envisageables sans rogner sur le confort ? Quelle réglementation s'applique ? Retrouvez dans ce dossier un comparatif des meilleurs vans et fourgons aménagés, une foultitude de conseils pour l'aménagement, les itinéraires que vous choisirez d'emprunter et le type de voyage qui s'offre à vous.

Van, fourgon : quelles différences ?

La réponse est loin d'être figée dans le marbre. Les termes van et fourgon sont souvent utilisés pour désigner l'un et l'autre, sans grande distinction de la part du public. Nul doute qu'en lisant le titre de ce dossier vous ayez, vous aussi, confondu les deux, tout en comprenant le type de véhicules qui seraient présentés. En revanche, aucune ambiguïté avec un camping-car. En recoupant les avis de professionnels et de passionnés, le van est assimilé aux véhicules de moins de 2 mètres de haut et jusqu'à 5m90 de long, qui s'utilisent également au quotidien, en dehors du voyage. Pour ne citer que quelques marques : Mercedes Vito, Volkswagen Transporter, Renault Trafic, ou encore le mythique Combi Volswagen. Ce sont des modèles qui disposent le plus souvent d'un toit levable et s'adressent à des personnes à « l'esprit camping ». Moins équipé et isolé que les autres véhicules de loisirs, le van sera de sortie durant la période estivale de préférence.

L'aménagement de l'espace réduit d'un van ou d'un fourgon demande de l'ingéniosité.

Le fourgon est le gabarit au-dessus, des utilitaires comme le Fiat Ducato, le Renault Master ou le Citroën Jumper qui ont été aménagés par l'acheteur, ou en série par des spécialistes ou constructeurs généralistes. Il mesure généralement 6 mètres de long et jusqu'à 2m80 de hauteur. Le fourgon aménagé est un véritable concurrent au camping-car puisqu'il est plus facile à conduire, à stationner, et apporte déjà le confort attendu pour partir une semaine. Bien entendu, les plus *roots* d'entre vous n'auront pas de mal à rester sur la route plus longtemps, peut-être en passant une nuit à l'hôtel pour récupérer un peu de ce quotidien finalement à l'étroit... Chaque voyageur en van ou fourgon trouvera des solutions adaptées à ses besoins. Il n'est en tout cas pas question de souffrir si le confort n'est pas suffisant.

Ce que l'on peut trouver comme équipements

Du fait de leur gabarit, les vans et fourgons apportent moins de confort que les camping-cars. Néanmoins, grâce à l'ingéniosité des constructeurs et des bricoleurs dans le fait de penser l'aménagement d'un tout petit espace (peut-être en faites-vous partie), il est parfaitement possible de se retrouver avec un véritable petit espace de vie dans le véhicule.

Certains modèles aménagés permettent d'installer des passagers à l'arrière tandis que d'autres ont installé les meubles avec moins de mobilité et ne laissent place que pour le conducteur et son co-pilote. On le répète, les configurations sont multiples.

Côté sommeil, le lit transversal est le plus présent dans les fourgons. Il se situe à l'arrière du véhicule tout en faisant sa largeur. Dans l'idéal, des bacs de rangements se glissent en-dessous. Un lit de cabine à poser sur les sièges avant est pratique pour les petits véhicules. Le lit abaissable comme les profilés est fortement apprécié car il libère de la place.

Côté cuisine, comme la place libre est rare, des éléments encastrés permettent d'agrandir le plan de travail. Une rallonge articulée permet également un gain de place. Un réfrigérateur à compression est assez utilisé dans le milieu des fourgons. En dehors des performances en termes de froid et de l'insensibilité à l'inclinaison, il présente l'avantage d'avoir besoin de peu d'aération. En effet, la structure des nombreux renforts de carrosserie complique la mise en place de ces grilles d'aération. En revanche, il est nécessaire d'avoir une bonne autonomie électrique.

Pour les petits véhicules, une salle de bains avec cloison amovible est idéale pour gagner de la place : un couvercle sur le bac à douche et des WC portables (avec copeaux de bois, mieux que la version chimique) que l'on range dans un placard ; on ne remarque ainsi plus rien. La douche séparée dans les camping-cars est difficilement réalisable dans un fourgon aménagé. Vous pouvez aménager un bac à douche avec deux bondes d'évacuation. Le plus souvent vous vous équiperez d'une douche solaire extérieure : un sac d'eau de 20 litres accroché à la porte arrière ou à un arbre qui chauffe au soleil en une vingtaine de minutes, et place à une douche rapide pour deux personnes.

La liste n'est évidemment pas exhaustive.

Trouver le van ou fourgon aménagé idéal

Si vous n'avez pas l'âme d'un bricoleur ou de la visualisation d'aménagement d'un espace, orientez-vous directement vers l'achat d'un van ou fourgon déjà aménagé. Les modèles ne manquent pas. Comme pour l'achat d'un camping-car, nous vous conseillons de faire un tour des magazines et sites spécialisés, des concessions, du bouche à oreille dans votre entourage, etc. Un achat neuf vous garantit que tout soit aux normes et fiable. Les généralistes (Hymer, Campérêve, Globecar, Sunlight, Pilote, Bürstener...) proposent chaque année au printemps des séries spéciales de vans et fourgons suréquipés. D'occasion, regardez en premier chez les professionnels, puis les particuliers. Le prix variera évidemment entre l'un et l'autre.

Pour un achat auprès d'un particulier, vous vous intéresserez à la qualité du moteur (il doit démarrer immédiatement, sans à-coups, à l'étanchéité (vous pouvez acheter un testeur d'humidité), au fonctionnement des équipements (testez le gaz, l'eau, l'électricité...).

Les étapes globales pour aménager soi-même son fourgon

Entourez-vous bien de personnes compétentes (proches, professionnels...) pour aménager vous-même votre fourgon si vous le souhaitez réussi. Car oui, vous pouvez très bien installer un lit de camp, quelques bacs, un frigo et partir sur la route. Ce serait dommage de passer à côté du potentiel du véhicule.

En premier lieu, établissez ce qui est indispensable pour vous : un bon lit ? Un haut plafond ? Une cuisine bien aménagée ? Une douche ? Des toilettes ? Pourvoir recharger vos appareils électroniques ? À partir de ces éléments vous dessinerez des plans de l'intérieur et verrez ce qui est réalisable ou non, sachant, par exemple qu'une douche nécessite de l'espace et une bonne étanchéité, malgré un confort indéniable.

Place ensuite à l'isolation du sol, des murs et des portes. Sans trop entrer dans les détails, vous appliquerez un isolant multicouches sur le sol sans oublier le passage des roues et de la laine de verre entre les portes et parois. Un faux parquet et du lambris pourront recouvrir l'isolation. Ils s'appliquent avec du scotch double face et de la colle.

Pour plus d'intimité, et si ce n'est pas déjà le cas, certains décident d'installer une cloison entre l'espace conducteur et d'habitation.

Pour l'électricité, les panneaux solaires sont la meilleure solution, reliés à une batterie et un convertisseur (pur sinus) 12V/230V.

Pour l'eau, il faudra trouver un réservoir d'une centaine de litres (ou moins selon l'espace) avec pompe intégrée, reliée ou non à un chauffe-eau. Placez sous le châssis des bacs de contenance totale similaire au réservoir d'eau qui serviront à évacuer les eaux usées par une vanne.

Une bouteille de gaz (5 ou 13 kg) sera cachée sous le bloc cuisine (évier, frigo, gazinière).

Une fois n'est pas coutume, l'espace disponible permettra ou non d'agencer au mieux tous ces éléments. Ceci n'est qu'un préambule à l'aménagement de votre fourgon.

Des spécialistes de l'aménagement proposent des kits pour véhicule utilitaire, ou du sur-mesure, ce qui vous garantit l'optimisation de l'espace. Vous n'aurez pas de mal à les retrouver sur Internet.

L'obligation d'homologation

Lors de l'achat de l'utilitaire la carte grise comporte la mention VP (véhicule particulier) ou CTTE (camionnette). Si vous le transformez en véhicule aménagé avec des éléments fixes, sachez qu'il est obligatoire de le faire homologuer VASP (Véhicule automoteur spécialisé de PTAC inférieur à 3,5 tonnes), comme le sont les camping-cars. Cela vous permettra d'une part de circuler en toute légalité et d'autre part, de vous assurer que les équipements (gaz, électricité...) ont été installés selon les bonnes normes, ne vous mettent pas en danger.

© RAMBLINGTOG - STOCK.ADOBE.COM

Le van aménagé, plus petit mais plus maniable qu'un camping car classique.

Pour cela, vous devrez vous adresser à la DREAL, la Direction régionale de l'environnement, de l'aménagement et du logement, ou, pour la région parisienne, à la DRIEE, la Direction régionale et interdépartementale de l'environnement et de l'énergie.

Pour des travaux d'aménagement réalisés par vos soins (ou un non professionnel), un certificat de conformité doit être établi par un organisme agréé (Veritas ou Qualigaz). Ce dernier vérifiera notamment le système électrique, l'installation de gaz, les ventilations et aérations, l'espace cuisson, les chauffages, etc.

Une fiche RTI aménagement en autocaravane ou camping-car, assez compliquée, est à compléter par vos soins. N'hésitez pas à demander de l'aide pour cela. L'homologation, entre la certification et la redevance à la DREAl (86,90 €) vous coûtera environ 500 €. A cela s'ajoutent les frais de carte grise, variables d'un département à l'autre. Ce coût n'est pas négligeable, mais nécessaire. En cas de contrôle policier, tout élément nouveau non signalé peut vous valoir une amende jusqu'à 750 €. Le contrôle technique risquerait aussi de ne pas passer pour « non conformité du véhicule avec la carte grise », raison pour laquelle certaines personnes enlèvent leur aménagement lors du contrôle technique s'ils ne sont pas homologués.

Si l'aménagement a été réalisé par un professionnel (entre 5 000 et 25 000 €), l'homologation VASP et les frais de carte grise sont compris dans la prestation.

Rajoutons par ailleurs que la mention VASP est parfois avantageuse pour l'assurance du véhicule, et qu'en cas de revente, il est normalement interdit de vendre son van ou fourgon non homologué VASP.

En règle, vous profiterez au mieux de la « van life ».

Pour résumer : les avantages et les inconvénients

Le voyage en van et fourgon aménagé offre une liberté incontestable. Les spots sont plus faciles à trouver qu'un camping-car, puisqu'il n'est pas obligatoire de stationner dans les espaces réservés aux camping-cars. A vous le bord de mer ou la forêt difficile d'accès pour un grand gabarit, la photo bien connue prise de vos pieds, allongé.e à l'arrière du van, portes ouvertes laissant voir le décor d'un lac près duquel vous avez passé la nuit ! L'itinéraire est ainsi plus flexible, vous prendrez néanmoins plaisir à suivre ceux que nous vous proposons dans le guide. Les vans et fourgons consomment moins qu'un camping-car, entre 6 et 8 L/100 km, et sont plus maniables. Les conduire est très plaisant lorsqu'ils sont récents.

En revanche, l'espace, bien que modulable est plus restreint. Il faut s'organiser et ranger quotidiennement les affaires. Les douches se font plus rares (si le véhicule n'en est pas équipé, vous les prendrez dans les campings, piscines, aires d'autoroute…), tout comme la présence de toilettes. De fait, le confort est moindre. Le voyage durera généralement quelques jours… A tous les néophytes de ce mode de vie, laissez-vous un temps d'adaptation. Il ne nous reste plus qu'à vous souhaiter un bon voyage et de beaux souvenirs !

CARNETS DE VOYAGE
LE MAGAZINE QUI FAIT VOYAGER
CARNETS DE VOYAGE
TOSCANE
LE MAGAZINE DES SÉJOURS DÉTENTE À LA CARTE · N° 35
PRIX DÉCOUVERTE
NORMANDIE
LE PLEIN DE NATURE À BAGNOLES-DE-L'ORNE
DÉCOUVERTE
LE TARN, HAVRE DE PLAISIRS À PARTAGER
ÉVASION
LES CHARENTES À VIVRE EN FAMILLE
BALADES AU COEUR DE LA DOLCE VITA
FLORENCE PISE SIENNE BAGNO VIGNONI SAN GIMIGNANO PITIGLIANO
RENNES OUESSANT EROUY PÉNESTIN LES GLÉNAN PLOUMANAC'H PAIMPONT
SUN
HONG KONG
AMSTER
ONDON
MARS
BANGKOK
Phnom Penh
Abonnez-vous sur
www.phoenix-publications.com

CABINE, CELLULE ET ACCESSOIRES

Entrons plus en détails dans la composition interne du camping-car. Il est séparé en deux parties principales, la cabine (partie du conducteur et du co-pilote) et la cellule (l'espace de vie). Selon la taille du camping-car, les choix du constructeur, et votre propre conception de l'intérieur de vos rêves, la disposition des éléments qui composent la cellule, et les équipements de la cabine, varieront. Face à la demande sans cesse croissante d'équipements dans les camping-cars et la nécessité de proposer un modèle le plus léger possible afin de préserver la charge utile, les constructeurs misent désormais sur des matériaux au rapport poids/résistance le plus optimal, notamment en ce qui concerne la structure de la cellule. Ce dossier vous décrit les éléments de la cabine et de la cellule, accompagné d'un mini lexique, pratique pour capter en un coup d'oeil quelques termes qui s'intégreront à votre langage en tant que camping-cariste.

La cabine : le poste de conduite à chouchouter

C'est dans la cabine que vous allez passer une bonne partie de votre temps, pour vous déplacer d'étape en étape. Il est important que le poste de conduite soit confortable afin d'éviter les désagréments au volant. Outre une mécanique parfaitement entretenue, l'essentiel repose sur l'assise durant le voyage. Les sièges à suspension sont à privilégier, ainsi que le confort du dos, où l'on se retrouve assez souvent droit, faute de place à l'arrière pour l'ajuster. Un grand pare-brise, des essuie-glaces en bon état, un chauffage, voire une climatisation sont le minimum d'équipements. Les rétroviseurs doivent apporter une bonne visibilité ; on n'hésitera pas à ajouter des extensions de rétroviseurs, comme les voitures tractant une caravane. Un GPS et un radar de recul sont également des éléments de cabine fort appréciables.

La cellule

C'est l'espace à vivre. Indépendante et posée sur une base d'utilitaire ou intégrée au porteur, elle est fabriquée de panneaux sandwich à ossature en bois ou en aluminium. Il existe également des carrosseries en polyester. L'étanchéité, la résistance à l'usure et la solidité expliquent le succès croissant du polyester. Esthétiquement, les camping-cars à cellule en polyester prennent le dessus. Seul bémol : le prix. De nombreux constructeurs utilisent conjointement les deux procédés. L'isolation de la cellule est fondamentale, car le confort thermique et sonore, ainsi que l'étanchéité, en dépendent. L'épaisseur des parois n'est pas synonyme de bonne isolation. Le matériau utilisé influe également sur les performances. Un double plancher isole mieux la cabine en hiver. L'agencement des différentes parties de la cellule se pense en fonction du nombre de places de couchages (qui peut être différent du nombre de places sur la carte grise) et des places pour le repas dans le salon désirées.

Les types de couchages

Le lit, ou plutôt son positionnement, décide souvent de tout l'aménagement intérieur. Il tient donc une place prépondérante dans la cellule. Il en existe de plusieurs sortes. Le lit des modèles capucine est positionné au-dessus de la cabine. Il est fixe. Le lit permanent ou à la française se trouve généralement à l'arrière de l'habitacle. Il rencontre un succès de plus en plus grand, surtout sur les profilés. Si le lit de milieu est la solution la plus encombrante, elle est également la plus confortable. Le lit de cabine ou de pavillon se replie au plafond.

© LNCREATIVEMEDIA - ISTOCKPHOTO.COM

Il nécessite une manipulation quotidienne mais offre un couchage confortable. Le lit dînette résulte de la transformation du coin salon et nécessite donc d'un démontage et remontage quotidiens. Les nouveaux modèles n'en sont presque plus équipés. Les personnes au sommeil léger l'éviteront. Avec un encombrement minimum, les lits superposés représentent la solution optimale pour deux enfants. Enfin, le lit central est le confort à l'état pur, car il se situe à l'arrière du véhicule et occupe toute la pièce. Vous voilà comme à la maison.

La configuration du salon

Elle se décide selon que vous souhaitez privilégier gain de place, convivialité ou espace. Choisissez de préférence un espace où tous les occupants du camping-car peuvent prendre leur repas ensemble, avec une mise en place simple et une table stable. Le salon en face à face est composé de deux banquettes latérales avec un bel espace au centre dès que la table est repliée. Le salon face route, comme son nom l'indique, a une banquette face à la route et les sièges de la cabine pivotent pour se transformer en chaises de table. Le salon en L ajoute au face route une banquette perpendiculaire ; c'est celui que vous retrouverez le plus dans les camping-cars. Enfin, le salon arrière, adapté aux grands modèles de camping-cars est spacieux et convivial puisqu'il se compose de deux salons : un dînette et un à l'arrière avec deux banquettes en L, ou trois en U, qui peuvent généralement se transformer en lit.

Pensez à l'éclairage : au moins deux spots. De plus, un toit dôme est appréciable car il apporte une grande clarté.

La cuisine et son mobilier

De grands progrès ont été réalisés dans la conception du bloc-cuisine, pas forcément en gain de place, mais en fonctionnalité. La gazinière possède deux, trois ou quatre feux selon les modèles. La présence d'une hotte peut vous éviter les odeurs de cuisson à l'intérieur de la cellule. Le bac évier peut être dissocié d'un seul tenant avec la gazinière. Le four, pratique dans une cuisine est gourmand en électricité. Lui trouver un emplacement dans la cuisine s'avère parfois difficile. Pourquoi ne pas opter pour un four à gaz ? Certains mini-fours encastrables se révèlent également très pratiques.

Ne pas hésiter à choisir de grands rangements. Les ustensiles de cuisine sont vite volumineux. Prévoir un placard pour la poubelle c'est plus joli qu'un sac plastique accroché à l'extérieur des meubles. En cas de placard profond mieux vaut utiliser des tiroirs fils coulissants. Penser à l'aération (soit baie vitrée, soit la cuisine proche de la porte latérale ou une hotte aspirante).

Les meubles « bas » sont posés à même la cellule. Ils contiennent généralement les denrées. Les meubles « hauts » sont pour leur part destinés à la vaisselle et à la batterie de cuisine. Un tiroir est généralement prévu pour les couverts et les petits ustensiles (ouvre-boîte, briquet, tire-bouchon, économe…). Les tiroirs et les meubles hauts sont sécurisés par des systèmes de fermeture à activer lors des trajets. Néanmoins, cette précaution ne vous épargnera pas de bien caler les assiettes et les verres dans les meubles de rangement, ainsi que les aliments dans le réfrigérateur. Précaution élémentaire qui vous évitera bien des désagréments à l'étape !

Le choix du réfrigérateur

Les réfrigérateurs des camping-cars actuels permettent de stocker de nombreuses denrées : vous pourrez donc partir un certain temps sans faire des courses. Le réfrigérateur 85 litres est un minimum pour une utilisation familiale. Certains ont une capacité de 180 litres, mais des volumes de 130 litres ou 150 litres sont plus communs et déjà suffisants. Une option intéressante consiste à choisir le volume du réfrigérateur de manière à ne pas avoir besoin d'être ravitaillé le temps d'un week-end. Gardez toujours à l'esprit que plus le réfrigérateur est imposant, plus la consommation en gaz et en électricité est importante. A vous de trouver le bon compromis entre autonomie et taille. Les réfrigérateurs fonctionnent majoritairement sur le principe de l'absorption, c'est-à-dire qu'ils utilisent alternativement le gaz, le 220 V et le 12 V comme source d'énergie. De nombreux modèles sont combinés avec un congélateur.

Le cabinet de toilette

Il occupe une place restreinte dans un camping-car, même si les standards de confort ont évolué dans le bon sens. Vous pouvez choisir entre un cabinet de toilette de plain-pied dans l'espace de vie ou situé derrière une porte coulissante. Rappelons tout de même que les modèles haut de gamme proposent une salle de bains de belle facture. La cabine de douche, en plastique thermoformé, s'intègre ou non dans le cabinet de toilette. Le lavabo, également en plastique thermoformé, doit présenter d'astucieux rangements. L'objectif : pouvoir se savonner et se rincer sans taper partout. Un bac douche équipé de deux bondes, installées chacune à l'opposé permet un meilleur écoulement. Comme la cuisine, pensez à l'aération. L'idéal est un lanterneau translucide sur le toit qui amène assez de lumière et évite les ombres chinoises d'une baie vitrée opaque. Pensez à mettre un sèche-serviette à l'abri des éclaboussures de la douche.

Les rangements, plus qu'essentiels

L'espace réduit nécessite de l'organisation et de l'ordre. Et lors des trajets, des objets bien à leur place évitent un mauvais chargement. Le nombre de rangements, leur bonne intégration dans l'espace habitable, leur facilité d'accès sont autant de points à privilégier. Des penderies pour les vêtements, des meubles multi-poches dans le cabinet de toilette. Des coffres sous les banquettes et les dessous de lit. De série, les camping-cars proposent des rangements extérieurs : les soutes. Ainsi, l'arrière d'un camping-car peut contenir des vélos, voire une machine à laver ! Sur certains modèles, vous accédez également à la soute en soulevant le lit depuis l'intérieur. Pratique. Gardez cependant à l'esprit que l'espace intérieur du camping-car est réduit du volume de la soute. Des possibilités de rangement additionnel existent : porte-vélos, coffres de toit ou coffres arrière amovibles.

Lexique de camping-cariste (peu abordé dans les dossiers)

- **Air pulsé :** Air capté par une turbine et redistribué à travers la cellule.
- **Autocaravane :** Nom officiel du camping-car.
- **Baie :** Toute fenêtre fixe, ouvrante ou coulissante de la cellule. Peut-être en verre ou acrylique.
- **Baquet de stabilisation :** Sorte de vérin permettant de stabiliser le camping-car à l'étape.
- **Barre antiroulis :** Barre placée à l'essieu arrière pour augmenter la stabilité du véhicule dans les virages.
- **Console :** Panneau de contrôle électrique qui permet de vérifier le niveau de charge des batteries ou d'eau propre.
- **Convertisseur :** Montage permettant de transformer le courant 12 V continu d'une batterie en 220 V.
- **Ecran isotherme :** Efficace pour vous protéger du froid et de la chaleur.
- **Groupe électrogène :** Générateur d'électricité indépendant. Très utile pour utiliser le camping-car en hiver. Encombrant et bruyant.
- **Inverseur :** Système gérant l'arrivée de gaz entre deux bouteilles.
- **Lanterneau :** « Fenêtre » d'aération de toit. A bien fermer avant de reprendre la route.
- **Panneaux solaires :** Source énergétique d'appoint.
- **Pompe à eau :** Assure le débit et la pression suffisante en eau dans l'habitacle.
- **Porte-à-faux :** Distance entre l'essieu arrière et l'arrière du véhicule.
- **VASP :** Véhicule Automoteur Spécialisé. Homologation du camping-car.
- **Voie avant/arrière :** Largeur entre les roues d'un essieu. Voie avant et voie arrière ne sont pas systématiquement identiques.

Bien choisir ses accessoires

- **EAC** - Rue Saint-Jean - 31130 Balma - ✆ 05 61 24 34 42 - www.eac-france.com - contact@eac-france.com

EAC est parfait pour avoir de bonnes idées et dénicher des accessoires aussi bien pour l'intérieur que pour l'extérieur du véhicule. Il s'agit ainsi d'améliorer l'aménagement du camping-car. Des nombreux conseils et trucs et astuces sont prodigués par le site. Les conseils sont avisés et vous pouvez même acheter un camping-car. C'est une équipe qualifiée et à votre écoute qui vous accueille au sein de son magasin. Elle peut également effectuer toute sorte de réparation comme la carrosserie au sein de son atelier. EAC est un vrai spécialiste de l'accessoire.

© PHOTOSCHMIDT - ISTOCKPHOTO.COM

AL-KO - ✆ 03 85 76 35 00 - www.al-ko.fr - al-ko@al-ko.fr

L'entreprise Alko fête ses 89 ans en 2020. Alko propose des pièces mécaniques pour les véhicules de loisirs : châssis AMC, suspension pneumatique, des vérins de stabilisation, dispositifs d'attelage, porte-charges, etc.

BANCAREL HOUSSES - ✆ 05 65 67 22 11 - www.bancarel.com

Bancarel Housse fabrique des housses sur mesure pour les sièges avant du camping-car. Elles s'adapteront parfaitement aux sièges et aux banquettes. Afin de se sentir « comme à la maison » et d'avoir un espace de vie personnalisé, les housses sont réalisées dans le tissu de votre choix. Les housses sont livrées à votre domicile sous 15 jours.

CAMPINGAZ® SHOP - ✆ 04 22 04 00 05 - www.campingaz-shop.fr

C'est l'amie des campeurs et des randonneurs. Créée en 1949, la société Campingaz® diffuse ses produits dans plus de 11 800 magasins répartis à travers le monde. On lui doit un grand nombre d'accessoires de cuisine mais aussi des désherbeurs, des matelas gonflables, des parasols chauffants, des barbecues, des produits de soudure, des lanternes, des réchauds, des bouteilles de gaz, des glacières, des toilettes chimiques, etc. Bien entendu, personne ne vous demande de mettre tout cela dans votre sac à dos !

FIAMMA - Fiamma SpA – Milano Airport Highway69, V. Europa 21010 Cardano al Campo - ITALIE - www.fiamma.it

Fiamma a toujours des bonnes idées et des points de vente un peu partout dans le monde principalement dans toute l'Europe, au Canada et aux États-Unis, en Asie, en Afrique du Sud et en Océanie. Fiamma dispose des meilleurs accessoires pour le véhicule de loisirs : coffres, barres de toit, blocs et poignées de sécurité, WC chimiques, pompes et réservoirs, porte-vélos. Fiamma met en place un service d'aide et de pièces détachées. Afin d'aider au montage des pièces, des vidéos sont proposées sur le site ainsi que des instructions pour le montage et la réparation.

JSA - ✆ 04 75 58 71 77 - www.jsa.fr – info@jsa.fr

JSA propose des pièces mécaniques pour les véhicules de loisir : suspensions, barres anti-roulis, correcteurs d'assiette... Cette entreprise conçoit et fabrique des suspensions spéciales depuis 1983 pour tous les véhicules. Sur le site – très bien fait – vous pouvez consulter la liste de leurs produits selon le modèle de votre véhicule. Par exemple, vous pouvez trouver des kits de suspension avant pour camping-car, des amortisseurs avant renforcés à gaz haute pression pour augmenter votre tenue de route et la stabilité... Ne pas hésiter à les solliciter pour tout conseil, ils sont à l'écoute et disponibles. Des nouveautés sont régulièrement ajoutées au catalogue.

LEADER LOISIRS - ✆ 04 74 20 35 85 - www.leader-loisirs.com - info@leader-loisirs.com

Leader loisirs propose les accessoires pour camping-car, indispensables afin de partir sereinement. Ces accessoires font partis des incontournables et il est vivement conseillé de ne pas partir en camping car sans les emmener. Vous retrouvez cette liste sur le site Internet. De plus, vous pourrez y obtenir des pièces détachées Thetford, Dometic et Trumati. Des accessoires de camping pour l'agencement, la sécurité et le confort de votre camping-car. Vous pouvez aussi acheter votre matériel de camping en ligne sur Leader Loisirs à des prix attractifs. Sur leur site, venez découvrir des soldes régulières.

NARBONNE ACCESSOIRES - Route de Perpignan ZI Plaisance - NARBONNE - ✆ 04 68 41 42 42 - www.narbonneaccessoires.fr

Ouvert le lundi de 14h à 19h ; du mardi au samedi de 9h à 12h et de 14h à 19h. Retrouvez toutes leurs coordonnées et les « offres du moment » sur le site Internet.

Narbonne Accessoires est le leader pour l'équipement et l'entretien de votre véhicule de loisirs. Choix, qualité & services sont au rendez-vous dans 66 magasins en France. Plus de 7 500 références sont disponibles (mobilier de plein air, multimédia, énergie, électricité...) pour améliorer votre confort à bord. C'est pour vous l'assurance d'une assistance et d'une garantie nationale Narbonne Accessoires, d'un réel savoir-faire sur la pose d'accessoires, la carrosserie et l'aménagement de votre véhicule de loisirs via leurs ateliers. L'offre s'est diversifiée car Narbonne Accessoires propose également de la location de véhicules, réparation et distribution.

MASTERS ACCESSOIRES - www.masters-france.com - masters-france@wanadoo.fr

Master est le premier réseau national de distributeur de camping-cars. Le réseau Masters accompagne dans l'achat, le financement, la réparation et la location du véhicule de loisirs. Les accessoires en vente se regroupent en différentes catégories : chauffage et climatisation, froid, cuisson et lave-vaisselle, art de la table et petit ménager, eau et WC, aménagement et rangement intérieur, énergie, High Tech, sécurité, entretien et bricolage, équipement extérieur et plein air.

OMNISTOR-THULE - www.thule.com

Omnistor-Thule est le spécialiste du store et propose une multitude d'accessoires permettant d'améliorer le confort et le bien-être au sein du camping-car. Omnistor-Thule dispose d'une large sélection de stores, tentes pour stores, accessoires pour stores. En plus, des stores qui restent la spécialité de l'entreprise, Omnistor-Thule vend des accessoires de rangement, des porte-vélos pour les véhicules de loisirs et des produits de sécurité, entendez par là des serrures.

SURTEC - ✆ 04 58 00 54 85 - www.surtec.fr - info@surtec.fr

L'entreprise est spécialisée dans les énergies renouvelables. La société propose des kits solaires pour camping-car. Cette entreprise conçoit et réalise des installations de cellules et panneaux photovoltaïques qui produisent de l'électricité à partir de l'énergie solaire. Grande mode actuellement : le panneau solaire. Et pourquoi pas vous ?

THETFORD - ✆ 01 30 37 58 23 - www.thetford-europe.com

Thetford propose tout l'accessoire et l'équipement camping-car. Ainsi, vous trouverez différents produits passant de l'électroménager aux accessoires. Pour tous et plus encore : cuisine, toilettes... Le site apporte également des services comme par exemple des brochures et manuels, des instructions de réparation, des listes de pièces, des garanties, des procédures de service et des repères en termes de législation. Un vrai spécialiste en la matière et qui vous proposera bien des astuces.

TOP ACCESSOIRES - www.top-accessoires.com

Top Accessoires compte plus de 50 enseignes réparties partout en France et de nombreux autocaristes l'ont adopté depuis bien longtemps. Il est le premier réseau français d'accessoires et de loisirs. Vous y trouverez tout le nécessaire pour effectuer un bon voyage en camping-car : de l'auvent au camping-car en passant par les housses, les serrures, au kit de climatisation ou au kit électrique.

TRUMAALLEMAGNE - www.truma.com/fr - info@truma.com

Truma est bien connu pour ses chauffages et a une expérience acquise avec ces 60 années d'existence. L'entreprise vend des accessoires pour le système de chauffage, pour le système de climatisations, l'approvisionnement en gaz, l'approvisionnement en électricité et le confort en eau. Pour vous chauffer et pour toutes les solutions chauffage.

SUD LOIRE CARAVANES - ZI des Landes 2 AVRILLÉ - ✆ 02 41 42 72 40 - www.sud-loire-caravanes.com - contact@sud-loire-caravanes.com

Ouvert le lundi de 14h à 19h ; du mardi au samedi de 9h à 12h et de 14h à 19h. Atelier fermé le samedi après-midi.Avec ses différentes agences, à vous la location ou l'achat. Sud Loire caravanes possède huit agences dont les plus proches sont Beaulieu-sur-Layon et Angers-Avrillé. Au sein de cette dernière agence, point de caravanes mais de nombreux camping-cars à acheter ou louer. Un comparateur de prix est proposé sur le site Internet ainsi qu'une sélection d'accessoires. Vous pouvez ainsi vous procurer des Bavaria, Benimar, Itineo ou encore Morelo : le choix est vaste. Besoin de service après-vente ? Pas de problème, le service technique vous fait rapidement les réparations nécessaires ! Pour un besoin spécifique en caravane, vous trouverez votre bonheur au Mans, à Tours, ou bien à Nantes.

NOUVEL'AIR - 9 rue de l'Ancien-Pont - MARTIN-EGLISE - ✆ 02 35 83 86 83 - www.nouvelair.netnouvelair@wanadoo.fr

Nouvel'Air est le spécialiste et le pionnier de l'isolation extérieure de camping-cars. Parmi les produits présentés, vous pouvez acheter des volets de pare-brise, des volets de baies aluminium, des volets de baies projetables, des volets de dôme, des volets de lanterneau, de l'isolation de toit, de l'isolation plancher, de l'isolation de coffre et des bavettes de sport d'hiver.

RÉGLEMENTATION

Est considéré comme camping-car un véhicule automobile de moins de 3,5 tonnes PTAC aménagé pour y vivre et y dormir. Il se conduit avec un permis B. Classé en catégorie 2 pour les péages autoroutiers il peut arriver qu'on vous identifie en classe 3, celle des véhicules de plus de 3 mètres de haut. Appuyez alors sur l'interphone et précisez que vous êtes un camping-car, au risque de payer plus que nécessaire. Le respect de la charge maximale est très important. Si les personnes en possession d'un permis B antérieur au 20 janvier 1975 ne peuvent être verbalisées pour port d'un mauvais permis en cas de conduite d'un véhicule dont le PTAC est supérieur à 3,5 tonnes, cela n'exonère pas d'un PV pour conduite en surcharge. En tant que véhicule roulant, le camping-car est soumis à des règles générales et spécifiques. Vitesse, stationnement, contrôle technique... voici la réglementation applicable aux camping-cars en France.

CARNET PRATIQUE

Un véhicule comme un autre

Le camping-cars est soumis aux mêmes limitations de vitesse que les véhicules de tourisme : 50 km/h en ville, 80 km/h sur route (sauf décision départementale autorisant la circulation à 90 km/h sur tout ou partie du territoire), 110 km/h sur voie express et 130 km/h sur autoroute (si le camping-car est suffisamment puissant). Il n'y a pas de limitation de vitesse particulière pour les camping-cars dans le Code de la route, sauf s'ils tractent une remorque de plus de 750 kg et que le PTAC dépasse 3 500 kg. Attention néanmoins aux distances de freinage plus importantes : compter au moins 56 mètres pour s'arrêter sur route sèche à une vitesse de 80 km/h, presque le double sur chaussée mouillée. Par ailleurs, vous devez être également équipé de deux gilets jaunes et d'un triangle de sécurité.

Les règles spécifiques au camping-car

Il est interdit aux camping-cars de rouler sur la partie la plus à gauche sur une autoroute comportant plus de deux voies (article R 412-25) si la longueur du véhicule est supérieure à 7 mètres ou s'il est poids lourd. Le nombre de personnes autorisées à voyager dans le véhicule est inscrit sur la carte grise et ne peut être supérieur, enfants inclus. Si vous êtes une famille de 7 personnes et que l'homologation est conçue pour 6 personnes, il vous faudra alors prendre un véhicule supplémentaire pour voyager, comme une voiture. Chaque passager a l'obligation de porter sa ceinture de sécurité, en cabine comme en cellule. Si le camping-car dispose de sièges latéraux, personne ne peut s'y asseoir lors du déplacement. Mieux vaut attacher les enfants sur des rehausseurs.

Le contrôle technique

Il est obligatoire et relève de votre responsabilité. Tous les véhicules automobiles de moins de 3,5 tonnes doivent s'y soumettre dans les six mois précédant le quatrième anniversaire de la date de leur première mise en circulation. Celle-ci figure en haut à droite de la carte grise, alors que la date limite à ne pas dépasser est indiquée en bas à gauche, ou, pour les nouvelles cartes grises, au dos. Ensuite, le contrôle technique doit être renouvelé tous les deux ans. Depuis le 1er janvier 2008, les camping-cars ne sont plus soumis à la visite supplémentaire des émissions polluantes.

L'assurance

Une assurance couvrant la responsabilité civile est obligatoire pour toute personne possédant un véhicule. N'hésitez pas à assurer le camping-car en tous risques (surtout lorsqu'il est neuf), car la plupart des accidents sont causés par le conducteur, souvent à cause de l'encombrement de son véhicule. La prime est calculée en fonction de la valeur du véhicule et des aménagements. Pour chaque voyage, il est recommandé de vérifier la zone de couverture de l'assurance. Dans certains pays, une extension de la responsabilité civile peut être nécessaire. Attention : le contrat d'assurance n'est plus valide au-delà de 90 jours consécutifs à l'étranger !

Pour les jeunes conducteurs ou les personnes qui ne possèdent pas un véhicule propre assuré à leur nom (ou non inscrits en tant que conducteur principal sur le véhicule d'un membre de la famille) le tarif de l'assurance peut monter très vite ! Informez-vous bien avant d'acheter, pour éviter toute mauvaise surprise.

Ce que dit la loi française à propos du stationnement des camping-cars

Classé en catégorie M1 (automobile) au niveau européen, les camping-cars sont autorisés à stationner selon les mêmes règles qu'une voiture de tourisme. Ils ne sauraient être privés du droit de stationnement, quand il n'en est pas fait un usage abusif. Stationner sur la voie publique (rue, parking, aire de stationnement) signifie garer son véhicule pour une journée ou une nuit sur ses quatre pneus, sans cale ni objet extérieur. Si vous dépliez un auvent, si vous sortez une table et des chaises, si vous installez des vérins..., vous êtes considérés comme faisant « acte de camping », et vous pouvez, à ce titre, être verbalisé.

Le maire peut cependant édicter un arrêté municipal interdisant le stationnement dans certaines zones de sa commune. Les interdictions prises par ces arrêtés ne sont applicables que si elles ont été portées à la connaissance du public par affichage en mairie et par apposition des panneaux réglementaires aux points d'accès habituels vers les zones interdites. Quoi qu'il en soit, l'interdiction générale et absolue est illégale.

Au-delà de l'aspect réglementaire et légal, il en va aussi du civisme et du bon sens du conducteur. Rappelons qu'il est interdit de camper dans les bois, forêts et parcs classés, sur les rivages de la mer, dans un rayon de 200 mètres autour d'un point d'eau capté pour la consommation, dans un site classé ou inscrit, dans les zones de protection du patrimoine de la nature et des sites, à moins de 500 mètres d'un monument historique classé.

Si toutes ces interdictions semblent lourdes, pas de panique, il reste de nombreux autres endroits plus ou moins attrayants pour stationner.

Le poids ou les poids (pour s'y retrouver)

Le Poids Total Autorisé en Charge (PTAC) est la limite supérieure déclarée par le constructeur du véhicule et fixée par le service des Mines. Le juge de paix de votre chargement. A ne dépasser sous aucun prétexte, la police ne plaisante pas. Cette information est inscrite sur la carte grise, sur la notice descriptive ou le livret d'entretien, ainsi que sur la plaque de châssis. Si vous vous demandez comment est effectué le contrôle du PTAC : avec des plaques-balances posées sur le sol.

Le Poids à vide (PV) est également indiqué par le constructeur et figure sur la carte grise. Il englobe le poids du véhicule, les accessoires, une bouteille de gaz, l'équipement d'origine, 90 % du plein d'eau propre et le conducteur (75 kg). Rappel : la norme 92/21/CEE tolère que le constructeur ait un écart, par rapport à la carte grise, de 5 % du poids à vide en ordre de marche, ce qui minore d'autant la charge utile.

La Charge Utile (CU) est la différence entre le PTAC et le PV. Elle correspond au poids disponible pour le chargement : passagers (hors conducteur), bagages, vivres.

Enfin, le Poids Total en Charge (PTC) correspond au poids réel du camping-car. Il évolue selon le nombre de passagers et la quantité de bagages. Le PTC ne doit donc jamais dépasser le PTAC.

LES CONSOMMABLES : EAU, GAZ...

Le camping-car vous offre une grande liberté tant que vous pouvez vous ravitailler en eau, électricité et en gaz. L'eau et l'électricité nécessitent des ravitaillements plus ou moins fréquents, selon l'usage, la saison et le modèle de camping-car. Vous ne pouvez pas les faire n'importe où et ni comment… Concernant le gaz, vous changerez de bouteilles, plus ou moins vite également. Gardez en mémoire que l'autonomie d'un camping-car est limitée, et qu'il n'existe pas de vacances en camping-car sans étape technique. Contraignant au début car nécessitant un temps d'adaptation pour comprendre le fonctionnement de l'eau, du gaz et de l'électricité, pour modifier vos habitudes de consommation et connaître la durée de votre autonomie, vous occuper des consommables deviendra vite un simple acte à accomplir, plein de bon sens pour ne pas se retrouver bêtement en panne. Vous l'aurez compris, l'anticipation est une vertu nécessaire en camping-car.

L'eau, composante essentielle dans la vie du camping-cariste

Le principe est simple : quand le réservoir d'eau usée est plein, il faut le vidanger, et quand le réservoir d'eau propre est vide, il faut le remplir ! Anticipez absolument le moment où vous serez à sec. Les réservoirs d'eau propre contiennent au moins 100 litres, et on considère qu'une personne consomme 20 litres d'eau par jour dans un camping-car. Souvent moins, avec de l'expérience, comme apprendre à faire la vaisselle avec une quantité d'eau minimum. 100 litres d'eau propre pour un usage familial est un minimum. Prévoir la même capacité entre le réservoir d'eau propre et celui d'eau sale. Une petite pompe de 6L/minute est suffisante. Le rajout d'une vase d'expansion évite les à-coups dans le circuit d'eau. Des robinets mitigeurs permettent d'économiser l'eau. Pour remplir, rien de mieux que d'être à deux : l'un à l'extérieur qui tient le tuyau et appuie sur le robinet s'il est automatique ; l'autre qui surveille la montée d'eau afin d'éviter que ça ne déborde.

Où trouver l'eau ?

Pas de panique, en France il est facile de se ravitailler en eau ! La majorité des stations-services d'autoroute proposent un point d'eau. Les nombreuses aires de services pour camping-car sont évidemment le lieu idéal pour réaliser votre étape technique. Vous pourrez y effectuer la vidange de vos eaux sales et remplir votre réservoir. Dans votre soute, conservez un ou deux jerricans, bien utiles si vous devez impérativement récolter de l'eau, par exemple dans une fontaine publique. Demander l'autorisation au propriétaire d'un terrain ou d'une grange vous ouvre souvent le robinet tant convoité. Parfois, les capitaineries des ports accordent l'accès aux camping-cars. Stades, marchés et même cimetières pourront vous dépanner en eau le cas échéant. Vous pouvez consommer l'eau de votre réservoir, mais de nombreux camping-caristes préfèrent les bouteilles d'eau minérale, ou le bidon d'eau séparé pour s'abreuver. De retour de week-end ou de vacances, vous vidangerez votre véhicule pour conserver un réservoir net. Des tablettes de purification d'eau ou de l'eau de javel (1 litre d'eau de javel pour 100 litres d'eau) permettent de clarifier l'eau que vous remplissez. Cela évite également les remontées de mauvaises odeurs.

Les eaux grises

Ce sont toutes les eaux récupérées de la douche, du lavabo et de la cuisine. Elles sont stockées dans le réservoir des eaux usées, qu'il faut vidanger régulièrement. Et le plus tôt ou le plus souvent est le mieux, pour respecter une hygiène élémentaire. Les aires de services possèdent une station de vidange adaptée : évitez donc d'utiliser les grilles d'évacuation, qui communiquent avec les cours d'eau. Et bien entendu, pas de vidange sauvage, en pleine nature. Avec toutes les aires de services, dans les campings comme dans les municipalités, les stations d'accueil sont largement assez nombreuses et réparties sur le territoire.

Les eaux noires

Ce sont toutes les eaux… des toilettes.

Les plus courants sont les WC chimiques. Ils disposent en majorité de cassettes extractibles. On atteint la cassette par une trappe extérieure pour la vidanger. Faites-le régulièrement, même si la cassette n'est pas pleine, afin d'éviter les problèmes d'odeurs. Après vidange, pour désagréger les matières, supprimer les odeurs et empêcher la formation de gaz, il faut mettre un produit chimique.

Les WC nautiques sont fixes et nécessitent un réservoir indépendant, avec une plus grande autonomie. Ils fonctionnent sur le principe du broyage.

Le contenu des WC est recueilli dans des vidoirs spécifiques ou dans une fosse étanche. Les camping-cars modernes sont équipés de réservoirs mobiles ou cassettes. Les matières peuvent ainsi être transportés jusqu'à un point de vidange.

Certains camping-caristes, mais surtout *vanlifers*, ont installé des toilettes sèches à la place de la cassette chimique. Il s'agit d'un seau et d'un sac poubelle biodégradable rempli de copeaux de bois. Les toilettes sèches sont plus respectueuses de l'environnement et sans odeurs, malgré ce que l'on pourrait penser de prime abord. Les déchets se jettent dans des lieux de compostage, plus discrètement dans la nature, en creusant un trou (mais moins conseillé). Le seau se rince avec les eaux grises.

Electricité : les bases

Une batterie auxiliaire de 75A/h est un minimum. Avec un grand réfrigérateur à compression, deux batteries auxiliaires de 90A/h et un panneau solaire permettent d'être réellement autonome.

L'électricité est fournie par les batteries du camping-car. On rencontre deux batteries (parfois plus) : la première, la batterie moteur (ou de démarrage) est spécifique au porteur et à son fonctionnement. Elle ressemble à la batterie de votre voiture. La seconde batterie, dite auxiliaire (ou semi-stationnaire), est spécifiquement dévolue aux équipements de la cellule. L'éclairage de la cellule, le réfrigérateur, la télévision, le congélateur, la pompe, la ventilation de chauffage, les allumages électroniques (chauffage, frigo et boiler) sont assurés par la batterie auxiliaire. Les deux batteries sont reliées entre elles par un coupleur-séparateur qui régule la charge. Pour recharger vos batteries, roulez, mais pensez également à vous raccorder au 220 V lors d'un arrêt sur une aire de services (si celle-ci le permet) ou d'une nuit dans un camping. Des solutions existent pour augmenter l'autonomie de vos batteries : des panneaux solaires ou une pile à combustible. Une fois que vous connaissez à peu près votre consommation, pensez à économiser. En ne faisant pas tourner vos équipements ensemble, vous réduisez votre consommation. Eteindre un plafonnier la journée, voilà une bonne idée ! Attention, en hiver, les journées sont plus courtes, on utilise davantage d'électricité dans la cellule qu'en été.

Pour se brancher au 220 V il vous faudra un câble aux normes CEE, fiche femelle pour la sortie de camping-car, une rallonge, voire une fiche mâle 3 branches pour se raccorder au panneau électrique (pas tout le temps, mais mieux vaut avoir plusieurs adaptateurs avec soi). Le petit diamètre de câble (2,5 mm^2) est adapté pour les camping-cars. Vous penserez à former un 8 au sol sous le véhicule pour éviter la surchauffe et la pluie. L'enrouleur avec 4 prises est idéal pour partager l'électricité entre camping-caristes, car il n'y a que très rarement suffisamment de prises.

Le gaz pour se chauffer, se nourrir, conserver les aliments, prendre une douche chaude

Le gaz alimente la cuisinière, le *boiler* (chauffe-eau), le réfrigérateur et le chauffage. Pour éviter la panne sèche, prévoyez toujours une deuxième bouteille. D'ailleurs, la plupart des coffres à bouteilles de gaz ont deux places. Choisissez un coffre à gaz qui n'est pas placé en hauteur, ce qui est généralement le cas, rassurez-vous.

Le propane, qui supporte des températures de -40°C, a progressivement remplacé le butane. Si vous partez en été, une bouteille de 13 kg dure plus d'un mois. Mais attention à l'hiver et au chauffage : comptez une durée de vie de 2 à 6 jours pour la même bouteille de 13 kg ! Vous pouvez opter pour des bouteilles de 5 kg, plus faciles à manier, mais d'une autonomie beaucoup plus réduite, comme vous vous en serez douté.

Aire de services où l'on peut vider les eaux usées.

© ONFOKUS - ISTOCKPHOTO.COM

Attention à la consigne et à la compatibilité entre le fournisseur et vos bouteilles. Parfois un seul fournisseur, ce qui peut poser problème si vous vous rendez à l'étranger. Le mieux est un format universel. Une bouteille de 13 kg coûte environ 30 €. On se rend en station service à la caisse, on demande à changer la bouteille. On vous demandera de mettre l'ancienne à l'envers avant d'en prendre une pleine. Un chauffage gasoil + un frigo à compression permettent une bonne autonomie avec une bouteille de 6 kg. Dans le cas de 2 bouteilles, prévoir un inverseur automatique (utile surtout l'hiver quand, dans la nuit, une des deux bouteilles s'est vidée). Concernant la sécurité, assurez-vous que les joints ne sont pas écrasés, placez le détendeur puis la lyre (tuyau) reliant la bouteille au détendeur. L'installation d'un inverseur automatique permet de connecter deux bonbonnes et de passer automatiquement de l'une à l'autre après épuisement. Le gaz, c'est sérieux : en cas du moindre doute, consultez un professionnel !

L'eau chaude

Le chauffe-eau est identique au chauffe-eau mural que l'on a chez soi. Il n'existe plus que sur les vieux camping-cars. Il est rarement utilisé pour des raisons d'encombrement et de variation brutale de la température de l'eau. Le *boiler* est un appareil à accumulation qui peut conserver 10 ou 14 litres d'eau chaude. Alimenté au gaz, son fonctionnement est simple. Appuyez sur un bouton et comptez entre quinze et trente minutes pour la montée en température. Le système combiné regroupe un chauffage à air pulsé et la production d'eau chaude.

Le chauffage

Douches plus longues car cabines plus confortables, dimension des réfrigérateurs familiaux, espace congélation : l'évolution du confort a augmenté d'autant la consommation de gaz. Mais LE poste principal de consommation, c'est le chauffage. À moins de ne partir qu'au soleil pendant l'été, le chauffage est fortement recommandé. La température peut vite descendre la nuit, et passer des vacances sans chauffage quand il fait froid, bonjour la galère ! Une expérience à vous dégoûter des vacances en camping-car.

Le système à convection est le plus répandu, vu son faible coût et sa fiabilité. Il fonctionne avec un brûleur avec allumage *piezzo* manuel ou électronique. L'évacuation des gaz brûlés s'effectue par une cheminée, amenée d'air frais à la base de l'appareil. Le système combiné réunit le *boiler* à eau chaude et le chauffage. Une circulation d'air autour du *boiler* pulse de l'air chaud dans l'habitacle. Le système est gourmand en gaz. Le chauffage central est quasi identique à celui que l'on trouve chez soi. La circulation d'eau chaude dans les canalisations fournit la chaleur partout dans la cellule.

Là encore, la sécurité est primordiale et il faut être très vigilant quant à l'évacuation des gaz brûlés et l'amenée d'air frais en-dessous du camping-car. N'hésitez pas à rencontrer un expert du chauffage qui saura vous conseiller, mais surtout installer ou réparer votre installation en toute sécurité. Il existe donc trois solutions en termes de chauffage :

- le combiné chauffage/chauffe-eau, dont l'intérêt est son gain de place.
- le chauffage + le *boiler*. Système classique qui a l'avantage d'être peu gourmand en électricité, plus simple de fabrication et donc moins fragile. Chaque système est indépendant, ce qui, en cas de batterie vidée, permet de chauffer encore (sans ventilation)
- le chauffage gasoil + *boiler*. Système assez compact, il permet d'éviter d'avoir des grosses bouteilles de gaz (13 kg) car il utilise le carburant du porteur. A chaque démarrage, il demande de la puissance électrique. Il est plus bruyant que les autres systèmes.

PRÉPARER SON VOYAGE

Si vous voyagez en camping-car pour la première fois, plusieurs interrogations surviendront probablement : Quels sont les points importants à vérifier avant de partir ? Quelles affaires embarquer ? Comment préparer son itinéraire ? Et si nous tombons en panne ?... Tout néophyte du monde du camping-car est passé par là, on vous rassure. Fort heureusement, la communauté du voyage par la route (tous véhicules de loisirs confondus) est grande et plutôt soudée. Outre l'aide commune, nous vous proposons un « kit de démarrage » pour préparer votre voyage en camping-car le plus sereinement possible. De précieux conseils qui pourront sembler évidents pour certains, mais sait-on jamais. Sans oublier la check-list à cocher lors de vos préparatifs. Pour que vous partiez l'esprit tranquille et savouriez la belle expérience du camping-car. Une gestion en amont que vous répéterez à l'envi pour vos prochains voyages...

Soyons pragmatiques

Malgré toute la théorie, sachez qu'il n'y a pas de préparation infaillible. Même lorsque vous voyagez sans camping-car, vous devez gérer des imprévus. Préparez-vous dans la mesure du possible, à votre manière.

Etablissez votre budget car, même si vous ne dormirez pas à l'hôtel, vous aurez des frais non négociables : carburant (combien de kilomètres à parcourir ?), gaz (combien de bouteilles seront utilisées ?), aires de services et camping (quel tarif à la nuitée ? Même si vous déciderez de ne cibler que les aires avec stationnement gratuit ou de rester dans la nature, envisagez le fait de payer chaque nuit pour ne pas être pris de court), nourriture, visites (quels sont les incontournables sur votre trajet avec un droit d'entrée ? Quel budget supplémentaire y consacrerez-vous ?).

Si c'est la première fois que vous conduisez un camping-car, entraînez-vous autour de votre domicile pour bien le prendre en main, vous adapter à son gabarit et aux manœuvres.

Avant de démarrer, faites contrôler sur le véhicule niveau d'huile, boîte de vitesse, liquide des freins, du pont, de la direction assistée, du lave-glaces et les balais d'essuie-glaces, plaquettes de freins, frein à main, phares et clignotants, serrures. Il est conseillé de partir avec une caisse à outils avec un minimum d'outillage pour parer à d'éventuels petits incidents. Contrôlez le circuit d'eau. Bloquez les colliers de serrage et de fixation. Versez un produit de nettoyage et de désinfection dans les réservoirs d'eau propre et d'eaux usées. Ajoutez de l'eau, roulez quelques kilomètres avant de vidanger. Pour éviter les mauvaises odeurs, préférez les produits du commerce ou du vinaigre plutôt que de l'eau javellisée qui pourrait altérer certains éléments de l'installation. En période de gel, pendant une longue immobilisation, veillez à ce que le réservoir d'eaux ménagères soit totalement vide.

Contrôlez la charge des batteries et la propreté des cosses. Faites fonctionner tous les postes électriques du véhicule. Gardez les références des ampoules, tubes et fusibles pour pouvoir les remplacer en cas de problème. Nettoyez le pare-brise. Réglez les rétroviseurs. Faites tourner le moteur du porteur au ralenti. Vérifiez le bon fonctionnement des lumières.

Si possible, emmenez une roue de secours, car si un de vos pneus éclate, en trouver un peut vous faire perdre beaucoup de temps.

Les papiers importants !

Pensez à bien prendre avec vous ces documents : carte nationale d'identité ou passeport, permis de conduire et papiers du véhicule, carte de groupe sanguin, carte Vitale, carte de paiement, chéquier, argent liquide (pièces si vous pensez fréquenter des aires de services et des laveries automatiques), notices d'entretien du porteur et de la cellule, numéros d'urgences, cartes routières et guide.

La chek-list : cocher pour ne rien oublier

Voici un exemple de check-list avant un départ en camping-car. Cependant, vous seuls connaissez vos besoins et ceux des personnes qui vous accompagnent. Créez une check-list qui vous est propre, sur papier, ordinateur ou téléphone. Vous cocherez alors point par point les éléments que vous souhaitez emporter avec vous et serez assurés de ne rien oublier.

Ce qui va dans la soute : tables et chaises de jardin, pelle, triangle de signalisation, cales de mise à niveau, rallonge électrique, boîte à outils, tuyau d'eau, entonnoirs, jerrycans.

Ce qui va dans la cellule :

Dans la cuisine : casseroles et poêles, saladier, plats, passoire, verres, assiettes, couverts, torchons, serviettes, bols, décapsuleur, ouvre-boîte, détergent, bassine, balai, sacs poubelle, produits d'entretien, serpillière.

Dans les placards et réfrigérateur : sel, poivre, huile, vinaigre, moutarde, thé, café, chocolat, pain, conserves, sucre, pâtes, riz, céréales, eau, yaourts…

Dans la salle de bains/cabinet de toilette : serviettes, savon, shampooing, brosse à cheveux, brosses à dents, dentifrice, papier hygiénique spécial WC chimiques, produits pour les WC, bombe désodorisante…

Dans la trousse à pharmacie : désinfectant, pansements, alcool, anti-moustiques, aspirine, crème anti-brûlure, coton…

Dans les rangements faciles d'accès : parapluie, lunettes de soleil, stylos, bloc-notes, téléphone portable, corde, lampe de poche et… gilets fluorescents !

Quelle que soit votre check-list, n'oubliez pas d'emporter une boîte d'ampoules de rechange et quelques accessoires, dont une prise électrique européenne pour le branchement au camping.

Les précautions avant le départ, depuis chez vous et entre chaque étape

Avant de partir, il vous faudra effectuer plusieurs opérations, à suivre telle une recette de cuisine d'un gâteau composé de plusieurs couches.

Dans le camping-car, la règle d'or est ranger ce qui est lourd en bas (bouteilles, vaisselle…), ce qui est léger en haut (linge, vêtements…). Rangez dans les placards ou en soute tout objet qui traîne. Ne laissez rien au sol ou sur la table sans fixation ou système de calage. Vérifiez s'il n'y a pas de fuite aux portes, lanterneaux et baies vitrées. Si des fuites apparaissent lors du nettoyage, utilisez une cartouche de mastic siliconé pour réparer. Fermez les fenêtres et les lanterneaux. Calez le contenu du réfrigérateur pour éviter les chocs. Fermez la porte du réfrigérateur. Coupez l'alimentation gaz (ou électrique 220 V) du réfrigérateur et positionnez-le sur 12 V ; en effet lorsque vous roulez, le 12 V prend le relai et permet de conserver la température du frigo, sans pour autant apporter plus de froid.

Vérifiez le fonctionnement de tous les appareils à gaz et remplacez régulièrement les lyres. Nettoyez avec un compresseur les conduits d'évacuation et d'arrivée d'air frais ainsi que les brûleurs. Versez une dose de produit WC, ainsi qu'un litre d'eau propre. Coupez les robinets d'eau. Fermez les portes de la salle de bains, des placards et de la penderie. Rentrez le marche-pied et fermez à clé la porte de la cellule.

Assurez-vous que la date de validation de l'extincteur ne soit pas dépassée. A l'extérieur du camping-car, débranchez le câble électrique d'alimentation 220 V. Fermez les bouteilles de gaz et vérifiez leur contenu en les soupesant à la main. A savoir que les tuyaux à gaz doivent être changés régulièrement. Avant de mettre en place une nouvelle bouteille, la coucher, puis faire sortir un jet de gaz (pour enlever paraffine et impuretés).

Vérifiez que le store est rentré et la manivelle rangée. Rangez les cales. Vérifiez l'accrochage des vélos sur le porte-vélos. Faites le plein d'eau si vous partez en autonomie ; dans le cas où vous rejoignez un camping ou une aire de services, attendez d'y arriver pour voyager plus léger. Fermez la vanne de vidange des eaux usées. Vérifiez que toutes les portes et trappes sont bien verrouillées.

Quelques applications bien utiles à installer sur votre smartphone

A l'heure du tous connectés, ne lésinons pas sur des applications pour vous accompagner lors de votre voyage en camping-car.

Pour préparer votre valise Packr est une application bien pratique. Vous indiquez votre destination, et elle vous crée une check-list adaptée. La majeure partie de votre budget passera dans le carburant. Ainsi, Gasoil now, Essence & co ou encore Fuel Flash vous indiquent les stations essence les plus proches tout en comparant leurs tarifs. Vous bénéficierez ainsi du tarif le plus avantageux pour faire votre plein. Pour vous repérer, Maps.me vous permet de télécharger les cartes des territoires que vous parcourez. Les GPS oubliant souvent la hauteur du véhicule, CoPilot GPS s'adapte au véhicule que vous conduisez. Vous éviterez ainsi tout pont, rue étroite ou tunnel non praticable. Seul bémol : cette application est payante (30 €/an). Waze et Coyote, sans prendre en compte le type de véhicule, vous permettent respectivement d'éviter les bouchons et les radars. Pour stationner, nous les avons déjà évoquées dans un autre dossier, Park4night, Caramaps, ou encore Camping-Car Park sont de précieuses ressources.

En entrant « niveau à bulle » dans votre catalogue d'applis, vous aurez le choix parmi plusieurs pour vous aider à déterminer si votre camping-car est bien droit lorsque vous stationnez.

Un petit mot sur le voyage avec des animaux

Et si vous emmeniez avec vous votre compagnon à poils ? Les chiens, et même les chats, adoreront voyager en camping-car, dès lors qu'ils retrouveront un environnement qui leur est familier. Avant le départ, assurez-vous que leurs vaccins sont à jour (rage notamment et leucose féline pour les chats). Vous emporterez leur carnet de santé ainsi qu'une trousse de secours (pince à tiques, vermifuge, dosettes de bétadine et sérum physiologique, gants chirurgicaux…).

En cas d'urgence vétérinaire, l'application SOS Pet vous indique les vétérinaires proches de vous. En plus de l'obligatoire puce, faites porter à vos animaux un collier avec vos coordonnées.

Nos animaux de compagnie ont besoin d'une routine. Donnez-leur à manger aux mêmes heures qu'à la maison, emmenez leurs jouets, tapis, sans oublier de leur dédier un espace bien à eux. Sur la route, pas question de les laisser s'installer où ils le souhaitent ; en cas d'arrêt brusque leurs corps deviendraient des projectiles. Attachez-les avec un harnais, ou dans une boîte de transport (surtout pour les chats). Les chiens peuvent rester à vos pieds s'ils ont l'habitude. À l'arrêt, il faudra leur apprendre à ne pas sortir sans autorisation, les attacher avec du lest, même les chats. Vérifiez que les animaux soient acceptés là où vous stationnerez. Si votre chien a tendance à aboyer, installez-vous à l'écart des autres camping-cars afin de ne pas les gêner. Ne laissez jamais vos fidèles compagnons à l'intérieur s'il fait chaud, le risque d'insolation est le même que dans une voiture.

Si vous louez le camping-car, demandez bien si vous pouvez emmener avec vous votre chien ou chat. Lisez bien les conditions générales du contrat de location et déclarez votre animal à votre assurance pour couvrir les dégâts qu'il pourrait causer.

Avant le voyage : itinéraire et aménagements

Choisir de voyager en camping-car ne doit-il pas offrir une liberté de mouvement et de stationnement ? Décider où aller, se laisser porter, s'arrêter quand on le sent ? Nous sommes bien d'accord là-dessus. Cependant, vous le constaterez rapidement : sans préparation minimale de votre trajet, sans une sélection de lieux où faire étape, votre esprit se verra trop accaparé par la route, la planification au jour le jour. Ce qui devait vous détendre vous stressera alors plus. Partir avec une vision globale de votre trajet et des lieux visités vous stimulera. Selon la durée de vos vacances, la distance depuis votre domicile (penser au retour), les kilomètres que vous êtes prêts à avaler, l'itinéraire sera plus ou moins flexible. Voici quelques conseils pour organiser votre trajet, conçu d'après votre définition singulière de la liberté, ainsi que pour tout ce qui concerne l'aménagement et l'équipement intérieurs.

Organiser son trajet

De nombreux véhicules sont désormais équipés du GPS, ce qui permet de suivre facilement un itinéraire. Mais si le GPS vous guidera du point A au point B, mieux vaut savoir à l'avance quels arrêts vous ferez en cours de route. Maximiser votre temps de loisir et minimiser votre temps au volant, c'est tout l'objectif de votre préparation au voyage. Le GPS n'interdit pas non plus d'emporter des cartes. Ces dernières donnent une vision globale de l'itinéraire. Vous pouvez également y noter vos visites, ainsi que vos solutions de ravitaillement ou d'hébergement. Internet est désormais un incontournable : campings, offices de tourisme, aires de services, forums de discussion, on y trouve tout ! Attention cependant à bien vérifier la date à laquelle a été écrite l'information. Par exemple, les aires de services peuvent changer d'une année sur l'autre. Les clubs et les associations de camping-caristes ont en général de bons conseils à prodiguer. Les revues spécialisées, quant à elles, proposent des itinéraires de voyage et ne sont pas avares d'idées de découverte.

Si vous partez à l'étranger, la recherche d'informations sera plus longue. Il faut vous renseigner sur les formalités administratives préalables à l'entrée dans le pays. Faut-il un passeport ? Faut-il obtenir un visa ? Si vous prenez un ferry, notamment pour la Corse ou le Maroc, consultez les prix et réservez à l'avance, surtout en haute saison. Dans certains pays étrangers, notamment dans l'UE, l'organisme de sécurité sociale prend en charge les éventuels frais médicaux et d'hospitalisation. Pour cela, n'oubliez pas votre carte Vitale et votre carte européenne d'assurance maladie fournie sur simple demande à votre CPAM ou sur votre compte Ameli (www.ameli.fr). Attention : la carte européenne est valable deux ans et devra donc être renouvelée si le délai est dépassé. Si vous avez un traitement médical, pensez à emmener votre ordonnance justifiant que vous devez prendre ces médicaments. Plusieurs semaines, voire plusieurs mois avant le départ, pensez aux vaccins obligatoires ou recommandés. Renseignez-vous auprès des offices de tourisme des différents pays. Une trousse à pharmacie bien adaptée permet de soigner les maux ou blessures sans gravité. Renseignez-vous auprès de votre médecin et de votre pharmacien.

Comment élaborer son trajet ?

Vous aurez beau prévoir un itinéraire, nul doute que vous changerez souvent d'avis sur la route, parce que le lieu vous plaît moins que ce que vous imaginiez, parce que vous vous sentez à l'étroit ou suffisamment comblé, parce que vous souhaitez en profiter plus, quitte à rouler plus longtemps quelques jours plus tard, parce que la météo est meilleure ailleurs... Chaque camping-cariste se crée son voyage sur mesure, et c'est bien pour cela qu'on aime ce mode de voyage ! Certains respectent à la lettre leur itinéraire, désirant cocher les cases de tout ce qu'ils ont prévu, d'autres prennent le temps, ont simplement sélectionné une zone et se laisseront porter. Un bon compromis est celui de prévoir deux à trois idées de parcours avec étapes, puis de décider sur place. Si vous explorez votre propre région, la flânerie dès le début est permise. Si, en revanche, limité par votre semaine de vacances ou le week-end, vous choisissez de vous rendre à plus de 500 kilomètres de votre domicile, le premier jour sera plutôt consacré à la conduite. Quelles sont vos envies pour votre voyage ? Vous constaterez que la conduite est plus fatigante qu'en voiture, alors ménagez-vous. Pour inclure toutes les personnes qui vous accompagnent, établissez ensemble votre itinéraire. Mais n'oubliez pas qu'en chemin, si vous n'empruntez pas l'autoroute, vous trouverez toujours un joli endroit à découvrir. Le plus laborieux reste finalement de partir, et à vous l'aventure !

Bien aménager son camping-car

Comme vous transportez une maison sur roues, un minimum d'équipement est appréciable. Pas besoin d'être équipé à 100 % comme à la maison, bien sûr, mais quelques poêles, casseroles à manche amovible, bols, tasses, saladiers, et pourquoi pas un autocuiseur, semblent composer une base minimale. Prévoyez une bonne aération en plus d'une hotte aspirante. Cherchez à disposer d'un plan de travail suffisamment grand. Des placards équipés de retenues pour la vaisselle, des rangements encastrés, des placards bas qui peuvent contenir casseroles et cocottes sont un must. Assurez-vous que votre gazinière accepte autant de casseroles qu'il n'y a de feux, c'est-à-dire que vous puissiez cuisiner avec assez d'espace. Évitez de trop remplir les placards bas qui nécessitent de vous accroupir pour y accéder, et installez un système de verrouillage à vos tiroirs s'ils n'en possèdent pas, fort utile lorsque vous roulez.

L'eau chaude est apportée par un chauffe-eau de type *boiler* ou combiné, qui fonctionne seul ou avec le chauffage. Prévoyez un volume suffisant pour la douche. La dimension de la salle d'eau doit permettre d'utiliser les WC sans souffrir du manque d'espace. Poser des siphons sur les évacuations permet de luter contre les mauvaises odeurs. Pour augmenter le confort, pensez à installer un porte-serviette à l'écart de la douche, une armoire, un miroir, une baie ouvrable ou une aération basse. Favorisez une hauteur suffisante pour se shampooiner sans se contorsionner. À éviter : une douchette fixée sur le lavabo, pas pratique. A proscrire également : un éclairage insuffisant, des WC trop hauts et surtout une mauvaise étanchéité du local.

La literie est importante, voire capitale ! N'oubliez jamais que vous passez le tiers de votre temps à dormir et que les vacances peuvent être facilement gâchées par des nuits de sommeil agité. Sans compter les risques encourus sur la route par un conducteur aux paupières lourdes... Soyez vigilants quant à l'épaisseur du matelas et la qualité du sommier (à lattes ou pas). N'oubliez pas non plus de concentrer votre attention sur la hauteur sous pavillon et sur l'accessibilité du lit haut. La manière dont s'effectue le rangement des coussins inutiles le jour compte aussi. Votre taille sera déterminante pour le couchage : longueur idéal = votre taille +10/15 cm. Le confort est supérieur avec un sommier à lattes et un matelas Bultex de 8 centimètres d'épaisseur (5 centimètres minimum pour les enfants).

Vous devez pouvoir mettre en place facilement votre couchage. Il ne faut pas que la mise en place des coussins ressemble à un puzzle, ou que les coussins glissent.

Attention aux mousses du matelas de mauvaise qualité, aux coussins qui forment un couchage d'épaisseur différente. Investissez dans une bonne literie, votre sommeil et l'humeur associée vous remercieront. En revanche, il est agréable de disposer de vide-poches à côté des couchages, comme d'un spot lumineux par personne. Pensez à bien ventiler l'espace sommeil et aménagez pour plus de confort une arrivée d'air chaud au niveau du sommier.

Les accessoires qui font la différence

A l'usage, vous aurez envie d'aménager votre camping-car pour en augmenter le confort. Si certains accessoires peuvent sembler futiles, d'autres sont indispensables, notamment en matière de ravitaillement et de sécurité. Au rayon des indispensables (nous nous répéterons peut-être, néanmoins tout sera regroupé ici), il faut une boîte à outils, un tuyau pour faire le plein d'eau, un raccord électrique, des béquilles pour stabiliser le véhicule à l'étape. Ne partez pas sans une table et des chaises d'extérieur (logeables dans la soute). Installez un auvent, utile comme pare-soleil mais également en cas de pluie, ne serait-ce que pour créer une zone sèche devant le camping-car. Attention au vent, car les rafales peuvent bien emporter un auvent. Il n'est pas idiot de doter son véhicule d'arrêts de porte et de penser à prendre des produits d'entretien.

En matière de sécurité, une alarme de gaz et un détecteur de fumée vous rassureront. Prenez à bord un kit de secours et une boîte à pharmacie. Des rétroviseurs spéciaux existent si vous considérez que ceux montés d'origine sur le camping-car doivent être améliorés. Contre le froid ou le chaud, vous trouverez de nombreux chauffages et climatiseurs. Voire des rafraîchisseurs d'air. Des panneaux opaques isothermes sont bien utiles quand le soleil tape et que l'on souhaite préserver une certaine fraîcheur à l'intérieur du véhicule… sans climatiseur. Un petit transformateur est d'un grand secours à bord. Problème, son encombrement.

Des panneaux solaires se branchent sur la batterie auxiliaire, une pile à combustible augmentera votre autonomie en électricité. En matière d'audio et de vidéo, les équipements actuels assurent un confort identique à celui de votre domicile (écrans plats, décodeurs TNT, antennes satellites, autoradio, clé Wifi pour votre ordinateur portable...). Seule contrainte, la consommation électrique de ces appareils.

Pensez à des chaînes si vous aimez partir en hiver et à un barbecue si, pour vous, balade rime avec grillade. Au niveau de la décoration, vous pouvez changer les robinets, ajouter des rideaux, fixer un porte-serviettes, poser un marchepied extérieur. Installer une baie (vitrée) supplémentaire est une alternative intéressante car elle permet le dégagement d'une vue et l'entrée de la lumière. Une lanterne prolongera vos soirées à l'extérieur et une moustiquaire vous tiendra à l'abri des insectes. La vidéo de recul s'impose pour ceux qui ne veulent pas érafler leur pare-chocs arrière. Si la soute est pleine, optez pour le porte-vélos. Une échelle amovible est indispensable, encore plus si vous avez fixé un coffre d'appoint sur la galerie du toit.

A noter que ces dernières années, les constructeurs de porteurs ont travaillé dans le sens d'un meilleur confort à bord. Quand on parle d'accessoires, vous le voyez, les possibilités d'amélioration du camping-car sont quasi infinies. La liste que nous vous présentons est loin d'être exhaustive. Consultez les sites d'accessoiristes pour trouver LE système qui manque à votre camping-car.

Transporter vélos, motos et voiture

Une préoccupation légitime lorsque l'on voyage en camping-car peut effectivement concerner la mobilité une fois stationné. Si vous souhaitez explorez les environs, selon votre itinéraire, il n'est pas toujours évident de trouver des transports en commun. C'est pourquoi, certains font le choix d'embarquer, en plus du camping-car, leurs vélos (le plus courant et pratique), une moto, une petite voiture attelée et même... un bateau ! Porte-vélos, porte-charge ou remorque, ces équipements seront indispensables. Attention à la charge utile. Vous devrez lui ôter le poids des véhicules embarqués. Vous vous apprêtez à un voyage XL dont le conducteur, ou la conductrice, devra maîtriser à la perfection l'imposant gabarit en longueur, ou les angles morts. Si certains camping-cars sont équipés d'une soute garage fixe ou réglable en hauteur pour accueillir les vélos, le porte-vélo, porte-moto ou la remorque sont des équipements nécessaires.

Transporter ses vélos

Les porte-vélos sont de plus en plus sophistiqués. La gamme est variée, entre le porte-vélo qui se fixe à la roue d'attelage, celui à la barre de porte vélo déjà installé, ou encore celui qui se fixe sur le châssis. Dans ce dernier cas, il faudra bien vérifier l'adaptabilité avec votre camping-car. Les vans et fourgons aménagés peuvent aussi en être équipés sans problème. Pour garder les vélos propres, recouvrez-les d'une bâche spéciale. Un panneau aux bandes réfléchissantes rouges et blanches rajouté par-dessus vous rendra visible des autres usagers de la route la nuit. Pensez à installer un antivol qui relie les vélos aux camping-cars (par exemple sur la barre du porte-vélo), pour éviter de vous demander si vos vélos seront encore là à votre réveil ou au retour des courses...

Un porte-vélo coûte entre 50 et jusqu'à 700 euros ! Les camping-cars disposant d'une soute garage pourront installer un rack à vélo afin de les stabiliser durant le trajet. Les prix montent également assez vite.

Transporter une ou des motos

Contrairement à ce que l'on pourrait penser, il est plus pratique de transporter une moto avec un fourgon aménagé. En effet, il est plus aisé d'aménager à l'arrière un espace amovible pour la ou les motos. Le fourgon se transforme en garage modulable. La moto rentre à l'intérieur depuis l'arrière, par une rampe et se fixe sur un rack au sol. Selon la capacité du fourgon, cet aménagement restera ou sera enlevé une fois à l'arrêt, laissant place à l'espace de vie. L'inconvénient majeur sera l'odeur d'essence un peu trop présente...

En camping-car, van, ou fourgon aménagé, le transport de vos motos peut s'effectuer en installant un porte-charge. Dans ce cas, il faudra également veiller à ce que le porte-charge soit adapté au châssis de votre véhicule. Un professionnel du secteur saura vous renseigner. Certains de ces équipements se montent avec ou sans outils. On ne pourra transporter qu'une seule moto. Un bon porte-charge coûte entre 500 et 3000 euros. Vous trouverez comme principales marques de confiance Linnepe, Sawiko, Alden, Franssen Edicar, Al-Ko Back-pack.

Si vous souhaitez emmener deux motos, orientez-vous vers une remorque. Il en existe en longueur, ou en largueur pour une meilleure maniabilité et des manœuvres en marche arrière facilitées. Les remorques fermées protègent la moto. Le prix d'entrée est autour de 500 euros.

Comme cet équipement est extérieur et sujet à des dégradations, demandez à votre assurance si vous êtes couvert, ou s'il faut souscrire une assurance spécifique.

Transporter une voiture : la remorque indispensable

Niveau supérieur que celui de transporter une petite voiture à l'arrière de son camping-car. Bien entendu, nous parlons ici du transport d'une petite citadine de préférence, en nous focalisant sur la version la plus courante. La puissance de votre camping-car est déterminante. Une remorque, et même un porte-charge, signifie un poids supplémentaire. Il faut donc que votre camping-car possède un bon moteur, au minimum 140 chevaux. La capacité de traction de votre camping-car se trouve sur la carte grise (F3 - PTRA). Pour connaître le PTAC de la remorque (charge utile + poids à vide), ôtez la somme indiquée de celle du PTAC du camping-car.

Pour tracter une remorque il faut équiper votre camping-car, s'il ne l'est pas déjà et que votre châssis le permet, d'un attelage. Amovible, fixe ou pivotant, le choix s'établira selon l'usage de la remorque. Il est important que l'attelage soit bien posé, il en va de votre sécurité, adressez-vous donc à un professionnel.

Trois points dans le choix de votre remorque sont à prendre en compte : le matériau, en aluminium, acier ou polyester (l'aluminium étant plus léger et le polyester à privilégier pour un fourgon) ; l'aérodynamisme pour la tenue de route, la suspension où l'on préférera s'orienter vers un essieu à roues indépendantes.

Parmi les remorques, vous aurez le choix entre un plateau ou des rails. Comme l'achat d'un camping-car, parcourez les sites internet, les revues spécialisées et les professionnels du secteur.

Sachez qu'il est interdit de tracter une voiture derrière un camping-car sans remorque.

Quel permis pour quel poids et quelle assurance ?

Votre permis B suffira dès lors que le PTAC du camping-car est inférieur ou égal à 3,5 tonnes et celui de la remorque inférieur ou égal à 750 kg. Si la remorque dépasse les 750 kg, vous pourrez la tracter à condition que la somme des PTAC du camping-car et de la remorque soit inférieure ou égale à 3,5 tonnes. Cela fait beaucoup de calculs mais les informations se trouvent sur votre carte grise et n'hésitez pas à demander aux professionnels pour la décrypter.

Si le PTAC de la remorque dépasse 750 kg, ou que la somme des PTAC du camping-car et de la remorque dépasse 4 250 kg, il vous faudra être en possession du permis BE.

Pour une remorque au PTAC supérieur à 3 500 kg, le permis C1^E^ est nécessaire. Enfin, le permis C1 (poids lourd) concernera les conducteurs dont le PTAC du camping-car dépasse les 3,5 tonnes, le PTAC de la remorque inférieur ou égal à 750 kg.

N'oubliez pas également d'équiper votre remorque d'une plaque minéralogique : pour un PTAC inférieur à 500 kg c'est la même que le camping-car (ou fourgon) ; au-delà, la remorque sera immatriculée avec sa propre carte grise. En matière d'assurance, la remorquer possèdera une assurance individuelle lorsque son poids est supérieur à 500 kg. Prévenez bien votre assurance de ce nouvel équipement. Attention, l'assurance fonctionne uniquement lorsque la remorque est attelée !

Quelques conseils pour la conduite

Avec une charge et une longueur conséquentes, roulez avec la plus grande prudence. Anticipez vos freinages, gardez une distance d'au moins 50 mètres (le plus est le mieux) avec les véhicules devant vous, utilisez le frein moteur. Nous vous rappelons que les camping-cars ne peuvent pas rouler sur la voie la plus à gauche (lorsque la route est composée de plus de deux voies) si leur longueur est supérieure à 7 mètres, ou s'ils sont poids lourds (article R 412-25).

Conseil le plus important nous semble-t-il, ne prenez pas la route sans un entraînement au préalable de manœuvre avec la remorque, afin de comprendre son centre de gravité. Lors d'un stationnement, votre maîtrise impressionnera assurément.

PENDANT LE VOYAGE

Le camping-car est équipé, vos bagages embarqués, votre itinéraire planifié. Vous voilà enfin prêt à partir. A vous les routes de France, les étapes plus ou moins longues selon ce que vous avez choisi, la rencontre avec les autres camping-caristes, la gestion de votre autonomie pour ne pas être contraint de vous rendre trop souvent à une aire de services… A bord du camping-car, vous expérimentez un mode de vie au plus près de la nature, constitué d'imprévus et d'adaptation si vous ne restez pas au camping la durée de vos vacances. Manque de places à une aire de stationnement, difficulté à vous garer, panne en cours de route… Pas de panique, il y a toujours une solution. Armez-vous de patience et tout finira pour le mieux, vous offrant de nombreuses anecdotes de voyage à raconter au retour, ou aux autres camping-caristes rencontrés, avec qui s'échangeront de bons conseils. Cela vous apportera de l'expérience pour vos prochaines sorties.

Gérer l'autonomie en eau, gaz et électricité

Imaginez : en pleine nuit assez froide, le chauffage se coupe car il n'y a plus de gaz. Vous tentez d'allumer les lampes, mais la batterie ne délivre plus d'électricité. Et là, vous remarquez qu'un robinet est resté ouvert, les cuves d'eau sont vides. Les nerfs à vifs, c'est la scène de ménage. La fin de la nuit est plus que douloureuse. Pour éviter ce scénario catastrophe, il faut apprendre à anticiper et gérer vos ressources à bord du camping-car. Si vous n'êtes pas équipé de panneaux solaires ou d'une pile à combustible, pensez à recharger régulièrement votre batterie auxiliaire en la branchant sur le secteur 220 V. Elle se recharge normalement lorsque vous roulez. Néanmoins, les appareils électriques que vous utilisez consomment une certaine quantité d'énergie. Les ampoules LED sont moins gourmandes que les ampoules classiques ou les néons. Avez-vous besoin de laisser la télévision en fond sonore, voire même d'en être équipé ? Pour le café, optez pour une cafetière italienne ou à piston. Calculez vos dépenses électriques en fonction de vos besoins pour vous assurer que votre batterie le supportera (il existe des simulateurs d'autonomie électrique en ligne). Pour compenser, une seconde batterie auxiliaire montée en parallèle de la principale vous apportera plus de puissance, mais prend de la place.

Concernant l'eau, ne la laissez pas couler lorsque vous vous brossez les dents, vous rasez, faites la vaisselle ou vous savonnez sous la douche. Au camping, utilisez les sanitaires. Pour faire la vaisselle, procédez à un lavage en cascade : bien essuyer la vaisselle avant de laver et laisser dans le fond de l'évier les éléments les plus sales et gras qui auront le temps de tremper, avant de passer à leur tour sous l'énergique éponge. Bien que l'eau des cuves soit potable, beaucoup préfèrent boire des bouteilles d'eau, ou se servent d'un bidon séparé attitré. Ceci fait économiser l'eau de vos cuves.

Quant au gaz, le principal conseil est d'avoir sur vous une bouteille de rechange déjà fixée à l'inverseur pour la changer rapidement dès lors qu'il n'y a plus de gaz dans la bouteille en service.

Produire le moins de déchets durant le voyage

Déjà qu'à la maison il n'est pas agréable de se retrouver avec de nombreux déchets à trier et jeter, nous avons encore moins envie d'en accumuler dans un espace plus restreint. Aux aires de services et de stationnement, vous trouverez dans la quasi totalité des cas des poubelles et bacs de tri sélectif. A peine aurez-vous consommé que vous jetterez alors le superflu. Cela semble logique. La gestion de vos déchets dépendra évidemment de vos habitudes de consommation. Si vous êtes déjà adepte de l'achat en vrac, poursuivez sur votre lancée en vous ravitaillant suffisamment dans les magasins adaptés avant votre périple. Pour les personnes moins habituées, le vrac (dans la vague du zéro déchet qui tend à réduire au maximum ses déchets et non pas à les supprimer totalement, car nous sommes bien conscients que cela est encore impossible, demande trop d'effort mental) consiste à faire ses courses avec des sacs réutilisables, à ne pas acheter en paquet mais au poids (vous remplirez riz, pâtes, oléagineux… dans des bocaux en verre pour récupérer vos sacs en tissus). Dans les supermarchés, par exemple, avez-vous besoin d'un sac plastique pour vos bananes ou une salade ? Il faut alors être équipé de sacs cabas pour le transport, comme vous l'aviez supposé.

S'essayer au compost, c'est-à-dire au fait de séparer l'organique du reste, après le tri du carton, verre, papier et des conserves, reste un défi puisqu'il vous faudra une poubelle spéciale supplémentaire, et trouver un lieu pour jeter vos déchets organiques. Ces poubelles-là fleurissent de plus en plus. Le site www.lesactivateurs.org/geo-compost recense les bacs de compost partagés. On comprend que cela vous détournera de votre itinéraire…

ESPRIT
CampingCar.COM
ETROUVEZ-NOUS SUR ESPRITCAMPINGCAR.COM
@espritcampingcar_officiel
@espritcc
@espritcampingcar
AVEC ESPRIT CAMPING-CAR,
ÉVADEZ-VOUS...
Faites le plein de liberté
NOUVEAU LOOK !
ESPRIT
CampingCar
EVADEZ-VOUS,
FAITES LE PLEIN DE LIBERTÉ
N°105
RETROUVEZ-NOUS SUR ESPRITCAMPINGCAR.COM
GUIDE D'ACHAT
Lumière sur 16 artisans
français ingénieux !
NOS AMENAGEURS ONT UN INCROYABLE TALENT !
TOP 50
des Accessoires
2022 !
COMPARATIF
Les profilés de moins de
7 mètres ont toujours la cote
WWW.ESPRITCAMPINGCAR.COM

© EISENLOHR - ISTOCKPHOTO.COM

La sécurité au volant

Prenez le temps d'adapter votre position de conduite à votre morphologie, surtout si vous partagez le volant avec une autre personne, et de vérifier le réglage de vos rétroviseurs (ajoutez-en des extensibles si besoin, comme le font les conducteurs de caravane). Si la conduite d'un camping-car ne pose pas de difficultés majeures, son conducteur doit toujours garder à l'esprit le gabarit de son véhicule. Attention donc aux manœuvres ! Des aides au recul existent pour minimiser les risques d'accrochage. Pensez à la largeur de votre store si vous en êtes équipé. En revanche, vous pourrez être étonné par la hauteur de votre camping-car. Installez un papier sur le tableau de bord indiquant la hauteur du véhicule pour ne pas l'oublier lors de passage de ponts, tunnels et barrières. Ce genre d'accident est très vite arrivé... La distance de freinage est raccourcie à cause du poids du véhicule, utilisez le frein moteur autant que possible dans les descentes. Dans les ronds-points, tenez votre droite et refaites un tour si besoin. La vitesse n'est vraiment pas une fin en soi pour le camping-cariste, bien au contraire. S'il préfère flâner au gré de ses envies, il ne faut pas pour autant gêner la circulation. Si vous souhaitez prendre votre temps sur la route, laissez passer les véhicules qui vous suivent en vous rangeant sur le bas-côté. L'autoroute n'est pas le terrain d'expression le plus favorable au camping-car. Evitez la monotonie et l'endormissement. Buvez beaucoup d'eau et arrêtez-vous fréquemment. Attention à la « gifle » lorsque vous croisez ou dépassez un camion. Chaque fois que cela est possible, facilitez le dépassement des véhicules qui vous suivent. Evitez aussi de circuler en convoi avec d'autres camping-cars.

Que faire en cas de panne ?

Nul n'est à l'abri d'un problème en route ou à l'arrêt. Tant que tous les passagers sont en sécurité, le problème se résoudra, patience. Pour une panne liée au véhicule en mouvement (moteur, pneus, pot d'échappement…), s'il est impossible de redémarrer, contactez votre assurance qui saura vous guider. Si vous pouvez encore vous déplacer, cherchez le garage le plus proche, de préférence un spécialiste en camping-car et de la marque que vous possédez. Si vous êtes en location, on vous aura probablement spécifié dans votre contrat de location comment agir en cas de panne.

Pour les pannes liées à la cellule, si cela concerne une perte d'autonomie, il vous faudra recharger les batteries, remplir les réservoirs ou changer la bouteille de gaz. Il peut arriver que le frigo à gaz ne fonctionne plus. Ce peut être du à un manque de circulation de propane. Il faudra alors le démonter et le laisser retourné pendant 48 heures, ce qui est plus délicat en plein voyage. Pour l'électricité, un fusible a généralement brûlé : recherchez le perturbateur et changez-le. On ne remarque parfois pas qu'un fusible est défaillant à l'oeil nu, de fait, remplacez chacun d'entre eux, les uns à la suite des autres, par un neuf de même ampérage. Autrement, il faudra suivre le circuit électrique pour trouver où il n'y a plus de courant. Cela prend plus de temps, on n'y arrive pas toujours. Prenez votre mal en patience, demandez à d'autres camping-caristes à qui cela a pu arriver, ou dirigez-vous vers un garage spécialisé.

Bien entendu, les pannes sont multiples, le livret technique de votre camping-car est une ressource précieuse pour vous guider.

VanTrip
Une nouvelle route s'offre à vous...
NOUVEAU N°3
VANTRIP ● N° 3 - OCTOBRE/NOVEMBRE/DÉCEMBRE 2021
VanTrip
PRATIQUE
AMÉNAGEMENT
Chauffage au gaz ou au diesel ?
MATOS
Un poêle à bois d'extérieur
TESTS
Ford Custom Transit Nugget
Mercedes Marco Polo
AUVERGNE
PYRÉNÉES
SCANDINAVIE...
38 PAGES D'ÉCHAPPÉES SUR LES ROUTES D'EUROPE
DÉCO
MATEO MOOD, AMERICAN VAN
INSPIRATION
LA TRANSFO MAISON DE FLO ET LUCIE
PORTRAIT
EMMA ET GUILLAUME LIBERTÉ ET GRANDS ESPACES
L 12149 - 3 - F: 5,90 € - RD
À retrouver en kiosque
et sur turbulencespresse.fr

La bienséance entre camping-caristes

Comme les motards qui font un signe du pied pour remercier ou les camions qui se font des appels de phares entre eux pour se saluer, les camping-caristes ont également leur signe distinctif. Dès que vous en croisez un sur la route, saluez de la main, souriez si possible. C'est un jeu qui devient vite addictif. Si l'on ne vous salue pas en retour, ne le prenez pas personnellement, on ne vous a probablement pas vu, ou enchaîné tellement de signes de la main qu'une pause était nécessaire… Il n'est pas toujours plaisant d'arriver à une aire de stationnement pour camping-cars et de se retrouver presque les uns sur les autres, on ne vous dira pas le contraire. C'est un aspect du voyage en camping-car qu'il vous faudra pourtant accepter de temps en temps. Au lieu de bouder, prenez cela comme une chance de converser, de visiter le véhicule de vos autres compagnons de route s'ils l'acceptent (et de dénicher de bonnes idées d'aménagement). L'intimité est généralement bien respectée, car les autres camping-caristes, comme vous, savent ce que cela fait d'être un peu exposé, ne serait-ce qu'en laissant sa porte ouverte. Ce sont des relations de bon voisinage. Si vous ne vous sentez pas à l'aise, rien ne vous empêche de chercher un autre endroit. Si les places ne sont pas délimitées, respectez bien un espace minimum, surtout s'il n'y a pas trop de monde. Partagez les prises électriques disponibles entre vous. Ne faites pas trop de bruit passé une certaine heure.

Pas facile d'être un camping-cariste

Entre les arrêtés municipaux abusifs qui interdisent le stationnement dans certaines communes, les campings qui refusent les camping-cars de passage, les riverains qui se plaignent de « nuisances » (notez que ce ne sont pas les commerçants), il faut être passionné pour passer outre toutes ces difficultés. Le camping-carisme s'apparente plus à un mode de vie qu'à un loisir. Issu du nomadisme, il est confronté à des réactions (méfiance, jalousie, rejet), bien loin de ses idéaux : liberté, découverte, ouverture et curiosité. Certains considèrent les camping-caristes comme des profiteurs, des égoïstes, des goujats, des pollueurs. Ce n'est pas vrai, et il faut cesser de subir le comportement déplorable d'une minorité. Notre image s'améliore peu à peu grâce au travail de longue haleine mené par les clubs, les revues spécialisées et les camping-caristes eux-mêmes. Restons néanmoins conscients de l'importance de chacun de nos faits et gestes, à l'heure où certaines communes commencent à prendre conscience de la place du camping-car dans leur économie.

Comment laver son linge ?

Sans machine à laver dans le camping-car, place à la débrouillardise pour laver votre linge. La méthode la plus simple est celle du lavage à la main et au savon dans un seau. Essorez au maximum puis suspendez le linge à l'intérieur de la cellule en votre absence, ou laissez-le sécher au soleil. Une idée dénichée sur internet consiste à mettre votre linge dans des bidons étanches, avec de l'eau et une dose de lessive en poudre. En roulant, les bidons vont faire l'effet tambour d'une machine à laver, époustouflant ! Il existe également des sacs qui permettent de laver une tenue en secouant à la main, ainsi que des mini-machines à laver qui s'activent avec le pied et peuvent contenir jusqu'à 2 kg de linge. Enfin, les machines à laver du camping, celles en libre service sur les parkings des supermarchés, ou en laveries automatiques sont plus qu'efficaces. Comptez entre 4 et 8 € pour le lavage et le séchage.

ACHETER OU LOUER ?

Grosse décision que l'achat d'un camping-car. Sauter le pas impliquera forcément des responsabilités. A vous de peser le pour et le contre. Vaut-il mieux louer ? Ce peut être une solution pour tester et voir si ce mode de voyage vous plaît au-delà de l'expérience unique. La première année d'achat sera forcément l'année de la découverte, avec le passage de l'hivernage et des premiers entretiens. Passée cette période d'accoutumance, vous repartirez sur les routes avec plus d'expérience et d'anticipation ; aussi la connaissance du territoire et des lieux où vous vous sentez bien pour passer vos vacances. Les pages qui suivent vous guideront pour trouver le camping-car idéal, les points impératifs à vérifier si vous souhaitez une acquisition clé en main. Quant à la location, nous vous indiquons comment la réussir au mieux, car emprunter un véhicule qui ne vous appartient pas, surtout si vous êtes novice, peut vite être source d'inquiétudes.

Acheter son camping-car : conseils pour ne pas se tromper

Lors de l'acquisition d'un camping-car, il est nécessaire de bien évaluer ses besoins : fréquence d'utilisation, esthétisme, nombre d'utilisateurs, espace intérieur, fonctionnalité, budget, nombre de couchages... Il vous faudra prévoir un endroit pour parquer le véhicule en hiver. Possesseurs d'un grand garage ou espace, vous avez de la chance. Pour les autres, l'hivernage est à intégrer dans le budget final. Que vous achetiez neuf ou d'occasion, intéressez-vous à la charge utile, c'est-à-dire penser au poids de tout ce que l'on charge lors d'un départ en vacances, sans oublier les accessoires ajoutés (porte-vélo, panneau solaire, télé, antenne...) qui sont à soustraire de la charge utile. La norme 92/21/CEE tolère que le constructeur ait un écart, par rapport à la carte grise, de 5 % du poids à vide en ordre de marche. Pour un véhicule de 3,5 t, cet écart peut atteindre 150 kg. Portez ensuite votre attention sur le rapport poids/puissance de la motorisation ; la carrosserie ; le porte-à-faux où, sur certains modèles, la grande longueur de la cellule, au-delà de l'essieu arrière risque de poser des problèmes (talonnement en sortie de ferry, passage sur les dos-d'âne…) ; l'isolation (batterie cellule protégée du froid, conduite d'eau propre et réserve chauffées, réservoir des eaux usées hors gel, double-plancher…) ; l'importance des réserves d'eau, de gaz et d'électricité pour une bonne autonomie ; des couchages performants (dimension, confort, hauteur sous pavillon, rangement des coussins…) ; une cuisine bien agencée et fonctionnelle ; un cabinet de toilette bien aéré et pas trop occulté, dans l'idéal douche et WC séparés ; un accès facile aux vannes de vidange et bouteilles de gaz. La fin de saison touristique est le meilleur moment pour acheter, car c'est la période de déstockage.

Acheter neuf

Un camping-car, c'est un rêve pour beaucoup mais il n'est pas à la portée de toutes les bourses ! Difficile de trouver un véhicule neuf à moins de 30 000 €. Et à ce tarif, il s'agit d'une entrée de gamme chez des marques dites « économiques ». Vous trouverez néanmoins à bord tout l'équipement nécessaire pour voyager. A partir de 40 000-45 000 € vous montez en gamme avec des produits plus soignés, mieux finis et mieux équipés. Un beau camping-car intégral peut allégrement dépasser les 100 000 €. Si votre coeur balance entre plusieurs modèles, rendez-vous chez un concessionnaire pour voir les véhicules et effectuer une présélection. Plus pratique encore, fréquentez les salons, comme celui du Bourget qui se tient chaque année à l'automne. Une excellente façon de se faire une idée précise, d'affiner ses choix et de voir plusieurs véhicules en une seule fois. Avant tout, il est essentiel de prévoir la fréquence d'utilisation de votre camping-car. Si vous pensez ne pas dépasser 3 semaines annuelles de voyage, la location est plus avantageuse.

Acheter d'occasion chez un concessionnaire

Si l'achat d'un camping-car neuf est « facile » (une fois que l'on a choisi son modèle), l'achat d'occasion peut se révéler plus compliqué. Contrairement à une voiture, ce ne sont pas seulement la carrosserie, la mécanique et l'état général qu'il faudra vérifier, mais également la « plomberie » (tuyauterie), les tiroirs de la cuisine, le chauffage, les lumières… De surcroît, ne choisissez pas la marque « au hasard ». En effet, selon le constructeur, il sera plus ou moins facile de trouver des pièces de rechange. La cote d'une marque influencera également votre décision : mieux vaut opter pour un constructeur dont les modèles se revendent bien. Même chez un concessionnaire cela n'empêche pas d'inspecter le camping-car avec un soin scrupuleux! Le prix d'acquisition sera plus élevé, mais la garantie du professionnel peut représenter une solution rassurante et avantageuse en cas de problème. Par ailleurs, il saura vous conseiller.

ACHETER OU LOUER ?

Acheter à un particulier

Si vous achetez votre camping-car à un particulier, soyez plus vigilant car on ne sait jamais. Il ne s'agit pas de dire que les camping-caristes sont malhonnêtes. Simplement, le nombre de points d'usure potentiels dans un camping-car est important et on peut passer à côté de quelques futurs problèmes.

Consultez la cote de l'occasion. Le kilométrage, les options, et certains accessoires peuvent influer sur le prix du véhicule.

Avant de vous déplacer, demandez au vendeur s'il acceptera une visite complète du véhicule. Autant qu'il soit informé à l'avance. Faire le tour du camping-car peut vous prendre 1 heure. En cas de refus de sa part, laissez tomber l'affaire. Vu le prix d'achat il vaut mieux mettre toutes les chances de son côté et éviter bien des surprises lors de votre première sortie.

Demandez au vendeur le carnet d'entretien ou bien les factures d'entretien et de révision du véhicule. Elles doivent être régulières en temps ou en kilomètres. Une visite sous le capot moteur s'imposera. Regardez l'état d'usure des pneus qui doit être égale sur les flancs. S'ils sont par exemple plus usés sur le flanc intérieur qu'extérieur, c'est sans doute un problème de parallélisme, de roture, de triangle…

Regardez le dessous de la cellule, les traces de coups, de rayures, d'accrochage éventuel. Jetez un œil également sur le toit pour déceler si le camping-car n'a pas eu un choc, s'il n'a pas été rayé ou reçu d'impact par des branches, ou toute autre chose, si un lanterneau n'est pas abîmé.

Vérifiez si les pare-chocs et les bas de caisse sont solidement fixés. Les rayures sur la carrosserie du porteur et de la cellule. Les phares, les clignotants, l'ouverture et la fermeture des trappes extérieures, mais aussi le retrait et la remise en place de la cassette des WC.

A l'intérieur, ouvrez les placards, les portes et les fenêtres. Ils doivent s'ouvrir et se refermer sans forcer. Faites fonctionner les moustiquaires, les stores, les rideaux, les lanterneaux. Recherchez les éventuelles traces d'humidité ou de moisissure. Le pire ennemi du camping-car ce sont les infiltrations d'eau à l'intérieur de la cellule. Au fond des placards hauts et bas, sous les matelas, sous la moquette du sol s'il y en a une. Si elle n'est pas d'origine, elle peut cacher des traces, des impacts de chocs, ou des déchirures du revêtement d'origine du sol.

Demandez au vendeur de faire fonctionner les robinets d'eau chaude et froide. Lorsque vous refermez les robinets, la pompe à eau doit s'arrêter très rapidement. Sinon c'est peut-être un signe de prise d'air dans le circuit, un problème de vase d'expansion, ou de pompe défectueuse. Vérifiez si les écoulements vers le réservoir d'eaux usées se font correctement. Faites de même avec le cabinet de toilettes. Autour de la douche, passez le doigt sur le silicone. Aucune goutte d'eau ne doit pouvoir passer le long des cloisons entourant le bas à douche. Si c'était le cas cela serait un signe d'infiltration et donc de moisissure.

Testez l'allumage gaz du réfrigérateur mais aussi le chauffage et l'air pulsé de la cellule, ainsi que l'eau chaude.Allumez les lumières, et contrôlez leur bon fonctionnement. Faites pareil pour les options (parabole, antenne, climatisation, ventilation, hotte aspirante…). Passez en revue l'état des coussins, des housses, des matelas. Selon l'âge du camping-car, les mousses peuvent s'affaisser, et les tissus être d'aspect usé. Une fois l'inspection de la cellule effectuée, passez au volant, faites tourner le moteur. Il doit démarrer du premier coup, la batterie doit être « tonique ». Faites un tour de quelques kilomètres. Le véhicule ne doit pas tirer à gauche, ni à droite. Testez l'embrayage. Ecoutez tourner le moteur pour déceler d'éventuels bruits suspects. Soyez attentif.

Au volant, un œil sur le compteur vous donnera le kilométrage. En moyenne, un camping-car parcourt 10 000 à 12 000 km par an. Un rapide calcul suffit pour savoir si le véhicule a beaucoup roulé ou pas. Demandez la carte grise au propriétaire. Est-ce une première main ? La liste n'est pas exhaustive. Prenez votre temps. L'investissement est conséquent, cela justifie de ne rien négliger. N'écoutez pas le vendeur, car le plus beau camping-car, celui qu'il vous faut, c'est forcément le sien. Ne vous laissez pas presser, ni influencer. Les problèmes que vous découvrirez sur le véhicule maintenant sont autant de soucis évités une fois votre achat réalisé. Méfiez-vous des « affaires exceptionnelles », même s'il en existe. Réfléchissez, retournez voir le véhicule, comparez bien sa cote, et lancez-vous !

La location d'un camping-car

Si vous n'êtes pas tout à fait sûr d'aimer assez le mode de vie camping-car, ne vous précipitez pas pour acheter. Mieux vaut louer une fois de trop que d'acheter une fois pour toutes. Si vous hésitez entre plusieurs modèles, louez le profilé de vos rêves, et mesurez à l'usage ses points forts et ses faiblesses. Si vous souhaitez des vacances en camping-car, mais également sans, nous renouvelons notre conseil : mieux vaut louer pour trois semaines qu'acheter. En général, un camping-car pour 4 personnes se loue entre 500 et 600 € la semaine. Un camping-car pour 6 personnes coûtera entre 700 et 800 €. Assurance comprise. Certaines locations comprennent un forfait quotidien de kilomètres. Plusieurs sites internet (Yescapa, Wikicampers, Hapee, Campanda…) proposent la location à un particulier. Un moyen également pour les propriétaires de rentabiliser leur investissement, s'ils sont prêts à laisser leur véhicule entre les mains d'autrui. Certains achètent d'ailleurs un véhicule de loisirs dans le but unique de le louer par la suite. Peut-être serez-vous un jour à leur place. Dans ce cas, un entretien impeccable et un état des lieux précis sont fondamentaux !

Revendre son camping-car

Comme une voiture, le camping-car perd de sa valeur avec le temps. Au bout de trois à quatre ans, vendre est le bon moment, car la décote est stabilisée. Après 40 000 km au compteur surviennent généralement les premiers gros frais d'entretien, vous les éviterez ainsi. Le début d'année est idéal pour vendre ; les acheteurs potentiels ont touché la prime de fin d'année et comparent les prix chez les concessionnaires. Septembre aussi est favorable. Evitez les périodes d'avril-mai (impôts) et des grandes vacances.

Vous posterez une annonce détaillée (places sur la carte grise, motorisation, équipements, entretiens effectués, contrôle technique de moins de 6 mois ou lors de la vente…), ainsi que de belles photos, et en quantité (il y en a des choses à montrer !). Si le camping-car est stocké dans un abri, indiquez-le, cela est gage de confiance qu'il a passé l'hiver au chaud. Le tout, sur les sites d'annonces généralistes (le Bon Coin, Paru vendu...) ou spécialisées (Annonces Caravaning...). Dans ce dernier cas, certains sites demandent une participation pour poster l'annonce.

Si quelqu'un est intéressé, il faudra lui faire le tour du camping-car comme si vous souhaitiez acheter. Ne cachez pas les défauts et racontez votre histoire avec le véhicule, pour que l'acheteur potentiel se projette.

Pour plus de confiance quant au paiement demandez un chèque de banque. Vous remplirez ensemble les papiers de cession/vente/non gage du véhicule de la même manière que pour l'achat d'une voiture entre particuliers.

Vendre soi-même prend du temps. Fixez le prix minimum sous lequel vous ne descendrez pas, quitte à le garder encore quelques mois. Certains concessionnaires font du dépôt-vente, ou reprennent votre ancien camping-car si vous en rachetez un neuf.

Quelques sites de petites annonces pour l'achat

ANNONCES CAMPING-CAR - www.annonces-camping-car.com

Ici, c'est gratuit et rapide ! En effet, ce site d'annonces est spécialisé dans les camping-cars. Vous pouvez aussi bien aller sur ce site pour trouver un camping-car à acheter que pour y vendre votre véhicule de loisirs. Un coup d'œil s'impose pour savoir les bons plans du moment. Le site est clair et simple : la recherche se fait en un clic. Vous pourrez aussi facilement gérer votre annonce si vous vous lancez dans la vente.

ANNONCES CARAVANING - www.annonces-caravaning.com

Ce magazine qui dispose d'un site Internet permet d'acheter ou de vendre son camping-car par le biais des petites annonces. Vous trouverez des informations sur les aires de service, la location, l'assurance, le financement, la garantie panne mécanique, l'achat des pneus caravaning, etc.

CAMPING CAR OCCAS - www.campingcaroccas.com

Ce site d'annonce pour les camping-cars vous donne une idée du marché. Vous pouvez aussi bien aller sur ce site pour trouver un camping-car à acheter que pour y vendre votre véhicule de loisirs. Une action que vous avez peut-être en tête pour acquérir bien vite une nouvelle merveille. C'est un site efficace et rapide qui propose de nombreuses informations. De nombreuses photographies vous donnent une idée du véhicule mis à la vente.

LA CENTRALE - www.lacentrale.fr

Ce site Internet est le premier site de véhicules d'occasion mais il s'occupe aussi des camping-cars. Il est vrai qu'il est plus connu pour les voitures d'occasion. Sur ce site, on peut soit déposer son annonce pour vendre un camping-car, soit consulter les annonces pour acquérir un véhicule de loisirs. Vous trouverez des conseils mais aussi des éléments utiles pour la garantie mécanique. Vous aurez aussi la possibilité de faire estimer votre véhicule par la cote et ce gratuitement. Pour de nombreuses informations et des conseils essentiels.

DEUXIÈME MAIN (BELGIQUE) - www.2eme main.be

Dans la rubrique «Caravanes», des particuliers vendent leurs camping-cars. On peut y trouver de bonnes affaires mais attention à bien vérifier tous les points de contrôle avant d'acheter pour être sûr de la qualité du véhicule. Les vendeurs sont pour la plupart belges, donc c'est une bonne option pour les personnes habitant surtout dans le nord de la France.

RAPIDO OCCASIONS - www.rapido-occasions.fr

C'est un site d'annonces pour les camping-cars qui appartient au groupe Rapido. C'est un gage de sérieux et d'achat certifié. Vous pouvez aussi bien aller sur ce site pour trouver un camping-car à acheter que pour y vendre votre véhicule de loisirs. Les offres proviennent de partout en France. Vous y trouverez des profilés, des capucines et des intégraux. Pour des offres de qualité.

Et pour la location

WIKICAMPERS - www.wikicampers.fr
Wikicampers met en relation les propriétaires de camping-car et les personnes désireuses d'en louer un sur une plus ou moins longue période. A vous de choisir parmi les offres disponibles selon vos critères et de convenir ensuite du lieu de prise en charge et de restitution du véhicule...

AVIS CAR-AWAY - ✆ 01 47 49 80 40 - www.aviscaraway.com - info@aviscaraway.com
Pour vivre l'expérience du camping-car et vous lancer dans un voyage, ce spécialiste de la location de camping-cars en France devrait vous plaire. Avis Car-Away propose de découvrir de nombreux camping-cars et de préparer votre location en ligne.

BLURENT (ITALIE) - ✆ + 39 0172648140 - www.blurent.com - booking@blurent.com
Ce site de location existe depuis près de quinze ans. Il est spécialisé dans la location de camping-car. Parce qu'il est souvent utile d'essayer un camping-car avant de l'acheter, Blurent vous offre cette possibilité. On apprécie le nombre des locations tout comme les possibilités d'aller les chercher dans de multiples lieux. Blurent sait aussi être moderne : vous pouvez télécharger son application facilement. Pour des modèles de différentes catégories et la réalisation de vos vacances selon vos envies. Sur leur site, n'hésitez pas à demander un devis.

MOTORHOME RENT - RN 83 Parc d'activités des Nations - BENFELD - ✆ 04 68 41 98 63 - www.motorhomerent.fr
Ouvert du lundi au vendredi de 10h à 18h. modèles de camping-car : capucines, profilés, intégraux ou fourgon aménagés grand confort. Motorhome Rent propose des formules de location allant de 3 jours minimum hors vacances scolaires à la semaine. De nombreuses promotions sont proposées toute l'année pour prendre la route en toute liberté. Quant à l'itinéraire, c'est vous qui le choisissez en France ou en Europe. Les pays autorisés sans surcoûts tarifaires : Autriche, Belgique, Allemagne, Danemark, Espagne, Finlande, Royaume-Uni, Grèce, Italie, Irlande, Luxembourg, Norvège, Pays-Bas, Portugal, Suède, Andorre, Bulgarie, République Tchèque, Estonie, Hongrie, Suisse, Pologne, Slovaquie, Croatie, Monaco, Roumanie, Slovénie.

YESCAPA BORDEAUX - ✆ 05 33 52 21 65 - www.yescapa.fr
Ouvert du lundi au vendredi de 9h à 18h30.
La location de camping-cars et de vans aménagés entre particuliers, c'est le crédo de cette start-up bordelaise, créée en 2012 par Adrien Pinson et Benoît Panel. Vous avez un fourgon ou un camping-car, mais vous ne l'utilisez pas toute l'année ? Mettez-le en location en toute sécurité sur le site internet. Au contraire, vous souhaitez partir en road-trip, mais vous n'avez pas le véhicule adéquat ? Louez-le grâce à la plateforme Yescapa et partez à l'aventure. C'est une alternative moins coûteuse pour les uns et un joli moyen de rentabilisation pour les autres. Alors que les voyages en van aménagé sont en plein boom, on parie que l'équipe de Yescapa a encore de beaux jours devant elle !

AIRES DE SERVICES ET ÉTAPES

Au cours de votre voyage en camping-car surviendra l'obligatoire moment d'effectuer vos services. Pour cela, rendez-vous dans une aire de services, un endroit spécifiquement aménagé qui autorise le remplissage d'eau propre, la vidange des eaux usées (plateforme bétonnée en pente), la vidange des toilettes, et parfois le raccord électrique. Il vous faudra aussi trouver un stationnement, pour la journée, une nuit ou plusieurs jours consécutifs selon votre parcours et le temps à votre disposition. Cela se prévoit afin de ne pas être pris au dépourvu, alors que la fatigue s'installe et que les nerfs sont mis à rude épreuve. Les options sont nombreuses et offrent des expériences nocturnes variées, pour celles et ceux qui souhaitent être tranquilles, qui veulent un accès aux services sur place, qui cherchent à faire des rencontres... Comment trouver une aire de services ? Où faire étape ? Combien cela coûte ? Découvrez-le dans ce dossier.

A la recherche d'une aire de services

Les aires de services et aires réservées aux camping-cars sont symbolisées par un panneau rectangulaire au cadre bleu, avec un camping-car posé au-dessus d'une fosse à vidange sur fond blanc. Le panonceau « Aire de camping-car » y est quelquefois ajouté en dessous.

Les municipalités, devant la flotte grossissante des véhicules de loisirs, participent au maillage du territoire en aires de services. Les renseignements pratiques s'obtiennent auprès des mairies ou des offices de tourisme. Le stationnement pour la nuit n'est pas systématiquement autorisé. Renseignez-vous avant, sous peine d'être verbalisé.

Les terrains de camping proposent parfois des aires de services. Certains campings acceptent le simple passage du camping-car pour l'étape technique, moyennant une contribution modeste. D'autres campings réservent l'aire de services exclusivement à leurs clients, ce qui signifie que vous devrez passer une nuit au camping si vous devez absolument ravitailler.

Il existe également des aires privées, sur les parkings de supermarchés, ou chez des restaurateurs. Il est important de les laisser aussi propres que possible avant votre départ, pour les futurs utilisateurs, et comme vous souhaiteriez les trouver vous-même.

Internet au service des services

Il existe des applications bien pratiques comme Park4night, Air C.Car et Camping Car Park, qui vous indiqueront les aires de services et d'étapes à proximité de votre parcours, payantes ou non. Vous trouverez également dans ce guide une sélection d'aires de services bien équipées et entretenues.

En hiver, se pose la question du ravitaillement en eau. En effet, les communes coupent très souvent l'accès à l'eau pour éviter le gel. Si le recours au cimetière ou à l'aire d'autoroute peut être envisagé (avec la contrainte de ne pouvoir relier le tuyau d'eau, et donc de remplir jerrican après jerrican durant un grand nombre d'aller-retour), les bornes Flot Bleu délivrent en principe continuellement de l'eau. Comptez 2 à 3 euros pour remplir vos réservoirs. Leurs emplacements se trouvent sur Internet.

Rester pour la nuit sur l'aire de services, c'est possible

Au-delà du ravitaillement, les aires de services représentent une option pour le stationnement. On est parfois bien loin du joli petit coin tranquille au bord de la rivière. La majorité des aires de services municipales autorisent le stationnement, souvent pour une seule nuit, jusqu'à 7 jours maximum.

Parfois le stationnement est gratuit, mais pas toujours. Un tarif global peut comprendre les services et la nuitée, en moyenne pour une dizaine d'euros. Si la plupart du temps, les municipalités limitent les places de stationnement en nombre et dans la durée, c'est pour décourager les rassemblements, et privilégier le principe même de l'aire de services : vidanger et ravitailler le camping-car. Une aire de services n'est pas un lieu de rendez-vous, et les riverains n'ont pas envie d'une agglutination de véhicules.

A savoir que près de 1 200 aires de services sont gratuites en France. Pourquoi ? Parce que les installations, leur entretien et le personnel coûtent plus chers que ce qu'elles rapportent. De fait, pour remercier ces communes, consommez dans les commerces de proximité pour faire vivre les communes et les remercier d'accueillir ainsi les camping-caristes.

« Stop accueil camping-car », une formule pour les services au camping

Certains campings, en partenariat avec la Fédération Française de Camping et de Caravaning proposent la formule « stop accueil camping-car. » Le principe : vous arrivez après 18h au camping et vous repartez le lendemain matin avant 10h.

L'emplacement est facilement accessible pour un camping-car et parfaitement plat. Le sol est stabilisé et dur. Des aménagements spéciaux sont à votre disposition : un vidoir pour WC chimique, un vidoir eaux usées pour camping-car et un robinet eau propre accessible avec le véhicule pour la plupart des campings participant à la formule.

La liste des terrains de camping affiliés est disponible dans le Guide officiel camping caravaning, dans le Guide officiel des aires de services (vendu à la FFCC) et dans le Guide stop-accueil camping-car (gratuit).

En quête du meilleur stationnement pour une ou plusieurs nuits

L'étape idéale : belle, sûre et calme. Pour être certain de trouver une belle étape, commencez vos recherches assez tôt. A la tombée de la nuit, on trouve rarement une étape satisfaisante. En conduisant avec les phares, on n'y voit plus rien et, dans ce cas, la belle étape tient du miracle... Ensuite, la sécurité. Mais comment savoir si vous serez plus en sécurité sur la place du village ou dans un endroit isolé ? Chacun a sa propre évaluation des dangers. Vous trouverez souvent d'autres camping-cars avec qui stationner si vous êtes réticent à passer la nuit seul. Enfin, le calme. La proximité d'une boîte de nuit est à proscrire. Il en va de même pour les cloches d'une église.

Si vous comptez passer plusieurs jours en effectuant des étapes sauvages, évaluez l'autonomie de votre véhicule avant de vous mettre en chasse. Vérifiez l'eau, le gaz, l'électricité et les provisions. Se poser sur un sol inondable ou mal stabilisé est source de soucis lorsqu'il faudra reprendre la route.

© JEROME GENEE - ISTOCKPHOTO.COM

L'aire de service offre un accès à l'eau potable.

L'étape à la campagne

Préférez les étapes courtes, pour ne pas donner l'impression de vous « installer ». Vous trouvez votre camping-car magnifique, mais cet avis n'est pas partagé par tous. Ne « gâchez » pas une vue. Choisissez des étapes conformes aux règles de circulation routière. Si personne ne pense à s'installer au bord de la route pour des raisons de sécurité évidentes, attention aux panneaux cachés par des arbres, à l'interdiction de stationner invisible car vous êtes arrivés de nuit. Des sourires et de la politesse sont encore les meilleurs moyens d'obtenir l'accord du propriétaire du terrain sur lequel vous souhaitez passer la nuit. Bien confortablement installé à l'intérieur de votre camping-car, pensez que vous vous intégrez à un environnement. Vous ne gênerez pas les voisins en vous garant devant leur baie vitrée ou juste devant leur porte.

Si vous retrouvez d'autres camping-caristes et que l'espace le permet, pas la peine de coller les véhicules les uns aux autres. Mais si vous êtes seuls dans un endroit isolé, évitez de déballer tout votre matériel à l'extérieur. Auvent et tables de jardin suffiront pour le déjeuner ; pas question, en revanche, de faire sécher votre linge ou de mettre la radio à fond. Si vous faites un barbecue, assurez-vous de ne pas envoyer de fumée en direction des voisins. Vous devez laisser l'endroit que vous investissez dans un meilleur état que celui dans lequel vous l'avez trouvé. Pas de vidange « sauvage », pas d'ordures « oubliées ». Si vous voyagez avec des animaux domestiques, attention aux souillures.

L'étape en ville

L'éclairage public facilite la recherche tardive d'un emplacement. Plus encore en ville, vous éviterez de tout déballer. Et vous ne vous garerez pas devant les sorties de garage. Choisissez un parking avec quelques véhicules garés plutôt qu'un parking désert. Si la sécurité vous obsède, trouvez refuge à côté de la gendarmerie locale, d'un poste de police ou d'une caserne de pompiers. La gare est un faux ami. Son parking invite au stationnement, mais n'oubliez pas que les trains continuent à rouler la nuit.

LA VIE PREND
UN SENS
RADIO
NOTRE
DAME
FM100.7 - RADIONOTREDAME.COM
FM 100.7 - RADIONOTREDAME.COM
www.egga.fr - crédit photo : gettyimages

Trouver le coin idéal pour passer la nuit, comme ici à Trouville.

Si les parkings de grande surface ne sont pas toujours accueillants (des gardiens peuvent vous faire partir à tout moment !), les abords des stades et piscines demeurent la solution privilégiée. Vous y trouverez certainement de l'eau et la tranquillité (à moins que des locaux viennent y passer la soirée).

En centre-ville, si vous optez pour la place principale, vous risquez d'être réveillé de bonne heure ou surpris par un marché qui s'installe, vous obligeant à partir.

Le confort du camping, moins sauvage évidemment

Le camping constitue la formule incontournable pour les camping-caristes qui cherchent un emplacement agréable pour toute la durée de leurs vacances. Il est fort appréciable de pouvoir utiliser les équipements (sanitaires, piscine, animations...) et les lave-linges du camping. L'appellation « confort caravane » vous assure un point d'eau, un point de vidange et le branchement sur secteur. L'appellation « grand confort caravane » ajoute un bac de vidange pour les eaux noires aux équipements précédents. Comme tout bon campeur, vous prendrez soin de réserver à l'avance pour la haute saison dans les lieux fréquentés. Une fois installé sur un terrain stable et plat, le camping-car fait office de mobile-home et ne bouge plus jusqu'au départ. Vérifiez bien les dates d'ouverture du camping car tous ne sont pas ouverts toute l'année.

Expérience insolite et conviviale chez l'habitant

Certains particuliers proposent des emplacements sur leur propriété. Un séjour authentique, souvent bien servi par la chaleur de vos hôtes. Une façon originale et décontractée de découvrir les activités nature proposées dans ce type convivial d'hébergement.

La formule France Passion mérite d'être soulignée. Le principe : vous stationnez gratuitement une nuit chez un vigneron, un éleveur ou un agriculteur et vous profitez de son installation technique. Cette formule d'accueil privée permet au camping-cariste, détenteur d'une invitation personnelle (suite à l'achat du guide annuel France Passion de 30 €), de stationner librement sur le site même des propriétés adhérentes sans aucune contrainte financière ou commerciale. Un moyen agréable de découvrir les richesses du terroir !

Une nuit en bord de mer ?

Le stationnement y est interdit en France, sauf sur les aires spécialement conçues pour les camping-cars (recherchez sur Park4Night). Vous pouvez néanmoins profiter des ports, qui vous accueilleront d'autant plus facilement que vous ne dérangez pas l'activité de pêche. Dans le reste de l'Europe, il est possible de se garer très près de la mer. Il est déconseillé de stationner sur la plage, mais pourquoi ne pas s'en approcher ?

HIVERNAGE ET ENTRETIEN

Un camping-car bien entretenu toute l'année tombera moins en panne pendant les vacances, pensez-y ! Il est important d'en prendre soin, de vérifier que tout fonctionne, de réparer une anomalie déclarée le plus rapidement possible, seul ou avec l'aide d'un professionnel si vous ne vous y connaissez pas assez. Dans la majeure partie des cas, plus vous laisserez traîner, plus les coûts de réparation seront onéreux. C'est pourquoi il faut compter dans votre budget des frais d'entretien. La durée de vie de votre camping-car s'allongera. Peu de gens partent toute l'année en camping-car, pourtant, certains courageux bravent froid et neige pour un voyage hivernal. Comment bien l'aborder ? Comment hiverner votre véhicule pour le retrouver en bon état dès l'apparition des beaux jours et l'envie de repartir sur les routes ? Nous vous livrons tous nos conseils quant à l'entretien, l'hivernage, le camping-carisme blanc, et la gestion de la panne.

L'entretien général

Pour la longévité du véhicule, un entretien moteur est recommandé tous les 15 000 km. Avec les véhicules actuels, vous pouvez parcourir plus de 50 000 km sans changer d'huile moteur. Il est néanmoins recommandé de vidanger plus fréquemment. De même, les freins, fortement sollicités, doivent être régulièrement contrôlés. Certaines opérations, pas forcément compliquées, sont à effectuer soi-même. Lorsque vous lavez votre camping-car, commencez par le toit, propice aux traînées noirâtres, et profitez-en pour vérifier les joints de mastic. Le lavage extérieur de la cellule est comparable à celui d'une automobile. Passage au jet à haute pression, brosse spéciale sur manche télescopique, serpillière, à chacun sa méthode. Le réservoir d'eau propre est à nettoyer avec de l'eau de Javel diluée une fois par an. Rechargez les batteries une fois par mois pendant 72 heures pour éviter qu'elles ne se détériorent. Prenez soin de vos essuie-glaces. Pour cela, relevez-les en hiver pour éviter qu'ils ne gèlent ; lorsqu'il fait chaud, protégez le caoutchouc qui risque de fondre avec une couverture. Enlevez la poussière avec un chiffon. Il faudrait, en théorie, changer une fois par an les balaies d'essuie-glace…

© WELCOMIA - ISTOCKPHOTO.COM

L'humidité : point le plus important à surveiller

L'eau est la bête noire des camping-cars et, contrairement à ce que l'on pourrait croire, ces derniers ne sont pas étanches. Tous les modèles risquent, à un moment de leur vie, de connaître des infiltrations. C'est pourquoi un contrôle d'humidité annuel est le seul moyen de prévenir au plus tôt l'infiltration. Les signes les plus courants et qui doivent vous alerter : traces noires ou de rouille, odeurs de moisi, tâches au plafond, banquettes et coussins humides, extérieur bondé ou déformé. En cas d'infiltration découverte, si votre camping-car est neuf, vous utiliserez la « garantie étanchéité » valable entre cinq et quinze ans, selon que vous ayez ou non pris une extension de garantie. Pour que le concessionnaire ou le revendeur de la marque accepte bien la garantie et prenne à charge les frais, le contrôle du taux d'humidité doit être effectué avant la date anniversaire du véhicule, chaque année, des la première année. Un oubli et la garantie s'annule, attention ! Les professionnels sont très stricts dessus car cela engage de gros frais de réparation en cas d'infiltration. Le contrôle du taux d'humidité coûte une grosse centaine d'euros. Au-delà de la garantie, ne passez pas à côté de ce contrôle, camping-car neuf ou d'occasion.

Les pneumatiques

Ils doivent être surveillés de près, car ils sont soumis à des pressions importantes. A pleine charge, une bonne pression des pneus du véhicule est essentielle. Si les pneus semblent écrasés alors qu'ils sont correctement gonflés, vérifiez que vous n'êtes pas surchargé. Si ce n'est pas le cas, répartissez mieux la masse à l'intérieur de la cellule. Il est recommandé de répartir le chargement dans le véhicule pour éviter les surcharges localisées. Ne jamais entreposer les objets lourds (boites de conserves) dans les placards du haut. Il faut également respecter les pressions de gonflage spécifiques aux conditions d'utilisation et les vérifier à froid. Le poids sur chaque roue ne doit pas dépasser la limite acceptable par le pneumatique. Pour rappel, le contrôle de la pression des pneus s'effectue à froid, c'est-à-dire avant d'avoir roulé. Un pneu sous gonflé ou écrasé risque d'exploser. Autre point à surveiller : le vieillissement des pneus. Si le kilométrage de votre camping-car reste relativement faible d'une année à l'autre, vos pneus vieillissent d'un an, eux. Après trois ans, ils n'auront peut-être pas l'air usés, mais ils seront vieux. Posez-vous alors la question de les changer ou non. Lors des révisions du véhicule, n'hésitez pas à questionner votre concessionnaire ou garagiste.

Le budget moyen annuel de l'entretien

Tous frais confondus, il vous faudra prévoir, en visant large, 2 000 euros de frais d'entretien à l'année. 150 € environ pour le contrôle d'étanchéité, 250 € de produits ménagers d'entretien adaptés au camping-car, le changement de pneus tous les trois à cinq ans environ, ce qui fait une moyenne de 150 € par année, le contrôle technique de 83 € tous les 2 ans (soit 41,5 €/an), l'hivernage variant entre 300 et 500 € par an s'il y a besoin de parquer le camping-car ailleurs que chez vous, l'assurance entre 350 et 550 € par an, la vidange, le changement de plaquettes de freins…

Les pannes les plus courantes

Le moindre dysfonctionnement peut faire paniquer. Que se passe-t-il et cela est-il réparable ? Dans la plupart des cas, la panne trouve une solution. Loin d'être exhaustif, c'est le cas d'une mauvaise circulation de gaz, d'un pneu crevé, d'une panne d'électricité dans la cellule (généralement un fusible grillé), de la pompe à eau qui ne fonctionne plus... Consultez en premier lieu le livret du camping-car, une mine d'informations. Des tutos en ligne peuvent vous aider. La consultation des forums et l'aide en ligne sont très efficaces mais, à distance, toutes sortes de conseils vous sont délivrés ; on peut alors parfois se sentir perdu si la panne n'est pas résolue à force d'essais ou par manque de connaissances techniques. Votre meilleur interlocuteur reste néanmoins votre concessionnaire ou un garage professionnel de la marque de votre camping-car, amenés à gérer la panne presque tous les jours. A savoir que pleins de petits travaux se font seuls en achetant des pièces détachées facilement changeables.

L'hivernage

Un hivernage bien préparé facilite la mise en route de votre véhicule en début de saison. Commençons par l'eau. Pour des raisons d'hygiène, nettoyez les tuyaux et les réservoirs. Contre le gel, vidangez les réservoirs, les tuyaux et la pompe. Démontez cette dernière, vous nettoierez le filtre et la stockerez dans un endroit chaud. Laissez les robinets ouverts, enlevez les bouchons des éviers, du lavabo et du réservoir d'eau propre. Vidangez bien le *boiler*. Et pourquoi ne pas le détartrer ? Se munir d'un récipient pour recueillir les eaux usées, le gel empêchant parfois de les conserver dans le réservoir d'eaux usées. Lorsque le gel est faible, quelques poignées de gros sel permettent de ne pas geler le réservoir des eaux usées.

Surveillez le bon état de la ventilation pour éviter qu'une mauvaise odeur n'imprègne votre camping-car. Laissez les lanterneaux légèrement ouverts avec une moustiquaire. Ne jamais obstruer les aérations de la cellule. Passez l'aspirateur sur les grilles d'aération extérieure. Nettoyez le réfrigérateur et laissez sa porte entrouverte. Rincez et désinfectez la cuve des toilettes chimiques.

club14
Quand on aime la moto c'est pour la vie
36ème
RALLYE
club14
Quand on aime la moto c'est pour la vie
du 26 au 29 mai 2022
en Andorre
L'association Club 14, premier moto-club de France vous donne rendez-vous lors du grand week-end de l'Ascension! Convivialité, Partage et Passion sont les maîtres-mots qui définissent cet événement.
Pour plus d'infos rendez-vous sur club14.com
dans la rubrique «Evénements».

club 14
Quand on aime la moto c'est pour la vie
WEEKEND ALL INCLUSIVE(1)
À PARTIR DE 399 € (TARIF PILOTE ADHÉRENT)
Pendant ces 2 journées de balades à moto, vous sillonnerez de magnifiques routes de montagnes à la découverte de panoramas à couper le souffle autour de la principauté d'Andorre.
Hébergement : Hôtel NORDIC - El Tarter (Andorre).
Pour plus d'infos rendez-vous sur club14.com dans la rubrique «Evénements».
(1) All inclusive = Tout compris. Détails de ce qui est inclus dans le séjour disponibles sur notre site.

Les joints de caoutchouc n'aiment pas trop le froid. On pourra les traiter avec une graisse adaptée. Il est préférable de rentrer literie, matelas, coussins qui prendraient l'humidité.

Des insectes peuvent se nicher dans la sortie d'air du *boiler*. Pour la carrosserie, prévoyez un bon nettoyage, comme pour les baies. Allégez autant que possible le poids sur les pneus. Ne serrez pas le frein à main, quitte à mettre des cales, pour éviter les problèmes en cas de gel. Videz les placards et les coffres, et passez un coup d'aspirateur. Si vous possédez un climatiseur, bouchez l'arrivée d'air. Ne pas oublier de fermer les trappes d'aération du poste de conduite, source de courant d'air froid. Contrôlez la qualité du liquide dans le circuit de refroidissement ainsi que celle de l'huile moteur qui doit être adaptée aux températures attendues. Vérifiez l'état de la batterie et des pneus.

Contrôlez le bon fonctionnement du chauffage et de tous les accessoires participant à la bonne visibilité. Enduire d'un produit à base de silicone ou de vaseline tous les joints des portières et des coffres. Une isolation externe du pare-brise sera efficace.

Où laisser son camping-car durant l'hivernage ?

Un local couvert et chauffé est la meilleure solution pour parquer votre camping-car. Ne le garez pas dans l'herbe, trop humide, ni à la lumière. Il existe des housses de protection ; intéressant si vous laissez le véhicule dans une grange où les oiseaux viennent nicher. Si vous n'avez pas de place là où vous résidez, commencez par prospecter autour de chez vous, surtout si vous vivez à la campagne. Il se peut que des agriculteurs, des voisins disposent d'un hangar ou d'un grand espace et acceptent d'hiverner votre camping-car. Prévoyez à l'avance l'hivernage, car en fin de saison tout le monde se précipite et les places sont rares. Des sites comme Stockly ou Hivernage C.C vous mettent en relation avec des particuliers qui proposent l'hivernage. Les locations sont généralement annuelles, avec ou sans contrat (un contrat vous assurant une prestation claire), ou pour une durée de 6 mois.

Le retour des beaux jours

Passons en revue les points à surveiller avant de reprendre la route.

D'abord, les batteries. Comment ont-elles passé l'hiver ? Vérifiez le niveau d'électrolyte avant de charger. Bien charger les deux batteries (24 heures) lors d'une remise en route. Si le camping-car est resté totalement immobile pendant l'hiver, il faut regonfler les pneus. C'est l'occasion de vérifier la roue de secours. Un coup d'oeil sur le carnet de révision, un autre sur celui de la date du contrôle technique, passons à la cellule. La pompe fonctionne-t-elle ? L'auvent est-il en état ? Vérifiez le *boiler*, le marchepied, le réfrigérateur, le chauffe-eau, le chauffage, ainsi que les accessoires. Nettoyez votre réservoir avec de l'eau de javel, remplissez-le et faites fonctionner la pompe pour remplir le *boiler*. Vidangez l'air des tuyaux en les laissant ouverts. Branchez le réfrigérateur sur le 220 V. N'oubliez pas de vérifier que la lyre de gaz tiendra encore une saison. Facile, sa date limite d'utilisation est de 3 à 4 ans.

Le caravaneige : prendre la route en hiver

Fan de ski et de sports d'hiver, soyez confiant et certain de votre système de chauffage avant de partir. Assurez-vous aussi de vos ressources propres. La nuit tombe vite, on consomme plus d'électricité et de chauffage. Sans générateur, il est compliqué d'envisager le stationnement libre en montagne en hiver. Il faut prévoir des chaînes et s'entraîner à les monter à l'avance, ce qui n'est pas facile avec des roues de grand diamètre. Elles se montent toujours sur les roues motrices. Pour la mécanique, pensez à vérifier le niveau de protection antigel du liquide de refroidissement, remplissez le réservoir lave-glace avec un produit contre le gel, et changez la batterie moteur si vous doutez de sa capacité. Le démarrage par grand froid d'un moteur diesel qui n'a pas fonctionné depuis plusieurs jours demande beaucoup de puissance.

Enfin, munissez-vous d'une pelle à neige afin de prévoir de déneiger le toit. Si le camping-car n'est pas équipé d'une échelle, embarquez un escabeau, ainsi qu'une raclette avec un long manche. Il ne vous reste plus qu'à en profiter !

LES MARQUES SUR LE MARCHÉ

Vous voilà convaincu par le camping-car ? Il ne reste plus qu'à passer à l'action et vous décider pour un modèle avant de passer la seconde et de partir à l'aventure. Il vous conviendra tout d'abord de déterminer précisément vos besoins, combien de personnes feront partie du voyage et le type de véhicule qui y répondra le mieux (profilé, intégral, capucine, fourgon aménagé, van...). Ensuite, qu'il s'agisse d'acheter ou de louer un véhicule, la rubrique à venir devrait vous aider à faire votre choix parmi les différentes marques sur le marché. Leaders incontestés depuis des décennies ou marques plus récentes, nous avons essayé de regrouper les marques les plus fiables, proposant des véhicules de qualité. La France est le 2e marché européen pour les camping-cars. Il connaît une croissance de 10 % par an et il semblerait que la crise du Covid-19 contribue à son essor, en particulier le marché des vans qui séduit de plus en plus de millennials.

ADRIA MOBIL

www.adria-mobil.com

La marque slovène, née en 1965, est bien représentée en France et compte de nombreux concessionnaires. Mini-vans, profilés ou intégraux, la nouvelle collection allie qualité, confort, fiabilité et ergonomie. Le bon rapport qualité-prix des modèles de la marque lui confère une place de choix sur le marché hexagonal. Du côté des vans, il existe deux modèles : Active et Twin (dans sa version Sports ou non). Elle en a actuellement vendu plus de 20 000. En 2020, la marque a lancé les nouvelles versions de ses modèles Matrix, Coral et Adora.

AUTOSTAR

QUINTIN

✆ 02 96 79 62 00

www.autostar.fr

Ouvert du lundi au vendredi de 9h à 12h et de 14h à 17h.

Depuis les années 1970, Autostar existe et c'est une marque bretonne ! Elle propose profilés et intégraux et elle est spécialiste en la matière. La version des intégraux avec des intérieurs redessinés (coloris, design), est disponible en trois niveaux de finitions. On appréciera la qualité des équipements, des menuiseries et des finitions tout comme le choix de technologies innovantes. On notera le Confort 5 étoiles ou encore ses modèles équipés du chauffage central ALDE. Pour tous les goûts et tous les budgets. Une très bonne adresse.

BAVARIA

www.bavaria-camping-car.com

Découvrez les nouveaux modèles et les classiques qui ont fait la réputation de la marque. Des innovations et des améliorations qui se retrouvent dans le détail des équipements, des nouveaux coloris pour la sellerie, mais aussi dans la qualité des matériaux et des technologies mises en œuvre. Les gammes sont : Tren-D, Initial et Van. Cette marque française bénéficie de tarifs alléchants et d'un service après-vente de qualité. On notera la structure timeproof avec un pavillon et un sous-plancher en polyester, mais aussi des serrures à compression sur double joint.

BURSTNER S.A

Route des Quatre-Vents

WISSEMBOURG

✆ 03 88 54 90 90

www.buerstner.com

La plus française des marques allemandes, présente en Alsace depuis 1976, fait partie des grands constructeurs européens. Ses modèles marquants : Lyseo, Ixeo, Elegance et et le tout récent Eliseo. Bürstner est également présent sur le marché du fourgon avec le City Car. Véritable créateur d'ambiances, Bürstner garde le cap en matière d'innovations. Avec des formes, des couleurs tendance et des finitions très soignées, chaque modèle est élaboré pour se sentir dans un endroit pas comme les autres. Equipement très complet à l'intérieur.

CAMPEREVE

✆ 02 43 30 30 29

www.campereve.fr

Spécialiste du fourgon aménagé, Campereve a été racheté en 2010 par la société Rapido sans rien perdre de son savoir-faire originel. Campereve est spécialisé dans la pose d'accessoires et la fabrication de fourgons aménagés, sans oublier l'installation d'aménagements clés en main. Innovation et design (nouveautés 2021 : des lignes modernes et épurées ainsi qu'une salle de bains repensée avec un bac à douche arrondi, toujours plus pratique) sont à retrouver chez l'un des 53 distributeurs dans l'Hexagone. En route pour de nouvelles aventures !

CHALLENGER

TOURNON-SUR-RHÔNE

✆ 04 75 07 56 50

www.challenger-camping-cars.fr

Depuis plus de 30 ans, Challenger présente une gamme qui privilégie le rapport qualité-prix. Pour des Challenger, des Capucines, des Profilés, des Intégraux ou des Vans : vous aurez le choix. Pour une cuisine équipée, une chambre à coucher optimisée, une salle de bains fonctionnelle ou un poste de pilotage dans vos cordes. Un modèle unique sur le marché est un profilé avec un lit central, un dressing, une soute, un grand salon… Pour être comme à la maison ! Ce sont aujourd'hui près de 45 000 Challenger qui sillonnent les routes de France et d'ailleurs !

CAMPING CARS DETHLEFFS

4, rue Waldkirch - **SÉLESTAT**

✆ 03 88 82 93 54

www.dethleffs.fr

Ouvert du lundi au vendredi de 8h à 12h et de 13h30 à 17h.

L'entreprise Dethleffs développe ses véhicules en concertation avec ses clients. Cette société réputée pour son rapport qualité/prix propose un large choix de véhicules particulièrement bien étudiés avec des packs intéressants pour compléter l'équipement de base ainsi qu'un réseau de plus de 350 concessionnaires attentionnés à travers toute l'Europe. Des véhicules d'entrée de gamme aux véhicules de grand luxe, des équipements pour deux aux véhicules familiaux (jusqu'à 6 personnes), Dethleffs propose des camping-cars adaptés aux désirs et aux besoins de chacun.

CHAUSSON

www.chausson-motorhomes.com/fr

Un acteur principal du marché national. Une large gamme de carrosseries avec des porteurs Ford et Fiat. On trouve des modèles comme le 720, le 640... ou comme les intégraux Exaltis. Sans oublier le dernier-né : le X550. Vous pourrez aussi choisir votre literie : lit latéral, lit central, lits jumeaux, lit garage, lit de pavillon et lits superposés. Vous aurez même le choix de votre porteur : Fiat ou Ford. Chausson propose des camping-cars bien équipés, très design et aux prix très abordables. Un vrai spécialiste du véhicule de loisirs.

CARAVANS INTERNATIONAL

✆ 03 83 42 91 50

www.caravansinternational.it

Ce constructeur italien fait partie du groupe Trigano. La marque existe depuis 35 ans et est leader sur le marché en Italie. Sa grande expérience lui permet de proposer des camping-cars intéressants comme les modèles Magis, Horon, Kyros, les produits phares de l'enseigne. Dans son catalogue, on trouve des camping-cars, des Intégral et des fourgons. Avec ses multiples propositions, vous pourrez bénéficier d'un lit pavillon à double position, d'une dînette utilisable lorsque le lit est en position intermédiaire, d'une cuisine toujours accessible...

ERIBA-HYMERMOBIL

CERNAY

✆ 03 89 75 64 87

www.hymer.com

Depuis plus de 60 ans, Hymer propose des camping-cars de belle facture. Sa marque de fabrique : le design. Il est vrai que c'est un outil indéniable à la bonne implantation de cette marque de l'Allemand Hymer. Le Car, le Van et le Jet sont proposés à des tarifs concurrentiels. Porteurs Renault, Fiat et Ford : ils ont tout pour plaire. Les modèles sont spacieux à l'intérieur et sont compacts à l'extérieur. Considéré comme l'inventeur du van, Hymer propose aussi des camping-cars petits et compacts. En ville ou en campagne, la conduite plaisir sera au rendez-vous.

Star Mobil Services
SSISTANCE AUX CAMPING-CARS
SSISTANCE MOTORHOME BIJSTAND
ec vous partout, avec vous toujours.
Star Mobil Services
24h/24 et 7j/7
appelez-nous au 03 29 39 62 80
depuis l'étranger +33 3 29 39 62 80
Star Mobil Services
24h/24u et/en 7j/7d
appelez-nous au / bel ons op
02 385 43 68
depuis l'étranger / van het buitenland
+32 2 385 43 68
Escapades de rêves en camping-car,
on s'occupe de tout !
ne assistance unique pour les particuliers et les professionnels.
24/7
SERVICE
L'assurance d'être écouté, informé, rassuré et aidé par un technicien 24h/24 et 7j/7 en France, en Europe et dans le monde entier.
Une assistance sur le porteur, la cellule et tous les équipements de votre camping-car.
Quel que soit le type, l'année et le poids de votre camping-car.
s partenaires :
ESTEREL
FLEURETTE
FLORIUM
ITINEO
DREAMER
Campérêve
LE VOYAGEUR
PILOTE
BAVARIA
KNAUS
EURA MOBIL
MOBILVETTA
MONDIAL
CITROËN CAMPING-CAR ASSISTANCE
PEUGEOT CAMPING-CAR ASSISTANCE
McRENT
wikicampers
DOMETIC
KENWOOD
AIDE
DÉPANNAGE
TRANQUILLITÉ
CELLULE
CAMPING-CAR
INFORMATION
ÉQUIPEMENT
CHÂSSIS
ASSISTANCE
nseignez-vous
ww.starmobilservices.com
uscription en quelques clics sur le site)
fo@starmobilservices.com
nce : +33 (0)3 29 39 62 80 Benelux : +32 (0)2 385 43 68
DEPUIS 16 ANS
À VOS CÔTÉS

EURA MOBIL

✆ +49 0 6701 20 30
www.euramobil.de

Ce constructeur allemand, spécialisé dans le haut de gamme, présente de belles finitions. Du profilé (Profila) à l'intégral (Integra), les modèles bénéficient de choix techniques réussis. L'entreprise offre des prestations haute qualité comme un plancher chauffant, des placards suspendus, un canapé latéral, des matelas ergonomiques dont l'un avec fonction massage, un plan de travail en verre à la cuisine, un pare-brise panoramique géant, des sièges cabine pivotants, une somptueuse salle de bains avec cabine de douche « effet pluie » et un double plancher.

FORD

Ford propose des camping-cars profilés aux multiples configurations (longueur de châssis, motorisation, transmission) et des fourgons aménagés avec deux gammes le Ford Transit et le Ford Transit Custom, plus discrets et moins volumineux qu'un camping-car classique. La nouveauté 2020 est le Ford Transit Custom Nugget, toujours aussi compact, performant et agréable à conduire. Pour de belles virées sur les routes, comme à la maison. Vous pourrez retrouver sur le site internet le concessionnaire Ford le plus proche de chez vous.

FIAT

www.fiatcamper.com/fr

Fiat propose des modèles de camping-car de prestige et de belle qualité. Un moteur idéal, une technologie au service du confort et un châssis exceptionnel, voilà ce qui en fait un marque à découvrir. Ce sont de beaux camping-cars qui font la renommée du constructeur turinois. On apprécie leur cabine spécifique, leur châssis large et adapté encore plus stable et leur motorisation repensée pour plus de maniabilité. A vous, ensuite de l'équiper de la cellule de votre choix. Vous pourrez aussi découvrir les services de Fiat Ducato Camper.

FRANKIA

✆ 02 40 32 16 00
www.frankia.de

La société appartient au groupe Pilote. Située en Allemagne, la marque est surtout renommée pour ses doubles planchers et sa volonté de proposer des camping-cars de luxe. Elle existe depuis plus de cinquante-cinq ans et s'est taillée une belle réputation. Son offre d'intégraux est donc à découvrir. Vous aurez le choix parmi de multiples modèles Capucine, Profilé et Intégral… Son plus, des camping-cars faits sur mesure avec son système modulaire. Bref, les options sont multiples et vous pourrez choisir le camping-car dont vous rêvez.

FLEURETTE

BENET ✆ 02 51 00 90 86
www.fleurette.fr

Fleurette construit des camping-cars de très bonne facture voire de haut de gamme, essentiellement des profilés. Les intégraux sont arrivés courant 2008. On note une bonne finition avec des profilés ultra-compact et spacieux. Les modèles sont tout confort et les aménagements réalisés selon vos goûts. Chez Fleurette, vous pourrez découvrir les gammes Migrateur, Magister et Discover. Depuis 2018 profitez d'une visite virtuelle à 360 degrés sur leur site pour avoir une belle idée du modèle qui vous plaira. Un savoir-faire unique.

GLENAN CONCEPT CARS

ZA de Coat Conq - **CONCARNEAU**
✆ 02 98 50 81 22
www.glenanconceptcars.com

Ouvert du mardi au vendredi de 9h30 à 12h30 et de 14h à 18h ; le samedi de 10h à 12h30 et de 14h à 17h.

Cette entreprise bretonne, située à proximité de Concarneau, s'est exclusivement spécialisée dans l'aménagement de fourgons. Il s'agit de véhicules de loisir sur la base d'utilitaires. Forte de l'expérience d'une dizaine d'années acquise par son fondateur chez un constructeur de la région, l'entreprise propose plusieurs modèles à son catalogue. Sur la base du Renault Trafic court, Horizon, tient toutes ses promesses de confort et d'esthétisme. Un mini-camping-car élégant et de qualité. Sans compter que les prix sont attractifs.

HANROAD

✆ 02 40 30 11 47

https://www.hanroad.fr

Né de la rencontre entre le groupe Pilote et l'aménageur CSA Gérard aux quatre-vingt-dix ans de savoir-faire, Hanroad conçoit et aménage des vans à toit relevable permettant de voyager sans compromis. Sur une base Renault Trafic, les vans au format compact ont été conçus pour vous accompagner partout dans vos aventures sans faire de concession sur le confort. Ils possèdent une hauteur de 2 m et une longueur d'environ 5 m, et permettent d'accueillir jusqu'à quatre couchages, voire cinq places assises. Comme Hanroad aime le dire : vivons hyperactifs !

HOBBY

www.hobby-caravan.com

Le constructeur allemand Hobby continue à innover pour ses camping-cars avec ses gammes Optima de luxe, Optima de luxe arrière premium et Siesta de luxe sans oublier le fourgon Vantana. Les modèles sont prestigieux et reposent sur des aménagements léchés et un design impeccable. Les packages sont multiples : luxe, châssis ou encore multimédia… Chaque détail est pensé selon vos envies. Le décor et les tissus sont multiples. On apprécie aussi les efforts sur les fenêtres : quelques innovations vous attendent… De nombreux modèles.

ITINEO

414, Rue des Perrouins

MAYENNE (VILLE)

✆ 02 43 30 30 90

www.itineo.com

Cette marque française est élégante et innovante : il s'agit de la découvrir. De fabrication française, elle se distingue par sa menuiserie intégrée ou encore par sa volonté de proposer une gamme de camping-cars basée sur le confort et la sérénité. Son style est urbain et élégant. Le mobilier est contemporain, l'ambiance naturelle et zen, les lumières sont tamisées. Vous avez de nombreuses possibilités pour personnaliser votre camping-car. Vous pourrez craquer pour les modèles PJ, PM, FC, MB, JB, SB et bien d'autres. Une adresse recommandée.

KNAUS

www.knaus.de

Le style moderne contribue à la réputation d'innovation de la marque. Et comme les tarifs ne sont pas excessifs, Knaus trouve son marché. Venez découvrir les modèles : Live TI, Van TI, Sky TI, Sky Wave, Live Traveller... Knaus est une marque qui s'impose pour les amateurs de camping. Ses modèles sont faits pour vos exigences. Pour un écran plat escamotable, une finition de qualité, des solutions pratiques en matière de mobilier… Sur le site Internet, vous avez la possibilité de configurer le camping-car de vos rêves à travers diverses options.

LAIKA

✆ +39 055 80581

www.laika.it/fr

Depuis 1964, cette marque italienne propose de nombreux modèles. Situé au cœur du Chianti, le constructeur dispose d'une usine de 20 000 mètres carrés. Elle conçoit des modèles qui ont du style. Découvrez l'excellence Laika et ses modèles qui allient un joli savoir-faire. Vous dormirez comme un loir dans leur chambre à coucher comme à la maison, très lumineuse, grâce à deux baies maxi-dimensions. Les nouveaux designs extérieurs, de grand impact esthétique, soulignent la ligne dynamique et la forte personnalité de ces véhicules.

NARBONNE ACCESSOIRES

Route de Perpignan - **NARBONNE**

✆ 04 68 41 42 42 - www.narbonneaccessoires.fr

Ouvert le lundi de 14h à 19h ; du mardi au samedi de 9h à 12h et de 14h à 19h. Offres sur site Internet.

Choix, qualité & services sont au rendez-vous dans 66 magasins en France. Plus de 7 500 références sont disponibles (mobilier de plein air, multimédia, énergie, électricité…) pour améliorer votre confort à bord. C'est pour vous l'assurance d'une assistance et d'une garantie nationale Narbonne Accessoires, d'un réel savoir-faire sur la pose d'accessoires, la carrosserie & l'aménagement de votre véhicule de loisirs *via* leurs ateliers. L'offre s'est diversifiée car Narbonne Accessoires propose également de la location de véhicules, réparation et distribution.

LMC

www.lmc-caravan.de/fr

Avec eux, il s'agit de voyager léger. On vote pour ! Cette société allemande retrouve le marché français. Avec LMC, découvrez de nombreux profilés et intégraux. La flotte se distingue toujours autant par sa garantie d'étanchéité de douze ans et par sa fabrication « LLT ». On apprécie le bon rapport équipement/prix. Les modèles Breezer, Cruiser et Sport Confort présentent de nombreuses originalités comme des profilés sans lit pavillon par exemple. Vous craquerez pour ses véhicules avec un joli design et une atmosphère de grande classe.

MOBILVETTA

www.mobilvetta.it/fr

Mobilvetta Design est une marque du groupe Trigano même si elle est née en 1961, sous la forme d'une entreprise pour la production de meubles. Ces origines dédiées à l'ameublement et à l'ébénisterie la plus sophistiquée se révéleront décisives quand, en 1976, Mobilvetta Design convertira la mission de l'entreprise en abordant le marché du plein air. Kea, K-Silver et K-Yacht, tels sont les modèles de l'Italien Mobilvetta. Bravo pour les décorations intérieures. Des tarifs à l'image de la qualité proposée. Pour une extrême attention portée au détail.

MC LOUIS

✆ 01 69 29 00 00

www.mclouis.com

La passion du camping-car, telle est sa devise. MC Louis propose de nombreux modèles comme les Nevis, les MC2, les Glamis ou les Menfys. Avec les modèles Capucine, les profilés basculant, les intégraux ou encore les vans, MC Louis se distingue par son choix. On s'arrêtera notamment sur le MC 4 avec toujours plus de confort et d'équipements, comme le toit adapté à l'écoulement de l'eau de pluie, le garage éclairé ou le pré-équipement pour un panneau solaire. Alors, il ne vous restera plus qu'à formuler de nombreuses envies pour dénicher le modèle qui vous ira.

NOTIN

102, voie zone artisanale du Roule

PANISSIÈRES

✆ 04 77 28 28 30

www.notin.fr

Notin, le camping-car de rêve accessible : c'est sa devise. Le souci de la finition a fait la réputation de la marque depuis 1921. Notin se distingue aussi par son souci de l'innovation. On trouve une gamme constituée de profilés et d'intégraux. Toujours à la pointe de l'innovation, Notin propose notamment une nouvelle gamme de véhicules exclusifs : le Notinliner permettant d'emporter une Smart dans son garage pour toujours plus de liberté. Avec un vaste choix, vous pourrez découvrir de nombreuses gammes. Notin se distingue aussi avec son pack énergie.

MERCEDES-BENZ

www.mercedes-benz.fr

La marque allemande dispose d'une gamme fiable et solide de camping-cars, du monospace aménagé (et ses modèles Marco Polo, Marco Polo Horizon et Marco Polo Activity) à l'intégrale et le profilé. Le nouveau Sprinter traction est équipé d'un moteur 180 cv qui rend ainsi la conduite plus puissante et agréable. Comme toujours les véhicules sont équipés de tout le nécessaire et l'espace pour le camping-cariste en solo ou en famille. Mercedes-Benz s'est aussi associé à d'autre marques comme Hymer ou Rapido pour sortir des véhicules assurément de top qualité.

PILOTE

www.pilote.fr

Pilote existe depuis 1962 et c'est une excellente marque : on vous le dit. Vous trouverez un très bon modèle à un prix attractif. Parce qu'il s'agit de bien choisir son camping-car, la marque propose les siens avec différents niveaux de finition. Les prix restent abordables. Pour des Profilés, des Intégraux et des Vans aménagés… Vous pouvez visiter l'usine de Limouzinière et de La Membrolle (49). En plus, les visites virtuelles vous donnent une très bonne idée de leurs modèles et vous permettent de choisir aisément. La marque se renouvelle très souvent.

NARBONNE ACCESSOIRES
L'EXPERT DE L'ACCESSOIRE POUR VÉHICULES DE LOISIRS
CAMPING-CARS * CARAVANES
FOURGONS AMÉNAGÉS * VANS
EZA
EZA AGM 100
kronings
ADRESSES DE NOS 65 MAGASINS
VENTE À DISTANCE
LIVRAISON GRATUITE EN MAGASIN
CONSEILS & SERVICES
RENDEZ-VOUS SUR
WWW.NARBONNEACCESSOIRES.FR
EOLE.COMM - SARL au capital de 7.622,45 € - RCS Narbonne 433 643 582. Photos non contractuelles. Crédits photos : Shutterstosck.

RAPIDO

414, rue des Perrouins
MAYENNE (VILLE)
✆ 02 43 30 10 70
www.rapido.fr

Constructeur de camping-car de standing, c'est l'un des grands spécialistes en la matière. On salue le savoir-faire français de cette marque de qualité. Avec de nombreux modèles, le choix est vaste. C'est aussi l'un des spécialistes du profilé en France. On apprécie ces modèles très réussis comme la série 6F, 70 F, 80 DF ou encore Distinction et Premium Edition. Le réseau Rapido est implanté partout en France. À visiter pour avoir une bonne idée de ce qui se fait en matière de camping-car. Leur *credo*, la solidité et une perfection rassurante.

STAR MOBIL SERVICES

13, Allée Nr 4 ✆ 03 29 39 62 80
www.starmobilservices.com
A partir de 126 € pour 12 mois de services.

Star Mobil Services, c'est un contrat de services et une assistance adaptée aux besoins des camping-caristes. Quel que soit le type, l'année et le poids de votre véhicule, vous avez la garantie d'être écouté, informé, rassuré et aidé par une équipe de techniciens spécialistes du camping-car 24h/24 et 7j/7 en France, en Europe et dans le Monde entier. La prise en charge et la recherche d'un réparateur sont quelques-uns des services fournis dans leurs formules d'assistance. N'hésitez donc pas à faire appel à Star Mobil Services.

RIMOR

✆ +39 05 77 98 851
www.rimor.it

Fondée en 1978, par Luano Niccolai, Rimor propose de nombreux camping-cars et véhicules de loisir. Katamarano, Seal, Europeo et Superbrig sont les principaux modèles de cette marque. La firme italienne dispose de porteurs Ford et Fiat. Gamme couvrant toutes les familles de camping-cars. Pour de beaux modèles et des camping-cars qui sont bien appréciés sur le marché. Pour des Capucine et des profilés et à un rapport qualité-prix intéressant. A découvrir. A la fois fonctionnel et confortable, chaque véhicule Rimor vous garantit une totale liberté de mouvement.

VOLKSWAGEN

www.volkswagen.fr

L'inventeur du Combi reste l'un des maîtres du fourgon. Sur une base de Transporter, vous pourrez dénicher quelques modèles. Les prix demeurent élevés. A vous le California avec kitchenette, de nombreux rangements, un toit modulable qui se transforme en couchette, une grande modularité et des équipements dédiés au camping. De l'éclairage à l'équipement de qualité en passant par une harmonisation des matières et des coloris, tout contribue à un maximum de confort. Une marque emblématique qui fait des émules depuis de nombreuses années !

ROLLER TEAM

✆ +39 05 77 65 01
www.rollerteam.it

Marque cousine de Caravans International, le constructeur italien propose capucines et profilés à des tarifs très compétitifs. Les différentes gammes sont : Triaca, Kronos, Zefiro, Livingstone. Du modèle Kronos Go, parfait pour faire ses premiers pas dans le voyage itinérant, au haut de gamme Zefiro, très flexible et spacieux, il y en aura donc pour tous les goûts. Roller Team propose également dans son catalogue toute une gamme de fourgons Livingstone (Go, Sport, Sport Selekt, Advance). De nombreux modèles qui s'adressent à tous les budgets.

LE VOYAGEUR

ZA La Chevallerie
LONGUENÉE-EN-ANJOU
✆ 02 41 96 33 00
www.levoyageur.fr
Ouvert du lundi au vendredi de 8h à 12h et de 13h à 17h.

Sa devise : l'exception est la règle. Vous avez donc là un des constructeurs haut de gamme sur le marché de l'intégral. Grande créativité d'aménagement et d'implantations, les techniciens sont à votre écoute pour définir avec vous le camping-car de vos rêves. Le Voyageur propose un large choix d'aménagements et d'implantations, décliné en 3 gammes : LV (avec un design pur et aérodynamique), Signature (haut de gamme et robustesse) et le Liner (les véhicules d'exception de 8,25 à 10,5 m). Notez qu'il est possible de visiter les usines, sur demande.

S'INFORMER

Que vous soyez un.e camping-cariste éclairé.e ou un.e débutant.e, cette rubrique devrait être en mesure de vous proposer les meilleures ressources afin de vous informer le plus complètement possible quelles que soient vos interrogations. Vous pourrez vous tourner bien sûr vers les fédérations, mais aussi vers les magazines professionnels (qui testent toutes les nouveautés) ou encore les différents forums spécialisés sur la thématique qui vous permettront d'échanger avec d'autres passionnés. Dans cette rubrique, vous trouverez également différents sites web proposant des pages consacrées à l'achat de seconde main, mais également le site france-passion.com qui se propose de mettre en relation camping-caristes désireux de sortir des sentiers battus ou des chemins balisés et des artisans, vignerons ou fermiers qui seront ravis de vous accueillir votre véhicule et vous pour des étapes conviviales et souvent gourmandes.

CARNET PRATIQUE

AIDE CAMPING-CAR

www.aidecampingcar.com

Ce site est un forum destiné aux camping-caristes. Vous pouvez obtenir des conseils et des aides précieuses des autres membres du forum. Un annuaire des aires de services est à la disposition des Internautes. Une bonne manière d'échanger et d'apprendre grâce à l'entraide entre amateurs et pratiquants de longue date qui peuvent connaître comme vous de petites péripéties, mais qui peuvent aussi prodiguer de bons conseils directement inspirés par leur expérience de camping-caristes (souvent éclairés). Une bonne source d'informations.

ANNONCES CARAVANING

www.annonces-caravaning.com

Ce magazine qui dispose d'un site Internet permet d'acheter ou de vendre son camping-car par le biais des petites annonces. Vous trouverez des informations sur les aires de service, la location, l'assurance, le financement, la garantie panne mécanique, l'achat des pneus caravaning, les camping-cars d'hôtes, etc. Vous trouverez également sur ce site des annonces concernant les mobil-homes et les caravanes ainsi que les accessoires pouvant améliorer le quotidien à bord ou dans ces différents espaces de vie et de voyages. Bonnes recherches.

ANNONCES CAMPING-CAR

www.annonces-camping-car.com

Ici, c'est gratuit et rapide ! En effet, ce site d'annonces est spécialisé dans les camping-cars. Vous pouvez aussi bien aller sur ce site pour trouver un camping-car à acheter que pour y vendre votre véhicule de loisirs. Un coup d'œil s'impose pour savoir les bons plans du moment. Le site est clair et simple : la recherche se fait en un clic une fois renseignés vos critères (profilé, intégral, capucine ; nombre de personnes ; motorisation ; budget...). Vous pourrez aussi facilement gérer votre annonce si vous vous lancez dans la vente.

ASSOCIATION CLUB 14

NANTERRE

www.club14.com

Club 14 est une association loi 1901 (moto club) créée en 1981. Son objectif était de proposer à ses adhérents des conditions optimales pour la pratique de la moto, dont une assurance abordable et adaptée à leurs besoins. Pour ce faire, Club 14 s'est associé à un acteur du monde de l'assurance « Mutuelles Unies » devenu entretemps AXA. Il aujourd'hui près de 450 000 adhérents et propose de nombreux évènements (balades, rallye routier, journées circuit...) tout au long de l'année. Découvrez les évènements et avantages de l'association sur le site internet.

COMBI MAGAZINE

65, boulevard Côte Blatin
CLERMONT-FERRAND
Trimestriel.

Si prendre le volant et partir en toute liberté à la découverte du monde ou de sa région est déjà une aventure en soi, partir en combi, là, c'est l'Aventure... la grande, le roadtrip dans toute sa splendeur ! Depuis toujours les combis sont des vecteurs d'évasion, de bonheur et de liberté. Une véritable philosophie de vie à retrouver dans Combi Magazine. Dans chaque numéro, ce sont des voyages, des bonnes idées, de l'Histoire, des Combi pratiques et utiles, et des Camper à découvrir en détail à l'image de celui d'Ewan McGregor, un des héros de Star Wars.

AXA PASSION

3, Boulevard des Bouvets
NANTERRE
passion.axa.fr
Groupe international français spécialisé dans l'assurance, n°1 mondial en assurance. Assurance voiture, deux roues, van.

Depuis plus de 40 ans, AXA un des leaders de l'assurance et de la gestion d'actifs dans le monde, vous protège au quotidien. Il propose de nombreuses prestations dans l'assurance automobile, santé et habitation : assurance habitation, prêt immobilier, demande de crédit en ligne, simulateur immobilier, etc.

Dès 2022, AXA crée la nouvelle marque commerciale AXA Passion afin de permettre aux clients Deux-roues, Collection, Plaisance et Camping-car de vivre pleinement leurs émotions avec des produits entièrement pensés pour eux.

CAMPING-CAR, LOISIRS ET BRICOLAGES

www.campingcar-bricoloisirs.net

Ce site explique les différentes astuces en termes de bricolage, de gadgets high tech, de législation notamment sur le Code de la route, de l'actualité des différents clubs de camping-caristes. Des récits de voyages sont également présentés. Ce site est aussi un forum de discussion entre camping-caristes.Vous y trouverez de nombreux onglets et aurez la possibilité d'échanger avec des passionnés autour de leurs expériences et partager leurs bonnes pratiques de camping-caristes.

CAMPING-CAR D'HÔTES

ORLÉANS
www.campingcardhotes.fr
Prix du guide sans abonnement : 25,90 €. Consultation illimitée avec abonnement.

Les camping-caristes sont mis en relation avec des particuliers possédant un terrain et pouvant les accueillir gratuitement ou moyennant une petite somme. Un guide est à acheter afin de faire parti du réseau ou vous pouvez vous inscrire sur leur site pour aller plus vite. Ce guide unique et convivial indique par région, l'adresse et les informations utiles de chaque stationnement proposé par les accueillants. Le répertoire est mis à jour chaque année et vous trouverez plus de 2 000 adresses. Vignette de l'année en cours à coller obligatoirement sur le pare-brise.

CAMPING-CAR MAGAZINE

www.camping-car.com
Voir les offres d'abonnement sur le site Internet.

Un magazine indispensable pour tout camping-cariste : c'est même le numéro un en la matière. On y trouve des informations pratiques bien sûr avec les aires de services, les fiches techniques des différents modèles de camping-cars et les différents services. L'actualité du camping-car est ainsi présentée et analysée. Des renseignements touristiques sont disponibles avec des carnets de voyage par exemple.Le site Internet est également bien documenté avec des idées de voyage et une page dédiée aux petites annonces proposant des véhicules d'occasion.

LA CENTRALE

www.lacentrale.fr

Ce site Internet est le premier site de véhicules d'occasion mais il s'occupe aussi des camping-cars. Il est vrai qu'il est plus connu pour les voitures d'occasion. Sur ce site, on peut soit déposer son annonce pour vendre un camping-car soit consulter les annonces pour acquérir un véhicule de loisirs. Vous trouverez des conseils mais aussi des éléments utiles pour la garantie mécanique. Vous aurez aussi la possibilité de faire estimer votre véhicule par la cote et ce gratuitement. Pour de nombreuses informations et des conseils essentiels.

© NOMADISM

© NOMADISM

© NOMADISM

NOMADISM

✆ 09 70 26 63 37
www.nomadism.com
À partir de 160 € la nuit sans les options (concierge, butler...). Prendre contact avec Nomadism. 4G à l'intérieur.

Au départ de Paris ou Bordeaux, vivez une aventure nomade d'une ou plusieurs nuits à bord d'un van de luxe aménagé. Plusieurs options s'offrent à vous grâce à Nomadism : Family Suite, Nordic Lodge, Montana Lodge, des espaces tout confort aménagés dans une Mercedes 4 roues motrices. La salle de bains et la cuisine compacte ont été pensées pour un usage sans prise de tête. Préparez-vous à sillonner la région de votre choix ou à suivre l'itinéraire que l'un des «concierges» vous aura conseillés. Réservez sur le site ou téléphonez pour un voyage personnalisé.

© NOMADISM

© NOMADISM

ESPRIT CAMPING-CAR

16, rue de la Fontaine au Roi - **PARIS** (11e) ✆ 01 40 21 82 00
www.espritcampingcar.com
Abonnement : 10 n° et 2 hors-séries pour 39 €.

Sur ce site, des milliers d'annonces et bien des idées à piocher. *Esprit camping-car* donne encore des conseils pratiques et raconte des récits de voyage.Vous y retrouverez une rubrique Essais, mettant à l'épreuve les dernières nouveautés du marché ; une rubrique Comparatifs qui vous propose de comparer des véhicules aux critères similaires afin de vous aider dans la sélection d'un modèle ; une rubrique Technique riche d'astuces pour réparer ou protéger votre camping-car ; enfin une rubrique Témoignages. Un magazine papier mensuel est disponible sur abonnement.

SITE DU CAMPING-CAR

lesiteducc.forumpro.fr

Ce forum d'échanges sur le camping-car offre des astuces et des comptes rendus de voyages. En lien avec d'autres camping-caristes, vous pourrez échanger sur les sujets et/ou problématiques qui se présentent à vous dans votre pratique. Le site compte à ce jour plus de 1 500 membres. A noter qu'il est nécessaire de s'inscrire sur le site pour pouvoir consulter les messages et prendre part aux conversations. Des liens renvoient également vers d'autres sites Internet spécialisés sur le sujet (d'ailleurs cités dans notre rubrique «S'informer»).

LE MONDE DU CAMPING-CAR

9, allée Jean-Prouvé
CLICHY
✆ 01 41 40 33 33
www.lemondeducampingcar.fr
4,90 € par numéro.

Comme site spécialisé, Le Monde du camping-car est un savant mélange entre fiches techniques, petites annonces et propositions touristiques. Ce site informatif et interactif propose ainsi les dernières informations sur le monde du camping-car, mais également des essais, des conseils pratiques, des navigations, des idées de voyage (dont certaines en vidéo), des équipements, des reportages inédits ainsi qu'une page dédiée aux petites annonces de camping-cars d'occasion. Une source fiable d'informations récentes et professionnelles.

VAN TRIP

8, rue Buffon **CLERMONT-FERRAND**
✆ 04 73 14 03 00
Van Trip, le nouveau magazine trimestriel des passionnés de la vanlife.

Au nombre des derniers titres presse dans le domaine : *Van Trip*. Un nouveau titre que le Petit Futé a découvert avec grand plaisir lors de sa sortie en avril 2021. Ce tout nouveau magazine trimestriel se veut entièrement au retour en force d'un mode de voyage des plus indépendants : la vanlife. Au programme : des escapades en France et à l'étranger, des expériences de voyage, des infos pratiques et de nombreux tests pour voyager au plus près de la nature et en totale liberté. *Van Trip* est disponible en kiosques ou sur www.turbulencespresse.fr

RAPIDO OCCASIONS

www.rapido-occasions.fr

C'est un site d'annonce pour les camping-cars qui appartient au groupe Rapido. C'est un gage de sérieux et d'achat certifié. Vous pouvez aussi bien aller sur ce site pour trouver un camping-car à acheter que pour y vendre votre véhicule de loisirs. Les offres proviennent de partout en France. Vous y trouverez des profilés, des capucines et des intégraux sélectionnés par les concessionnaires du groupe Rapido. Pour des offres de qualité et un choix serein avant de partir à la découverte des routes à bord de votre nouveau véhicule.

WWW.CAMPINGCAR-INFOS.COM

www.campingcar-infos.com

Site associatif géré par des bénévoles passionnés qui détaille les différentes aires de camping-cars sur le territoire français et dans bien d'autres pays. Des informations complètes et qui vous permettront de trouver le lieu idéal pour vous arrêter et passer un bon moment. A l'heure où nous écrivons ce guide sont présents sur le site : 9 483 aires de services en France, 12 362 dans le monde. Le site est riche de plus de 12 000 photos et de plus de 45 000 commentaires de camping-caristes. Un incontournable avant de partir sur les routes.

LA ROUTE DE CHAMPAGNE

LIEUX	Km partiel	Km cumul	Routes
REIMS	0	0	D980
TINQUEUX	3	3	D275B puis D27
GUEUX	7	10	D26
VRIGNY	2	12	D26
CHAMERY	8	20	D26
VILLERS-ALLERAND	7	27	D26
VERZY	12	39	D26
AMBONNAY	10	49	D37
CONDÉ-SUR-MARNE	5	54	D1
MAREUIL-SUR-AY	12	66	D1 puis D201
ÉPERNAY	7	73	D3
CHOUILLY	5	78	D40A puis D951
PIERRY	6	84	D210
CHAVOT-COURCOURT	1	85	D210
MORANGIS	4	89	Route locale puis D240
MANCY	2	91	D240 puis D10
CRAMANT	8	99	D10
LE MESNIL-SUR-OGER	6	105	D36
VERTUS	6	111	D39 puis D18
ÉTOGES	21	132	D343
COIZARD-JOCHES	7	139	D43
VILLEVENARD	5	144	Route locale
OYES	3	147	Route locale puis D439
ALLEMANT	6	153	D39
SÉZANNE	8	161	Arrivée

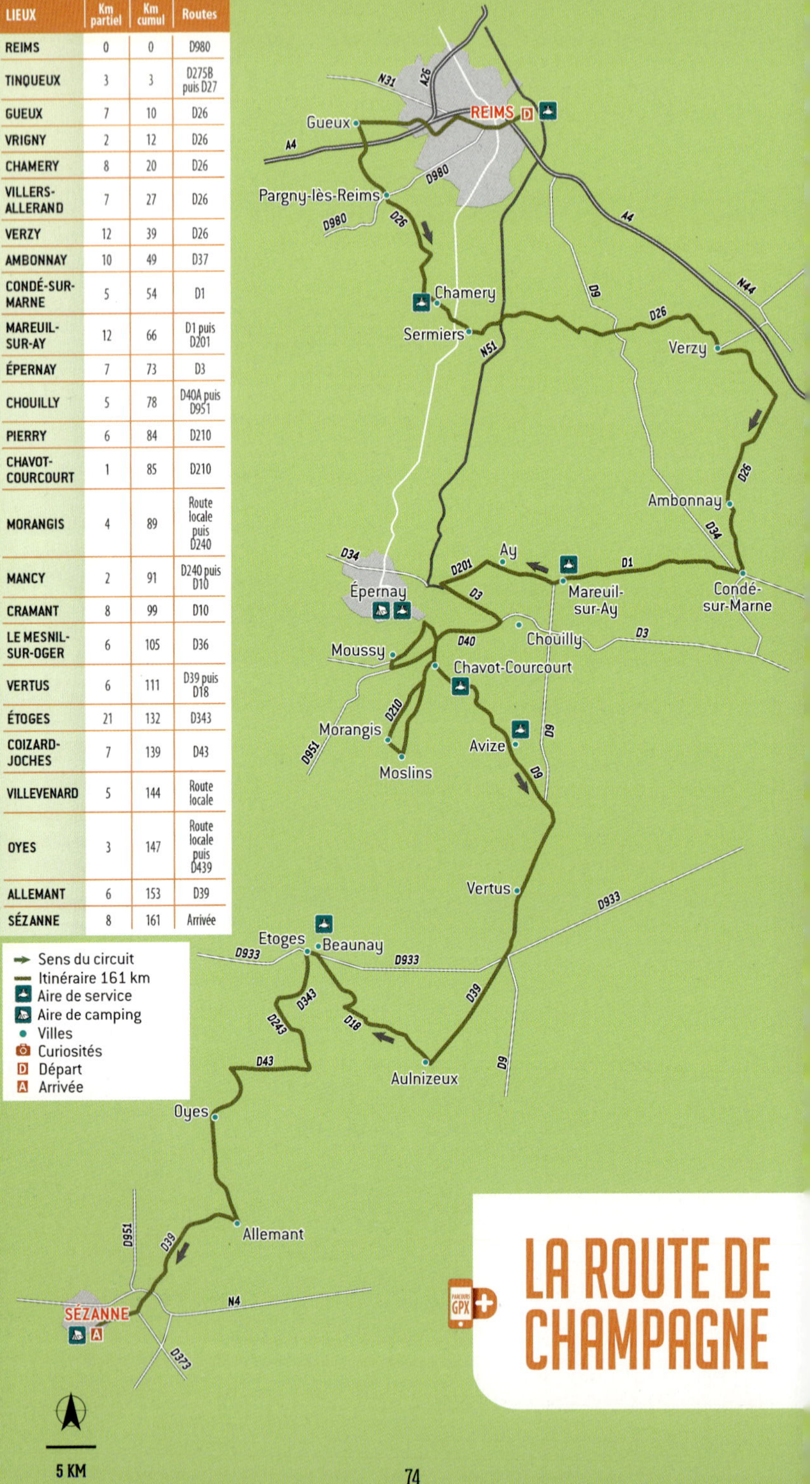

REIMS ★★★★

Sacrée histoire que celle de Reims ! Selon une légende, son nom viendrait de Remus, jumeau de Romulus le fondateur de Rome. Remus, Rems, Reims... Oui le petit gars qui tétait la louve avec son frère, serait le fondateur de Reims, la ville des sacres royaux, la pétillante cité de Champagne, la ville martyre aussi, mais la ville de l'Ange au sourire, sculpté sur la façade de la cathédrale comme celui particulièrement suave de l'ange de l'Annonciation, symbole de la France qui se relève. La renommée de Reims est surtout liée au plus célèbre baptême : Clovis, qui avait promis à sa femme de se rendre à sa foi catholique s'il gagnait une bataille.

CATHÉDRALE NOTRE-DAME DE REIMS ★★★★

2, place Cardinal-Luçon
✆ 03 26 47 55 34
www.cathedrale-reims.com
Ouvert tous les jours de 7h30 à 19h30 (19h15 dimanche et jours fériés). Visite des tours : adulte 8 €, réduit 6,50 €.

© S. REMAIN - ICONOTEC

Merveille d'architecture gothique, la cathédrale Notre-Dame de Reims est devenue dès le XIe siècle, avec le couronnement d'Henri Ier, le lieu de sacre officiel des rois de France. Marqué par les guerres, l'édifice n'a pas pour autant perdu de sa superbe et a été patiemment restauré au cours du siècle dernier. À ses superbes vitraux du XIIIe siècle viennent s'ajouter trois créations modernes de Marc Chagall (1974) et depuis 2011 six vitraux de l'artiste allemand Imi Knoebel.

LA VILLA DEMOISELLE ★★

56, boulevard Henry-Vasnier
✆ 03 26 61 62 56
www.champagnevranken.com
Visites vendredi à 10h et 16h15 ; samedi à 14h et 16h15 ; dimanche à 10h, 14h et 16h15. Adulte 25 €. 10-18 ans 13 €.

C'est en face de la célèbre maison de champagne Pommery que se situe la Villa Demoiselle. Commanditée en 1890 par Henry Vasnier, légataire de la maison Pommery, elle fut construite de 1904 à 1908 dans un beau mélange d'Art nouveau et d'Art déco. La Villa est entièrement rénovée de 2004 à 2009, par Paul-François Vranken, président de champagne Vranken. Ce sont des travaux de restauration dans le respect du style architectural initial. Une très belle visite guidée suivie d'une dégustation d'un autre bijou : le Champagne Demoiselle.

ZI ARTISTES

Le street-art s'invite à Port-Sec, la zone industrielle la plus ancienne de la ville, avec une fresque géante de 400 m qui habille les panneaux en béton entre la rue Philippe et la voie ferrée. Une soixantaine d'artistes venus de la région, de la France entière, de Belgique, de Suisse et du Maroc, se sont mis à l'œuvre, en septembre 2017, pour recouvrir en l'espace d'une vingtaine d'heures les 840 m² de mur gris avec d'originales créations colorées, centrées sur un thème commun « l'industrie d'hier et d'aujourd'hui » et donner naissance à une œuvre magistrale.

BOULANGERIE FRÉDÉRIC HARDY

30, rue de Tambour
✆ 03 26 47 68 81
Ouvert du mercredi au samedi de 6h30 à 19h30 ; le dimanche de 6h30 à 13h30.

Au coin de la très colorée rue de Tambour et de la place de l'Hôtel de Ville, la boulangerie Hardy est l'étape incontournable de vos sorties gourmandes. Ce n'est pas pour rien si c'est l'une des boulangeries préférées des Rémois avec ses bons pains au levain. On se précipite aussi du côté des pâtisseries où les pains aux raisins, les croissants au beurre, le pavé de Reims à la crème au beurre et les éclairs aux couleurs de la rue de Tambour sont la promesse de bien des délices !

FLORIAN PEROMET ARTISAN CHOCOLATIER

27, rue de Vesle
✆ 03 26 84 13 81
www.fpchocolat.com
Ouvert mercredi et jeudi de 13h à 19h ; vendredi et samedi de 10h30 à 19h.

C'est dans son atelier à Marfaux que Florian Peromet donne vie à ses étonnantes créations chocolatières, fabriquées à la main avec des colorants 100 % naturels et des ingrédients issus de l'agriculture durable. Dans sa boutique rémoise, vous découvrirez une belle collection de classiques ainsi que des pièces saisonnières qui fleurent bon l'été, sans oublier la Fragance, une tablette de chocolat blanc au doux parfum d'enfance, parsemé d'éclats de fraises, de meringue et de riz soufflé.

CAVES ET TERROIRS - TINQUEUX

14, rue Aristide Boucicaut ✆ 03 52 15 02 26
www.cavesetterroirs.com
Ouvert lundi de 14h à 19h, du mardi au jeudi de 10h à 19h, vendredi et samedi de 10h à 20h, dimanche de 9h30 à 12h30.

Situé à Tinqueux, en périphérie de Reims, cette deuxième boutique de Cave et Terroirs vous propose plus de 800 références de vins régionaux des quatre coins de France, des champagnes locaux dont le fameux Champagne Prestige des Sacres, mais également des spiritueux, rhum, whisky, vodka, porto, eaux-de-vie et liqueurs, de quoi séduire tous les amateurs. La boutique propose également des coffrets cadeaux et des paniers gourmands. Sans oublier des dégustations tout au long de l'année.

TINQUEUX

Tinqueux est étroitement liée à la ville de Reims. Forte de plus de 10 000 habitants, la bourgade dispose de plusieurs équipements et services. On y apprécie ses nombreux parcs et jardins – en particulier le parc de la Muire – disposés sur 54 hectares. C'est une ville dynamique dans laquelle il est agréable de s'arrêter. Voir en particulier les églises Sainte-Bernadette et Saint-Pierre et le monument du Mont-Saint-Pierre, le lieu où Napoléon commanda la bataille de Reims. A noter également que Tinqueux fait partie de deux circuits des Routes touristiques du Champagne : le circuit Massif de Saint-Thierry et celui de Montagne de Reims.

GUEUX

Bourg de 1 700 habitants, à 8 km à l'ouest de Reims. C'est ici que se confrontèrent durant de longue années F1 et autres bolides, avant que le circuit qui traversait la ville et avait vu le jour en 1926, ne soit définitivement fermé en 1972. Une partie des stands et du tracé est encore visible sur la D27 (sortie est de Gueux) et des manifestations sont épisodiquement organisées sous l'égide de l'Association Les Amis du Circuit de Gueux. Un moment d'euphorie pour tout motard qui se respecte en passant devant les tribunes toujours debout. Le château des Dames de France (restaurant-golf) accueillait jadis, le temps d'une halte, les futurs rois de France.

L'ASSIETTE CHAMPENOISE €€€

40, avenue Paul-Vaillant-Couturier
✆ 03 26 84 64 64
www.assiettechampenoise.com
Ouvert du jeudi au lundi le midi et le soir. Menus de 225 € à 325 €. Formule du midi : 125 €.

Haut lieu de la gastronomie champenoise, la table étoilée d'Arnaud Lallement est un passage obligé pour tous les fins gourmets. Un voyage gustatif qui vous emmène à la rencontre de produits nobles en habits de gala au cœur d'alliances fines et délectables. Sa conception de la cuisine : « Mangez vrai ». Derrière chaque plat se cache une histoire. Le homard bleu est un hommage rendu à son père qui suscite l'émotion, le goût et la saveur d'un homme qui a, un jour, décidé de suivre les pas de celui à qui il doit tout. Une expérience 3 étoiles, à ne pas manquer.

LACAILLE & CO

8, rue de la Fosse Chennevières ✆ 03 26 40 23 70
Ouvert du lundi au samedi de 8h à 19h.

Après des années à bourlinguer aux quatre coins du monde, c'est à Gueux près de l'ancien circuit automobile, que Romain Lacaille a décidé d'ouvrir sa boutique à l'étonnant concept. Avec une impressionnante gastrothèque qui regroupe 2 500 produits de qualité de sept pays différents, Romain n'a qu'une seule mission : vous faire plaisir ! Expert en sourcing, il sélectionne pour vous le meilleur des producteurs et des artisans, en privilégiant les circuits courts et le bio. De très bonnes saveurs qui se dégustent aussi dans son studio culinaire à Aÿ : Avarum.

VERZY ★

Passer à Verzy c'est aussi continuer jusqu'à la forêt pour voir les fameux faux. Les branches pleureuses de ces arbres étranges se replantent et forment ainsi d'autres arbres, qui croissent lentement et vivent vieux. Ces hêtres nommés « tortillards » ne dépassent pas 3 m de hauteur et ont des branches et des rameaux qui descendent en s'entremêlant curieusement. Sur la route qui y mène est indiqué l'observatoire du mont Sinaï, et un chemin sur la droite emmène jusqu'à un joli point de vue sur la région. Quant à la chapelle de l'autre côté de la route, elle est dédiée à saint Basle, rappelant qu'une abbaye fut fondée ici en 664 par saint Nivard.

OBSERVATOIRE DU MONT SINAI

Situé à 1 km du village de Verzy, sur la route de Louvois.

Pas besoin d'aller jusqu'en Égypte pour visiter le Mont Sinaï, il suffit d'aller à Verzy ! Point culminant de la Montagne de Reims, il doit son nom aux poilus qui le surnommèrent ainsi pour le point de vue remarquable qu'il offre sur les monts de Champagne, un emplacement stratégique qui permettait d'observer les positions de l'ennemi sur plus de 30 km. Aujourd'hui, il ne reste que le blockhaus de commandement et un observatoire en béton accessible au public.

SENTIER DES FAUX DE VERZY

Site des Faux de Verzy
✆ 03 26 59 44 44
Ouvert toute l'année.

© BEKETOFF - STOCK.ADOBE.COM

Une particularité arboricole locale. Le « fau de Verzy » est un hêtre tortillard de 4 à 5 m de haut, dont les rameaux forment des coudes qui se soudent entre eux, un arbre exceptionnel et surprenant. En été, il étale ses feuilles en un parasol très dense. En hiver, son architecture tourmentée se dévoile. Ce sentier forestier sera l'occasion d'admirer quelques beaux spécimens au cœur du Parc naturel régional de la montagne de Reims. Une belle promenade à redécouvrir au fil des saisons !

NORD-EST

AMBONNAY

Charmant village dominé par son église romane, avec ses petites rues signées de fer forgé et ses porches donnant accès aux propriétés closes de murs… Passez voir le pressoir centenaire en plein air et la fontaine de style Napoléon III (1885). C'est aussi un cru prestigieux et des coteaux exposés sud-sud-est. Dans ce village, les moines templiers de la commanderie de Saint-Jean-de-Jérusalem ont édifié l'église au début du XIe siècle, un ensemble roman qui a évolué vers le gothique avec le temps. En 1578, Henri III, roi de France, autorise la ville à s'entourer de fossés pour se défendre et faire le commerce du vin une fois l'an, à la Saint-Luc.

CHAMPAGNE SERGE ET AGNES PIERLOT

10, rue Saint-Vincent ✆ 03 26 57 01 11
www.champagne-serge-pierlot.fr
Visite sur rendez-vous.

Cette exploitation familiale travaille 3,5 ha de vignes en grand cru et produit 20 000 bouteilles de champagne ainsi que des coteaux champenois du rouge d'Ambonnay. Créé en 1930, c'est aujourd'hui la troisième génération qui tient le flambeau et toute la production est vendue sur place ! On est reçu dans le réfectoire des vendangeurs, puis en route pour une visite gratuite qui permet de déguster un vin d'assemblage après avoir vu le pressoir qui date de la fin du XVIIIe siècle.

CONDÉ-SUR-MARNE

Ancienne bourgade gallo-romaine, Condé-en-Brie se situe au confluent de plusieurs vallées encaissées. S'y rencontrent en effet le Surmelin, la Dhuys et la Verdonnelle. Propriété des sires de Coucy au XIIIe siècle, Condé-en-Brie vint aux mains de François de Bourbon, comte de Vendôme, lors de son mariage avec Marie de Luxembourg en 1487. Leur fils Louis, évêque de Laon en 1510, cardinal de Bourbon-Vendôme, fit reconstruire le château vers 1530-1540.

À voir : l'original clocher roman s'élevant au-dessus de la vallée, unique en France. Dans les champs, ensuite, s'étale un aqueduc avec 16 arches prolongées d'une tour aux créneaux d'inspiration féodale.

LE THÉÂTRE €€

8, place Mendès-France
03 26 58 88 19
www.epernay-rest-letheatre.com
Ouvert le lundi et du jeudi au samedi de 12h à 13h45 et de 19h30 à 21h15 ; le mardi et le dimanche de 12h à 13h45.

À deux pas du théâtre, une brasserie chic à la sparnacienne avec moulures et hauts plafonds, où l'on vient souper avec plaisir après le spectacle. Le rideau s'ouvre sur une carte traditionnelle qui met sur le devant de la scène les produits nobles. Foie gras maison et sa marmelade, velouté de homard, pigeonneau rôti, suprême de volaille aux pistaches, fraisier à la gariguette, de savoureuses créations signées Lieven Vercouteren, l'ancien chef de la table étoilé, La Briqueterie. Belle sélection de vins des coteaux champenois pour un mariage parfait avec les mets.

EPERNAY ★★

On retrouve en son sous-sol des millions de bouteilles reposant dans 110 km de caves. L'avenue de Champagne, quartier des grandes maisons de production et du négoce du vin, est aussi connue pour ses immeubles cossus du XIXe siècle dans des styles Renaissance ou néo-classique. Fondée au Ve siècle par des tanneurs installés le long du ruisseau (le Cubry), Épernay appartient aux comtes de Champagne dès 1024 avant d'être rattachée au royaume de France en 1284. En 1515, François Ier offre la seigneurie d'Épernay à sa mère Louise de Savoie. Détruite à maintes reprises, brûlée et pillée, cette ville sera anéantie aux deux tiers au cours de la Grande Guerre.

PÂTISSERIE CHOCOLATERIE VINCENT-DALLET

26, rue du Général-Leclerc
03 26 55 31 08
www.chocolat-vincentdallet.fr
Ouvert du mardi au samedi de 7h30 à 18h ; le dimanche de 7h30 à 15h.

À chaque saison ses nouveautés, Vincent Dallet n'en finit plus de nous étonner. Pâtissier et chocolatier reconnu et primé, il a reçu quatre Tablettes par les croqueurs de chocolats, la référence dans le milieu. Il faut dire que ses créations sont... de divines et fines merveilles ! Ne manquez pas de goûter au dallet, au marc de champagne et à ses fameux macarons : le Maca'Rose et le Maca'Bulle. La maison propose aussi des ateliers pour réaliser ses propres tablettes de chocolat.

Épernay, la capitale du champagne.

CHOUILLY

Située dans le prolongement de l'avenue de Champagne à Epernay, cette commune viticole démarre un itinéraire sur la côte de Blancs au départ d'Epernay. Sa situation lui vaut l'appellation grand cru. 500 ha plantés en chardonnay pour une production d'environ 5 millions de bouteilles… Pour découvrir le travail du vigneron et le cycle végétatif de la vigne, un circuit balisé au départ du village est jalonné de panneaux explicatifs et constitue une balade instructive de 4 km. Un tour à l'église du XIe siècle et en route pour les caves !

CHAMPAGNE NICOLAS FEUILLATTE

C.D 40 A « Plumecoq » ✆ 03 26 59 64 61
www.nicolas-feuillatte.com

Ouvert tous les jours de 9h30 à 12h30 et de 14h à 17h30 en haute saison. Du lundi au vendredi en basse saison.

Ancré au cœur de la prestigieuse Côte des Blancs, le domaine Nicolas Feuillatte rassemble, dans un modèle coopératif unique, 4 500 vignerons au savoir-faire incomparable et vous invite à une visite hors norme qui charme les sens. Le parcours plonge les visiteurs au cœur des étapes d'élaboration du champagne, dans la perspective impressionnante sur 200 cuves alignées. La visite se conclut par une dégustation commentée d'un à trois champagnes de la gamme selon la formule choisie.

CHAVOT-COURCOURT

Situé sur un coteau du vignoble de Champagne, à 6 kilomètres d'Epernay, le petit village de Chavot-Courcourt compte un peu moins de 400 habitants. Habité depuis le Néolithique, il compte plusieurs hameaux : Courcourt, la Ferme du Jard, les Fleuries, la Grange au Bois et le Pont de Bois. On pourra y admirer un ancien puits datant de l'époque gallo-romaine ainsi qu'une très belle église, située à l'extérieur du village. Celle-ci fut édifiée en 1202 et a une longue histoire, elle fut notamment incendiée en 1567 lors des guerres de religion, puis reconstruite en 1579. Le village de Chabot-Courcourt compte aussi plusieurs lavoirs et pressoirs fleuris.

ÉGLISE DE CHAVOT

✆ 03 26 54 32 16

Ouverte tous les dimanches de juillet à septembre de 10h à 12h30 et de 14h30 à 18h30.

Perchée sur la pointe du coteau, à l'écart du village, l'église de Chavot domine le paysage. Elle se remarque aux abords d'Epernay ! Datant de 1202, elle garde sa tour basse romane, un portail Renaissance. Isolée au milieu des vignes, elle est le seul vestige d'un village qui s'étendait sur la butte au Moyen Âge et fut détruit lors des guerres de religion. Dans la sacristie, une salle de lecture permet de se plonger dans l'histoire du lieu et de la région. Un membre de l'association est sur place pour accueillir et renseigner les visiteurs.

PIERRY

Pierry doit sa renommée à un moine bénédictin, émule de Dom Pérignon, le frère Jean Oudart (1654-1742). Natif de Dormans, il s'est rapidement attaché à la commune de Pierry. Il passera la quasi-totalité de sa vie à développer la culture de la vigne et à s'intéresser à la mise en bouteille. On trouve aujourd'hui sa sépulture en l'église de Pierry, alors qu'il n'était pas un frère officiant. C'est là une sorte de bel hommage pour tout le travail effectué au cours de sa vie. Il est considéré comme le fondateur de la première maison de champagne à Pierry, qui produit et commercialise le vin de Champagne. Le vignoble est un premier cru classé.

CRAMANT

Village classé grand cru sur la côte des Blancs. A quelques kilomètres au sud d'Epernay, Cramant est le premier village du prestigieux quatuor de la Côte des Blancs : Cramant-Avize-Oger-le Mesnil-sur-Oger. C'est assurément l'un des plus beaux terroirs de la Champagne avec ses coteaux calcaires orientés à l'est. Ici, c'est le royaume du champagne Grand cru Blanc de Blancs, où le chardonnay montre l'une de ses plus belles expressions. En venant d'Epernay et en entrant au domaine du Chardonnay, une bouteille géante, haute de 8,60 m, signale le village. Elle fut réalisée à l'occasion de la première fête du champagne en juin 1974.

LE MESNIL-SUR-OGER

Charmant village au cœur de la côte des blancs, le Mesnil-sur-Oger est réputé pour son vignoble exceptionnel, 430 ha plantés de chardonnay classé grand cru 100 %. Au-dessus de l'église Saint-Nicolas, la grotte du Mesnil abrite une véritable réplique de Lourdes. On entend souvent par ici que la Vierge a fait plus de tours que de miracles... Elle est en effet taillée dans une vis de pressoir ! Vous apercevrez derrière ses murs d'enceinte, les vignes de la maison Krug, l'un des rares clos champenois : le Clos-du-Mesnil. Tous les deux ans, la ville accueille également le Mondial de la capsule, le rendez-vous incontournable des placomusophiles.

SÉZANNE ★

Située à 44 kilomètres d'Épernay, c'est une ville bien agréable qui garde des airs de cité médiévale avec son église, ses ruelles, ses places et ses mails ombragés. Implantée sur ce monticule depuis le Xe siècle, elle a traversé l'Histoire et gardé des rues pittoresques aux noms évocateurs : rue Cogne-Fort, la ruelle aux Chats, la Queue-de-Renard… Les mails suivent les vestiges des remparts, et le mail des Cordeliers rappelle les religieux installés ici en 1263. Au cœur de la ville, on admire l'imposante église Saint-Denis, particulière de par sa nef puisque l'abside et le transept ont été détruits en 1801. Voir aussi l'hôpital-hospice, érigé en 1164.

LE MUSÉE DE LA VIGNE ET DU VIN ★

2, rue Eugène-Guillaume
✆ 03 26 57 50 15
www.champagne-launois.fr/fr/le-musee
Visite guidée à 10h et 14h30 du lundi au vendredi et à 10h30 le samedi et le dimanche.

Une visite guidée au cœur des labyrinthiques crayères pour découvrir les métiers de la vigne. Chaque salle vous dévoilera les secrets du travail de la vigne et de l'élaboration du champagne à travers une belle collection d'outils de vignerons pour le moins insolites : des pressoirs du XVIIe au XIXe siècle qui illustrent différentes régions de France, des machines fascinantes comme les bouchonneuses et poste de dégorgement, une impressionnante collection de bouteilles. Dégustation.

LE DOMAINE DU CELLIER €

29, rue d'Epernay
✆ 03 26 80 60 73
www.domaineducellier.com
5 chambres (14 personnes). Chambre double de 55 € à 90 €. Excursions.

Dans une bâtisse de style champenois, le cadre a été entièrement rénové « à l'ancienne », avec des poutres apparentes. Les chambres spacieuses - au mobilier rustique et pourvues d'un lit double - possèdent salle de bains et WC privés. Certaines sont prévues pour accueillir 4 personnes. Les hôtes disposent, également, d'un grand séjour et d'une cuisine, au rez-de-chaussée. En prime, vous pouvez visiter les celliers du domaine ainsi que son petit musée de la Vigne avant de déguster l'une des deux cuvées Comte de Montgivroux ou Maurice Dugay.

VERTUS ★

Un joli village viticole blotti sur les derniers contreforts de la côte de l'Île-de-France. Au Moyen Âge, les comtes de Champagne dotent l'endroit de plusieurs monastères : la collégiale Saint-Jean et les abbayes Saint-Sauveur et Saint-Martin. Cette construction Romane fut entreprise par Thibaut Ier en 1080. À la même époque s'élève le rempart qui ceinture la ville ; il n'en reste qu'une promenade sur les boulevards et la Porte Baudet. La mairie, ancienne maladrerie puis siège de l'Institution des dames régentes, vaut également le détour. Des édifices témoignent de l'importance historique de ce bourg champenois comme la fontaine Marie de Roy.

RESTAURANT LE SOLEIL €€

17, rue de Paris
✆ 03 26 81 59 49
www.restaurant-le-soleil.fr
Ouvert du mardi au samedi de 12h à 13h30 et de 19h à 21h30 ; le dimanche de 12h à 13h30. Menu midi de 6,50 € à 15,50 €.

On aime sa jolie salle lumineuse, son cadre contemporain un rien cosy, la belle terrasse aux beaux jours. Côté cuisine que du « fait maison » à base de produits frais. La tradition revisitée fait plaisir : à découvrir le feuilleté de ris de veau et asperges vertes, le filet de saint-pierre rôti au thym, la brochette de magret de canard au miel et aux épices et pour finir, on se régale d'un hommage tiède mais chaleureux aux sœurs Tatin, glace vanille. La carte évolue au gré des saison. Le Soleil s'anime d'événements trimestriels : défilé de mode, exposition...

NORD-EST

LA ROUTE DES VINS D'ALSACE

LIEUX	Km partiel	Km cumul	Routes
THANN	0	0	D35
CERNAY	6	6	D35
UFFHOLTZ	1	7	D5
SOULTZ-HAUT-RHIN	8	15	D429
GUEBWILLER	3	18	D430 puis D3D
BERGHOLZ	3	21	D5
ISSENHEIM	2	23	D83 puis D18 Bis
ROUFFACH	8	31	Route locale
GUEBERSCHWIR	6	37	Route locale puis D1
HUSSEREN-LES-CHÂTEAUX	4	41	D14 puis D30
COLMAR	9	50	D30 puis D415
INGERSHEIM	5	55	D1bis puis D10
BENNWIHR	6	61	D1b puis D3.II
RIQUEWIHR	5	66	D3.II puis D1b
RIBEAUVILLÉ	4	70	D1b
SAINT-HIPPOLYTE	6	76	D1b puis D35
CHÂTENOIS	5	81	D35
DAMBACH-LA-VILLE	9	90	D35 puis D362
BARR	13	103	D362 puis D35
OBERNAI	10	113	Route locale
ROSHEIM	5	118	Route locale puis D422
SOULTZ-LES-BAINS	11	129	D422
MARLENHEIM	7	139	Arrivée

THANN ★★

De passage à Thann, une balade au cœur du vignoble classé Grand Cru, s'impose. Orienté plein sud, le terroir volcanique du Rangen se dresse face à la ville surveillé par « l'œil de la sorcière », une ruine provenant de l'ancien château. Les autochtones friands d'histoire raconteront qu'un grand nombre de sorcières furent brûlées à Thann ! En vous promenant dans ce vignoble légendaire, vous découvrirez la façon dont les viticulteurs travaillent la vigne, encordés pour des raisons de sécurité, la pente étant raide à 68 % par endroit ! Parcourez la belle cité de Saint-Thiébaut et découvrez l'histoire de chacun des monuments, les mythes et les légendes.

Chapelle Saint-Urban.

LES GRANDES SOURCES DE WATTWILLER

2, rue de Guebwiller - **WATTWILLER**
✆ 03 89 75 76 77
www.wattwiller.com

Gratuit. La fontaine de la source Artésia coule du lundi au vendredi de 7h à 19h.

L'eau minérale, d'une pureté absolue jaillit dans le parc naturel régional des Ballons des Vosges à Wattwiller. Sans nitrate et à faible taux en sodium, ses vertus thérapeutiques sont connues depuis l'Antiquité. Son petit goût s'est invité en 1993 à toutes les tables de la région ! Bien que l'eau soit embouteillée, les habitants de la commune peuvent s'approvisionner à la fontaine restaurée en bas du village. N'hésitez pas à vous désaltérer si vous êtes de passage, ça vaut un détour !

RESTAURANT LE CASEUS €€

100, rue de la Première Armée
✆ 03 89 37 10 68
www.lecaseus.fr

Ouvert du lundi au samedi le midi et le soir. Réservation recommandée. Formule du midi : 13 €. Terrasse.

1993-2021, 27 ans de bonheur... et de gourmandises ! Ce restaurant d'esprit néo winstub est le lieu idéal en hiver pour déguster de bonnes raclettes et des plats montagnards à base de fromages dans un décor tout de bois et de convivialité empreint ! Au printemps, tout change et refleurit à l'image de la charmante courette pleine de couleurs, où l'on s'attable pour déguster de succulentes salades. Le Caseus est décidément un « *casus cenae* », traduisez : une bonne occasion de manger ! Pensez à réserver car ce restaurant est très couru, succès oblige.

CERNAY ★

Si les guerres ont meurtri à plusieurs reprises Cernay, les rues du centre sont cependant restées fidèles au plan carré de la vieille ville. Le monument médiéval le mieux conservé est la «porte haute» ou porte de Thann, aménagée en Musée historique. Dans une charte de 1271 apparut le terme *oppidum* signifiant ville fortifiée. Cernay est ceinturée d'un double rempart : le mur extérieur a 12 m de hauteur et 150 cm d'épaisseur moyenne, le mur intérieur a 4 m de hauteur. Les anciens fossés ont été transformés en jardin. L'itinéraire Fil rouge (1h) est un circuit de visite balisé afin de faire découvrir ses facettes historiques et aspects architecturaux.

LE PARC À CIGOGNES

Rue René-Guibert

Accès libre toute l'année.

Cernay, ville étape de cet oiseau emblématique, est surnommée la cité des cigognes. C'est aussi un des premiers centres de réintroduction de cette espèce en collaboration avec le centre régional de baguage d'oiseaux. Actuellement sont recensés environ cinquante couples dont vingt sont complètement sédentaires. Chaque année, il y a environ trente naissances. Les cigognes se promènent librement dans la ville et se rendent en général au parc pour les repas. Il contribue à la protection de cet oiseau. En été, des visites guidées en groupes sont organisées sur demande.

SOULTZ-HAUT-RHIN ★

Vous tomberez sous le charme de cette petite bourgade, jadis fortifiée avec trois châteaux et dix-huit tourelles, héritage de la prospérité qu'a connu le village à la Renaissance grâce à la viticulture. Soultz sait attirer l'œil avec ses anciennes demeures, ses ruelles pittoresques, ses porches millésimés, ses lavoirs, sa double enceinte de remparts protégeant encore le centre. Les gens du cru vous diront que dans chaque Soultzien sommeille un artiste. Ville natale de Katia Krafft, volcanologue disparue en 1991 mais aussi du baron d'Anthès qui, en 1837, tua le dramaturge Pouchkine. Son histoire est véritablement liée à celle de l'Évêché de Strasbourg.

CAVE VINICOLE DU VIEIL ARMAND

1, route de Cernay ✆ 03 89 76 73 75
www.cavevieilarmand.com
Certification HVE3. Ouvert du lundi au samedi 9h-12h et 14h-18h30, dimanches et jours fériés : 10h-12h et 14h-18h.

Fondée en 1959, cette coopérative rassemble près de 80 viticulteurs et 150 ha de vignes. Certaines parcelles se trouvent sur les terroirs des Grands Crus Ollwiller, Spiegel et Zinnkoepflé. La cave abrite un musée et une boutique achalandée en produits de la région. Le sentier viticole de Soultz-Wuenheim, les vignes du château d'Ollwiller sont des témoins forts de l'œnotourisme développé ici. Le domaine est cours de conversion biologique, avec les premiers millésimes 2020 !

GUEBWILLER ★★

A cheval sur le Parc naturel régional des Ballons des Vosges et la Route romane, le regard tourné vers la Route des Vins, la région de Guebwiller offre un cadre idéal pour des vacances actives. Riche d'un passé historique, lié à celui de l'abbaye de Murbach, et industriel, la capitale des pays du Florival est aussi connue pour ses coteaux que pour les concerts prestigieux des Dominicains. Côté environnement, c'est un paradis pour randonneurs et cyclistes en été et les skieurs en hiver. La route des crêtes ravit les motards tandis que les amateurs de repas marcaires se régaleront avec les nombreuses fermes-auberges qui parsèment le territoire.

LES TERRASSES €€

244, rue de la République
✆ 03 89 76 15 00
www.domainedulac-alsace.com
Fermé samedi midi. Menu du jour complet à 19 €.

Cette grande « baraque » bardée de bois et située en bordure d'un petit plan d'eau garde le cap. Décoration colorée et design avec une belle terrasse au bord du lac, l'environnement, agrémentés de jolis arbres, est propice à la détente et à la dégustation. C'est parfait : du service impeccable à la cuisine créative et gourmande du chef et de son équipe. Les assiettes réjouissent les appétits les plus solides avec des plats réalisés sur place. Une petite déambulation de Léon le Paon qui a adopté ces lieux et la séquence sera juste parfaite !

BERGHOLTZ

Perdue au milieu des vignes, cette petite bourgade, qui compte un peu plus de 1 000 habitants, se trouve à mi-chemin entre Colmar et Mulhouse (compter une vingtaine de kilomètres de part et d'autre). Les origines de la ville sont incertaines. On pourra y admirer la petite église de Saint-Gall, ainsi que les vestiges d'un château, construit sur une motte. Le lieu est aussi prisé pour son site d'escalade, situé sur les hauteurs de la ville. Découvert en 1979, il fait le bonheur des grimpeurs avec sa façade, constituée de grès, et haute de 25 mètres. Sis dans une région agricole, Bergholtz fut particulièrement renommé pour son vin au XVIIIe siècle.

ISSENHEIM

Citée pour la première fois en 1135, les vestiges retrouvés le long de la route antique situent sa conception à l'époque gallo-romaine. Autrefois seigneurie autrichienne, Issenheim fut brûlée au cours de la guerre de Trente Ans. La ville est connue grâce à son retable peint par Mathias Grünewald. Dans cette célèbre peinture figurent les plantes qui servaient à soigner le «Feu de Saint-Antoine». Une partie du couvent est aujourd'hui reconvertie en espace muséographique consacré à l'histoire de l'ordre des Antonins. Egalement été marquée par l'ère industrielle et textile, l'histoire d'Issenheim se retrouve à travers l'architecture de la filature Gast.

ROUFFACH ★★

Située dans la plaine d'Alsace, face à la vallée noble, Rouffach vous accueille. Fortifiée à partir du XIIe siècle, cette cité possède une Tour des Sorcières, séquelle de l'Inquisition. Sous le règne d'Henri V, les habitants se révoltèrent et les bourgeois de la ville mirent le roi hors de la ville qui la fit raser. Rouffach est aussi la ville natale du maréchal Joseph Lefebvre, mari de la célèbre madame Sans-Gêne. Le château d'Isenbourg domine la commune. De plus, chaque mercredi après-midi a lieu un marché bio. Tous les ans a lieu la traditionnelle Fête de la Sorcière en juillet. C'est que les procès en sorcellerie ont ici une longue histoire !

HUSSEREN-LES-CHÂTEAUX

Établi au pied du massif du Stauffen et des Trois Châteaux, en surplomb à 380 m d'altitude au-dessus d'éguisheim, Husseren-les-Châteaux s'impose comme le village le plus élevé du vignoble alsacien. Il offre une vue à couper le souffle sur la plaine du Rhin jusqu'à l'horizon de la Forêt-Noire et les Alpes par beau temps. Intimement lié à l'histoire des Trois Châteaux (dont subsistent aujourd'hui de beaux vestiges), Husseren fut en effet construit par les ouvriers chargés de l'édification de ces géants de pierre à partir du XIe siècle. À visiter notamment dans le village : l'église Saint-Pancrace (1885) de style néo-gothique, dotée d'un chœur voûté.

GUEBERSCHWIHR

Gueberschwihr tire notamment sa fierté de son Grand Cru Goldert. Au fil de ses ruelles pavées, on découvre de belles bâtisses médiévales protégées par d'imposants porches. Calme et authentique, Gueberschwihr cache un bijou d'architecture : une église dotée d'un clocher roman du XIIe siècle qui s'élève à 36 m. Totalement excentrée, elle est adossée à la montagne. Pour la petite histoire, l'édifice fut érigé à l'emplacement d'une source sacrée, lieu de culte païen. En empruntant la départementale à travers le village vers l'ouest, vous découvrirez une autre facette de l'Alsace : celle des forêts à champignons, des falaises et des rochers en grès.

COLMAR ★★★★

Colmar est une ville prospère typiquement alsacienne. Son centre-ville ressemble à un musée à ciel ouvert. Classé parmi les plus belles villes de France, Colmar attire donc naturellement tout au long de l'année des milliers de touristes qui apprécient son unité architecturale. Ses maisons à colombages bigarrées, dont certaines semblent se tordre sous le poids d'une longue histoire tourmentée, ses bâtiments de style Renaissance et son Musée Unterlinden, connu pour conserver le célèbre retable d'Issenheim, en font une cité attractive que d'aucuns considèrent comme le cœur de l'Alsace. La capitale des vins d'Alsace attire aussi lors de son marché de Noël.

NORD-EST

Maisons à colombages, Colmar.

MUSÉE BARTHOLDI ★★

30, rue des Marchands ✆ 03 89 41 90 60
www.musee-bartholdi.fr
Ouvert du mardi au lundi de 10h à 12h et de 14h à 18h, du 1er mars au 31 décembre sauf jours fériés. Adulte : 6,70 €.

Aménagé dans la superbe demeure où Auguste Bartholdi naquit le 2 août 1834, ce musée met en lumière la vie et l'œuvre de ce sculpteur français majeur du XIXe siècle. La scénographie présente des maquettes originales des chefs-d'œuvre de Bartholdi (le Lion de Belfort, la statue de la Liberté...) et d'autres sculptures, dessins, peintures, photographies. Au fil de la visite, on déambule dans une superbe reconstitution de l'appartement du sculpteur. Pour une visite guidée, on peut réserver un créneau au musée Bartholdi ou se référer à l'office de tourisme de Colmar.

CAMPING «LE MÉDIÉVAL» €

5, quai de la Fecht - **TURCKHEIM** ✆ 03 89 27 02 00
www.camping-turckheim.fr
Ouvert de mai à décembre avec pause en novembre. 110 emplacements. Emplacement + véhicule + 2 personnes dès 14,80 €.

Ce camping se niche dans un cadre généreusement fleuri en bordure de la Fecht. Aménagés sur un terrain plat, les emplacements sont facilement accessibles aux personnes à mobilité réduite, de même que les sanitaires modernes et bien équipés. Beaux emplacements pour les camping-cars. Sur place, on trouve une aire de jeux pour les enfants et un boulodrome ainsi qu'un dépôt de pain frais et de viennoiseries. À proximité : sentiers pédestres et de VTT, courts de tennis, plaine de jeux «Baradé», parc aux cigognes, restaurants, commerces, Office de Tourisme...

PFAFFENHEIM ★

Pfaffenheim est un charmant et pittoresque village viticole du canton de Rouffach. Il doit son nom à sa dénomination première remontant à 1186, Pfarrhinheim ou habitation des prêtres, lié à son appartenance à l'évêché de Strasbourg, dans le Haut Moyen Âge. L'église Saint-Martin possède un beau chœur roman tardif début du XIIIe siècle, une nef de 1894. Son clocher a été reconstruit en 1976. La commune est située à 230 m d'altitude, et c'est à partir de là qu'on accède à la chapelle de Notre-Dame-du-Schauenberg, lieu privilégié de pèlerinage. Sur les 1 457 ha que compte la commune, 260 ha sont consacrés aux vignobles, dont le fameux grand cru steinert.

INGERSHEIM

Très endommagé lors des bombardements de 1944, Ingersheim conserve une église du XVIIIe siècle avec un clocher à bulbe unique en son genre en Europe. Il y a aussi la Tour des Sorcières et quelques belles maisons Renaissance. Depuis Ingersheim, on rejoint Niedermorschwihr en montant vers le vallon du Weidbach, Turckheim en passant par le petit col du Brand, mais aussi Katzenthal à hauteur du Florimont. On plonge au cœur d'un vignoble réputé pour la grande qualité de ses vins issus de terroirs que se partagent les vignerons d'Ingersheim, Katzenthal, Turckheim et Niedermorschwihr. Au sommet du Letzenberg, la vue sur la plaine colmarienne est sublime !

BENNWIHR

Le secteur de Bennwihr a toujours été un lieu de passage : les Celtes l'empruntaient déjà lorsqu'ils longeaient les Vosges ! La première mention de Bennwhir apparaît en 777 sous le nom de Bebonovillare. Terre des seigneurs de Horbourg au XVe siècle, le village fut détruit entre décembre 1944 et janvier 1945 durant la bataille de la Poche de Colmar. Seul le monument aux morts de la guerre 1914-1918 (aujourd'hui appelé Monument de la Fidélité) a été épargné. Le village fut reconstruit entre 1946 et 1959 dans le style de l'école d'architecture néo-alsacienne. Bennwihr est situé sur le parcours du sentier viticole des Grands Crus *Les Perles du Vignoble*.

RIQUEWIHR ★★★★

Surnommée fort logiquement la «perle du vignoble», cette cité fortifiée plonge ses origines dans le Haut Moyen Âge. Elle séduit le promeneur avec ses demeures des XVIe et XVIe siècles, ses oriels, ses maisons Renaissance en pierres de taille, ses bâtisses bourgeoises à pans de bois, ses cours intérieures, ses vieux puits, fontaines et pavés séculaires... Propriété du comte de Horbourg, Riquewihr s'est entourée de murailles dès 1291. Lors de la dernière guerre, alors que plusieurs localités des environs furent entièrement détruites au cours de l'hiver 1944-1945, Riquewihr fut relativement épargnée malgré la proximité du front et des tirs d'artillerie.

Riquewihr, au coeur du vignoble alsacien.

L'ARBALÉTRIER €€

12, rue du Général de Gaulle
✆ 03 89 49 01 21
www.restaurant-larbaletrier.fr

Ouvert mardi midi et du jeudi au lundi midi et soir. Menu : 19,50 € à 24 €. Enfant : 9,50 €. Réservation recommandée.

Cette adresse est cultissime ! Sise dans une demeure datée de 1610 (classée aux Monuments Historiques), elle séduit par son cadre hors norme : une cave voûtée de superbes pierres de taille. Au menu ou à la carte, la gastronomie alsacienne est magistralement mise à l'honneur : entrecôte au marc de gewurztraminer, choucroute La Riquewihrienne (choucroute verte), tourte de gibier, tarte flambée de L'Arbalétrier… Sans parler de LA spécialité de L'Arbalétrier : le fameux cordon-bleu au munster (de 300 g ou 500 g) qui est un vrai régal !

GÉOVINO

✆ 03 89 73 23 23
www.geovino.alsace

Parcours pédestre (2,5 km) dans les vignes ouvert toute l'année. Infos : Office de Tourisme de Ribeauvillé-Riquewihr.

Ce parcours pédestre (sur 11) permet de découvrir les particularités d'un vignoble d'exception. Son point de départ est situé en face de la mairie de Riquewihr. Il est signalé par un totem composé de 6 blocs superposés qui représentent les roches et sols composant les terroirs locaux. Cette agréable balade de 2,5 km est jalonnée de bornes d'informations en relation avec la viticulture et les vins alsaciens ! Une carte du parcours est disponible à l'office de tourisme de Riquewihr. En parallèle, des vignerons proposent des visites guidées et diverses animations.

RIBEAUVILLÉ ★★★

Ribeauvillé fait partie des plus beaux villages d'Alsace ! Sa mention apparaît aux alentours du VIIIe siècle sous le nom de «Radbaldovillare». Au XIe siècle fut érigé le château de Ribeaupierre, suivi 2 siècles plus tard par les châteaux de Girsberg et de Saint-Ulrich. Au Moyen Âge, la cité fut le siège des Ribeaupierre, puissante seigneurie à l'origine de l'édification de ces trois châteaux forts. Après le XVIIe siècle, la ville devint un important centre textile qui se modernisa régulièrement. Construite de façon longitudinale, Ribeauvillé possède de magnifiques maisons à colombages qui illustrent la richesse des notables de l'époque.

Ribeauvillé.

LES CHÂTEAUX

✆ 03 89 73 23 23
www.ribeauville-riquewihr.com
Accessible toute l'année. Gratuit. Parcours balisé « Circuit des trois châteaux » : durée : 2h30 environ.

Les trois châteaux de Ribeauvillé témoignent d'une vie moyenâgeuse riche en péripéties. Le château de Saint-Ulrich (ou Rappolstein) est le mieux conservé. Bâti à 530 m d'altitude au milieu du XIIIe siècle, il fut la résidence des Ribeaupierre jusqu'au XVe siècle. Face à lui, le château de Girsberg s'élève sur un impressionnant piton rocheux. Il possède un donjon pentagonal daté du XIIIe siècle. Le château du Haut-Ribeaupierre (ou Altenkastel) surplombe Ribeauvillé à 645 m d'altitude. Son accès est interdit mais on peut admirer ses vestiges en cours de rénovation.

SAINT-HIPPOLYTE ★

Édifiée à flanc de coteaux au pied du Haut-Koenigsbourg, cette cité viticole est réputée pour ses vins d'appellation *Rouge de Saint-Hippolyte*. Le village a conservé une bonne partie de ses fortifications ainsi que la Tour des Cigognes (seule rescapée des quatre tours originelles), reconnaissable à son toit pointu. Construite en 1316, l'enceinte fortifiée enserre aujourd'hui encore tout le village. On peut en faire le tour en empruntant une promenade balisée. À l'intérieur de la ville, vous découvrirez de belles maisons du XVIe siècle ou de style baroque du XVIIIe, ainsi qu'une fontaine datée de 1555 qui fait face à l'hôtel de ville construit en 1782.

DOMAINE ALINE ET RÉMY SIMON

12, rue Saint Fulrade ✆ 03 89 73 04 92
www.domaine-simon.fr
Certif. Haute Valeur Environnementale (HVE3). Chambre d'hôtes dès 45 €/nuit/2 pers/PDJ. Gîte (2-4 pers) dès 260 €/sem.

Toute de bleu parée, voici une charmante demeure alsacienne riche en colombages et encorbellements, où l'on peut, sur rendez-vous préalable, découvrir des crus tout à fait exceptionnels. Il y a notamment un fabuleux Pinot Gris Vieilles Vignes 2017 estampillé de 3 étoiles au *Guide Hachette des Vins* 2020. Mais aussi un Muscat Vieilles Vignes accompagné d'un énorme coup de cœur dans le guide *Dussert-Gerber* 2022. En outre, 2 gîtes et 3 chambres d'hôtes sont à disposition sur le domaine.

CHÂTENOIS

Châtenois se déploie dans un écrin de vignes serti par les bois du Hahnenberg. On peut faire une promenade sur les remparts où un important travail de restauration a été entrepris depuis plusieurs années. La double enceinte entourait autrefois un cimetière fortifié. Cette balade permet d'admirer le clocher roman de l'église Saint-Georges qui abrite des reliefs en bois sculpté du XVIe siècle et un très bel orgue Silbermann. La tour des sorcières est coiffée d'un nid de cigognes, authentique icône de l'illustration alsacienne traditionnelle. Le jardin médiéval dédié aux plantes tinctoriales rappelle l'importance de l'industrie textile dans la région.

DOMAINE BERNHARD & REIBEL

20, rue de Lorraine
✆ 03 88 82 04 21
www.domaine-bernhard-reibel.fr
Vigneron Indépendant. Certification AB. Visite et dégustation du lundi au vendredi de 8h à 18h, de préférence sur RDV.

Issus tous deux de familles vigneronnes, Cécile Reibel et Robert Bernhard ont uni leur savoir-faire au service de la vigne en 1981. Géré depuis 2001 par leur fils Pierre, le domaine Bernhard & Reibel couvre 24 ha et jouit d'une belle variété de terroirs : Rittersberg, Bischofs Weingarten, Hahnenberg, Georgen Brunnen, Coteaux du Haut-Koenigsbourg. Certaines parcelles se déploient également sur des terroirs de plaine (sols de grave). Visite et dégustation instructives.

DAMBACH-LA-VILLE ★

Dambach-la-Ville s'appuie sur la renommée de ses vins d'Alsace produits par une bonne trentaine de viticulteurs. Le sentier pédestre du Grand Cru Frankstein contribue à la connaissance des traditions viticoles du cru. Remarquable cité médiévale, Dambach conserve une grande partie de ses remparts édifiés au XIVe siècle, ainsi que trois portes en granit, celle d'Ebersheim étant la plus imposante. Un circuit dévoile des bâtisses du Moyen Âge porteuses d'emblèmes des métiers d'autrefois. Quant à l'usine Labonal, elle est réputée depuis 1924 pour la qualité de ses chaussettes. Le magasin de vente offre une belle vitrine à cette enseigne quasi centenaire !

NORD-EST

L'UNGERSBERG

Visite libre.

Culminant à 901 mètres d'altitude, l'Ungersberg (Montagne des Hongrois) est un contrefort du massif du Hohwald qui sépare les cantons de Villé et de Barr. Sa richesse naturelle est exceptionnelle car l'Ungersberg ravitaille les villages alentour en eau potable, la chasse y est prisée et sa forêt de conifères et de feuillus permet l'exploitation sylvicole. L'Ungersberg compte de nombreux sentiers de randonnée balisés par le Club vosgien. Depuis la tour Héring (érigée en 1864), la vue sur la plaine d'Alsace et sur les monts des Vosges est purement magnifique.

L'ESSENTIEL €€

23, rue de la Kirneck ✆ 03 88 08 12 77
www.lessentiel-barr.com

Ouvert du mardi au vendredi midi et soir, samedi soir et dimanche midi. Menus de 29,90 € à 66 €. Réservation conseillée.

Véritable virtuose en cuisine, Sébastien vous régale de plats originaux composés à partir de ses coups de cœur du marché de saison : terrine de foie gras de canard, chutney d'ananas et mangue au safran d'Alsace, kougelhopf toasté ; pièce de veau rôtie, déclinaison de légumes d'hiver des fermes alsaciennes, jus de viande au poivre vert... Ajoutez à cela une carte des vins qui fait la part belle aux producteurs locaux. Une belle adresse sur la route des Vins, dans un cadre chic et sobre aménagé au sein d'une jolie maison alsacienne, sans conteste essentielle !

DOMAINE PIERRE ARNOLD

16, rue de la Paix
✆ 03 88 92 41 70
www.vins-pierre-arnold.fr

Vigneron indépendant. Accueil 7 j/7 sur RV, particuliers et groupes (10 à 50 personnes). Gîte «Les 3 Épis d'Or».

Chez Pierre Arnold, vigneron rime avec passion ! Il élabore de divins nectars issus notamment du Grand Cru Frankstein. À découvrir aussi : ses fameuses cuvées élevées en pièces bourguignonnes durant 18 à 20 mois. Envie de prolonger le plaisir ? Vous pouvez séjourner dans une charmante maison rénovée dans le respect de l'architecture alsacienne avec des matériaux 100 % naturels. Aménagé sur deux niveaux, le gîte Les 3 Épis d'Or est conçu pour héberger en tout confort 4 personnes. Il se révèle tout aussi atypique et délicieusement cosy !

OBERNAI ★★★

La charmante cité viticole d'Obernai a connu son âge d'or au XVIe siècle. La ville connaît depuis les années 1960 un essor économique et touristique impressionnant. Elle conserve de magnifiques édifices, des portails et des monuments remarquables, mais on apprécie également l'atmosphère de ses ruelles et de ses arrière-cours. Encerclant la partie ancienne de la ville, les vénérables remparts invitent à la balade en toute saison. La majeure partie de leurs trente-huit tours est encore présente, même si certaines ont été intégrées dans des maisons d'habitation. La place du Marché conserve indéniablement son âme de cœur médiéval de la ville.

BARR ★

Chef-lieu de seigneurie au Moyen-Âge puis chef-lieu de canton à la Révolution, Barr a connu un bel essor au XIXe siècle grâce à l'industrie du cuir et du textile. La tannerie Degermann fournit toujours des cuirs pour de grandes marques internationales. Depuis 1906, Barr accueille la plus ancienne foire aux vins d'Alsace à la mi-juillet. En été, les jeudis musicaux à l'église protestante sont très fréquentés. Un charmant marché en zone piétonne réunit des producteurs et des artisans locaux. Un sentier géologique débute sur la place de l'Hôtel de Ville et mène sur les pentes du Mont Sainte-Odile en passant par le mur païen et le château du Landsberg.

CAMPING MUNICIPAL LE VALLON DE L'EHN***

1, rue de Berlin ✆ 03 88 95 38 48
www.camping-obernai.fr/

Ouvert de mi-mars à janvier. Emplacement + véhicule + 2 personnes à partir de 15 €. Aire pour camping-cars. Wifi.

Ce camping sera le cadre de vacances idéal pour les passionnés de détente et de nature. Sa situation sur la route des vins, à 25 kilomètres de Strasbourg, près des axes routiers du Centre-Alsace, permet de rayonner facilement à la découverte des sites touristiques de la région. De nombreux loisirs sont proposés sur place. Les emplacements sont grands, certains séparés par des haies, les équipements du camping propres. Pour les services camping-car uniquement s'adresser à l'accueil.

LA MERCERIE €

6, rue du Marché
03 88 04 89 28
Du lundi au samedi le midi et le soir ; le dimanche midi. Réservation recommandée. Menu dégustation : 18 €.

Cette adresse nichée au fond d'une cour intérieure au cœur de l'espace piétonnier d'Obernai fait le bonheur des épicuriens qui ne s'embarrassent pas des diktats de la mode gastro. La carte du restaurant vous invite à vous régaler de salades fraîchement composées ainsi que de tartes flambées, tartines de campagne, burgers, plats de pâtes et autres spécialités du cru (gratin de pommes de terre au munster, choucroute, baeckaoffa...). L'après-midi, la Mercerie se transforme en salon de thé-limonadier qui propose notamment de délicieux jus de fruits frais biologiques.

DOMAINE BLIEMEROSE

1, rue des Chartreux
03 88 50 42 94
www.domainebliemerose.fr
Vigneron Indépendant. Certification AB. Visite et dégustation tous les jours, sur RDV. Groupes acceptés.

Depuis 2005, Christophe (œnologue et ingénieur) et Carmelle Maetz commercialisent leurs vins sous le nom du domaine Bliemerose : Bliem pour « fleur » en alsacien et Rose en référence à Rosheim la cité des roses ! Pour leurs cuvées, ils recherchent finesse, élégance et équilibre et ne commercialisent leurs vins que lorsqu'ils les jugent suffisamment mûrs. Il est important pour eux que les vins portent l'expression du terroir, du climat de l'année. Lors de votre visite, Christophe et Armelle vous feront découvrir avec plaisir quelques-uns de leurs bons crus.

ROSHEIM ★★

Faites un détour par ce petit bourg de vignerons... De ses anciennes fortifications, Rosheim conserve quelques remparts intérieurs (XIIIe siècle) et extérieurs (XIVe siècle), ainsi que 4 portes : celle de la Vierge, de l'École et du Lion, et la tour de l'Horloge dans le prolongement de la mairie. Témoins de l'histoire du village, elles cohabitent avec de très belles maisons à colombages de style Renaissance, dont les façades débordent de géraniums à la saison. Des topos guides bien faits présentent une dizaine de sentiers pour découvrir le canton de Rosheim à pied, et des circuits pour randonner à vélo. Ainsi équipés, vous n'irez pas à l'aveuglette !

Porte du Milieu à Rosheim.

SOULTZ-LES-BAINS

Le village, entouré de coteaux calcaires propices à la culture de la vigne est à mi-chemin entre tradition et modernité. Le passé thermal glorieux de cette bourgade est encore présent dans tous les esprits et chacun se réjouit que cette merveilleuse aventure ait pu renaître. Un circuit de 5 kilomètres vous permettra de découvrir les fortifications édifiées par les troupes du Kaiser entre 1914 et 1916, la beauté des panoramas, les vues sur le Kronthal et les villages environnants. Un autre fait découvrir croix et édicules. Soultz-les-Bains est un village chaleureux et celui qui le quitte après un long séjour a forcément un pincement au cœur.

MARLENHEIM ★

C'est un bourg avenant, et nombre de détails se révèlent au promeneur lorsqu'il s'y attarde : maisons à tourelle Renaissance, tympan roman et bas-relief de l'église, joli ensemble architectural du XVIIIe siècle abritant la mairie, et bien sûr la chapelle de la Vierge de Douleurs avec son toit à bulbe en ardoise et le chemin de croix du Marlenberg, bel exemple d'art populaire alsacien du XVIIIe siècle. Marlenheim est aussi la porte Nord de la Route des Vins d'Alsace, liée à la culture de la vigne depuis le VIe siècle, alors que la commune abritait un palais mérovingien. La commune fait partie de la Couronne d'Or, le vignoble historique de Strasbourg.

PAYS DE TROYES, LACS DE L'AUBE

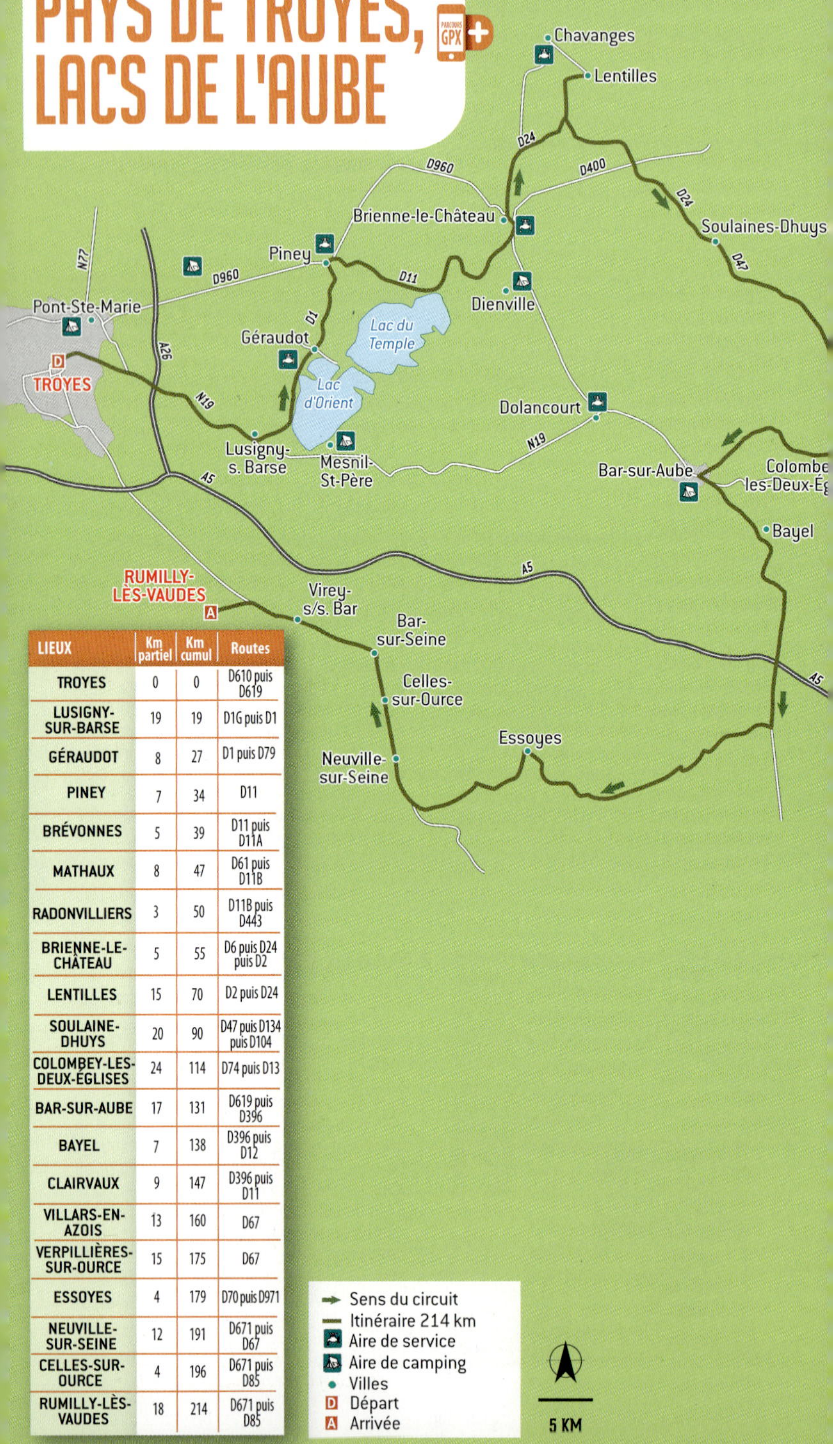

LIEUX	Km partiel	Km cumul	Routes
TROYES	0	0	D610 puis D619
LUSIGNY-SUR-BARSE	19	19	D1G puis D1
GÉRAUDOT	8	27	D1 puis D79
PINEY	7	34	D11
BRÉVONNES	5	39	D11 puis D11A
MATHAUX	8	47	D61 puis D11B
RADONVILLIERS	3	50	D11B puis D443
BRIENNE-LE-CHÂTEAU	5	55	D6 puis D24 puis D2
LENTILLES	15	70	D2 puis D24
SOULAINE-DHUYS	20	90	D47 puis D134 puis D104
COLOMBEY-LES-DEUX-ÉGLISES	24	114	D74 puis D13
BAR-SUR-AUBE	17	131	D619 puis D396
BAYEL	7	138	D396 puis D12
CLAIRVAUX	9	147	D396 puis D11
VILLARS-EN-AZOIS	13	160	D67
VERPILLIÈRES-SUR-OURCE	15	175	D67
ESSOYES	4	179	D70 puis D971
NEUVILLE-SUR-SEINE	12	191	D671 puis D67
CELLES-SUR-OURCE	4	196	D671 puis D85
RUMILLY-LÈS-VAUDES	18	214	D671 puis D85

TROYES ★★★

Capitale historique de la Champagne méridionale, Troyes est une cité d'une incroyable opulence architecturale et artistique : profusion d'églises, de maisons anciennes à pans de bois de toutes les couleurs jouxtant de belles demeures patriciennes de pierre, musées de plus en plus nombreux (souvent gratuits), rues et ruelles pittoresques encore pavées... Le cœur de la ville, vu du ciel, a la forme d'un bouchon de champagne, celui que l'on produit à quelques kilomètres, sur les coteaux de Montgueux et un peu plus loin dans la Côte des Bar. Si vous voulez un simple aperçu de la ville, c'est là qu'il faut d'abord se rendre, idéalement en fin de journée.

ROSAPARKS €€

35, rue Champeaux
✆ 03 25 70 32 25
www.rosaparks.fr

Ouvert du mardi au jeudi, samedi et dimanche midi et soir ; le vendredi soir uniquement. Menu unique à 11,90 €.

Au coin de la rue piétonne, en concurrence avec moult restaurants à touristes, Rosaparks reste discret. Néanmoins, des burgers, des cookies, des frites bio, une viande hachée sur place et bio, cuite sur plancha aux yeux de tous, sont des atouts indéniables... Les burgers sont effectivement joliment frais, avec notamment un Rosa aux légumes marinés végétariens, le tout avec sauce à dispo, y compris Tabasco green. L'ensemble est plaisamment emballé dans un sac bio en kraft, à l'ancienne. La prise de commande s'effectue sur tablette.

LUSIGNY-SUR-BARSE

Pour ceux qui souhaitent passer quelques jours près des lacs, sachez que c'est dans ce village que se trouve le point de rendez-vous des principaux commerçants. À proximité des autoroutes A26 et A5, à une vingtaine de minutes de Troyes, la bourgade est devenue une zone de passage obligée pour les touristes de l'Europe du Nord et de l'Île-de-France, en route vers les lacs, leur triathlon, leurs moulins à vent (à Dosches), ou encore le parc Grimpobranches, une pause ludique pour tous, y compris de nuit ! De nombreuses aventures à vivre dans cette région... Des logements sont à la location dans le village, et en bord de lacs.

GÉRAUDOT

Géraudot, appelé Aillefol jusqu'à la fin du XVIIe siècle, fut un des lieux d'installation des Templiers. Berceau de la commanderie d'Orient fondée en 1231. Diminué de 500 ha pour la mise en eau du lac, le village peut s'enorgueillir de posséder aujourd'hui une plage située plein sud, à l'abri des vents et aux portes de la forêt. On trouve dans ce cadre verdoyant de petits commerces pour faire une pause restauration, buvette ou glaces, et même une zone réservée à la mise à l'eau des bateaux. À découvrir en se promenant ou réalisant le parcours de santé de la presqu'île de la Picarde, des criques et méandres, paradis des pêcheurs et des oiseaux.

NORD-EST

© CLAUDIO GIOVANNI COLOMBO - SHUTTERSTOCK.COM

Façades à colombage typiques de la ville de Troyes.

MAISON DE L'OUTIL ET DE LA PENSÉE OUVRIÈRE [MOPO] ★★★

7, rue de la Trinité ✆ 03 25 73 28 26
www.mopo3.com
Tous les jours, de 9h à 12h et de 14h à 18h. D'octobre à fin mars : fermé le mardi. Adulte : 7 € (réduit 3,50 €).

La MOPO – maison de l'Outil et de la Pensée ouvrière, dorénavant familière des Troyens, mets les bouchées doubles pour se faire une belle place. Petit bijou de l'architecture champenoise du XVIe siècle, l'hôtel Mauroy est l'exemple vivant du savoir-faire des Compagnons du Devoir qui restaurèrent le bâtiment en 1969. Les extérieurs, ouverts gratuitement, sont déjà impressionnants de sérénité au cœur de la ville !

La Maison de l'Outil et de la Pensée ouvrière est un musée exposant un ensemble riche de plus de 12 000 outils – ayant tous servi – répartis par métier, par thème ou par monographie. Un témoignage unique sur les techniques utilisées par l'homme grâce au père jésuite Paul Feller, qui rassembla tous ces précieux artefacts de 1958 à 1978. C'est en outre le premier et le seul musée troyen a être équipé d'audioguides, disponibles en français et en anglais ! Conférences et expositions temporaires ponctuent l'année et contribuent à la mission que s'est fixée le musée : « Utiliser le passé pour comprendre le présent et construire l'avenir ». Transmission, échange et partage sont les maîtres-mots de ce musée pas comme les autres.

- **Jeune public.** Qui a dit que jeune public ne pouvait pas rimer avec pensée ouvrière ? Pas le MOPO en tout cas. Des livrets-jeux très ludiques emmènent les 8-16 ans à la découverte du musée et de ses collections avec Nestor et MO-3PO. Apprentissage, découverte et bonnes parties de rire seront au rendez-vous ! Plus d'information sur leur site Internet avec notamment l'agenda des activités tout au long de la saison.

- **Centre de documentation.** Avis aux bibliophiles, les quelque 32 000 volumes anciens et contemporains du centre en font la deuxième bibliothèque technique de France. Parmi les trésors de cette bibliothèque d'exception : les 35 premiers volumes de l'*Encyclopédie* de Diderot et d'Alembert et la deuxième édition du *De Architectura de Vitruve*. Passionnant !

- **Librairie-boutique.** Pensée ouvrière, métiers, techniques..., les ouvrages spécialisés de la librairie abordent tous les thèmes du musée. Mais que les néophytes se rassurent, des ouvrages plus grand public permettent de se familiariser avec cet univers en toute simplicité. Au total, la librairie présente près de 10 000 références. Le rayon jeunesse est également très riche. Contact : librairie@mopo3.com

CAMPING LES RIVES DU LAC €

Rue du Fort st Georges RD34 ✆ 03 25 41 24 36
www.campinglesrivesdulac.com
Emplacement (électricité + véhicule et/ou camping-car) entre 19 € et 22 €/nuit, entre 114 € et 132 €/semaine.

Un camping des plus classiques. Bien situé, à deux pas de la petite plage de Géraudot et de sentiers de balade de la forêt d'Orient, les Rives du lac promettent un séjour au calme. 193 emplacements sont agencés sur 3 hectares plantés, ce qui garantit de l'ombre, et du calme. Possibilité de branchements électriques et aire de jeux pour enfants. Quelques animations sur la plage d'à côté (bateaux à pédales notamment). Un bon camping en toute simplicité. Les mobiles-homes garantissent plus de confort et sont tout équipés (voir tarifs sur le site). Aire de services.

PINEY

De 750 à 1786, la commune change sept fois et ce n'est qu'en 1960, qu'elle devient définitivement Piney, chef-lieu de canton. L'illustre maison impériale de Luxembourg après son départ de l'actuel grand-duché s'y installa de la fin du Moyen Âge jusqu'à la Révolution. Piney était alors la capitale du duché pairie de Piney-Luxembourg. Le bourg est aussi connu pour sa halle du XVIe siècle qui servit par ailleurs de remise aux équipages de Napoléon. Tandis qu'elle accueillait jusqu'à quatre foires l'année dans le passé, la halle abrite le marché : plus pacifique mais une belle signature d'une commune où le pouvoir du seigneur de Piney était reconnu !

BRÉVONNES

Bordée par le lac artificiel d'Auzon-Temple, qui s'étend sur plus de 1 000 hectares, la commune de Brévonnes fut jadis célèbre pour ses haricots. Elle fut l'ancien siège de la Kommandantur pendant la Seconde Guerre mondiale. Elle a abrité dans les années 1930 une tuilerie et briqueterie, devenu après 1960 un lieu de créations artisanales. Voir la Belle Vierge de pitié (XVIe siècle) dans l'oratoire du Marmoret. A proximité de la ville se trouve l'étang de Jonchery, où l'on peut s'adonner à la pêche à la carpe. Essentiellement rurale, Brévonnes compte un peu moins de 700 habitants. C'est un lieu préservé qui ravira les amoureux d'espaces naturels.

MATHAUX

Au cœur du parc naturel de la forêt d'Arient, Mathaux est une commune rurale de 200 habitants. On pourra y admirer notamment l'église Saint-Quentin, notable pour ses pans de bois, et qui date du XVIIIe siècle. Celle-ci a subi une profonde restauration en 1983 – à l'identique – après l'effondrement de son clocher et d'une partie de l'édifice. La ville est réputée pour avoir accueilli le peintre et vernisseur Martin Claude Dorez (1704-1753) qui a travaillé sur les faïences de la commune. A Mathaux, on pourra voir le cercle d'eau. Un circuit intéressant permet de visiter le Trésor des églises du parc et des églises en pans de bois de l'Aube.

BRIENNE-LE-CHÂTEAU ★

C'est une terre d'invasions mentionnée même par César. Il est vrai que le pays des Brannovics restera longtemps une zone de passages et de conflits. On citera les Alamans, les Normands, les troupes d'Angleterre, les guerres de Napoléon, puis les Prussiens, sans compter les guerres de ce début de siècle. Mais ce qui fait assurément la réputation de la ville, c'est le passage du jeune Napoléon Bonaparte à l'école militaire, entre 1779 et 1784. Dominée par le somptueux château de la famille Loménie, Brienne est marquée à jamais par ce passage. L'Empereur n'oubliera pas lui non plus l'endroit « où il a ressenti ses premières impressions d'homme… ».

SOULAINES-DHUYS

La Venise verte... Installée au fond d'une petite vallée, dans le paysage verdoyant de la Champagne humide, Soulaines est traversée dans toute sa longueur par la Laine, qui prend sa source dans une résurgence (la Dhuys) au centre de la localité, à laquelle elle doit en partie son nom. La légende raconte que des couples qui étaient venus y danser, ne parvenant pas à se soustraire à leurs jeux amoureux quand les cloches de l'église les invitèrent à l'office, ont été ensevelis dans le gouffre qui s'est ouvert au dernier carillon, et que de l'eau en a jailli… Le pont Henri-IV, l'un des douze de la commune, est un hommage au passage du roi en ces lieux.

COLOMBEY-LES-DEUX-EGLISES ★

Le succès touristique de Colombey réside depuis cinquante ans dans l'histoire du général de Gaulle qui est toujours célébré ici, notamment en haut de la petite côte du village. Il s'était retranché ici lors de Mai 68. N'oublions pas, cependant, que Colombey est aussi un joli bourg dans une campagne apaisante, à la vue imprenable, notamment du bureau de La Boisserie. Colombey est évoqué dans un texte de 1108 qui désigne le lieu comme « Colombey où sont deux églises ». Y cohabitaient autrefois Notre-Dame-en-son-Assomption et le prieuré Saint-Jean-Baptiste, aujourd'hui disparu. C'est cette double présence d'édifices religieux qui lui valut son actuel nom.

AIRE DE SERVICES POUR CAMPING-CAR COLOMBEY

68, Rue du Général de Gaulle
✆ 03 25 01 50 79

Vidange eaux usées, remplissage eau, emplacement camping-car. Accès libre.

Cette aire de services pour camping-cars, située à Colombey-les-Deux-Eglises, est une bonne option pour effectuer une halte bien méritée. Il vous sera possible d'effectuer vos services (vidanges des eaux usées et des WC, remplissage de vos cuves à eau), mais aussi de stationner pour quelques heures ou pour la nuit. Il peut y avoir approximativement six ou sept camping-cars. Les emplacements ne sont pas délimités. Commerces de proximité et terrain de pétanque.

À LA TABLE DU GÉNÉRAL €€

54, rue du Général-de-Gaulle
✆ 03 25 01 51 69
www.latabledugeneral.fr

Ouvert du mercredi au dimanche. Menus de 23,50 € à 25 €. Formules du midi : 18 € et 20 €. Plat du jour : 15 €.

Pousser la porte de cette maison en pierre bien attrayante, c'est pénétrer dans un lieu faisant de la résistance. Le chef propose quotidiennement une cuisine généreuse et raffinée à base de produits régionaux avec, au choix, le cadre de la brasserie ou du restaurant traditionnel. Pour marcher dans les pas du Général en dégustant ses plats préférés, même si c'est parfois un peu bruyant. Le prix de la convivialité, avec un îlot buffet l'été ou, amusant, un menu à 25 euros qui reprend trois mets de menus testés par le Général autrefois !

BAR-SUR-AUBE ★

Carrefour international aux XIIe et XIIIe siècles, Bar-sur-Aube accueillait une fois par an les foires de Champagne. En 1911, Bar connu la révolte des vignerons aubois, en lutte contre les négociants marnais pour maintenir l'appellation Champagne dans leurs vignobles. Aujourd'hui, la ville ancienne est ceinturée de boulevards à l'emplacement des remparts disparus. Le vieux Bar conserve néanmoins ses petites rues pittoresques, ses vieux hôtels, et deux églises. En s'y promenant, on retrouve dans le réseau de caves, de celliers et de souterrains les traces de l'activité des foires du Moyen Âge. Un circuit touristique dans la ville a été mis en place.

ÉCOMUSÉE DE BAYEL - MUSÉE DU CRISTAL ★

2, rue Belle-Verrière
✆ 03 25 92 42 68
www.bayel.fr
Ouvert de 9h à 12h30 et de 14h à 17h30/18h selon la saison. Adulte : 5 €, réduit 4 €.

L'Écomusée de Bayel – Musée du Cristal, appelé aussi Centre Mazzolay, permet de découvrir l'histoire du verre et du cristal de l'Antiquité à nos jours. Des maquettes, des créations exceptionnelles et des documents anciens racontent l'histoire de cette étonnante « Cité du Cristal ». Dans la boutique, à l'accueil du musée, des articles souvenirs et de librairie sont proposés. La visite de l'écomusée peut se poursuivre par une démonstration de soufflage de verre.

COLLINE SAINTE-GERMAINE ET PANORAMA

Suivre le CD4 et Fontaine.
Nombreux circuits de randonnée pédestre ou cycliste à proximité avec des vues magnifiques au fil des pas.

Ce n'est pas qu'un parking avec vue (349 m d'altitude). D'ici les parapentistes ont trouvé un lieu de décollage idéal, les promeneurs une vue imprenable de la plaine, jusqu'à Colombey-les-Deux-Églises et les vignobles de la côte de Bar. Le lieu se réfère en effet au Ve siècle, à sainte Germaine, jeune fille martyrisée par les Vandales. L'éperon barré date de la civilisation de Hallstat (premier âge de fer). Cette place fut aussi un oppidum, permettant de voir arriver l'ennemi.

ESSOYES ★

C'est dans cette petite commune aux coteaux plantés de vignes que le peintre Auguste Renoir s'est installé en 1882. Il achète la maison où il réside tous les ans de mai à octobre. Aujourd'hui, cette maison appartient à ses descendants et les visites ne sont pas autorisées. Le château d'Essoyes abrite aujourd'hui la perception et l'école. À voir : les vestiges des murs de la ville close aux cinq portes, la halle du XIXe siècle et le colombier de la maladrerie qui, déjà au XIe siècle, trônait près de la porte de Mussy. Ancienne seigneurie de l'abbaye de Molesmes, Essoyes a longtemps bénéficié de la protection armée des comtes de Champagne.

BAYEL

Bayel connaît le travail du verre depuis l'an 1300. En 1678, Jean-Baptiste Mazzolay, maître verrier vénitien, y crée une verrerie destinée à concurrencer le monopole de Venise. Louis XIV donne à la Manufacture royale en cristaux de Bayel ses lettres de noblesse, grâce à l'exclusivité de la production et de la vente entre Chaumont et Paris. Devenue « Cristallerie royale de Champagne », l'endroit accueillait chaque année des milliers de visiteurs. Il a dû fermer ses portes courant 2016. Il est néanmoins possible de continuer à admirer le travail des maîtres verriers au cours des démonstrations mises en place à l'écomusée de Bayel-Musée du Cristal.

© LAURENT CORNÉE - FOTOLIA

Essoyes, beau village au bord de la rivière Ource.

DU CÔTÉ DES RENOIR

9, place de la Mairie
✆ 03 25 29 10 94
renoir-essoyes.fr
Ouvert de mars à novembre du mercredi au dimanche en basse saison, haute saison tous les jours. 12 €, réduit 7 €.

Un site passionnant qui ouvre à l'univers des deux grands artistes, Auguste Renoir, le peintre et son fils Jean, le cinéaste. L'exposition permanente se tient dans les écuries du château Hériot et montre divers éléments ayant trait à la vie de la famille Renoir et aux œuvres de chacun des deux artistes. On trouve également une salle de spectacle, une salle pour les expos temporaires et une boutique de souvenirs (livres, cartes postales, reproductions…). Un musée qui ravira tous les visiteurs, grands comme petits. À ne pas manquer.

LA GUINGUETTE DES ARTS €

4 bis, quai de l'Ource
✆ 03 25 29 70 59
Ouvert du lundi au samedi de 12h à 21h. Prix moyens : de 11 € à 26 €.

On traverse la pont de l'Ource pour s'installer à la terrasse de la Guinguette des Arts. Belle idée qu'ont eue Florence et Daniel Combry. Ces deux artistes ont installé en effet une vaste terrasse dans leur cour et sur l'esplanade piétonne, pour le plus grand plaisir de tous. On y vient à toute heure de la journée et même tard le soir pour une glace, un rafraîchissement ou un repas. Saucisse ou andouillette avec frites à volonté, salades... La maison a ouvert une cave où vous pouvez bien entendu acheter des champagnes, mais aussi du chablis, produit « à côté ».

CHAMPAGNE CLERAMBAULT

122, Grande-Rue
✆ 03 25 38 38 60
www.champagne-clerambault.com
Ouvert du lundi au vendredi de 8h30 à 12h et de 13h30 à 17h30 ; le samedi de 9h à 12h30. Vente en ligne.

Un nom aristocratique et médiéval pour une maison de champagne née en 1951. Le savoir-faire et la technique de pointe cohabitent ici. Le champagne de la maison vieillit au moins trois ans avant de montrer sa belle couleur et ses bulles fines, et quant aux millésimes, ils reposent de cinq à six années. Installé confortablement dans le caveau, on déguste les cuvées Clérambault, la cuvée Tradition aux arômes de fruits mûrs, le rosé version fruits rouges, cassis et fraises, le Carte Noire brut et les millésimes. Également un extra-brut et un rosée de saignée.

CELLES-SUR-OURCE

Un village que signale un énorme bouchon d'environ 6 mètres de haut au bord de la nationale ! Il faut dire qu'ici on produit des millions de bouteilles de champagne par an. La commune rurale de Celles-sur-Ource propose une randonnée gourmande, mais aussi une randonnée VTT. Elle compte aussi un aérodrome civil, pour les amateurs. On pourra également admirer ici plusieurs monuments, comme l'église Sainte-Marie, datant du XVIe siècle, qui possède des transepts et une abside à cinq pans. Ou encore l'abbaye Notre-Dame de Mores, édifiée quant à elle en 1153 par saint Bernard, et qui fut détruite à plusieurs reprises au cours de son histoire.

NEUVILLE-SUR-SEINE

Neuville-sur-Seine, construit le long de la vallée de la Seine, est situé sur le plateau calcaire jurassique que le fleuve et ses affluents ont creusé de vallons pittoresques. Dès le Moyen Âge, la culture de la vigne est l'activité dominante des villageois, qui vivent dans un bourg fortifié (comme en témoignent les noms des rues : rue des Murs, rue des Fossés...). Aujourd'hui, sur une superficie de 1 442 ha, la commune dispose de 325 ha en appellation. Une petite visite s'impose à l'église de la Nativité-de-la-Vierge (XIIe siècle), et à la chapelle Sainte-Philomène. Village fleuri (4 fleurs), il organise régulièrement une course avec une vingtaine de pilotes.

LE CHEMIN DU VIGNERON

www.tourisme-cotedesbar.com

Un circuit de 6 ou 11 km, un peu plus de 3h dans les mollets, le tout balisé en blanc et jaune au départ de l'ancien lavoir place de la Liberté. Il est appelé « chemin du vigneron » et fait aussi l'objet d'une randonnée conviviale, fin mai, la Randonnée gourmande (nécessité de s'inscrire). On picore lors de cette fête, on goûte, des assiettes sont proposées sur le parcours... Dans tous les cas, on franchit des chemins herbeux en bordure des vignes, les bords de l'Ource mais on se repaît de cette quiétude des vignes alentour, paisibles et fructueuses.

LE LONG DU RHIN

PARCOURS GPX

LIEUX	Km partiel	Km cumul	Routes
MULHOUSE	0	0	D21
BRUEBACH	6	6	D21
KŒTZINGUE	10	16	D21 puis D21.I
BARTENHEIM	8	24	D66 puis D21.I
ROSENAU	5	29	Route du Grand Canal d'Alsace
KEMBS	7	36	D56.II puis D201
RIXHEIM	11	47	D108 puis D468
OTTMARSHEIM	10	57	D52
CHALAMPÉ	6	63	D52
NAMBSHEIM	14	77	D13 puis D468 puis D22
OBERSAASHEIM	7	84	Route de Gelswasser puis D52
VOGELGRÜN	4	88	D415 puis D468
NEUF-BRISACH	4	92	D468
BIESHEIM	3	95	D52 puis D20
RHINAU	37	132	D20 puis D468
STRASBOURG	35	167	Arrivée

MULHOUSE ★★★

Mulhouse est à la fois ville industrielle par excellence et cité historique. Son patrimoine industriel a été intelligemment mis en valeur, grâce à des musées prestigieux, l'élevant au rang de premier pôle de musées techniques d'Europe, notamment avec sa Cité de l'Automobile, la plus belle et la plus grande collection de voitures au monde. Quant à son histoire, elle se concentre dans le charme du centre-ville, à découvrir à pied de préférence par le sentier du Vieux-Mulhouse. Les lieux de détente, de découverte, de loisirs culturels d'une très grande diversité, viennent agrémenter la vie des quelque 235 000 Mulhousiens et des nombreux touristes.

Place de la Réunion.

MUSÉES MULHOUSE SUD ALSACE

7, rue Pierre et Marie Curie
✆ 03 69 77 77 40
www.musees-mulhouse.fr

Fédérant les 12 musées du Sud Alsace, MMSA est l'association pour la mise en valeur d'un des plus précieux réseaux de musées techniques et civilisation industrielle d'Europe accueillant 650 000 visiteurs par an. MMSA est aussi la créatrice de la Nuit des Mystères, grande chasse au trésor drainant 30 000 participants. A l'occasion de ce jeu d'énigmes, on parcourt les musées de la ville. Pour ne rien manquer, consultez le site web des musées mulhousiens, il y a énormément à découvrir.

LE VIEUX COUVENT €€

23, rue du Couvent
✆ 03 89 54 43 45
www.le-vieux-couvent.fr

Fermé dimanche et lundi. Menu du jour complet 17,50 €. Menu enfant offert. Tartes flambées. Salle de réunion. Terrasse.

Aux manettes Guillaume Kriegel et toute son équipe ! C'est un lieu de caractère magnifié par une complète rénovation décorative qui met en lumière les murs peints. Ce qui n'a pas changé, c'est la cuisine alsacienne, toujours aussi goûteuse, avec sa choucroutes, ses bouchées à la reine, ses fleischnackas (excellents), ses rognons, etc. Une carte cependant resserrée avec beaucoup de suggestions. Les vins sont en provenance des Brasseries de l'Ill et mention spéciale aux bières. C'est un lieu amené à vivre intensément et avec gourmandise !

BIO JARDIN

4, rue des Alpes
BRUNSTATT-DIDENHEIM
✆ 03 89 06 42 62
www.bio-jardin-didenheim.fr

Ouvert du lundi au vendredi de 8h à 19h ; le samedi de 7h à 18h.

Le jardinage n'est pas l'activité principale de ce magasin. Par contre on y trouve à peu près tous les produits nécessaires pour être un parfait bio-citoyen de la chaussette en bambou au diffuseur d'huiles essentielles en passant par l'épicerie et les légumes frais. Beaucoup de références avec une très belle collection de compléments alimentaires, en provenance de producteurs locaux et surtout les conseils avisés, pointus et toujours souriants de Christian Horrenberger. Tout est pensé dans le respect de la terre et de ce qui vit dessus..

BRUEBACH

Étymologiquement, le nom Bruebach sous-entend une proéminence ou un gros obstacle. C'est vrai que lorsqu'on arrive dans ce village de mille habitants, on monte sur une butte. Le site est occupé depuis le néolithique et le nom de Bruebach est cité pour la première fois en 823. Annexée par l'Allemagne nazie – comme le reste de la région –, la ville est libérée le 20 novembre 1944 par le groupement Lépinay de la 1re division blindée. L'attrait principal de cet endroit niché derrière des arbres est sans conteste l'église Saint-Jacques-le-Majeur datant du Moyen Âge. Sa nef a été agrandie en 1863 grâce aux travaux de l'architecte Frédéric Gunther.

KEMBS ★

Kembs, autrefois appelé Cambete s'est développé sur l'axe d'une voie romaine qui reliait Strasbourg à Augst en Suisse. C'est dans cette ville que fut construite la première des 10 centrales hydroélectriques érigées sur le Rhin en France. Elle fut détruite pendant la Seconde Guerre mondiale puis remise en marche en 1945. Le petit port de plaisance de Kembs, situé sur le canal d'Huningue, est aussi très séduisant. Une particularité : un parcours insolite a été dessiné sur le thème « le Chemin des Planètes », le long du canal de Huningue. Les distances qui séparent les astres y sont proportionnellement représentés à l'échelle du « milliardisme ».

LA PÉNICHE €€

Rue Paul-Bader
✆ 03 89 74 50 58
Ouvert du jeudi au lundi. Réservation recommandée. Environ 30 €. Plat du jour : 12,50 €. Vin au verre.

Cette belle péniche authentique et pleine de charme vous fait profiter de la tranquillité d'un port de plaisance. Le personnel de bord est souriant et fort accueillant. Côté cuisine, les viandes rivalisent avec les poissons, avec un zeste d'originalité tel que le saumon à la pomme verte, les raviolis de foie gras ou encore la queue de lotte rôtie en croûte de moutarde. Le Chef, par ses créations, se fait plaisir en espérant ravir les papilles des convives à base de mets classiques et de produits exotiques, qui seront vous faire voyager le temps d'un repas.

RIXHEIM

Pour la petite histoire, si le site semble avoir été occupé depuis le néolithique, il est attesté que les chevaliers de l'ordre teutonique s'y installèrent au XIIIè siècle. Ancienne bourgade viticole et agricole, Rixheim sait faire valoir ses atouts industriels et commerciaux, grâce à son emplacement stratégique. Avec ses 13 000 habitants, la ville se place au 6e rang départemental et héberge sur son ban une partie de l'usine Peugeot. C'est ici, aussi que le canal du Rhône au Rhin finit sa course. La forêt y tient également une grande place, avec ses 985 hectares en deux massifs, Hardt et Tannenwald, appréciée par le promeneur amateur de verdure.

OTTMARSHEIM

Formé autour du VIIIe siècle, le village né le long de l'ancienne voie romaine qui reliait Bâle à Strasbourg, doit son nom à Saint Othmar, abbé de Saint-Gall, qui possédait des terres à proximité du Rhin. Il est entouré de la forêt domaniale de la Hardt. Ottmarsheim est non seulement connu pour son abbatiale, mais aussi pour son dynamisme. Le « Point Information » accueille les nombreux visiteurs toute l'année et organise les animations phares de la commune : marché de Noël des musées et des créateurs le 2e week-end de décembre et Nuit du folklore en juin. Les nombreux équipements sportifs et culturels contribuent au « bien vivre » dans ce village.

ABBATIALE D'OTTMARSHEIM ★★

6, rue de l'Église ✆ 03 89 26 27 57
Visites guidées historiques et costumées sur réservation, en français et en allemand. Durée : 45 min.

© SOLODOVNIKOVA ELENA / ADOBE STOCK

Située sur la Route Romane d'Alsace, l'abbatiale est un joyau de l'architecture romane du XIe siècle. Son plan centré octogonal en fait un monument unique en France. Édifiée entre 1030 et 1050, elle a été consacrée en 1049 par le pape alsacien Léon IX et destinée à des bénédictines. En presque 1 000 ans, son histoire a été marquée de nombreuses rénovations. La dernière campagne de restaurations s'est terminée en 2018, mettant en valeur les deux chapelles gothiques des XVe et XVIe siècles. Cette abbatiale est un symbole d'attractivité patrimonial rhénan !

CHALAMPÉ

De la préhistoire à l'endiguement du fleuve en 1840, Chalampé est un lieu de passage sur le Rhin et subit les crues, les terres du village étaient situées tantôt sur le ban de Neuenburg, tantôt sur celui de Bantzenheim. Les premiers habitants, d'anciens soldats français, s'y installent en 1717 à la fin de la guerre de succession d'Espagne. Le nom de Chalampé vient de l'allemand *Schlamper* (personne vêtue de façon négligée et pauvre) car les habitants vivaient de la pêche, de la vannerie et, plus tard, de la batellerie et de l'agriculture. Dans les années 1950, avec le canal et l'industrialisation de la région, Chalampé connaît un véritable essor.

VOGELGRUN

Situé à 23 kilomètres de Colmar, le petit village de Vogelgrun - qui compte 639 habitants - est surtout réputé pour accueillir l'île du Rhin. Ce petit paradis de verdure est coincé entre les bras du Rhin et du grand canal d'Alsace. Réserve naturelle classée, on peut y pratiquer de nombreuses activités sportives et de loisirs. Si la chance ou la patience sont de votre côté, vous pourrez apercevoir un martin-pêcheur ou une orchidée rare. Mais aussi des canards colverts, des fuligules morillons, des canards chipeaux et des aigrettes. Plus de 60 000 oiseaux d'eau sont en effet présents pendant l'hivernage. De très belles découvertes en perspective.

NAMBSHEIM

Les Habsbourg avaient érigé un péage sur le commerce rhénan à Nambsheim, sur son ancienne voie romaine. Mais les habitants craignaient fortement les inondations. Le long du Rhin et du canal d'Alsace, des digues ont dû être érigées pour minimiser les risques d'inondation dès le XVIIIe siècle. Les dernières survinrent en 1890 avant que l'ingénieur badois Tulla ne corrige la trajectoire du fleuve. Aujourd'hui, la ville de Nambsheim compte un peu moins de 600 habitants. On pourra y visiter plusieurs monuments, dont l'église Saint-Étienne, un ancien moulin ou encore un banc reposoir érigé pendant le Second Empire. La ville est située à 30 km de Colmar.

NEUF-BRISACH ★★★

Enregistrée en 2008 au Patrimoine Mondial de l'Unesco, cette petite ville recèle d'incroyables richesses historiques. C'est Sébastien Le Prestre de Vauban, grand spécialiste en poliorcétique (technique de siège des villes) qui supervisa la construction de Neuf-Brisach entre 1698 et 1703. L'objectif était de fortifier la rive française après la restitution par la France à l'Autriche de la cité de Breysach. En 1870, puis en 1945, la ville fut presque entièrement détruite, sauf… l'œuvre de Vauban qui résista vaillamment aux bombes ! Les remparts se visitent à pied : cette balade de 2,4 km vous mènera de la Porte de Colmar à celle de Belfort.

NORD-EST

OBERSAASHEIM

Située à 23 kilomètres de Colmar, Obersaasheim compte un peu plus de 1 000 habitants. La commune est avant tout la ville des arbres remarquables : on y trouve des « palmiers moulin » (*Trachycarpus fortunei*) en pleine terre grâce à la météo particulière de la région : froid sec en hiver et chaud et humide en été. C'est étrange mais pourtant ils sont bel et bien là, fiers et magnifiques depuis des décennies, en compagnie de superbes chênes centenaires et de merisiers qui le sont presque. Voir aussi l'église Saint-Gall, érigée entre 1772 et 1777. Le village, occupé au début de la Seconde Guerre mondiale, fut libéré entre le 2 et 6 février 1945.

CHEZ PIERRE €€

28, rue du Canal-d'Alsace - **BLODELSHEIM**
✆ 03 89 48 60 62
www.restaurantchezpierre.com

Fermé le mercredi et le dimanche soir. Menu du jour complet à 13 € et menu affaires à 25 €. Belle terrasse.

Chez Pierre, la passion du bien-manger est de mise depuis 1906. Des plats traditionnels sont proposés dans un cadre entièrement rénové. Cependant, on aime aussi oser : côté gibier avec le mille-feuille de cerf. Il faut l'avouer : le gibier et les délicieuses asperges dont la renommée dépasse le Sud-Alsace, au printemps, sont les spécialités de la maison ! Huit chambres sont disponibles avec option soirée-étape. Enfin le lieu se prête à merveille pour toutes les réceptions. Bravo à Alexandre et Michel, les fils qui reprennent avec brio l'excellence culinaire de leurs prédécesseurs !

Neuf-Brisach.

BIESHEIM

Cette cité fleurie est bordée par le Rhin à l'est et par la forêt à l'ouest. Historiquement, le territoire de Biesheim est habité depuis l'époque gallo-romaine. Un site archéologique très important apporte de multiples preuves d'une occupation romaine jusqu'au IVe siècle. Biesheim offre aujourd'hui de belles opportunités de promenades en barque au fil du Giessen, dont les rives ont été intelligemment aménagées. Vous pourrez également profiter d'un parcours de santé ainsi que de 2 pistes cyclables reliant Biesheim à Kunheim et à Vogelsheim. Biesheim entretient aussi une importante vie culturelle grâce au Musée Gallo-Romain et au Musée de l'Optique.

RHINAU

La petite cité de Rhinau se situe en bordure du Rhin et son bac automoteur gratuit permet de passer facilement en Allemagne voisine. En période d'affluence, il assure une rotation continue et en période normale, c'est une fois tous les quarts d'heure. Le bac est utilisé par les habitants pour se déplacer quotidiennement et par les nombreux visiteurs du parc d'attractions Europa Park. En ville, passez voir le chœur gothique de l'église Saint-Michel, datant de 1519. C'est l'un des rares vestiges de la vieille ville. Côté activités, il ne faut pas manquer les promenades en barques à fond plat à l'île de Rhinau, sur le Brunnwasser et dans le Taubergiessen.

MUSÉE GALLO-ROMAIN ★

Place de la Mairie
✆ 03 89 72 01 58
www.ville-biesheim.fr

Mercredi et vendredi 14h-17h30 ; le jeudi 9h-12h et 14h-17h30 ; le week-end 14h-17h. Gratuit -12 ans. Adulte : 2,50 €.

Ce musée, installé dans le bâtiment du Capitole, est consacré aux découvertes archéologiques provenant du vaste site d'Odenburg. Ce site a révélé l'existence d'importants vestiges datant de l'Antiquité romaine, notamment des camps de légionnaires, ainsi qu'une agglomération civile et une nécropole. Des urnes à incinération, mais aussi un remarquable sarcophage en grès et des petites statuettes à l'effigie de divinités romaines témoignent des croyances de l'époque et des rites funéraires. Le musée abrite aussi une importante collection d'objets domestiques.

CAMPING FERME DES TUILERIES €€

Route de Benfeld
✆ 03 88 74 60 45
www.fermedestuileries.com

Sans réservation. 15 emplacements stabilisés camping-cars. 4,20 € + voiture, électricité 1,40 € ou 3,20 € par nuit.

Pleins de bons points pour ce camping familial, en plein centre de l'Alsace. Le terrain herbeux et plat permet de s'installer facilement même pour ceux qui n'ont pas l'habitude. De nombreuses activités vous sont proposées alliant le sport et la détente, idéales pour occuper et amuser les enfants ainsi que pour détendre et divertir les grands. Un grand bloc sanitaire et deux plus petits avec un équipement complet. Restauration possible sur place avec le self-service.

STRASBOURG ★★★★

Bienvenue dans la capitale européenne et dans cette grande ville d'Alsace à taille humaine où se côtoient tradition, gastronomie, vestiges du passé et avant-garde de la modernité. Strasbourg est une ville sans cesse redessinée et à redécouvrir, comme son nouveau quartier place de l'Étoile avec la Cité de la Danse et de la Musique, son axe Strasbourg-Kehl avec une Cité du livre, la Cité Gutenberg, son Parlement européen, le plus récent palais des droits de l'Homme et enfin, son Zénith dont la programmation de qualité est des plus éclectiques. Le Marché de Noël draine chaque année près de 2 millions de touristes entre fin novembre et le 31 décembre.

© OLLO

Petite-France, Maison des tanneurs, Strasbourg.

MUSÉE D'ART MODERNE ET CONTEMPORAIN ★★★

1, place Hans-Jean-Arp ✆ 03 68 98 51 55
www.musees.strasbourg.eu

Entrée adulte : 7 €. Tarif réduit : 3,50 €. Tarif de groupe dès 25 personnes. Ouvert du mardi au dimanche de 10h à 18h.

Sur 5 000 m², les collections couvrent la période de 1870 à nos jours. L'impressionnisme, l'art nouveau, le primitivisme, ou encore le surréalisme comptent parmi les différents courants artistiques représentés. On s'arrête plus spécialement sur les toiles de Picasso, Kandinsky ou encore Max Ernst. Un étage est réservé à la photographie et aux arts graphiques ainsi qu'à des expositions temporaires. Un auditorium, une bibliothèque, une librairie boutique et l'Art Café complètent le lieu.

BINCHSTUB BROGLIE €

28, impasse de l'Ecrevisse
✆ 09 82 35 50 30
www.binchstub.fr

Ouvert du mardi au samedi midi et soir ; le dimanche de 18h30 à 1h30. Réservation recommandée. Plat du jour : 12,50 €.

C'est dans une ambiance de chalet où le bois prédomine, avec quelques phrases en alsacien sur les murs, que vous pouvez déguster les tartes flambées artisanales tellement convoitées. La recette reste la même ; des ingrédients locaux, une pâte à flammekueche faite tous les jours et une association de saveurs originale. Champignons et brie à la truffe, saint-nectaire et pesto à l'ail des ours, pomme/Toblerone... La soupe du jour et le saladier gourmand viennent compléter la carte de la Binchstub. Un concept original, la Binchstub mérite bien son succès !

LA CASSEROLE €€€

24, rue des Juifs
✆ 03 88 36 49 68
www.restaurantlacasserole.fr

Ouvert du mardi au samedi le midi et le soir. Menus à découvrir. Bons cadeaux par tranche de 50 €.

Située à l'ombre de la cathédrale Notre-Dame de Strasbourg, La Casserole se veut comme un écrin, une parenthèse à la fois gastronomique et esthétique. Entre les mains de Cédric Kuster depuis l'été 2015, cette adresse se distingue par sa créativité, son exigence et sa volonté de proposer une cuisine raffinée dans une ambiance décomplexée. La carte, évoluant au fil des saisons, est signée par le chef Jean Roc. Entre créativité, jeux de textures et de saveurs et sublimation de produits frais, il invite à des moments délicieusement gourmands...

POTERIE D'ALSACE

3, rue des Frères
✆ 03 88 32 23 21

Ouvert tous les jours de la semaine de 10h à 12h et de 14h à 18h. Pour tous les budgets.

Ce magasin spécialisé dans la poterie traditionnelle alsacienne existe depuis 1860 et perpétue le concept de proposer une vaste gamme d'objets de grande qualité. Sylvie et Kathia Lehmann, issues d'une lignée de potiers depuis 1888, ont repris la boutique et préservent ainsi leur patrimoine familial. Poteries culinaires ou décoratives, vous aurez le choix et pour tous les budgets. Tout ici est fait artisanalement et à la main à Soufflenheim et, si la famille évolue aussi avec son temps, on trouvera néanmoins encore les poteries les plus traditionnelles.

LES ARDENNES

PARCOURS GPX

LIEUX	Km partiel	Km cumul	Routes
RANCENNES	0	0	D65
GIVET	3	3	D8051
VIREUX-MOLHAIN	10	13	D8051
FÉPIN	7	20	D8051 puis D7
FUMAY	5	25	D988
RÉVIN	9	34	D1
ROCROI	12	46	D22
BOURG-FIDÈLE	4	50	D22
RENWEZ	9	59	D22
MONTCORNET	2	61	D22 puis D222
TOURNES	5	66	D2 puis N43/E44
CHARLEVILLE-MÉZIÈRES	9	75	Route locale
VILLERS-SEMEUSE	6	81	D764
DOM-LE-MESNIL	8	89	D764 puis D8043A
SEDAN	11	100	D8043A puis D129
REMILLY-AILLICOURT	8	108	D4 puis D27
MOUZON	9	117	D19 puis D8043
BLAGNY	10	127	D52
VILLY	5	132	D52 puis D44
MARGUT	0	132	Arrivée

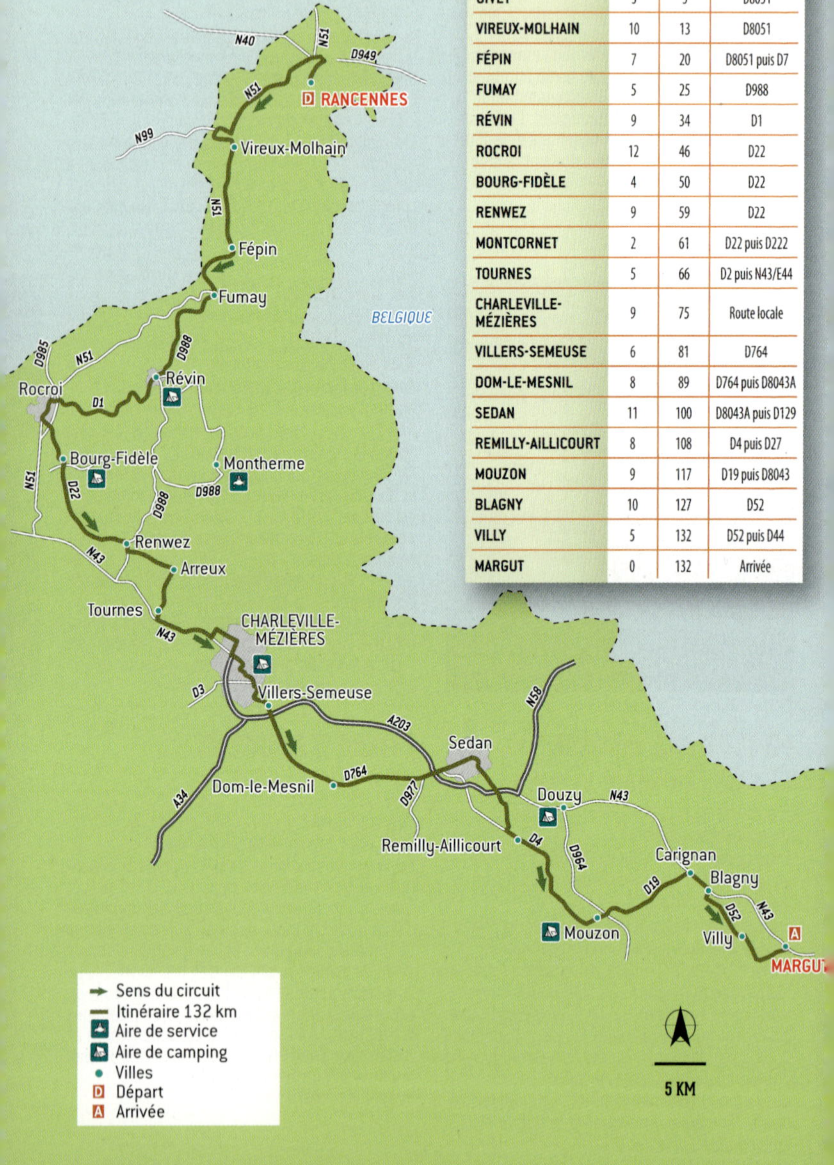

GIVET ★

Cette belle cité impose sa majesté sur la pointe septentrionale des Ardennes. Établie sur les deux rives du fleuve, elle déploie ses ruelles anciennes aux senteurs historiques. Étroites, insondables parfois, elles vous emmènent en voyage au cœur du Moyen Âge, du XVIe siècle exactement, quand Givet fut fortifiée par Charles Quint. De multiples ouvrages ont été bâtis, laissant à la ville un patrimoine historique important. Après l'entrée de la cité gardée par la porte de France, l'édifice immanquable est le fort de Charlemont qui surplombe la vieille ville. La pierre bleue de Givet, extraite des carrières voisines, colore les façades des habitations.

VIREUX-MOLHAIN

A mi-chemin entre Givet et Fumay-Haybes, s'étendent Vireux-Molhain d'un côté de la Meuse et Vireux-Wallerand de l'autre. La ville a un riche passé historique. On pourra y admirer les vestiges de fortifications médiévales, et l'église collégiale Saint-Ermel, classée monument historique, qui accueille une crypte datant du VIIIe siècle. Ne pas manquer non plus la visite de la réserve naturelle de Vireux-Molhain, appelée aussi le Mur des Douaniers. La forêt des Ardennes est à proximité de la ville, l'occasion de belles balades en pleine nature. Vireux-Molhain est frontalière avec la Belgique.

Givet.

FORT DE CHARLEMONT ★

✆ 03 24 42 92 42

Sur réservation toute l'année de 10h à 18h.

Le 6 avril 1555, le grand Charles Quint achète la seigneurie d'Agimont-Givet et, pour parfaire sa défense, il édifie sur la rive gauche de Givet, le fort que l'on nomma en hommage à Charles Quint.

Il est l'exemple, unique dans le nord de la France, de l'art militaire des XVIe et XVIIe siècles. Sa construction aurait nécessité 3 000 ouvriers, 20 000 fantassins et 3 000 cavaliers. Sa pointe, à l'est, offre un point de vue unique et magnifique sur la vallée de la Meuse. Vous pourrez observer la poudrière, la casemate d'artillerie et les deux bastions du XVIe.

LE GRAIN DE SEL €€

28-29, avenue Roger-Posty ✆ 03 24 41 80 90

le-grain-de-sel.webnode.fr

Ouvert tous les jours matin et soir ; le dimanche, matin uniquement. Menus de 19,50 € à 29 €. Réservation conseillée.

On ne peut le rater, il est situé au rond-point devant le pont de Meuse. Son intérieur très moderne promet une cuisine colorée et variée. Venez goûter une cuisine créative et pleine de saveurs. La carte des mets est régulièrement renouvelée, garantissant aux hôtes des produits frais et de saison. Gibiers en automne, cassolettes de moules à la saison estivale et des spécialités locales comme la fameuse andouillette 5A sauce moutarde ou la salade ardennaise. La maison propose également des soirées spéciales moules frites ou viandes à griller au feu de bois.

FUMAY ★

Le schiste a été extrait dans la région pendant huit siècles. Découvrez les ruelles de la vieille ville, ses escaliers et ses maisons espagnoles construites il y a quatre siècles le long des quais. Ici, on discute sur le pas de la porte, au hasard d'une promenade, d'une rencontre en bord de Meuse, le soleil y scintillant. Loin semble l'époque où les ardoisiers faisaient vibrer Fumay. Pourtant, plusieurs siècles durant, ses habitants s'attelèrent à faire de la ville la cité de l'ardoise. En témoignent les « verdeaux », ces collines faites des déchets de l'exploitation passée, les vitraux de l'église Saint-Georges ou encore la chapelle Sainte-Barbe.

LE CHÂTEAU DES COMTES DE BRYAS

Rue du Château
✆ 03 24 41 10 34
www.ville-fumay.net
Ouvert toute l'année. Seuls les extérieurs se visitent. Gratuit.

Château massif, tout en longueur et ouvragé, à la façade de briques et de pierres. Les comtes de Bryas ont fait édifier ce château fin XVIIe début XVIIIe siècle. Racheté par les frères Borgnet, il est transformé en fabrique de céruse. En 1837, un incendie ravage le site et met l'usine en faillite. La Société ardoisière du Moulin de Sainte-Anne s'installe dans l'ancienne demeure des comtes. Le château, classé monument historique en 1972, est depuis protégé et entretenu.

ROCROI ★

C'est à Rocroi, le 19 mai 1643, que les Français, menés par le jeune duc d'Enghien, Louis II de Bourbon, remportent une victoire éclatante sur les troupes espagnoles. Cette bataille fut décisive dans la guerre de Trente Ans car elle permit à la France de revenir sur le devant de la scène internationale. À partir de 1889, suite aux progrès de l'artillerie, la place forte de Rocroi est déclassée militairement. Site unique en France pour son urbanisme étoilé, les férus d'histoire y trouveront évidemment leur compte, les amoureux d'authenticité aussi. À voir pour les plus curieux : le musée de la bataille de Rocroy et de la guerre de Trente Ans.

REVIN ★

Revin, 6 170 habitants (recencement de 2018), située dans les Ardennes, s'inscrit dans la Vallée de la Meuse. Le tourisme vert a pris le pas sur le passé industriel de cette petite ville où les fonderies et les maisons d'électroménager (Arthur Martin, Faure) eurent leurs beaux jours. La voie verte Trans-Ardennes la traverse. Prenez le temps de flâner dans les « voyettes », ces ruelles étroites et inclinées, toutes chargées d'histoire, débouchant pour les unes sur le quai des Bateliers et ses maisons à pans de bois, dont l'exemple le plus remarquable reste celui de la Maison espagnole, pour les autres à l'église des Dominicains et son vieux couvent.

RENWEZ

Fleuri dans ses moindres recoins, ce village est une halte agréable pour qui visite la région. À côté de la halle de la mairie, remarquable pour sa charpente ancienne, admirez sa belle église du XIIIe siècle, descendez ses marches séculaires pour vous retrouver plongé en moins de temps qu'il ne faut pour le dire dans le Renwez pittoresque. Allez vous désaltérer à la fontaine d'où jaillit l'eau potable de la source qui, 2 mètres plus loin, alimente le vieux lavoir, l'un des deux que compte le village. Quand vous vous serez charmé du Renwez rural, rendez-vous dans sa forêt attenante où attend, superbement intégré à la nature, le musée de la Forêt.

MUSÉE DU VIEUX REVIN À LA MAISON ESPAGNOLE ★

2, rue Victor Hugo ✆ 03 24 42 13 73
www.ville-revin.fr
Basse saison, ouvert du mercredi au samedi de 13h30 à 17h30. Haute saison, tous les jours de 10h à 12h et de 14h à 18h.

Classée monument historique, cette superbe maison constitue l'un des rares vestiges des maisons à pans de bois du XVIe siècle. Le rez-de-chaussée présente la reconstitution d'un intérieur revinois du début du XXe siècle. Le premier étage est consacré aux expositions temporaires thématiques ayant un lien avec le passé de la ville. Enfin, au dernier niveau de cette bâtisse de pierres, briques et torchis, vous plongerez au cœur des métiers de la fonderie. Une visite intéressante.

MUSÉE DE LA FORÊT ★★

Route de Sécheval
✆ 03 24 40 17 92
Ouvert de fin avril à octobre du mardi au dimanche de 10h à 18h. Adulte : 6 €. Enfant (de 5 à 12 ans) : 3 €

Cadre naturel et enchanteur pour ce musée moderne en bois construit sur pilotis au creux de la forêt. On y raconte la forêt, sa faune, sa flore, son exploitation par l'homme. À l'extérieur du musée, dans les bois, plus de 35 chantiers animés restituent les gestes et les techniques d'hier. Sept salles muséographiques, avec maquettes, vidéos et reconstitutions théâtrales de marionnettes présentent l'évolution historique de la forêt primaire à l'enrésinement. Un parcours extérieur commenté par audioguidage invite à la promenade en forêt au temps de son exploitation.

MONTCORNET

Située à 15 kilomètres de Charleville-Mézières, la petite commune de Moncornet abrite près de 300 habitants. Elle constitue un bon point de départ de sentiers pédestres et pistes VTT pour explorer le paysage mi-bois, mi-campagne des environs de Renwez. Une liaison existe entre le musée de la Forêt et le château de Montcornet par un sentier de 2,8 kilomètres. Outre le château, on pourra admirer l'église Sainte-Madeleine, édifiée au XVIIIe siècle, et qui renferme du mobilier datant de la même époque. Mais aussi la petite chapelle de Sainte-Madeleine, qui date, elle, du début du XIVe siècle.

CHÂTEAU DE MONTCORNET

11, Terre Cadet
✆ 03 24 54 93 48
www.chateaudemontcornet.fr
Ouvert du mardi au dimanche de 14h à 18h.

Édifié entre le XIe et le XIIe siècle par la famille de Montcornet, ce « Colisée féodal », comme l'appelait Michelet, doit son nom au mont Cornu, l'éperon barré sur lequel il est accroché et qui domine la petite vallée de Sormonne. La forteresse a fait l'objet d'un long travail de restauration et de déblaiement, on peut en découvrir les fruits, notamment à travers la visite de ses souterrains qui abritent à présent une salle d'exposition. L'été, le château passe à l'heure fantastique, avec les « Heures mystiques » qui font la part belle aux contes et légendes.

CHARLEVILLE-MÉZIÈRES ★★

Ici, vous aurez rendez-vous avec l'Histoire de France. Première ville frontière du Royaume de France, sert de refuge à de nombreux immigrés liégeois chassés par les guerres. Elle accueille une population active et qualifiée, devient un centre artisanal où trois activités dominent : la draperie, le travail du cuir et celui du métal. En 1521, Charles Quint envahit le royaume. Son armée est stoppée à Mézières par Bayard qui défend la ville et repousse l'attaquant. Dès lors considérée comme une place militaire stratégique, les fortifications fleurissent, entraînant la disparition de plusieurs quartiers. Les habitants de Mézières émigrent vers Charleville.

LE MUSÉE RIMBAUD ★

Quai Rimbaud
✆ 03 24 32 44 65
www.charleville-mezieres.fr
Ouvert du mardi au vendredi de 9h30 à 12h30 et de 13h30 à 18h ; le week-end de 11h à 13h et de 14h30 à 18h.

Le musée Rimbaud rappelle à tous que celui que certains désignent comme le plus grand des poètes est né et a vécu à Charleville. Les œuvres de grands artistes du XXe siècle s'inscrivent au fil d'un parcours qui fait une large place à l'expérience parisienne d'Arthur Rimbaud, à ses voyages en Europe ainsi qu'à sa vie en Afrique, sans oublier ses attaches ardennaises. Le parcours permet aux visiteurs de passer dans « le jardin aux fleurs blanches » pour se rendre jusqu'au « belvédère ». Des expositions temporaires ont lieu régulièrement.

DOM-LE-MESNIL

Dom-le-Mesnil est connue pour sa pierre ocre jaune et friable. Surnommée la pierre de Dom par les Ardennais, cette pierre extraite de la colline qui domine le village, a été utilisée pour la construction de nombreux édifices alentour, notamment la place Ducale de Charleville-Mézières. Ces remarquables carrières ne sont plus en activité et peuvent être visitées librement. Du haut de la côte de Dom, on jouit d'une vue panoramique sur de nombreux villages et sur la Meuse et les côtes qui la dominent au nord, jusqu'à la frontière belge. Au départ du canal des Ardennes, Pont-à-Bar connaît une activité fluviale avec location de bateaux.

SEDAN ★★

Au pied du massif des Ardennes, l'ancienne ville fortifiée de Sedan, abrite le plus grand château fort d'Europe. À voir aussi l'hôtel de ville (1822), le monument de Turenne (1823), le Palais des Princes et des maisons des XVIIe et XVIIIe siècles du quartier du Ménil… En rayonnant à partir de la place de la Halle, on apprécie les petites rues derrière le château, comme la rue de l'Horloge, et celles qui partent de l'église près de la rue Gambetta. Forte d'un décor remarquable, Sedan organise chaque année en mai, un festival médiéval renommé.

▶ **Sedan est à proximité immédiate de Pont-à-Bar** sur le canal des Ardennes qui abrite un loueur de bateaux.

CHÂTEAU-FORT DE SEDAN ★★★

Cour du Château ✆ 03 24 29 98 80
www.chateau-fort-sedan.fr
Ouvert tous les jours de 10h à 18h-19h. Entrée château + musée : 9,50 € ; réduit : 8,50 € ; enfant : 7,50 €.

Construit en 1424, le château fort de Sedan est le plus grand château fort d'Europe par sa superficie, 35 000 m² répartis sur 7 niveaux, avec des remparts de 30 m, pouvant de la sorte abriter près de 4 000 hommes. Édifié sur un éperon rocheux du plateau des Ardennes, dominant le méandre de la Meuse, le château occupe une position stratégique sur la frontière de l'est de la France. À la pointe du progrès, et précurseur des bastion érigés et pensés par Vauban un siècle après, il est l'un des maillons d'une impressionnante chaîne de fortifications qui s'étend de Dunkerque à Metz. Les bastions qui le composent n'occupent pas moins de 20 000 m², et son histoire est riche de multiples ravages et conflits. Son réaménagement permet de mieux comprendre les étapes qu'il dut affronter, avec des éléments plus vivants comme son « Historium », un circuit dynamique retraçant les différents épisodes de sa longue existence. La découverte des lieux se fait notamment par le circuit de visite animée de scènes de vie reconstituées telles qu'elles pouvaient l'être au temps des chevaliers. Des visites à thème on lieu tout au long de l'année, et en été, un spectacle de fauconnerie propose des démonstrations de rapaces en vol libre. Ne manquez pas non plus les visites nocturnes aux flambeaux, les ripailles dans la cour et les promenades en calèche pour vous transporter le temps d'une visite, au Moyen Âge ! Munissez-vous de bonnes chaussures : les marches sont de tailles irrégulières. Une visite et des animations qui plairont à tous.

AIRE DE CAMPING-CAR PARK DE SEDAN

Boulevard Fabert
20 emplacements. 10,50 €/24h. Services.

Dans un cadre agréable au bord de la Meuse, cette aire spécialement dédiée aux camping-cars est une très bonne option pour passer la nuit et effectuer les services nécessaires : vidange des eaux usées et WC, remplissage des cuves à eau… Ses 20 emplacements stabilisés en épi permettent uniquement de stationner mais non de sortir tout son matériel de camping, sauf s'ils ne sont pas tous occupés. Également des bornes électriques, ce qui est fort appréciable.

AU BON VIEUX TEMPS - LE MARMITON €€

3, place de la Halle
✆ 03 24 29 03 70
www.restaurant-aubonvieuxtemps.com
Ouvert le mardi et du jeudi au samedi de 12h à 13h45 et de 19h à 20h45, mercredi et dimanche de 12h à 13h45.

Situé à deux pas du château fort, le restaurant Au Bon Vieux Temps vous propose de déguster une cuisine traditionnelle et savoureuse dans un cadre élégant et raffiné. La carte est régulièrement renouvelée en fonction du marché et les produits de qualité sont cuisinés avec talent par le chef Alain Leterme et son équipe. À côté du restaurant, au numéro 3, se situe le Marmiton : une brasserie dans la lignée de la maison où l'on retrouve des spécialités de la région.

Château fort de Sedan.

REMILLY-AILLICOURT

Bordée par la Meuse, la petite commune de Remilly-Aillicourt compte près de 800 habitants. Située à 30 kilomètres de Charleville-Mézières, elle est réputée pour son château, une demeure du XVIIIe siècle fondée par un manufacturier sedanais. Ce très bel édifice de caractère en pierre possède d'anciennes écuries qui abritent aujourd'hui un gîte 4 épis de charme et de prestige. Visite (payante) sur demande auprès de M. et Mme Mathieu au tél. 03 24 26 79 77. Voir aussi l'église Saint-Rémi, classée monument historique depuis 1938.

LES ÉCHEVINS €€

33, rue Charles-de-Gaulle ✆ 03 24 26 10 90
www.lesechevins-restaurant.com
Ouvert le lundi, le mardi et du jeudi au samedi de 12h à 14h et de 19h à 21h ; le dimanche de 12h à 14h.

Au cœur de Mouzon, dans une belle maison espagnole à colombages du XVIIe siècle, le restaurant les Échevins vous propose une cuisine gastronomique aux saveurs étonnantes et exotiques. Laissez-vous tenter par un voyage gustatif avec le homard aux patates douces accompagné d'une bisque au réglisse ou le filet mignon brioché au Batistou et sa sauce Champagne. Côté bistrot, les produits de la région sont mis à l'honneur pour revisiter les grands classiques comme l'œuf cocotte au maroilles et le burger au magret de canard accompagné de ses pommes de terre Pont-neuf.

MOUZON

Ville chargée d'histoire, Mouzon jouit d'une véritable richesse architecturale. Votre visite vous mènera d'une abbatiale gothique du XIIIe siècle au site gallo-romain du Flavier. Arpenter les rues et ruelles de la ville, c'est presque pénétrer sur un décor de cinéma grandeur nature ! Des maisons espagnoles, héritage du siège établi par les Espagnols au XVIIe siècle attireront le regard. De ses fortifications, démolies en 1671, subsiste la Porte de Bourgogne. Des jardins invitent à la flânerie. La ville se distingue dans l'époque moderne avec l'installation des usines Sommer, de renommée mondiale, qui y fabriquent le feutre depuis plus de 120 ans.

MUSÉE-ATELIER DU FEUTRE DE LAINE ★

Place du Colombier
✆ 03 24 26 19 91
Ouvert du 1er avril au 31 octobre, tous les jours de 10h à 12h et de 14h à 18h.

Dans ce musée, vous verrez une véritable chaîne de production avec des machines en fonctionnement. Ce qui permet de mieux comprendre la fabrication de ce textile, utilisé depuis huit millénaires en Asie centrale et en Anatolie. Ce musée recèle de magnifiques collections ethnographiques venues de Turquie, d'Afghanistan ou de Mongolie qui illustrent le feutrage dans les sociétés traditionnelles. L'on peut même toucher le textile pour mieux en apprécier les différentes caractéristiques.

VILLY

Voici un des ouvrages majeurs de la ligne Maginot, le lieu où s'est déroulé l'épisode le plus meurtrier de la conquête de cette ligne par les troupes allemandes. Retranchés dans les galeries sous un déluge d'obus, 104 soldats français périrent tous asphyxiés par les émanations de dioxyde de carbone, le 19 mai 1940. A Villy, commune d'un peu plus de 200 habitants, on pourra également découvrir l'église Saint-Martin, construite après la Seconde Guerre mondiale (l'ancienne église avait été complètement détruite pendant la guerre, tout comme le village).

MARGUT

Le village, rattaché à la France depuis 1659, prit un essor important au début du XIXe siècle, avec son haut-fourneau alimenté par le minerai de fer extrait dans la région, et qui produisait sept tonnes de fonte par jour. Aujourd'hui, la petite bourgade, qui compte près de 800 habitants, ne compte plus que deux usines (de bois et de métallurgie). Elle est intéressante pour son église Saint-Rémi, érigé au XVIIIe siècle par les religieux de Saint-Hubert. Elle compte également un golf, façonné dans les années 1980, très prisé des amateurs.

MERVEILLES DE L'OISE

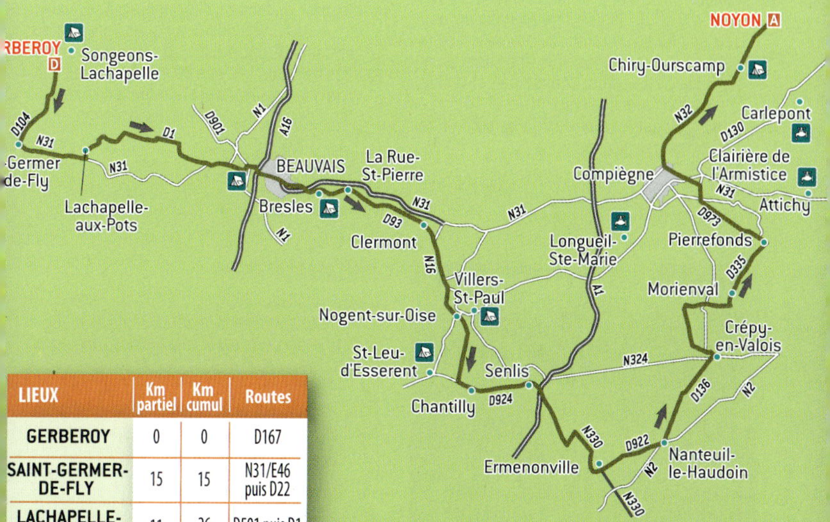

LIEUX	Km partiel	Km cumul	Routes
GERBEROY	0	0	D167
SAINT-GERMER-DE-FLY	15	15	N31/E46 puis D22
LACHAPELLE-AUX-POTS	11	26	D501 puis D1
BEAUVAIS	16	42	N31/E46 puis D9
LA RUE-SAINT-PIERRE	19	61	D931
CLERMONT	10	71	D916 puis D1016
NOGENT-SUR-OISE	13	84	D916 puis D1016
CHANTILLY	14	98	D924
SENLIS	9	107	D330 puis N330
ERMENONVILLE	14	121	D922
NANTEUIL-LE-HAUDOIN	10	131	D136
CRÉPY-EN-VALOIS	13	144	D116 puis D123 puis D32
MORIENVAL	14	158	D335
PIERREFONDS	8	166	D973
COMPIÈGNE	15	181	D1032
CHIRY-OURSCAMP	24	205	D1032 puis D932
NOYON	7	212	Arrivée

- Sens du circuit
- Itinéraire 199 km
- Aire de service
- Aire de camping
- Villes
- D Départ
- A Arrivée

5 KM

GERBEROY ★★★

Le village des roses, ce sont une soixantaine de pimpantes maisons traditionnelles des XVIIe et XVIIIe siècles, de charmantes rues pavées et fleuries, des galeries d'art, jardins remarquables, fossés transformés en promenades ombragées. L'histoire de Gerberoy est pourtant bien plus mouvementée que ce tableau idyllique ne le laisse paraître. Culminant à 188 m, la cité représentait un point stratégique au carrefour du domaine des Capétiens et de la Normandie. Une situation qui lui valut d'être pillée, démantelée et reconstruite à cinq reprises entre 1079 et 1437. Les parkings pour les non-résidents sont situés aux entrées de la commune.

© AURORECAR - FOTOLIA

Gerberoy.

LES JARDINS DU VIDAMÉ €

4, impasse du Vidamé
✆ 03 44 82 45 32

Fermé de janvier à février. Ouvert de 10h/11h à 17h/18h selon la saison. Menu unique à 15,50 €.

Un restaurant-salon de thé situé dans une petite impasse à proximité de la collégiale. Ici, tout est fait maison avec des produits issus des fermes locales : les copieuses salades, les soupes bio, le fromage frais au confit de roses (Petit Gerberoy) ou en dessert le fondant au chocolat avec sa crème anglaise ! Vous avez le choix entre deux beaux décors : la salle du restaurant qui est une ancienne écurie ou le jardin-terrasse avec ses tables à l'ancienne, dans le cadre si apaisant de ce village. Le service peut être un peu long en cas d'affluence.

SAINT-GERMER-DE-FLY

Située à 26 kilomètres de Beauvais, la commune de Saint-Germer-de-Fly est réputée pour son abbatiale, fondée par saint Germer au VIIe siècle. Fermée pour des travaux de consolidation, elle est de nouveau ouverte au public depuis mai 2018. Saint-Germer-de-Fly dispose également d'un intéressant Musée des Arts et traditions populaires. Intégrée au canton de Grand-Villiers, et faisant partie du Pays de Bray, c'est une bourgade où il fait bon vivre. Vous trouverez de nombreuses possibilités d'excursions à faire dans la région.

ABBATIALE ★

Centre du village

Ouvert tous les jours de 9h à 18h. L'entrée se fait par une petite porte sur le côté droit de l'abbatiale. Gratuit.

Au cœur des paysages bucoliques du Pays de Bray et d'un agréable village, cette très belle abbatiale mérite le détour. Vous apprécierez ce lieu apaisant. L'édifice propose un beau panel : une abbatiale de style roman, une transition vers le gothique primitif et la magnifique rosace de la chapelle (copie de la Sainte-Chapelle de Paris). La pierre calcaire locale a contribué à la construction de cette abbaye dont la singularité et la pureté sont séduisantes. Vous pouvez profiter d'animations comme des concerts ou la fête médiévale du mois de juillet.

LACHAPELLE-AUX-POTS

Traversée par la rivière d'Avelon, La Chapelle-aux-Pots (département de l'Oise), qui compte 1 670 habitants, est une petite bourgade tranquille, située à un jet de pierre du parc national régional du Vexin français. Beauvais, aussi, n'est qu'à 15 kilomètres de la ville. On pourra y visiter l'ancienne gare, reconvertie en Avenue Verte – piste cyclable qui relie Paris et Londres –, l'église de la Trinité, le musée de la poterie qui retrace la tradition potière brayonne, ainsi que les Fours de la Crapaudière, érigés au XIXe siècle, derniers témoins de ce type d'installations dans le Beauvaisis. Autant de choses à découvrir pour une petite municipalité.

MUSÉE DE LA POTERIE ★

17, avenue Tristan-Klingsor
✆ 03 44 04 50 72
www.ot-paysdebray.fr

Ouvert du 1er avril au 31 octobre. Du mardi au vendredi de 14h à 18h ; le week-end de 14h30 à 18h30. Adulte : 2 €.

Attirés par la qualité de l'argile, les potiers s'installent dès l'époque gallo-romaine dans le Pays de Bray. Le musée présente une collection de plus de 300 pièces. Des poteries usuelles en grès fabriquées entre le XVIe et le XXe siècle furent expédiées dans la France entière comme des saloirs, pichets ou des pots à tabac. On trouve aussi des œuvres sorties des mains de céramistes de La Chapelle-aux-Pots et célèbres dans le monde entier. Des visites guidées, des démonstrations et des cours de poterie sont organisés sur réservation et pour les groupes.

BEAUVAIS ★★★

Moins courue que Chantilly ou Senlis, la préfecture de l'Oise n'en mérite pas moins le coup d'œil pour sa cathédrale et son ancien palais épiscopal. On peut découvrir dans le centre-ville des maisons construites au XVIe siècle, rescapées des bombardements allemands de 1940, reconnaissables à leurs pans de bois et à leurs étages en encorbellement. Chaque année, en juin, Beauvais célèbre la victoire que lui offrit Jeanne Hachette, en 1472, lorsqu'elle prit la tête de la résistance face aux 80 000 hommes de Charles le Téméraire qui assiégeaient la ville. A savoir également que Beauvais abrite l'une des manufactures nationales dédiées à la tapisserie.

AUTREMENT €€

128, rue de Paris
✆ 03 44 02 61 60
www.autrement-restaurant.fr

Ouvert le mardi, le jeudi et le vendredi midi et soir ; le mercredi et le dimanche le midi ; le samedi soir.

Le chef, qui a fait ses armes dans les restaurants Taillevent à Paris puis au Dolce de Chantilly, vous propose une cuisine gastronomique inventive et raffinée, avec des plats élaborés uniquement à partir de produits frais et essentiellement locaux. Le menu change d'ailleurs régulièrement en fonction des saisons. On se fait plaisir aussi grâce à une très belle cave de vins et de whiskys sur laquelle vous serez très bien conseillé. La décoration contemporaine est propice à une ambiance chic et décontractée. La terrasse est calme, fleurie et donc bien agréable.

CATHÉDRALE SAINT-PIERRE ★★★★

Rue Saint-Pierre ✆ 03 44 48 11 60
www.cathedrale-beauvais.fr

Accès libre à la cathédrale de 10h à 18h15 d'avril à octobre, et de 10h à 12h15 et de 14h à 17h15 de novembre à mars.

Le chœur gothique le plus haut du monde, c'est ce qui rend célèbre cette cathédrale. L'effet de verticalité est d'autant plus impressionnant que le reste de l'édifice n'est pas achevé. Au XIIIe siècle, Beauvais est à l'apogée de sa puissance et l'évêque-comte Milon de Nanteuil décide de construire la plus haute et vaste église du royaume, à la place de l'ancienne église (dont on peut voir encore aujourd'hui une partie accolée à la façade ouest, et que l'on appelle « la Basse œuvre »). Les travaux commencent en 1225. Le chœur et le bas-côté oriental du transept sont terminés en 1272, mais sa hauteur le fragilise, et en 1284, l'effondrement d'une partie de la voûte marque les esprits. Vont alors commencer des travaux de consolidation jusqu'en 1340. Le chantier est ensuite interrompu faute de financement et à cause de la guerre de Cent Ans. De 1500 à 1550, sous la direction du renommé Martin Chambiges, le transept est construit. Ses successeurs prennent l'initiative d'ériger une tour lanterne (110 m) à partir de 1563, forçant à l'arrêt les travaux de la nef, qui avaient comme objectif de consolider la construction. La tour est terminée en 1569, mais s'effondre au bout de quatre années ! Faute de fonds, la nef ne sera ensuite jamais réalisée. Si la Révolution française a privé la cathédrale des statues qui ornaient son portail et de bien des éléments de son décor intérieur, vous pouvez encore admirer quelques peintures et des vitraux et l'horloge astronomique (52 cadrans, 68 automates jouant la scène du Jugement dernier).

© VILLE DE BEAUVAIS

NORD-EST

CLERMONT

A Clermont, point de puy de Dôme ou de pierre volcanique, vous êtes bien dans l'Oise et pas en Auvergne. Vous serez même au cœur du département. Dans un centre-ville en haut d'une colline (le nom de Clermont est issu du latin *clarus mons*, « montagne dégagée »), vous aurez plaisir à vous balader autour d'un charmant hôtel de ville ou du côté de l'église et du donjon. Les petites rues pavées et la porte Nointel rappellent l'histoire médiévale de la ville, qui a malheureusement beaucoup souffert durant la Seconde Guerre mondiale. Depuis le parc du Châtellier, sous de hauts remparts, vous aurez une vue sur la vallée et l'agréable forêt de Hez-Froidmont.

SÉSON, RESTAURANT LOCAVORE €€

9, rue Ronsard

✆ 03 44 29 48 41

www.seson.fr

Ouvert du lundi au vendredi de 12h à 14h ; le vendredi de 12h à 14h et de 19h à 22h.

Vous vous mariez ? Ou vous avez besoin d'un traiteur ou tout simplement d'un bon restaurant ? Ne bougez plus, vous êtes à la bonne adresse. Séson c'est le premier concept locavore en France. L'idée : offrir le meilleur et le plus local possible à ses clients et les plus grands ont goûté et adhéré ! En plus de tout cela, le chef favorise l'emploi à des personnes en réinsertion sociale. Un bel exemple à soutenir en dégustant les mets qui ne manquent pas d'originalité !

NOGENT-SUR-OISE

(Nogent-sur-Oise)
Jusqu'au début du XXe siècle, le bourg était nommé Nogent-les-Vierges en l'honneur de ses deux saintes patronnes, Maure et Brigide. Selon la légende, ces jumelles, filles d'un roi d'Ecosse, partirent en pèlerinage pour Rome et Jérusalem. Sur le chemin du retour, elles furent attaquées et tuées par des brigands à Balagny-sur-Thérain. Au VIIe siècle, la reine Bathilde décida de transporter les reliques des saintes dans l'abbaye de Chelles (aujourd'hui en Seine-et-Marne). Mais, arrivant à Nogent, les bœufs refusèrent de traverser l'Oise et les cloches du village se mirent à sonner toutes seules. Les reliques restèrent donc à Nogent.

CHANTILLY ★★★

Chantilly, classée ville d'art et d'histoire, doit sa renommée internationale à plusieurs atouts. Le premier est sans doute d'être la ville du cheval, avec un superbe hippodrome accueillant le célèbre Prix de Diane (au mois de juin). Le grand public appréciera aussi les spectacles équestres des Grandes Écuries ou le Musée du Cheval. Les touristes apprécient également les longues allées d'un massif forestier de plus de 6 000 ha. De nombreuses visites guidées ou non sont proposées tout au long de l'année : l'histoire de Chantilly qui se lit à livre ouvert sur les monuments du cœur de ville, l'église Notre-Dame de l'Assomption, véritable chef-d'œuvre de l'architecture classique, le Bois-Saint-Denis, haut lieu des écuries, le patrimoine hydraulique de la commune avec ses canaux, moulins

© CATHERINE FAUCHEUX

Les grandes écuries à côté du célèbre hippodrome de Chantilly.

et écluses avec les réalisations d'André Le Nôtre, jardinier de génie et créateur des jardins du château... Côté gastronomie, inutile de rappeler la spécialité reconnue mondialement : la crème portant son nom et qui serait née à deux pas du superbe château. Un cuisinier débrouillard, dans la crainte de manquer de crème fraîche, aurait eu l'idée de fouetter la délicieuse denrée pour en augmenter le volume ! N'oublions pas aussi la ficelle picarde, l'agneau de pré salé, les fruits rouges du Noyonnais... Parcs et jardins foisonnent et sont un terrain de jeu idéal pour les sportifs, notamment la Cavée du Gué avec ses aménagements et la diversité de la faune et de la flore, les étangs qui ont tout autour de beaux espaces de promenade. Une ville dynamique à l'image de son office de tourisme !

© KIEV.VICTOR - SHUTTERSTOCK.COM

Domaine de Chantilly.

CHÂTEAU DE CHANTILLY ★★★

✆ 03 44 27 31 80
www.domainedechantilly.com
Basse saison mercredi-lundi 10h30-17h. Haute saison 10h-18h. Adulte 17 €. Enfant 13,50 €. Fermé en janvier.

Entouré d'eau, le château est d'abord très photogénique extérieurement. Il fut sans cesse agrandi et restauré par ses lignées d'occupants : les Orgemont, les Montmorency, les Condé et surtout le duc d'Aumale qui le dota d'inestimables collections d'œuvres d'art, comme *Le Massacre des Innocents* de Nicolas Poussin. Le Cabinet des Livres, l'une des bibliothèques les plus riches d'Europe, regroupe quelque 13 000 volumes et manuscrits. La visite des grands appartements princiers et des appartements privés du duc et de la duchesse d'Aumale réserve de multiples délices.

LE BOUCHON GOURMAND €€

22, rue du Connetable
✆ 03 44 57 02 25
www.lebouchongourmand.fr
Ouvert tous les jours le midi ; du mardi au samedi le soir. Carte : 30 € environ. Formule du midi : 18 €.

Installé en plein cœur du site historique de Chantilly, entre l'hippodrome et le château, et à deux pas du musée du cheval, ce restaurant à l'allure chic propose une carte appétissante : brochettes, noix de Saint-Jacques, poisson du jour accompagné de légumes... Ajoutons à cela d'excellents menus du jour, dont un menu pour enfants, un large choix de salades et de très bons desserts (banana split, moelleux au chocolat...), tout est réuni pour satisfaire les goûts et les appétits les plus divers. L'été la terrasse est très agréable pour déjeuner ou boire un verre.

SENLIS ★★

Vous devriez tomber sous le charme des ruelles pavées de Senlis. Très peu propice aux voitures, le centre-ville bourgeois est un endroit calme et agréable pour flâner au milieu des vieilles maisons ou des beaux hôtels particuliers des notables des XIIe et XIIIe siècles. Cette caractéristique architecturale demeure de nos jours l'une des particularités de Senlis. La ville se caractérise aussi par les vestiges romains (remparts, théâtres et pièces du Musée archéologique). Cette préservation miraculeuse, dans cette région meurtrie par les guerres, s'explique par l'absence de train. Cela a permis à Senlis d'être épargnée des lourds bombardements.

ERMENONVILLE ★

Le nom d'Ermenonville est indissociable du souvenir de Jean-Jacques Rousseau. Le philosophe y vécut les dernières semaines de son existence, invité par l'un des ses admirateurs, le marquis de Girardin. Une période heureuse dans la vie tourmentée et errante de l'auteur de la *Nouvelle Héloïse* qui aimait herboriser dans les bois qui entouraient le château de son bienfaiteur. C'est ici qu'il trouva la mort en 1778. Un autre personnage a laissé son empreinte à Ermenonville, Nélie Jacquemart-André, en léguant l'abbaye de Chaalis à l'Institut de France en 1912. Une visite à coupler avec celle des ruines très romantiques de l'abbaye cistercienne.

NORD-EST

LA MER DE SABLE ★★

Route Nationale 330
✆ 03 44 54 00 96
www.merdesable.fr

Basse saison : mercredi et week-end. Haute saison : mardi-dim 10h-18h. Adulte 27,50 €. Enfant 22 €. Réductions et pass.

Les attractions se répartissent en plusieurs univers. D'abord les Portes du désert qui exploitent la vaste étendue de sable dans ce coin du Valois avec le train des sables à travers les dunes et la ferme des trappeurs. Ensuite, un tour par la jungle avec son pont suspendu et son attraction à sensations le Tiger Express. Enfin, le Far-West avec une descente en rondins dans une étendue d'eau, le Cheyenne River ou encore la Ruée vers l'or. Sans oublier le grand classique de la Mer de sable : les spectacles équestres avec les cow-boys et les Indiens cascadeurs.

MORIENVAL

Située au sud de la forêt de Compiègne, à 10 kilomètres de Crépy-en-Valois, Morienval est célèbre pour son abbaye et son ancien monastère royal (qui a longtemps été considéré comme l'un des plus puissants de la région). Sa construction, qui débuta en 920, dura plus d'un siècle. L'ensemble regroupe plusieurs édifices remarquables, notamment l'église romane, les tours jumelles, le faux déambulatoire ou encore les chapiteaux sculpté dans le bas-côté de la nef. Le site a été classé sur la liste des monuments historiques très tôt, en 1840. A ne surtout pas manquer si vous êtes de passage dans la région.

CRÉPY-EN-VALOIS ★

Ville fortifiée pittoresque, Crépy-en-Valois domine deux vallons verdoyants arrosés par les rus des Taillandiers et Sainte-Agathe. Son histoire est indissociable de celle du château et de l'abbaye Saint-Arnoul. Mise à sac au XIIIe siècle, en dépit de ses fortifications, la ville mettra des siècles à relever la tête. Au XVIe siècle, Crépy retrouve une certaine prospérité grâce à l'agriculture, mais jusqu'à la Révolution, elle peine à retrouver sa stature d'antan. En dépit de multiples et destructeurs bombardements lors des deux guerres mondiales, elle a su conserver son patrimoine. Les promeneurs admireront les anciennes maisons dans la vieille ville.

PIERREFONDS ★★★

En lisière de la forêt de Compiègne, Pierrefonds a conservé un authentique charme romantique. Sous le Second Empire, le village était un centre de villégiature mondain et une station thermale à la mode. S'il n'y a plus de voie ferrée depuis 1964, l'ancienne gare construite en 1884 par l'architecte Charles Lecœur témoigne du succès considérable que connut Pierrefonds pour le tourisme et la cure. En vous promenant, vous pourrez admirer les belles maisons bourgeoises, ainsi que le château de Jonval, sur les hauteurs du lac, qui inspira Alexandre Dumas pour la demeure du mousquetaire Portos. Pierrefonds, c'est aussi son château médiéval remarquable.

MUSÉE DE L'ARCHERIE ET DU VALOIS ★

Rue Gustave-Chopinet
✆ 03 44 59 21 97
www.musee-archerie-valois.fr

Ouvert de fin mars à mi-novembre. Ouvert du mercredi au lundi de 14h à 18h. Gratuit jusqu'à 26 ans. Adulte : 5 €.

On y découvre aussi bien des armes préhistoriques de plus de 10 000 ans, des arcs de «Peaux Rouges» ou le matériel high-tech utilisé par les champions olympiques... Des animations sont proposées au fil des mois, notamment pour les enfants (jeux médiévaux, contes, spectacles...). Les salles hautes du musée abritent une riche collection d'art sacré du Moyen Age au XIXe siècle. Le site offre également un beau point de vue sur le vallon de Saint-Agathe.

CAMPING LE COEUR DE LA FORET

34, rue de l'Armistice
✆ 03 44 42 80 83

Ouvert de mi-mars à fin octobre. Forfait camping-car 2 personnes + électricité : 20 €. Autres tarifs sur Internet. Wifi.

A l'entrée est de la forêt de Compiègne, ce camping traditionnel vous accueille dans un cadre naturel et boisé pour passer une nuit, ou plus, au calme. Les 45 emplacements ombragés pour tente, caravane ou camping-car sont tous séparés par des haies. Les installations sont simples mais propres. Le camping propose aussi, tout au long de l'année, des hébergements insolites, comme des cabanes en bois de style hobbit ou des caravanes vintage. Location de vélos et activités aux alentours.

NORD-EST

CHÂTEAU DE PIERREFONDS ★★★

Rue Viollet-le-Duc ✆ 03 44 42 72 72
www.chateau-pierrefonds.fr
Basse saison : 10h-17h30. Haute saison : 9h30-18h. Adulte : 8 €. Tarif réduit : 6,50 €. Accès au parc gratuit.

Quand vous apercevrez le château après avoir traversé la forêt de Compiègne, vous direz sans doute qu'il sort tout droit d'un conte de fées ou d'un décor de film. Vous n'aurez pas vraiment tort puisque Walt Disney s'en inspira pour *La Belle au bois dormant*. Il s'agit d'un ancien château fort dont la création fut ordonnée par Louis d'Orléans en 1393. Il résiste à deux tentatives d'assaut de l'armée royale, mais le siège livré par Richelieu sur ordre de Louis XIII (1617) lui est fatal. Napoléon Ier rachète Pierrefonds en 1811, mais c'est Napoléon III qui lui redonne une seconde vie. Il confie sa restauration à l'architecte Viollet-le-Duc, connu pour ses grands chantiers comme Notre-Dame de Paris. C'est ce curieux mélange de forteresse et d'architecture élégante du XIXe siècle qui donne au château sa singularité romantique. A l'intérieur, on retrouve des salles élégantes au milieu de structures massives. Les équipes du château ont également ajouté des touches de modernité, avec une application de visite «la ménagerie fantastique» (pour découvrir le château en famille en compagnie d'animaux fantastiques) et une table tactile permettant une approche ludique. Si vous n'avez pas le temps de visiter l'intérieur, faites le tour du château par le parc (accès gratuit). Sur le parcours vous observerez des lance-pierres conservés en l'état. Une fois en haut, la vue sur le château, le village, l'étang et la forêt vaut le coup d'œil ! Un monument historique à ne pas manquer de découvrir et d'explorer.

© ARENYSAM - FOTOLIA

COMPIÈGNE ★★

Ville royale (choisie par Charles le Chauve qui en fit sa capitale) puis impériale (Napoléon Ier restaura le château et Napoléon III en fit sa résidence d'automne), elle fut le théâtre de la capture de Jeanne d'Arc. De ces temps anciens, elle conserve une remarquable partie médiévale qui donne à l'espace piétonnier du centre-ville un vrai charme historique. Compiègne porte plus tristement les témoignages des deux guerres mondiales, avec notamment la clairière de l'Armistice (de la Première Guerre mondiale est située en dehors de la ville, en direction de Rethondes) et le Mémorial de l'Internement et de la Déportation du camp de Royallieu.

CHÂTEAU DE COMPIÈGNE ★★★★

Place du Général-de-Gaulle ✆ 03 44 38 47 02
chateaudecompiegne.fr
Appartements impériaux, dimanche-lundi 10h-18h, Musée du Second Empire 10h-12h, Musée de la Voiture 14h-18h. 7,50 €.

Forteresse érigée sous Charles V, le château fut entièrement reconstruit sous Louis XV au XVIIIe siècle. Après la révolution, Napoléon 1er le fit restaurer pour y accueillir sa seconde épouse, en 1810. Ensuite, le château connut une nouvelle heure de gloire sous Napoléon III. Le château devint musée national après la chute du régime impérial en 1870. Aujourd'hui, on visite les appartements historiques du XVIIIe siècle, du Premier Empire et du Second Empire, le musée du Second Empire et le musée de la voiture. Le parc du château est assez spectaculaire.

MUSÉE DE L'ARMISTICE ★★

Route d'Aumont
✆ 03 44 85 14 18
www.musee-armistice-14-18.fr
Ouvert de 10h à 17h30/18h selon la saison. Adultes 7 €. Enfants de 7 à 18 ans : 5 €.

Le site a été médiatisé mondialement à l'occasion du Centenaire de l'Armistice de la Première Guerre mondiale. Pour l'occasion, la Clairière et la dalle sacrée ont été rénovées. Après vous être imprégné de l'atmosphère poignante du site, ne manquez pas la visite du Musée de l'Armistice. Il a été complètement rénové et garde en point d'orgue la réplique du wagon où a été signé l'Armistice et un taxi de la Marne depuis 2021. Ce musée présente aussi un autre épisode historique : l'Armistice du 22 juin 1940 signé ici entre le IIIe Reich et le Gouvernement Pétain.

NORD-EST

AU JARDIN DE LENA €€

20, rue de l'Etoile
© 09 81 45 04 36
Ouvert du lundi au samedi midi et soir toute l'année. Menu unique à 14,90 €. Terrasse.

Ce nouvel établissement propose des formules simples mais efficaces, entre les plats du jour maison et les buffets plutôt complets pour composer soi-même son assiette. Vous pouvez ensuite enchaîner sur les petites gourmandises en dessert. Mais ce qui fait le succès de cet établissement, c'est son cadre et son décor épuré. La grande terrasse est l'une des mieux exposées du centre-ville à côté de la fontaine place du Change qui est désormais piétonnière. Sachez que c'est ici précisément que Jeanne d'Arc logeait avant sa capture. Un lieu historique pour tous !

CHIRY-OURSCAMP

Les deux communes de Chiry et d'Ourscamp ont fusionné en 1826. La légende raconte que l'origine du nom d'Ourscamps remonte au temps de l'évêque saint Eloi. Faisant construire un oratoire en forêt de Compiègne, il fut averti qu'un ours avait mangé un des bœufs de l'attelage, employé aux travaux. Eloi fit venir l'ours et le contraignit à prendre la place de sa victime.
Chiry-Ourscamp possède une fort jolie abbaye, l'abbaye Notre-Dame d'Ourscamp, érigée en 1129 par le Simon de Vermandois. Celle-ci est entourée d'un agréable jardin à la française. La visite vaut le détour. Voir en particulier les ruines de l'église abbatiale.

MÉMORIAL

Rue du Point-du-Jour
www.memorial-chiry-ourscamp.fr
Ouvert toute l'année. Gratuit.

Ce mémorial rend hommage à toutes les victimes civiles de l'Oise : ces personnes mortes fusillées, bombardées, en déportation, de maladie ou de faim pendant la Grande Guerre. Chiry-Ourscamp a payé un lourd tribut en perdant la moitié de ses habitants. En 1911, la commune comptait 1 560 habitants et seulement 782 en 1921. Deux murs ont été dressés : un mur comportant cette citation d'André Malraux : « Le tombeau des héros est le cœur des vivants », et un mur destiné à accueillir les différentes plaques des communes souhaitant s'associer à ce travail de mémoire.

NOYON ★

On visite Noyon surtout pour son histoire qui remonte à l'époque gallo-romaine, encore bien visible au musée du Noyonnais, mais aussi à travers les remparts gallo-romains. Cité de saint Éloi, des sacres de Charlemagne et d'Hugues Capet, le diocèse de Noyon s'impose comme l'un des plus importants de France durant l'ère capétienne. La cité se développe et on voit alors la construction (1145-1235) d'une des premières cathédrales gothiques. Figure du protestantisme, Jean Calvin est né à Noyon en 1509, donnant ainsi une réputation internationale à la commune. La ville sera durement éprouvée par des bombardements à la fin de la Première Guerre mondiale.

CATHÉDRALE NOTRE-DAME ★★

Rue de l'Evêché
Ouvert tous les jours. Gratuit.

Chef-d'œuvre architectural du premier art gothique, Notre-Dame fut construite en 1145 sur les ruines de la cathédrale romane (incendiée en 1131) qui abrita les sacres de Charlemagne (768) et d'Hugues Capet (987). Mais cette nouvelle version prendra d'autres proportions en débordant largement de l'ancien rempart. La prouesse architecturale se niche au niveau du transept : le mur s'allège et s'évide pour devenir un écran de lumière. Ce remarquable ensemble canonial et épiscopal est sans doute le mieux conservé de cette époque au Nord de la France.

AUX ANGE-VINS

© 03 44 42 12 78
www.auxangevins.fr
Ouvert du mardi au samedi en continu. Boutique. Restauration. Animations. Concerts.

Les soirées noyonnaises sont plus trépidantes depuis que cet établissement a ouvert ! Vous pourrez y manger mais l'établissement fait surtout bar à vin avec des conseils avisés. Le tout dans une bonne ambiance puisque, comme le dit la citation de Georges Brassens à l'entrée, «le meilleur vin n'est pas nécessairement le plus cher, mais celui qu'on partage». Ne manquez pas le concert un samedi soir par mois ou la soirée anglaise chaque premier mercredi. Si vous voulez découvrir des spécialités locales, on vous orientera vers le gin, le pur malt et le whisky local !

ROUTE DES VINS DE BOURGOGNE

LIEUX	Km partiel	Km cumul	Routes
DIJON	0	0	D122
MARSANNAY-LA-CÔTE	8	8	D122
FIXIN	3	11	D122
GEVREY-CHAMBERTIN	3	14	D122 puis D122H
VOUGEOT	5	19	D974
VOSNE-ROMANÉE	3	22	D74
NUITS-SAINT-GEORGES	4	26	D8
CHAUX	3	29	Route locale
VILLERS-LA-FAYE	4	33	D115
CORGOLOIN	4	37	D20F
LADOIX-SERRIGNY	3	40	D115C
MAGNY-LÈS-VILLERS	4	44	Route locale
ÉCHEVRONNE	4	48	D115G puis D18
PERNAND-VERGELESSES	3	51	D115D
ALOXE-CORTON	2	53	D115D puis D20F
CHOREY-LÈS-BEAUNE	3	56	D2A
SAVIGNY-LÈS-BEAUNE	4	60	D2 puis D18
BEAUNE	5	65	D974 puis D973
VOLNAY	6	71	Route locale puis D973
MONTHELIE	2	73	D23
MEURSAULT	3	76	D23 puis D113B
PULIGNY-MONTRACHET	4	80	D113A
CHASSAGNE-MONTRACHET	3	83	D113A
SANTENAY	5	88	Arrivée

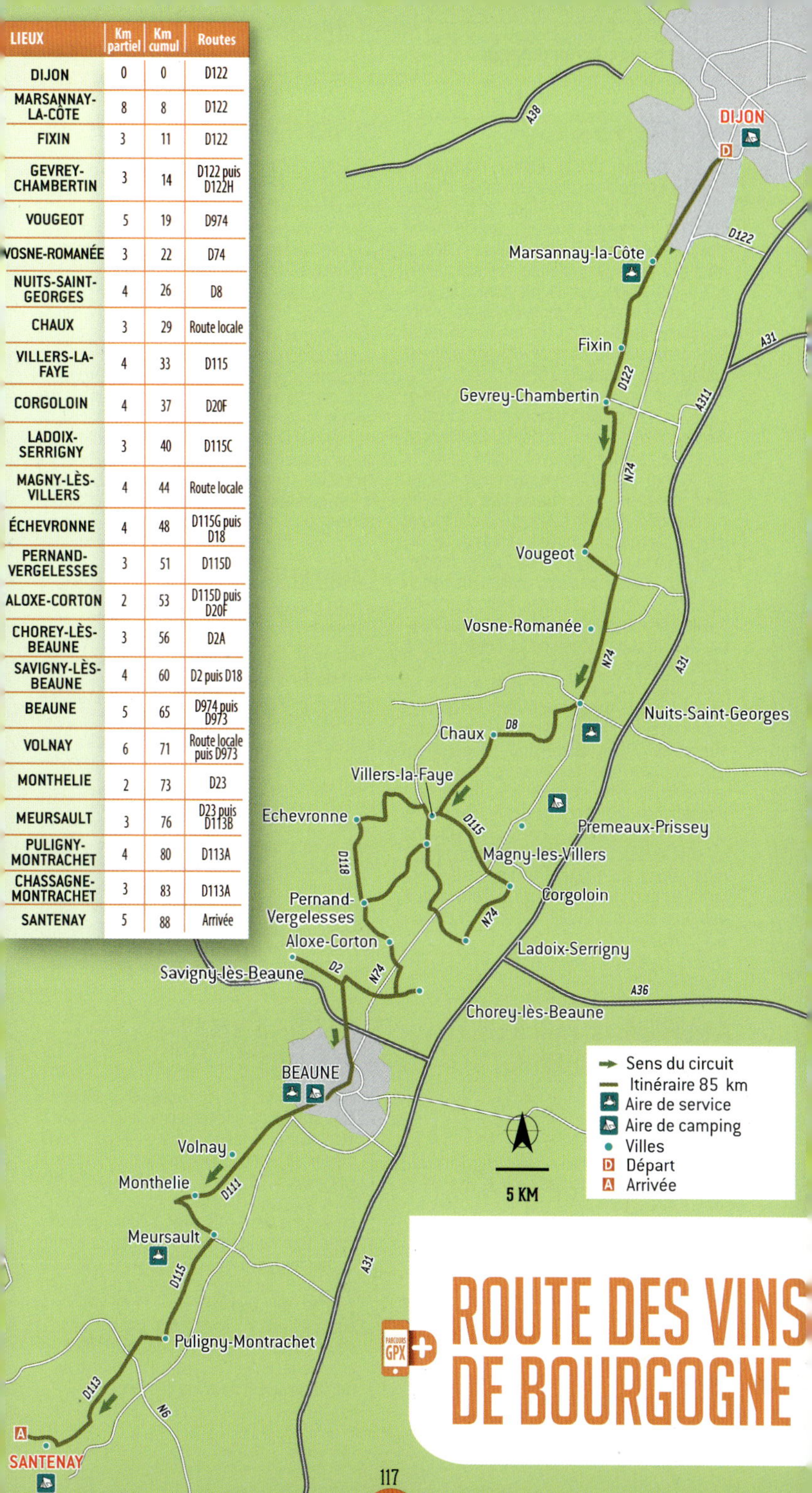

DIJON ★★★★

Dijon, capitale de la région Bourgogne-Franche-Comté et du département de la Côte-d'Or, est une ville touristique et d'histoire, dont les richesses sont en grande partie classées au patrimoine mondial de l'Unesco. Haut lieu de la gastronomie, ses spécialités culinaires telles que la moutarde, le pain d'épices ou encore la crème de cassis seront représentées à la Cité Internationale de la Gastronomie et du Vin dont l'inauguration est prévue le 21 décembre 2021.
La ville rayonne comme destination touristique mais encore et surtout pour la qualité de vie offerte à ses habitants. Ecologique, avec une centrale photovoltaïque construite sur le site de l'ancienne décharge Valmy, Dijon passe au tout hydrogène. On aime l'atmosphère paisible qui règne ici et flâner le long du port du Canal ou aux abords du lac Kir, dont la base nautique sera à l'avenir modernisée. La ville se dote non seulement d'équipements sportifs à la pointe, mais aussi des meilleures infrastructures en matière d'habitat, avec la construction de 114 logements à haute performance énergétique.
Enfin, Dijon et la culture sont très liés ! Au centre-ville, les passants côtoient les œuvres d'art contemporain. Après *Le Compteur du temps* de Gloria Friedmann dévoilé l'été dernier place Grangier, le square des Ducs accueille l'œuvre *Point de vue*, de l'artiste bourguignon Philippe Ramette. Parmi les chantiers en cours et après l'inauguration de son Musée des Beaux-Arts, viennent les rénovations du Grand Théâtre, jusqu'alors fermé au public, ou encore de la Bibliothèque patrimoniale et d'étude, un monument du XVIIe siècle.

LA FABRIQUE DE PAIN D'ÉPICES MULOT & PETITJEAN

6, boulevard de l'Ouest
✆ 03 80 66 30 80
www.mulotpetitjean.fr
Ouvert du mardi au samedi de 10h à 12h30 et de 14h à 18h30. Gratuit jusqu'à 12 ans. Adulte : 8 €. Enfant : 6 €.

A Dijon le pain d'épices est un emblème local. Mulot & PetitJean perpétue la tradition depuis 1796 et se fait un plaisir de raconter son histoire aux amateurs. De fabrication artisanale, petits et grands apprécieront cette visite d'une heure qui se termine par une dégustation. Repartez avec les fameuses nonnettes fourrées à l'orange, au cassis, au chocolat ou nature. Ponctuellement des ateliers pour petits et grands sont organisés autour du pain d'épices.

AU BUFFON €€

28, rue Buffon
✆ 03 80 65 39 91
https://au-buffon-restaurant.metro.bar
7 j/7. Plat du jour 10 €, formule du midi 14 et 16 € ; formule carte entrée/plat/fromage ou dessert café inclus 44 €.

Alexis Faussot a repris les rênes du restaurant Au Buffon, il y a un peu plus d'un an. Située dans les rues calmes du centre-ville, l'adresse plaira aux amateurs de cuisine bistronomique. Ambiance cosy à l'intérieur et petite terrasse l'été, pensez à réserver car la capacité n'est pas grande et laissez-vous séduire par l'ardoise du jour. Gravelax de truite mariné aux herbes, foie gras de canard des Landes à la crème de cassis, ou encore saumon au chorizo ibérique, le choix limité garantit la fraîcheur des produits. Une adresse où il fait bon revenir !

CAROSSERIE ÉLÉGANCE AUTO

40, rue Aristide-Briand
CHENÔVE
✆ 03 80 52 16 31
www.elegance-auto-21.fr
Ouvert du lundi au vendredi de 8h à 12h et de 14h à 18h30. Ouvert certains samedis le matin.

Expert en carrosserie automobile, Nicolas Loiodice s'est spécialisé dans la réparation des camping- cars. Vous trouverez donc à cette adresse un expert des véhicules de loisirs dont le récent atelier lui permet d'offrir toute la place nécessaire à ses patients de plus en plus gros et donc toujours plus vulnérables. Détenteurs de caravanes, mobil-homes et même de bateaux peuvent aussi confier à ses soins leur petite maison sur roue ou à moteur en toute tranquillité. Ils sont ici en de très bonnes mains. Vous repartirez sur la route l'esprit tranquille.

MARSANNAY-LA-CÔTE

D'abord nommé « Marceniacum in Monte », puis Marcenay-en-Montagne, le bourg prit le nom de Marsannay-la-Côte en 1783. Charlemagne se serait reposé auprès d'un arbre du village où fut organisé le tournoi de chevalerie le plus important de l'histoire du duché de Bourgogne, en 1443. Avec 522 ha de forêts, cette commune de 5 330 habitants permet de nombreuses balades. La vigne présente depuis le VIIe siècle s'étend aujourd'hui sur 186 ha AOC. Qualifiée de « Porte d'Or de la Côte de Nuits », l'appellation produit les trois couleurs de vin : rouge, blanc, rosé. Elle a inspiré les récentes fresques d'art urbain de la rue Dardelain et de la rue des Plantes.

Centre-ville de Dijon.

© SAXOPH - STOCK.ADOBE.COM

Marsannay-la-Côte.

GEVREY-CHAMBERTIN ★

Gevrey-Chambertin est connue mondialement des amateurs de vin éclairés et pour ses 9 grands crus (sur les 33 grands crus bourguignons) et ses 27 premiers crus. Les offices de tourisme de Gevrey-Chambertin et Nuits-Saint-Georges sont dorénavant unis par la communauté de communes qui propose une offre touristique incroyable en matière de gastronomie, d'activités de plein air, de patrimoine, d'histoire et de culture. Au programme vous seront proposées des visites gourmandes au Cassissium avec son musée interactif, ou encore non loin d'ici, à la Maison aux 1 000 truffes, pour découvrir le cavage de l'Or des Valois. Autant de points d'intérêt à explorer.

LE PATARA €€

69 rue de Mazy
✆ 03 80 43 67 99
lepatara.eatbu.com

Ouvert du lundi au vendredi le midi ; du jeudi au samedi le soir. Formule déjeuner de 14 € à 16,50 €. Pizza dès 9 €.

Le Patara, à Marsannay-là-Côte, est un établissement où il fait bon se retrouver entre amis. Une chaleur que Linda la propriétaire cultive avec sympathie. La formule déjeuner change quotidiennement, et les pizzas se consomment sur place ou à emporter. Les prix sont très raisonnables, généreux et permettent de venir en famille. Découvrez des plats traditionnels : escargots, œufs en meurette, poulet Gaston-Gérard et plats à l'époisses pour les amateurs... Certains soirs, l'établissement propose également des ambiances musicales en terrasse.

DEUX RIVIÈRES €€

67, route de Dijon
SAULON-LA-RUE
✆ 03 80 79 25 25
www.chateau-saulon.com

Ouvert tous les jours midi et soir. Menu Bistrot à 35 €, suggestions du jour. Brunch le dimanche.

Le restaurant du château de Saulon, baptisé Deux Rivières, se réinvente et ce n'est pas pour nous déplaire. L'offre se veut abordable, histoire d'y prendre ses habitudes. Pourquoi pas celle de bruncher le dimanche dans un lieu ou un autre ? Car le château dispose de plein d'options : un parc de 27 ha, des salons de rêve, voire les bords de la piscine. La salle voûtée à l'ambiance feutrée est une alternative à la terrasse. La cuisine 100 % maison aux produits frais est de règle pour allier le bien manger au confort. A proximité de Dijon et des Grands Crus.

FIXIN ★

De belles demeures massives, avec tours anciennes et cours intérieures, sont regroupées, bercées par le chant des oiseaux et le passage des cyclistes. C'est à peine si le vrombissement des voitures sur la route nationale, située en contrebas, vient perturber l'endroit. A l'horizon, Dijon semble vous dire au revoir : le visiteur entre de plain-pied dans la mythique côte des vins. Les vignes s'étirent, nonchalantes, bordées par les bois. Sur les hauteurs de la commune, vous pouvez apprécier le musée dédié à Napoléon, juste à côté, au cœur d'un parc boisé, demeure la fameuse statue, Le Réveil de Napoléon, sculptée par François Rude pour l'officier Noisot.

VOUGEOT

Très célèbre notamment grâce à son château du clos de Vougeot, ce petit village est typique de la côte bourguignonne. Avec ses vieilles pierres, ses murets et ses demeures historiques, l'endroit est incontestablement plein de charme. Pour en profiter, déambulez à pied dans les rues, notamment celle du vieux Château, et admirez les vignes qui la longent. Même si elles ne produisent désormais plus de vin, elles sont magnifiques à admirer et témoignent de toute l'histoire de la Bourgogne. Depuis 1940, le château appartient à la Société des amis du Château du Clos de Vougeot et c'est la Confrérie des Chevaliers du Tastevin qui en assure la gestion.

CHÂTEAU DE GILLY - RESTAURANT LE CLOS PRIEUR €€€

2, place du Château - **GILLY-LÈS-CÎTEAUX**
✆ 03 80 62 89 98 - www.restaurantclosprieur.fr

Du mercredi au dimanche midi et soir. Formule déjeuner de 30 € à 36 €. Menu Gastronomique 62 €. Jeunes Gourmets 60 €.

Offrez-vous la vie de château le temps d'un repas gastronomique au restaurant Le Clos Prieur. On pourra en semaine profiter d'une formule déjeuner tandis que les gourmets pourront s'offrir le dîner raffiné dont ils rêvent. Fraîche et locale, la cuisine convoque tous les sens et permet de découvrir l'étendue du talent du chef Julien Girard. Le cabillaud poché au lait fumé ou encore le filet de bœuf sauce au thym sauront réjouir vos papilles. Une très belle adresse.

AIRE DE CAMPING CAR NUITS-SAINT-GEORGES

Rue de Cussigny

Voici une petite aire de camping-car qui ne paie pas de mine, mais qui est idéalement située, au bord du Muzin et non loin du centre-ville de Nuis-Saint-Georges. Elle permet d'effectuer les services (vidange des eaux usées et des WC, et remplissage de l'eau, gratuitement. En période de gel, la borne à eau risque d'être éteinte. Les emplacements en épi sont assez larges et les manœuvres faciles à réaliser. Une aire à garder en tête si vous passez dans le coin.

VOSNE-ROMANÉE ★

On raconte qu'à la Révolution, le vin de Vosne-Romanée fut proclamé « le plus excellent de tous les vins de la République française ». Six grands crus remarquables sont cultivés ici : le célébrissime Romanée-Conti, Romanée, Romanée-Saint-Vivant, La Tâche, le Richebourg et la Grande-rue. On compte aussi 14 premiers crus. Roupnel appelait ce joli village et son vignoble « la perle du milieu du collier bourguignon. » S'il n'est pas possible de visiter les deux châteaux, le village possède d'autres belles demeures, comme le pavillon de la Goyotte (pavillon de chasse du XVIIe siècle racheté par le prince de Conti) ou le prieuré Saint-Vivant.

CHRISTIAN QUENEL RESTAURANT €€€

12, place de l'Eglise - **FLAGEY-ECHÉZEAUX**
✆ 03 80 62 88 10
www.restaurant-christianquenel.com

Tous les jours sauf mardi et mercredi midi de juin à septembre. Terrasse. Plats à emporter. Traiteur.

Venez déguster des mets d'exception au restaurant gastronomique de Christian Quenel. Il élabore une cuisine inventive et subtile, tout en respectant la saisonnalité. Si la carte change régulièrement, le chef met un point d'honneur à rendre hommage à la Bourgogne, avec l'œuf parfait sauce aux truffes, parfaitement maîtrisé, ou encore l'excellent ris de veau, l'une de ses recettes fétiches. La carte des vins est à l'image de la région, foisonnante, avec plus de 100 références.

NUITS-SAINT-GEORGES ★★

Nuits-Saint-Georges est la capitale des vins de la Côte de Nuits. On raconte que la compagnie de chemins de fer Paris-Lyon-Marseille aurait souhaité faire rebaptiser la petite ville Nuits-sous-Beaune. La population rejeta en bloc cette proposition et préféra, en 1892, adjoindre à Nuits le terme « Saint-Georges », nom du cru le plus réputé des environs. Cette renommée, Nuits la doit aussi à un certain monsieur Fagon, médecin de Louis XIV, qui imposa le fameux vin à la table royale. Ici, la Côte de Nuits et les Hautes Côtes produisent surtout des vins rouges à la renommée mondiale, 24 Grands Crus, dont un blanc et 10 Appellations Villages.

VILLERS-LA-FAYE

Ce petit village de 385 habitants a été cité par Honoré de Balzac dans son roman *Les Paysans* (sous le nom de Ville-aux-Fayes). L'homme de lettres aimait s'y rendre de temps à autre, pour visiter son ami Charles Lautour-Mézeray. On pourra y admirer deux principaux monuments : la chapelle qui, à l'origine, était intégrée à l'église datant du XIe siècle (rasée lors de la Révolution), mais aussi le château éponyme, datant du XVe siècle, dont il ne reste qu'une tour. Le village est bordé de bois et de vignes – celles-ci s'étendent sur douze hectares.

LADOIX-SERRIGNY

Située pratiquement au pied de la montagne du Corton, devant laquelle s'étendent les fameux vignobles qui donnent naissance au seul Grand Cru rouge de la Côte de Beaune : le Corton, et l'unique Grand Cru blanc : le Corton-Charlemagne, la commune de Ladoix-Serrigny est l'une des plus pittoresques de la région, avec celle d'Aloxe-Corton toute proche. Le village s'appelait Serrigny jusqu'en 1988. Il abrite un château du XVIIe siècle, avec douves, pont dormant, grilles monumentales et parc majestueux. A ne pas manquer : des fermes fortes des XIVe et XVe siècles, un moulin du XVIIe siècle, ainsi qu'une église du XIIe siècle au porche remarquable.

PERNAND-VERGELESSES ★

Un village tranquille de toute beauté situé au pied de la montagne de Corton. Pour y accéder, vous pouvez traverser la commune d'Aloxe-Corton, prendre un peu de hauteur, longer les murets des clos puis apercevoir le clocher d'une église aux tuiles vernissées et quelques maisons de vignerons regroupées autour d'elle. Un paysage sublime qui incarne à la perfection l'image de la Côte-d'Or ! Le village a la forme d'un amphithéâtre, pas étonnant que Jacques Copeau, fondateur du théâtre du Vieux Colombier à Paris, se fixa ici avec sa troupe en 1925. Depuis l'Oratoire de Frétille, vous avez un magnifique point de vue sur les vignes et la cité beaunoise.

NORD-EST

COMME À LA MAISON

20, route de Beaune
✆ 06 47 99 27 60

Ouvert du mardi au samedi de 6h30 à 2h ; le dimanche de 8h à 15h. Boutique de produits gourmands et sélection de vins.

Comme à la Maison est un concept original de bar à vin caviste où il fait bon boire, manger et jouer, créé par Damien et son épouse Mélanie Gelot. On peut venir ici pour une pause gourmande à tout moment de la journée, prendre un café, réparer son vélo. La boutique propose une sélection de vins régionaux, les vins des viticulteurs de Ladoix, des bières locales et une oenomatique permet de déguster 8 vins. Comme pour prolonger la pause, Damien prépare des burgers avec les pains frais du boulanger d'ici, des planches, des makis, le tout autour d'un jeu de société.

SENTIER DES CABOTTES

Parcours pédestre en boucle de 8 km (environ 2h30). A éviter en période de chasse.

C'est une balade à travers les vignes et les bois, superbe et sans difficulté ! Les cabottes sont des cabanes de pierres sèches, construites au XIXe siècle par les vignerons qui s'en servaient comme abris en cas de pluie et de réserve à outils. Au cours de la balade, vous découvrez des vues splendides sur Pernand-Vergelesses, Aloxe-Corton, l'oratoire de Frétille, la ferme de Chenôve qui appartenait aux Cisterciens et la maison de Jacques Copeau. Vous passez devant une vieille croix de pierre, une source, une mare, un ancien lavoir et une quinzaine de cabottes.

Le village d'Aloxe-Corton entouré de vignes.

ALOXE-CORTON

Attention à la prononciation ! « Alosse-Corton », village connu pour ses vins, détient également un riche patrimoine architectural, parmi lesquels trois châteaux : celui de Corton-Grancey dont l'habitation remonte au XVIIIe siècle et les parties viticoles (caves et cuverie) aux années 1830, celui de « Corton André » du XIXe siècle et celui dit de « Corton » qui appartenait à la famille Vergnette de la Motte et qui fut transformé à la fin du XIXe. Aloxe-Corton, avec Ladoix-Serrigny et Pernand-Vergelesses, figure parmi les plus pittoresques communes de la région. Charlemagne aurait possédé des vignes sur la colline... d'où le nom de Corton-Charlemagne.

RESTAURANT LE 428 €€€

54, rue de Bourgogne
✆ 03 80 21 51 52
www.louvree.fr

Ouvert du jeudi au lundi le midi et le soir. Menus de 38 € à 85 €. Menu du midi : 27 €. Jardin. Terrasse. Hôtel 12 ch.

Au 428, le restaurant de Christophe Ledru, on vient s'offrir une échappée gastronomique où liberté et confiance sont les maitres mots. La créativité est présente dans chaque menu et l'on s'intéresse davantage à ce que vous n'aimez pas qu'à vos préférences car le chef sait sublimer tous ses produits. La satisfaction commence à la vue des assiettes... L'esprit Art déco contemporain de la salle s'ouvrant sur la terrasse contribue au plaisir de l'instant. Un établissement qui figure dorénavant parmi les belles tables de la région beaunoise.

CHOREY-LES-BEAUNE

Un petit village de 635 habitants, situé juste à côté de Beaune (4,2 kilomètres). Son vignoble s'étend à perte de vue, sur pas moins de 136 hectares. Notez son église Saint-Luc, datant du XIIe siècle, au clocher franc-comtois. Chorey-lès-Beaune dispose de plusieurs possibilités d'hébergement (en chambres d'hôtes ou en gîtes) ainsi qu'un hôtel-restaurant. On pourra également se loger dans l'enceinte d'un très beau château datant du XIIIe siècle et reconstruit au XVIIe siècle, entouré d'un très joli parc aux arbres centenaires. A voir notamment dans l'enceinte du château : le pigeonnier et les douves.

SAVIGNY-LÈS-BEAUNE ★★

Savigny-lès-Beaune prend soin de sa qualité de vie. Niché dans une vallée le long du Rhoin, entre profondeurs boisées et vignes, ses vins ont été qualifiés par les papes de nourrissants, théologiques et morbifuges, autrement dit excellents pour la santé. Le château et sa collection de voitures de course Abarth, ses plus de 250 motos et son escadrille d'avions de chasse a de quoi intéresser petits et grands. En famille, on peut aussi suivre le parcours Si Savigny m'était conté ou la chasse au trésor pour découvrir coins et recoins de ce village ou encore se dégourdir les jambes et fatiguer les bambins sur l'un des chemins au départ du camping.

BEAUNE ★★★

Beaune, capitale des vins de Bourgogne, est un joyau bourguignon qui attire près de deux millions de touristes chaque année. De son passé médiéval, elle a conservé un patrimoine unique et une tradition du bien-vivre, grâce à une concentration exceptionnelle de belles tables. Des notables comme les Ducs de Bourgogne, Louis XIV, Anne d'Autriche et Christine de Suède y ont séjourné, les traces de leurs passages sont partout à l'intérieur des remparts. La Tour des Poudres et la Tour des Billes bordent un chemin de ronde créant un circuit intra-muros. Bastions et murailles cachent d'immenses caves qui abritent des milliers de pièces de vins.

Tourisme

La ville doit beaucoup au chancelier Rolin, bras droit du duc de Bourgogne Philippe le Hardi. Il a fondé et laissé un trésor inestimable qui reste un très haut lieu touristique, connu partout dans le monde : les Hospices de Beaune, rendus célèbres dans le cultissime film *La Grande Vadrouille* ! Ce monument gothique somptueux est un musée évoquant la vie hospitalière. Pas très loin, l'ancienne résidence ducale à pans de bois abrite le Musée du Vin tandis que la basilique-collégiale Notre-Dame veille sur la ville. Vous pouvez aussi choisir de découvrir Beaune autrement, en suivant le chemin des lumières l'été à la nuit tombée. Tous les monuments que nous venons de citer s'illuminent et vous racontent une belle histoire grâce à une scénographie haute en couleur.

LA MOUTARDERIE FALLOT ★

31, faubourg Bretonnière ✆ 03 80 22 10 10
www.fallot.com

Entreprise du Patrimoine Vivant. Vignobles et Découvertes. Adulte 10 €. Espace boutique et dégustation.

Découvrez les procédés de fabrication qui remontent à l'Antiquité par lesquels les graines de sénevé sont broyées à la meule de pierre. Le parcours Découverte, interactif et immersif grâce à ses vidéos murales, passionne aussi les enfants. La visite se déroule dans les anciens bâtiments de style napoléonien qui abritaient la moutarderie à son origine. Vous découvrez les secrets de fabrication de la moutarde que vous préparez vous-même avant de déguster quelques mignardises à la moutarde. Le parcours Sensations fortes est la visite du site de production.

LA MAISON DES CLIMATS - PATRIMOINE MONDIAL

6, boulevard Perpreuil ✆ 03 80 26 21 30
www.climats-bourgogne.com

Ouvert tous les jours. Haute saison : du lundi au samedi de 9h30 à 19h ; le dimanche et les jours fériés de 9h30 à 18h

Libre et gratuite, c'est l'exposition de référence pour comprendre les Climats du vignoble de Bourgogne, ces plus de 1200 parcelles de vignes nommées, délimitées depuis des siècles, inscrites au Patrimoine mondial de l'Unesco depuis 2015. Salle d'exposition, film sur grand écran, maquette de 9 mètres de long du vignoble des Côtes de Nuits et de Beaune, tablettes numériques interactives : tout est fait pour comprendre la notion de terroir, la géologie et l'influence de l'histoire.

LE CAVEAU DES ARCHES €€

10, boulevard de Perpreuil
✆ 03 80 22 10 37
www.caveau-des-arches.com

Ouvert toute l'année. Du mardi au samedi. Réservation recommandée. Menus de 26 à 58 €.

« La gourmandise est l'apanage exclusif de l'Homme », disait Brillat-Savarin et c'est Michel Simon le sémillant propriétaire du Caveau des Arches qui le prône. Quelques marches puis pierres et lumière tamisée nous plongent dans l'univers intimiste et chaleureux d'un caveau du XVe. Marché du chef ou menus, la cuisine est raffinée, des plats parfaitement maîtrisés. Filet de Volaille à l'Epoisses « Berthaut » et un Parfait Glacé à la Prunelle de Bourgogne émoustillent à coup sûr les papilles. Une excellente table que l'on conseille de réserver à l'avance !

VOLNAY

Le village de Volnay, 300 habitants, jouit d'un emplacement prestigieux adossé à la montagne du Chaignot, orienté plein est pour le soleil du matin, et doté d'un terroir exceptionnel. On compte une soixantaine de domaines viticoles. L'église du XIIIe siècle fait face à la magnifique place centrale ombragée, et qui offre un magnifique balcon avec vue sur les vignes et, par temps clair, sur la chaîne du Mont-Blanc. De là, vous apercevez également la chapelle Notre-Dame-de-Pitié entourée du cimetière, qui fut reconstruite au XVe siècle, et qui a donné son nom à la parcelle de Premier Cru Clos de la Chapelle de l'autre côté de la route.

MONTHELIE

Monthélie est assez petit et relativement peu connu. De nombreux vestiges gaulois et romains découverts sur le site attestent une très ancienne présence humaine. Le village aux ruelles étroites mérite que l'on s'y attarde un moment, ne serait-ce que pour contempler son étrange château. Pas de grands crus, mais dix premiers crus. La commune compte 317 ha, dont 31 ha en premier cru, les autres en appellations communales ou régionales, le cépage chardonnay fournissant les blancs et le pinot noir les rouges. Là encore, le site des vignerons de la commune vous donnera de précieux renseignements pour organiser votre périple : www.monthelie.org

MEURSAULT ★

Terre sainte pour les amateurs de vins blancs, Meursault reste, tout comme les Hospices de Beaune, l'un des symboles du film de Gérard Oury, *La Grande Vadrouille*, avec Bourvil et Louis de Funès : l'ancien château fort, aujourd'hui hôtel de ville, est le cadre d'une des scènes cultes du film. La place de la mairie est aussi le lieu central de rencontre autour de la fraîche fontaine l'été : elle évoque les quatre saisons du travail dans les vignes avec quatre petits anges vignerons. C'est aussi l'occasion de découvrir des bâtiments historiques comme l'église Saint-Nicolas, l'ancienne léproserie réhabilitée, le château de la Velle et bien d'autres.

AU FIL DU CLOS €€€

1, rue de Mazeray
✆ 03 80 20 40 82
www.aufilduclos.com
Ouvert du mardi au samedi. Formule du midi : 30 à 35 €. Menus 40 €, 58 € et 85 €. Menu enfant : 16 €. Vin au verre.

En 2019, après plusieurs mois de travaux, l'ancienne maison familiale est rénovée pour accueillir un restaurant avec des baies vitrées et une vue 180° sur les vignes de Meursault, le clos familial et sa tour cistercienne. Jean Christophe et Maud Moutet vous accueillent dans leur univers fait de bois brut et de chaleur. Le chef fait rimer produits de terroir bio, modernité et générosité : suprême de volaille et ses champignons de saison, écrasé de pomme de terre, crème de maïs acidulé. Une table de très belle qualité qui allie raffinement et générosité.

PULIGNY-MONTRACHET

Puligny et Chassagne : les deux communes s'étendent d'un côté et de l'autre du Montrachet (le « mont chauve ») et se partagent le climat qui lui est rattaché. Ici naît l'un des meilleurs vins blancs du monde, Stendhal et Jefferson l'ont affirmé. Dumas conseillait de le déguster « à genoux et tête découverte ». D'où vient le nom de Puligny ? Peut-être du nom d'un vigneron gallo-romain. Il y avait donc déjà des vignes ici, il y a plus de 2 000 ans. Une table d'orientation située à l'entrée du village permet de repérer les parcelles des 18 premiers crus et des 4 grands crus. Les maisons en pierre ramassées autour de l'église sont noyées dans les vignes.

LE MONTRACHET €€€

10, place Pasquier de la Fontaine
✆ 03 80 21 30 06
www.le-montrachet.com
Fermé de fin novembre à début janvier. Ouvert tous les jours le midi et le soir. Formule à 34 €. Menus de 34 à 110 €.

Le restaurant gastronomique du Montrachet vous accueille dans un intérieur lumineux, refait à neuf, pour découvrir la cuisine du talentueux Romain Versino. Parmi les menus, les Jardins de Puligny vous invitent à déguster un dos de cabillaud cuit nacré, une polenta gratinée avec endives braisées, et en dessert, la poire confite avec tuile croustillante. Plus de 1 000 références de vin, dont 200 Grands Crus sont proposés. Les nouveaux propriétaires des lieux, Stéphane Petrossian et Philippe Der Megreditchian, ouvriront prochainement un Spa avec piscine intérieure.

CHASSAGNE-MONTRACHET

Si 165 ha sont consacrés au blanc, l'enfant chéri de cette contrée, il existe quand même plus de 140 ha qui produisent un excellent vin rouge. Chassagne abrite 57 Premiers Crus et 3 Grands Crus connus dans le monde entier : Montrachet, Criots-Bâtard-Montrachet et Bâtard-Montrachet. Si vous croisez la route de l'une de ces petites merveilles, sachez que la durée de conservation préconisée est d'au minimum dix ans, voire d'une vingtaine d'années pour les premiers et les grands crus. C'est d'ici, qu'en 1869, un certain Louis Bachelet a émigré pour l'Amérique latine. Il est l'arrière-arrière-grand-père de l'ancienne présidente du Chili, Michelle Bachelet.

SANTENAY

« La Nice de la Côte-d'Or ». C'est ainsi que le chanoine Kir surnommait Santenay. Il faut dire que cette petite bourgade bourguignonne affiche une exposition plein sud. Elle est connue pour ses vins et ses eaux. Ces dernières sont considérées comme les plus lithinées d'Europe et reconnues depuis l'Antiquité pour leurs bienfaits et soignent les maladies de l'appareil digestif, le diabète… grâce à leur forte teneur en lithium. A la fin du XIXe siècle, on recensait quatre sites principaux : la fontaine Salée, la source Santana, la source Carnot et la source Lithium. En 2021, Santenay redevient ville thermale avec l'ouverture de la station Valvital.

CAMPING DE SANTENAY*** €€

Avenue des Sources
✆ 03 80 20 66 55
Du 1/04 au 31/10 : 150 emplacements, mobil-homes/eco-pods. Aire CC. Wifi. Forfait Halte cyclo-rando. Animaux gratuits.

Dans un joli village, le camping de Santenay, appartenant au réseau Aquadis Loisirs est situé à proximité immédiate des vignes, de la voie verte, de la piscine municipale et de la station thermale. Un cadre calme, campagne mais à quelques minutes de toutes commodités. Mobil-homes, éco-pods, emplacements, vous avez le choix de votre séjour.

Côté randonnées, vous êtes au paradis avec la voie des vignes qui relie Chagny, Nolay ou Beaune, le sentier Pays Beaunois n°26 et la possibilité de louer des vélos classiques et à assistance électrique à l'Office de Tourisme.

LE MORVAN

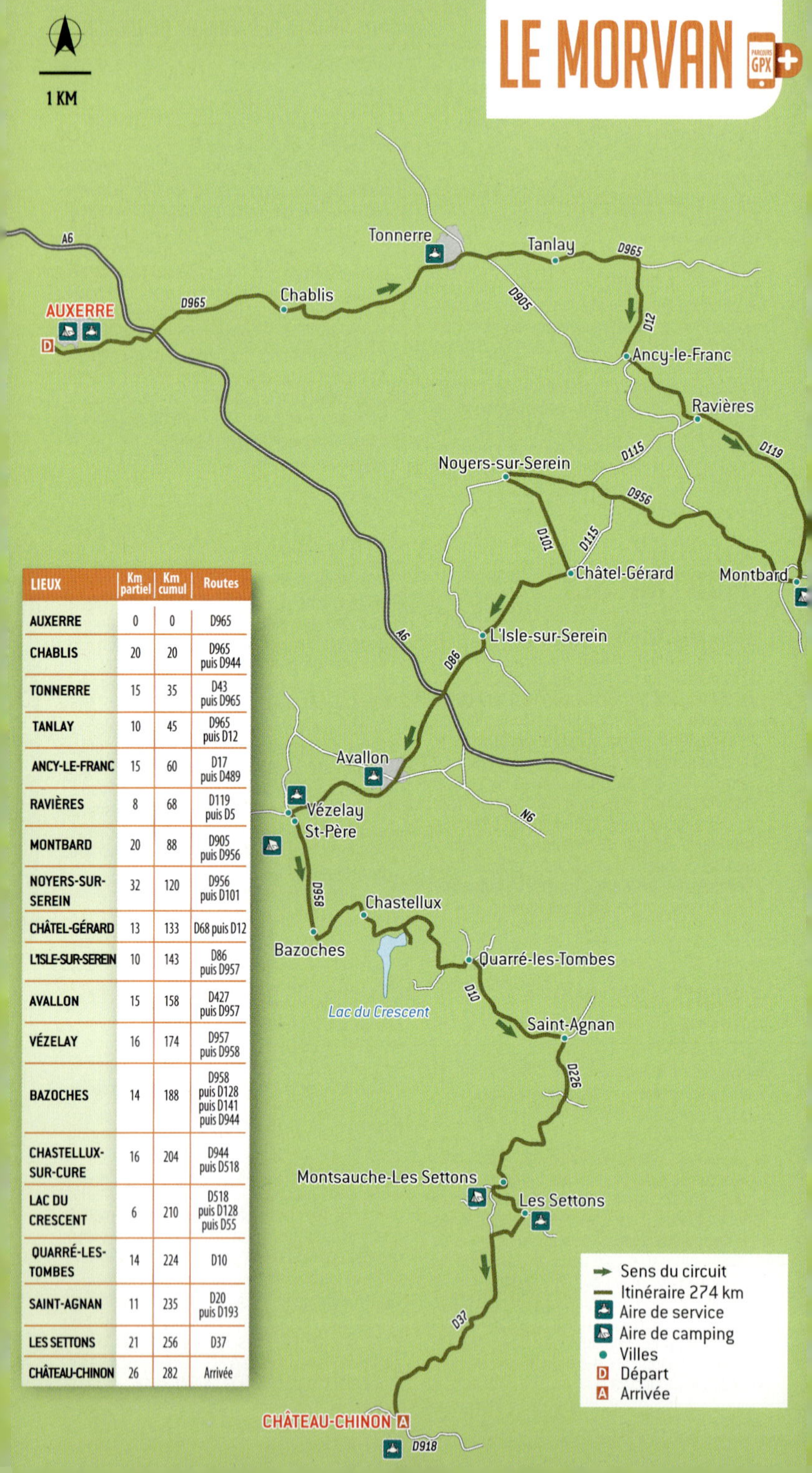

LIEUX	Km partiel	Km cumul	Routes
AUXERRE	0	0	D965
CHABLIS	20	20	D965 puis D944
TONNERRE	15	35	D43 puis D965
TANLAY	10	45	D965 puis D12
ANCY-LE-FRANC	15	60	D17 puis D489
RAVIÈRES	8	68	D119 puis D5
MONTBARD	20	88	D905 puis D956
NOYERS-SUR-SEREIN	32	120	D956 puis D101
CHÂTEL-GÉRARD	13	133	D68 puis D12
L'ISLE-SUR-SEREIN	10	143	D86 puis D957
AVALLON	15	158	D427 puis D957
VÉZELAY	16	174	D957 puis D958
BAZOCHES	14	188	D958 puis D128 puis D141 puis D944
CHASTELLUX-SUR-CURE	16	204	D944 puis D518
LAC DU CRESCENT	6	210	D518 puis D128 puis D55
QUARRÉ-LES-TOMBES	14	224	D10
SAINT-AGNAN	11	235	D20 puis D193
LES SETTONS	21	256	D37
CHÂTEAU-CHINON	26	282	Arrivée

AUXERRE ★★

Auxerre (prononcez « Ossère »), c'est 2000 ans d'histoire ! Une ville à découvrir pour son riche patrimoine, son centre historique, ses rues pavées, et ses maisons à pans de bois. Pour la visiter, on commencera par son plus beau panorama : sur les quais où se laissent admirer côte à côte la cathédrale Saint-Étienne, l'abbaye Saint-Germain et l'église Saint-Pierre. Et si, au centre, on ne pourra contempler la superbe Tour de l'Horloge (en rénovation jusqu'en 2022), on partira sur les traces de deux figures auxerroises du XVIIIe siècle (Cadet Roussel et Nicolas Restif de la Bretonne) et sur celles de la poétesse Marie Noël. Ils y ont même leurs statues !

CHABLIS ★

Son nom est connu du monde entier. Pour son vin blanc, évidemment ! Entourée de quelque 4 200 ha de vignes, Chablis trouverait ses origines au VIe siècle. Et c'est au XIe siècle que Charles le chauve fit don de cette terre à des moines de Tours fuyant les attaques normandes. Des religieux plantèrent ensuite la vigne et, grâce au port d'Auxerre et à la proximité de Paris, ils la firent connaître. Aujourd'hui, Chablis et sa région offre un vin d'exception à la notoriété mondiale, mais aussi de superbes paysages, l'occasion de très belles balades, et un patrimoine particulièrement riche. Avec, bien sûr, de nombreuses caves et de bonnes tables à découvrir.

LES BATEAUX TOURISTIQUES DE L'AUXERROIS

105, rue des Mignottes
✆ 06 30 37 66 17
www.bateauxauxerrois.com
Fermé d'octobre à mi-avril. Ouvert du mardi au dimanche et les jours fériés. Gratuit jusqu'à 4 ans.

De mi-avril à début octobre, à bord de la péniche *L'Hirondelle 2*, pourquoi ne pas découvrir Auxerre et ses environs sous un autre angle ? En croisière découverte ou le temps d'un déjeuner, le moment est propice à la détente et à la contemplation. Pour les petits, une formule goûter est aussi proposée. A noter que l'embarquement et la billetterie se situent sur le Quai de la République (côté centre-ville). Attention, la réservation est obligatoire (par téléphone ou SMS).

L'OBÉDIENCERIE

22, rue Louis Bro
✆ 03 86 42 89 28
Ouvert du mardi au samedi. Visite à 10h30. Adulte : 17 € (avec dégustation des crus du Domaine).

L'Obédiencerie, beau bâtiment du XVe siècle inscrit à l'inventaire des Monuments historiques, cache une superbe crypte du IXe siècle. A l'époque, un monastère occupait les lieux, et c'est ici même que les premiers vins de Chablis seraient nés. La crypte abrite aujourd'hui les caves d'élevage des premiers et grands crus de Chablis du Domaine Laroche. Un magnifique pressoir à abattage du XIIIe siècle y trône en majesté. Elle se visite sur rendez-vous. Et c'est toujours par une dégustation des vins que l'on achèvera cette belle découverte.

NORD-EST

© JEAN-JACQUES CORDIER

L'abbaye Saint-Germain, reflets dans l'Yonne.

LES TROIS BOURGEONS €€

10, rue Auxerroise
✆ 03 86 46 63 23

Du mardi au samedi 12h-14h/19h30-21h30. Réservation recommandée. Menu «LTB» 31,50 €. Carte 35 € env.

Masashi, Yu et le chef Takeshi Otomura, voilà les 3 bourgeons chablisiens (en rapport à la vigne). Un trio nippon arrivé à Chablis en 2016 avec, dans ses bagages, des années de pratique au Japon suivies d'expériences prestigieuses dans des restaurants étoilés français. La cuisine ouverte sur la salle se veut particulièrement créative. Une véritable ode à la Bourgogne, tout en empruntant bien des saveurs au Japon évidemment ! La carte suit la saison, et l'on aime beaucoup les beaux produits et la créativité sans limite des cuisiniers. Laissez-vous surprendre !

ANCY-LE-FRANC ★★

Etape majeure lorsqu'on visite le Tonnerrois, au cœur de la Vallée de l'Armançon Ancy-le-Franc est un village traversé par le Canal de Bourgogne. Un bourg dont la réputation s'est faite grâce à son très beau château : un chef-d'œuvre de la Renaissance italienne niché au pays des Ducs de Bourgogne ! Son vaste ensemble de peintures murales datant de cette époque en fait le rival direct du château de Fontainebleau, et sa façade est souvent vue comme l'une des plus belles d'Europe. Plusieurs rois de France vinrent à Ancy-le-Franc : Henri IV, Louis XIV, Louis XIII. Quant à la Marquise de Sévigné, elle évoqua Ancy le Franc dans l'une de ses lettres...

TONNERRE

Connue pour sa Fosse Dionne, devenue un magnifique bassin de pierre circulaire aménagé en fontaine-lavoir, Tonnerre est de ces villes paisibles actuellement très prisées des citadins. Surplombée par l'église Saint-Pierre au sommet de la colline, la cité se dresse dans un paysage de vignes et de verdure. Ravagée par un incendie en 1556, elle a miraculeusement conservé de beaux monuments que même les importants bombardements de la Seconde Guerre mondiale n'ont pas anéantis. Tonnerre, c'est aussi une escale fluviale pour les plaisanciers du Canal de Bourgogne. L'occasion de jolies balades dans ses environs. Et, surtout, une ville en plein renouveau.

MONTBARD ★★

Bordée par le canal de Bourgogne, Montbard a su conserver son centre historique avec ses toits imbriqués, ses ruelles et ses ponts qui s'ouvrent sur le Pays de l'Auxois. La ville nous réserve quelques belles surprises pour qui sait arpenter ses rues et découvrir son magnifique parc niché en son cœur, ses musées et ses édifices où plane l'ombre du naturaliste Buffon. On peut y inclure ses forges ainsi que l'abbaye de Fontenay voisine. L'origine du nom de Montbard hésite entre deux définitions qui soulignent chacune la verticalité du lieu : le mont des bardes, les druides gaulois ou montis barri, le mont qui barre la vallée de la Brenne.

TANLAY

A 2h30 de Paris, à 10 minutes de Tonnerre (et à 20 de Chablis), bienvenue à Tanlay ! Une belle étape sur la fameuse route des Ducs de Bourgogne qui mène de l'Yonne à la Saône-et-Loire en passant par la Côte d'Or avec, pour villes et villages étapes, celles qui abritent d'imposants châteaux nés de la prospérité de cette région qui connut son apogée au temps où gouvernèrent les fameux Ducs, comme Philippe II le Hardi (1363-1404), Jean sans Peur (1404-1419), Philippe III le Bon (1419-1467) ou Charles le Téméraire (1467-1477). Tanlay et son superbe monument en font donc partie. Une bourgade d'à peine mille âmes, aussi paisible que chargée d'Histoire.

GALERIE MICHEL ZANIN DE MARMONT

22, rue de la Liberté
✆ 06 66 19 69 52

Ouvert du mardi au dimanche de 10h30 à 12h et de 15h30 à 19h. Galerie expo-vente de 40 artistes parisiens et régionaux.

Quelle bonne idée a eue Michel de Marmont d'installer sa nouvelle galerie à Montbard ! Une quarantaine d'artistes parisiens exposent leurs œuvres sur les 1 200 m² d'espace d'un ancien grand magasin. Le lieu est fabuleux pour son architecture et ses richesses artistiques, il est aussi, en devenir, une résidence hôtelière et un bar lounge dont un rooftop qui seront aménagés en 2022. Les œuvres de Michel de Marmont sont présentes, on y découvre son style dont ses sculptures.

CAMPING MUNICIPAL LES TREILLES*** €€

Rue Michel Servet ✆ 03 80 92 69 50
www.montbard.fr

Fermé de novembre à mars. Emplacement + véhicule + 2 personnes : environ 18 €. Services camping-car 3,50 € hors séjour.

Ce camping calme et ombragé vous offre une entrée gratuite par personne et par jour au centre nautique pour vous amuser en famille et vous détendre. Pour dormir, 78 emplacements s'offrent à vous que vous soyez équipé de votre tente, d'une caravane ou d'un camping-car. Vous pouvez aussi louer un des 2 mobil-homes qui disposent de tout le confort ou préférer l'un des 19 chalets. Tout au long de l'été, des animations sont proposées par le camping. Vous ne vous ennuierez pas !

LA BEURSAUDIERE €€

9, chemin de Ronde - **NITRY**
✆ 03 86 33 69 69
www.beursaudiere.com

Tous les jours, 12h-13h30, 19h30-22h. Menus de 29,50 € à 53,50 €. Formule midi : 19 € (sauf w.e.). Menu enfant : 14,50€.

D'abord, il y a le cadre, chaleureux et rustique. ici, par exemple, le four à bois sert de gril. Quant à la cuisine, elle se fait créative tout en restant tout près des traditions. Résultat, un festival de saveurs. La carte change 3 fois par an, et le jour de notre venue on a pu savourer notamment un étonnant suprême de poulet jaune cuit à basse température, avec sabayon d'oignons fumés, mousseline de marrons, billes de céleri-rave au miel de fleurs sauvages et jus de rôti au romarin. On vous recommande chaudement cet établissement bien connu des régionaux !

RESTAURANT LE SAINT REMY €

1, grande rue de Blaisy
SAINT-RÉMY
✆ 06 30 46 67 39

Haute saison, ouvert lundi mardi et du jeudi au samedi midi & soir ; dimanche midi. Formules à partir de 14,90 €

Le Saint-Rémy bénéficie début 2021 de la rénovation totale de sa bâtisse, à l'arrière, les immenses parasols et le barnum constituent des espaces confortables et privilégiés. Jérôme Hurte et son fils Florian vous invitent à déguster les produits frais qui constituent leurs menus. On aime les formules buffets, parfaitement constitués, y compris en plats chauds. Le week-end, c'est cochon de lait à la broche, avec jambon à l'os la semaine. En dessert, des verrines garnies sont au choix, avec fruits, crèmes ou pâtisseries, façon café gourmand et 100 % maison.

CHÂTEL-GÉRARD

Cette petite bourgade comptant 211 habitants est réputée pour son prieuré de Vausse, érigé au XIIIe siècle par Ansédric de Montréal, qui jouit d'une grande prospérité jusqu'au XVe siècle. En effet, ce prieuré fut sous la protection des seigneurs de Montréal et des ducs de Bourgogne. Incendié au XVIIIe siècle, il fut transformé en faïencerie à la Révolution. Dans les environs du village, la balade dans la forêt de Morcon conduit à un monolithe intéressant : le menhir de la Dame Blanche, d'une hauteur de 2,52 mètres et enfoncé à un mètre de profondeur. Celui-ci fut visiblement l'objet d'une vénération dans le passé.

NOYERS ★★

Si ce bourg fait partie des « Plus Beaux Villages de France », on comprend pourquoi ! Défendues par des fortifications et un beau château, cernées par un méandre du Serein, les maisons à pans de bois des XVe et XVIe siècles s'organisent en de pittoresques rues et places. Histoire, beauté et poésie s'unissent alors pour faire de cet endroit une visite absolument incontournable, quelle que soit la saison ! Pour preuve de la magie qui opère ici, cinéma et télévision la choisissent souvent comme décors. Il y a longtemps, *La Grande Vadrouille*, par exemple, s'est partiellement tourné ici. Ou, plus récemment, la série *Une famille formidable*.

L'ISLE-SUR-SEREIN

Département de l'Yonne, région Bourgogne-Franche-Comté. Située à 15 kilomètres d'Avallon et peuplée d'environ 700 âmes (selon le dernier recensement), cette petite bourgade s'étire le long de la vallée du Serein. Ce village, dont l'origine remonte au IXe siècle, fut fortifié au XVe siècle. On peut y admirer des maisons datant de cette époque. Anciennement dénommé L'Île-sous-Montréal, il prit son nom actuel à la Révolution. Il est intéressant de prendre place sur sa belle place des Antes, et d'admirer ses deux châteaux et ses anciennes maisons villageoises datant du XVIIIe siècle. Les habitants sont nommés les Isliens ou les Isliennes.

AVALLON ★

Sous-préfecture de l'Yonne, Avallon est une ville paisible, et chargée d'histoire. Longtemps point stratégique, et ville étape sur le chemin de Saint-Jacques de Compostelle, cette cité qui domine la vallée du Cousin a conservé une partie de ses remparts d'où l'on peut aujourd'hui observer des jardins en terrasse qui s'étagent en contrebas, tous entourés de murs en pierre sèche. Quant à son centre historique, les curiosités n'y manquent pas. A commencer par sa collégiale, ses maisons à tourelles du XVe siècle et ses demeures datant des XVIe et XVIIe siècles. Pas de doute, ici le grand architecte Vauban (né non loin de là) règne toujours en maître !

VÉZELAY ★★★★

Classé au patrimoine mondial de l'Unesco (au deuxième rang pour la beauté de son site), ce village absolument unique est visité tous les ans par plus d'un million de visiteurs. Fondé au IXe siècle, un monastère s'y développa et accueillit en 1050 les reliques de sainte Marie-Madeleine. Les pèlerins affluèrent alors, et la cité grandit au fil des siècles. La beauté du site et le charme de ses ruelles font de ces lieux un incontournable, riche de nombreuses galeries d'art, brocantes, épiceries fines et bonnes tables. Sans parler du panorama époustouflant à découvrir notamment depuis les jardins de la basilique. Ne partez pas d'ici sans en avoir profité.

OFFICE DE TOURISME DU GRAND VÉZELAY - AVALLON

6, rue Bocquillot ✆ 03 86 34 14 19
www.destinationgrandvezelay.com
Avril-mai : du lundi au samedi 10h-13h/14h-18h. De juin à fin septembre : 7j/7, 10h- 13h/14h-18h (17h le dimanche).

L'office de tourisme, caché au cœur du quartier historique, vous donnera tous les bons plans pour découvrir la ville, ses trésors médiévaux et ses superbes jardins. Vous y trouverez le circuit de la grenouille qui vous permettra de visiter la ville de façon ludique, des cartes IGN, des topo-guides du Morvan, des boucles de randonnées pédestres et, évidemment, des souvenirs du cru ! L'office possède aussi un service « voyage » qui vous aidera à concevoir votre voyage clé en main.

© LIANEM - ADOBE STOCK

Le village de Vézelay.

LE POIRIER AU LOUP €

7, rue du Maréchal-Foch
✆ 03 86 46 95 63
www.poirier-au-loup.fr
Jours et horaires aléatoires, voir sur le site Internet. Réservation impérative. Menu 17 € environ. Boutique.

Un restaurant « concept » à Avallon ? Le Poirier au Loup est un « rest-ô-livre », c'est-à-dire un restaurant, un salon de thé, un bouquiniste et une boutique gourmande. Bref, un lieu unique où vous mangez au cœur d'une librairie, à la même table que tous les convives. On vient ici non seulement pour manger, mais pour lire, pour flâner, partager… Et l'on vous accueillera comme à la maison ! Hélène saura en effet vous mettre à l'aise et vous expliquera les lieux et sa cuisine. Une cuisine 100 % bio et locale. Avec un menu tout aussi unique que l'endroit !

LA DENT CREUSE €€

Rue Saint-Etienne et Place de la Foire
✆ 03 86 33 36 33
www.restaurantvezelay.fr
Tous les jours midi et soir de mi-février à mi-novembre. Carte : 25 € environ.

La Dent Creuse est incontournable à Vézelay ! Que ce soit pour profiter de sa terrasse au pied de la colline éternelle ou manger au chaud sous les voûtes de la grande salle dédiée aux groupes, le plaisir est là. Une belle adresse que l'on apprécie particulièrement au *Petit Futé*. Tout d'abord pour le cadre, ensuite pour sa cuisine riche des saveurs locales aux produits frais que le chef agrémente de notes créatives. La maison propose aussi des salades, et des pizzas généreuses et gourmandes qu'il est possible d'emporter. Une adresse très sympathique !

BAZOCHES

En limite du département voisin de l'Yonne, joli îlot de pierres au riche passé historique en plein coeur du Parc Régional du Morvan : telle est la manière dont nous pourrions résumer Bazoches ! Outre les multiples petits hameaux très authentiques qui s'éparpillent sur la commune, le petit bourg peut s'enorgueillir d'abriter une église du XIIe siècle et deux superbes châteaux, dont le prestigieux héritage du Maréchal de Vauban, personnage emblématique du village, visite incontournable à mettre dans vos tablettes si vous séjournez dans ce verdoyant coin de Nièvre ! Bazoches s'anime de nombreuses manifestations culturelles et festivals de musique.

QUARRÉ-LES-TOMBES ★

Quarré-les-Tombes fait partie du Parc naturel régional du Morvan. Ce village est à l'origine de nombreuses recherches, car il présente la particularité de montrer, rassemblés autour de l'église, une bonne centaine de sarcophages de pierre. Bon nombre d'hypothèses ont été émises à leur sujet, mais toutes ramènent aux environs du IXe siècle lorsque les Vikings envahirent la France. Quarré-les-Tombes est aussi traversé par une partie du GR13 (d'Arcy-sur-Cure à Glux-en-Glenne).
En reprenant la route, on se souviendra que le grand architecte Vauban (1633-1707) est né à Saint-Léger-Vauban (jadis Saint-Léger-de-Foucheret), à seulement 6 km d'ici.

Bazoches dans la Nièvre.

CHÂTEAU-CHINON ★

Surplombant une région vallonnée où dominent toutes les nuances du vert, des conifères aux feuillus, des prés baignés de lumière où serpentent un ru, Château-Chinon dévoile ses toits d'ardoises accrochés aux pentes du Calvaire que l'on gravit pour laisser notre regard culminer à l'est vers le Haut Folin et le Mont Beuvray, au nord vers Vézelay ; de cet horizon vaporeux d'où François Mitterrand disait : «L'âme de la France, inutile de la chercher, elle m'habite». Un haut lieu chargé d'histoire, passée comme contemporaine, lové dans une nature sauvage et parfois rude, qui se laisse apprivoiser au fil des saisons pour des séjours authentiques.

CHÂTEAU DE BAZOCHES ★★

✆ 03 86 22 10 22
www.chateau-bazoches.com
Horaires et dates d'ouverture sur le site internet.
Réservation des billets en ligne.

Dominant le bourg de Bazoches, le château est blotti dans un écrin de verdure, imposant aux visiteurs sa rigoureuse architecture, miroir de huit siècles d'histoire de France et du Morvan. Construit au XIIe siècle par Jean de Bazoches, le château vit se succéder les familles Chastellux et Vauban, dont les actuels propriétaires sont les descendants. Maintes fois remanié, c'est à Vauban que l'on doit sa transformation en garnison militaire. Pour son histoire et sa vue imprenable sur le Morvan, le château de Bazoches est un des plus beaux fleurons de la Nièvre !

PANORAMA DU CALVAIRE ★★

Accès libre toute l'année.

Le calvaire est un belvédère naturel équipé d'une table d'orientation. D'ici, on profite d'un magnifique panorama circulaire sur la ville et ses environs. Une vue plongeante sur Château-Chinon, avec ses toits d'ardoises si typiques du Morvan, accrochés au flanc des collines. On distingue aussi, au loin, les sommets forestiers du Morvan montagneux. Ne manquez pas d'y monter les soirs d'été pour admirer l'astre solaire qui décline sous de jolies lumières, et pensez à votre appareil photo pour immortaliser ce spectacle de toute beauté !

CANAL DE BOURGOGNE

LIEUX	Km partiel	Km cumul	Routes
SAINT-JEAN-DE-LOSNE	0	0	D976 puis D968
BRAZEY-EN-PLAINE	4	4	D968
OUGES	20	24	D968 puis D996
DIJON	10	34	D108 puis D905
FLEUREY-SUR-OUCHE	18	52	D905 puis D33
VEUVAY-SUR-OUCHE	21	73	D33 puis D18
PONT-D'OUCHE	4	77	D18
CHÂTEAUNEUF-EN-AUXOIS	8	85	D977
COMMARIN	6	91	D114D puis D18
POUILLY-EN-AUXOIS	10	101	D108F puis D905
VITTEAUX	20	121	D70 puis D970
SEMUR-EN-AUXOIS	23	144	D954 puis D9D puis D954
BUSSY-RABUTIN	18	162	D954 puis D21B
LUCENAY-LE-DUC	8	170	D19H puis D32
ABBAYE DE FONTENAY	15	185	Arrivée

SAINT-JEAN-DE-LOSNE ★★

Située au confluent de la Saône, du canal de Bourgogne et du canal Rhin-Rhône, la ville de Saint-Jean-de-Losne était un grand centre de batellerie jusqu'au début du XXe siècle, mais le développement du transport routier a fait péricliter l'économie marinière. Heureusement pour Saint-Jean-de-Losne, le tourisme fluvial y a redynamisé l'activité. Son port est fréquenté par plus de 5 000 bateaux chaque année et grâce à la Voie Verte, étape de l'EuroVelo 6 en Bourgogne, la ville voit passer de plus en plus de cyclistes. C'est aussi un centre important de sports nautiques et une étape agréable sur le Chemin St-Jacques-de-Compostelle pour les pèlerins.

LA MAISON DES MARINIERS - MUSÉE DE LA BATELLERIE ★

3-5, rue de la Liberté
✆ 06 41 75 25 13
www.musee-saintjeandelosne.com

Ouvert tous les jours et les jours fériés de 10h à 12h et de 14h30 à 18h. Entrée gratuite. Visite guidée : 3 €.

Installé dans une maison du XVe siècle, l'une des plus vieilles maisons de la ville, le musée de la Batellerie vous invite à découvrir la vie des mariniers et de la batellerie à travers une exposition permanente à la fois ludique et très documentée. Photos anciennes, maquettes de bateau ou d'écluses sans oublier ce superbe scaphandrier que l'on croirait sorti des aventures de Tintin. On doit à l'association Aqua la rénovation de la dernière péniche construite en bois de France.

BRAZEY-EN-PLAINE

Cette commune de 2 400 habitants, qui est devenue chef-lieu de canton des anciens cantons de Seurre et de Saint-Jean-de-Losne en 2015, a la particularité de posséder deux châteaux du XVIIIe siècle. Le premier entre, au XIXe siècle, dans la famille Magnin. Ce sont eux qui ont installé des mines de fer, un haut-fourneau, une forge, mais aussi une sucrerie et une distillerie à Brazey. Joseph Magnin, l'un des pères fondateurs de la IIIe République a légué à l'Etat le château de Brazey. Le domaine a été acquis par la commune en 1972 et il est depuis l'objet de toutes les attentions, grâce à la municipalité et à l'association des Amis du parc Magnin.

LES DÉLICES DE KRISTINA €€

1, rue de la Gare
✆ 06 23 38 16 77

Ouvert le mardi, le mercredi et le dimanche le midi ; du jeudi au samedi le midi et le soir. Menus de 13.50 € à 31 €

Kristina qui est traiteur depuis 2014 propose une cuisine semi-gastronomique, mijotée et préparée à base de produits frais et locaux. Quand on sait qu'elle fut décoratrice avant de s'adonner à sa passion qu'est la cuisine, on comprend tout. Le comment du charme discret de la salle et l'esthétique de ses plats ! Le restaurant est installé dans une belle bâtisse, tout est neuf et très élégant. Deux terrasses sont aménagées, une réservée pour les fumeurs, une autre assez vaste pour les non-fumeurs. Un restaurant qui vaut la balade !

DIJON ★★★★

Dijon, capitale de la région Bourgogne-Franche-Comté et du département de la Côte-d'Or, est une ville touristique et d'histoire, dont les richesses sont en grande partie classées au patrimoine mondial de l'Unesco. Haut lieu de la gastronomie, ses spécialités culinaires telles que la moutarde, le pain d'épices ou encore la crème de cassis seront représentées à la Cité Internationale de la Gastronomie et du Vin dont l'inauguration est prévue le 21 décembre 2021.

La ville rayonne comme destination touristique mais encore et surtout pour la qualité de vie offerte à ses habitants. Ecologique, avec une centrale photovoltaïque construite sur le site de l'ancienne décharge Valmy, Dijon passe au tout hydrogène. On aime l'atmosphère paisible qui règne ici et flâner le long du port du Canal ou aux abords du lac Kir, dont la base nautique sera à l'avenir modernisée. La ville se dote non seulement d'équipements sportifs à la pointe, mais aussi des meilleures infrastructures en matière d'habitat, avec la construction de 114 logements à haute performance énergétique.

Enfin, Dijon et la culture sont très liés ! Au centre-ville, les passants côtoient les œuvres d'art contemporain. Après *Le Compteur du temps* de Gloria Friedmann dévoilé l'été dernier place Grangier, le square des Ducs accueille l'œuvre *Point de vue*, de l'artiste bourguignon Philippe Ramette. Parmi les chantiers en cours et après l'inauguration de son Musée des Beaux-Arts, viennent les rénovations du Grand Théâtre, jusqu'alors fermé au public, ou encore de la Bibliothèque patrimoniale et d'étude, un monument du XVIIe siècle.

Place du Bareuzai, Dijon.

CAMPING DU LAC KIR** €

3, boulevard Chanoine-Kir ✆ 06 66 96 56 26
www.camping-du-lac-dijon.com
Ouvert d'avril à début novembre. Arrivée de 14h à 18h. Réservation recommandée. 121 emplacements. Animaux acceptés.

Ce camping offre de très nombreux avantages, puisque c'est dans un véritable écrin de verdure qu'il est installé à 300 mètres du lac Kir tout en étant à quelques minutes à pied, en bus ou à vélo du centre-ville. Ici les vacanciers trouveront pas moins de 121 emplacements pour planter leur tente. Le Camping du Lac Kir est idéal pour les familles ou les vacances entre amis tant les activités proposées sont nombreuses. Sur place : aire de jeux pour les plus jeunes, ping-pong, location de vélo et à moins de 300 mètres les joies des activités aquatiques sur le lac.

LE POTIMARRON €

4, avenue de l'Ouche
✆ 03 80 43 38 07
Du mardi au samedi de 9h à 18h. Dimanche 9h-12h. Restauration en terrasse uniquement, vente à emporter, épicerie.

Dans son restaurant, épicerie et boutique de diététique situé à deux pas du port du Canal, Ghislaine vous accueille et vous renseigne sur ses produits 100 % bio et le plus possible locaux. Elle cuisine tout elle-même et la carte varie quotidiennement en fonction des arrivages. En plat du jour ce jour-là, une excellente tarte courgettes-oignons, avec légumes vapeur en accompagnement. Pour déjeuner, en terrasse exclusivement, pensez à bien réserver. Et pour des plats à emporter, commandez la veille. La boutique propose aussi des produits de fabrication artisanale.

FLEUREY-SUR-OUCHE

L'église gothique de Fleurey-sur-Ouche est l'une des plus anciennes de la région. Au sommet du plain de Suzan, un trésor serait encore caché, sur l'emplacement d'un ancien camp préhistorique. Les anciens du village prétendent qu'au cours du XIXe siècle, une femme, en allant chercher du bois par là-bas, aurait découvert un anneau scellé dans une pierre. Persuadée d'avoir retrouvé le chemin du trésor, elle retourna au village s'enquérir de bras forts. Elle ne put, malheureusement pour elle, jamais retrouver l'emplacement de cette porte secrète. A noter : un circuit balisé vient d'être mis en place pour faciliter la visite du centre historique du village.

COMMARIN

Situé à 40 kilomètres à l'ouest de Dijon, ce tout petit village peuplé d'une centaine d'âmes mérite un détour pour son magnifique château, classé monument historique depuis 1949. Fortifié au XIVe siècle et d'inspiration classique, il fut l'objet d'une reconstruction entre 1702 et 1713. Il fut épargné par la Révolution. On notera un superbe mobilier et de riches décorations intérieures, datant des XVIIe et XVIIIe siècles. A Commarin, on n'hésitera pas non plus à jeter un œil à l'église Saint-Thibaud et au reposoir à trois piliers, également classé monument historique.

POUILLY-EN-AUXOIS ★

Situé le long du canal de Bourgogne, Pouilly-en-Auxois a plus d'un attrait touristique : richesse du patrimoine (colombiers, châteaux, villages fortifiés aux alentours...), balades dans la nature ou sur les chemins de halage, en bateau ou à vélo, découvertes gastronomiques... L'attraction principale est sans nul doute le port de plaisance où passe le canal de Bourgogne. Des croisières de 2h (ou plus) sont possibles à bord de la Billebaude, qui passe sous une voûte souterraine de 3,3 km. Ne manquez pas la Halle du Toueur construite par l'architecte japonais Shigeru Ban et qui abrite un ancien toueur électrique, qui servait à remorquer les bateaux.

CHÂTEAU DE COMMARIN

Route départementale 977b © 03 80 49 23 67
www.commarin.com

De fin mars à mi-novembre, ouvert tous les jours de 10h à 18h. Adulte : 7,90 €. Enfant (-16 ans) : 4,40 €.

Le Château se visite à l'extérieur et à l'intérieur tous les jours. Situé à Commarin, au pied du charmant village de Châteauneuf, cette propriété est un voyage dans le temps qui débute au XVe siècle lorsqu'il était château fort. Habité par la même famille depuis 26 générations, Bertrand de Vogüé, son propriétaire, met tout en œuvre pour que ce trésor soit accessible et attrayant. À l'intérieur, découvrez des trésors d'architecture et de mobilier des XVIIe et XVIIIe siècles, dont une splendide collection de tapisseries héraldiques du XVIe et la très belle bibliothèque qui contient une édition originale de L'*Encyclopédie* de Diderot et d'Alembert ! Faites un tour par la chapelle du XIVe siècle, abritant une intéressante mise au tombeau en terre cuite ou l'ancienne cuisine avec un immense fourneau en fonte datant de 1880. A l'extérieur, admirez les deux tours rondes, les fossés et les jardins. Vous pouvez profiter toute l'année jusqu'à 20h aux beaux jours, de l'immense parc à l'anglaise à l'abri de ses arbres centenaires, soit plus de 35 ha. Un parcours Découverte vous est remis pour visiter le Parc ; en 2021, il abritait une exposition de Totems de l'artiste Kevin Pearsh.

Dans l'enceinte, un restaurant-bar à vin : le Café du Château. Vous pouvez déguster un verre de vin de Pays des Coteaux de l'Auxois dans la salle climatisée ou sur la terrasse. De là, vous avez une superbe vue sur le château, vous pouvez rester jusqu'au coucher du soleil. Créative, l'équipe du Café propose de déjeuner à toute heure du jour avec des salades et charcuteries/fromages ou une formule pique-nique faite de produits régionaux, bio. Le cadre vous donne envie de vous marier, qu'à cela ne tienne, il est possible de réserver les somptueuses écuries du XVIIe siècle construites sur le modèle de celles de Chantilly.

Envie d'une flânerie, passage par la Boutique. Un espace librairie dispose d'une belle collection de livres sur Henri Vincenot, auteur d'ici à découvrir. Des produits gourmands et des crus emblématiques de la région sont à déguster ou à emporter.

Quand on aime, il ne faut pas partir, direction les maisons du Château. Vous pouvez séjourner dans la Maison Seguin ou le Pavillon de Chasse, le temps d'un week-end, d'une semaine ou plus. La Maison Seguin offre 120 m², un confort moderne tout en gardant le charme de l'ancien avec jardin privé pour 7 personnes. Le Pavillon de chasse, lui, avec ses 150 m² jusqu'à 12 personnes, peut recevoir vos amis ou vos proches, le salon et le jardin sont grands !

Et pour l'anecdote, demandez : où sont les garçons ? Trop drôle !

CAP CANAL - LE BATEAU PROMENADE LA BILLEBAUDE

Port de plaisance © 03 80 90 77 36
www.cap-canal.fr

Circuit de la voûte aller simple : adulte 9,50 €, enfant 6,50 €, aller-retour 13 € et 8 €. Croisières thématiques.

Croisières insolites au sommet du canal de Bourgogne à bord du bateau électrique La Billebaude (50 passagers). La promenade comprend la traversée de la fameuse voûte de Pouilly (souterrain illuminé de 3 333 m dans lequel le canal s'engouffre sous la ville) et le passage d'écluse(s). Des croisières animées et thématiques ponctuent la saison. Vous pouvez embarquer 6 vélos à bord pour rejoindre la véloroute. Réservation impérative et embarquement au port de Pouilly-en-Auxois.

CAMPING VERT AUXOIS*** €€

15, rue du Vert Auxois
www.camping-vert-auxois.fr

Forfait Confort 2 pers + 1 tente ou caravane + 1 voiture ou camping-car + électricité : 19 €.

Ce camping ne ressemble pas tout à fait à ceux auxquels nous sommes habitués dans la région. Il est original et privilégie le rapport à la nature et le retour aux sources. Françoise et Hervé Fuchs ont su créer un lieu privilégié. Ici, plusieurs configurations de séjour sont possibles : camping en tente, en caravane, en mobil-home ou en canada treck ! Cette dernière solution est vraiment originale et pleine de charme. C'est douillet et authentique, dans un cadre 100% champêtre. C'est l'occasion de jouer les aventuriers sans pour autant renoncer à tout confort.

LA MAISON DE PAYS DE L'AUXOIS-SUD

Rond-Point (sortie A6, direction Créancey)
© 03 80 90 75 86
www.maison-auxois.com

Ouvert de 10h à 18h et/ou 14h à 18h/18h30 selon la saison.

Plus de 3 500 produits issus des productions de près de 130 artisans locaux dont près de la moitié en produits de bouche. Bienvenue à la Maison du Pays de l'Auxois ! En rayon : truffes, fromages de chèvre, saucissons, une cinquantaine de vins, des liqueurs, des bières, confitures, jus, moutardes Fallot et Reine de Dijon, miels, pains d'épices, biscuits, anis, escargots... Mais aussi des jouets en bois, des bijoux, des vêtements, des objets en verre et même des produits de beauté bio.

VITTEAUX

Vitteaux est une jolie petite ville bâtie sur la Brenne. Cette cité pittoresque compte un grand nombre de vieilles bâtisses de caractère. La maison Béline en est un bel exemple. Datant du XIIIe siècle, elle offre encore une splendide cave voûtée d'époque et un extérieur remarquable : fenêtres à arcades sculptées, colonnettes. Les halles, du même siècle, ont un plafond à la française soutenu par d'énormes poutres transversales. Enfin, du château fort bâti par les comtes de Chalon et de l'enceinte fortifiée, il ne reste aujourd'hui plus grand-chose : le château fut démoli sous Louis XIII. Toutefois, ces vestiges donnent à Vitteaux un charme certain.

SEMUR-EN-AUXOIS ★★

Niché au creux d'un méandre de l'Armançon, l'éperon sur lequel est construit Semur est une véritable défense naturelle contre des dangers extérieurs. Le site a favorisé l'implantation humaine et l'édification d'une forteresse au Moyen Age. Semur abrite de beaux hôtels particuliers, d'anciennes maisons vigneronnes et une superbe église collégiale. Observez bien les façades des maisons : vous pourrez y découvrir diverses inscriptions, sentences d'un autre temps comme cet « endurer et pleurer » gravé rue Buffon. La devise de la cité est inscrite sous l'un des porches de la ville : « Les Semurois se plaisent fort en l'accointance des estrangers. »

© ZIMNEVAN

Vue du village médiéval de Semur-en-Auxois.

NORD-EST

PRODUITS AUXOIS NATURELLEMENT

13, rue de l'Hôtel-de-Ville ✆ 03 80 49 65 00
www.pays-auxois.com

Produits disponibles en maisons de pays, offices de tourisme, épiceries fines, fermes, supérettes de l'Auxois.

C'est à l'initiative du Pays de l'Auxois Morvan, soutenu par la Chambre d'Agriculture de Côte-d'Or, que la « marque » est née en 2009. Elle permet de valoriser les producteurs du territoire dans le cadre de circuits courts. Acheter un Produit Auxois Naturellement c'est la garantie d'acheter un produit issu du terroir de l'Auxois Morvan qui intègre une dimension durable et le respect d'une charte. Sites et produits de terroir sont ainsi labellisés et arborent le beau logo de la marque.

COLLÉGIALE NOTRE-DAME ✞ ★

Place Notre-Dame

Ouvert toute l'année de 9h à 17h45/18h30 selon la saison.

La collégiale Notre-Dame, située en plein cœur de Semur est une église majestueuse dont la construction s'étend sur près de trois siècles, de 1220 à la Renaissance. D'inspiration gothique, son architecture élancée a de quoi séduire. Véritable livre de pierre, l'extérieur vous donne à voir un calendrier des travaux agricoles ou encore « la légende dorée de l'apôtre saint Thomas ». Vous pouvez aussi vous amuser à chercher les sculptures : escargots, lion, cochon, singe, dissimulées sur la façade avec les gargouilles. A l'intérieur, les vitraux sont remarquables.

AUX VIEUX PAVÉS €€

4, rue du Vieux Marché
✆ 03 80 92 27 45
www.restaurant-aux-vieux-paves.com
Ouvert 7j/7 7h30-23h. Côté brasserie service non-stop, formule 9,90 €. Côté restaurant formule 14,50 €. 2 Terrasses.

Repris avec talent en 2020 par Lucien Bottini, Aux Vieux Pavés s'est agrandi en 2021, avec un côté brasserie au service rapide et à l'offre séduisante, croque-monsieur à l'Epoisses, quiche aux escargots, gaufres, glaces... Côté restaurant Yohann Piron concocte les plats fétiches de l'adresse, tête de veau, poulet Gaston Gérard, jambon persillé, cassolette d'escargots, entrecôte charolaise à l'Époisses. Tout est maison et réalisé avec des produits frais et locaux. La bonne adresse pour rester *carpe diem* et s'offrir de bons moments, surtout les soirs de concert.

BISCUITERIE MISTRAL

4, route de Dijon
✆ 03 80 89 66 66
www.biscuits.fr
Lundi et mardi (9h-12h30 et 13h30-19h), mercredi au samedi (9h-19h). Visites gratuites de l'atelier sur réservation.

Cette fabrique installée sur les terres d'Auxois depuis 1954, est une référence en matière de biscuits, issus de recettes traditionnelles. En boutique, vous trouverez des madeleines, quatre-quarts, moelleux nature ou aux fruits... L'entreprise s'est depuis quelques années tournée vers une gamme bio et éthique, ainsi le dernier-né de cette gamme s'appelle le cookie végan bio. Présente dans d'autres villes, la marque est installée à Dijon, Quetigny et Auxerre. Si le déplacement est compliqué, vous pouvez opter pour le site marchand ou la livraison à domicile.

AUX VIEUX PAVÉS

4, rue du Vieux Marché
✆ 03 80 92 27 45
www.restaurant-aux-vieux-paves.com
Ouvert 7j/7 de 7h30 à 23h. Côté brasserie service non-stop. Animations, jeux de société, concerts.

Depuis début 2021, Aux Vieux Pavés s'est agrandi sur la rue Buffon avec un côté brasserie. Lucien Bottini y étend sa bonne humeur avec une offre de restaurant plus rapide qu'au restaurant. Tout est préparé maison, format croque, gaufres, quiches aux recettes gourmandes, époisses, escargots... La gamme de bières est large, la carte de vins s'étoffe. Une adresse à l'esprit tranquille avec un coin jeu, des petits salons et 2 grandes terrasses. Les salles sont enjolivées de fresques clin d'œil à la ville de Semur. L'ambiance s'encanaille les soirs de concert.

L'ANTRE DE L'IMAGINAIRE

11, rue Buffon ✆ 06 13 85 01 11
Ouvert du mardi au samedi de 9h30 à 19h ; le dimanche de 9h30 à 14h. Pendant le marché dominical de Semur en Auxois.

Il a un petit côté mystique et médiéval dans cette boutique du centre historique de Semur. Les 6 artisans qui ont créé cet Antre ont chacun une spécialité. Le travail du cuir, du fer, du bois, des pierres, des la terre, des plantes ou des mots avec des réalisations originales et qualitatives. Le plus original est peut-être ces bijoux réalisés avec des graines ramassées sur les îles qui s'apparentent à des perles précieuses. Les plus mystiques sont ces pendentifs clés, sorcières et chaudrons. Un lieu à chiner pour trouver son bonheur !

AU COIN BIO

2 bis, rue de la chaume au Menelot
✆ 03 80 89 09 27
Ouvert le lundi de 15h à 19h ; du mardi au samedi de 9h30 à 12h15 et de 15h à 19h.

Vous cherchez des produits bio ? Vous allez trouver votre bonheur à Semur-en-Auxois, au Coin Bio qui vient de changer d'adresse pour s'agrandir. Le nouveau magasin de Marie-Luce Rousseau est une véritable supérette bio parfaitement achalandée avec encore de nouveaux produits. On y trouve en effet tout ce qu'il faut pour remplir son panier. Produits et pain frais, rayon fromages et crèmerie très complet, un peu de viande, fruits de saison et produits maraîchers à foison ! Beaucoup de ces produits sont naturellement locaux. Tous sont bons !

ŒNOTHÈQUE LE TANIN

20, place Notre Dame ✆ 03 80 96 13 11
www.oenotheque-semur.fr
De mardi à jeudi 10h-13h/15h-20h ; ven et sam 10h-13h/15-22h, dimanche 10h-13h. Dégustation vin au verre de 4 à 8 €.

Le renouveau de l'Œnothèque de Semur est remarquable, il rend un hommage à Patrick Dano qui a fait de cette échoppe un lieu incontournable. Plus de 500 références de vins de toute la France, des whiskys, crèmes, crémants, champagnes... Les découvertes se prolongent jusqu'au caveau. Jean-Luc Lefèvre, passionné de vins, a un énorme réseau de vignerons. Amandine Bernard, jeune diplômée caviste, apporte un regard précieux et vous conseille très bien. Le bar œnomatique de vins au verre de la cave permet de déguster 12 vins avec des tapas les soirs de fin de semaine.

DOUBS ET HAUT-JURA

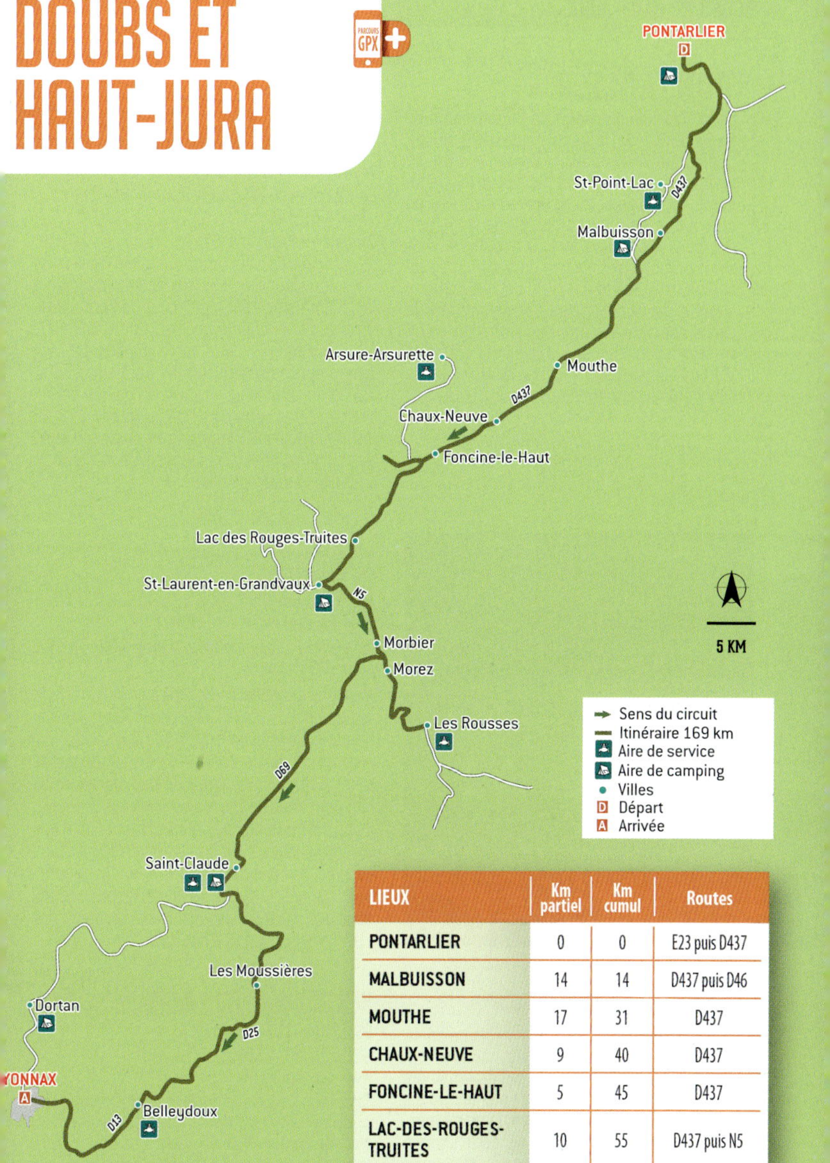

LIEUX	Km partiel	Km cumul	Routes
PONTARLIER	0	0	E23 puis D437
MALBUISSON	14	14	D437 puis D46
MOUTHE	17	31	D437
CHAUX-NEUVE	9	40	D437
FONCINE-LE-HAUT	5	45	D437
LAC-DES-ROUGES-TRUITES	10	55	D437 puis N5
MORBIER	12	67	N5
LES ROUSSES	13	80	N5
MOREZ	8	88	D69
SAINT-CLAUDE	29	117	D436 puis D25
LES MOUSSIÈRES	16	133	D25 puis D124
BELLEYDOUX	18	151	D13
OYONNAX	16	167	Arrivée

PONTARLIER ★

Cette ville culmine à plus de 800 m d'altitude (deuxième ville la plus haute de France). Quelle que soit la saison, Pontarlier offre de multiples possibilités de profiter de la gastronomie régionale et de se distraire, en ville ou tout autour. La nature y est particulièrement généreuse, avec les lacs, les forêts et bien sûr les montagnes. Proche de l'endroit réputé le plus froid de France (« la petite Sibérie », Mouthe, est à une vingtaine de kilomètres), le climat convient aux montagnards à qui un hiver long et enneigé ne fait pas peur. L'été, les soirées peuvent être fraîches, ce qui en fait le lieu idéal où séjourner lors de canicules.

© JOH - FOTOLIA

L'église de Pontarlier.

MALBUISSON ★★

Un grand bourg sur les bords du lac de Saint-Point. Une plage et une base nautique ont été aménagées sur les rives. Les amateurs ne s'en lassent pas. De leur côté, les hôtels mettent en avant, à juste titre, la vue exceptionnelle. En face du lac, un petit chemin conduit au fort Saint-Antoine. Possibilité de suivre le GR5 qui mène à Touillon-et-Letoulet avant Jougne. Une petite promenade jusqu'à la source Bleue à la limpidité et à la couleur telle qu'une légende y est rattachée : Berthe de Joux, prisonnière du château de Joux au Moyen Age, aurait en effet versé des torrents de larmes après la mort de son fiancé, tant elle était inconsolable.

CAMPING LES FUVETTES*** €€

24 route Perrières ✆ 03 81 69 31 50
www.camping-fuvettes.com
Emplacement + véhicule + 2 personnes de 15,50 € à 23,60 €.

Si vous êtes attirés par les vacances au vert, le camping des Fuvettes devraient tout à fait vous convenir. Vous êtes en face du magnifique lac Saint-Point, tout proche de la forêt jurassienne. Randonnées, pêche, canoë, baignade, les journées d'été sont bien remplies. Le camping propose de nombreuses animations, pour les petits comme les grands. On craque pour le petit parc des animaux à l'entrée du camping, où les enfants se feront une joie d'assister au repas des chèvres, poneys et alpagas. De bien douces vacances en perspective !

LE LAC €€

65, Grande-Rue
✆ 03 81 69 34 80
www.hotel-le-lac.fr
Réservation recommandée. Menus de 19 € à 53 €. Carte : 25 € environ.

Avec ses grandes baies vitrées offrant un vue exceptionnelle sur le lac de Saint-Point, placé au rez-de-chaussée de l'hôtel du même nom, vous allez retrouver le charme des grands restaurants à l'ambiance agréable. Un salon avec billard peut vous permettre de vous poser pour un instant de détente, ou prendre apéritif ou digestif. Côté cuisine c'est une longue tradition familiale, où tout est fait maison avec des produits sélectionnés. Cuisine traditionnelle et du terroir, sans occulter les poissons de lac. Un menu spécial change au rythme des saisons.

RESTAURANT DU FROMAGE €€

65, Grande-Rue
✆ 03 81 69 34 80
www.hotel-le-lac.fr
Fermeture hebdomadaire le mercredi. Fermé le jeudi midi et vendredi midi. Réservation recommandée. Menus de 19 € à 24 €.

Au bord de la route principale, vous ne pourrez pas rater ce délicieux restaurant où le fromage est roi. Vous le découvrirez brut ou sous diverses déclinaisons : en boîte chaude, raclette, fondue, tartiflette et il est accompagné par d'autres plats mais le Haut-Doubs marque bien son identité. Cela, c'est côté table mais parlons de la décoration, tout en bois assemblé sans clous et chevilles. Le bois est entièrement sculpté, donnant une ambiance chaleureuse, lumineuse et très originale.Une bonne adresse où il convient de réserver.

MOUTHE ★

Parfois désignée comme la « petite Sibérie » pour ses températures hivernales records (-36,7°C le 13 janvier 1968), Mouthe se situe au cœur du massif jurassien. En pleine nature, ce haut lieu du tourisme hivernal accueille l'arrivée de la Transjurassienne, prestigieuse course de ski nordique. C'est ici que le Doubs prend sa source. Les immenses forêts d'épicéas, les tourbières, les lacs, les vastes prairies et la faune préservée assouviront les plus forts désirs de grand air. D'aucuns comparent même l'endroit à certaines contrées du Canada. Un pays chaleureux, aux routes étroites et aux auberges sincères.

PARC POLAIRE ★

1, le Cernois ✆ 03 81 69 20 20

www.parcpolaire.com

Haute saison ouvert tous les jours de 10h à 18h. Adulte : 9,50 €. Enfant de 11 à 15 ans : 8 €.

Un espace original entre le zoo et la réserve, où l'on va à la rencontre des animaux. On appelle le Val de Mouthe la petite Sibérie française. C'est tout naturellement là, dans une ancienne ferme d'alpage à 1 200 mètres d'altitude, dans la forêt du Risoux, que le Parc polaire a élu domicile. C'était il y a plus de 30 ans, à l'initiative de deux passionnés des chiens de traîneau Claude et Gilles Malloire qui n'ont pas hésité à renoncer à la vie citadine et au confort pour vivre durant 14 ans sans électricité ni eau courante, mais auprès des animaux, en pleine nature. La meute constituée de chiens du Groenland a donc aujourd'hui 30 ans de maturité et a trouvé son équilibre. Les visites durent au minimum 1h30, elles sont toutes guidées, en contact ou à proximité immédiate des animaux. Les guides sont des soigneurs animaliers spécialisés qui vous feront pénétrer dans l'espace de vie de leurs protégés. Vous découvrirez la plus grande harde de rennes occidentale, des chevaux Tarpans, des aurochs et des yacks. Avec vos guides, vous entrerez dans l'intimité du monde animal. Passez un moment à l'intérieur de la mini-ferme avec les animaux de la basse-cour, où une exposition et un film complètent cette rencontre ludique. Un hymne aux meilleurs amis de l'homme particulièrement réussi. Animations spéciales au moment du brame du cerf. Possibilité de bénévolat. Biodiversité : le Parc polaire est impliqué pour la protection du bison d'Europe dans un programme européen (EEP) d'élevage et de conservation d'espèces menacées.

CHAUX-NEUVE

Entre Mouthe et Chapelle-des-Bois, la commune de Chaux-Neuve a conservé un fort esprit rural. Eloignée des grands centres d'hébergement et de loisirs du val de Mouthe, elle héberge l'un des plus beaux parcs de chiens polaires de France. On pourra également y visiter l'église Saint-Jacques, très belle de part son architecture intérieure. Agrandie au fil des siècle, elle dispose d'un retable, d'un calvaire en bois et de statues de Saint-Pierre. Chaux-Neuve est aussi réputée pour son stade de saut de cinq tremplins, datant de 1989. Il accueille chaque année des épreuves de coupe du monde de combiné nordique.

FONCINE-LE-HAUT

Située entre 870 et 1 220 m d'altitude, Foncine-le-Haut est une station adaptée aussi bien au tourisme sportif qu'aux vacances familiales. En hiver, des pistes de ski de fond sillonnent le territoire de la commune et rejoignent les pistes du val de Mouthe. Les randonneurs à raquettes disposent de 65 km de pistes balisées. Des installations de ski alpin complètent l'équipement hivernal. En été, on troque skis et raquettes contre des chaussures de randonnée ou la canne à pêche. Lac, rivières et cascades font le bonheur des promeneurs comme des pêcheurs. Deux sentiers thématiques ont été aménagés : un sentier botanique et un parcours sportif de 3 km.

COOPÉRATIVE DES REBELLES

55, Grande-Rue

✆ 03 84 51 92 46

www.fromagerie-foncine.fr

Ouvert du mardi au vendredi de 8h30 à 12h et de 16h à 19h ; le samedi de 15h à 19h.

La coopérative fromagère de Foncine-le-Haut se nomme « la fromagerie des rebelles », car une partie de ses agriculteurs n'acceptaient pas le changement de statut de l'entreprise en 2007. Depuis cette fronde, ils sont revenus à la structure d'origine : une coopérative gérée en direct et intégralement (du produit brut au produit fini) par des agriculteurs producteurs de lait pour la fabrication, l'affinage et la distribution de leur comté. Ils sont aujourd'hui dix exploitants pour huit fermes situées dans un rayon de 3 km autour de Foncine.

NORD-EST

LAC-DES-ROUGES-TRUITES

Lac des Rouges Truites : c'est bien le nom d'une commune, constituée d'une constellation de petits hameaux éparpillés autour d'un lac éponyme, à 919 mètres d'altitude. La mairie et l'église sont au hameau des Thévenins où se trouve également un complexe touristique : le Domaine du Bugnon. Les autres hameaux se nomment Le Maréchet, Le Mont-Noir, Le Voisinal et Les Martins. Au-dessus du lac, la forêt du Mont-Noir s'élève à plus de 1 000 mètres d'altitude. Elle recouvre la moitié de la surface de la commune ! Un bon endroit pour les randonnées pédestres et le VTT. En hiver, vous pouvez y pratiquer la raquette et le ski de fond sur des itinéraires tracés.

LES ROUSSES ★★

Entre 1 120 m et 1 680 m d'altitude, les Rousses, c'est LA station de ski du Jura. Plus grande, plus équipée et plus fréquentée que les autres petites stations du Jura, elle est dotée de services et commerces nombreux tout en gardant un caractère familial et authentique. Côté ski alpin, on compte 50 km de pistes avec trois domaines français et un domaine franco-suisse, le massif de la Dôle. Côté ski de fond : 220 km de pistes tracées dont une partie sur le mythique trajet de la Transjurassienne. En été, ces espaces deviennent le terrain d'heures de balades en VTT ou de randonnées dans ces paysages inégalés de grands plateaux à perte de vue.

MORBIER ★

Morbier semble avoir tiré son nom d'un ruisseau, le *bief*. Et avant de devenir celui du célèbre fromage à la raie cendrée, il fut celui d'une horloge comtoise fabriquée dans la ville dès le XVIIe siècle : la Morbier. Aujourd'hui, c'est une commune d'environ 2 000 habitants où les activités agricoles, industrielles et touristiques s'équilibrent. Sa situation ne donne que peu d'intérêt à la ville elle-même. Quelques commerces et le marché du mercredi lui donnent un peu d'animation. La périphérie se prête aux séjours et activités de plein air : plan d'eau et itinéraires de randonnées à pied et en VTT en été, mais surtout petite station de ski alpin.

FORÊT DU RISOUX

Au nord des Rousses, au-dessus du lac.
www.lesrousses.com

À pied, à VTT ou à skis en hiver, il faut monter sur le plateau du Risoux qui s'étend à 1 300 m d'altitude. Couronné d'une forêt magnifique où dominent les épicéas, notamment utilisés pour la lutherie. Au-dessus des Rousses, on contemple l'ancien fort du Risoux, construit entre 1880 et 1884 pour protéger les villages environnants mais finalement jamais utilisé. En sillonnant les pistes, on passe à proximité d'un chalet forestier, nommé le chalet des Ministres. Une explication amusante : « mon ministre », était le surnom donné par les Jurassiens à… leur mule.

FROMAGERIE GRANDE RIVIÈRE MORBIER

80, route Royale
✆ 03 84 33 59 39

Ouvert du lundi au samedi de 9h à 12h et de 16h à 19h ; le dimanche de 9h à 12h.

Le fromage, spécialité de Morbier, est l'autre atout de cette commune, même si sa fromagerie avait disparu jusqu'en 1997. Elle est aujourd'hui associée à celle de Grande-Rivière. L'aire de vente est accueillante autant que lumineuse. Vous serez tout de suite attiré par les fromagers qui s'activent derrière les grandes baies vitrées. Leur atelier se visite. Vous pourrez aussi repartir avec du comté, de la tomme, de la raclette, et d'autres productions régionales gourmandes.

SAINT-CLAUDE ★★

Capitale du Haut-Jura, située au confluent de la Bienne et du Tacon dans une vallée encaissée, Saint-Claude est une ville dont l'activité économique, longtemps fondée sur l'artisanat de la tournerie et l'industrie lapidaire et diamantaire, est à présent orientée vers la plasturgie. La cité, qui s'est développée au début du Ve siècle autour d'un monastère fondé par deux moines et abbés, Romain et Lupicin, voit son histoire aussi accidentée que son relief puisqu'elle essuya plusieurs incendies, épidémies, guerres et pillages aux cours des siècles. Si la ville ne possède que peu d'attraits touristiques, ses alentours offrent néanmoins une importante variété de richesses naturelles.

GROTTE SAINTE ANNE - BELVÉDÈRE DE L'ERMITAGE

✆ 03 84 45 34 24
www.saint-claude-haut-jura.com

Envie d'une petite balade avec un objectif souterrain ? La grotte Sainte-Anne est accessible à pied depuis le centre-ville de Saint-Claude, en partant de l'office de tourisme. Il faut compter 1h30 pour parcourir les 2 kilomètres de sentier aller-retour. Un balisage jaune indique le chemin. Arrivé à proximité de la grotte, une terrasse et les vestiges de l'ancienne chapelle de l'Ermitage offrent un lieu idéal pour une petite halte. Le Belvédère de l'Ermitage offre une vue sur la ville.

FLOWER CAMPING LE MARTINET €

14, route du Martinet - **VILLARD-SAINT-SAUVEUR**
✆ 03 84 45 00 40
www.camping-saint-claude.fr

Fermé du 1er octobre au 31 mars. Emplacement + véhicule + 2 personnes de 12 € à 20 €.

A trois kilomètres du centre-ville de Saint-Claude, ce camping est situé dans un cadre naturel de verdure ombragé. Il offre toutes les commodités désirées pour un séjour prolongé : restaurant, bar, épicerie, laverie. Les camping-cars trouveront un espace pour les services et de bons emplacements. Petit plus bien agréable : l'accès à la piscine toute proche est gratuit pour les campeurs. Un terrain de golf et des courts de tennis sont également situés à proximité.

LA BESACE DU COMTOIS

2, rue du Marché
✆ 03 84 60 82 68
www.labesaceducomtois.com

Ouvert du lundi au samedi : 9h30-12h30/13h30-19h30 et dimanche matin. Livraison, vente en ligne. Carte cadeaux.

La renommée de cette belle boutique, en face de la cathédrale, est bien justifiée. On aime déjà l'accueil sympathique, et les conseils dispensés judicieusement par Cyril et Francis. Les produits sont très bien sélectionnés et reflètent le savoir-faire régional en matière de produits gourmands. Une belle gamme de bières artisanales comtoises complète le rayon des boissons. Dépôt de pain toute l'année et en saison estivale d'excellents sandwichs sont proposés. Le professionnalisme et l'accueil ont permis de fidéliser une clientèle tant locale que touristique.

LES MOUSSIÈRES

Situé en plein centre du territoire des Hautes-Combes, le village des Moussières est une petite station de vacances, été comme hiver. Il abrite quelques commerces et entreprises artisanales. Il n'était à l'origine qu'un lieu d'habitations temporaires : des bergers avaient construit là, dans des pâturages défrichés à partir d'une tourbière moussue, des cabanes de bois. Plus tard, des maisons en pierre les remplacèrent. Contrairement à la plupart des communes des Hautes-Combes, le village des Moussières est en habitat groupé : il s'étend le long d'un axe de circulation. En hiver, les skieurs y trouvent des départs de longues pistes de fond et ski alpin.

BELLEYDOUX

Belleydoux est l'une des communes des Hautes-Combes C'est ici que fut construite la première coopérative fromagère de France, en 1820. Les bâtiments de ces «fruitières» s'appelaient parfois «chalets modèles» et permirent aux agriculteurs de mettre leur lait en commun pour fabriquer de gros fromages. Le mouvement allait rapidement s'étendre à tout le Jura, et profiter à la fabrication du comté. A partir de Belleydoux, une promenade thématique vous conduira vers plusieurs sites classés comme le hameau Gobet, le cirque d'Orvaz où gambadent des chamois, et la Roche Fauconière, ainsi nommée parce qu'elle ressemble à un faucon.

OYONNAX ★

Au cœur des montagnes du Jura (porte du Parc naturel régional du Haut-Jura), cité rayonnante du Haut-Bugey, Oyonnax est une ville industrieuse nichée dans un écrin de nature, facilement accessible depuis tous les horizons. Si certains retiendront d'Oyonnax qu'elle est surnommée la « capitale de la plasturgie » (la fameuse « Plastics Vallée »), les visiteurs préféreront s'attarder sur d'autres atouts propres à la nature environnante. Base idéale pour profiter de nombreuses activités en plein air à proximité aussi bien l'hiver que l'été avec les stations du Haut-Jura ou du plateau de Retord. Le lac Genin offre des airs de Canada à ce beau pays.

NORD-EST

LES VOSGES

PARCOURS GPX

LIEUX	Km partiel	Km cumul	Routes
BACCARAT	0	0	D158 puis D159
RAON-L'ETAPE	10	10	Route loca puis D42
SÉNONES	13	23	D424
MOYENMOUTIER	5	28	D424
ETIVAL-CLAIREFONTAINE	5	33	D424
RAMBERVILLERS	20	53	D46 puis E
EPINAL	26	79	D157
THAON-LES-VOSGES	10	89	D157 puis
CHÂTEL-SUR-MOSELLE	8	97	D6 puis D1
MIRECOURT	20	117	D166 puis D puis D68
VITTEL	23	140	D229 puis D429
CONTREXÉVILLE	5	145	D164 puis D14
CHÂTENOIS	18	163	D166
NEUFCHÂTEAU	15	178	N74 puis D
CHÂTEAU D'AUTIGNY	9	187	D3 puis D16
DOMRÉMY-LA-PUCELLE	12	199	D166 puis D966
GONDRECOURT-LE-CHATEAU	17	216	D10 puis D960
VAUCOULEURS	19	235	D960 puis D11
TOUL	28	263	D904 puis E21
NANCY	24	287	Arrivée

BACCARAT ★

Traversée par la Meurthe, Baccarat est une ville aux nombreux atouts et entourée d'un paysage aussi beau qu'apaisant. Dérivée du germanique *bach*, signifiant ruisseau ou cours d'eau, le nom Baccarat est depuis longtemps associé à la perfection du cristal. Mondialement connues, les cristalleries de Baccarat attirent chaque année de nombreux visiteurs. Au XIXe siècle, la cristallerie connaît un succès total, avec des commandes importantes, venues du monde entier et notamment de la Russie des tsars. Grâce aux expositions universelles, Baccarat devint international. Le XXe siècle est marqué par la collaboration avec les plus grands parfumeurs.

MUSÉE DU CRISTAL ★

Cour des Cristalleries
✆ 03 83 76 61 37
www.baccarat.fr
De septembre à juin ouvert du mardi au dimanche de 10h à 12h et de 14h à 18h. Plein tarif 5 €. Tarif réduit 3 €.

Le musée du Cristal abrite une étonnante collection. Imaginée telle la demeure d'un collectionneur, le musée de la Manufacture de Baccarat est le reflet de son histoire légendaire, symbole d'excellence et d'élégance intemporelle depuis plus de 250 ans. Dans une scénographie raffinée sublimant la virtuosité de ses artisans, parmi lesquels 15 Meilleurs Ouvriers de France, découvrez une sélection de pièces emblématiques du patrimoine de Baccarat, un véritable témoignage du savoir-faire unique transmis de génération en génération depuis 1764.

RAON-L'ETAPE

Raon veut dire confluent et étape, péage. Au confluent de la Meurthe et de la Plaine, Raon était une importante ville étape à péage pour le flottage du bois. 12 fontaines classées la particularisent. Une partie de ces œuvres en fonte sont des copies de statues exposées au musée du Louvre. L'installation de ces fontaines à la fin du XIXe siècle répondait à deux objectifs : apporter l'eau courante dans tous les quartiers de la ville et lutter plus efficacement contre les incendies. On remarquera les arcades de l'hôtel de ville qui date de 1733, et dans le salon d'honneur on comprendra mieux, à travers une collection unique de tableaux, le nom de la cité.

MIELS ET SAVEURS DES VOSGES

50, rue Denfert-Rochereau
✆ 09 53 18 05 03
Pour une dégustation, réservation obligatoire.

Dans la famille Volland, on est apiculteur de père en fils. Le passionné Gaël Volland porte une grande attention à ses abeilles et à l'emplacement des ruches. Vous pouvez venir déguster des miels variés : acacia, montagne, sapin, châtaigniers, printemps, etc. Il vous propose aussi à la vente des confitures ou une crème de caramel au beurre salé et pain d'épices et des produits à base de cire d'abeilles. Un dépôt miels est disponible à l'office de tourisme de Raon-l'Étape.

SENONES

Située dans la vallée du Rabodeau, ancienne capitale de la principauté de Salm de 1751 à 1793, Senones conserve de ce passé prestigieux de biens jolis témoignages comme son abbaye où vous pourrez admirer l'escalier d'honneur et la bibliothèque. La riche histoire de Senones est intimement liée à la famille de Salm, d'abord comtes au XIIe siècle puis princes à partir de 1751, quand la principauté de Salm fut fondée. Son existence fut de courte durée puisque la Révolution la rattacha à la France, mais les châteaux qui furent édifiés alors tout autour témoignent de son importance. L'été, vous pouvez assister à la relève de la garde, parade en costume.

ETIVAL-CLAIREFONTAINE

Établie sur les rives de la Meurthe, cette bourgade fut érigée du VIIe siècle. Outre ses intéressants monuments que sont la Roche de la Pierre d'Appel, l'abbaye datant du VIIe siècle, ou encore son église romane Notre-Dame, Étival-Clairefontaine est réputée pour sa tradition papetière. La première papeterie voit le jour en 1512, sous l'impulsion de l'abbé Fagnozel. L'industrie ne cessera de prospérer jusqu'en 1837, date à laquelle la fabrication du papier est à la baisse. Reprises en 1858 par l'entrepreneur Jean-Baptiste Bichelberger, les papeteries donneront naissance en 1951 aux fameux cahiers Clairefontaine.

NORD-EST

RAMBERVILLERS

Située entre les rivières de la Vologne et de la Mortagne, Rambervillers jouit d'un site naturel exceptionnel, au beau milieu d'un beau massif boisé. La ville possède un riche patrimoine historique, notamment le superbe hôtel de ville qui date du XVIe siècle. D'époque Renaissance, réalisé en grès bigarré des Vosges, il possède de belles arcades, pilastres sculptés, tourelle d'escalier dans la cour, à l'arrière. À l'époque, en effet, on veut rompre avec le Moyen Âge et retrouver l'héritage de l'Antiquité, redécouvrir en architecture l'art grec et sa sobriété, ses lignes horizontales et son chapiteau. Ne manquez pas l'église Sainte-Libaire du XVIe.

EPINAL ★★

Épinal c'est une histoire qui se raconte en images. La Cité de l'Image regroupe l'Imagerie d'Épinal qui a su perpétuer les traditions imagières, née à la fin du XVIIIe siècle avec Jean-Charles Pellerin et le musée de l'Image, qui dispose de l'un des fonds les plus importants d'Europe d'images populaires anciennes et contemporaines. Au Moyen Âge, la ville était construite sur un éperon rocheux (*spina* en latin). Les vestiges du château dominent la ville. La basilique est située sur l'emplacement de la première église en bois de la ville. Le musée du Chapitre, situé dans une tour médiévale, présente sur trois niveaux l'histoire de la ville d'Épinal.

© JONATHAN - STOCK.ADOBE.COM

Épinal.

MUSÉE DE L'IMAGE ★★

42, quai de Dogneville
✆ 03 29 81 48 30
www.museedelimage.fr

Billet famille (2 adultes + 3 enfants) 10 €. Visite guidée sur demande pour les groupes. Boutique.

Le musée rassemble une collection de 110 000 images et bois provenant des centres imagiers français et étrangers. La salle d'exposition permanente retrace l'histoire de l'imagerie populaire, du XVIIe siècle à aujourd'hui : images religieuses, de propagande, publicités… Les lieux bénéficient d'une scénographie moderne et de nombreuses œuvres d'art contemporain. Chaque année, des expositions temporaires approfondissent ces thématiques. Le musée proposait dernièrement une exposition intitulée «Aux origines de la bande dessinée : l'image populaire».

PARC DU CHÂTEAU** €

37, chemin du Petit-Chaperon-Rouge
✆ 03 29 34 43 65
www.camping-parcduchateau.com

Ouvert toute l'année. 45 emplacements. CB et chèques non acceptés.

Ce camping se situe près du stade de la Colombière, sur les hauteurs d'Épinal. Également à proximité du parc du château, petits et grands pourront aller y apprécier le parc animalier et surtout les aires de jeux complètement refaites à neuf. Un site bien boisé et doté de petites parcelles agréables et totalement au calme. La direction organise des programmes de loisirs avec moniteur comme le canoë-kayak sur parcours olympique, le golf, le karting. Vous pourrez également profiter d'une trentaine de randonnées à explorer au départ du camping.

LES DUCS DE LORRAINE €€€

5, avenue de Provence
✆ 03 29 29 56 00
www.restaurant-ducsdelorraine.com

Ouvert du mardi au samedi de 12h à 13h30 et de 19h30 à 21h15. Menus de 50 € à 130 €. Carte : 130 € environ.

Situé sur les rives de la Moselle, en plein centre d'Épinal, ce restaurant gastronomique se distingue par son élégante façade de briques et de pierres. Au menu : poissons et crustacés, foie gras, viandes, truffes… Les palais sucrés seront ravis de terminer le repas avec le merveilleux chariot des desserts. Le service soigné et la carte des vins particulièrement fournie accompagnent en beauté ce moment gastronomique. Des plats à déguster dans la grande salle ou sous la récente pergola. Une adresse haut de gamme à découvrir pour une pause gourmande.

CHÂTEL-SUR-MOSELLE

Avant tout réputée pour sa forteresse (l'une des plus grandes d'Europe) bâtie entre le XIe et le XVe siècle, Châtel-sur-Moselle (département des Vosges) est une petite bourgade tranquille, peuplée de 1 700 habitants. Bordée par la Moselle, elle compte plusieurs autres monuments d'intérêt, notamment l'église Saint-Laurent, classée aux Monuments historiques et une fontaine datant de 1850. Tous les deux ans, Châtel-sur-Moselle organise une grande fête médiévale, d'une durée de deux-trois jours (généralement en mai ou juin), avec des combats de chevaliers, vols d'aigles... Le Canal des Vosges qui longe la bourgade invite à la flânerie, à pied ou à vélo.

FORTERESSE DE CHÂTEL-SUR-MOSELLE

8, rue des Capucins
✆ 03 29 67 14 18
www.vieux-chatel.fr

Fermé aux vacances de Noël. Gratuit jusqu'à 4 ans. Adulte : 7 €. Enfant (de 4 à 12 ans) : 2 €.

La forteresse médiévale la plus importante de Lorraine. Bâtie entre les XIe et XVesiècles, elle demeure, de par sa position stratégique, un bâtiment défensif de haut niveau à travers les siècles. D'abord aux mains des Comtes de Vaudémont en 1072, Châtel devient propriété des Sires de Neufchâtel avant d'être définitivement lorraine en 1544. Aujourd'hui, on doit sa sauvegarde grâce à l'action de nombreux bénévoles. On compte pas moins de trois étages de galeries et salles souterraines.

MIRECOURT ★

Mirecourt doit surtout sa renommée à la lutherie qui s'y développa au XVIIe siècle ainsi qu'au commerce qui en fit un centre très prisé à l'époque. Son savoir-faire en matière d'artisanat d'art, en particulier la lutherie, la dentelle et la fabrique d'orgue lui permirent de devenir l'une des villes les plus riches de Lorraine. C'est une grande cité de négoce qui conserve encore aujourd'hui quelques traces de cette fastueuse époque. Son centre-ville témoigne d'ailleurs encore de ce riche passé, notamment ses maisons du XVIIIe siècle aux superbes façades dans le faubourg Saint-Vincent, autour des halles du XVIIe siècle et de son église gothique.

VITTEL ★★

Vittel, dont une tradition locale attribue l'origine au général romain Vitelius, a toujours séduit grâce à ses sources froides. En 1854, venu en cure à Contrexéville pour se soigner, l'avocat Louis Bouloumié fit l'acquisition, à Vittel, de la Fontaine de Gérémoy. Il y fit construire en 1856 un petit pavillon pour la première installation de la mise en bouteilles. Sa propriété allait très vite devenir l'amorce d'un établissement thermal. Une architecture faite de luxe et de perfection, apparaît. Les réalisations des grands architectes (dont Charles Garnier de l'Opéra de Paris) ont fait de Vittel ce qu'elle est aujourd'hui : une ville d'eau et d'art.

CAMPING DE VITTEL €€

270, rue Claude-Bassot
✆ 03 29 08 02 71

Ouvert d'avril à fin octobre. Camping-car + 2 personne + électricité : environ 18 €.

Le camping de Vittel se trouve à seulement 1,5 km des thermes et du centre-ville. Il vous accueille d'avril à fin octobre pour un séjour au calme. Les campeurs en tente, caravane ou camping-car se plairont à s'installer sur l'un des 77 emplacements stabilisés et séparés par des haies. Les autres personnes en recherche de plus de confort opteront alors pour l'un des 12 mobil-homes tout équipés. Les sanitaires chauffés sont bien entretenus. Aire de jeux pour enfants. Wifi à l'accueil. Un camping à taille humaine pour se détendre et se ressourcer.

CONTREXÉVILLE ★

La capitale de la minceur doit sa réputation à un homme, le docteur Bagard, médecin du roi de Pologne, Stanislas. Ce dernier avait en effet demandé à son médecin, en 1760, un rapport sur les sources de la ville. Les vertus médicinales ont vite fait tache d'huile, et la noblesse a fait de ce lieu de cure, une ville à la mode. Des noms illustres comme le shah de Perse ou la reine Isabelle d'Espagne venaient ici prendre les eaux. Du beau monde pour une station qui possède des eaux calciques et pleines de magnésium, jaillissant du sol à 10 °C. Du thermalisme naîtra l'embouteillage de l'eau. 800 millions de bouteilles de Contrex sont vendues chaque année.

© MARIE CATHERINE ACH

Jardin médiéval de plantes tinctoriales, Châtenois.

CHÂTENOIS

Châtenois se déploie dans un écrin de vignes serti par les bois du Hahnenberg. On peut faire une promenade sur les remparts où un important travail de restauration a été entrepris depuis plusieurs années. La double enceinte entourait autrefois un cimetière fortifié. Cette balade permet d'admirer le clocher roman de l'église Saint-Georges qui abrite des reliefs en bois sculpté du XVIe siècle et un très bel orgue Silbermann. La tour des sorcières est coiffée d'un nid de cigognes, authentique icône de l'illustration alsacienne traditionnelle. Le jardin médiéval dédié aux plantes tinctoriales rappelle l'importance de l'industrie textile dans la région.

DOMREMY-LA-PUCELLE ★★

Domrémy, c'est la patrie de Jeanne d'Arc, un tout petit village d'à peine 200 habitants, non loin de la Meuse, où débute l'histoire de Jeanne d'Arc en 1412. La jeune fille naît dans un village partagé entre plusieurs autorités avec, au nord, la Champagne, et au sud, le Barrois Mouvant. Aujourd'hui, on retrouve de nombreux vestiges de cette époque. La maison natale de Jeanne d'Arc, classée aux Monuments historiques, tout comme l'église Saint-Rémy et la basilique du Bois-Chenu où Jeanne a entendu les voix. Le centre johannique est un musée qui vous permettra de vous plonger dans l'histoire de Jeanne d'Arc, étayée par les découvertes de chercheurs.

NEUFCHÂTEAU ★

Neufchâteau, surnommée Novo Castro (ville de passage) a eu son heure de gloire au Moyen Âge grâce à ses nombreuses activités commerciales. Mais les ravages de la guerre de Trente Ans annoncent le déclin de la ville. Les habitants de Neufchâteau ont eu la volonté de faire de la ville un endroit touristique, grâce notamment à la réhabilitation de son cœur ancien et la mise en valeur de son patrimoine historique. L'église Saint-Christophe abrite un chef-d'œuvre unique en Europe : la chapelle Wiriot au voûtement aérien, doté de nervures à clefs pendantes. L'actuel cinéma Le Scala est situé dans l'aile d'un ancien monastère, transformé en théâtre.

SITE DE LA MAISON NATALE DE JEANNE D'ARC

2, rue de la Basilique
✆ 03 29 06 95 86
Gratuit jusqu'à 12 ans. Adulte : 4 €. Tarif réduit : 2,50 €.

C'est le Département des Vosges qui a acheté cette demeure pleine d'histoire en 1818. Elle a été en 1840 classée Monument historique. La maison natale de Jeanne d'Arc a été restaurée. Vous pourrez ainsi y découvrir quatre pièces : la chambre natale, la chambre de Jeanne, la chambre des frères ainsi que le cellier. La façade est quant à elle ornée d'un tympan sculpté d'armoiries datant du XVe siècle et d'une statue de Jeanne la représentant agenouillée avec son armure.

GONDRECOURT-LE-CHÂTEAU

Gondrecourt-le-Château, paisible bourgade des bords de l'Ornain, a su conserver son charme bucolique. Son patrimoine est intéressant, entre belles habitations médiévales, lavoir de Guérin, tour ronde (qui abrite le musée lorrain du Cheval, ouvert en été), ancien, prieuré des bénédictins. Elle dissimule une petite perle : l'église de la Nativité-de-la-Vierge. Le monument historique du XIe siècle collectionne les trésors : baptistère, baldaquin, vitraux. Vous avez 4h30 et des chaussures de rando ? Direction la boucle des Deux Vallées (17 km). Marcheurs aguerris, sachez que Gondrecourt-le-Château se situe sur le GR 714, à 65 km de Bar-le-Duc (3 jours).

VAUCOULEURS ★

Vaucouleurs tient son nom du latin *Vallis colorum*, Val des couleurs. Le village apparaît à l'époque gallo-romaine et se développe avec son premier château en 1026. C'est ici qu'en 1428 Robert de Vaudricourt reçoit la visite d'une jeune fille, venue demander une armée pour rejoindre Chinon. Soutenue par le peuple, qui lui offre un cheval, une épée et des vêtements d'homme, Jeanne insiste à trois reprises, pour finalement voir sa requête satisfaite. Aujourd'hui, Vaucouleurs continue de célébrer cet événement historique à travers le seul musée de France consacré exclusivement à Jeanne d'Arc. Domrémy-la-Pucelle (village natif) se trouve à environ 20 km.

TOUL ★★

Bien que très mouvementé, son passé a laissé de riches traces qui font aujourd'hui le bonheur des visiteurs. Mais Toul, c'est aussi un paysage fait de vignes, et depuis l'époque romaine déjà ! La présence de collines au sol d'argile et de calcaire, parfaitement exposées à la lumière du soleil, en fait un paysage propice au développement d'un vignoble de qualité. De beaux domaines viticoles produisent d'excellents nectars. Toul, c'est surtout une ville fortifiée où il fait bon flâner et se perdre dans les ruelles pavées. De la pierre de taille, de magnifiques bâtisses, une cathédrale impressionnante et une ville aux mille et une couleurs.

COLLÉGIALE SAINT-GENGOULT ✞

Place du Couarail

Ouvert de fin juin à mi-septembre. Un guide est présent tous les jours dans l'église de 14h à 17h30. Visite guidée.

On doit la fondation de l'église Saint-Gengoult à Saint-Gérard, 33e évêque de Toul. Financée en partie par les bourgeois de Toul, l'édifice religieux incarne une certaine autonomie face au pouvoir de l'évêché. Incendiée en 1036 au cours des guerres du comte de Champagne, la bâtisse fut restaurée en 1065 par l'évêque Udon. Il fonda à la même époque la Collégiale. L'église actuelle, classée Monument historique, fut construite du XIIIe au XVIe siècle.

AIRE DE CAMPING-CAR TOUL

Chemin du Cimetière

✆ 03 83 63 76 33

Stationnement 72h max. 12 emplacements. 7 €/24h.

Près du port de plaisance de Toul, cette aire de camping-car est idéale pour visiter la ville et/ou effectuer ses services. Elle offre l'équipement nécessaire pour la vidange des eaux usées, le remplissage des cuves à eau et l'alimentation en électricité. Quelques tables de pique-nique et bancs vous permettront de prendre un repas bien installé en admirant la vue sur les remparts de la ville. Un petit chemin vous mènera au centre-ville en quelques minutes. Les emplacements en bataille sont assez larges. Cette aire est fort prisée, mieux vaut arriver tôt.

NANCY ★★★★

Nancy, préfecture de la de Meurthe-et-Moselle, abrite 107 000 habitants (434 500 en comptant l'aire urbaine), auxquels se mêle tout au long de l'année une population touristique et estudiantine très importante. Elle fut la capitale politique du duché de Lorraine jusqu'à son rattachement au Royaume de France, en 1766. Stanislas Leszczyński, beau père de Louis XV et ancien roi de Pologne, fut, de 1737 jusqu'à cette date, le dernier duc de Lorraine et de Bar. Il marqua Nancy par de grandes réalisations, dont la place qui porte son nom, au centre de la ville actuelle. Trois grandes périodes historiques sont visibles en parcourant les rues : le Moyen Âge, avec la vieille ville (délimitée par la basilique Saint-Epvre et la porte de la Craffe, reliées entre elles par la Grande-Rue, où se trouvent l'église des Cordeliers et le palais ducal) ; le XVIIIe siècle, représenté par la place Stanislas, la place de la Carrière et la place d'Alliance (toutes classées au Patrimoine mondial de l'Unesco) ; et, enfin, les années 1900, matérialisées par les maisons et les bâtiments de l'École de Nancy, essentiellement du côté de la gare et des quartiers Saint-Léon, de Saurupt et du parc Sainte-Marie (ne pas manquer la Villa Majorelle, au 1 rue Louis Majorelle). À voir en priorité : la place Stanislas et la vieille ville. Avec un peu plus de temps, élargissez votre visite à la cathédrale, à 200 m à peine de la place Stanislas.

DESTINATION NANCY

Place Stanislas
✆ 03 83 35 80 10
Le lundi de 13h à 18h30 ; du mardi au dimanche de 9h30 à 18h30. Fermeture les dimanches du 24 décembre au 31 mars.

Situé au rez-de-chaussée du magnifique hôtel de ville, on découvre une mine d'infos pour partir à la découverte de Nancy et de ses environs. Les renseignements multilingues sont clairs, les brochures variées et le site Internet est à jour. Une boutique offre des produits Made in Lorraine. L'office de tourisme de Nancy déploie un accueil de qualité aux personnes à mobilité réduite et met à leur disposition balises sonores, audio-guidage, plan de la ville agrandi, système Audio-T, multipack, dictaphones, documentation en braille et même un fauteuil roulant !

L'EDEN RESTAURANT €€€

45, Grande Rue
✆ 03 83 31 44 63
Ouvert mardi et samedi de 19h à 21h ; mercredi au vendredi de 12h à 13h et de 19h à 21h ; dimanche de 12h à 13h.

À deux pas de la place Saint-Epvre, ce très bel établissement joue dans la cour des grands ! Dans un décor classe et chic, sans être prétentieux, le personnel s'occupe de vous avec une attention et une sympathie constantes ! Les délicieux amuse-bouches nous embarquent dans l'incroyable univers du très talentueux chef David Ludden et ce n'est que le début : les mets confirment le départ. Ici, tout est fin, juste, raffiné, savoureux. mêlant à la fois cuisine gastronomique traditionnelle et petites touches canadiennes ou nord-américaines,

Place Stanislas à Nancy.

NORD-OUEST

AU PAYS DES CH'TIS

+ PARCOURS GPX

LIEUX	Km partiel	Km cumul	Routes
ARRAS	0	0	D42 puis D950
DOUAI	25	25	D425 puis D47 puis D40 puis D262 puis D33
LENS	22	47	D943
BÉTHUNE	18	65	D941 puis N41 puis D941
LILLE	37	102	D933
BAILLEUL	29	131	D933 puis D916
BERGUES	36	167	D72 puis D2
BRAY-DUNES	16	183	D60
DUNKERQUE	12	195	D601 puis D940
GRAVELINES	19	214	D11G puis D119
CALAIS	22	236	D940
CAP BLANC NEZ	12	248	D191
CAP GRIS NEZ	17	265	D940
BOULOGNE-SUR-MER	21	286	Arrivée

ARRAS ★★★

Chef-lieu du Pas-de-Calais, Arras connut un âge d'or économique grâce au commerce des draps, lesquels s'exportèrent jusqu'en Orient. Au XIIIe siècle, Arras devint l'un des plus grands centres littéraires d'Europe, grâce, notamment, aux poètes Jehan Bodel et Adam de la Halle. Au XIVe siècle, la fabrication des tapisseries de luxe atteignit un degré de perfection tel que le mot « arrazi » se mit à désigner une tapisserie dans le monde entier. Mais la ville n'était pas reconnue uniquement pour ses tissus. Après avoir gardé captive Jeanne d'Arc durant quelque temps, Arras fut le théâtre en 1435 du traité de paix de la guerre de Cent Ans.

LE PETIT RAT PORTEUR €€

11, rue de la Taillerie
✆ 03 21 51 29 70
Ouvert du mardi au samedi de 12h à 14h et de 19h à 22h ; le dimanche de 12h à 14h. Terrasse. Salle en cave.

Entre les deux places d'Arras se niche le Petit Rat Porteur... Ne le manquez surtout pas ! Au-delà de sa façade, c'est une ambiance de charme, surtout dans sa cave voûtée ô combien typique des lieux. On y savoure les plats de la région, tels que le welsh, l'andouillette et le potjevleesch. Le maroilles est aussi à l'honneur dans bon nombre de plats, en croustillant en entrée ou en sauce sur le poulet en plat pour notre plus grand plaisir. Le foie gras est maison, comme tous les plats de la carte, et de la première fraîcheur.

DESTINATION COLLINES ET PLAINES D'ARTOIS

Les offices de tourisme de Lens-Lievin et d'Arras se sont unis pour créer «Destination Collines et Plaines d'Artois», dont le but est de transmettre la mémoire liée à la Première Guerre mondiale en mettant en avant les sites de mémoire des Collines et Plaines d'Artois (Nécropole Notre-Dame-de-Lorette, mémorial de Vimy, carrière Wellington...). Ce territoire, traversé par la ligne de front, a connu d'importantes batailles et pertes humaines de plusieurs nationalités entre 1915 et 1918.

DOUAI ★★

Le Vieux-Douai vous séduira avec ses hôtels particuliers, son beffroi et ses fortifications. Si les premières traces d'habitat à Douai remontent au VIIe siècle dans l'îlot sacré, c'est surtout le XIIe siècle qui offre à Douai une certaine envergure. Profitant de la Scarpe, Douai développe alors une industrie drapière de renommée internationale et obtient à la même époque sa charte communale. L'essor s'amplifie et le XIVe siècle marque un réel tournant dans son histoire : la construction du beffroi est décidée sur la place des Halles. L'économie est alors florissante et Douai jouit aussi d'un important rôle céréalier, comme en atteste la place d'Armes.

Place des héros d'Arras.

LE 32

32, place du Barlet
✆ 03 27 80 00 15
http://le-32.com
Ouvert du dimanche au jeudi de 16h à 0h ; le vendredi de 15h à 1h ; le samedi de 15h à 2h.

Envie de passer un moment convivial et décontracté ? Dans ce bar à vin et à cocktails, vous pourrez boire un verre entre amis dans un espace lounge à la décoration soignée. Si vous avez une petite faim, vous pourrez même vous régaler avec l'une des planches apéritives proposées par la maison, généreusement servies. Gros coup de cœur également et surtout pour la terrasse : 800 m² de verdure pour boire un verre dès que le soleil fait son apparition, et prendre le grand air toute la soirée. Un très bel espace pour boire un verre à Douai.

RANDONNÉES DU DOUAISIS

www.douaisis-tourisme.fr
7 circuits à retrouver sur le site internet.

Douai et le Douaisis sont à découvrir à pied ! On enfile ses baskets et on profite de randonnées accessibles à tous. Le site internet de l'office de tourisme propose sept circuits plus ou moins longs. Vous y découvrirez une nature préservée, des édifices historiques, des musées et même des fermes si vous souhaitez acheter local ! Partez par exemple pour une boucle de 20 km (comptez 5h à pied et 1h30 en vélo) le long des cours d'eau du territoire, notamment la Scarpe. Il est également possible de profiter de ces circuits à vélo !

LENS ★

Lens connaît jusqu'au Vᵉ siècle une domination romaine. De 863 à 1191, Lens fut ensuite sous la domination des comtes de Flandre. Rattachée au comté d'Artois, la ville obtint au XIIIᵉ siècle une charte communale en faveur des bourgeois de la part du roi Louis VIII. La ville fut le théâtre de nombreux conflits comme la guerre de Trente Ans. Mais Lens n'entre véritablement dans l'Histoire que par le biais de la grande épopée du charbon au milieu du XIXᵉ siècle. En 1852, Lens n'est qu'un petit bourg agricole de 3 000 habitants. Avec la découverte du charbon, elle voit sa population multipliée par 12 en à peine 100 ans et atteint alors 36 000 habitants.

LE LOUVRE - LENS ★★★

99, rue Paul-Bert ✆ 03 21 18 62 62
www.louvrelens.fr
Ouvert du mercredi au lundi et les jours fériés de 10h à 18h (dernière visite à 17h15). Parc ouvert tous les jours.

Ce bâtiment de verre et de lumière a été conçu par le cabinet d'architectes japonais Sanaa et abrite une sélection d'œuvres prestigieuses du Louvre-Paris.

L'espace phare du musée ? Sa Galerie du Temps. Sur 3 000 m² d'un seul tenant de 120 m s'y découvrent 5 000 ans d'histoire. Malgré l'absence d'ouverture sur l'extérieur, cet étonnant espace possède une atmosphère apaisante. Les œuvres sont espacées, ce qui permet une déambulation fluide au gré des trésors qui se portent à l'œil du visiteur. Chaque année, à la date anniversaire de sa création, le musée renouvelle les œuvres présentées et permet au visiteur de découvrir de nouveaux trésors à chaque visite. Dans son prolongement, le Pavillon de verre, baigné de lumière naturelle, invite à une pause face au parc aménagé par la paysagiste française Catherine Mosbach. Le centre de ressources au cœur du hall d'accueil permet de s'approprier pleinement les lieux.

Des expositions temporaires sont régulièrement programmées. Vous pourrez par exemple découvrir la richesse de la peinture polonaise du XIXᵉ siècle, vous plonger dans les richesses infinies de la couleur noire et découvrir la force des liens noués entre Picasso et le Louvre. Un vaste programme donc !

Lieu de culture et de découvertes, le Louvre-Lens est aussi un lieu de... gastronomie ! Le chef étoilé (et originaire de la région !) Marc Meurin y a installé son atelier. Là, il invente une cuisine audacieuse, élégante et savoureuse. Avis aux esthètes gastronomes donc ! Des visites guidées pour les jeunes enfants sont proposées.

O'DÉJEUNER €

78, rue René Lanoy
✆ 03 21 43 50 50
www.odejeuner.fr
Ouvert du dimanche au jeudi de 9h à 0h ; le vendredi et le samedi de 9h à 1h. Menu unique à 21 €. Carte : 19 € environ.

Cette enseigne draine chaque jour et à chaque heure un flot d'habitués qui ainsi que des touristes venus profiter de la formule clé en main repas + Louvre-Lens. La carte, très diversifiée, propose une palette de mets inspirés de la cuisine régionale, comme la carbonnade flamande et l'assiette Découverte du Nord composée d'un mini welsh, d'un potjevleesch et d'un émincé de volaille au maroilles. Les fish and chips sont aussi à découvrir ! Les portions sont à l'image de la cuisine : généreuses ! Une adresse qui permet de découvrir la gastronomie locale.

BÉTHUNE ★

Béthune est née avant le VIIe siècle. Défendue par la Lawe qu'elle domine et par les marais qui l'entourent, elle prend très tôt de l'importance parmi les autres villes de l'Artois et de la Flandre. Le nom de la ville est formé de deux mots d'origine celtique : Bé (venant de *Bey*) signifierait « près de », tandis que Thune (*Thunen*) aurait le sens de « haie » ou « buisson ». Une église, un château (depuis 970), toutes les conditions sont réunies pour voir affluer une population en quête de sécurité et de sédentarisation, en particulier les marchands. La ville va ainsi prospérer grâce au développement de l'industrie drapière et du commerce.

LILLE ★★★

Au carrefour des grandes capitales européennes, proche de la Belgique, Lille est multiculturelle. Riche ville drapière des Flandres, Lille fut prise en 1667 par Louis XIV, reprise par les Hollandais en 1708 malgré les fortifications de Vauban puis revint définitivement à la France à la suite du Traité d'Utrecht en 1713. Le site de Lille semble avoir été occupé dès l'époque gallo-romaine. Le premier document écrit date de 1066 : à cette époque, la Deûle traversait la ville en de multiples bras, et une rupture de pente obligeait le déchargement des bateaux jusqu'à une autre section. D'où la naissance d'un noyau urbain sur cette *insula*, Isle... Lille.

© PHILIPPE TURPIN / GRAPHICOBSESSION

Façades sur la Grand Place.

LAM ★★★

1, allée du Musée
VILLENEUVE-D'ASCQ
✆ 03 20 19 68 68
www.musee-lam.fr

Mardi-dimanche : 10h-18h (parc ouvert dès 9h). Collections : 7 €. Collections + expositions temporaires : 10 €.

Le musée d'art moderne, d'art contemporain et d'art brut de Lille Métropole, c'est une architecture tout en sobriété, soulignée d'un superbe parc abritant les œuvres de grands sculpteurs tels que Picasso, Calder ou Lipchitz. Baigné de lumière naturelle, le musée possède une collection unique au monde présentant trois fonds : d'art moderne, d'art contemporain et d'art brut. À travers plus de 7 000 œuvres d'artistes aussi prestigieux que Georges Braque, Fernand Léger, Amedeo Modigliani, Joan Miro ou Kees Van Dongen, le visiteur découvre un panorama inédit de l'art des XXe et XXIe siècles. La collection d'art brut est impressionnante. Avec les années, elle est devenue l'un des fonds les plus importants d'Europe. De nombreuses œuvres anonymes côtoient des grands noms comme Aloïse Corbaz, Henry Darger ou André Robillard. Les différents espaces du musée sont grands, lumineux et la visite se fait tout naturellement. En faisant la part belle à de nouveaux dialogues au sein de sa collection permanente, de ses expositions temporaires et de sa programmation culturelle (spectacles, projections, concerts, ateliers, etc.), le LaM stimule la curiosité et suscite l'émotion de tous ses visiteurs. Même des plus petits grâce à de visites guidées et en chansons ! Cette qualité d'ouverture et la diversité de ses collections en font l'un des musées les plus importants du nord de l'Europe. Une visite incontournable. Et pour celles et ceux qui souhaiteraient poursuivre la visite à la maison, il est possible de l'explorer sur le site Internet.

LA CLAIRIÈRE €

75, boulevard de la Liberté
✆ 03 20 11 23 16

Mardi-mercredi 12h-14h30 ; jeudi-samedi 12h-14h30 et 19h30-22h. Dimanche (brunch) : 11h-14h. Formule midi : 16 €-20 €.

La Clairière, c'est d'abord un cadre cosy, élégant et très chaleureux, où il fait bon s'arrêter le temps d'une petite pause gourmande en plein centre de Lille. C'est ensuite (et surtout !) un restaurant 100 % végan, qui propose des plats faits maison, garantis sans produits d'origine animale, sans huile de palme et bien souvent sans gluten. Les fruits et légumes sont bio et locaux. Ici on mange bien et sain. Et c'est vraiment savoureux. On aime particulièrement les burgers végétariens et les bowls toujours frais et aux étonnantes saveurs venues d'ailleurs.

NORD-OUEST

LA PISCINE ★★★

23, rue de l'Espérance
ROUBAIX
✆ 03 20 69 23 60
www.roubaix-lapiscine.com
Mar-jeu 11h-18h ; ven 11h-20h ; week-end 13h-18h. Hors expo : 9 €. Pendant les expos : 11 €. Restauration. Boutique.

Si l'on vous propose d'aller à la Piscine à Roubaix, ne pensez pas faire une quelconque trempette ! Cette piscine reconvertie en musée est un joyau de l'Art déco. C'est aussi un lieu unique car, à son origine en 1932, elle permettait d'offrir un lieu d'hygiène à des ouvriers vivant alors dans des conditions parfois difficiles. Elle apparaît alors comme un projet innovant alliant politique et sociale. Albert Baert, son architecture lillois, l'a pensée selon un esprit néo-byzantin. Il reprend le plan des abbayes cisterciennes avec un grand jardin claustral central, éclairé par des magnifiques vitraux symbolisant le soleil levant et couchant. Lieu d'hygiène mais aussi de loisirs, mélangeant toutes les classes sociales, La Piscine accueille même un salon de coiffure, des bains de vapeur et une laverie industrielle. Pour les Roubaisiens, La Piscine est souvent la seule sortie dans une ville qui connait une forte fracture sociale. Elle fut ouverte pendant plus de cinquante ans avant de devoir fermer ses portes en raison de sa voûte devenue trop fragile (au grand regret de bon nombre d'habitants). Ce n'est qu'en 2001 qu'elle rouvre avec un nouveau projet : devenir un musée. Son bassin transformé en jardin de sculptures et ses cabines de douche aménagées en vitrines en font un lieu aussi grandiose qu'insolite. Les collections ne sont vite agrandies avec un fort attrait pour ce nouveau lieu de la part de la Ville et du Cercle des Entreprises Mécènes de La Piscine. Agrandi en 2018, le musée continue d'attirer des milliers de visiteurs venus admirer ses collections. Céramiques, faïences, arts décoratifs, textiles, peintures et sculptures y sont sublimés. Dès l'entrée, on est subjugué par le style conservé d'une partie des cabines de vestiaires et de douches, tout comme l'ancien bassin. À ne pas manquer : le Panorama de la Grand-Place de Roubaix et la reconstitution de l'atelier du sculpteur Henri Bouchard. Le Parcours des Sens de Christian Astuguevieille est également remarquable. On découvre le musée autrement grâce à des expériences sensorielles. Là, on entend le bruit des baigneurs alors qu'ailleurs on attrape un petit papier parfumé qui nous plonge tout de suite dans l'atmosphère d'une œuvre. La Piscine, ce sont aussi trois saisons annuelles d'expositions surprenantes, des visites insolites, des ateliers et bien d'autres événements pour vivre l'art autrement. Le site Internet présente d'ailleurs en détail l'agenda des festivités. De quoi préparer votre visite pour en faire un beau moment de découvertes artistiques. Incontournable !

BAILLEUL

La cité serait née d'un rassemblement de plusieurs hameaux aux alentours du Xe siècle. Son développement suit celui de la région et des villes qui la composent, jusqu'au rattachement du territoire à la France en 1678. Maintes fois détruite, la ville a quand même gardé des traces de son passé, notamment l'hôtel de ville et son beffroi construits au XIIe siècle. Presque entièrement détruite, puis reconstruite en 1920, la cité a dû subir les bombardements allemands durant la Seconde Guerre mondiale mais a conservé le caractère flamand de son architecture. Bailleul jouit aujourd'hui de la popularité de sa dentelle tissée à la main depuis le XVIe siècle.

L'AUBERGE DU CHEVAL BLANC €€

37, rue de la Gare ✆ 03 28 48 05 92
www.laubergeduchevalblanc.fr
Ouvert du lundi au samedi le midi et le soir ; le dimanche midi. Carte : 14,50 € environ. Plat du jour : 9,50 €.

L'ambiance est digne des célèbres estaminets flamands. On s'y sent bien, notre estomac est détendu, nos papilles bien aiguisées. À la carte, toutes les gourmandises du Nord sont présentes : carbonnade flamande, welsh, pièces de viande... Les différents plats sont préparés avec de bons produits du terroir. Les assiettes sont généreuses et le goût bien présent. Petit plus : le beau choix de bières pression et de bières en bouteille. Et pour finir, quoi de mieux qu'un dessert maison ?

BERGUES ★★

Au cœur du Pays de Flandre, entre terre et mer, se niche une petite cité dont le charme pittoresque est connu dans le monde entier grâce au film *Bienvenue chez les Chtis*. Surnommée « la petite Bruges du Nord », Bergues est entourée de nombreux canaux (elle fut construite sur une zone marécageuse !) qui confèrent charme et quiétude à cet ensemble urbain exceptionnel. Mais à Bergues, il y a aussi : un superbe beffroi classé au patrimoine mondial de l'Unesco, le Mont de Piété, un joyau de l'architecture flamande qui regorge de chefs-d'œuvre de la peinture du même style, et les vestiges de l'abbaye qui marqua profondément l'histoire de la ville.

© JÉRÔME BERQUEZ - AUTHOR'S IMAGE

Vue aérienne de Bergues.

LE BRUEGEL €€

1, rue du Marché-aux-Fromages
✆ 03 28 68 19 19
www.restaurantlebruegel.fr
Ouvert tous les jours le midi et le soir. Réservation recommandée. Carte : 20 € environ.

Le Bruegel, c'est le plaisir de se retrouver en famille ou entre amis dans un véritable estaminet installé dans une bâtisse datant de 1597. À ce titre, c'est l'une des plus anciennes (voire la plus ancienne) de Bergues ! L'extérieur est aussi beau que l'intérieur. L'entrée se fait par une petite porte. La carte résonne des bons produits du Nord et de la Flandre : tartine au fromage de Bergues, waterzooï, pot'je vleesch, souris d'agneau à la bière, poulet au maroilles, carbonade flamande, lapin à la flamande, welsh... Apéritifs régionaux et bières locales.

BRAY-DUNES

Dans le secteur de Dunkerque, nombreuses sont les villes à tirer leur nom d'un personnage. C'est le cas de la ville la plus septentrionale de France : Bray-Dunes. Au départ simple petit hameau des dunes peuplé de pêcheurs, Bray-Dunes va devenir une station balnéaire très prisée. Cette dernière doit son nom à un armateur dunkerquois qui avait décidé de créer une maison d'accueil pour les anciens pêcheurs. Alphonse Bray n'obtient pas de réponse positive de Dunkerque et tente sa chance à Ghyvelde, qui accepte. En 1876, il acquiert donc un terrain de dunes sur lequel il construit mairie, école, église. Bray-Dunes acquiert son statut de commune en 1883.

CAMPING LE PERROQUET**** €

Rue des Dunes
✆ 03 28 58 37 37
www.campingleperroquet.com
Ouvert du 1er avril au 30 septembre. Terrain de 30 ha. 856 emplacements (dont 56 emplacements nus pour camping-cars).

Ce camping consacré le plus grand d'Europe est niché sur un espace de 30 hectares, entouré par une zone dunaire protégée de 260 hectares, le tout situé en bord de mer ! Les hôtesses parlent couramment plusieurs langues, et tout le monde s'y sent chez soi. Ici, tout est fait pour que vous passiez un agréable séjour. Le camping dispose de parcelles d'environ 200 m² et possède un accès direct privé à la base nautique. Outre l'espace-jeux dédié aux enfants, un minigolf de 18 trous ou encore le tir à l'arc font la joie des petits et des plus grands.

L'ART DE L'EAU €€

989, avenue du Général-de-Gaulle
✆ 03 28 27 74 05
www.lartdeleau.fr
Haute saison : tous les jours le midi ; du mardi au samedi le soir. Menus de 22,50 à 58 €. Carte : 19 € environ.

Y a pas de secret, vous êtes dans le meilleur restaurant de Bray-Dunes et le seul gastronomique. L'Art de l'eau est une valeur sûre avec une carte des plats (mais aussi des vins !) qui ne l'est pas moins. L'amabilité du personnel et le service sont chaleureux et professionnels. La carte fait des propositions terre et mer. A tester, le filet de bar cuit sur peau, risotto crémeux aux pleurotes, crème de cerfeuil et légumes frais. Pour une inspiration plus côté terre, le magret de canard rôti au jus de soja et miel est très original et saura surprendre vos papilles.

DUNKERQUE ★★

Dunkerque est le troisième port français et ses industries sont prospères. Son beffroi côtoie les villas balnéaires de la Belle Epoque, les centres d'art contemporain cohabitent avec les lieux de mémoire, le quartier de la citadelle voisine la modernité du quartier du Grand Large. Au-delà de son histoire, Dunkerque est une ville riche en restaurants et musées : le musée portuaire, le musée des Beaux-Arts, le Lieu d'art et action contemporaine... Quant aux alentours, ils abondent d'histoire, de culture et de belles balades, le long des dunes notamment. L'office de tourisme vous renseignera sur les chemins pédestres et cyclistes qui entourent Dunkerque.

Cabines de plage à Dunkerque.

FORT DES DUNES ★

Rue du 2-Juin-1940 - **LEFFRINCKOUCKE**
✆ 03 28 69 05 06
www.fort-des-dunes.fr
Ouvert au public de février à novembre du mardi au dimanche de 10h à 18h. Adulte : 6 €, guidée : 8 €. Mineur : 3 €.

Le fort des Dunes est un exemple de l'architecture militaire imaginée par le général Séré de Rivières pour renforcer le système défensif français. Construit en 1878 pour protéger Dunkerque et son port, ses casernements étaient conçus pour abriter 450 soldats. Construit en briques de sable et culminant à 27 m, le fort trouve dans les dunes un écrin naturel. A l'intérieur, de nombreuses photographies et des maquettes permettent aux visiteurs de se replonger dans la riche histoire du fort. Une visite essentielle pour comprendre l'histoire de Leffrinckoucke.

MUSÉE DUNKERQUE 1940 - OPÉRATION DYNAMO ★★

Rue des Chantiers de France ✆ 03 74 06 02 81
www.dynamo-dunkerque.com
Ouvert tous les jours 10h-18h. Fermeture annuelle de fin novembre à fin février ou fin mars (voir sur site).

Si vous n'avez jamais eu l'occasion de visiter ce musée, allez-y ! Si c'est déjà fait, retournez-y ! A la suite du tournage de *Dunkirk* par Christopher Nolan, ce musée a eu droit à une refonte complète. Nouvelle scénographie, nouveaux espaces, notamment multimédias, nouvelle façade, nouvelle boutique, et même une énorme salle de projection. Un lieu unique pour comprendre l'incroyable histoire de la bataille de Dunkerque et de l'évacuation de plus de 340 000 soldats alliés.

LE GRAND LARGE €€

Rue des Pilotines
✆ 03 28 64 20 69
Ouvert du mardi au dimanche le midi ; du mardi au samedi le soir. Réservation recommandée. Carte : 23 € environ.

Le Grand Large offre une vue imprenable sur le phare de Dunkerque et sur le port de plaisance du Grand Large. En terrasse ou dans la salle au décor marin, vous pourrez goûter aux produits de la mer du Nord. Le chef se rend en voisin à la criée et propose les poissons de la pêche du jour. On retrouve bien à la carte les moules de Dunkerque toute l'année (7 recettes différentes), de la sole selon arrivage, du homard breton, ainsi que des grillades et des salades. En dessert, les profiteroles maison sont devenues incontournables.

GRAVELINES

À l'époque romaine, toute la région est envahie par la mer. Le territoire de Gravelines n'existe donc pas encore ! Il faut attendre le retrait des eaux pour voir s'y former un petit hameau portant le nom des Huttes et voir débuter l'histoire de la ville ! La ville est officiellement créée par Philippe d'Alsace, comte de Flandre, entre 1159 et 1163. Gravelines va se modifier sous l'impulsion de Vauban. L'aspect défensif de la ville a continué à évoluer au fil des siècles. Au XVIIIe siècle, la ville se dote de deux belles casernes, témoins exceptionnels de la vie des soldats de l'époque, d'un corps d'infanterie, et d'une imposante citerne.

© CREATIVENATURE_NL - ISTOCKPHOTO

Calais.

CALAIS ★★

C'est l'une des villes côtières les plus peuplées du département du Pas-de-Calais. Elle occupe une situation géographique privilégiée, facilitant ses liaisons rapides avec la Grande-Bretagne (Douvres n'est qu'à 43 km !). La ville est célèbre pour sa dentelle datant du début de la révolution industrielle à fin du XVIIIe siècle. Calais est aussi un excellent point de départ pour des petites et grandes randonnées. Des chemins de 15 à 20 km longeant la côte relient les caps, et pour les plus courageux le GR120, appelé le sentier du littoral, longe les 193 km des côtes du littoral depuis Bray-Dunes à la frontière belge jusqu'à la baie d'Authie.

CITÉ DE LA DENTELLE ET DE LA MODE DE CALAIS ★★

135, quai du Commerce ✆ 03 21 00 42 30
www.cite-dentelle.fr

Saison haute (1er avril-31 octobre) : 10h à 18h sauf le mardi. Collections permanentes et temporaires : 7 €.

Située dans le quartier Saint-Pierre, cœur historique de la dentelle de Calais, la Cité de la dentelle et de la mode a été aménagée dans une usine authentique, typique des années 1870. Les collections sont réparties dans six galeries où sont évoqués les savoir-faire et les techniques, l'histoire économique et sociale, les usages mais aussi les aspects les plus contemporains de la dentelle (mode, design, arts appliqués...). Tous les secrets de fabrication sont dévoilés au visiteur.

RESTAURANT L'ESSENTIEL €€

8, rue Jean de Vienne ✆ 03 61 87 64 08
www.lessentiel-calais.fr

Menus de 22 à 29 €. Formule du jour 13,50 € avec boisson au verre et café gourmand (à midi en semaine).

La carte volontairement resserrée évolue régulièrement suivant les saisons. Elle recèle quelques bonnes surprises y compris dans les cocktails faits avec des fruits de saison ou dans le choix des vins accompagnant les mets. Tout est fait maison et à base de produits français de qualité. Quelques mets au menu : saumon fumé minute au bois de hêtre et mousse d'aneth en entré, filet de taureau aux champignons noirs, pommes grenailles au four ou filet de bar, sauce courge butternut, salicornes, ensuite et en dessert, opéra et brisures de marron. De quoi se régaler !

CAP BLANC-NEZ

A 10 km au nord de Cap Gris-Nez, le cap Blanc-Nez se distingue par la hauteur de ses falaises qui s'élèvent à 134 m de hauteur. De couleur blanche, celles-ci ont une crête au relief accidenté. On y trouve une flore d'exception, à l'image de la gentiane amère et du chou marin. Côté faune, le site abrite de nombreuses espèces : passereaux, hirondelles de fenêtre, faucons crécerelles... Au sommet du Cap, on pourra admirer un monument en forme d'obélisque construit en 1920, en hommage à la Patrouille de Douvres. Des sentiers pédestres ont été aménagés pour les visiteurs. Avec le Cap Gris-Nez, le site accueille près de 2,5 millions de personnes chaque année.

CAP GRIS-NEZ

A seulement 30,3 kilomètres de l'Angleterre, le Cap de Gris-Nez surprend par sa falaise haute de 45 mètres de hauteur. On peut d'ailleurs apercevoir depuis son sommet, quand la côte est dégagée, le littoral anglais. Un phare a été construit ici en 1957. Son faisceau porte à 45 kilomètres ! Dans le détroit, c'est un important va-et-vient de bateaux quotidien. C'est l'une des voies navigables les plus fréquentées au monde. Le Cap Gris-Nez est aussi un excellent point d'observation des oiseaux migrateurs. Des sentiers pédestres ont été aménagés pour les visiteurs. Il accueille chaque année, avec le Cap Blanc-Nez, près de 2,5 millions de personnes.

BOULOGNE-SUR-MER ★★★

Boulogne-sur-Mer est le premier port de pêche français. Labellisée Ville d'art, d'histoire et de culture, c'est une cité portuaire et balnéaire animée qui gagne à être connue. Très touchée pendant la Seconde Guerre mondiale, c'est une ville qui a su se reconstruire. Sa gastronomie justement réputée, avec ses divers marchés colorés et ses nombreux restaurants de poissons et fruits de mer, conforte la qualité de son accueil. La ville se déploie sur deux niveaux : la ville haute, sur une colline, qui abrite son quartier historique avec un riche patrimoine architectural, et la ville basse, au niveau de la mer, avec le centre-ville et son front de mer.

BEFFROI DE BOULOGNE ★

Place Godefroy de Bouillon
✆ 03 21 87 80 80
www.ville-boulogne-sur-mer.fr

Accès au rez-de-chaussée gratuit du lundi au vendredi. Visite aux étages en juillet et août : 2 €.

Haut de 35 mètres, construit sur l'ordre du comte de Boulogne à la fin du XIIe siècle, ce donjon fut cédé au début du XIIIe aux bourgeois de la ville qui en firent leur beffroi, symbole des libertés communales. Il avait pour fonction d'accueillir la cloche qui rythmait la vie du village. L'étage octogonal date du XVIIIe siècle. Le beffroi fut le seul monument de la ville épargné par les bombardements de la Seconde Guerre mondiale. Il a été classé en 2005 au patrimoine mondial de l'humanité par l'Unesco, tout comme les autres beffrois de la région.

RESTAURANT FLEUR DE SEL €€

90, quai Léon-Gambetta ✆ 03 21 30 07 41

Ouvert du dimanche au mardi de 12h à 14h ; du jeudi au samedi de 12h à 14h et de 19h à 21h. Carte : 17,50 € environ.

Bien qu'il se fasse discret sur le port de Boulogne, le restaurant Fleur de Sel figure parmi les incontournables de la ville. Très apprécié pour sa décoration chic et sa vue panoramique sur le port et la mer, sa cuisine est recherchée et irréprochable, toujours pour un prix raisonnable. Son ardoise, évoluant chaque jour, fait honneur aux produits frais. Recommandations de la maison : la lasagne de bar farcie au crabe ou les croquettes de crevettes grises sauce cocktail ! Une adresse à retenir pour un tête-à-tête en amoureux ou un moment de détente en famille.

NAUSICAÀ ★★★

Boulevard Sainte-Beuve
✆ 03 21 30 98 98
www.nausicaa.fr

Haute saison ouvert tous les jours de 9h30 à 20h. Adulte à partie de 28 €. Enfant de 3 à 12 ans à partir de 21,50 €.

Nausicaà est le plus grand aquarium d'Europe avec 10 millions de litres d'eau, 60 mètres de long sur 35 mètres de large, où se côtoient 1 600 espèces, dans plus de 17 000 m^3 d'eau. Le temps d'une journée, venez découvrir tous ses secrets et ses trésors à travers deux parcours immersifs et ludiques. Le site est entièrement dédié à la découverte et à la sensibilisation de la protection de l'univers marin, en reproduisant l'île de Malpelo au large de la Colombie, qu'ils soutiennent aussi afin d'y préserver la biodiversité. Véritable tour du monde, depuis la mer du Nord, la Méditerranée, les Tropiques, en passant par les côtes californiennes, la forêt immergée, peuplée de caïmans et de poissons d'eau douce. Émerveillez-vous en entendant le chant des oiseaux tropicaux, et découvrez les piranhas, caïmans, raies, arawanas et arapaïmas qu'abrite la forêt. Ne manquez pas l'exposition Marina, où, au travers des jeux, des expériences et des découvertes, vous comprendrez l'importance de l'océan dans notre vie quotidienne. Entrez en contact avec les lions de mer dans un tunnel de verre. Vous pourrez les observer dans un bassin d'un million de litres d'eau, donnant l'impression d'être immergé dans l'océan. Puis, remontez à la surface pour voir ces animaux exceptionnels, dans la reconstitution de leur habitat, entre falaises et constructions en bois. Guidés par les soigneurs, ils s'élancent pour leur entraînement physique ou médical, permettant de veiller sur leur épanouissement physique et mental. Montez à bord de la Thalassa pour vivre une expérience unique d'une campagne océanographique, à bord d'un navire de l'Institut Français de Recherche pour l'Exploitation de la Mer, l'*Ifremer*. De l'embarquement à quai jusqu'à la cabine, du trait de chalut jusqu'à la salle de tri du poisson, appréhendez le travail des scientifiques à bord, en découvrant les différents espaces de la Thalassa reconstitués en taille réelle, assis sur les gradins, devant une baie vitrée de 100 m^2, offrant une vision incroyable sur le paysage marin de la haute mer. Inspiré par l'île de Malpelo, située au large de la Colombie, vous observerez la raie manta évoluant au milieu des bancs de poissons, ainsi qu'une quarantaine d'espèces de poissons, requins et raies, points d'attraction majeurs de l'exposition Voyage en Haute Mer. Plongez dans L'Oeil du Climat, pour un spectaculaire voyage sur 430 m^2 de projection du sol aux murs et une immersion sonore, pour vivre les effets du réchauffement climatique. Une immersion totale pour comprendre votre pouvoir d'agir au quotidien.

BAIE DE SOMME

LIEUX	Km partiel	Km cumul	Routes
AIRE-SUR LA-LYS	0	0	D943 puis D942
SAINT-OMER	19	19	D943
ARDRES	24	43	D231 puis D215
GUÎNES	8	51	D127
DESVRES	28	79	D127 puis D901
MONTREUIL	28	107	D349
HESDIN	23	130	D928 puis D136 puis D12
CRÉCY-EN-PONTHIEU	21	151	D111 puis D105
ABBEVILLE	18	169	D928 puis D190
RAMBURES	22	191	Arrivée

AIRE-SUR-LA-LYS ★

La cité d'Aire-sur-la-Lys est une ville frontière entre l'Audomarois et l'Artois, un point d'entrée idéal pour tout visiteur provenant de l'ouest. Le centre historique offre des rues sinueuses et étroites héritées du passé, s'ouvre sur de nombreuses places et laisse la part belle à l'eau, celles des rivières de la Lys et de la Laquette où se mirent encore certaines habitations anciennes. Fondé au cours du Xe siècle, le bourg se dote alors d'une collégiale et, sous la double influence du comte de Flandres et des religieux, prospère jusqu'à accueillir un corps de garde, désormais le bailliage. La ville compte vingt-trois monuments historiques.

SAINT-OMER ★★

Saint-Omer, touristique et connue pour son marais et pour son patrimoine culturel et naturel, vit le jour au début des années 900 sur les rives de l'Aa, mais ne prit son envol qu'environ deux siècles plus tard, lorsque le port fut construit, permettant ainsi la navigation de navires marins à l'intérieur des terres. La cité se développe autour du marché et du port, des fortifications entouraient le tout et protégeaient par la même occasion le château (demeure du châtelain de Saint-Omer, vassal du comte de Flandre). D'une importance stratégique et commerciale déterminante, la cité fut à maintes reprises l'objet de convoitises et d'invasions.

CATHÉDRALE DE SAINT-OMER ★★

Enclos Notre-Dame

www.cathedrale-saint-omer.org

Accès libre. Ouvert de 8h/8h30 à 17h/18h selon la saison.

Aux origines de ce majestueux édifice, celui qui donna son nom à la ville : Saint-Omer ou Audomarus (600-670), premier évêque de Thérouanne, fonda une chapelle à l'emplacement d'un ancien temple païen. Depuis cette époque, le bâtiment ne cessa de grandir, et de s'embellir. L'architecture telle qu'on la connaît aujourd'hui fut le fruit d'un très long labeur de la part des artisans et constructeurs locaux : plus de 300 ans de travaux ! La cathédrale de Saint-Omer, qui domine la ville depuis 1561, mélange harmonieusement les styles roman et gothique.

LA MAISON DU MARAIS

36, avenue du Maréchal-Joffre

SAINT-MARTIN-LEZ-TATINGHEM ✆ 03 21 11 96 10

www.lamaisondumarais.com

Basse saison : ouvert du mardi au dimanche de 14h à 18h. Haute saison : tous les jours de 10h à 19h. Adulte : 5,90 €.

La vocation de la Maison du Marais ? Faire voyager au cœur d'une nature vivante et dépaysante. Le musée, aménagé dans un édifice tout en transparence, permet une première découverte théorique : films et aquariums mettent en valeur la richesse de ce patrimoine. L'immersion concrète commence sur la terrasse au bord de l'eau, pourquoi pas avec une glace ou une planche gourmande, puis dans le parc, et se poursuit avec la balade en bacôve, le bateau traditionnel. Dès lors, il suffit d'ouvrir grand les yeux pour apercevoir le héron ou la grèbe dans leur havre de paix !

Saint-Omer.

LA TERRASSE €€

16, place du Maréchal-Foch
✆ 03 21 38 02 02
Ouvert du lundi au samedi le midi et le soir ; le dimanche midi. Menus de 20,50 à 28 €. Formule du midi : 17,50 €.

Ambiance chic et décontractée à la Terrasse. Sur le coin de la place de Saint-Omer, vous apprécierez le cadre raffiné du restaurant, la gentillesse et le professionnalisme du personnel. À deux pas des rues piétonnes, l'emplacement est idéal pour manger un morceau avant d'aller chiner les boutiques audomaroises. Les plats sont soignés et on trouve de l'idée dans la carte : tartare de bœuf au foie, carbonnade, Saint-Jacques et crevettes de diverses manières, filet de merlu sauce Bercy avec sa fondue de poireaux, profiteroles sauce Nutella... À découvrir !

ARDRES

Petite ville pleine de charme située à une vingtaine de kilomètres dans l'arrière-pays de Calais. Au Moyen Âge, le chemin qui reliait Saint-Omer à Guînes traversait une petite éminence sablonneuse au sommet de laquelle se trouvait un cabaret. Les voyageurs venaient y boire la liqueur de Cérès. Cet endroit s'appelait Ardre, ce qui signifiait pâture. Occupée pendant dix-sept ans par les Anglais, Ardres devint capitale de l'Ardrésis en 1377. Elle hérita alors d'une devise qui lui tient toujours à cœur : *Brave et fidèle*. François Ier y passa en 1515, à l'occasion de l'épisode du Camp du Drap d'Or, où il s'entretint avec le roi anglais Henri VIII.

GUÎNES

Reliée à Calais par le canal de Guînes creusé en 1669, la commune présente un intérêt touristique indéniable. Le cadre de vie y est agréable et le patrimoine naturel des plus riche grâce à sa forêt domaniale et au marais de Guînes occupant tout le nord de la commune. L'offre touristique est fournie : camping, restaurants et l'office de tourisme du Pays d'Opale rue Georges Clemenceau. Le musée vivant du village Saint-Joseph est à visiter absolument, ainsi que la Tour de l'Horloge. Côté nature, n'hésitez pas à vous enfoncer dans la vaste forêt domaniale en suivant l'un des nombreux sentiers de randonnée balisés. Une vraie bouffée d'oxygène !

LA FORÊT DE GUÎNES

www.mairie-guines.fr
Accès libre toute l'année. Tenir compte des périodes d'ouverture de la chasse !

La forêt domaniale de Guines est une jolie forêt de 785 hectares. A pied ou à vélo, les enfants peuvent se défouler en toute sécurité tandis que les plus grands profitent de la sérénité des lieux. Les connaisseurs apprécieront aussi, en saison, la richesse en champignons comestibles. A noter que la forêt abrite en son cœur un site historique classé : la colonne Blanchard, dressée au point d'arrivée lors de la première traversée de la Manche en ballon en 1785. On y accède au terme d'une agréable randonnée de 3 kilomètres, sur le sentier dit du Bois de Ballon.

SENTIER DU BOIS DE BALLON

✆ 03 21 35 73 73
www.paysdopale-tourisme.fr
Longueur : 3 km. Durée : 1h15.

Prenez le départ de la maison forestière de Guînes pour une courte randonnée. Le sentier du Bois de Ballon doit son nom à la réussite de la première traversée de la Manche en ballon par l'aéronaute J.-P. Blanchard en 1785. Parti de Douvres, il parvint à atterrir en bordure de la forêt domaniale de Guînes ; la colonne Blanchard perpétue le souvenir de cet événement. En chemin, vous trouverez un parcours aventure avec ponts de singe, balançoires géantes et une tyrolienne de 120 mètres.

DESVRES

Desvres bénéficie d'une renommée internationale grâce à la production de ses remarquables poteries, céramiques et faïences richement décorées. De nos jours, quelques artisans perpétuent le savoir-faire et la tradition séculaire du fait-main tout en créant des objets contemporains. Ils sont pour la plupart regroupés dans le Village des Métiers d'Art, à cheval sur la commune limitrophe de Longfossé. Vous aurez la possibilité de leur rendre visite pour admirer leur savoir-faire et craquer pour une de leurs œuvres. Mais c'est en visitant le Musée de la Céramique que vous pourrez découvrir toute l'étendue de la richesse de cette production artisanale.

MONTREUIL ★★

L'origine de la cité serait religieuse : elle tient son nom du mot latin *monasteriolum*. Sa situation éminente, 40 mètres au-dessus de la vallée de la Canche, lui permit de jouer ensuite un rôle militaire. Déambuler dans les ruelles, c'est feuilleter un livre d'histoire. Ici, le passé nous est conté par les églises, les chapelles, les hôtels particuliers et les rues si pittoresques. En souvenir de sa mise en scène dans plusieurs romans célèbres de Victor Hugo, la ville organise chaque année un magnifique spectacle son et lumière. Divisé par les vallées de la Canche, de la Course et de l'Authie, le Montreuillois offre une grande variété de paysages.

CITADELLE DE MONTREUIL-SUR-MER ★★★

Rue Carnot ✆ 03 21 86 90 83
www.musees-montreuilsurmer.fr
Fermé le mardi. Horaires variables selon les saisons, cf le site. Gratuit jusqu'à 12 ans. Citadelle seule : adulte 5 €.

Avant la citadelle, il y eut un château, bâti par Philippe Auguste au début du XIIIe siècle afin de verrouiller l'accès sensible à ce fond d'estuaire de la Canche. Au XVIe siècle, après les ravages de la guerre contre Charles Quint, Charles IX ordonne la construction d'une citadelle. Du bâtiment initial sont conservées la porte d'entrée en arc brisé et les deux tours massives qui la bardent. Du XVIIe au XIXe siècle, le site est régulièrement renforcé, notamment par Vauban vers 1670. Entre 1916 et 1919, les Britanniques y installent leur centrale de communication. La citadelle est démilitarisée en 1929, trois ans après son classement aux monuments historiques. Dans la chapelle, une exposition retrace l'histoire de la commune. Une exposition sur l'histoire de la Grande Guerre s'y trouve également. Le clou du spectacle amusera jeunes et moins jeunes : il s'agit d'une catapulte datant des XIIe et XVe siècles, que l'on peut voir à l'œuvre et que les Montreuillois appellent affectueusement la bricole. D'autre part, cette citadelle est classée zone Natura 2000 car elle constitue un lieu d'hibernation privilégié (et de reproduction) pour de nombreuses espèces rares et menacées de chauves-souris. Une exposition organisée en coopération avec le Conservatoire d'Espaces Naturels permet de sensibiliser les visiteurs à la grande utilité de ces espèces animales encore mal connues et sources de crainte pour beaucoup. L'été se déroule un spectacle nocturne sur *Les Misérables*, à ne pas rater !

LA FONTAINE DES CLERCS

1, rue de l'Eglise
✆ 03 21 06 07 28
De février à fin oct. Nuit camping-car à partir de 15,50 €. Site Internet : www.campinglafontaine-desclercs.ellohaweb.com

Calme et ombragé, le camping du joli nom de « Fontaine des Clercs » propose tout ce qu'il y a de plus naturel : un peu de verdure et un toit pour dormir. Les 15 emplacements pour camping-cars sont bien espacés et verts. Point pour effectuer les services. Sanitaires entretenus. Point trop n'en faut pour passer un agréable moment. L'air vivifiant, les plages de sable fin du Touquet, d'Hardelot et de Berck sont à proximité et vous donneront largement de quoi rythmer vos journées. Une destination insolite, aux pieds des remparts de Montreuil-sur-Mer.

LE BISTRONOME €€

26, rue d'Hérambault
✆ 03 21 06 04 23
www.restaurant-le-bistronome.fr
Fermé mercredi et mardi soir. Menu unique à 30 €. Carte : 28 € environ. Formules du midi : 16, 19 et 22 €.

Après avoir fait ses armes dans les belles adresses de la région, François Granderie ouvre sa propre enseigne avec le Bistronome : une adresse conviviale aux plats de terroir associés à la finesse d'une grande cuisine. François aime apporter un brin d'exotisme en fonction de l'inspiration du moment. Originales et savoureuses, ses associations sont à la portée de tous et de tous les budgets. Chef accompli, il se plaît à venir à la rencontre de ses convives pour leur parler de ce territoire qu'il maîtrise depuis plus de vingt ans. Bluffant !

CRÊPERIE LE CLAN DES ELFES €€

3, rue du Clape en Bas ✆ 06 83 71 16 66
www.creperie-leclandeselfes.fr
Ouvert du jeudi soir au mardi midi hors saison et 7j/7 en juillet et août (sauf mercredi). Carte 15 € environ.

On y déguste, à la carte, bien sûr des galettes bretonnes et des crêpes sucrées, mais aussi des salades composées ou des assiettes de fromages et charcuteries. Essayez la galette Welsh (jambon, cheddar, œuf et crème moutardée) ou la Savoyarde (reblochon, lardons, pommes de terre, crème fraîche et jambon cru) et terminez avec une douceur maison : crêpe au caramel au beurre salé ou chocolat. Pour accompagner ces mets, des cidres, des bières bretonnes, des softs et des vins.

HESDIN

Situé au confluent de la Canche et de la Ternoise, Hesdin est un gros bourg rural formant un îlot fleuri au milieu d'un écrin de verdure. Au cœur du pays des 7 vallées, son passé fut prospère et son patrimoine historique demeure important. La place d'Armes, son imposant hôtel de ville des XVIe et XVIIe siècles et son remarquable beffroi en témoignent. La Canche, qui coule en serpentant entre des maisons et des hôtels particuliers du XVIe siècle, rend les balades très attrayantes. Terre restée profondément agricole, Hesdin a des liens avec plusieurs secteurs de l'agroalimentaire. De bonnes tables et la vue sur la Canche en font une halte agréable.

CRÉCY-EN-PONTHIEU

Petite bourgade nichée au cœur de la vallée de la Maye, Crécy est connue pour sa forêt mais aussi pour son passé mouvementé. La bataille de Crécy fut un événement majeur qui marqua le début de la guerre de Cent Ans. Suite à l'union entre le roi Edouard Ier et Eléonore de Castille qui apporta en dot le Ponthieu, le comté devient en 1279 la possession de la couronne d'Angleterre. En 1346, Crécy est au cœur d'un affrontement sans précédent opposant la France et l'Angleterre. En 1940, comme beaucoup de villes de la région, Crécy subit les bombardements de la Seconde Guerre mondiale. Aujourd'hui, la ville a retrouvé calme et sérénité.

FORÊT DE CRÉCY ★

www.terresetmerveilles-baiedesomme.com

Une carte de la forêt de Crécy est disponible gratuitement à l'office de tourisme.

Rattachée au comté du Ponthieu, la forêt royale de Crécy ne constituait qu'une petite partie d'un plus vaste massif. Véritable poumon vert du département, la forêt de Crécy, avec ses 4 000 ha composés à 70 % de hêtres et 30 % de chênes, et de 20 arbres remarquables, dégage des effluves auxquels personne ne saurait résister. Accroché à la cime des arbres, son manteau de verdure filtre les rayons du soleil diffusant une lumière douce. Lieu de prédilection pour les cavaliers, les randonneurs et les cyclistes, 8 boucles pédestres ont aussi été tracées dans la forêt.

ABBEVILLE ★★

L'histoire de la ville remonte à l'époque carolingienne, où elle est citée comme dépendance de l'abbaye de Saint-Riquier. Son nom signifie « domaine de l'abbaye ». Le XIIe siècle marquera le début de la prospérité, qui s'étendre jusqu'au XVe siècle grâce au commerce maritime, la Somme permettant alors la navigation de gros tonnages jusqu'au port d'Abbeville. Malgré son architecture récente, elle conserve quelques témoignages anciens, comme des maisons du XVIe siècle ainsi que des hôtels particuliers. A voir également : la collégiale Saint-Vulfran et le beffroi, qui abrite le musée d'art de la ville. Il fait aussi bon flâner dans les rues et cafés.

MARCHÉ COUVERT

Place du Grand-Marché

Jeudi matin et samedi toute la journée. La dernière semaine du mois, le marché du jeudi est remplacé par le mercredi.

Quel plaisir de faire ses courses sur le marché couvert d'Abbeville ! C'est là que vous déambulerez tranquillement dans une ambiance toujours joviale et que vous allez prendre le temps de choisir tous les produits qui vous serviront à confectionner vos repas. Fruits, légumes, fromages, laissez-vous tenter par les couleurs et les odeurs qui mettent l'eau à la bouche. Régulièrement, des animations viennent égayer vos déambulations. Et pour finir la promenade, offrez-vous un moment agréable au bistrot des Halles, pour un café ou une petite mousse !

RAMBURES

Situé à 30 kilomètres de la baie de Somme, le petit village de Rambures mérite le détour, notamment pour y effectuer la visite de son château aux « trois couleurs » (bleu pour son toit, blanc pour le calcaire dont il est composé, rouge pour sa façade). D'architecture militaire, c'est le premier château fait de brique et de pierre de France. Il est entouré d'un superbe jardin aux arbres centenaires et abrite une roseraie de 3 200 m², qui fait la fierté des villageois. A Rambures, on visitera aussi l'église Notre-Dame-de-l'Assomption.

LA CÔTE D'ALBÂTRE

LIEUX	Km partiel	Km cumul	Routes
ABBEVILLE	0	0	D40 puis D940
LE CROTOY	22	22	D940 puis D3
CAYEUX-SUR-MER	25	47	D102 puis D940
LE TRÉPORT	21	68	D940 puis D925
DIEPPE	29	97	D75
SOTTEVILLE-SUR-MER	24	121	D68
VEULES-LES-ROSES	3	124	D925 puis D925B
SAINT-VALÉRY-EN-CAUX	8	132	D925 puis D69 puis D10
CANY-BARVILLE	12	144	D925 puis D471 puis D79
SAINT-PIERRE-EN-PORT	13	157	D79 puis D925
FÉCAMP	12	169	D940 puis D211
YPORT	7	176	D211 puis D11
ETRETAT	11	187	Arrivée

- Sens du circuit
- Itinéraire 187 km
- Aire de service
- Aire de camping
- Villes
- D Départ
- A Arrivée

ABBEVILLE ★★

L'histoire de la ville remonte à l'époque carolingienne, où elle est citée comme dépendance de l'abbaye de Saint-Riquier. Son nom signifie « domaine de l'abbaye ». Le XIIe siècle marquera le début de la prospérité, qui s'étendre jusqu'au XVe siècle grâce au commerce maritime, la Somme permettant alors la navigation de gros tonnages jusqu'au port d'Abbeville. Malgré son architecture récente, elle conserve quelques témoignages anciens, comme des maisons du XVIe siècle ainsi que des hôtels particuliers. A voir également : la collégiale Saint-Vulfran et le beffroi, qui abrite le musée d'art de la ville. Il fait aussi bon flâner dans les rues et cafés.

LA FERME DE MAYOCQ** €€

7 bis, rue de Mayocq
✆ 03 22 27 09 99
www.la-ferme-de-mayocq.com
Fermé de nov. à mars. 58 emplacements de 5 à 9 €. Véhicule à partir de 3 €. 2 personnes à partir de 8 €. Wifi gratuit.

A 1 km de la plage et 1 km du centre-ville du Crotoy, au cœur de la baie de Somme, dans un cadre verdoyant, boisé et fleuri, la Ferme de Mayocq vous assurera calme et détente. Sur place, vous trouverez les équipements suivants : ping-pong, château gonflable, salle de remise en forme... Les mobil-homes sont très bien équipés : four, plaques à induction, hotte aspiration, micro-ondes, cafetière, télévision... Une fois installé, le mieux est encore d'enfourcher votre vélo pour partir explorer les alentours : la ville du Crotoy, son marché, le parc du Marquenterre...

LE CROTOY ★★

Atouts uniques dans la région : des plages exposées plein sud, des lumières, des paysages changeant au gré des marées de la baie, des produits de la mer réputés. Érigé sur un banc de sable, Le Crotoy est un port héritier d'une longue tradition de pêche. Il était, au XVIIe siècle, l'un des ports les plus importants de la Manche. Aujourd'hui, l'ensablement de la baie a contraint les bateaux de pêche à quitter les lieux pour aller s'amarrer au Tréport. Les maisons de pêcheurs se mêlent aux demeures de vacances de visiteurs venus profiter d'un village authentique. Le Crotoy connut son heure de gloire au XXe siècle avec le parfumeur Guerlain.

CAYEUX-SUR-MER ★

La station balnéaire familiale du littoral picard tire son nom du banc de galets déposé par la mer après avoir roulé les silex arrachés aux falaises de craie toutes proches. La version picarde des cailloux est mondialement reconnue pour sa dureté, sa pureté et sa couleur bleue. Destinés à la construction, on les retrouve volontiers en décoration, pour le filtrage ou la fabrication de papier de verre. Cuits, ils sont utilisés dans la préparation des céramiques et des peintures. Le chemin des planches, le plus long d'Europe avec ses 1 800 mètres de long, attire de plus en plus les touristes. Ses cabines de plage lui ajoutent un charme certain.

NORD-OUEST

Le Crotoy.

CHAPELLE DES MARINS ★

Rue du Général-Leclerc

Ouvert toute l'année. Tous les jours et les jours fériés de 9h à 18h, pour visite et prière.

Comme de nombreuses autres présentes dans la région, la chapelle de Cayeux-sur-Mer symbolise le riche passé maritime de ce quartier où, jusqu'à la fin des années 1940, les pêcheurs débarquaient directement leurs poissons sur la grève. Dédiée à Notre-Dame-de-la-Mer, elle fut construite en 1859 à 100 mètres de la plage, là où les marins priaient avant les départs en mer et au retour, en guise de remerciements. Sur la façade, on voit Marie sur une barque, arrivant au port de Boulogne-sur-Mer. Le tout dégage une douce atmosphère, très paisible.

LE TRÉPORT ★

Petit port de pêche et de commerce aux portes de la Picardie, Le Tréport est aussi une station balnéaire classée depuis 1960, qui offre à ses habitants et aux touristes des animations toute l'année. Très appréciée des Parisiens, qui viennent pratiquement en voisins - Le Tréport est la ville côtière la plus proche de la capitale -, la cité a vu ses premières villas de front de mer apparaître dès le milieu du XIXe siècle. Malheureusement, de cette Belle Époque il ne reste plus grand-chose. Les falaises, elles, sont demeurées là et quand vient le soir, elles s'illuminent pour offrir un spectacle grandiose. Le funiculaire et sa plage sont ses deux atouts.

CAMPING DE LA VIEILLE ÉGLISE** €€

1, route des Canadiens ✆ 03 22 26 63 23

www.camping-vieille-eglise.fr

Ouvert du 01/04 au 15/11. Mobil-homes, cottages. Jeux pour enfants. Animaux acceptés. Aire camping-cars. Wifi payant.

Ce camping se distingue par ses emplacements vastes et soignés, d'environ 90 m² chacun. Vous y retrouverez des hébergements conventionnels, mais aussi des hébergements plus atypiques comme une maison de pêcheur, des chalets et un cottage méditerranéen. Pour les enfants : piscine extérieure chauffée à 27 °C (ouverte du 1er mai au 30 septembre), un grand bassin couvert et chauffé à 27 °C, une aire de jeux, un écran géant et des jeux vidéos. La plage et le centre-ville sont à 1,5 km.

CAMPING INTERNATIONAL DU GOLF €

102, route de Dieppe ✆ 02 27 28 01 50

www.campings-treport.com

De mai à mi-septembre. Emplacement + véhicule + 2 personnes de 18 à 20,90 €. Animaux acceptés.

Un camping qui a pris place dans un parc arboré centenaire et fleuri, sur les falaises de la pittoresque station balnéaire du Tréport, tout près du port et de la plage par le funiculaire. Les salles de sanitaires avec douches, lavabos ou lavoirs sont bien tenues. Une partie du terrain est réservée aux emplacements de mobil-homes et caravanes. Une aire de services permet aux camping-cars de se ravitailler en eau et de vidanger. Un camping agréable pour une halte ou plusieurs nuits.

LE PARC AUX HUITRES €€

Pointe du Hourdel

✆ 03 22 26 61 20

www.le-parc-aux-huitres.fr

Basse saison : ouvert du mercredi au dimanche le midi et le soir. Haute saison : tous les jours le midi et le soir.

A la pointe de la baie de Somme, le restaurant historique le Parc aux Huîtres a fait peau neuve. Les nouveaux propriétaires Ederic et Delphine Dauphin font revivre l'histoire mythique du port du Hourdel. Ces professionnels de la restauration accompagnés de leur équipe de cuisine, travaillent les produits frais, de saison, et font appel à des producteurs, pêcheurs et artisans locaux. Les stars du restaurant, ce sont le homard bleu de nos côtes, mais aussi la choucroute de la mer, le saumon fumé maison, tout comme la terrine d'agneau des prés salés.

COMPTOIRS DE L'OCEAN €€

46, quai François 1er

✆ 02 35 86 24 92

www.comptoirs-ocean.com

Ouvert tous les jours de 11h à 14h30 ; du jeudi au mardi de 18h à 22h30. Menus de 19,70 € à 65 €.

Si l'envie vous prend de déguster de savoureux fruits de mer fraîchement pêchés lors de votre découverte du Tréport, c'est ici, aux Comptoirs de l'Océan, que vous trouverez votre bonheur. Situé sur le port, ce restaurant est une adresse incontournable pour les amateurs de produits de la mer. Parmi les spécialités proposées au menu, vous trouverez des incontournables comme le plateau de fruits de mer, les moules frites ou les assiettes d'huîtres fraîches. Et pour plaire au plus grand nombre, le restaurant propose aussi des plats de viande et un menu végétarien.

LE HOMARD BLEU €€

45, quai François-Ier
✆ 02 35 86 15 89
www.le-homard-bleu.com

Tous les jours midi et soir. Réservation recommandée. Menus de 19,90 € à 29,90 € (trois plats).

Ce restaurant est une institution au Tréport. Le chef, Eric Bagnost, apporte tout son savoir-faire pour réinventer une cuisine de tradition à base de produits du terroir. Sur les ardoises, les poissons affichés ont été pêchés le matin même et préparés avec maestria pour satisfaire les gourmets. Quant aux fruits de mer, la spécialité du chef (le homard bleu) vous comblera forcément... N'hésitez pas à réserver, car les tables du premier étage avec vue sur la mer et la falaise sont très prisées... Même sans la vue, les assiettes sont toujours époustouflantes !

DIEPPE ★★

Doyenne des stations balnéaires françaises et premier port de pêche pour la coquille Saint-Jacques, Dieppe cultive le charme et la douceur de vivre. Depuis mille ans, elle a épousé la mer et l'accueille dans son port historique. En plus de sa culture maritime ancienne marquée par l'importation d'ivoire, et culinaire, avec ses recettes typiquement dieppoises, l'une des richesses de la ville réside dans son front de mer de 2 km de long : pelouses, jardins d'enfants, restaurants, mais aussi un centre aquatique doté d'une piscine olympique extérieure chauffée toute l'année... Tout a été conçu pour que le séjour soit à la fois simple et dépaysant.

La pêche est une activité très importante à Dieppe.

ESTRAN CITÉ DE LA MER

37, rue de l'Asile-Thomas ✆ 02 35 06 93 20
www.estrancitedelamer.fr

Ouvert du lundi au vendredi de 9h30 à 18h. Week-end et jours fériés de 9h30 à 12h30 et de 13h30 à 18h. Adulte : 7,50 €.

L'E.S.T.R.A.N. est une association ayant créé un Centre de Culture Scientifique, Technique et Industrielle dédié au littoral normand. L'E.S.T.R.A.N. Cité de la Mer voit le jour en juin 1993. Cet acronyme signifie Espace Scientifique et Technique des Ressources Aquatiques et de la Navigation. Le mot estran désigne aussi la partie du littoral alternativement couverte à marée haute, et découverte à marée basse. C'est à la fois un musée-aquarium de plus de 1 600 m², mais aussi un Pôle environnement spécialisé dans la gestion de l'espace côtier, et un Pôle social avec la mise en œuvre de chantiers d'insertion. Partez à la découverte du monde littoral depuis la vie d'Anita Conti, première femme océanographe, à la faune marine de la Manche présentée dans les aquariums du rez-de-chaussée où les animaux évoluant dans les bassins sont souvent méconnus, seiches, syngnathes, vives, blennies et différentes anémones de mer. Les grands aquariums sont peuplés d'espèces bien connues, mais rarement observées vivantes, turbots, lieux jaunes, bars, morues, entre autres. Les aquariums reconstituent au plus près les conditions de vie du milieu naturel, température de l'eau, salinité, éclairage, nourriture. Venez découvrir l'envers du décor, assister ou aider au nourrissage. Devenez soigneur d'un jour avec l'équipe d'aquariologistes. Poursuivez la visite par le premier étage dédié à l'évolution de la construction navale à travers les techniques de construction, les matériaux utilisés et la technologie embarquée. Voyagez dans le temps, à travers de nombreuses maquettes et moteurs, depuis la fabrication d'un drakkar jusqu'à la genèse d'un chalutier. La passerelle permet de découvrir les nombreux instruments de bord, des sextants et octants anciens, aux ordinateurs de bord actuels. Approchez du monde scientifique marin, grâce à la borne interactive. Le dernier étage est consacré à la filière pêche haute normande, à travers son histoire, et le hottage du hareng. Découvrez les évolutions récentes avec les différentes techniques de pêche, l'évaluation de la ressource, la transformation et la valorisation des produits de la mer. La Cité de la Mer accueille aussi le Jardin des Mers de la Station Nautique Dieppe Pays Normand. Les enfants profiteront de nombreuses activités le temps d'une demi-journée. Découverte du littoral à marée basse. Découverte du port de Dieppe. Réalisation d'un carnet de nœuds marins. Fabrication de cerfs-volants et même construction d'un petit bateau. Prévoir des bottes pour les sorties à la plage et un ciré en fonction de la météo.

LES VOILES D'OR €€

2, chemin de la Falaises
✆ 02 35 84 16 84
www.lesvoilesdor.fr

Menus de 38 à 56 €. Carte : 70 € environ. Vin au verre. Plateau de fromages : 18 €. Carte des desserts : 15 €.

C'est le restaurant star de la région, récompensé par une étoile au guide Michelin. Ici, tout repose sur les offrandes de la mer et sur ce que le chef déniche sur le marché le matin même, et la pêche est toujours bonne : le poisson est à l'honneur. La carte est riche de saveurs et tient ses promesses : bar cuit sur la peau et mousseline de panais, turbot rôti au jus de viande corsé, mais aussi canard à la fricassée de chou rouge… Les desserts sont de véritables réussites : poire confite à la cannelle, sabayon aux mangues fraîches et fruit de la passion…

DOUCE FRANCE €€

13, rue du Docteur-Girard
✆ 02 35 57 85 30
www.doucefrance.fr

Studio : 242 €. Suite : 102 € à 162 €. Petit déj : 13 €. Wifi. Tv. Terrasse. Restauration en chambre. Salon de thé.

Cet ancien relais de poste, adossé à la Veules, rénové par les compagnons de France, est une merveille de douceur et de confort. À peine a-t-on franchi le porche que les parfums des fleurs de la cour annoncent la couleur : ici, tout sera luxe, calme et volupté. Les chambres et les suites sont très accueillantes et décorées avec soin, et donnent l'envie d'y rester… Un salon de thé adorable vous offre, à votre passage, une agréable pause pour une crêpe ou une glace… L'une des plus belles adresses de Veules-les-Roses, pour un après-midi, ou un long séjour.

SOTTEVILLE-SUR-MER

En plein pays de Caux, Sotteville-sur-Mer, petite bourgade de 393 habitants, est intéressante pour son accès aux falaises de Sotteville, constituées de grès et de silex. Un escalier de 231 marches a été spécialement été aménagé à cet effet et fait le bonheur des touristes. La commune abrite également plusieurs monuments d'intérêt, en particulier la chapelle Notre-Dame-de-Bon-Secours, qui est en fait une ancienne léproserie datant du XIIe siècle. Mais aussi l'église Notre-Dame, dont il ne reste que la tour d'origine.

SAINT-VALÉRY-EN-CAUX ★

Nichée au creux de falaises monumentales, la ville de Saint-Valery-en-Caux vaut le coup d'œil ne serait-ce que pour son aspect un peu vieillot et sans prétention. Si aujourd'hui elle semble s'être arrêtée dans le temps, beaucoup de peintres et d'écrivains y sont autrefois passés : Victor Hugo, Gustave Flaubert, Sacha Guitry… Aujourd'hui, c'est une station balnéaire familiale avec un front de mer agréable. Côté campagne, elle sert de point de départ à de nombreux circuits touristiques. Côté gastronomique, elle possède de discrets et excellents restaurants de fruits de mer où huîtres et fish and chips rivalisent avec ceux des grands chefs.

VEULES-LES-ROSES ★

Veules-en-Caux honora tellement les roses qu'elle dut changer de nom en 1897 pour prendre celui qu'on lui connaît aujourd'hui, beaucoup plus révélateur de sa beauté. A l'époque romantique, ce lieu pittoresque, avec ses moulins, son église du XVe siècle, ses fameuses cressonnières et son minuscule fleuve, fait accourir les estivants en quête de calme et de beauté. Les années ont passé, mais le charme demeure : la découverte de Veules, de ses ruelles et de ses jardins qui embaument à la belle saison reste un délicieux moment de sérénité qu'il faut prendre le temps de savourer. La ville est aussi renommée pour ses huîtres uniques remises au goût du jour.

CANY-BARVILLE ★

Au cœur de la vallée de la Durdent, sur la route de la côte, Cany-Barville eut à la fois à pâtir et à se réjouir de sa situation géographique. Peuplée depuis la haute Antiquité, comme le prouvent les vestiges trouvés lors des fouilles archéologiques, la ville subit de plein fouet les guerres qui ensanglantèrent le pays de Caux. Néanmoins, un commerce varié (encre, huile…) y a toujours été florissant. La ville bénéficia aussi d'une importante activité textile grâce aux nombreux moulins bordant la rivière. De nos jours, la visite de son château et de son bourg permet une halte de charme, que complète une belle base de loisirs sur le lac de Caniel.

CAMPING MAUPASSANT**** €€

12, rue de la Folie - **VITTEFLEUR** ✆ 02 35 97 97 14
www.camping-maupassant.com
Accueil : 9h30-12h et 13h30-19h. Emplacement + 2 pers + véhicule à partir de 14 €. Jeux. Wifi. Animations. Piscine. Bar.

On vient au camping Maupassant pour son calme et sa situation. Très fleuri et accueillant, il est situé dans une ancienne ferme composée de beaux bâtiments, un clos masure propice à des vacances reposantes. Les enfants profiteront des aires de jeux, de la piscine, du château gonflable ou encore des salles de jeux couvertes. À proximité, il y a la base de loisirs du lac de Caniel et la Plage de Veulettes-sur-Mer. Le camping est un point de départ idéal pour la visite en voiture de lieux réputés comme Veules-les-Roses ou Étretat. Idéal pour un séjour avec enfants.

LA TABLE D'AGNÈS €€

73, rue du Général-de-Gaulle
✆ 02 35 97 96 88
www.la-table-dagnes.lafourchette.rest
Du mercredi au dimanche : 12h-14h et 19h-21h. Carte : 40 € environ. Chèque Vacances, Chèque Restaurant. Groupes.

Tous les sens sont à la fête dans cette belle auberge située au bord de la Durdent. Les assiettes font la part belle aux produits de la ferme et aux maraîchers locaux. Les plats sont savoureux et généreux : terrine de foie gras mi-cuit, ris de veau flambée au cognac, sole meunière... Le cadre, typiquement normand, est très agréable avec sa grande cheminée et son ambiance authentique. L'accueil mérite aussi une mention spéciale aux propriétaires des lieux. Leur longue expérience mêlée à l'amour du métier leur permet d'afficher une franche réussite.

LE REIDROC €€

67, boulevard Albert-Ier
✆ 02 35 28 10 55
www.restaurant-brasserie-fecamp.fr
Ouvert toute l'année. Tous les jours de 8h30 à minuit. Carte : 22 € environ. Terrasse.

C'est l'un des établissements du front de mer de Fécamp qui permet de déjeuner ou boire un verre face à l'horizon. On a souvent du mal à y trouver une place tant le lieu est prisé des touristes et des habitués. Mais si vous y parvenez, vous pourrez manger les moules-frites dont vous avez rêvé tout le trajet, un plateau de fruits de mer ou encore un poisson pêché à quelques encablures de votre table. Mais il y a aussi de quoi satisfaire les viandards. Le plus du lieu est sa terrasse lors des jours de soleil, et l'accès à la plage sitôt votre tiramisu avalé.

PECHEURS D'ISLANDE

41, quai Bérigny
✆ 02 35 28 00 55
www.pecheurs-islande.eu
Ouvert le lundi de 15h à 19h ; du mardi au samedi de 9h à 12h30 et de 14h30 à 19h ; le dimanche de 10h à 13h.

La marque Pêcheurs d'Islande propose certes des produits que l'on retrouve dans les grandes surfaces mais également tout un éventail de marchandises artisanales. Vous trouverez dans la boutique de Fécamp un large choix spécialisé exclusivement dans les produits de la mer de haute qualité, comme par exemple la soupe de poissons, les sardines millésimées, les poissons fumés et marinés, mais aussi des conserves, des sauces et des coffrets cadeaux... C'est l'occasion de rapporter un petit souvenir de votre séjour à la mer.

FÉCAMP ★★★

Les Fécampois ont toujours sillonné les mers lointaines à la recherche d'épices ou de nouvelles matières. Mais c'est surtout au XVIe siècle, lorsque les pêcheurs dénichèrent le filon de la morue au large de Terre-Neuve, dans les eaux canadiennes de l'Atlantique nord, que la ville prit réellement son essor. Ce qu'on appelle « l'or blanc » fera pour trois siècles sa fortune : en 1872, Fécamp est ainsi devenu le premier port de pêche hauturière avec une flotte de plus d'une centaine de bateaux. Une flotte qui compte surtout des terre-neuvas mais aussi des « dundees » utilisés pour la pêche aux harengs et aux maquereaux dans les eaux de la Manche.

YPORT

Entre Étretat et Fécamp, au creux d'une valleuse descendant vers la mer, Yport est une escale de charme. À l'origine village de pêcheurs, dont vous vous étonnerez encore des bateaux de bois posés sur leurs flancs sur les galets, la cité a suivi le grand mouvement pour offrir ses falaises et ses paysages au tourisme balnéaire. Côté patrimoine, Yport brille par son église construite par les habitants eux-mêmes et qui abrite de nombreux ex-voto de marins pour beaucoup sous forme de maquettes de bateaux, mais aussi pour ses belles villas et ses modestes maisons de pêcheurs. Site classé, le village propose de nombreuses balades, notamment sur le GR21.

ETRETAT ★★★

Autrefois un modeste village de pêcheurs, Etretat est aujourd'hui une station balnéaire incontournable de la côte d'albâtre. Qui ne connaît pas, ou n'a jamais entendu parler, de ses falaises de craie blanche et de ses arches de calcaire ? Elles séduisent toujours autant les locaux et les touristes, comme les artistes d'antan dont Claude Monet, Gustave Flaubert, Guy de Maupassant ou encore Maurice Leblanc... Le sentier piéton qui longe les falaises permet de profiter de l'air iodé et de s'imprégner des paysages de ce site qui contribue au rayonnement de la Normandie, au même titre que le Mont-Saint-Michel ou les planches de Deauville.

LA MARIE-ANTOINETTE €€€

12, rue Alphonse-Karr
✆ 09 86 23 88 93
www.marieantoinette-etretat.fr

Service lundi, jeudi et vendredi. Plateau de fruits de mer 2 personnes 75 €. Plateau Marie-Antoinette : 120 €.

Clin d'œil à la reine qui faisait venir ses huîtres d'Étretat, dans ce délicieux restaurant à la décoration façon Marie-Antoinette et Coppola *by Mister Kitsch*, ce qui est sérieux, ce sont les fruits de mer ! En direct de la poissonnerie voisine, leur fraîcheur est irréprochable. Les plateaux sont particulièrement soignés et la carte propose un très beau choix de salades magnifiquement déclinées autour du poisson, de carpaccios de haddock ou de dorade. Et si vous avez envie de toucher au luxe ultime, sachez que du caviar français y est servi à un prix abordable.

HÔTEL LE RAYON VERT €€€

1, rue Général Leclerc
✆ 02 35 10 38 90
http://hotelrayonvertetretat.com/

18 chambres. Chambre double de 119 € à 275 €. Petit déjeuner : 14 € (7 € pour les enfants de moins de 12 ans).

Magnifique demeure du XIXe siècle d'Etretat. Situé en front de mer, l'hôtel au charme indéniable propose de grandes chambres avec lit à baldaquin, balcon, et salle de bain (pour certaines) dotée d'une baignoire balnéo donnant sur la mer. Après une longue journée à parcourir les falaises de la ville, installez-vous dans un bon bain chaud, ouvrez la fenêtre et profitez d'un coucher de soleil, du bruit des vagues, et du moment ! Pour ne rien gâcher, l'hôtel dispose d'un restaurant proposant une cuisine bio. Une des adresses de charme d'Etretat.

LA ROSE DES VENTS

2, rue Monge
✆ 02 35 29 66 91
www.larosedesvents-etretat.com

Ouvert tous les jours de 10h à 19h. Location de vélo.

Cette épicerie située dans une ancienne bâtisse va bientôt fêter ses 20 ans. Vous y découvrirez un beau panel de produits régionaux à rapporter de votre séjour chez vous : terrines, plats cuisinés normands, biscuits, confitures, miels, caramels d'Isigny, paniers garnis, objets de vaisselle, savons... Au frais, vous retrouverez les fromages AOP normands et, naturellement, l'indispensable rayon boissons : calvados, pommeaux, jus de pomme, cidres issus de tous les départements normands, ainsi que jus de poire et bières normandes. Incontournable donc.

Etretat.

LIEUX	Km partiel	Km cumul	Routes
LE HAVRE	0	0	E44
PONT DE NORMANDIE	24	24	D580
HONFLEUR	4	28	D513
TROUVILLE	15	43	D513
DEAUVILLE	2	45	D513
VILLERS-SUR-MER	7	52	D118
BEAUMONT-EN-AUGE	5	57	D58 puis D16 puis D146
BEUVRON-EN-AUGE	18	75	D49 puis D400
DIVES-SUR-MER	13	88	D513
CABOURG	2	90	D513
CAEN	23	113	D7
DOUVRES-LA-DÉLIVRANDE	13	126	D83 puis D141
FONTAINE-HENRY	8	134	D170
COURSEULLES-SUR-MER	8	142	D514
ARROMANCHES-LES-BAINS	13	155	D516
BAYEUX	11	166	E46 puis D30 puis D514
SAINT-PIERRE-DU-MONT	27	193	D514
GRANDCAMP-MAISY	5	198	D514 puis D613
ISIGNY-SUR-MER	9	207	D613 puis D974
CARENTAN	11	218	D974 puis E03
SAINTE-MÈRE-ÉGLISE	13	231	D94 puis D421
UTAH BEACH	11	242	Arrivée

PLAGES DU DÉBARQUEMENT

- Sens du circuit
- Itinéraire 242 km
- Aire de service
- Aire de camping
- Villes
- Curiosités
- Départ
- Arrivée

5 KM

LE HAVRE ★★

Le Havre doit presque tout à deux hommes. L'un en a fait un port royal (François Ier), l'autre a redessiné ses axes et ses bâtiments (Auguste Perret). Entre les deux, cinq siècles d'histoire se sont écoulés, qui ont façonné cette ville aux mille visages, berceau de l'impressionnisme au XIXe siècle et véritable musée à ciel ouvert de nos jours, notamment grâce aux œuvres pérennes créées à l'occasion de la grande manifestation désormais culte : « Un Été au Havre ». Le Havre, ce n'est pas que du béton, c'est aussi la mer, son port gigantesque, sa plage hyper animée en plein cœur de la ville, de belles avenues et des kilomètres carrés de verdure.

RESTAURANT JEAN-LUC TARTARIN €€€

73, avenue Foch
✆ 02 35 45 46 20
www.jeanluc-tartarin.com

Ouvert du mardi au samedi, le midi et le soir. Menu déjeuner 48 €. Menu saveur du mois 86 €. Menu dégustation 135 €.

Passion, énergie, découverte sont ici les maîtres mots. Ce chef doublement étoilé havrais a trouvé sa place près du square Saint-Roch, pour faire découvrir et goûter sa cuisine inventive, riche de saveurs dans un cadre très agréable, moderne et élégant. Le menu change chaque mois, au fil des saisons et du marché. Quel que soit celui que vous choisirez, préparez-vous à un vrai voyage gastronomique tout en légèreté. Service excellent et professionnel.

MAISON DU PATRIMOINE ET DES CITÉS PROVISOIRES

2, rue du 8-Mai-1945 - **GONFREVILLE-L'ORCHER**
✆ 02 35 13 16 53
www.musees-normandie.fr

Ouvert du mardi au samedi de 9h à 17h sur RDV. Visite sur réservation et lors des Journées du Patrimoine. Gratuit.

La Maison du Patrimoine et des Cités provisoires, inaugurée le 8 mai 2019, a pour but la préservation et la mise en valeur de deux baraquements du camp de transit « Philipp Morris » construit par l'armée américaine sur le plateau de Gonfreville en 1945. 35 000 militaires y furent stationnés. Après leur départ en 1947, les habitants les remplacèrent dans ces habitations. Aujourd'hui, l'un est dédié à l'histoire du camp et des cités provisoires, l'autre à la vie dans les années 1960.

© TOPDEQ - ISTOCKPHOTO

Le port de Honfleur.

MUSÉUM D'HISTOIRE NATURELLE ★

Place du Vieux-Marché ✆ 02 35 41 37 28
www.museum-lehavre.fr

Mardi à dimanche : 10-12h et 14h-18h. Fermé les jours fériés. Entrée : 5 €. Gratuit le 1er sam du mois. Visite guidée.

Le muséum est l'un des rares édifices à avoir échappé aux bombardements. L'histoire de ses collections est intimement liée aux activités du port puisqu'elles furent constituées d'objets rapportés du bout du monde par les bateaux. Quand Charles-Alexandre Lesueur, naturaliste, revient au Havre en 1837, il fait don de ses dessins et de sa collection au musée. Aujourd'hui le lieu propose la découverte des sciences de la vie et de la Terre à travers plus de 250 000 objets.

HONFLEUR ★★★

Ville de pêcheurs habillée d'ardoises et ville des peintres, Honfleur comme *nul port ailleurs*. Monet, Courbet, Boudin et tant d'autres ont fait voyager les pittoresques quais de Honfleur dans le monde. Premier port de la Côte Fleurie en venant de la capitale, cette ville a attiré le Tout-Paris dès le début du XIXe siècle. Toujours aussi nombreux, les artistes continuent à immortaliser le vieux port, animé en toute saison. De hautes maisons normandes serrées autour du vieux bassin forment un décor qui enchante photographes, peintres et flâneurs. Que l'on y vienne pour la première fois ou que l'on y retourne, la beauté de la cité est toujours intacte.

NORD-OUEST

CAMPING LA BRIQUERIE €

D62 - EQUEMAUVILLE
✆ 02 31 89 28 32
www.campinglabriquerie.com

Ouvert de fin mars à fin octobre. Emplacement + véhicule + 2 personnes de 17 € à 25 €.

Le Camping de la Briquerie, qui ne compte pas moins de 5 étoiles, plaira à tous puisqu'il propose en effet un très large choix d'hébergements, du traditionnel emplacement au *mobil-home*, en passant par le gîte, le studio ou le chalet. Côté services et équipements, l'endroit est également bien doté : restaurant, bar, salle de jeux, terrain multi-sports, trampoline, salle de fitness, wifi illimité et gratuit, sans compter les nombreuses animations, ou encore le magnifique espace aquatique comprenant trois bassins chauffés, avec trois toboggans aquatiques.

LA VILLA GABRIELLE €€

85, rue Eugène-Colas
✆ 02 31 98 71 86

Ouvert tous les jours. Carte : 40 € environ. Formule du midi : 20 €.

Voici une adresse deauvillaise qui a du style, et du goût ! Un savant mélange entre l'esprit Art déco et le design contemporain : assises en velours, espaces *cosy* à l'étage et tables en marbre. Des touches de bleu, de vert, de jaune colorent l'espace comme le chef, Martial Préaudot (ancien chef chez Christian Dior), colore ses plats. L'endroit est chic et la cuisine maîtrisée pour les prix annoncés. Certes, ce n'est pas le meilleur rapport qualité-prix mais le bel endroit à tester à Deauville. La décoration est jolie mais on aime aussi sa terrasse extérieure…

DEAUVILLE ★★★

Une ville chère au cœur des artistes. Une ville sortie des sables, entre 1860 et 1864, à l'initiative du duc de Morny, demi-frère de Napoléon III. Station balnéaire parmi les plus prestigieuses de France avec son casino, ses palaces, ses champs de course et ses villas classées, Deauville ne reste pas moins un joyau rare qui dévoile ses facettes en toute saison. Perle de culture, elle accueille une multitude de festivals, dont le célèbre Festival du cinéma américain. Venez découvrir la petite préférée de tous les arts, les pieds dans l'eau et la tête près des étoiles. Il y a les planches, le ciel et la mer… Cela suffit amplement à notre bonheur.

VILLERS-SUR-MER ★

Porte d'entrée du méridien de Greenwich sur le continent, Villers-sur-Mer possède un patrimoine paléontologique d'exception. Les falaises des Vaches Noires recèlent de fossiles, témoins de la Normandie au Jurassique. Prisée des artistes au XIXe siècle (les peintres Paul Huet et Constant Troyon ou l'écrivain Alphonse Karr, entre autres), Villers-sur-Mer est également réputée pour ses superbes villas, érigées entre 1852 et 1900 avec l'arrivée du train et l'avènement des bains de mer, son immense plage et son centre-ville animé et fleuri. Il règne autour de l'emblématique dinosaure une ambiance chaleureuse et familiale propice au repos et à la découverte.

Deauville.

PALÉOSPACE L'ODYSSÉE

5, avenue Jean-Moulin ✆ 02 31 81 77 60
www.paleospace-villers.fr
Été : tous les jours 10h-19h (18h le reste de l'année). Adulte 8,90 €, enfant 6,90 €, planétarium 8,90 €.

Pliosaures de 10 mètres, ichtyosaures, crocodiles, ammonites, oursins… Le Paléospace propose de faire connaissance avec les espèces qui ont laissé leur empreinte dans les sédiments marins du Crétacé (celles accumulées sur les fameuses falaises des Vaches Noires de Villers) et de l'époque du Jurassique. Grands squelettes, petits fossiles et bornes interactives pour comprendre cette passionnante période. Le musée est le seul espace vert naturel de la Côte Fleurie. Nombreuses activités en complément : ateliers pour enfants, visite du marais littoral et planétarium.

BEAUMONT-EN-AUGE ★

Dominant la vallée de la Touques, Beaumont-en-Auge est l'un des plus beaux et typiques villages du Calvados. Vous y croiserez deux enfants du pays, nés au XVIIIe siècle : Laplace et Langlois, des références en matière de science pour le premier et de peinture des grandes batailles napoléoniennes pour le second. Vous pourrez aussi admirer depuis la place, le panorama sur le paysage du pays d'Auge, parsemé de douets (ruisseaux qui alimentent les rivières, comme ici la Touques). Beaumont-en-Auge est un village chargé d'histoire, caractéristique du Calvados, qu'il est possible d'arpenter à pied, à vélo et même à cheval grâce à deux circuits de randonnée.

BEUVRON-EN-AUGE ★

Si vous n'avez pas vu Beuvron, vous n'avez pas vu le pays d'Auge ! Merveilleusement conservée et classée parmi les plus beaux villages de France, cette bourgade de 190 habitants est plus qu'incontournable, tel le témoin de l'histoire de la Normandie, rurale et artisanale. Un patrimoine remarquable qui compte un magnifique manoir du XVIe siècle, des maisons à colombages des XVIIe et XVIIIe siècles. C'est grand comme un mouchoir de poche, mais on peut y passer des heures pour peu que l'on explore ses ruelles et ses alentours, offrant de nombreux circuits pédestres. A ne pas manquer, au printemps, la Fête des Géraniums, et à l'automne, la Fête du Cidre.

DIVES-SUR-MER ★

Dives-sur-Mer conserve les signatures de sa riche histoire : Guillaume le Conquérant en 1066, et Eugène Secrétan en 1891. Chacun à sa manière a écrit les grandes pages de cette localité à l'allure modeste mais riche de valeurs humaines. C'est d'ici que Guillaume le Conquérant partit à la conquête de l'Angleterre. Comment imaginer une flotte de 1 000 navires dans un si petit port de pêche ? C'est ici qu'Eugène Secrétan installa son usine métallurgique qui transforma Dives-sur-Mer en cité industrielle florissante. Le passé de Dives-sur-Mer est passionnant pour qui veut remonter l'histoire au fil de l'eau et flâner dans son centre-ville médiéval.

CABOURG ★★

Ah Cabourg… Sa plage, son casino, son Grand Hôtel… Dans les années 1850, elle n'est pourtant qu'un modeste village de pêcheurs. Il faut attendre 1861 pour la construction d'un premier hôtel en bord de mer, puis 1892, pour l'acquisition par Charles Bertrand, maire de Cabourg pendant 31 ans, des Grands Établissements, pour que « La Reine des Plages », ainsi baptisée à la Belle Époque, gagne ses lettres de noblesse. La commune met du temps à se remettre de la Seconde Guerre mondiale. En 1971, Bruno Coquatrix, alors directeur de l'Olympia et élu maire, restructure la cité balnéaire qui revêt peu à peu ce charme attachant, toujours d'actualité.

La plage de Cabourg.

VILLA DU TEMPS RETROUVÉ

15, avenue du Président-Raymond-Poincaré
✆ 02 31 47 44 44
villadutempsretrouve.com
Du mercredi au lundi 11h-18h (19h en juillet-août). 8 €. Visite guidée 12 €. Animations.

Remontons le temps ! A l'origine, vers 1860, l'architecte Clément Parent érige une somptueuse villa dans le style Napoléon III, baptisée Villa Bon-Abri. Dans les années 1970, Bruno Coquatrix, en tant que maire de Cabourg, invite ses prestigieux invités dans cette villa, qui prend alors une dimension municipale et le nom de Maison des Cités-Unies. Puis, en 2006, l'ancien maire Jean-Paul Henriet transforme les lieux en espace d'exposition et d'accueil pour des associations culturelles. La villa est ainsi appelée Espace Culturel Bruno-Coquatrix.

La longue histoire de ce bel édifice continue en 2021. Puisqu'un musée dédié à la Belle Epoque, son art de vivre, et à Marcel Proust a vu le jour. Vous l'aurez compris, à cette occasion, la villa change à nouveau de nom ! Un nom évocateur : la Villa du Temps Retrouvé. Lieu d'un genre inédit, l'espace muséal propose aux visiteurs d'explorer la Belle Epoque sous toutes les coutures, au travers de ses œuvres, ses illustres personnalités, ses mœurs, ses coutumes, ses innovations et ses révolutions. A l'exposition permanente s'ajoutent des expositions temporaires, en partenariat avec d'autres grands musées, qui présentent les aspects culturels de cette faste période. Sans oublier le jardin, aménagé selon les usages de la Belle Epoque, la boutique et le café. Pour un véritable voyage dans les années 1900. Et un bel hommage à Marcel Proust, habitué de la station cabourgeaise, où il a séjourné enfant avant de s'y rendre en villégiature, entre 1907 et 1914.

CAEN ★★★

Ville dynamique où les lieux à vocation culturelle comme la Bibliothèque Alexis de Tocqueville et les festivals foisonnent, ville étudiante diablement animée les jeudis soir, ville gastronomique aux innombrables restaurants, ville d'architecture où le Moyen Age et la Reconstruction se côtoient, ville d'histoire qui a vécu la conquête de la Normandie et les heures noires des bombardements et de l'Occupation, Caen est vraiment surprenante. Les visites culturelles ne manquent pas : deux somptueuses abbayes parmi les plus vastes de France, un château – le plus grand d'Europe septentrionale –, de nombreuses églises, et des musées dont le célèbre Mémorial.

Tourisme

Belles rues historiques et commerçantes : rue Saint-Pierre, rue Froide, rue Caponière, rue Saint-Jean..., places majestueuses : place Saint-Sauveur, place du Théâtre..., port de plaisance bordé de restaurants et de cafés, presqu'île qui se fait une beauté 2.0, immenses espaces verts : colline aux Oiseaux, jardin botanique, Prairie, jardin de la Luna Rossa... Caen est même le point de départ de nombreuses escapades. A pied, à vélo par la voie verte jusqu'à la Suisse normande, en bateau vers l'Angleterre au départ du port de Ouistreham-Riva-Bella ou de l'aéroport... Bon séjour dans la capitale du Calvados : vous verrez, vous ne vous ennuierez pas !

PASQUIER & CO

16, avenue Michel-Cabieu
OUISTREHAM
✆ 02 31 97 18 05
pasquierandco.com
Ouvert du vendredi au mardi et les jours fériés de 6h à 20h.

Ne passez pas à côté de Pasquier & Co, et de l'histoire d'amour d'Anaïs et Fabian ! Leur jeunesse et leur cohésion d'équipe se ressentent dans leurs pains, viennoiseries, gâteaux et bien sûr lors de leur accueil. Des gâteaux modernes, 100 % faits maison, que nous n'avons retrouvés nulle part ailleurs et sans sucre ajouté. Vous y trouverez notamment panettone (brioche italienne), pain vitamine, éclair au chocolat, flan, poire tatin, tarti'Brest à tomber par terre. N'hésitez pas à demander la nouveauté de la semaine. Quelle fraîcheur !

CANTINE DE LA COOP 5 POUR 100 €

33, route de Trouville
✆ 09 81 12 16 73
coop5pour100.com
Le midi de mercredi à samedi. Entrée 3 €, plat petite faim 5 €, grosse faim 8 €, dessert 3 €. Terrasse. Vente à emporter

Un lieu alternatif et ouvert à tous dans le quartier de la Demi-Lune. Ses différents pôles permettent à la fois de faire vos courses, de contribuer à la réduction des déchets, de bricoler, d'échanger et de se restaurer à prix vraiment accessible. Le café-cantine de la Coop 5 pour 100 se fournit en produits locaux et de saison à l'épicerie. Sont cuisinés chaque jour des menus simples et gourmands. Les repas non vendus le midi sont proposés à l'épicerie l'après-midi.

MÉMORIAL DE CAEN ★★★★

Esplanade du Général-Eisenhower
✆ 02 31 06 06 45
www.memorial-caen.fr
D'avril à septembre, tous les jours 9h-19h. 19,80 €, réduit 17,50 €. Détail des horaires et tarifs sur le site Internet.

S'il est un lieu incontournable du tourisme de mémoire en Normandie, avec près de 35 années d'existence, c'est bien le Mémorial de Caen. Pilonnée par les bombes, ville martyre de la Libération, Caen méritait qu'un hommage à la hauteur de ses souffrances lui soit rendu. Labellisé « musée de France », ce Mémorial fut inauguré le 6 juin 1988 par le président de la République, François Mitterrand, en présence de nombreux autres chefs d'Etat représentant les onze autres pays impliqués dans la Bataille de Normandie. Initialement voulu par Jean-Marie Girault, sénateur et maire de Caen pendant 31 ans, puis conçu par l'architecte caennais Jacques Millet, ce célèbre « musée pour la Paix » est aujourd'hui devenu l'une des plus importantes cités de l'histoire contemporaine en Europe.

Entre ses murs et cette faille, telle une plaie béante par laquelle on entre, se déroule un panorama de l'histoire, de 1918 à nos jours. Une scénographie qui s'inscrit dans une continuité qui, hélas, nous mène vers la Seconde Guerre mondiale, dont notre région porte encore les stigmates, ses origines et ses étapes : la Bataille de Normandie, l'avancée des forces alliées en France, l'histoire de la Shoah, la vie quotidienne sous l'occupation par l'Allemagne nazie, le Débarquement... La majorité des espaces est dédiée à la Seconde Guerre mondiale, mais le parcours historique est également enrichi d'informations détaillées sur la Guerre froide, les deux Allemagne, la chute du mur de Berlin, ainsi que d'une réflexion sur la paix et la fragilité des droits de l'Homme.

Dernière nouveauté en date, et unique en Europe : une salle immersive dotée des toutes dernières technologies, où est projeté un film (d'une vingtaine de minutes) à 360° sur 11 écrans, qui retrace l'histoire de l'Europe au XXe siècle. Séances toutes les 30 minutes, à partir de 10h30.

Fédérateur de générations (il est notamment l'organisateur du Concours de plaidoiries des lycéens), le Mémorial propose tout au long de l'année des conférences, des colloques, des activités pédagogiques, des expositions temporaires et des soirées thématiques. Le Mémorial multiplie aussi les beaux projets sur le web et les réseaux sociaux, comme la « story » historique chaque jeudi sur Instagram, n'hésitez pas à y jeter un œil !

Enfin, un petit conseil de visite ! Avec une superficie de 14 000 m^2 sur trois niveaux, dont 5 600 m^2 d'expositions permanentes, mieux vaut prendre son temps pour cette immersion dans l'histoire, afin d'en comprendre toutes les facettes. Une bonne demi-journée ne sera pas de trop.

CAMPING DE L'ERMITAGE*** €€

Rue de l'Ermitage - **DONVILLE-LES-BAINS**
✆ 02 33 50 09 01 - www.camping-ermitage.com
Ouvert d'avril à la toussaint. Mobil-homes de 450 € à 900 €/sem. Forfait une personne/électricité/véhicule : 15 €/j.

Misant sur des activités variées sur place ou accessibles aux alentours, le camping de bord de mer propose de nombreux emplacements et des lodges *cosy* et d'excellente qualité, qui sont louables selon plusieurs formules tarifaires et durées possibles. Les prestations sont excellentes, le rapport qualité-prix franchement bon. En haute saison, bar, épicerie et restaurant sont à votre disposition. Dernière nouveauté, un mobil-home est disponible à la location : on ne manque décidément de rien ici !

PAUSE GOURMANDE

85, avenue de la Mer - **OUISTREHAM**
✆ 06 66 28 06 22
De mai à septembre, tous les jours 14h-23h, et tous les week-ends de l'année. Glaces de 2 à 6 €. Gaufres environ 4 €.

Ne soyez pas surpris si vous croisez des personnes avec une moustache en chocolat ou de la chantilly sur le bout du nez ! Elles sortent à coup sûr de la rue de la Mer ! Même s'il a changé de nom et de propriétaires (désormais Jérémy et Kelly), ce rendez-vous gourmand, fondé en 1910, reste très couru. La recette des crêpes fondantes et des gaufres croustillantes reste celle de chez Simard. La tendance est aussi au Bubble tea et milkshakes maison. La saison s'annonce belle et gourmande. Conseil futé : les tickets à collectionner pour une crêpe ou gaufre gratuite.

CARAVANES HORIZON CAEN

381, rue de l'Avenir - **VERSON**
✆ 02 31 26 72 06
www.campingcarfrance.com
Ouvert du mardi au samedi de 9h à 12h et de 14h à 19h.

Que vous souhaitiez acheter un camping-car, améliorer les fonctionnalités intérieures du vôtre, le réparer ou encore en louer un pour essayer, c'est l'adresse rêvée. Le parc de plus d'une vingtaine de véhicules neufs et une quinzaine de véhicules d'occasion laisse rêveur. Reste à choisir entre un fourgon aménagé type Campérêve, un intégral ou un profilé ! Le magasin d'accessoires propose de tout, de la vaisselle à la clim en passant par les w.c. chimiques et la table de camping. Et en cas de difficultés, l'atelier pose et réparation s'occupe de votre véhicule.

VRAC & BOCAUX

3, rue de l'Astrolable
FLEURY-SUR-ORNE
✆ 02 31 82 33 21
www.vracetbocaux.fr
Du mardi au vendredi de 10h à 19h, samedi de 10h à 18h.

Nous avons déniché pour vous l'endroit rêvé pour s'initier, apprendre ou bien se perfectionner au zéro déchet. A Fleury-sur-Orne, au sud de Caen, cette épicerie spécialisée vous contera tout sur les secrets et astuces anti-gaspillage ! Mais ce n'est pas tout. Sylvie travaille régulièrement avec nos talentueux producteurs locaux. On peut également assister à des ateliers « DIY », comme fabriquer sa propre lessive en poudre ! Un lieu génial pour adopter de nouvelles habitudes de consommation. On est emballé ! PS : c'est ouvert aussi entre midi et 14h !

DOUVRES-LA-DÉLIVRANDE

Située entre Caen et la mer, Douvres s'enorgueillit de plus de 2 200 ans d'histoire. Elle doit son nom de « Délivrande » à la Vierge noire dont le culte, populaire dans la région depuis le VIIe siècle, donne lieu à un pèlerinage chaque mois d'août. Dynamique et agréable à vivre grâce à ses commerces, ses établissements scolaires, son centre aquatique intercommunal, elle est également connue pour sa basilique, son cimetière militaire britannique et son musée du radar. La commune s'attache, en parallèle, à valoriser son patrimoine dont – dernière opération en date – le manoir épiscopal, appelé « La Baronnie », à vocation culturelle et touristique.

LES SAVONS DE JOYA

19, rue des Hauts-Vents
✆ 09 67 40 31 71
lessavonsdejoya.com
Du lundi au vendredi 8h30-16h30, ou sur rendez-vous. Vente en ligne.

C'est l'histoire d'un frère et d'une sœur, Antonio et Maria, qui se sont engagés dans une démarche aussi exemplaire qu'originale avec pour point de départ, la toilette matinale. Ensemble, ils ont créé Les Savons de Joya, une savonnerie artisanale, 100 % naturelle, bio, sans huile de palme et 100 % normande. Du savon bio surgras au shampoing solide, du dentifrice au déodorant, solides également, tout est moulé, découpé et emballé à la main. La boutique n'a pas pignon sur rue, mais rien n'empêche d'aller leur rendre visite où sont aménagés quelques rayonnages.

FONTAINE-HENRY

Entre Caen et Courseulles-sur-Mer, près des plages du Débarquement, ce petit village du Bessin se situe sur la pittoresque Route des Moulins, au milieu d'un vallon en contrebas d'un plateau calcaire. Fontaine-Henry est ainsi quasiment invisible depuis les champs de blé alentour. Pourtant, ses belles maisons et fermes anciennes en pierre de taille méritent une halte, tout comme ses anciennes carrières de pierre, qui ont servi à la construction de nombreux édifices (jusqu'au Royaume-Uni !), et son magnifique château Renaissance qui domine la vallée de la Mue. Classé Monument historique, ce château possède l'un des plus hauts toits de France !

COURSEULLES-SUR-MER ★

Quel dommage que Courseulles ait été la proie de promoteurs immobiliers ! Résultat : un front de mer décevant malgré une belle plage et un charmant port de plaisance. Heureusement, Courseulles reste une station balnéaire animée toute l'année, dotée d'une vitalité qui fait son charme. D'excellents restaurants, une criée réputée grâce à son petit port de pêche. Les arrivages journaliers de poissons et coquillages, tout frais sortis de l'eau et vendus à la débarque, participent à son attractivité. Le passionnant musée du Débarquement, les baignades à cru à dos de cheval et le marché, désormais couvert, du mardi et vendredi en font une halte bien agréable.

CENTRE JUNO BEACH ★★★

Voie des Français-Libres
✆ 02 31 37 32 17
www.junobeach.org
Basse saison : tous les jours 10h-17h. Été : 9h30-19h. Adulte 7,50 €.

Résolument conçu pour la famille avec, pour fil conducteur, un travail de mémoire associant pédagogie et clarté, le Centre Juno-Beach affiche sa différence. Unique sur la côte, il met un coup de projecteur sur l'engagement civil et militaire de la population canadienne, mal connu du grand public, alors que 45 000 Canadiens y laissèrent la vie dont 5 500 durant la Bataille de Normandie et 559 le 6 juin 1944. Son implantation, sur les lieux mêmes où les Canadiens débarquèrent le jour J, permet une première approche visuelle des événements, la plage en premier plan. A la fois musée et centre culturel, fondé par des vétérans et bénévoles en 2003, ce lieu ne cesse d'innover. Emotions, explications, réflexions : trois mots-clés guident petits et grands à travers expositions, témoignages et récits. A l'extérieur se dressent les vestiges du mur de l'Atlantique. Pour approfondir votre visite : le parc paysager et son impressionnant bunker, ou des salles souterraines du poste de commandement allemand, en place en 1944, alors relié au bunker d'observation par une galerie couverte, sont ouvertes à la visite. A voir encore, la sculpture commémorative « Le souvenir ranimé », l'Inuksuk (symbole de survie pour les Inuits du Canada, inauguré en 2005), les canons (Bofor 44 mm, Mark II) et les Kiosques, composés de briques commémoratives dédiées aux Canadiens qui ont servi au cours des deux conflits mondiaux. Enfin, le Centre Juno-Beach soutient l'initiative d'inscription des plages du Débarquement au patrimoine mondial de l'UNESCO.

ARROMANCHES-LES-BAINS ★★

On prend ici réellement la mesure de ce qu'a pu être le Débarquement. En découvrant depuis la falaise les vestiges du port provisoire, en balayant son étendue, on est submergé par l'immensité de la tâche et on réalise le prix de la liberté. Quand la mer s'entoure de brume, on croit voir jusqu'aux fantômes du passé… Le musée du Débarquement d'Arromanches est le plus ancien musée français sur ce thème. Sa plage et ses barges échouées à marée basse, ses rues, stèles, chars et canons, figés dans le temps, racontent juin 1944. Mais la cité version XXIe siècle, c'est avant tout une charmante station balnéaire dotée de curiosités et d'excellents restaurants.

BAYEUX ★★★

La capitale du Bessin est une fière cité médiévale aux portes des plages du Débarquement. Première ville de France continentale libérée en juin 1944, elle fut dans l'Antiquité un important centre gallo-romaine nommé *Augustodurum*. Aujourd'hui, forte d'un riche patrimoine, Bayeux ne cherche pas à être une ville-musée, même si certains (le musée de la Tapisserie en tête) et sa cathédrale sont des incontournables. L'atmosphère y est douce, subtile alliance de calme provincial et d'animations toute l'année. Enfin, ne manquez pas le marché, chaque samedi, place Saint-Patrice, où l'on rencontre tout ce que la région compte de producteurs et artisans alentour.

MUSÉE DE LA TAPISSERIE DE BAYEUX ★★★

13 bis, rue de Nesmond ✆ 02 31 51 25 50
www.bayeuxmuseum.com
Tous les jours 9h-18h30 (19h de mai à août). Adulte 9,50 €, audioguide inclus. Enfant 5 €. Gratuit jusqu'à 10 ans.

Quand on évoque la ville de Bayeux, on pense « tapisserie », et c'est bien légitime. Classée au registre Mémoire du Monde par l'Unesco, cette captivante broderie est la star de la capitale du Bessin ! Agée de près de 1 000 ans, la Tapisserie de Bayeux fascine toujours autant. Ses mensurations forcent le respect : près de 70 mètres de long sur 50 centimètres de large. On reste coi devant l'ampleur de cette œuvre du XIe siècle qui, non seulement illustre l'histoire de la conquête de l'Angleterre par Guillaume le Conquérant en 1066, mais demeure également l'un des plus précieux témoignages de l'art de vivre au Moyen Age. Un parcours de visite en trois temps permet de bien comprendre la Tapisserie, composée de fils de laine brodés sur une toile de lin, et son contexte.

Initialement, la Tapisserie, commandée par l'évêque Odon, avait été brodée afin d'être exposée dans la nouvelle cathédrale de Bayeux. Admirablement préservée, elle se dévore dans son intégralité comme une gigantesque BD foisonnant de clins d'œil, ou comme un film d'aventures trépidant. Soulignons que l'audioguide (inclus dans le prix d'entrée) est génial, adapté aux différents âges, il décrit l'évènement scène après scène. Les enfants sont la preuve que la vénérable broderie médiévale n'a pas pris une ride !

Après la découverte de l'œuvre, la visite se poursuit au premier étage du musée, où une vaste salle développe les secrets de sa réalisation, mais aussi les thèmes de la vie quotidienne au temps de Guillaume et d'Harold, illustrés par de splendides maquettes, d'impressionnants mannequins et de nombreux objets d'époque, dont un drakkar ! Clôturant la visite, le docu-fiction de 16 minutes sur la bataille d'Hastings remet les pendules à l'heure anglaise et réhabilite la figure d'Harold, hâtivement considéré comme le félon de l'Histoire… On en apprend des choses ! Par exemple, saviez-vous que Bayeux doit à Napoléon Bonaparte d'être gardienne du fabuleux ouvrage de la reine Mathilde ? On vous laisse découvrir tout cela !

▸ **La Tapisserie de Bayeux accessible aux personnes à déficience visuelle.** L'association Valentin Haüy a réalisé trois scènes emblématiques en relief pour permettre aux malvoyants de la toucher et d'en ressentir l'émotion. Une première qui pourrait être poursuivie dans le cadre du nouveau musée prévu à l'horizon 2026. En effet, installé depuis 1983 dans l'ancien Grand Séminaire de Bayeux, le Musée de la Tapisserie de Bayeux va faire peau neuve.

MUSÉE MÉMORIAL DE LA BATAILLE DE NORMANDIE ★

Boulevard Fabian-Ware ✆ 02 31 51 25 50
www.bayeuxmuseum.com
De mai à septembre, tous les jours 9h30-18h30. Le reste de l'année, 10h-12h30 et 14h-18h. Adulte 7,50 €. Enfant 5 €.

Au cœur de Liberty Alley, un musée qui offre une vibrante immersion dans la Bataille de Normandie. La visite, qui se déroule du 7 juin au 29 août 1944, permet d'approcher la vie des deux millions d'hommes qui se sont affrontés sur le territoire normand durant les 77 jours au cours desquels s'est joué le destin de l'Europe. Une à une, chaque opération militaire est décrite et illustrée avec uniformes et armes d'époque. Un incontournable avant d'aller sur les plages du Débarquement !

GRANDCAMP-MAISY ★

Un petit village tranquille du Bessin au caractère maritime bien trempé. Sa flottille de chalutiers, spécialisés dans la pêche côtière (pêche fraîche), et sa situation géographique, en font l'un des hauts lieux de la pêche à la coquille Saint-Jacques. Située entre les plages du Débarquement d'Utah et d'Omaha Beach, à deux pas de la pointe du Hoc, Grandcamp est restée dans le cœur des Rangers comme leur « home away from home ». Son éloignement, à la frontière entre le Calvados et la Manche, qui ne rebutait pourtant pas Georges Seurat, Alexandre Dumas ou Emile Zola au XIXe siècle, l'a quelque peu préservée des influences du tourisme moderne.

ISIGNY-SUR-MER ★

Beurre, crème et caramel sont les trois mamelles d'Isigny. Normal, au confluent de l'Aure et de la Vire, dans des marais quasi sauvages, pâturent des vaches normandes qui donnent un cru laitier inimitable et introuvable ailleurs. Côté histoire, malgré sa destruction à 60 % pendant la Seconde Guerre mondiale, la ville a conservé un palais du XVIIe siècle, siège de la mairie, ainsi que le magnifique jardin à la française qui l'agrémente. Et pour le conte de fées, il paraîtrait que la famille Disney – celle de Walt – descend directement d'Hugues d'Isigny, l'un des compagnons d'armes de Guillaume. Un square porte d'ailleurs son nom. *It's a small world !*

CARAMELS D'ISIGNY - LES HALLES D'ISIGNY

Rue du 19-Mars-1962 ✆ 02 31 51 66 57
www.caramels-isigny.com
Janvier-février-mars : du lundi au samedi 9h-19h. Tous les jours 9h-19h d'avril à décembre. Boutique en ligne.

Le temple du caramel ! Où on entre avec des yeux d'enfants. Tendre, croquant, nature, aux pommes, en pop-corn, en nappage, en crème, en pâte à tartiner, c'est LE produit Roi et il se décline sous toutes ses formes. Le choix de caramels, tout juste fabriqués, est surprenant et les prix intéressants. Avec le lait entier, le beurre et la crème AOP d'Isigny, on réalise d'autres merveilles comme la douce glace maison, tout de velours vêtue, on fond ! Par où commencer et, comment s'arrêter ?

LE TRUCKULENT €

✆ 06 01 10 59 95
Ouvert du lundi au vendredi. Carte : 12 € environ.

Quel chouette nom qui dit tout : c'est succulent, et c'est un *food truck* ! A la barre (ou au volant), Karine, très souriante, mène sa barque avec brio. A Carentan et dans les environs, celle-ci arrive avec son camion facilement reconnaissable, et vous propose, des petits plats mijotés selon la saison (curry, pains cocottes...) avec un savoir-faire certain, des burgers généreux qui raviront petits et grands, l'ensemble à moindre coût. Le Truckulent se déplace (évidemment) aussi pour vos événements privés : original et très sympa !

CARENTAN LES MARAIS ★★

Elle est surnommée à juste titre la capitale des marais : située à quelques kilomètres des plages du débarquement, très bien desservie par voies autoroutières vers Cherourg, Caen ou Saint-Lô, elle mérite bien un détour. Ses arcades médiévales, qui abritent des commerces, les hôtels de Ponthergé et Hervieu-de-Pontlouis, son église Notre-Dame, dont le clocher est visible à des kilomètres et son vaste hôtel de ville sont autant de lieux à découvrir. En hiver, la ville, cernée par l'eau qui recouvre les marais, semble totalement coupée du monde. Reliée à la mer par un canal, elle dispose également d'un joli port de plaisance au coeur de la ville.

D-DAY EXPERIENCE ★★★

2, village de l'Amont ✆ 02 33 23 61 95
www.dday-experience.com
Basse saison : 10h-18h. Haute saison : 9h30-19h. Adulte : 13 € (option ciné : 6 €). Enfant : 9 €. Tarifs indicatifs.

Le D-Day Experience propose un formidable un parcours immersif et interactif dans les traces des troupes aéroportées du Jour J selon deux bâtiments. Le D-Day Experience expose le côté américain et le Dead Man's Corner (carrefour de l'Homme mort) le côté allemand, où vous embarquerez à bord d'un véritable avion C-47 : une simulation de vol unique au monde. Mais ce n'est pas tout : depuis près de deux ans, poursuivant la mise en place d'attractions immersives, le lieu propose un film en 3D sur écran géant : vous revivrez le D-Day dans la peau d'un soldat.

PARC NATUREL RÉGIONAL DES MARAIS DU COTENTIN

3, village Ponts-d'Ouve (Maison du Parc)
✆ 02 33 71 65 30
www.parc-cotentin-bessin.fr
Maison du parc fermée entre Noël et le jour de l'an.

Créé en 1991, le parc naturel régional des Marais du Cotentin et du Bessin est à cheval entre Manche et Calvados, traversant le Cotentin d'est en ouest. Son origine remonte à plus de huit mille années, lorsque les marais étaient des vallées, progressivement comblées par la fonte de la calotte glaciaire. Chaque marée amenant son lot de dépôts argileux et sablonneux, la mer entrant dans ces territoires de plus en plus difficilement, les marais se sont progressivement constitués. Douve, Taute, Vire et Sèves sont les quatre cours d'eau qui convergent vers la baie des Veys, au cœur du parc, et alimentent cet immense espace. Le marais, progressivement domestiqué par l'homme, abrite cependant une faune et une flore incroyablement riches d'oiseaux nicheurs et de plantes rares. Le parc prend deux visages bien différents selon les saisons : vert en été et majoritairement recouvert d'eau l'hiver, sur des centaines d'hectares, créant un paysage splendide. Point de ralliement ou passage obligé avant d'entamer votre visite, la maison du parc, située à Saint-Côme-du-Mont (elle est très facile d'accès depuis la voie rapide Caen-Cherbourg), propose informations, expositions thématiques et même une boutique : on peut passer ici un bon bout de temps à s'informer et faire le plein de connaissances, avant de découvrir les lieux. Et puis, en plus de la faune, de la flore et des multiples paysages, savourez le silence : absolu, entier, si rare, absolument sans égal.

A10 CANTEEN €

La Fourchette

✆ 02 33 54 51 83

Ouvert du mardi au samedi midi et soir, le dimanche midi. Moules-frites à volonté en saison.

Se situant dans l'enceinte du Normandy Victory Museum, cette brasserie a tout compris : à l'intérieur, des nappes à carreaux, de références - et c'est bien normal - à l'époque du débarquement, et de belles bouteilles rangées dans des habillages en bois. L'accueil est excellent, le service efficace et le rapport qualité-prix tout aussi bon. Jambon braisé, bavette ou pizza du jour sont de chouettes propositions, bien faites et bien pensée. Et puis c'est pratique : une fois la visite terminée, à table ! Notez enfin qu'ici, des animations régulières ont lieu.

LE PONT-CANAL

On le traverse en quelques dizaines de secondes, à toute allure, sans pour autant se rendre compte que le pont-canal est un ouvrage d'exception, unique en France : inauguré le 6 juin 1994 pendant la célébration des fêtes du débarquement, son projet était simple : dévier Carentan par une 2x2 voies, afin d'assurer une continuité autoroutière entre les deux principales villes de l'Ouest normand, Caen et Cherbourg. Ici, deux possibilités : l'une, plus longue, était de dévier la ville par le sud et l'ouest, et la seconde, beaucoup plus directe, par l'est. Seul hic : devoir passer sous le canal reliant Carentan à la mer, dans une zone marécageuse ! C'est ce dernier projet qui fut pourtant retenu. Long de 615 m et haut de 4,85 m, il est défini par trois zones. Deux zones d'accès en tranchées ouvertes, et le Pont-Canal proprement dit de 85 m situé sous le canal, permettant la circulation sur 4 voies avec un gabarit de 4,85 m de hauteur. Pour faire face à la présence d'une nappe d'eau quasi affleurante, on prévoit de drainer en permanence les eaux de la nappe, de les relever par un pompage et de les refouler au milieu extérieur. Ce chantier représente plus de 300 000 heures de travail réparties sur 22 mois sur 2 et 3 postes afin d'assurer les délais imposés. Une prouesse que l'on peut admirer de deux manières : en passant sous le pont-canal en voiture (attention à ne pas trop ralentir tout de même) ou en longeant le canal, plus en hauteur ! Gain de temps : près de 20 minutes par rapport à l'ancien tracé.

NORMANDY VICTORY MUSEUM

✆ 02 33 71 74 94

www.normandy-victory-museum.fr

Attention ! Le musée est fermé pour travaux jusqu'au 11 février 2022.

© DR

Le Normandy Victory Museum raconte l'histoire de la bataille des haies qui eut lieu juste après le débarquement, dans la Manche. A travers une scénographie émouvante et axée sur le quotidien des soldats mais aussi des civils, le visiteur est invité à découvrir cette période parfois méconnue de l'histoire. Les décors, sons, images d'archives, la possibilité de toucher les objets, les témoignages, tout est là pour vous plonger dans l'univers de l'époque et comprendre leur vécu. Également, balades en véhicules d'époque. Visite d'environ 1h30 adaptée aux enfants.

LE CONTOIR DES MARAIS €€

1, rue des Remblais

✆ 02 33 22 07 52

www.restaurant-carentan-lecontoir.com

Ouvert du lundi au samedi le soir & midi et dimanche midi. Menus de 22,50 € à 30,50 €. Formule du midi : 17,50 €.

Légèrement à l'écart de l'animation de la ville, ce joli lieu est au bord de l'eau, avec vue sur le port. Habitués et touristes font le petit détour pour profiter d'un rapport qualité-prix et d'un accueil imparables. Le midi une formule est proposée. Pour le reste, la carte est très variée, et compte plusieurs pages ! Ainsi fruits de mer, steaks, burgers et bien évidemment les moules-frites, un des grands succès de ce chouette endroit, sont autant de propositions. Le service est rapide et efficace : pas surprenant qu'il fonctionne si bien !

NORD-OUEST

LES DELICES D'ANTAIN

8, rue des Croix
✆ 06 37 36 26 55
Haute saison : du mercredi au samedi de 15h à 19h et le dimanche de 15h30 à 18h30. Hiver : le vendredi de 15h à 18h30.

C'est une affaire familiale qui fonctionne bien, et qui vous accueille avec le sourire ! Les parents, Catherine et Michel, et les enfants, Lucie et Antoine, sont aux manettes de cette chouette ferme, et ont eu la bonne idée d'installer, sur le bord de la route, une maison de bois pour vous permettre de vous procurer bien des délices – notez que vous pouvez également vous rendre directement à la ferme. Lesquels ? Des œufs et des crèmes, bien évidemment, mais de manière plus originale, des crèmes à base de lait de la ferme et de fruits issus de productions locales.

LE COMPTOIR DE MARIUS ÉPICERIE MODERNE/BIEN ÊTRE

29, rue Holgate
✆ 06 88 47 82 92
Ouvert le lundi, le mardi et du jeudi au samedi de 9h30 à 18h30.

Ce concept cartonne fort, car ici on vous propose plus qu'une épicerie : bien sûr, vous trouverez des délices à déguster, mais également des produits cosmétiques. Pour la première catégorie, vous avez un choix très vaste, allant des boissons aux jus de fruits en passant par les biscuits. Pour la seconde, une sélection soigneusement réalisée par la responsable (pierres, bougies...), l'ensemble dans une pièce complémentaire ! Bref, vous pouvez trouver de nombreuses idées cadeaux.

LA PETITE MUSETTE

17, rue du château
✆ 02 33 20 80 93
www.lapetitemusette.com
Ouvert du lundi au samedi de 10h à 18h30. Ouvert le dimanche au mois d'août.

Une incroyable boutique au cœur de Carentan : telle est cette Petite Musette, qui est plutôt grande. Car ici, on vous propose de très nombreuses références en matière d'objets en rapport avec la Seconde Guerre mondiale – on rappelle aux étourdis que l'on est ici à une petite dizaine de kilomètres d'Utah-Beach seulement. Et venir ici, c'est un peu faire un retour quelques décennies en arrière : des objets reconstitués, de la veste en passant par les armes factices, mais aussi des objets de collections une librairie et quelques *goodies* qui marqueront votre passage.

SAINTE-MÈRE-EGLISE ★★

C'est une cité mondialement connue depuis 1944, et la petite commune compte parmi les grands sites de l'Histoire contemporaine. C'est en effet à Sainte-Mère-Église, dans la nuit du 5 au 6 juin 1944, que la libération de l'Europe commence avec le parachutage de la 82e division aéroportée qui prend la ville par surprise. Aux commémorations traditionnelles s'ajoutent plusieurs événements qui font de la petite cité le point de ralliement des derniers anciens combattants, d'officiels ou de personnes souhaitant leur rendre hommage. Aujourd'hui, les boutiques de souvenirs fleurissent et on y entend parler plus souvent anglais que français !

© DEAN MORIARTY - FOTOLIA

Sainte-Mère-Église.

ÉGLISE DE SAINTE-MÈRE-ÉGLISE ★

16, rue Eisenhower
www.ot-baieducotentin.fr

Commencée au XIe siècle en roman, elle fut achevée au XVe siècle, et est devenue surtout un symbole de mémoire de la libération de 1944. Car c'est bien pour cela que la majeure partie des personnes admirent l'église : on peut voir suspendu au clocher le corps du parachutiste américain John Steel. Il ne s'agit évidemment que d'un mannequin soigneusement placé. Ce dernier fit en effet semblant d'être mort, son parachute accroché au clocher, et ceci le temps que la bataille se calme...

AIRBORNE MUSEUM ★★★

14, rue Eisenhower
✆ 02 33 41 41 35
www.airborne-museum.org
De mai à août : 9h/19h. D'avril à septembre : 10h/18h30. D'octobre à mars : 10h/18h. Adulte : 9,90 €. Enfant : 6 €.

Installé en face de la fameuse église de Sainte-Mère, l'Airborne Museum rend hommage aux parachutistes américains des 82e et 101e divisions aéroportées : leur courage et leur sacrifice valurent à cette petite commune d'entrer dans l'histoire dans la nuit du 5 au 6 juin 1944, en devenant la première commune libérée de France par les parachutistes américains. Le musée, inauguré en 1964, était initialement composé d'un bâtiment à l'architecture originale, puisque représentant un parachute ouvert, et qui reste dans l'imaginaire collectif le symbole du musée. Dans celui-ci, vous trouverez un véritable planeur Waco, dont la contribution à la libération fut si grande, ainsi que de nombreux documents d'époque. Plus loin dans le parc du musée, le Douglas C-47 Argonia, qui a largué de nombreux libérateurs il y a plus de soixante-dix ans : le bâtiment est en rénovation jusqu'en avril 2021. Parmi les plus récentes parties de l'ensemble, « Opération Neptune ». Dans ce bâtiment en forme d'aile, le visiteur devient acteur puisqu'il embarque dans un de ces fameux C-47 en Angleterre, et se retrouve largué – virtuellement, cela va sans dire – sur les vertes campagnes normandes. Impressionnante, la muséographie, soigneusement étudiée, vous laissera un incroyable souvenir, pour longtemps. Notez également qu'existe le centre de conférences Ronald Reagan. Parmi la multitude de musées existants, celui-ci apparaît dans la très courte liste des incontournables. Logiquement, il est très fréquenté, notamment en été.

LA PLAGE D'UTAH BEACH ★★

Accès à Utah Beach : prendre la sortie « Sainte-Marie-du-Mont » depuis la RN13, traverser le village puis le lieu est indiqué.

C'est l'histoire d'une plage déserte depuis toujours, et qui est entrée dans l'histoire en quelques heures. Il est 2h ce matin du 6 juin 1944, et 30 000 hommes ont quitté le sud de l'Angleterre pour rallier la côte est du Cotentin. La libération de la Normandie est proche. La plage de la Madeleine, rebaptisée Utah Beach, est le théâtre de la fameuse opération Verlaine qui inaugure un événement d'une tout autre ampleur : Overlord. Ici le Débarquement doit absolument réussir. En cas de défaite, l'état-major prévoit de reporter toutes les troupes sur Utah dans le but d'isoler le nord Cotentin. Les troupes américaines donnent l'assaut à 6h30. De toutes les plages, celle-ci sera la moins meurtrière. Une petite erreur entraîne les soldats à quelques kilomètres au sud. Le terrain est bien préparé par les vagues successives de bombardements. Au soir du 6 juin, 24 000 soldats alliés ont débarqué avec véhicules et matériel d'approvisionnement. Ils rencontrent peu d'opposition de la part des soldats allemands, à la différence d'Omaha et de la pointe du Hoc. Le nom de code donné à la plage de la Madeleine à Sainte-Marie-du-Mont par les Alliés est toujours employé aujourd'hui. Les vétérans reviennent sur cette plage tous les ans. Ils sont un peu des hôtes perpétuels, et sont toujours accueillis comme de véritables héros. Pas étonnant que ce lieu de mémoire soit pressentis pour être classé au patrimoine mondial. Ici, vous vous recueillerez sur l'immensité de la plage, et vous pourrez découvrir le musée du débarquement.

NORMANDY JEEP TOURS

✆ 06 76 16 95 20
www.normandyjeeptours.com
Balade découverte (50 minutes) : 75 €. Tour historique (2 heures) : 150 €. Demi-journée (4 heures) : 270 €.

Une véritable Jeep Willys pour parcourir les lieux historiques du débarquement : voici le programme de cette très originale attraction, et qui fait logiquement des adeptes. D'une capacité maximale de 3 personnes, chaque véhicule vous donnera immédiatement l'impression de faire un bond en arrière de plus de 75 ans. Ainsi, des plages aux lieux de parachutages, vous découvrirez, avec l'aide d'un sérieux connaisseur des lieux, des endroits parfois trop peu connus. Plusieurs options vous sont proposées : 50 minutes, 2 heures ou 4 heures. Et le moment reste bluffant.

WORLD WAR II MUSEUM ★★

18, avenue de la Plage - **QUINÉVILLE**
✆ 02 33 95 95 95
www.worldwar2-museum.com
Ouvert tous les jours de mars à août de 10h à 19h. Septembre/ octobre : fermeture 18h. Adulte : 7 €. Enfant : 5,50 €.

Ce musée recèle bon nombre de trésors. Grâce à une scénographie innovante, vous parcourez les grandes étapes du conflit : sur 1 000 m² d'exposition, le long d'une rue des années 40 avec ses boutiques et ses véhicules, vous découvrirez une très belle collection d'objets du quotidien, de photographies et de figurines uniques. Depuis le bunker situé dans le musée, vestige du système défensif allemand, à vous la vue imprenable sur Utah Beach. Pour terminer cette visite en beauté, vous admirerez le film d'époque « Du Débarquement à la prise de Cherbourg ». Magnifique.

CAMPING DE L'ERMITAGE*** €€

Rue de l'Ermitage - **DONVILLE-LES-BAINS**
✆ 02 33 50 09 01 - www.camping-ermitage.com
Ouvert d'avril à la toussaint. Mobil-homes de 450 € à 900 €/sem. Forfait une personne/électricité/véhicule : 15 €/j.

Misant sur des activités variées sur place (ping-pong, pétanque) comme sur celles accessibles aux alentours (golf, tennis…), le camping de bord de mer propose de nombreux emplacements et la location de lodges *cosy* et d'excellente qualité, qui sont louables selon plusieurs formules tarifaires et durées possibles. Les prestations sont excellentes, le rapport qualité-prix franchement bon. En haute saison, bar, épicerie et restaurant sont à votre disposition. Dernière nouveauté, un mobil-home est disponible à la location : on ne manque décidément de rien ici !

CHEZ JEANNE €

1, rue de la Division-Leclerc
✆ 02 14 14 13 60
www.chezjeannecreperie.com
Basse saison : ouvert du jeudi au lundi midi & soir. Haute saison : mercredi au lundi midi & soir. Carte : 20 € env.

C'est une chouette crêperie : outre les traditionnelles propositions en la matière, le lieu propose de nombreuses créations, comme la Cotentin, la Chaudin ou la Saint-Jacques en saison. Ouverte à tous, vous trouverez ici salades, viandes ou omelettes. Attention, ici les fournisseurs sont locaux, rien n'est surgelé ici, et la garantie de la qualité ne se discute pas : trappe de Bricquebec pour la charcuterie, William et James pour le saumon fumé ou les maîtres laitiers du Cotentin. Ainsi les assortiments appelés « cochon » ou « terroir » sont à tomber.

LE RESTAURANT DE LA BISCUITERIE DE SAINTE-MÈRE €€

5, rue de la Division-Leclerc
✆ 02 33 93 36 50
www.biscuit-sainte-mere-eglise.com
Ouvert toute l'année. Tous les jours le midi ; le vendredi et le samedi le soir. Carte : 25 € environ.

Après vous être ouvert l'appétit à déambuler au milieu des allées de la biscuiterie de Sainte-Mère-Eglise (qui vous propose également de très jolis objets de décoration) que diriez-vous d'un bon repas ? Ici vous trouverez d'excellents petits plats, concoctés avec des produits frais, de saison et issus du terroir normand. Le service est excellent, et les créations culinaires sont parfois originales. Un passage par la boutique, ensuite, est vivement recommandé !

MAISON MARGUERIE

24, Rue Général de Gaulle
✆ 02 33 41 42 65
Ouvert du jeudi au mardi de 7h à 19h30.

Changement de propriétaire pour cette chouette enseigne au cœur de Sainte-Mère, et force est de constater que la transition est parfaitement réussie ! En effet, ouverte non-stop sauf le mercredi, la maison poursuit avec brio son activité, en proposant de merveilleuses pâtisseries, élaborées de main de maître par une équipe de véritables professionnels, amoureux de leur métier. Ajoutez à ceci un large choix de pain et de très nombreuses viennoiseries savoureuses et toujours fraîches, et vous tenez là un incontournable de la cité.

NORD-OUEST

LA BIÈRE ARTISANALE DE SAINTE-MERE-EGLISE LA BOUTIQUE

33, rue du Général de Gaulle ✆ 06 88 35 75 60
www.biere-sainte-mere-eglise.com
Ouvert le lundi de 14h à 18h30 ; du mardi au samedi de 10h à 18h30. Ouvert le dimanche (en saison).

Sainte-Mère-Eglise peut s'enorgueillir de compter une véritable fabrique de bière. Menée de main de maître par Jérôme et Laurence, celle-ci vous propose de nombreuses références en vente à la boutique complètement refaite cet hiver., Force est de constater qu'il y en a pour chaque goût ! Répondant aux noms de Pretty Dolly, Lily Marlène ou encore Utah Beer, elles sont blondes, rousses, blanches et sont de plus en plus prisées : de quoi faire une belle étape ici.

BISCUITERIE DE SAINTE-MERE

5, rue de la Division Leclerc
✆ 02 33 93 95 06
www.biscuit-sainte-mere-eglise.com
Ouvert tous les jours de 9h30 à 18h30.

Parmi les plus chouettes biscuiteries du département, on trouve celle de Sainte-Mère. Vaste, moderne, facile d'accès, le lieu, qui compte également un restaurant, est une référence en matière de petits plaisirs : sans additifs ni conservateurs, à base de beurre local, il peuvent également être assortis de chocolat, qui est fabriqué ici ! Au-delà, la biscuiterie est une épicerie fine, avec de nombreux spiritueux, ainsi qu'un très chouette restaurant.

SAINTE-MARIE-DU-MONT

C'est une étape incontournable dans votre circuit de visite lié au débarquement, car Sainte-Marie-du-Mont, pour beaucoup, c'est Utah-Beach. Le 6 juin 1944, les lieux, déserts, rentrent dans l'Histoire avec l'arrivée de dizaines de milliers de soldats libérateurs. La commune dispose sur son littoral de musées et de sites de commémoration et son bourg, blotti autour de l'église Notre-Dame de l'Assomption, sur les hauteurs à deux kilomètres du rivage, compte quelques commerces. Sainte-Marie, qui ne manque pas de charme, est ainsi très animée lors des commémorations, et se rejoint très facilement avec la voie autoroutière, à quelques minutes de là.

UTAH BEACH

C'est une plage qui est entrée dans l'histoire en quelques heures. Il est 2h ce matin du 6 juin 1944, et 30 000 hommes ont quitté le sud de l'Angleterre pour rallier la côte est du Cotentin. La libération de la Normandie est proche. La plage de la Madeleine, rebaptisée Utah Beach, est le théâtre de la fameuse opération Verlaine qui inaugure un événement d'une tout autre ampleur : Overlord. Ici le débarquement doit absolument réussir. Les troupes américaines donnent l'assaut à 6h30. De toutes les plages, celle-ci sera la moins meurtrière. Ici, vous vous recueillerez sur l'immensité de la plage, et pourrez découvrir le musée du débarquement.

LA HAGUE

C'est une presqu'île dans la presqu'île : la Hague est une commune à part entière, fruit de la fusion de la vingtaine de petites bourgades qui la composaient. Si son nom est connu pour l'usine atomique qui s'y trouve, la beauté de ses paysages est bien la réelle raison de s'y rendre. Des falaises, des criques, des petits ports, des chemins qui serpentent et descendent dans l'infini de l'eau bleutée, telle est la Hague. A proximité immédiate de Cherbourg, vous y trouverez - manne financière du nucléaire oblige - des équipements de très haut niveau. Et puis la Hague, ce sont aussi de magnifiques petites maisons et de charmants villages.

MUSÉE DU DÉBARQUEMENT UTAH BEACH ★★★

Utah-Beach ✆ 02 33 71 53 35
www.utah-beach.com
Basse saison : ouvert de 9h30 à 19h. Haute saison : tous les jours de 10h à 18h. Adulte : 8 €. Enfant (6/15 ans) : 5 €.

Ce musée est implanté sur les lieux mêmes du débarquement sur le secteur confié aux Américains devant prendre Cherbourg. Au soir du 6 juin, 23 000 hommes, 1 720 véhicules et 1 695 tonnes d'approvisionnement furent débarqués sur cette terre. Comparé à d'autres plages du débarquement, ce secteur fut relativement épargné : le bilan humain ne fait état « que » de 197 soldats tués au combat ainsi que de 60 disparus. Cette opération fut donc un succès total : Utah Beach fut transformée en port artificiel géré par 70 000 hommes de l'Armée et de la Marine américaines. Le musée éponyme possède deux pièces maîtresses : la barge d'assaut et le Water Buffalo, un véhicule unique en Europe de huit mètres sur trois entièrement restauré. Dans un hangar de 800 m² construit à cet effet, les visiteurs peuvent voir une réplique grandeur nature d'un B26 Marauder utilisé lors de l'opération Overlord (il n'en reste que cinq exemplaires au monde) ainsi qu'un simulateur de vol. Le musée d'Utah Beach a toujours montré son attachement à la transmission de la mémoire et à la compréhension des événements de juin 1944. En sortant, le visiteur comprend pourquoi cette plage fut choisie et en quoi le débarquement fut un succès à la fois militaire et technologique.

▶ **Les espaces d'expositions suivent différentes thématiques.** Tout commence autour des défenses allemandes et de l'occupation ennemie. Le musée se trouve d'ailleurs à proximité d'un des blockhaus construits par les Allemands. La projection du film de nombreuses fois primé « La Plage de la Victoire » aide à la chronologie et permet de se plonger dans le quotidien des populations et de suivre heure par heure les préparatifs du D-Day. Suivent des espaces consacrés à la stratégie alliée et aux forces militaires en présence (navales, aériennes et terrestres). Puis, on passe dans la salle panoramique pour découvrir la chronologie exacte de cette journée historique sur cette plage. L'exposition se poursuit sur la jonction faite entre les parachutistes et les fantassins et leur avancée périlleuse jusqu'à Cherbourg. Le musée présente ensuite le Port artificiel d'Utah Beach, construit pour pallier la destruction de celui de Cherbourg. La nature des objets présentés (photos, témoignages, lettres, journaux intimes, matériels, effets personnels...) nous fait revivre ces événements sur le plan humain, auprès des soldats et des populations. Des documents émouvants au service de la mémoire et de l'histoire.

ANDRA - CENTRE DE STOCKAGE DE LA MANCHE ★

ZI de Digulleville ✆ 0 810 120 172
L'accès au bâtiment d'accueil est libre du lundi au vendredi de 9h à 18h. Visite guidée gratuite sur réservation.

Une visite unique : c'est sur son site de stockage de déchets radioactifs que l'Andra (Agence nationale pour la gestion des déchets radioactifs) vous invite sur les hauteurs de la Hague, à près de 180 mètres d'altitude. Le site veille sur plus d'un million de colis de déchets, et c'est le premier centre mondial à être entré en phase de fermeture : surveillance active, contrôles permanents, recherche, développement et transmission de la mémoire en sont les principales activités.

L'ANSE DE VAUVILLE

Elle s'étire sur une dizaine de kilomètres, depuis les falaises de la Hague jusqu'aux roches de Siouville – même si certains estiment que sa pointe sud est constituée par le cap de Flamanville. Ainsi, à (presque) perte de vue, la plage, souvent déserte, et pourtant si belle. Si, au sud de l'anse s'ébrouent les baigneurs en été, ainsi que les amateurs de surf et de sports nautiques, vous vous rendrez compte que, plus vous irez au nord, moins vous verrez âme qui vive. Décor idéal pour longs métrages et clips musicaux, l'anse est splendide.

CHÂTEAU DE VAUVILLE

Propriété privée.

Le château du XVe siècle a été construit sur l'emplacement d'un bâtiment féodal du XIIe siècle dont subsiste le donjon. Les deux bâtiments, formés de deux corps de logis bâtis à angle droit, furent érigés à la fin du XVIe siècle et au début du XVIIe siècle. Avec ses fenêtres à meneaux, ses larges cheminées et sa toiture en schiste, le château de Vauville reste l'un des plus beaux exemples de maisons fortes du Nord-Cotentin. Malheureusement celui-ci ne se visite pas, il vous restera la possibilité de l'apercevoir de l'extérieur.

JARDIN BOTANIQUE DE VAUVILLE

1, route du Thôt
✆ 02 33 10 00 00
www.jardin-vauville.fr
D'avril à septembre : 14h-18h. Octobre : samedi et dimanche de 14h à 17h30. Tarif : 9,50 € par adulte.

À la pointe de La Hague, dans une lande balayée par les vents, un château typique du nord Cotentin s'est vu doté d'un jardin exotique surprenant. On doit cette folie au parfumeur-botaniste Eric Pellerin et à son épouse Nicole qui plantèrent dans leur pré attenant au mur d'enceinte des espèces de l'hémisphère austral de 1947 à 1982. Le développement du jardin s'est poursuivi grâce à Guillaume Pellerin et Cléophée de Turckheim qui créèrent une succession de chambres de verdure, protégées des vents par les lins de Nouvelle-Zélande (*phormium tenax*) et les *eryngiums*. En doublant la superficie du jardin (4,5 hectares aujourd'hui) ainsi que la collection botanique, ils ont acclimaté plus de 1 000 espèces des plantes d'origine subtropicale. Dès 2017, Eric Pellerin (fils de Guillaume et Cléophée) reprend le flambeau et poursuit l'embellissement de cet écrin en vous accueillant tout au long de la saison dans ce surprenant foisonnement pour partager avec vous cette passion familiale. Pour le plus grand plaisir des plus jeunes, une ferme pédagogique appelée « La Ferme du Jardin » met en avant les races locales, tout en souhaitant maintenir les races locales et évoquer le travail des anciens qui ont tant contribué à maintenir ces dernières. Chèvres ou lapins nains, poules miniatures, âne du Cotentin, porc de Bayeux ou moutons *shetland* – *parmi d'autres* – sont autant d'habitants de ce chouette endroit : une très belle manière de conclure votre passage ici.

MAISON NATALE DE JEAN-FRANCOIS MILLET

Hameau Gruchy
✆ 02 33 01 81 91
www.manche.fr/patrimoine
Ouvert de mai à la Toussaint. Adulte : 4,50 €. Enfant (de 7 à 18 ans) : 2 €.

Fierté locale mondialement connue, Jean-François Millet est né à Gréville. Le peintre, qui a su sublimer la réalité paysanne, se voit ainsi mis à l'honneur de différentes manières. Muséographie originale, celle-ci permet aux visiteurs, par exemple, de voir exposés des outils agricoles et des reproductions d'œuvres les représentant. En parallèle, de nombreuses animations sont proposées : balades guides, spectacles ou même *escape game*, par exemple.

MANOIR DU TOURP ★★

Omonville la Rogue
✆ 02 33 01 85 89
www.letourp.com
Fermeture annuelle en janvier. Gratuit. Un trésor au bout du monde : 7 €/adulte, 5 €/enfant dès 7 ans.

Difficile d'imaginer passer par la Hague sans concevoir une visite du manoir du Tourp. Espace incontournable pour mille et une raisons, il propose un incroyable parcours-spectacle immersif intitulé « Un trésor au bout du monde ». Le manoir du Tourp, qui date du XVIe siècle, est aussi un ensemble architectural et culturel hors pair qui organise toute l'année des expositions temporaires en accès libre et des animations (ateliers pour les enfants, rencontres et conférences) sur le thème du patrimoine local. Nombreuses possibilités de randonnées à proximité.

© DR

© DR

NORD-OUEST

LE MOULIN À VENT DU COTENTIN ★

23, rue de la Lande
FIERVILLE-LES-MINES
✆ 02 33 53 38 04
Ouvert de février à novembre. Restauration, boutique et ateliers. Groupes : visites toute l'année (réservation).

© CRÉDITS CW POUR CA LE COTENTIN

Situé à 100 m d'altitude, ce moulin datant de 1744 offre un panorama exceptionnel sur le bocage du Cotentin. Sa toiture pivotante à 360° permet d'amener les ailes face au vent, afin de produire les différentes farines vendues à la boutique avec les autres produits du terroir. Pendant les vacances scolaires, de nombreux ateliers sont proposés pour tous les âges. L'ancienne maison du meunier abrite un restaurant où l'on déguste de délicieuses crêpes préparées avec la farine du moulin.

NEZ DE JOBOURG ★★

Rue des Falaises - D202

C'est si beau que le lieu est régulièrement sur les affiches promotionnelles touristiques. Pour vous y rendre, filez directement à la pointe du Nez de Jobourg et découvrez-y, à 128 mètres d'altitude, une vue mêlant splendeur et spectacle à couper le souffle. Au loin, le cap de Flamanville, le phare de Goury et les îles anglo-normandes sont visibles du haut des falaises parmi les plus hautes d'Europe continentale. Ce n'est pas un hasard si ce panorama est réputé au point de se classer deuxième site le plus visité de la Manche après le Mont-Saint-Michel.

MAISON JACQUES-PRÉVERT

3, Hameau du Val
✆ 02 33 52 72 38
patrimoine.manche.fr
Ouvert d'avril à la Toussaint. Gratuit jusqu'à 7 ans. Adulte : 5 €. Enfant (de 7 à 18 ans) : 2,50 €.

Entrez dans le bourg d'Omonville-la-Petite et garez votre véhicule sur le parking face à l'église. Vous n'êtes pas encore arrivé à la maison du célèbre poète Jacques Prévert mais la visite commence ici. Jetez un œil au cimetière et regardez ces tombes fleuries, ornées de galets. C'est là, au calme, que reposent Jacques Prévert, sa femme et sa fille. Empruntez cette rue bordée par les champs. Elle vous mènera, après une dizaine de minutes de marche, au coin de paradis de l'écrivain. C'est lorsqu'il tournait avec les comédiens de la compagnie Octobre qu'il est tombé sous le charme du cap de la Hague. Celui que l'on connaît aujourd'hui pour être l'auteur des meilleures répliques du cinéma français, mais aussi un poète engagé et maître dans l'art du collage retrouve son coup de cœur dans les années 1970. Il acquiert une maison discrète avec jardin, au Val. Les Paroles y résonnent encore... Au rez-de-chaussée, contemplez l'exposition temporaire en hommage à l'auteur et les grands artistes avec lesquels il a collaboré puis regardez le film de sa vie. À l'étage, tournez les chapitres de la vie de Jacques Prévert, de l'atelier aux chambres, et terminez votre visite en passant par le jardin... Collages, œuvres, brouillons... Tout vous replonge dans l'univers Prévert, et ce depuis plus de 20 ans, via cette belle maison. Le 11 avril 1977, le poète s'y est éteint : il aura vécu 40 ans dans cette superbe maison de La Hague, et sa tombe se situe à proximité. Une magnifique visite, que le nom de Prévert vous soit familier ou non.

PLANÉTARIUM LUDIVER

1700, rue de la Libération
✆ 02 33 78 13 80 - https://ludiver.lecotentin.fr/
Ouvert du dimanche au vendredi (tous les jours pendant les vacances). Musée + planétarium : 8,80 € (enfant : 6,70 €).

Sur les hauteurs de la Hague, c'est un complexe unique dans la région. Le planétarium Ludiver est une destination à part entière. Sous une voute de dix mètres de diamètre, à vous la découverte de 7 000 étoiles au-dessus de vos têtes. Les séances du planétarium ont lieu à heure fixe, et celui-ci propose des animations thématiques. En outre, vous pourrez admirer les astres directement via un télescope géant de 600 mm, appelé T600. Un espace muséographique, destiné principalement aux sciences et vie de notre planète, est également proposé.

PORT RACINE

Saint-Germain-des-Vaux

On dit de lui qu'il s'agit du plus petit port de France : réalité ou mythe, personne ne le sait véritablement, mais les dimensions de Port Racine en font un endroit de taille réduite. Au delà du nombre réduit d'embarcations qui peuvent accoster ici, c'est surtout la quiétude et l'environnement qui font de ce petit endroit un espace digne d'une carte postale. En été, et à marée haute, les enfants sautent dans la mer depuis la digue, quelques pique-niqueurs de passage profitent des lieux, et les collines de la Hague complètent un cadre enchanteur.

L'AUBERGE DES GOUBELINS €€

Manoir du Tourp

✆ 02 33 01 02 20

www.aubergedesgoubelins.com

Ouvert du samedi au jeudi le midi ; du vendredi au dimanche le soir. Fermé mercredi et jeudi en hiver. Carte : 20 € env.

On passe un magnifique porche, et on arrive dans ce restaurant qui l'est tout autant, en plein cœur du Manoir du Tourp. L'ardoise réserve quelques jolies surprises selon l'inspiration du chef, les plats sont bien réalisés, parfois originaux : une verrine «comme on n'en fait plus», le burger des Goubelins, le poisson du marché et d'autres propositions. Le lieu, aussi salon de thé, est également un bel endroit : vous déjeunez, ou dînez, dans des murs du XVIe siècle constitués de schistes bleus. On est revenus ici, on s'y sent bien, et on ne le regrette pas.

LA HAGUE EN BATEAU

Cale du port du hâble

✆ 06 30 43 23 26

www.hague-en-bateau.fr

En été. Départ à 11h, 14h, 15h30 & 17h. Adulte : 14,50 €. Enfant (de 4 à 11 ans) : 9,90 € (moins de 4 ans : 0,50 €).

C'est un chouette bateau amphibie, qui répond au nom d'Archimède, et qui vous propose de partir à la découverte des rivages de la Hague. D'ici, vous découvrez le sentier des douaniers, les petites criques et ports sous un angle totalement différent. L'eau, turquoise ou foncée selon la météo et la saison, offre ici toutes les palettes possibles de bleu. Ainsi pendant une petite heure, les couleurs se succèdent, les vues également, et les souvenirs que vous garderez avec vous seront assurément impérissables ! On recommande vivement !

LA BRUYÈRE €€

16, place de l'Église

✆ 02 33 52 78 24

www.labruyere-50.com

Basse saison : mardi/vendredi/dimanche midi, vendredi/samedi soir. Été : 7j/7. Menus : 24/34 €. Form. midi : 14,50 €

La Bruyère, cache, derrière sa devanture en pierre, un intérieur chaleureux. Le midi, un menu dont le rapport qualité-prix est très apprécié des locaux et des touristes est très demandé. Pour le reste, une gastronomie traditionnelle avec une pointe d'originalité. Mention spéciale au pavé de veau avec sa crème de champignons et sa tuile aux noisettes, absolument délicieux. Vous vous en doutez, les fromages locaux sont également à l'honneur, et les desserts maison sont sans défaut ! On pensera si possible à réserver, surtout en été.

NORD-OUEST

LA CITÉ DES CORSAIRES

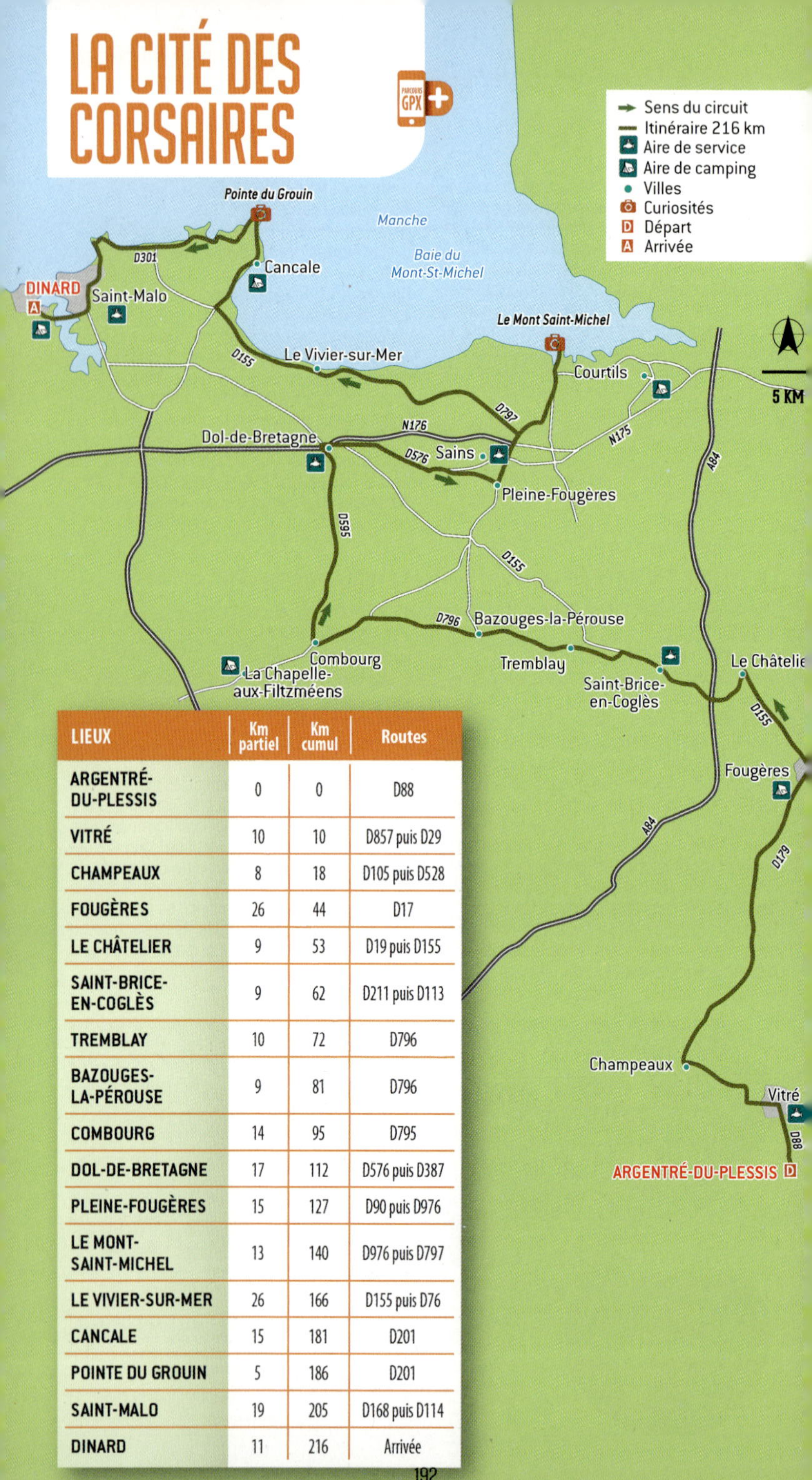

LIEUX	Km partiel	Km cumul	Routes
ARGENTRÉ-DU-PLESSIS	0	0	D88
VITRÉ	10	10	D857 puis D29
CHAMPEAUX	8	18	D105 puis D528
FOUGÈRES	26	44	D17
LE CHÂTELIER	9	53	D19 puis D155
SAINT-BRICE-EN-COGLÈS	9	62	D211 puis D113
TREMBLAY	10	72	D796
BAZOUGES-LA-PÉROUSE	9	81	D796
COMBOURG	14	95	D795
DOL-DE-BRETAGNE	17	112	D576 puis D387
PLEINE-FOUGÈRES	15	127	D90 puis D976
LE MONT-SAINT-MICHEL	13	140	D976 puis D797
LE VIVIER-SUR-MER	26	166	D155 puis D76
CANCALE	15	181	D201
POINTE DU GROUIN	5	186	D201
SAINT-MALO	19	205	D168 puis D114
DINARD	11	216	Arrivée

ARGENTRÉ-DU-PLESSIS

Dans le pays Gallo, cette petite bourgade située entre Rennes et Laval est réputée pour abriter le fameux château du Plessis (domaine privé), qui s'ouvre sur un parc de 18 hectares (on pourra le visiter lors des journées du patrimoine). Ce château a la particularité d'avoir appartenu à la même famille pendant mille ans ! Érigé en effet au Xe siècle, le domaine fut la propriété de la famille du Plessis d'Argentré jusqu'en 1993. Dans les environs d'Argentré, on pourrait aussi se balader autour des nombreux étangs qui bordent la commune, notamment l'étang du Moulin aux Moines, d'une superficie de 12,5 hectares et l'étang du Moulin-Neuf.

VITRÉ ★★★★

Dominant la vallée de la Vilaine, Vitré est une perle du patrimoine médiéval breton. Cette ville prend naissance aux XIe et XIIe siècles autour de son monastère. Son château fort défendant l'accès à la Bretagne en fait rapidement une place militaire aussi importante que la ville de Fougères. Le premier château fut construit par Rivallon le Vicaire, chevalier du duc Geoffroy Ier, mais le second édifice le supplante et assure le rayonnement de la ville. À partir du XVe siècle, Vitré vit du commerce international des toiles de chanvre et des draperies. De nombreuses maisons à pignons et à pans de bois donnent à la ville une atmosphère unique.

BOKAL & CO €€

13, rue de la Tremoille
✆ 02 23 55 99 40

Tous les jours de 11h à 14h et de 19h à 22h. Formule du midi : 14 € (entrée + plat / plat dessert + café. les 3 : 18 €).

Envie de manger rapidement ou à des horaires décalés ? Le concept Bokal & Co vous permet de le faire. Située dans l'enceinte de l'hôtel 4 étoiles Le Magic, cette petite cantine sert une cuisine de bocaux élaborée par un ancien chef étoilé breton : Parmentier de saumon aux épices locales, confit de canard, cheesecake mangue-passion ou tarte au citron meringuée… Après avoir choisi vos plats dans l'espace réfrigéré, vous pouvez vous installer sur la grande table en bois familiale dans une salle contemporaine et chaleureuse ou sur la terrasse orientée plein sud.

LA GOURMANDISE €€

26, rue d'En Bas ✆ 02 99 75 02 12
www.lagourmandise-bzh.eatbu.com

Ouvert en haute saison du mardi au dimanche midi & soir (sauf jeudi). Menu du jour : 10,90 €. Anglais, espagnol parlés.

Dans cette charmante crêperie, l'artisan-crêpier, Ronan Davallet officie avec passion et savoir-faire. La farine et les cidres artisanaux sont bio. A la carte, on découvre des galettes aux saveurs marines (noix de Saint-Jacques, gambas…) ou fromagères (reblochon, chèvre…) avec la possibilité de créer sa propre galette. Pour plus d'originalité, optez pour un breizh burger réalisé avec du pain blini fait minute ! Terminez par une aumonière composée de pommes caramélisées, glace caramel beurre salé, palets bretons, le tout saupoudré de chocolat amer. Délicieux !

NORD-OUEST

© LAËTITIA STEIMETZ

Le château de Vitré.

LE KIDNEY €€

5, place de la République
✆ 02 99 74 60 08
https://le-kidney.fr

Ouvert du mardi au samedi le midi ; du jeudi au samedi le soir. Formule du midi (entrée + plat) : 13 €. Kids friendly.

Le Kidney est un lieu hybride où l'on vient manger des plats simples mais faits maison dans une ambiance familiale (le coin pour les enfants est sympa !), mais aussi un endroit où l'on vient prendre le goûter – glaces, cookies et milk-shakes – ou l'apéro avec les amis – planches apéritives et assiettes à partager le soir. Descendez d'un étage et découvrez le patio et son esprit street art. Le lieu est vivant et organise des concerts réguliers. Dernière surprise : sur place on trouve également un salon de tatouage ! Très bel accueil de Nicolas et Jennifer.

CHAMPEAUX

Située à 10 kilomètres de Vitré, la petite commune de Champeaux (500 habitants) compte trois ensembles architecturaux protégés au titre des monuments historiques : la collégiale Sainte-Marie-Madeleine (XVe siècle), le château de l'Espinay (XVIe siècle) et le menhir de la Haute-Pierre, situé près du Feu Lambert. Aux alentours, on pourra s'imprégner du typique bocage haut-breton, et profiter de randonnées pédestres, notamment autour de l'étang de la Cantache, qui s'étend sur 25 hectares. La commune est entourée également de nombreux hameaux et fermes isolées.

FOUGÈRES ★★★

Fougères est une charmante ville. Depuis l'an mil, elle a affronté les luttes incessantes entre les conquérants bretons, normands, français. Le superbe panorama qui s'ouvre de l'esplanade du jardin public la rend unique et il est bon de se perdre dans l'entrelacs des ruelles médiévales et dans leurs échoppes, d'admirer les maisons à pans de bois, de rencontrer les vestiges des moulins et de passer les ponts et les lavoirs. Impossible de passer à côté du majestueux château cité par Victor Hugo, monument emblématique et plus grande forteresse d'Europe. Ses remparts surmontés de tours aux toits d'ardoise donneront à vos photos une atmosphère unique.

CHÂTEAU MÉDIÉVAL DE FOUGÈRES ★★★

Place Pierre-Symon ✆ 02 99 99 79 59

Ouvert tlj de mai à septembre, du mar. au dim. d'octobre à avril. Adulte : 9 €, tarif réduit : 5 €, -6 abus : gratuit.

Le château de Fougères, forteresse gardienne des Portes de Bretagne, est à la fois château-fort historique et théâtre d'animations. Ce monument emblématique et imposant fondé au XIIe siècle fait partie des incontournables destinations familiales aux portes de Bretagne. Le château de Fougères est en effet la plus grande forteresse médiévale d'Europe dans cet état de conservation. Elle fut maintes fois remaniée au fil du temps, notamment lors de son acquisition par les Ducs de Bretagne dans les années 1430. Les visites durent environ 1h30 et s'organisent autour d'un parcours scénographié avec un guide ou un audioguide gratuit (très ludique pour les enfants). Vous pourrez découvrir trois tours du château, la basse-cour, les courtines et plusieurs salles du château. Un parcours de visite ponctué d'énigmes est même dédié aux plus jeunes, dès 6 ans : ils seront guidés par les deux mascottes du château, Mélusine et Médusa. Depuis 2009, au mois de juin, en alternance avec la Fête des Remparts de Dinan, Les Riches Heures de Fougères plongent les visiteurs dans la vie quotidienne d'un campement médiéval avec démonstration de métiers d'art courants, marché médiéval, mise en scène d'une attaque et bal et repas inspirés du Moyen Âge. De nombreux événements et animations sont également organisés tout au long de l'année au château pour faire vivre ce monument exceptionnel. Poursuivez votre périple en déambulant dans les jolies rues de la cité médiévale de Fougères, ville d'Art et d'Histoire. Ruelles charmantes, boutiques indépendantes et restaurants de caractère vous attendent.

CRÊPERIE TIVABRO €

13, place du Marchix
✆ 02 99 17 20 90

Le mar. et du jeu. au sam. (19h-21h), du mar. au dim. (12h-14h). Parking gratuit à proximité. Carte : 20 € environ.

En contrebas du château, la crêperie Tivabro possède le charme d'antan. Petites tables en bois au rez-de-chaussée et grandes tablées à l'étage, poutres apparentes et vieux parquet : ici on cultive la tradition. La galette complète de sarrasin bio (en direct du Moulin de la Fatigue à Vitré) chez Tivabro se compose d'une belle galette garnie de fromage Petit Savoyard, d'une tranche de jambon et d'un œuf miroir. Les spécialités - andouille et pommes caramélisées ou noix de Saint-Jacques et fondue de poireaux - ont aussi la cote. Réservation conseillée.

BAZOUGES-LA-PÉROUSE ★

Le village de Bazouges est labellisé Petite Cité de Caractère de Bretagne depuis 2006. La commune jouit de plusieurs incontournables comme le village d'artistes, les églises Saint-Pierre et Saint-Paul, et les ruelles de la ville et ses maisons à colombages. A l'extérieur, la forêt domaniale de Villecartier est riche d'un beau patrimoine avec la hutte de sabotier, son auge ou même une borne milliaire à découvrir. La base de loisirs à proximité propose toute sorte de loisirs sans compter les belles promenades que permet le sentier de randonnée d'une dizaine de kilomètres. Enfin, les jardins du château de la Ballue sauront séduire les amateurs.

L'ORANGERIE €€

15, rue Notre Dame
✆ 02 99 73 09 36
Ouvert lundi, mercredi et jeudi de 12h à 13h30 ; mardi, vendredi et samedi de 12h à 13h30 et de 19h à 20h30.

Ici, le patron fait tout lui même, de la cuisine au service. Il propose quelques plats à la carte et plusieurs formules pour un excellent rapport qualité-prix. Chaque jour le menu intègre un plat végétarien et souvent un autre à base de poisson. Les garnitures valent le détour : frites maison, quinoa et courgettes tranchées finement... Le sauté d'agneau au curry coco est un vrai délice, et gardez de la place pour le dessert, il serait dommage de rater le brownie et sa crème anglaise. Par ailleurs, la décoration est soignée et haute en couleurs chatoyantes.

COMBOURG ★★

Devenue le berceau du romantisme grâce à l'empreinte laissée par l'écrivain et homme politique François-René de Chateaubriand, Combourg a longtemps vécu du tissage de la toile et du tannage du cuir. Classée « petite cité de caractère », la commune est au milieu d'une campagne bucolique entrecoupée de bois et d'étangs. L'imposant château de Combourg trône dans son superbe écrin de verdure, au-dessus du lac Tranquille. Afin de faire revivre l'esprit des foires du XIXe siècle, la Ville organise notamment le festival de La Lanterne en août qui réunit plus de 10 000 personnes. Au programme : des concerts, un fest-noz et un marché festif.

CAMPING MUNICIPAL DU VIEUX CHATEL** €

18, Avenue de Waldmünchen ✆ 02 99 73 07 03
www.camping-combourg.com
Fermé de novembre à avril. Emplacement + voiture + 2 personnes (électricité incluse) : environ 15 €. Aire camping-car.

Dans un environnement verdoyant, sur la rive sud du Lac Tranquille et proche de Saint-Malo, du Mont-Saint-Michel ou de Dinard, ce camping municipal a de quoi séduire les vacanciers. Au sein d'une nature remarquable, ce camping propose de multiples commodités et services : eau, électricité, sanitaires, douche, salle de lecture, cafétéria... Il est également possible de louer des mobil-homes. Doté de tout l'équipement nécessaire, il garantit le meilleur confort aux résidents.

DOL-DE-BRETAGNE ★★

Située à 20 minutes en voiture de Saint-Malo et placée au cœur de la baie du Mont-Saint-Michel, Dol-de-Bretagne revendique ses origines médiévales à travers ses maisons à pans de bois et sa majestueuse cathédrale gothique. Dès le VIe siècle, la cité est devenue l'un des premiers évêchés bretons avec l'arrivée de saint Samson, saint fondateur de la Bretagne. Avant d'être pillée par les Vikings, Nominoë s'y voit sacré roi des Bretons. Aujourd'hui, la ville est un village étape très apprécié par les touristes pour les maisons médiévales de la rue des Stuarts ainsi que sa promenade Jules Revert qui offre une vue unique sur le Mont-Dol et ses marais.

LE MONT-SAINT-MICHEL ★★★★

Classé patrimoine mondial de l'Unesco, le Mont-Saint-Michel est somptueux et incontournable, avec des millions de visiteurs chaque année. La légende raconte qu'il apparut à la suite d'un immense raz-de-marée qui enfouit sous les eaux les terres alentour. Après avoir uniquement connu le vie tranquille d'un village blotti au pied de son Abbaye, le Mont s'ouvre au tourisme au début du XXe siècle, la digue construite provoquant un lent ensablement. Après dix ans de travaux, une passerelle sur pilotis rejoint le Mont, lui redonnant son caractère maritime. Enfin, pas de gaffe : le Mont-Saint-Michel est bien normand, quoi qu'en pense le voisin breton !

NORD-OUEST

Le Mont-Saint-Michel.

LE VIVIER-SUR-MER

Le Vivier-sur-Mer est le principal centre de production de moules de Bretagne nord. C'est en 1954, qu'y est née la mytiliculture, et cette nouvelle activité s'est rapidement développée grâce à la technique d'élevage sur bouchots et des conditions de milieu tout à fait favorables. Les amoureux de mytiliculture pourront donc y déguster les meilleures moules de la région. Tous les ans, en juillet, se tient la fête des moules où quatre tonnes y sont dégustées au milieu des chants et des danses. Au cœur de la baie du Mont-Saint-Michel, ses côtes et ses plages seront des plus agréables pour vos balades, à la découverte des charmes de la Bretagne.

LE BOIS PASTEL*** €€

13, rue de la Corgnais ✆ 02 99 89 66 10
www.campingboispastel.fr

Fermé du 1er octobre au 31 mars. Terrain de 5,2 ha. 125 emplacements (pour caravane, tente ou camping-car).

Dans un cadre verdoyant, à 800 m de la plage, Le Bois Pastel propose des emplacements pour installer camping-car, tente ou caravane. Vous trouverez tous les services et équipements nécessaires à votre confort : alimentation, dépôt de gaz, sanitaires, lave-linge, sèche-linge, espace bébé, aire de jeux, terrain de volley, ping-pong, pétanque, bar et une piscine couverte chauffée d'avril à septembre. Des mobil-homes pour 4 ou 6 personnes sont également proposés à la location, d'autres sont à vendre. L'endroit est idéal pour passer d'agréables vacances en famille.

CANCALE ★★★

Un charme fou se dégage du joli port de pêche réputé depuis longtemps pour ses huîtres plates ou creuses. Du haut du bourg, ou par la petite route en corniche, la descente vers le port de la Houle est un véritable enchantement. D'un seul regard, la vue panoramique embrasse le cap Fréhel jusqu'à Granville en passant par le Mont Saint-Michel. Très joli à marée haute, le port l'est tout autant quand la marée basse découvre ses parcs à huîtres et laisse échouer les bateaux. S'ajoutent à la poésie du lieu, sa jetée de bois, ses producteurs qui vendent leurs huîtres en direct au bout du port et une vie de village à découvrir en y passant du temps.

À CONTRE COURANT €€

3, place du Calvaire
✆ 02 99 89 61 61

Ouvert tous les jours midi et soir pendant les vacances. Basse saison : ouvert du vendredi au mardi de 11h à 21h30.

Ce restaurant à la décoration style bistrot bénéficie d'une terrasse orientée plein sud avec vue sur le port. Toute l'équipe vous accueille dans une ambiance chaleureuse pour découvrir des spécialités cuisinées avec des produits frais et locaux. Pour ravir vos papilles vous aurez le choix : salade tiède de morue fumée maison et pommes de terre, plateaux de fruits de mer, crabe farci au lait de coco façon antillaise... et pour finir la poire Belle-Hélène revisitée et son palet breton maison ou le riz au lait et son caramel au cidre. Incontournable à Cancale.

SAINT-MALO ★★★★

A l'origine, Saint-Malo est une île reliée à la terre par l'isthme étroit du Sillon. La ville vit au rythme des courses ordonnées par Louis XIV et des ambitions des riches armateurs jusqu'au XVIIIe siècle. Ces derniers élèvent des hôtels particuliers et les fameuses malouinières dans la campagne avoisinante. Au XIXe siècle la pêche vers Terre-Neuve se développe puis laisse place au développement du tourisme balnéaire dès les années 1830. La Seconde Guerre mondiale et les bombardements alliés de 1944 ont détruit une bonne partie de la ville close. Reconstruite à l'identique, il aura fallu attendre 12 ans pour retrouver le charme de la cité corsaire.

DINARD ★★★

Dinard représente l'esprit de la villégiature à l'anglaise en bord de mer. Accueillante, chic et préservée, la ville propose des animations toute l'année autour de son histoire et de la culture, grâce aux visites guidées thématiques et aux expositions temporaires à la Villa des Roches Brunes ou au Palais des Arts. Ville d'Art et d'Histoire, elle a classé 407 villas, symboles de l'effervescence de la station balnéaire à la fin du XIXe siècle et jusqu'à la Belle Epoque. La bucolique Promenade au Clair de Lune qui joint la plage du Prieuré à la plage de l'Ecluse est mise en lumière chaque été et valorise le travail d'artistes contemporains.

GRAND AQUARIUM SAINT-MALO ★★

Avenue Général-Patton
✆ 02 99 21 19 00
www.aquarium-st-malo.com

Haute saison ouvert tous les jours de 10h à 19h. En juillet et août, adultes 18 € et enfants 13 €.

Les fonds marins comme jamais ! Des mers froides abyssales aux mers chaudes tropicales, vous rencontrerez 600 espèces étonnantes et passionnantes. Découvrez l'anneau des mers, un aquarium à 360° et plongez à bord du sous-marin *Nautibus* pour admirer 5 000 poissons grâce à la restitution d'un univers marin naturel. Voyagez au cœur des profondeurs à bord de l'Abyssal Descender, attraction ludique et unique au monde. Un très bon moment vous attend ! Nouveauté prévue pour la saison 2022 !

LES TERROIRISTES ASSOCIÉS €€

21, rue de Dinan
✆ 02 23 17 24 49

Basse saison : du jeudi au dimanche & jours fériés de 10h à 1h. Haute saison : tous les jours de 10h à 1h.

Le credo des Terroiristes ? Sympathie, décoration chaleureuse et une cuisine sincère et locavore. Des produits triés sur le volet pour leur fraîcheur et leur goût, cuisinés avec amour. En été, une terrasse vient augmenter la capacité d'accueil, ce qui est bienvenu vu le succès des Terroiristes Associés ! Côté carte des vins, des jolies quilles, des découvertes et des pépites, essentiellement des vins naturels, mais pas que… Et un vrai conseil en la matière.

CAMPING LE PORT-BLANC*** €€

Rue du Sergent-Boulanger ✆ 02 99 46 10 74
www.camping-port-blanc.com

Fermé de mi-novembre à mi-février. Emplacement + véhicule + 2 personnes (avec 10 A) de 23 € à 28 €.

Situé en bord de mer, ce charmant camping municipal de 5,5 hectares jouit d'une situation géographique idéale. Les 4 premiers rangs, en terrasse, offrent une vue mer ! Il dispose de plusieurs blocs sanitaires dont un pour personnes handicapées. Une salle de jeux, une aire de loisirs, ainsi qu'un salon de télévision sont réservés aux enfants. Les cabanes en bois, les Tinny, parées de leur décor dinardais (bleu et blanc) sont tout confort ! A découvrir, le Dôme, le bar de plage qui assure l'ambiance toute la journée. Magnifiques couchers de soleil au programme.

OYSTER CLUB €€

2 rue de Saint-Enogat
✆ 06 71 67 51 68
www.oysterclub.fr

Ouvert du mercredi au dimanche de 12h à 14h et de 18h à 20h30 en haute saison. Terrasse. A emporter.

L'Oyster Club est un bar à huîtres nouvelle génération ouvert en 2017 par Tanguy. Un charmant comptoir qui propose des produits frais de la pêche du jour. Laissez-vous tenter par les huîtres de Cancale, de Fréhel ou d'Irlande au choix, les praires farcies, le lieu jaune fumé, les crevettes marinées, les rillettes au saumon ou encore les coquilles Saint-Jacques à la bretonne. Le tout est cuisiné sur place et servi avec du pain et du beurre bio. La sélection de vins de Loire est une belle surprise. Incontournable à Dinard ! Bémol, les horaires changent souvent.

CÔTE D'EMERAUDE

PARCOURS GPX

LIEUX	Km partiel	Km cumul	Routes
SAINT-MALO	0	0	N137 puis D117
SAINT-SULIAC	12	12	D7 puis D407
PLOUËR-SUR-RANCE	6	18	D12
DINAN	13	31	D2
PLOUBALAY	17	48	D786
SAINT-BRIAC-SUR-MER	5	53	D786 puis D768 puis D26
SAINT-JACUT-DE-LA-MER	12	65	D62 puis D786 puis D19
SAINT-CAST-LE-GUILDO	14	79	D13 puis D786 puis D16
FORT LA LATTE	18	97	D16
CAP FRÉHEL	4	101	D34 puis D786
ERQUY	17	118	Route locale
LE VAL-ANDRÉ	9	127	D786 puis D791
LAMBALLE	16	143	D102 puis D46
COËTMIEUX	7	150	D46
HILLION	6	156	D10 puis D712
SAINT-BRIEUC	11	167	D786 puis D1B
LES ROSAIRES	7	174	Route locale
PORDIC	6	180	D786
BINIC	4	184	Arrivée

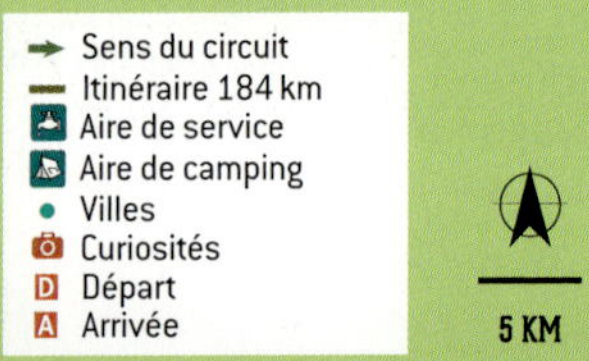

SAINT-MALO ★★★★

A l'origine, Saint-Malo est une île reliée à la terre par l'isthme étroit du Sillon. La ville vit au rythme des courses ordonnées par Louis XIV et des ambitions des riches armateurs jusqu'au XVIIIe siècle. Ces derniers élèvent des hôtels particuliers et les fameuses malouinières dans la campagne avoisinante. Au XIXe siècle la pêche vers Terre-Neuve se développe puis laisse place au développement du tourisme balnéaire dès les années 1830. La Seconde Guerre mondiale et les bombardements alliés de 1944 ont détruit une bonne partie de la ville close. Reconstruite à l'identique, il aura fallu attendre 12 ans pour retrouver le charme de la cité corsaire.

PLOUËR-SUR-RANCE

Idéalement située entre Saint-Malo, Dinard et Dinan, Plouër est une charmante petite commune de caractère située au cœur de l'estuaire de la Rance. Ploüer est notamment réputée pour son port de plaisance situé sur la rive ouest de l'Estuaire de la Rance, dans la ria qui alimentait l'ancien moulin à marée, qui dispose de 240 emplacements sur pontons. Le moulin abrite un appartement qui accueille les visiteurs dans un environnement exceptionnel selon les disponibilités. Plouër-sur-Rance fait également le bonheur des promeneurs et des curieux avec ses 16 km de balades sur les berges ainsi qu'un patrimoine riche et varié qui remonte à plus de 4 000 ans.

Saint-Malo.

LES CAUSETTES €€

4, Place Alfred-Lecointe
✆ 02 96 86 89 86
https://lescausettes.com/
Ouvert du lundi au vendredi de 9h à 16h, et le vendredi soir à partir de 19h30.

Bien plus qu'un simple restaurant, c'est un lieu de vie au cœur du petit village de Plouër. Une déco inspirée, bien dans son temps, et une énergie qui fait de ce restaurant une adresse précieuse. De nombreuses animations y sont organisées (brocantes éphémères, causeries, soirée semi-gastronomique, brunch...). A fréquenter sans modération, pour un déjeuner délicieux, un apéro convivial, une dînette en fin de semaine. Les Causettes travaillent notamment avec les Jardins Maraîchers de la Rance. Un lieu comme tous les petits villages de France aimeraient en avoir !

SAINT-SULIAC

Ce charmant petit bourg de pêcheurs, parsemé de ruelles étroites, aurait été fondé au Xe siècle par les Vikings. Du mont Garrot, on peut encore y apercevoir depuis un sentier, des ruines d'un de leurs anciens camps, accessible uniquement par marée basse. Selon la légende, le mont serait le tombeau du géant Gargantua. Sur le chemin qui mène au moulin de Beauchet, on peut y apercevoir le menhir de Chablé. Le sommet du mont, culminant à 73 m, offre sur 360° d'enchantement un panorama unique et d'une rare beauté, sur la Rance. Chaque année, le premier week-end d'août, une fête traditionnelle qui célèbre le Saint-Suliac d'autrefois est organisée.

DINAN ★★★

Dinan magnifique cité médiévale classée Ville d'Art et d'Histoire, a été bâtie au XIe siècle. Ses remparts, les plus anciens de Bretagne puisqu'ils ont été construits dès le XIIIe siècle par les ducs de Bretagne, dominent la vallée de la Rance. Cette impressionnante ceinture (au demeurant fragile) de 3 kilomètres est composée d'un donjon, de 14 tours et de portes monumentales. Au XVIIIe siècle, Dinan est une cité de tisserands qui vit de la fabrication de voiles acheminées vers Saint-Malo. Le charme de Dinan réside dans ses nombreuses rues piétonnes qui permettent d'admirer les superbes demeures médiévales aux façades ouvragées et à pans de bois.

CHÂTEAU DE DINAN ★★

Rue du château
✆ 08 25 95 01 22
www.chateaudedinan.fr
Été (mai, juin, juillet, août et septembre) tous les jours de 10h30 à 19h.

Pièce maîtresse de l'enceinte médiévale qui entoure la ville, le château de Dinan a été élevé entre 1380 et 1390 par le duc de Bretagne Jean IV et fortifié au XVIe siècle. Lors de votre visite, ne ratez pas les impressionnantes cuisines, l'exceptionnelle salle de banquet éclairée de belles fenêtres à meneaux, le chemin de ronde ainsi que la vue panoramique depuis la terrasse. La visite proposée revalorise l'édifice à travers son histoire et son architecture, en invitant à la découverte de la vie quotidienne au Moyen Âge. La nouvelle boutique vaut le détour.

CAMPING MUNICIPAL CHATEAUBRIAND** €

103, rue Chateaubriand ✆ 06 98 93 21 78
www.dinan.fr
Fermé du 14 octobre au 31 mai. 48 emplacements. Emplacement + véhicule + 2 personnes à partir de 13 €.

Ce camping municipal, situé au pied des remparts, propose ses 48 emplacements (dont 10 ombragés avec accès pour les personnes à mobilité réduite) dans un environnement verdoyant. En installant votre tente ou votre camping-car à cet endroit, vous ne serez qu'à 10 minutes à pied du vieux Dinan. On note tout de même le manque d'infrastructures pour un accueil optimal et tout confort dans ce camping. Conviendra pour une nuit en dépannage mais pas plus. À quand des travaux ?

BOUTIQUE GAVOTTES®

Route de Dinard
✆ 02 96 87 42 55
www.gavottes.fr
Ouvert du lundi au vendredi 9h30-12h30 et 14h-18h30, le samedi 10h-12h30 et 14h-17h30. Grand parking gratuit.

La biscuiterie emblématique de la cité médiévale vient de fêter son 100e anniversaire. Née d'une délicieuse erreur, l'histoire des Gavottes® rayonne depuis 1886. Parmi ses plus célèbres créations : les Crêpes Dentelle Gavottes®, nature ou recouvertes de chocolat... Irrésistibles ! En boutique, Magali et son équipe vous accueilleront avec le sourire pour vous faire découvrir toute l'étendue de l'offre du biscuitier dinannais. Impossible de repartir les mains vides… d'autant que vous aurez envie de gâter vos proches à votre retour de vacances. Les veinards !

SAINT-BRIAC-SUR-MER ★★

Berceau des capitaines au long cours, cet ancien village de pêcheurs a conservé autour de son clocher du XVIIe siècle des rues sinueuses et étroites au charme particulier. Ce lieu prédestiné des vacances familiales fut aimé des peintres : Henri Rivière, Renoir, Emile Bernard, Paul Signac y séjournèrent, même si la station fut snobée par Picasso qui vint en vacances à Dinard dans les années vingt. Avec ses activités nautiques au bord de ses 10 plages et ses nombreuses promenades le long de ses sentiers, Saint-Briac se transforme en été en une station balnéaire très appréciée ! La commune abrite également le golf historique de Dinard.

BISTROT DE LA HOULE €€

14, boulevard de la Houle
✆ 02 99 40 10 05
Fermé en octobre. Basse saison : du jeudi au lundi. Haute saison : tous les jours. Midi & soir Réservation recommandée.

Le Bistrot de la Houle, c'est l'adresse de Fred & Jenni, restaurateurs bien connus dans la région pour leur savoir-faire et leur sens de l'accueil. On apprécie le cadre vintage avec de grandes verrières métalliques et des banquettes en velours rouge. C'est le lieu idéal pour s'évader en dégustant un ceviche, décliné ici en plusieurs versions très réussies : calmar, thon, dorade... La carte présente aussi quelques plats plus classiques : burgers, risotto d'épeautre aux morilles et Saint-Jacques, moules de Bouchot. La grande terrasse n'attend que vous !

SAINT-JACUT-DE-LA-MER ★

Saint-Jacut-de-la-Mer, presqu'île située entre l'Arguenon et la baie de Lancieux à l'est, est une charmante petite commune des Côtes-d'Armor. Connue pour son archipel des Ebihens et son abbaye, fondée au Ve siècle et dont elle tire ses origines, à la première immigration bretonne, la commune offre aux promeneurs de jolis sentiers de randonnées avec des panoramas grandioses sur la mer émeraude. La commune a longtemps vécu de la pêche, à la raie et au maquereau notamment. Aujourd'hui plaisante station balnéaire, vous serez séduits par ses onze plages et l'architecture singulière des maisons, alignées par rangées, construites en longueur.

ARCHIPEL DES EBIHENS ★★

Contactez l'office de tourisme Dinan Cap Fréhel pour connaître les horaires de marée et de passage.

Le petit bijou de la côte d'Émeraude ! Accessible à marée basse par un banc de sable, l'archipel des Ebihens prolonge la presqu'île de Saint-Jacut-de-la-Mer. Face à l'immensité, on s'y sent vraiment tout petit, un peu hors du temps ! Emportez avec vous pique-nique et goûter pour les enfants pour faire de cette excursion un temps fort de vos vacances. Une vue splendide et dégagée sur Saint-Cast-Le Guildo, le Cap Fréhel, le Fort La Latte à l'Ouest et à l'Est sur l'île Agot et Saint-Briac sur Mer vous attend. Son île principale est d'une superficie de 20 ha. Privée, l'île est occupée et partagée par six propriétaires qui tolèrent la traversée du sud au nord par le chemin principal car ils veillent à ce que ce site protégé par son insularité, perdure pour les générations futures. Des fouilles archéologiques ont révélé les traces d'un atelier dont l'activité était très particulière : la fabrication de pains de sel. Une technique qui permettait aux Celtes de transformer l'eau de mer. Pour ce faire, les « bouilleurs d'eau » utilisaient des fours pour récupérer les cristaux de sel de la saumure chauffée sur la braise et en faire des pains. Une chapelle – construite en 1699 – est le second vestige subsistant sur l'île.

Accessible depuis la plage du Rougeret, surveillez l'heure, pour ne pas rester prisonnier des flots qui remontent – selon la légende – à la vitesse d'un cheval au galop. A faire et à refaire et n'oubliez pas vos bottes ! Appelez l'office de tourisme le matin même pour connaître les heures idéales pour vous y rendre.

© FLORIANE RAVARD

LA GOËLETTE €

31 bis, Grande-Rue

✆ 02 96 27 75 23

Fermeture annuelle en janvier. Service continu en saison. Restauration tous les jours sauf le mardi hors saison.

Il s'agit d'un bar-restaurant sans prétention qui propose des fruits de mer et des pizzas, situé dans le centre-bourg de Saint-Jacut. Il propose un service continu dès 9h jusque tard le soir pendant l'été. Vous pourrez vous installer dans l'une des deux salles avec cheminée, ou, si le temps le permet, sur la terrasse abritée et chauffée. Vous vous laisserez tenter par des huîtres de Saint-Jacut, des moules de bouchot ou du bar grillé à la façon du chef. Pas de grandes envolées culinaires mais un accueil agréable et un très bon rapport qualité-prix.

SAINT-CAST-LE-GUILDO ★★

Saint-Cast est la station balnéaire type par excellence : sa grande plage de sable fin, son golf historique de 18 trous, ses tennis, son port, sa digue promenade et ses restaurants. Tout est propice aux loisirs et à la détente. La commune a fusionné, en 1972, avec celle, voisine, de Notre-Dame-du-Guildo. Elle tire son nom de la présence d'une chapelle consacrée à un personnage nommé Cast ou Cado venu fonder son monastère ici. Le Guildo a reçu son nom de deux mots bretons : *goez ledou*, qui se traduisent par « les élargissements de la rivière ». L'endroit est idéal pour un séjour en famille puisque tout y est pour passer un très bel été !

LE CARAVEL CAFÉ €€

✆ 02 22 13 19 01

Ouvert du mardi au samedi de 11h à 14h et de 18h à 21h ; le dimanche de 11h à 18h. Carte : 25 € environ. Vin au verre.

Sur le port de Saint-Cast, il fait bon s'arrêter au Caravel Café manger un bon fish & chips maison, un délicieux burger avec des frites au cheddar, quelques moules marinières, ou se laisser tenter par une fregola sarda aux noix de saint-jacques. Ici, la carte est volontairement courte car tout est fait maison et de qualité. La petite terrasse couverte est joliment aménagée avec ses banquettes recouvertes de coussins, sa collection d'abat-jour et ses fauteuils en rotin. Une jolie escale proposée par une équipe jeune et accueillante.

NORD-OUEST

FRÉHEL ★

Dominant la mer de plus de 70 mètres, les falaises de schiste et de grès rose du cap Fréhel offrent l'une des plus belles vues de Bretagne. Site d'exception, réserve ornithologique, entre ajoncs et bruyères, la promenade mène jusqu'à l'illustre Fort La Latte. C'est l'un des plus impressionnants sites de la région. Surplombant une mer d'émeraude, battu par les vents, le cap Fréhel est enchanteur. Par sa beauté et ses couleurs. Ses falaises abritent des centaines d'oiseaux nicheurs. Ne ratez pas le majestueux phare du Cap haut de 103 mètres. Vertigineux !

CRIQUE DE LA POINTE DU CHÂTEAU RENARD

Aussi appelée la Teignouse, la pointe du château Renard offre un magnifique point de vue sur Fort La Latte. Au pied des falaises, il est possible de trouver des criques qui se découvrent seulement à marée basse. Soyez prudents, le sentier des douaniers et les escaliers pour s'y rendre sont très abrupts et accidentés, n'y emmenez pas les enfants en bas âge. Quelques pêcheurs y ont leurs habitudes et certains plongeurs en ont fait le point de départ de leurs aventures subaquatiques.

ERQUY ★★

Cette station balnéaire s'étend sur 15 km de côtes sauvages, marquées par le grès rose. Elle compte dix plages et des criques dissimulées. D'aucuns assimilent Erquy au célèbre village gaulois d'Astérix : une identification que son créateur Uderzo, qui connaissait bien Erquy pour s'y être réfugié pendant la Seconde Guerre mondiale, a toujours niée, même s'il a reconnu s'être fortement inspiré du littoral costarmoricain. Aujourd'hui, Erquy est surtout la capitale de la coquille Saint-Jacques, l'activité phare de son port d'octobre à avril. La promenade sur les quais, au moment du débarquement de la pêche par les chalutiers, est un incontournable.

CAP D'ERQUY ★★★★

www.grandsite-capserquyfrehel.com

Gratuit.

Avec le cap Fréhel, il est labellisé Grand Site de France depuis 2019. Un peu moins fréquenté que son célèbre voisin, le cap d'Erquy est d'une exceptionnelle beauté : ses falaises de grès rose, coiffées de bois de pins et de landes colorées par les ajoncs et la bruyère, surplombent des plages sauvages. Ce vaste site de 170 hectares, bien préservé, est sillonné de sentiers et de circuits de randonnée. Certains sont même accessibles aux vélos et aux poussettes. Vous pourrez aussi y voir quelques éléments de patrimoine, comme un four à boulets et un corps de garde du XVIIIe siècle. Dans la crique de Port-Blanc se niche l'ancien abri du canot de sauvetage, avec ses rails qui dévalent la cale. Autre empreinte laissée par les hommes : celle des Lacs bleus. Ces deux étendues d'eau douce bordées de falaises, perchées à plus de 30 mètres au-dessus de la mer, sont les vestiges d'anciennes carrières de grès rose. Elles rappellent un pan important de l'histoire locale : au XIXe siècle et jusqu'au milieu du XXe siècle, Erquy a développé l'extraction du grès rose, une roche sédimentaire utilisée dans la construction et le pavage des rues. On peut accéder aux Lacs par un escalier qui part du port d'Erquy. La pointe du cap offre une superbe vue sur la baie de Saint-Brieuc. Il est possible de se garer tout près, mais les quelques places disponibles sont vite remplies. Privilégiez le vaste parking aménagé rue de la Côte des Pâques : de là, un circuit de 5 km vous emmènera jusqu'à la pointe, en passant par les landes et la plage de Lourtuais.

NORD-OUEST

PLÉNEUF-VAL-ANDRÉ ★★

Cette commune littorale se compose de trois quartiers bien distincts : le bourg, tout en vieilles pierres, recèle de nombreux petits manoirs. Fondée en 1880, la station balnéaire du Val-André dévoile une longue et belle plage de sable fin, bordée d'une agréable digue-promenade et surplombée d'élégantes villas du début XXe, en grès rose ou en schiste, parées de briques et de bow-windows. De l'autre côté de la pointe de la Guette, se niche le charmant port de Dahouët, autrefois dédié à la pêche à la morue, aujourd'hui tourné vers la plaisance. Pléneuf accueille deux marchés, toute l'année : le mardi dans le bourg, le vendredi au Val-André.

LA CROISETTE €€

Rue Winston Churchill
✆ 02 96 63 12 46
Tous les jours le midi et le soir. Menus de 26 € à 44 €. Formule du midi : 18,90 € (E+P/P+D). Terrasse

Avec sa façade Art déco et son accès direct à la plage, la Croisette offre la vue sur la mer et une cuisine essentiellement à base de produits de la mer et de produits locaux : tourteau ou araignée selon la saison, Saint-Jacques roussies au beurre, assiettes ou plateaux de fruits de mer, cabillaud en croûte de parmesan, l'incontournable sole meunière (arrivage de la criée d'Erquy) ou le homard breton. Au dessert, on hésite entre le riz au lait grand-mère ou le kouign amann de la maison Jacquin (Pléneuf). La terrasse permet d'avoir quasiment les pieds dans l'eau.

LAMBALLE ARMOR

Capitale du Penthièvre, son coquet centre historique recèle un riche patrimoine : sur la place du Martray et dans les ruelles pavées alentour, on compte plus de 30 maisons à pans de bois, notamment la superbe Maison du Bourreau, du XVe siècle. De son château, rasé au XVIIe siècle sur ordre de Richelieu, il ne subsiste que l'imposante collégiale Notre-Dame, sur les hauteurs. Lamballe est également connue pour son haras, fief du Postier breton. Après 1945, l'essor de l'agroalimentaire a largement contribué à l'économie de la ville, au cœur d'une terre d'élevage. Cette commune de 17 000 âmes s'étend aujourd'hui jusqu'à la mer, englobant Planguenoual et Morieux.

HILLION

La presqu'île d'Hillion s'avance au cœur de la Réserve naturelle de la baie de Saint-Brieuc. Chaque hiver, ces 1 140 hectares protégés sont le refuge de quelque 20 000 oiseaux migrateurs, venus de Scandinavie ou de Sibérie : bernaches cravants, huîtriers-pies, bécasseaux... Au fond de cette baie travaillée par l'une des plus fortes amplitudes de marée au monde, la mer peut se retirer sur plus de 7 km, découvrant de vastes estrans, paysage atypique qu'on admire depuis le sentier côtier et garde-manger pour les oiseaux. Haut lieu de la mytiliculture, la baie de Saint-Brieuc représente 10 % de la production nationale de moules de bouchot.

CAMPING BELLEVUE MER***

46, rue Fonteneau
✆ 02 96 32 20 39
www.bellevuemer.com
Ouvert d'avril à fin septembre. Camping-car : entre 13,30 € et 20,05 € selon saison et électricité. Aire de services.

Magnifique endroit au fond de la baie de Saint-Brieuc et de sa réserve naturelle. Le camping Bellevue Mer se trouve à la pointe des Guettes, à seulement 50 mètres du fameux GR34, pour les randonneurs, sur le parcours de la Voie verte pour les deux-roues, et offre une vue sublime sur la mer. Le repos du campeur est ici privilégié. Les emplacements sont grands, les sanitaires propres, l'équipement complet. Venez aussi profiter de la piscine couverte chauffée et de sa pataugeoire. Pour les petites faims, le snack-bar sert de délicieuses moules/frites.

SAINT-BRIEUC ★★

La capitale costarmoricaine est rythmée par trois vallées : Gouët, Gouédic et Douvenant. Une topographie originale qui a nécessité la construction de multiples ouvrages d'art, ponts, viaducs et autres boulevards suspendus, signés pour beaucoup de l'ingénieur Harel de la Noë. Son centre forme un patchwork architectural, mêlant les styles et les époques. Autour de la cathédrale, subsistent une quarantaine de maisons à pans de bois. Au fil de ses rues, les joyaux se dévoilent : le pavillon de Bellescize, atypique manoir du XVIIIe siècle, les maisons d'armateurs de style Renaissance bretonne et les nombreuses petites et grandes pépites Art déco.

ZE KIG €€

✆ 02 96 42 48 85

www.ze-kig.eatbu.com

Du mardi au samedi. Menus de 19,90 € à 23,90 €. Carte : 35 € environ. Formule du midi 15,90 €. Terrasse.

Ze Kig (viande en breton) est spécialisé dans les viandes maturées. Le lieu, d'abord, ne manque pas de caractère : belle hauteur sous plafond, fauteuils en cuir, tables en bois, comptoir en étain, porte de boucherie... Les viandes de race Salers, Black Angus ou encore Normande s'y dégustent en faux-filet, tartare ou brochettes. Toutes sont maturées pendant plusieurs semaines, ce qui donne des pièces de caractère, goûteuses et tendres. Une sélection à l'ardoise permet de découvrir d'autres plats : poulet fermier noir rôti, steak de thon, burger au Marcelin...

DONKEY'S COFFEE SHOP

27, rue Charbonnerie

✆ 07 69 54 40 44

Du mardi au vendredi 7h30-18h, samedi 9h-19h. Formule du midi 13 € (7,80 € plat seul), café de 1,50 à 4,40 €, thé 3 €.

Ce *coffee-shop* d'inspiration irlandaise offre un cadre chaleureux pour une halte gourmande. Renan et sa sœur Emeline, tous deux baristas, proposent de nombreuses spécialités de café, mais aussi des thés, chauds ou glacés, des jus de fruits frais, des smoothies et de délicieuses limonades maison. Sur le comptoir, de généreuses pâtisseries anglaises et américaines vous font de l'œil. Le midi, une petite restauration est proposée : un plat unique, constitué d'un assortiment original de produits frais, servi en bagel, wrap, salade, panini ou tartine.

BINIC-ETABLES-SUR-MER

Important port de pêche à la morue, à l'époque des terre-neuvas, Binic est aujourd'hui un charmant port de plaisance, bordé d'agréables rues piétonnes et de quais riches en bars et restaurants. Près du joli bourg d'Etables, la côte recèle de superbes villas Belle Epoque. De jolies plages vous y attendent : l'Avant-port, avec ses cabines en bois vert ; la Banche, au centre, équipée d'une piscine d'eau de mer ; le Corps de garde, la plus sauvage ; les Godelins, vaste étendue ; et la plage du Moulin, très familiale. Binic s'anime tout particulièrement lors de la Morue en fête, au printemps, et du Binic folks blues, un festival rock atypique fin juillet.

LA CABANE À CRABES €€

8, Quai Surcouf

✆ 09 73 21 00 18

www.lacabaneacrabes.fr

Menus de 15 € à 25 €. Vin au verre. Terrasse.

Allez jusqu'au bout du quai du joli port de Binic. Là se trouvent la plage de l'avant-port, le phare et quelques bonnes tables, telle cette Cabane à Crabes avec ambiance bord de mer sur fond de musique jazz. Hublots, où tableaux marins, fruits de mer et crustacés, serveurs en marinière plantent le décor. Ici, tout est frais et fait maison. Les formules Estran (moules au jus de homard et frites maison), Cabane (pour les amateurs de crabe) et Pleine Mer (avec un demi-homard !) offrent un délicieux goût de vacances. Autre spécialité de la maison : le burger au crabe.

Le phare de Binic édifié en 1853.

COTE DE GRANIT ROSE

PARCOURS GPX

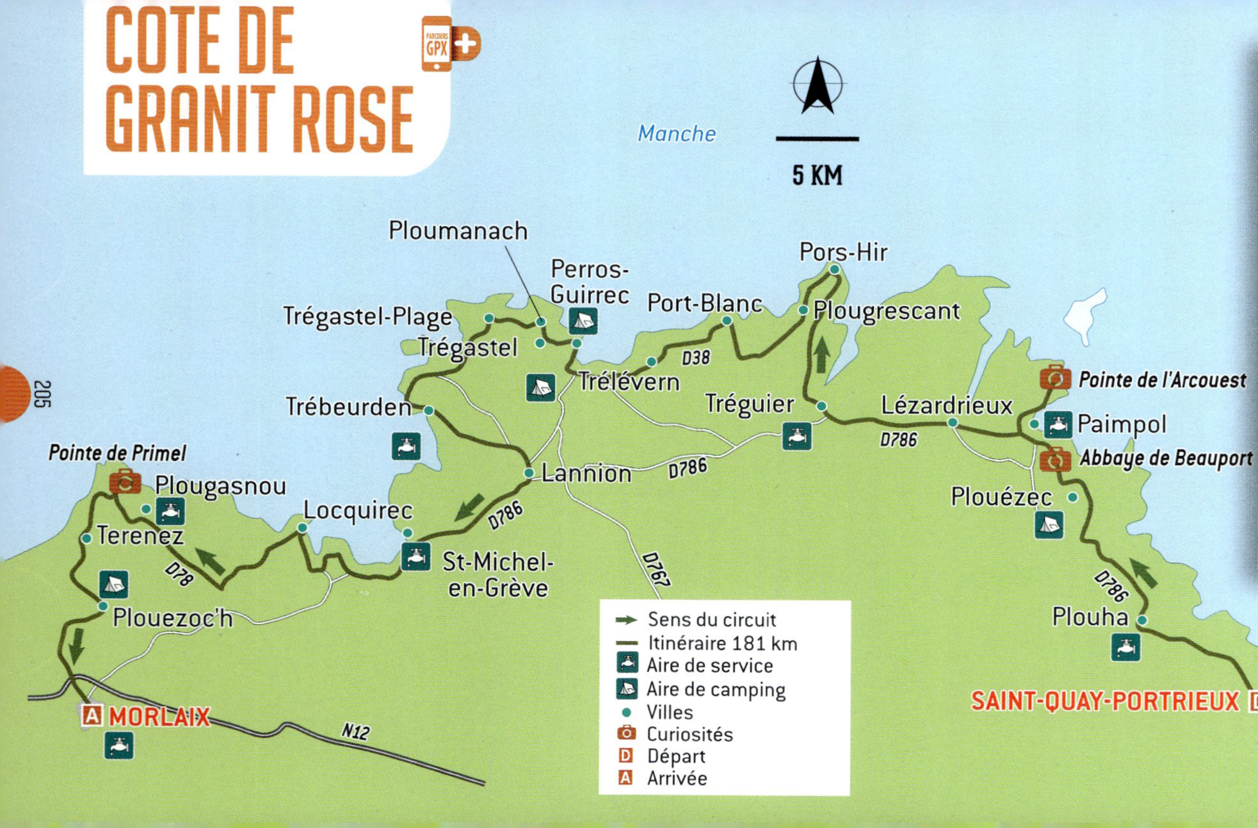

LIEUX	Km partiel	Km cumul	Routes
SAINT-QUAY-PORTRIEUX	0	0	D786
PLOUHA	9	9	D786 puis D54 puis D786
ABBAYE DE BEAUPORT	15	24	D786
PAIMPOL	3	27	D789
POINTE DE L'AR-COUEST	6	30	Route locale puis D786
LÉZARDRIEUX	11	41	D786
TRÉGUIER	9	50	D8
PORS-HIR	9	59	Route locale
PLOUGRESCANT	2	61	D31 puis D74
PORT-BLANC	10	71	D38
TRÉLÉVERN	6	77	Route locale
PERROS-GUIRREC	9	86	Route locale
PLOUMANACH	5	91	D788
TRÉGASTEL-PLAGE	4	95	D788
TRÉBEURDEN	10	105	D65
LANNION	10	115	D786 puis D42
LOCQUIREC	22	137	D64 puis D78
PLOUGASNOU	16	153	D46
POINTE DE PRIMEL	4	157	D46 puis D46A2
TERENEZ	7	164	D76
MORLAIX	4	184	Arrivée

SAINT-QUAY-PORTRIEUX ★★

Cette cité portuaire était au XVIIIe siècle un point de départ pour les goélettes de Terre-Neuvas. Le vieux port d'échouage, appelé le Portrieux, est doublé aujourd'hui d'un port en eau profonde, pour la plaisance et la pêche. Il s'anime tout particulièrement lors des débarquements de coquilles Saint-Jacques, d'octobre à avril. Le tourisme s'y est développé dès le XIXe siècle, transformant Saint-Quay-Portrieux en coquette station balnéaire, avec son casino, ses élégantes villas et ses belles plages, en particulier celle du Casino, dotée d'une piscine d'eau de mer. Au large, les récifs des îles Saint-Quay et le phare de l'île Harbour marquent l'horizon.

PLOUHA ★★

Cette commune littorale recèle les plus hautes falaises de Bretagne, qui culminent à 104 mètres à la pointe de Plouha et s'étendent sur 14 kilomètres. Ces murailles abruptes de gneiss et de granit, où nichent des faucons pèlerins, sont émaillées de criques et de plages, comme celles du Palus ou de Bonaparte. Depuis cette anse, le réseau de résistance locale Shelburn évacua par bateau, vers l'Angleterre, 135 aviateurs alliés tombés en France pendant la Seconde Guerre mondiale. Une boucle aménagée permet de repartir sur leurs traces. Ne manquez pas non plus le port pittoresque de Gwin Zegal, l'un des deux derniers mouillages sur pieux de la région.

LE TARTAN €

3, place Saint-Roch

✆ 02 96 65 29 72

Tous les jours 12-15h et 19-23h (octobre à mars : fermé dimanche soir, lundi et mardi, sauf vacances). Plats 15 à 21 €).

Dans cette maison en pierre de taille, l'ambiance est chaleureuse et l'accueil très aimable. On vous propose ici une cuisine entièrement faite maison, avec des produits de qualité. Au menu, par exemple : rillettes de maquereau, carpaccio de saumon et Saint-Jacques, brochette de bœuf grillé aux pommes sauce cidre ou un bar grillé entier. Terrible choix, d'autant que la carte des pizzas est aussi alléchante. Les desserts sont à l'avenant, simples et efficaces. La tarte fine aux pommes et son caramel au beurre salé vous ravira, notamment. Une très bonne adresse !

LE CATAMARAN €€

✆ 02 52 70 04 22

www.lecatamaran-luximer.com

Ouvert du mardi au dimanche le midi, du mardi au samedi le soir. Prix moyen à la carte 35 €, formule du midi 19,80 €.

Posée sur le terre-plein du port, comme un bateau en hivernage, cette bâtisse blanche en forme de multicoque abrite un restaurant de poissons et fruits de mer, qui se veut simple et raffiné. La quasi-totalité des produits de la mer provient de Saint-Quay ou des environs. Pas besoin de réserver son plateau : les fruits de mer sont disponibles à tout moment. Quant aux poissons, ils sont accompagnés de légumes de saison et de sauces atypiques. La salle principale offre une belle vue sur l'îlot de la Comtesse. Le rez-de-chaussée accueille une poissonnerie-boutique.

CAMPING LE VARQUEZ-SUR-MER

5, route de la Corniche Brehec-plage

✆ 02 96 22 34 43

www.camping-le-varquez.com

Ouvert de fin mars à fin septembre. Emplacement + véhicule 10-18 €. Mobil-home 45-80 €/nuit. Aire camping-car.

Situé à deux pas de la plage, le camping Le Varquez-sur-Mer vous accueille pour d'agréables vacances en plein air. Au choix : 33 emplacements sur sol herbeux et stabilisé pour tentes, caravanes ou camping-car, avec électricité et services ; 57 mobil-homes tout équipés. Si la mer est trop froide, profitez de la piscine chauffée couverte. Un espace laverie se trouve aussi à disposition. Les camping-cars de passage (entre 18h et 10h) bénéficieront d'un tarif privilégié.

PAIMPOL ★★★

Le nom de Paimpol vient de la contraction de *penn-ar-poul*, ce qui signifie « le bout de la mare », les lieux étant autrefois cernés d'étangs. La Paimpolaise, fameuse complainte du chansonnier Théodore Botrel, a contribué à rendre célèbre cette cité de caractère, emblématique de la Bretagne maritime. Une notoriété due également à Pierre Loti et à son roman *Pêcheur d'Islande*, qui raconte l'épopée de ces marins qui appareillaient de Paimpol pour aller pêcher la morue sur les côtes de Terre-Neuve et d'Islande. 2 000 d'entre eux n'en revinrent jamais, en raison des naufrages et des terribles conditions à bord, tandis que les armateurs s'enrichissaient.

ABBAYE DE BEAUPORT ★★

Rue de Beauport
✆ 02 96 55 18 58
www.abbayebeauport.com
Tous les jours 10h30-19h en été. Basse saison : horaires selon la période. 6 € (réduit 3,50 €).

C'est l'un des ensembles religieux les plus remarquables de Bretagne. Fondée en 1202, cette abbaye maritime est un superbe témoignage d'architecture gothique. Six siècles durant, les chanoines ont occupé l'endroit, qui fut un centre économique important. De beaux jardins agrémentés de roses, figuiers et pommiers entourent l'abbaye. Bordé de prés-salés et de grèves, le vaste domaine, en accès libre, comporte aussi un bois et offre de belles balades. Les animations sont nombreuses : expositions, spectacles, concerts, mises en lumière, rencontres scientifiques...

CRÊPERIE LE DUNDEE €

9, rue du Quai
✆ 02 96 55 06 76
www.creperie-le-dundee.fr
Ouvert du mardi au dimanche midi et du mercredi au dimanche soir (fermé seulement mercredi en été). Carte 20 € environ.

Dans une jolie maison bretonne au cœur du quartier piéton, cette crêperie familiale et chaleureuse, qui bénéficie d'une jolie terrasse extérieure, offre l'embarras du choix, avec sa carte de 60 galettes et autant de crêpes ! Outre les garnitures traditionnelles, on y trouve des recettes créatives, à base d'algues ou d'huîtres chaudes par exemple. Au dessert, la Pen Duick au chocolat, marmelade d'orange et flambée Grand Marnier est délicieuse. L'accueil est convivial et le service efficace, même en très haute saison. Une référence à Paimpol depuis 1995.

LA CALE AUX ÉPICES

6 bis, rue des 8 Patriotes ✆ 06 34 31 03 99
www.lacaleauxepices.com
Ouvert du mardi au samedi de 10h à 12h30 et de 14h30 à 19h (le mercredi de 14h à 18h). Ouvert 7 jours sur 7 en été.

Ce comptoir est une véritable invitation au voyage. Il est tenu par Christophe Lemaire, un grand voyageur passionné d'épices, qui ferme chaque hiver pendant deux mois pour partir en quête de nouveaux trésors gustatifs. Ses belles étagères de bois regorgent d'aromates venus des quatre coins du monde, de currys, de sels, de mélanges maison... Le patron propose aussi une variété considérable de poivres, son péché mignon. On se laisse embarquer par le Voatsyperifery noir de Madagascar. Essayez aussi le sel rouge de Hawaï, qui ensoleillera vos planchas !

LÉZARDRIEUX

Dite sauvage, la presqu'île de Lézardrieux est encadrée par deux profonds et majestueux estuaires façonnés par les marées, le Jaudy à l'ouest et le Trieux à l'est. Au nord, le littoral découpé est couronné par l'étonnant sillon de Talbert. Au bord du Trieux, Lézardrieux est charmant, avec son bourg en pierres, son église au clocher typique du Trégor et son port de plaisance. Tout au nord, dominant l'entrée du fleuve, le hameau de Kermouster offre un superbe panorama sur Bréhat. Cet ancien village de pêcheurs fleuri est constitué de petites maisons de pierres, regroupées autour de la chapelle Saint-Maudez, qui abrite de remarquables bateaux ex-voto.

HUÎTRES LE GUEN CHAUMARD €

8, Min Er Goas - **LANMODEZ**
✆ 02 96 16 57 24
www.huitrepaimpol.fr/bar-a-huitres/
Bar à huîtres ouvert du 15 juin au 15 septembre, du mardi au dimanche de 11h à 20h. Vente directe toute l'année.

Après une randonnée dans la réserve naturelle régionale du Sillon du Talbert, curiosité géologique à découvrir, arrêtez-vous dans ce bar à huîtres d'une trentaine de places pour déguster la production familiale, médaillée d'argent puis d'or aux deux derniers salons de l'agriculture. L'ostréiculteur affine ses huîtres en eaux profondes devant l'île de Saint-Riom. Vous pourrez les déguster fraîchement sorties de l'eau avec un Chenin ou un Muscadet à toute heure. Toute l'année, profitez de la vente directe et découvrez aussi les terrines d'huîtres.

TRÉGUIER ★★

Capitale historique du Trégor, juchée sur un promontoire à la confluence du Guindy et du Jaudy, Tréguier a conservé son architecture médiévale, avec ses ruelles bordées de belles maisons à colombages et d'hôtels particuliers de granit. Tréguier a été fondée au VIe siècle par le moine gallois Tugdual, l'un des sept saints fondateurs de Bretagne. Outre sa superbe cathédrale, l'ancienne cité épiscopale compte de nombreux édifices religieux d'importance : le monastère des Augustines, le couvent des Sœurs de la Croix, le palais épiscopal devenu mairie... Un décor où il fait bon flâner, au gré des nombreuses boutiques d'artisanat de la ville.

CATHÉDRALE SAINT-TUGDUAL ★★

Place du Martray
✆ 02 96 92 30 51
Visite libre toute l'année, visites guidées gratuites en juillet-août. Cloître (d'avril à octobre) : 2,50 €.

La cathédrale de Tréguier est dédiée à saint Tugdual, l'un des sept saints fondateurs de Bretagne. La concurrence est rude, mais l'on peut affirmer sans hésiter qu'il s'agit d'un des plus beaux édifices religieux de la région, finement ouvragé, caractérisé par la sobriété, voire l'austérité bretonne. Il possède cependant une grâce, une clarté (notamment dans les arcades du cloître, qui font descendre la lumière), que l'on rencontre plutôt en Bourgogne. Sa construction s'est échelonnée sur plusieurs siècles, entre le XIIIe et le XVe. Du premier édifice roman subsiste la tour d'Hastings (XIIe siècle). La nef et le chœur, gothiques, datent respectivement de 1339 et 1400. La tour des Cloches est surmontée d'une flèche qui culmine à 63 mètres de haut, ajourée de motifs de jeu de cartes. Au cœur de l'édifice, entouré d'ex-voto, le tombeau monumental de saint Yves, patron de la Bretagne et des avocats, a été reconstitué en 1890, après sa destruction en 1794. Mort en 1303, ce prêtre de Tréguier était réputé rendre une justice équitable et prendre soin des pauvres. La cathédrale recèle aussi de superbes vitraux et des orgues du XVIIe siècle. Le cloître attenant, de style gothique flamboyant, est composé de 46 arcades. Construit au XVe siècle, c'est l'ensemble le mieux préservé de Bretagne. Ses galeries abritent, sous de majestueuses voûtes de bois, les tombeaux et gisants de plusieurs notables et religieux de la cité épiscopale. Le cloître accueille également de belles expositions d'art contemporain, chaque année, d'avril à octobre.

CHEZ TY KOUIGN

6, Pont Losquet - **MINIHY-TRÉGUIER**
✆ 02 96 13 72 63
https://cheztykouign.bzh
Ouvert du 1er avril au 30 septembre 7j/7 de 10h à 19h. Le reste de l'année : fermé dimanche et lundi. Parking privé.

Amateurs de bons produits bretons, vous êtes au bon endroit ! La recette du kouign amann a d'abord conquis tous les locaux qui s'approvisionnent sur les marchés du coin. L'histoire familiale continue avec l'ouverture de la boutique en 2017. Outre le kouign amann, on trouve de nombreux produits locaux de qualité comme le chouchen de la cave du Dragon Rouge, les caramels L'Ambr1, diverses bières comme Philomenn et Uncle, les produits de la conserverie de la Paimpolaise... Une boutique authentique et familiale créée par Philippe Mordeles !

PLOUGRESCANT ★

Préservée du tourisme balnéaire, pauvre en plages, la presqu'île de Plougrescant est restée sauvage et agricole. Découpée, bordée de récifs et hérissée de grands blocs de granit, son extrémité ouest ne lasse pas d'impressionner, entre la pointe du Château et Porz Scaff. Les jours de grands vents, les vagues déferlent puissamment dans le Gouffre, profonde faille entre les rochers, créant un spectacle des plus grandioses. Tout près, au bord d'une lagune d'eau saumâtre formée par des cordons de galets, se trouve la célèbre maison entre les rochers de Castel Meur. A l'est, côté Jaudy, les rives sont plus calmes, bordées de parcs à huîtres.

PERROS-GUIREC ★★★

Perros-Guirec est une station chic et familiale, très animée en été. Le port de plaisance du Linkin, l'un des plus grands de la côte nord, accueille aussi un port miniature et un musée de l'histoire et des traditions de Bretagne. Rendez-vous des familles et des amateurs de sports nautiques, Trestraou est aussi un lieu de sortie avec son casino, ses commerces, ses bars et ses restaurants. Plus intimiste, Trestrignel est bordée de belles villas balnéaires. Ploumanac'h, ancien hameau de pêcheurs, est devenu un haut lieu du tourisme, avec ses superbes chaos de granit rose. C'est de Perros que se font les départs pour l'Archipel des sept îles.

PARC DES SCULPTURES

2, rue Saint-Guirec
Entrée libre.

Le parc des sculptures Christian Gad et Daniel Chhé (du nom des deux granitiers qui l'ont initié) présente 18 sculptures de taille majestueuse en granit, brut ou poli, rose ou gris. Réalisées par divers artistes lors de deux symposiums, en 1998 et 2007, elles sont de styles variés et représentent des légendes bretonnes (l'Ankou, Dahud...) ou encore le travail de création (*Le Repos du tailleur*, *Le Sculpteur et sa création*...). Ce n'est pas un musée, vous pouvez donc toucher les œuvres. Vous pouvez ensuite prolonger la balade sur le sentier des Douaniers.

LE KER BLEU €€

17, boulevard Joseph Le Bihan
✆ 02 96 91 14 69
Ouvert tous les jours sauf le mercredi. Menus de 28 € à 36 €. Midi : 18,90 €. Chèques non acceptés. Terrasse.

Véritable institution depuis 1985, le Ker Bleu fait face à la magnifique plage de Trestraou. Une terrasse couverte permet de profiter de la vue sur l'archipel des Sept-Iles (l'embarcadère est à 200 mètres). Les crêpes, pizzas et burgers côtoient plateaux de fruits de mer, moules de bouchot (dont une recette à l'andouille de Guémené), tartares et poissons. La choucroute de la mer et la parillada de poissons font partie des incontournables de la maison. C'est aussi un temple de la BD avec des originaux remarquables. Un lieu familial avec une nouvelle déco cosy.

L'ATELIER FERMIER

127, boulevard de la corniche
✆ 02 96 13 17 20
www.latelierfermier.bzh
Ouvert tous les jours de 9h à 13h et de 14h à 19h.

Située entre le bourg de Perros-Guirec et Ploumanac'h, cette vaste boutique propose des produits du terroir, principalement bretons. Les fruits et légumes frais proviennent du maraîcher de la famille. Pain, charcuterie, crèmerie, viandes et poissons sont tous produits dans le département. La plupart sont bio et la qualité est au rendez-vous. Vous trouverez aussi des produits d'épicerie fine, du vin, des légumineuses et des fruits secs en vrac. Au corner bien-être, les cosmétiques marins bio fabriqués à Perros offrent un excellent rapport qualité-prix.

PLOUMANACH ★★★

Il s'agit d'une déformation du breton *poul-manac'h*, signifiant le marais du moine. Le site naturel de Ploumanac'h, situé à 3 km au nord-ouest de Perros-Guirec, comporte de splendides rochers de granit rose, certains vieux de 300 millions d'années. Formes excentriques et amoncellements chaotiques, ces rochers sont un spectacle éblouissant dans un camaïeu de rose qui s'enflamme en rougeoyant au coucher du soleil. Ploumanac'h abrite l'un des ports les plus protégés de la côte nord de la Bretagne. A ne pas manquer : le vieux moulin à marée, le phare d'où l'on peut voir le château de Costaérès construit en 1896 et l'archipel des Sept-Iles.

TRÉGASTEL ★★

Ce sont ses sites naturels d'une grande beauté, en particulier les immenses chaos de l'île Renote, qui ont forgé la renommée de Trégastel. La station est également réputée pour ses belles plages, notamment Coz-Pors et la Grève blanche. La première est cernée de rochers de granit rose aux formes originales, comme le fameux Dé. La deuxième est le théâtre de nombreuses activités nautiques. La ville abrite nombre de mégalithes, ainsi que des chapelles et calvaires d'un grand intérêt, tel le calvaire du bourg, une curiosité érigée en 1872 par l'abbé Bouget. Cette figure locale est aussi à l'origine de la statue du *Père Eternel*, au-dessus de l'aquarium.

Le sentier des Douaniers à Ploumanac'h.

Mouillages à Trégastel.

AQUARIUM MARIN DE TRÉGASTEL

Boulevard du Coz-Pors ✆ 02 96 23 48 58
www.aquarium-tregastel.com

Ouvert tous les jours pendant les vacances d'été. Adulte : 8,40 €. Enfant (4-17 ans) : de 5,80 à 6,50 € selon l'âge.

Niché au cœur d'un chaos de granit rose exceptionnel, à 50 mètres de la plage du Coz-Pors, l'Aquarium marin de Trégastel invite à la découverte de la faune sous-marine locale. La visite s'articule en trois zones qui permettent de découvrir et d'observer les habitants de la Manche et leurs lieux de vie. De nombreuses animations y sont proposées tout au long de l'année : visites guidées, sorties découverte, ateliers (ex. : « les Algues dans mon assiette »), expositions, etc.

BAR AR GALL €

3, rue du Général-de-Gaulle
✆ 02 96 15 95 58

Ouvert du lundi au samedi midi, vendredi et samedi soir. Carte 25 € environ. Formule du midi 15,50 €.

Trônant parmi les tables, un vieux projecteur rappelle l'ancienne vie du lieu, qui n'était autre que le cinéma de Trégastel dans les années 1950 ! Yannick et Maria ont donné une seconde vie à l'endroit, insufflant une ambiance bistrot. En coulisses, le chef concocte ses spécialités avec des produits frais et de saison. Il propose tous les jours à l'ardoise une viande et un poisson : bœuf bourguignon, osso buco, poêlée de Saint-Jacques... C'est copieux, délicieux et le service est à la hauteur de l'assiette. Grand choix de vins au verre. Réservation recommandée !

TRÉBEURDEN ★

Dernière commune au sud de la Côte de Granit rose, à l'entrée de la baie de Lannion, Trébeurden déploie un littoral varié, entre les dunes de Goas Lagorn, les marais du Quellen, les landes de l'île Milliau et les falaises de la pointe de Bihit. La station dispose de belles plages de sable fin, exposées plein sud (une rareté en Bretagne nord), comme celle de Pors Mabo. Cet ancien port sardinier n'est pas avare en mégalithes : on y recense sept menhirs, un dolmen et deux allées couvertes. Trébeurden est aussi réputée pour sa vie nocturne bouillonnante, notamment autour de la grande plage de Tresmeur, bordée de bars, de restaurants et de discothèques.

MARAIS DU QUELLEN

Derrière le cordon dunaire de la plage de Goas Treiz, se déploie sur 22 hectares un marais d'eau douce d'une grande richesse. Fait de plans d'eau, de roselières, de prairies humides et de bois, il abrite des oiseaux d'eau, telles les fauvettes des marais, grèbes, foulques ou sarcelles, mais aussi de belles fougères et autres plantes. Sur une partie du site, pâturent des chevaux camarguais. Un parcours de découverte de 2 km a été aménagé, en partie sur pilotis, avec des stations d'observation de la vie animale et végétale du site.

LANNION ★★

Lannion est une cité aux multiples facettes. Ville fluviale, elle est traversée de part en part par le Léguer, dont l'embouchure abrite deux ports de plaisance et un stade d'eau vive. C'est aussi une ville côtière, dotée d'une grande plage sauvage encadrée de falaises. Son cœur historique préserve un élégant patrimoine architectural, qui enchante ses visiteurs. Pleines de charme, les petites rues pavées et tortueuses voient se côtoyer différents styles : les hôtels particuliers et les manoirs des XVIIe et XVIIIe siècles jouxtent les maisons à encorbellement des XVe et XVIe siècles, avec leurs pans d'ardoises ou de bois, sur la place du Centre.

Histoire

Fondée au XIe siècle, cette ville fortifiée plonge rapidement dans la guerre de Succession, au XIVe siècle. Au début du XVe siècle, la ville prend son essor. Une expansion qui dure jusqu'en 1591, quand les Espagnols, mercenaires au service des ligueurs du Trégor, envahissent la ville et détruisent une partie de ses habitations. Quelques années plus tard, la peste vient achever le travail de mort et de destruction engendré par les guerres et les pillages. Ce n'est qu'au XVIIIe siècle que s'achève cette période de délabrement. La prospérité revient peu à peu : le port est rénové, un quai y est construit, contribuant largement à son enrichissement.

CAMPING LES PLAGES DE BEG LEGUER

Route de la Côte ✆ 02 96 47 25 00
http://campingdesplages.com
Ouvert de fin juin à septembre. Emplacement + véhicule + 1 personne : 12-22 € selon la saison. Tarifs sur Internet.

Voici un beau camping sur les Côtes-d'Armor, à 500 m de la plage, qui vous fera passer de belles vacances en famille. Il propose de beaux emplacements, ombragés ou au soleil, avec ou sans électricité, mais aussi des mobil-homes ou tentes aménagées. Côté activités, les infrastructures sont nombreuses : piscines chauffée et couverte avec 3 bassins, terrain de basket, court de tennis, aire de jeux pour enfants... Sanitaires propres, wifi à 80 % dans le camping. Aire pour camping-cars.

HUÎTRES LE GUEN CHAUMARD €

8, Min Er Goas - **LANMODEZ**
✆ 02 96 16 57 24
www.huitrepaimpol.fr/bar-a-huitres/
Bar à huîtres ouvert du 15 juin au 15 septembre, du mardi au dimanche de 11h à 20h. Vente directe toute l'année.

Après une randonnée dans la réserve naturelle régionale du Sillon du Talbert, curiosité géologique à découvrir, arrêtez-vous dans ce bar à huîtres d'une trentaine de places pour déguster la production familiale, médaillée d'argent puis d'or aux deux derniers salons de l'agriculture. L'ostréiculteur affine ses huîtres en eaux profondes devant l'île de Saint-Riom. Vous pourrez les déguster fraîchement sorties de l'eau avec un Chenin ou un Muscadet à toute heure. Toute l'année, profitez de la vente directe et découvrez aussi les terrines d'huîtres.

PLOUGASNOU

Plougasnou a comme particularité d'avoir un habitat très dispersé le long de la côte. Comme les communes voisines, elle dispose d'un très beau front de mer alternant rochers, pointes, plages de sable... Ce n'est donc par hasard qu'elle est devenue une destination de vacances appréciée lors de l'émergence du tourisme balnéaire. De belles villas surplombent la mer mais des pointes ont su garder leur caractère sauvage comme celle de Primel. Balades, bains de mer ou de soleil, activités nautiques, autant de loisirs à pratiquer pour un passer un bon séjour en terre plouganiste.

MORLAIX ★★

Morlaix conjugue histoire et modernité. Cette ville regorge de rues pavées ouvrant sur d'incroyables maisons à lanternes, dans un environnement contemporain de boutiques et restaurants atypiques et chaleureux. Ici, on vous invite à prendre de la hauteur pour apprécier l'ensemble architectural depuis les ruines de l'ancien château, où vous pourrez embrasser du regard les toits et les pics de son paysage urbain. Puis à vous rendre au viaduc, dont le premier étage est ouvert aux piétons, pour marcher dans les pas de l'histoire et en ressentir l'écho. Construit au XIXe siècle pour faciliter le passage des trains, il traverse la ville de part en part.

© S. NICOLAS - ICONOTEC

Maisons morlaisiennes.

NORD-OUEST

AUTOUR DE QUIMPER

LIEUX	Km partiel	Km cumul	Routes
QUIMPER	0	0	D785
BRIEC	16	16	D785
PLEYBEN	17	33	Route locale puis D48 puis D887
CHÂTEAULIN	11	44	D887 puis D7
LOCRONAN	16	60	D63
PLONÉVEZ-PORZAY	4	64	D107 puis D7
DOUARNENEZ	11	75	D7
POINTE DU VAN	31	106	D7 puis D607
POINTE DU RAZ	6	112	D784
AUDIERNE	11	123	D765
PONT-CROIX	6	129	D2 puis D784
PLOZÉVET	10	139	D2
PLONÉOUR-LANVERN	16	155	D57 puis D785
PENMARCH	13	168	D785
PONT-L'ABBÉ	11	179	D44 puis D34
BÉNODET	12	191	D44
LA FORÊT-FOUESNANT	11	202	Route locale
CONCARNEAU	7	209	Arrivée

QUIMPER ★★★

En breton, Quimper se dit Kemper et signifie confluent. Une ville qui porte bien son nom puisqu'elle est située au confluent des deux rivières, le Steir et l'Odet, lesquelles sont rejointes par le Jet. C'est une bien jolie ville, historique, touristique et culinaire. Arpentez donc à loisir le centre-ville de Quimper, sans oublier de vous rendre dans ses lieux emblématiques : la cathédrale Saint-Corentin, les maisons des XVIe et XVIIe siècles près des remparts et des quais de l'Ode, le quartier Locmaria... De la cité médiévale aux passerelles du XIXe siècle, vous ne saurez où donner de la tête tant le patrimoine architectural est riche ici.

BARAVEL €

24, Quai de l'Odet

✆ 09 82 27 63 30

Ouvert du mardi au samedi le midi et le soir ; le dimanche midi. Carte 20 € environ. Suggestion du jour 10,50 €.

Baravel signifie tempête en breton. Pourtant l'ambiance dans ce bar restaurant est plutôt détendue. Un esprit surf y règne en maître, entretenu par une équipe aux petits soins. Le bar lambrissé, la cuisine ouverte et la terrasse invitent à s'asseoir. Tous les jours, un plat est réalisé maison, deux salades originales à la carte. La spécialité de la maison, des burgers, avec des viandes de qualité ou végan. Cocktails avec ou sans alcool, et une sélection de vins et de bières, dont certaines sans gluten, à accompagner de planches apéros attirent les aficionados.

BRIEC

Briec de l'Odet est une petite commune située au cœur de la Cornouaille, entre Châteaulin et Quimper. Commune de tradition rurale, sa proximité avec l'axe routier Brest-Nantes a attiré un certain nombre d'entreprises de l'agroalimentaire et du tertiaire. La prospérité de la commune et d'une partie de ses habitants au fil des siècles a été favorisée par le développement de l'élevage et notamment d'une race particulière de chevaux, les doubles bidets. Les maisons de pierre de taille des XVIe, XVIIe et XVIIIe siècles en témoignent aujourd'hui. Avec ses huit chapelles et son église, Briec dispose également d'un patrimoine religieux intéressant.

PLEYBEN ★

Nom breton : Pleiben. Située au cœur du Finistère, entre monts d'Arrée et montagnes Noires, Pleyben est une commune du parc d'Armorique. Ville d'Art et d'Histoire, elle dispose d'un riche éventail patrimonial, dont un très bel enclos paroissial qui fait la fierté de la ville (et à juste titre, on ne rate pas son calvaire monumental, son ossuaire et son arc de triomphe). Au départ du bourg, de jolies promenades mènent à des chapelles disséminées dans la campagne et jusqu'au canal reliant Nantes à Brest, passant par le bourg de Pont-Coblant. Un arrêt au manoir de Trésiguidy ou bien à l'écluse du même nom complétera votre arrêt à Pleyben.

NORD-OUEST

Quimper.

Passion
Économisez sur le tarif, pas sur la protection
Assurance Moto
jusqu'à 25 %(1) de réduction
OFFRE CITOYENNE
(1) Jusqu'à 25% de réduction appliquée sur le tarif d'assurance moto pour tout conducteur principal détenant déjà un contrat d'assurance auto, moto ou scooter chez AXA.
AXA France IARD - S.A. au capital de 214 799 030 € - 722 057 460 RCS Nanterre • AXA Assurances IARD Mutuelle - Société d'assurance mutuelle à cotisations fixes contre l'incendie, les accidents et risques divers - Siren 775 699 309 • AXA France IARD est mandataire exclusif en opérations de banque d'AXA Banque - N° ORIAS 13004246 (orias.fr) • Sièges sociaux : 313, Terrasses de l'Arche - 92727 Nanterre Cedex • AXA Assistance France Assurances - S.A. de droit français au capital de 24 099 560,20 €, immatriculée au Registre du Commerce et des Sociétés de Nanterre sous le numéro 451392724 et dont le siège social est situé 6, rue André Gide - 92320 Châtillon • Juridica - La filiale spécialisée en assurance de protection juridique d'AXA France. S.A. au capital de 14 627 854,68 €. 572 079 150 RCS Versailles. Siège social : 1, place Victorien Sardou - 78160 Marly-le-Roi. Entreprises régies par le Code des assurances • Club 14 est une association, déclarée le 4 septembre 1981 sous le numéro 81-1832. Siret 338 666 050 00038. Siège : 87, avenue François Arago - 92022 Nanterre Cedex • AXA Banque - S.A. au capital de 146 017 296 € - 542 016 993 RCS Créteil • AXA Banque Financement - S.A. au capital de 33 855 000 € - 348 211 244 RCS Créteil. Sièges Sociaux : 203/205, rue Carnot - 94138 Fontenay-sous-Bois Cedex. Intermédiaires en assurance pour le compte d'AXA France Vie et AXA France IARD - N° ORIAS 07 025 377 et 07 025 368 - orias.fr. Coordonnées de l'Autorité de contrôle prudentiel et de résolution (ACPR) - 4, place de Budapest - CS 92459 - 75436 Paris Cedex 09. Le détail des procédures de recours et de réclamations et les coordonnées du service dédié sont disponibles, pour la banque et l'assurance, sur le site axa.fr.
Réf. 969206 10 2021 - crédits photos : Yamaha - Ryan McVay /Gettyimages

CHÂTEAULIN

Ville centrale du Finistère, Châteaulin est située dans une vallée verdoyante, sur les bords du canal de Nantes à Brest. Cette commune du parc d'Armorique se développa au fil des siècles grâce aux ardoisières, aux activités agricoles et, surtout, à une importante pêcherie de saumons. Le canal, que l'Aulne emprunte, est désormais un espace de loisirs pour la pêche, le canotage et la promenade sur le chemin de halage. Châteaulin dévoile également un patrimoine riche, comme la chapelle Notre-Dame ou le viaduc. Pour les amateurs de vélo, la commune est aussi synonyme de course cycliste de renommée internationale, avec Les Boucles de l'Aulne.

OBSERVATOIRE AQUATIQUE ★

Quai Charles-de-Gaulle
✆ 02 98 73 40 31
www.smatah.fr
Haute saison ouvert du lundi au vendredi de 10h à 18h. Gratuit.

Cet équipement unique dans le Finistère permet d'observer les poissons migrateurs mais aussi d'expliquer leurs cycles de vie. Une salle est entourée de baies vitrées située au cœur même de l'Aulne permet d'observer les flux des poissons migrateurs comme le saumon atlantique, l'alose ou encore la lamproie, et pas forcément aux mêmes heures. Un suivi vidéo permet de collecter des fichiers numériques, d'identifier et de comptabiliser chaque individu de manière très précise en ayant, également, la possibilité de caractériser leur longueur ou des marques distinctives.

LOCRONAN ★★★

C'est au VIe siècle que ce village fut fondé par saint Ronan, qui christianisa les lieux. Grâce au tissage de toiles à voile, Locronan se développa dès le XIVe siècle pour devenir aujourd'hui l'un des plus beaux villages de France. On y découvre une incroyable architecture avec des rues pavées et de magnifiques demeures anciennes en pierres de taille. Locronan est également connue pour sa Grande Troménie « Faire le tour d'un espace sacré », une procession de 12 km qui suit le circuit des méditations de saint Ronan. Cette troménie a lieu tous les 6 ans (la dernière a eu lieu en 2019). Il existe aussi la petite troménie sur 6 km qui a lieu tous les ans.

PLONÉVEZ-PORZAY

Ce ne sont pas moins de 25 hectares de dunes dressées face à la mer que compte Plonévez-Porzay. Ce qui permet d'avoir une vue magnifique sur la baie de Douarnenez... Dunes certes, mais également des côtes sauvages et de longues plages de sable fin, véritable paradis pour tous ceux qui aiment faire du cerf-volant, mais aussi ceux qui veulent se prélasser sur la plage, ou simplement ceux qui souhaitent se promener en profitant du paysage... On peut aussi se balader sur le circuit des calvaires sur lequel on pourra découvrir quelques manoirs, fontaines et moulins.

DOUARNENEZ ★★★

Douarnenez est une ville accueillante et rude, installée entre les Tas de Pois et la pointe du Raz, la légende et l'épopée... La tradition fait alors remonter la cité au temps du roi Gradlon, lorsqu'elle se nommait Ys. A l'origine, il s'agissait de Douar an Enez (terre de l'île) qui a ensuite été francisé en Douarnenez (qui a donné son nom à la grande baie sur laquelle elle est située). Lovée dans celle-ci, et parée de ses plages de sable blanc, elle est également connue pour ses quatre ports, tous actifs. Ici, la sardine a profondément imprimé de sa marque la ville au XIXe siècle, et aujourd'hui les conserveries sont toujours bien présentes.

LE PORT-MUSÉE ★★

Place de l'Enfer ✆ 02 98 92 65 20
www.port-musee.org
Haute saison : tous les jours de 10h à 18h. Gratuit jusqu'à 6 ans. Adulte : 7,50 €. Accueil des enfants. Boutique.

Le port-musée de Douarnenez se visite à l'intérieur avec une impressionnante collection de bateaux du monde entier, en taille réelle, qui fera rêver les petits mousses ! Mais aussi à quai, avec sept bateaux que vous pourrez visiter de la cale au pont. La muséographie est particulièrement réussie et l'on ne manquera pas les expositions temporaires qui sont d'une grande richesse. Près de 5 000 objets et 200 embarcations sont visibles dans ce lieu qui ravira autant les enfants (il y a de l'espace, des petits films et des questionnaires ludiques) que les passionnés.

Vieux gréements dans le port de Douarnenez.

LE BIGORNEAU AMOUREUX €€

2, boulevard Jean Richepin
✆ 02 98 82 35 55
Du mardi au jeudi et dimanche le midi ; vendredi et samedi midi et soir. Réservation recommandée. Carte : 20 € environ.

Le bigorneau amoureux trône sur la corniche de Douarnenez face à l'île Tristan et à l'Océan. De sa terrasse suspendue, on a cette sensation d'être à bord un bateau, déjà parti, en voyage sur les flots... On vient au bigorneau amoureux surtout pour son incroyable vue panoramique et ses romantiques tables en plein air face à l'horizon. La spécialité de la maison, c'est la pomme de terre gratinée. Sinon, il y a aussi des calamars à l'armoricaine et des cassolettes de Saint-Jacques. Les enfants sont également bien accueillis avec des mange-debout, face à la mer.

CRÊPERIE L'EPOKE €

1, rue des Partisans
PONT-CROIX
✆ 02 98 70 58 39
creperie-epoke.monsite-orange.fr
L'été, 7j/7 de 12h à 22h30. Végétariens bienvenus. Terrasse. Réservation recommandée.

Cette charmante et typique crêperie de Pont-Croix, est une excellente adresse. Elle est située face à la Collégiale. On vous y accueille dans un pur cadre breton (maison en pierres, poutres, grosse cheminée, tables et bancs bretons) ou en terrasse. On notera, parmi les spécialités salées, la Penn Sardin (beurre de sardine épicé, citron) et parmi les sucrées, l'Epoke (double crêpe, œuf brouillé, sucre roux)...tout un programme gustatif ! L'Epoke propose également une soupe de poisson avec croûtons aillés, galettes de blé noir et emmental.

AUDIERNE

Si aujourd'hui l'activité de plaisance semble prédominer, Audierne a tout de même su maintenir une activité de port de pêche historique, et plus particulièrement de pêche côtière haut de gamme avec des poissons nobles et des crustacés, devenant l'un des deux plus grands ports langoustiers français. On compte environ 343 marins pêcheurs. C'est une station balnéaire pleine de charme tant par sa construction en escalier au-dessus de l'estuaire du Goyen que par ses petites ruelles étroites dans le quartier de l'église. Sans oublier de citer son incontournable et magnifique plage de sable fin de Trescadec qui s'étend jusqu'à la cale de Sainte-Evette...

PONT-CROIX

Née d'une motte féodale, puis d'un château implanté sur un promontoire rocheux dominant la ria du Goyen, Pont-Croix, capitale du Cap-Sizun, est labellisée Petite Cité de Caractère. Avec son charme incontestable, elle séduisit de nombreux artistes tels que Matisse, Flaubert ou encore Maupassant. Avec ses rues médiévales pavées, bordées d'anciennes maisons se regroupant autour de l'église romane, Pont-Croix est également une ville chargée d'histoire. Sans compter les « rues Chères » – La Petite et La Grande – qui d'un côté dévalent à pic vers le Goyen et de l'autre partent à l'assaut du promontoire rocheux. À voir : l'ancien moulin à vent de Quénictuec.

PLOZÉVET

A mi-chemin entre Quimper et la pointe du Raz, dans le haut pays bigouden, la petite commune de Plozévet compte près de 3 000 habitants. Entourée de landes et bordée par la mer, à qui elle est reliée par un cordon de galets, elle abrite plusieurs menhirs, dont celui des « Droits de l'homme », qui est une plaque commémorative suite au naufrage du bateau au nom éponyme. A Plozévet, on pourra visiter l'ancien petit port de Canté, qui fut abandonné dans les années 1950. Mais aussi l'église paroissiale Saint-Démet et la chapelle de la Trinité. La bourgade accueille aussi plusieurs sculptures de René Quillivic.

CAMPING LA PLAGE**** €€

241, Hent Maner Ar Ster
✆ 02 98 58 61 90
www.villagelaplage.com
Emplacement + véhicule + 2 personnes (avec 10 A) de 18 € à 50 €. Réservation recommandée.

Sa situation privilégiée à seulement 50 mètres de l'océan et d'une belle plage de sable fin, fait que l'on ne s'étonne pas d'y trouver à proximité de nombreuses activités nautiques. Insolite : on peut se balader en kayak au coucher du soleil ou encore aller voir les phoques gris en pleine nuit ! Le parc aquatique dispose d'une piscine couverte chauffée, d'une piscine extérieure, et d'un toboggan multi-glisse. Côté hébergement, vous pouvez choisir : emplacement nu, cottage, tente coco sweet ou cabane dans les arbres. Un camping où l'on se sent bien...c'est Royal !

LES CHOCOLATS DE MÉLINDA

Ty Ludu
https://leschocolatsdemelinda.com/
Ouvert du mardi au samedi de 9h30 à 12h et de 14h à 18h30.

La chocolaterie est située à l'extérieur du bourg, sur la route entre Landudec et Plozévet. Sur place, Mélinda prépare artisanalement une incroyable variété de douceurs, sans OGM et uniquement à base de beurre de cacao. C'est à Concarneau que cette très jeune pâtissière a appris son métier avant d'ouvrir sa boutique dans le Cap. Passionnée, elle n'a qu'une seule ambition : vous titiller les papilles et vous faire pétiller les pupilles. En s'adaptant aux saisons, elle produit de véritables trésors et se renouvelle constamment. Venez découvrir ses créations...

PONT-L'ABBÉ ★

Ne cherchez plus, c'est ici le cœur du Pays bigouden. Avec sa culture et ses mœurs, Pont-l'Abbé s'étend entre le Gwaïen (au nord) et l'estuaire de l'Odet (à l'est). Les Pont-l'Abbistes se considèrent Bigoudens et sont fiers de l'être. Ils revendiquent et affirment leur entité et leur personnalité. Longtemps terre du passé par excellence, la Bigoudénie est aussi celle des audaces novatrices. Bourlingueurs du Moyen Age, révolte des Bonnets rouges... le pays est imprégné d'un caractère aventureux, jusque dans l'intérieur des terres. Rendez-vous incontournables : la fête des Brodeuses chaque année en juillet et la fête de la Langoustine début août.

PENMARCH ★★

Premier port sardinier de France, Penmarc'h est composé de quatre bourgs : Saint-Guénolé, Kérity, Tréoultré et Saint-Pierre. C'est ici que se retrouvent les marins, qu'ils débarquent de la pêche côtière dans l'après-midi ou de la hauturière dans la soirée. Mais Penmarc'h, c'est également une commune sauvage et cernée par les récifs. Elle révèle ainsi près de 12 km de côtes, dont 7 km de plages, aux promeneurs. Les paysages sont splendides. La légende veut même que ce fut sur la pointe de la péninsule que moururent Tristan et Iseult. Pour Saint-Guénolé, il s'agit du deuxième port du Pays bigouden et sa criée informatisée est la plus moderne de France !

BÉNODET ★★

Petite ville connue de tous nos contemporains, Bénodet est une « bizarrerie en Finistère ». Voici en effet une bourgade de quelque 3 500 habitants qui, anciennement rurale et très attachée au conservatisme agricole, est finalement devenue par les aléas de l'histoire une station balnéaire réputée. Son slogan « Bénodet : La station 5 étoiles ». L'immobilier a ainsi envahi les prés et les infrastructures ont fleuri. Le port de plaisance en est l'exemple le plus remarquable. Puis cette enfilade d'hôtels, de restaurants, de campings et le casino ou la Thalasso qui attirent continuellement les touristes venus profiter du sable et de la côte découpée.

Bénodet.

L'ODET ★★

En breton, Bénodet signifie « la fin de l'Odet ». Il a pris le nom de cette rivière qui compte parmi les plus belles de la région, et même de France. Depuis sa source, on peut admirer les nombreux châteaux qui se trouvent sur ses rives, tout comme les forêts verdoyantes. De nombreux écrivains célèbres se sont inspirés de ces décors changeants et envoûtants : Emile Zola, Madame de Sévigné ou encore Jean de La Fontaine. Le pont de Cornouaille, situé entre Bénodet et Sainte-Marine, offre une vue imprenable sur les derniers hectomètres de la rivière.

CAMPING DE LA PLAGE*** €€

20 rue du Poulquer © 02 98 57 00 55
www.campingdelaplagebenodet.com

Ouvert de mi-mai à mi-septembre. Emplacement + véhicule + 2 personnes (avec 6A) à partir de 27 €. Aire pour camping-car.

Avec une bonne situation à 300 mètres de la mer et proche des commerces, ce camping ravira petits et grands. Les emplacements sont spacieux et bien délimités. On apprécie également la propreté du camping. Côté équipements, le camping de la plage dispose d'une piscine chauffée avec toboggans et pataugeoire pour les plus petits. Sans compter les deux bains bouillonnants couverts ! Et pendant la saison, n'hésitez pas à venir profiter des animations sportives et des soirées organisées. Une bonne adresse pour les amateurs de camping, sous la tente ou en mobil-home.

LA FORÊT-FOUESNANT

Nom breton : Ar Forst Fouen

Petit village marin de caractère, La Forêt-Fouesnant qui s'étend sur 18 km² est un véritable havre de paix et de convivialité. Autrefois agricole, la commune s'est effectivement tournée au fur et à mesure vers le tourisme et le nautisme. Aujourd'hui, cette station balnéaire attractive possède l'un des plus importants ports de plaisance de Bretagne... Pas d'inquiétude si vous n'avez pas le pied marin, vous pourrez toujours emprunter les sentiers pédestres à pied, à vélo et même à cheval, sur plus de 30 km. Sans oublier les nombreux vestiges de La Forêt-Fouesnant qui témoignent d'une occupation ancienne.

LE KINAWA €€

35, Quai des commerces

✆ 09 81 92 40 92

http://kinawa.fr/

Service midi et soir du mercredi au lundi. Réservation conseillée au 09 81 92 40 92. Accès personnes handicapées.

Amateurs de voile et rêveur de haute mer, cette crêperie est faite pour vous. Elle est idéalement située, à 5 mètres de la mer dans l'un des plus grand ports de plaisance de Bretagne Sud. Trois ambiances s'ouvrent à vous suivant votre humeur : la salle au décor marin, la terrasse avec vue sur la marina et ses voiliers, le pavillon de bois calme et chaleureux. Le Kinawa, c'est un large choix de crêpes, froment ou sarrasin, mais aussi une belle carte de plats de viandes, de salades variées et de spécialités de la mer. Les moules ne sont servies qu'en saison...

CONCARNEAU ★★★

Troisième ville du Finistère après Brest et Quimper, Concarneau est le neuvième port de pêche de l'Hexagone. C'est également une ville qui se trouve être un haut lieu de l'histoire bretonne. En témoigne d'ailleurs cette étonnante Ville Close qui abrite de nombreux commerces dans d'étroites ruelles. Avec plusieurs dizaines de milliers de touristes chaque année, elle est même devenue l'un des monuments historiques les plus visités de Bretagne et le deuxième du Finistère. Avec ses plages, ses sentiers côtiers, son patrimoine architectural et culturel et son port de plaisance situé en plein cœur de la ville, elle possède un véritable attrait touristique.

MARINARIUM ★★

Place de la Croix

✆ 02 98 50 81 64

Haute saison tous les jours 10h à 19h. Basse saison tous les jours 14h à 18h. Adulte : 7 €. Enfant de 3 à 12 ans : 5 €.

Au bout du quai qui longe la Ville Close, juste après le Port de Plaisance, le Marinarium surplombe la mer. Créée en 1859 par le professeur Coste, la station de biologie marine de Concarneau est la plus ancienne au monde. Elle célèbre en cette année 2019 ses 160 ans ! Modernisée en 2002, cette structure est la propriété du Muséum d'Histoire Naturelle et attire les plus grands spécialistes de la vie marine. Les recherches de la station de Concarneau portent plus spécifiquement sur l'impact de l'acidification des océans sur la physiologie des organismes, mais aussi sur la reproduction, la dispersion et la distribution géographique de toutes les espèces marines. «Connaître, comprendre, gérer la mer et mieux la respecter», tels sont les maitres mots du Marinarium. Ouvert au public, tout y est expliqué de façon simple, ludique et agréable au moyen d'animations, mais également d'excursions régulièrement organisées. L'importance des océans et leur extraordinaire biodiversité, l'univers du plancton, l'immense richesse du littoral, ou encore la gestion des ressources marines sont illustrés par des murs d'images et des aquariums. Citons également la salle pédagogique dans laquelle se trouve la nurserie... L'espace retraçant l'historique de la station, la salle de conférence et la boutique sont en accès libre : un bon moyen pour découvrir les lieux. Et chaque année a lieu une exposition temporaire, la prochaine a pour titre *Océan*, une plongée insolite mettant en avant les méfaits de l'activité humaine sur le milieu marin.

CIDRERIE DU PAYS MELENIG

Quenehaye

ELLIANT

✆ 02 98 94 16 50

www.cidremelenig.fr

Ouvert du lundi au samedi de 10h à 12h et de 14h à 19h.

Issu d'un terroir exceptionnel, le cidre Melenig (prononcez : « ic ») est l'un des plus réputés de Cornouaille. D'ailleurs, ce n'est pas pour rien qu'il est AOP Cornouaille, et bio depuis 2009. Christian Toullec, passionné par son métier, vous fait découvrir, du verger à la cave en passant par l'embouteillage, la fabrication de son cidre AOC. Et cela commence, bien entendu, par le ramassage des pommes ! Pour découvrir ses secrets de fabrication, des visites sont organisées du lundi au samedi en juillet et août. La visite se termine bien sûr par une dégustation.

NORD-OUEST

GOLFE DU MORBIHAN

PARCOURS GPX

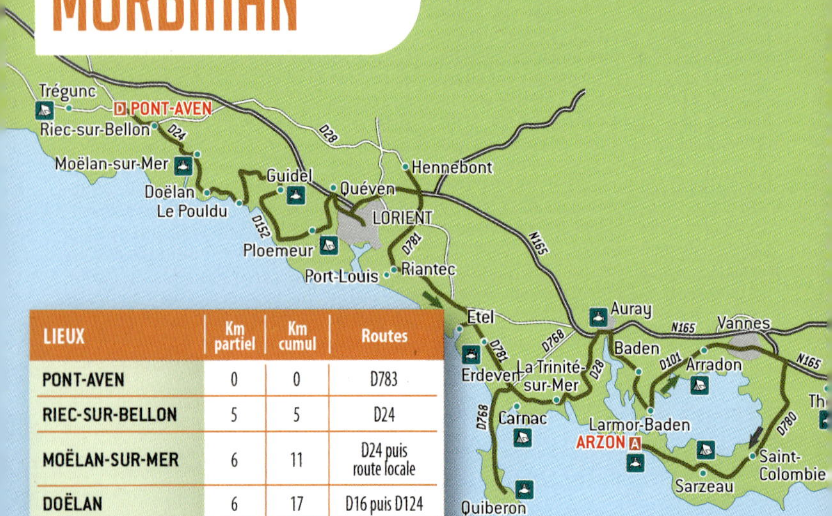

LIEUX	Km partiel	Km cumul	Routes
PONT-AVEN	0	0	D783
RIEC-SUR-BELLON	5	5	D24
MOËLAN-SUR-MER	6	11	D24 puis route locale
DOËLAN	6	17	D16 puis D124
LE POULDU	7	24	D49 puis D224 puis D162
GUIDEL	11	35	D306
GUIDEL PLAGES	5	40	D152 puis D162E
PLOEMEUR	10	50	D163
QUÉVEN	7	57	D6 puis D765
LORIENT	7	64	D724
HENNEBONT	12	76	D781
RIANTEC	13	89	D781
PORT-LOUIS	5	94	D781 puis D16
ÉTEL	18	112	D105
ERDEVEN	5	117	D781 puis D768
QUIBERON	19	136	D768 puis D781
CARNAC	19	155	D781
LA TRINITÉ-SUR-MER	4	159	D781 puis D28
AURAY	12	171	D101 puis D316
BADEN	8	179	D316
LARMOR-BADEN	4	183	D316 puis D101
ARRADON	9	192	Route locale puis D101
VANNES	7	199	E60 puis D780
SAINT-COLOMBIER	18	217	D780
ARZON	14	231	Arrivée

PONT-AVEN ★★

Pont-Aven, ville où naquit l'Ecole de Pont-Aven créée par Paul Gauguin il y a un peu plus d'un siècle, est LA cité des peintres par excellence. C'est aussi un lieu où les gourmands ne pourront oublier le goût incomparable des fameuses galettes au beurre. C'est à la rivière qui la traverse, l'Aven, que la ville doit son nom. Une rivière avec des allures de petit torrent capricieux dont les eaux serpentent au travers de gros rochers et qui donne un cachet particulier à la cité. De nombreux artistes, poètes et peintres sont attirés par les mille et une couleurs chatoyantes du paysage environnant, le doux climat et la luminosité exceptionnelle du site.

RIEC-SUR-BELON ★

Située entre les rivières de l'Aven et du Belon, Riec-sur-Belonest une commune très réputée pour ses huîtres. Si vous êtes plutôt amateur de vieilles pierres chargées d'histoire, la commune saura également vous séduire. N'hésitez pas alors à aller faire une petite escapade à la pointe de Penquerneo, un passage obligé... Là, vous pourrez découvrir les ruines de l'ancien fort de Belon qui était à l'époque chargé de garder l'entrée des deux rivières. Cet endroit plein de charme inspira même les maîtres de l'école de Pont-Aven... Et, pour compléter ce splendide tableau, les deux jolis petits ports de Rosbras et du Belon s'ouvrent sur l'océan.

BISCUITERIE TRAOU MAD DE PONT AVEN

10, place Gauguin
✆ 02 98 06 01 94

Ouvert toute l'année 7j/7 de 10h à 12h30 et de 14h à 19h, et de 9h30 à 19h30 l'été.

C'est une des entreprises les plus symboliques et célèbres de la cité des peintres, déjà centenaire. Concoctés dans la plus pure des traditions bretonnes du Finistère, les Galettes et Palets de Pont-Aven® sont nés en 1920. Ils continuent de régaler les gourmands et font d'excellents cadeaux. Dans les 3 boutiques du biscuitier pontaveniste, Delphine et son équipe vous accueilleront avec bonne humeur pour vous faire découvrir tous les produits authentiques et généreux.

MENHIRS ET DOLMENS

En Bretagne, nombreux sont les endroits où l'on peut trouver des menhirs («pierres longues») et des dolmens («pierres basses»)... Mais voilà que le menhir de Kerfany, qui mesure plus de six mètres, est un menhir renversé ! Pour y accéder, il suffit d'emprunter la route de Quimperlé en direction de Lescoat. D'autres vestiges de la Préhistoire sont également visibles comme l'allée couverte de Kerantiec mais aussi la stèle de Penlan. Il est bien vrai que la commune de Riec-sur-Belon est particulièrement riche en la matière... Pour un voyage en Préhistoire réussi !

NORD-OUEST

Vieux gréement à Pont-Aven.

MOËLAN-SUR-MER ★

Sur mer et sans mer si ce n'est les petits ports de Brigneau et de Merrien blottis au fond de leur aber ! La municipalité a entrepris de développer un tourisme vert axé sur la randonnée en balisant 120 kilomètres de sentiers pour les randonneurs ainsi qu'un tracé de 90 kilomètres de circuits de découverte pour les amateurs de VTT. L'église principale de Moëlan-sur-Mer abrite quatre splendides confessionnaux d'influence italienne du XVIIIe siècle. On ne manquera pas de visiter la chapelle Saint-Philibert. A voir : les belles allées couvertes sur toute la commune et les nombreux menhirs, leur taille allant de un à six mètres de hauteur !

PLOËMEUR ★

Étendue sur près de 17 km de côtes, Ploemeur est la quatrième ville du Morbihan avec une population en constante évolution. La commune située « entre terre et mer » offre une jolie diversité de paysages : dunes, petits ports de pêche (Lomener, Kerroch), côtes rocheuses et plages de sable fin mais aussi des chapelles et des petits chemins creux. Sans compter la carrière des kaolins (l'or blanc breton), premier centre français d'extraction de cette roche blanche argileuse, qui offre un paysage de montagnes blanches. Une plage lui doit d'ailleurs son nom : la plage des Kaolins, abritée par les dunes et affectionnée par les naturistes...

GUIDEL ★★

Située en bordure d'océan, Guidel compte plusieurs plages sableuses. La commune est également limitée par l'estuaire sinueux de la rivière la Laïta qui la sépare du Finistère. De belles promenades à prévoir dans ses rives boisées ou la forêt domaniale du Rocher Royal à Locmaria. En outre, la commune est connue pour le surf et ses chapelles. D'ailleurs, de mi-juillet à mi-août, le festival des « 7 chapelles en art » célèbre le patrimoine culturel local à travers des balades, des concerts et des expositions dans chacune d'entre elles. Enfin, pour les amateurs de terrasses en bord de mer, les restaurants du port n'attendent plus que vous !

QUÉVEN

Situé à côté de Ploemeur, Quéven abrite naturellement une partie de la base navale de Lann-Bihoué et donc de l'aéroport de Lorient Bretagne Sud. Commune relativement meurtrie au cours de la dernière guerre, sa reconstruction s'est faite sur la préservation et la mise en valeur de la nature de son territoire. On découvre ainsi les vestiges d'un lointain passé, comme le Tumulus de Kerroc'h, ou les nombreux sites mégalithiques et les monuments religieux ou seigneuriaux. Quéven dispose également d'environ 500 ha de bois, idéal pour les promenades en pleine nature. Sans oublier le golf qui se situe à la sortie de Quéven, en direction de Pont-Scorff...

LA MOULE QUI SAOULE €€

Résidence de La Falaise
✆ 02 97 05 97 21
https://lamoulequisaoule.com/
En été, ouvert tous les jours de 11h00 à 1h00 du matin.

Une adresse fort sympathique à proximité de l'océan et des dunes de Guidel-Plages. A La Moule qui saoule, on vient entre amis pour se désaltérer, déguster une glace en coupe ou en cornet et, le soir à l'heure de l'apéritif, pour admirer le soleil qui se couche et manger un bout sur la terrasse. A l'assiette, vous trouverez les classiques burgers, pizzas, salades et moules-frites bien sûr ! Côté bar, vins au verre, bières, rhums arrangés ou cocktails... Géré par une équipe amicale, on vous recommande ce repère agréable à l'ambiance décontractée garantie !

LORIENT ★★

En 1664, Colbert obtient de Louis XIV l'autorisation de créer la Compagnie des Indes orientales pour profiter du commerce des épices. En 1666, la Compagnie s'installe sous la protection de la citadelle de Port-Louis. Le port de Lorient est baptisé du nom d'un navire sorti des chantiers du Faouëdic, Soleil d'Orient. Cité portuaire active et arsenal maritime protégé au fond de sa rade, Lorient a une vie économique tournée vers la mer : 3e port de pêche français, 1er port de commerce de Bretagne, port militaire majeur, pôle de course au large et port de plaisance de bon niveau. En outre, chaque mois d'août, la ville accueille le Festival interceltique.

TAVARN AR ROUE MORVAN €

1, place Polig Monjarret
✆ 02 97 21 61 57
www.tavarnlorient.bzh

Ouvert du lundi au samedi de 11h à 1h. Plat du jour : 6,20 € - 12,80 €. Groupes. Terrasse. Animations.

Lieu incontournable, c'est LA taverne bretonne de Lorient. « On peut y boire, manger, chanter et danser ». Côté restauration, la Tavarn propose une cuisine de produits frais du terroir « faite maison » ! Une viande et un poisson chaque jour.

Parmi ses spécialités : le kig ha farz, le rost er forn, la choucroute de la mer ou l'andouille chaude de Guémené... Côté pub : douze bières bretonnes à la pression. Une ambiance festive, un accueil chaleureux, de la musique traditionnelle en live, dans un cadre typique que l'on ne peut que vous conseiller...

L'ARDOIZEN €€

27, rue de la Madeleine
✆ 02 22 21 44 32
www.lardoizen.com

Ouvert dimanche et lundi midi.Du mercredi au samedi midi et soir. Menu enfant. Formule du midi. Accueil groupes.

Venez découvrir une cuisine de qualité de style bistronomie. Doté de 2 cuisines et 3 salles de restaurant, le lieu est à la fois élégant et convivial. Les plats sont élaborés en fonction des arrivages des différents producteurs locaux et sont donc régulièrement renouvelés. Quelques exemples : cassolette d'encornets en persillade, mi-cuit de Saint-Jacques avec son tartare de daurade et Granny Smith, blanquette de veau, panais et billes de risotto panées, tarte au citron meringuée de l'Ardoizen, finger pommes rôties et sa chantilly tonka. Une très belle découverte.

HENNEBONT ★★

Hennebont a toujours été un lieu de passage. Son nom vient de « Hen Pont » qui signifie vieux pont. La ville s'est développée autour du fleuve côtier le Blavet et s'étend aujourd'hui amplement sur les deux rives. Elle présente de beaux vestiges de son patrimoine historique qui promettent d'intéressantes découvertes : le château, les remparts, la ville close, le musée des tours Broërec'h, le chemin de halage, l'écomusée des Forges, mais aussi les maisons et les hôtels particuliers... Incontournable, la visite des Haras nationaux, installés en 1857, vous transportera au XIXe siècle, au temps où Hennebont était la capitale du cheval breton.

PORT-LOUIS ★★

Sentinelle à l'entrée de la rade de Lorient, Port-Louis s'appelait autrefois Blavet. En 1590, la cité est occupée par les Espagnols qui y construisent le fort de l'Aigle. En 1618, Blavet devient Port-Louis en l'honneur de Louis XIII qui ordonne l'agrandissement de la citadelle et la fortification de la ville. L'activité commerciale de Port-Louis se déplace sur l'autre rive choisie comme site de la Compagnie des Indes. Au XIXe siècle, la cité maritime se reconvertit dans la pêche. Aux XXe et XXIe siècles, Port-Louis s'enrichit grâce aux activités de transformation. Quelques beaux témoignages architecturaux : citadelle, maisons bourgeoises...

RIANTEC ★

Riantec, bordée par la petite mer de Gâvres, doit son nom à la rivière Riant qui la traverse. A marée basse, l'île de Kerner devient rapidement le paradis des pêcheurs à pied. C'est ainsi dans de vastes vasières que l'on trouve une multitude de palourdes et de coques. A marée haute en revanche, la petite mer devient un plan d'eau idéal pour s'adonner à la planche à voile, au dériveur, à la pêche et à la promenade, et ce en toute tranquillité. Côté terre, on découvre diverses chapelles et fontaines comme la fontaine de la Trinité, édifiée non loin de la chapelle qui porte le même nom. A voir : un dolmen de l'époque néolithique, au village de Kervent.

MUSÉE DE LA COMPAGNIE DES INDES ★★

Citadelle de Port-Louis ✆ 02 97 82 19 13
https://musee.lorient.bzh/

Du 1er février au 15 décembre. Hors saison, mercredi au lundi : 13h30-18h. L'été, 7j/7 : 10h-18h30. Adulte : 8 €.

Le Musée fait revivre l'extraordinaire histoire des grandes compagnies de commerce maritime des XVIIe et XVIIIe siècles. Héritière des Routes de la Soie, la Compagnie des Indes construit et arme des navires qui font voile vers des pays encore mal connus des Occidentaux, pour y bâtir des comptoirs. Maquettes de vaisseaux, estampes et cartes anciennes, mobilier indo-européen, porcelaines de Chine et cotonnades indiennes sont autant de témoignages de cette incroyable épopée maritime.

ETEL ★

De l'ancien mot français « ételle », qui désigne une grande vague, la jolie commune d'Etel, petit port de pêche et de plaisance blotti à l'entrée de la ria qui porte son nom, était animée en 1937 par quelque 250 thoniers : de grands dundees à deux mâts portant une superbe voilure, du rose au brun. Grâce à de longues perches abaissées de chaque côté, les marins pêchaient le thon à la ligne. Des épaves de ces bateaux reposent sur le sable, de l'autre côté de la ria, dans le cimetière marin du Magouër. Aujourd'hui encore, la fête du thon est organisée chaque été. Au programme : défilé de chars et repas traditionnels de thon grillé au déjeuner et au dîner.

LE CHAT QUI PECHE €€

2, cours des Quais
✆ 02 97 55 24 70

Ouvert toute l'année. Du mardi au dimanche le midi et le soir. Fermé le lundi. Carte : 22 € environ.

Idéalement situé, vous pourrez profiter pleinement de la vue depuis l'une des terrasses de l'établissement, couverte ou non. Pour la dégustation, vous pourrez choisir entre viande, poisson, salades ou hamburgers composés de pain maison. Vous pourrez également choisir un menu du jour parmi deux entrées, deux plats et deux desserts. Au choix : friture d'éperlans, pavé de julienne, bavette d'aloyau, tartine du marin, sardines grillées... Pour les desserts, les gourmands se laisseront certainement tenter par le fondant au chocolat... Concerts le vendredi soir.

MAURICETTE €€

64, rue de la Libération
✆ 02 97 55 56 49

Ouvert du jeudi au mardi de 12h à 22h. Chaises bébé. Jardin. Terrasse. Brocante.

En plus d'être une crêperie, vous pourrez venir pour le goûter (les crêpes et le caramel sont excellents) et faire quelques emplettes, car Mauricette est un salon de thé, mais aussi une boutique ! De l'extérieur, la jolie devanture attire l'œil. Franchissez le seuil et un adorable espace de restauration, une terrasse couverte et un jardin (très mignon) vous attendent... N'hésitez pas à goûter les gâteaux maison. Un joli concept qui permet de repartir avec un petit souvenir de ce lieu unique. Réservez, surtout à la haute saison. L'endroit est petit et prisé !

ERDEVEN ★

En breton, « Ar Deuwen » signifie le pays de la dune. Ce qui n'est pas étonnant puisqu'Erdeven détient près de 385 hectares de dunes. Ce grand massif dunaire abrite ainsi un patrimoine naturel d'exception. Ici, tout est nature et vous pouvez passer des étendues de sable aux mégalithes en quelques enjambées, du village aux châteaux de Kercadio et Keravéon et des sentiers piétonniers aux ailes du gigantesque Moulin du Narbon en un rien de temps. Des sorties animées par des professionnels sont organisées du printemps à l'automne afin de découvrir le paysage et observer les différentes espèces d'oiseaux. Un environnement qui invite aux longues promenades.

La Ria d'Etel.

QUIBERON ★★★

Rattachée au continent par 7 km de sable, la presqu'île de Quiberon attire les amoureux de la mer. Au XIXe siècle, une vingtaine de conserveries emploient plus de 1 500 ouvrières, faisant de Quiberon le premier port sardinier de France. Depuis, le tourisme a pris le pas. En haute saison, il faut être patient pour y accéder à cause du trafic plutôt dense. La vue sera de toute façon à couper le souffle à votre arrivée au niveau de l'isthme, ce mince bras de terre dominé par le fort de Penthièvre et séparant la baie de Quiberon de l'océan Atlantique. Tandis que la côte orientale est calme et sablonneuse, la côte occidentale, dite « Côte Sauvage » est rocheuse et battue par la houle.

Les alignements de Carnac.

BEAUSEJOUR** €€

13, Boulevard du Parco
✆ 02 97 30 44 93
www.campingbeausejour.com

Ouvert d'avril à fin septembre. 173 emplacements. Mobil-home (semaine) dès 320 €. Aire de service pour camping-car.

Le camping 2* Beauséjour se trouve idéalement placé, à 50m de la mer, entre Quiberon et Saint-Pierre, à proximité de la plage de St-Julien. Dans un environnement où la nature est respectée et la végétation entretenue, vous pourrez séjourner pour la nuit (à partir d'une nuit en camping et 2 nuits en mobil-home), ou à la semaine. En juillet et août, les enfants peuvent bénéficier d'une animation encadrée par une animatrice dans le centre du camping. N'hésitez plus et venez profiter du microclimat de la presqu'île (2 500 heures de soleil par an) !

LA TRINITÉ-SUR-MER ★★★

Rendez-vous incontournable de la plaisance et des grands noms des courses au large tels Laurent Bourgeon, Francis Joyon ou encore Loïc Peyron, La Trinité-sur-Mer est le port principal de la côte des Mégalithes. D'ailleurs, il faut savoir que la Société Nautique de La Trinité-sur-Mer est le premier club au classement de la Fédération française de Voile, et ce depuis plusieurs années ! Elle organise ainsi des journées spéciales rejetées, mais propose aussi une école de voile accueillant petits et grands. On parlera également de l'ostréiculture, largement présente ici : c'est l'une des activités professionnelles les plus florissantes aujourd'hui.

NORD-OUEST

CARNAC ★★★

Carnac est célèbre pour sa forte concentration de mégalithes, dans quelques kilomètres carrés seulement, et aussi pour ses alignements de 3 871 pierres levées (menhirs) réparties dans les quatre grands groupes du Ménec, de Kerzerho, de Kerlescan et de Kermario. Ses plages s'étendent de Saint-Colomban jusqu'au Men Du sur la commune de la Trinité-sur-Mer. Baladez-vous en bord de mer jusqu'au petit village de Saint-Colomban et ses jolies maisons bretonnes en pierre, puis longez les parcs à huîtres qui bordent l'Anse du Pô. Ne manquez pas son église Renaissance Saint-Cornély, ses marais salants très prisés des oiseaux marins et son musée de la Préhistoire.

AURAY ★★

Les rues pavées et leurs maisons anciennes font le charme du centre-ville : la rue du Belzic et ses jolies boutiques vous mènera à la place aux Roues puis à la chapelle du Saint-Esprit. Revenez par la place Notre-Dame admirer l'église Saint-Gildas, avant de repartir vers le port de Saint-Goustan, via la rue du Château bordée de maisons du XVIIe siècle, ou les rampes du Loch. Enfin, finissez la promenade en remontant les minuscules ruelles derrière l'ensemble de maisons du XVe siècle, comme la rue Saint-René et celle du Petit-Port. En dehors du centre historique, ne manquez pas le Mausolée de Cadoudal, bâti pour abriter les restes du chef chouan.

LE CONTRETEMPS €

24, rue du Jeu de Paume
✆ 02 97 50 77 38
Du mardi au vendredi 12h-14h et du mardi au samedi 18h-1h. Menus de 12,50 à 15 €. Tapas. Terrasse. Soirées concerts.

À deux pas du centre historique, devant un grand parking, Le Contretemps est un endroit où l'on aime se retrouver pour partager un bon moment autour d'une bière. Ici, Marie et Florent vous proposent un choix de plus de 30 bières artisanales et de bières belges à la pression ! On s'y arrête aussi pour partager des tapas : patatas bravas, pain à l'ail, rillettes de cochon ou encore camembert rôti pané. Un pur moment de plaisir gustatif dans une ambiance conviviale ! La terrasse, la déco et les soirées « live music » méritent également le détour.

BADEN ★★

Baden a pignon à la fois sur le golfe du Morbihan et sur la rivière d'Auray, situation privilégiée qui ravira les randonneurs côtiers. La fenêtre badennoise sur le golfe s'ouvre sur l'île d'Irus au large de Bois-Bas jusqu'à la pointe nord-ouest de l'île aux Moines. C'est par le port de Baden, Port-Blanc, qu'on la rejoint le plus rapidement. Baden abrite de belles plages de sable, dont celle des Sept-Iles, qui a la particularité, à marée basse, de laisser un accès à l'île en face qui, pour le coup, n'en est plus une ! Il est même possible d'en faire le tour. Info futée : grâce aux courants et à l'emplacement abrité, l'eau est ici plus chaude.

LA CHAUMIÈRE DE POMPER €€

14, lieu-dit Kerhervé ✆ 02 97 58 59 66
lachaumieredepomper.fr
Ouvert toute l'année. Du mardi au samedi à partir de 12h et à partir de 19h. Jardin. Terrasse.

Sur la route de l'embarcadère, cette chaumière allie modernisme et authenticité historique. L'atmosphère, dans ce lien au charme indéniable décoré avec talent dans une belle esthétique moderne, séduit d'emblée. Puis la carte, suivie de l'assiette (salée comme sucrée), font leur œuvre : les galettes ou crêpes sont parfaitement croustillantes et savamment garnies pour des saveurs qui font honneur au terroir et aux produits locaux, frais, bien évidemment. S'ajoute une belle sélection de cidres et de poirés, à accorder à ses goûts et à ses plats.

LARMOR-BADEN ★★

Le bourg de Larmor-Baden est plein de charme, et lorsqu'on l'a agréablement traversé pour rejoindre le Paludo, on se laisse souvent entraîner sur le sentier côtier de l'anse de Locmiquel, autre village établi, au bout duquel on parvient aux sept îles. Depuis l'embarcadère, il est possible de faire des excursions sur le golfe, la rivière d'Auray et les îles du large. C'est aussi l'unique point de départ pour la visite du Cairn de Gavrinis (île de la Chèvre), la chapelle Sixtine de la préhistoire a-t-on coutume de dire (3 500 ans avant Jésus-Christ), dont les pierres entièrement gravées restent un mystère et gardent encore aujourd'hui tous leurs secrets.

ARRADON ★★★

Située à l'ouest de Vannes et nichée au creux du Golfe du Morbihan, la commune d'Arradon tirerait son nom du celtique « Aradunum », littéralement « La colline d'Ara ». Autrefois essentiellement agricole, la ville commence à tirer profit de sa situation en bord de mer à la fin du XIXe siècle, avec le début d'une activité ostréicole. Idéalement située sur un littoral découpé d'anses et de rias, entre terre et mer, Arradon est très appréciée des plaisanciers et autres amateurs de sports nautiques. L'école de voile propose d'ailleurs des cours à l'année ainsi que des stages pour tous les âges et tous les niveaux, afin de découvrir le catamaran, le dériveur ou encore la planche à voile. Ville littorale par excellence, Arradon peut se targuer de 15 km de sentiers côtiers (dont une bonne partie sur le GR® 34). Son joli port de plaisance est parfait pour une promenade en toute saison, jusqu'à la pointe d'Arradon, classée site remarquable : vous pourrez y admirer des chênes centenaires et contempler les voiliers. Les plages arradonnaises – Kerbilouët, Penboc'h et La Carrière – à l'abri du vent et avec vue sur l'Île-aux-Moines, l'île d'Arz, l'île Holavre et les îles Logoden en font aujourd'hui un lieu prisé des vacanciers pour un séjour estival. Les amateurs de Stand-Up Paddle apprécieront d'autant plus l'eau calme et claire de ses baies pour naviguer entre les bateaux au mouillage et le long des petites falaises. Le bourg d'Arradon ne manque pas de charme non plus, avec sa chapelle Notre-Dame, dite « du Bourg », où des expositions ont lieu régulièrement. Le marché se tient quant à lui place de l'Eglise et rue des frères Mithouard tous les mardis et vendredis matins. La commune est le lieu de nombreuses manifestations estivales, comme la Fête du Moustoir (fête traditionnelle bretonne avec défilé en costumes et fest-noz), la Fête de l'huître (organisée dans le cadre d'un jumelage avec la ville allemande d'Höchenschwand et où l'on déguste des huîtres… et de la bière !), ou encore le festival solidaire et engagé Algues au Rythme qui anime les rues de musiques du monde et d'arts circassiens. Arradon accueille enfin nombre d'événements sportifs : elle est située sur le parcours du semi-marathon Auray-Vannes, qui rassemble chaque année, le deuxième dimanche de septembre, plus de 5 000 participants, sportifs professionnels ou amateurs. En mars, des coureurs de tous âges investissent les chemins côtiers à l'occasion des 30 km d'Arradon.

AMANDES ET CARAMEL

8, place de l'Église
✆ 02 97 13 69 91
www.amandesetcaramel.com
Ouvert Mardi et Vendredi 8h-19h / Mercredi, Jeudi et Samedi 9h30-19h / Dimanche 10h-13h.

Amandes & Caramel est une biscuiterie, un salon de thé et une épicerie gourmande à Arradon. C'est Sylvie, une Bretonne aussi gourmande que passionnée, qui s'est lancée dans l'aventure avec sa fille Alizée, préparant avec amour et respect des traditions des douceurs sucrées variées : macarons, palets et galettes bretonnes, caramel au beurre salé. Tout est fabriqué maison à Arradon. S'ajoutent des produits coup de cœur, comme des cafés, thés en vrac, chocolats, confitures et autres sélections d'épicerie fine salée. Cette jolie boutique a une petite sœur, à Vannes.

ETAPAS

11, allée Denis-Papin
✆ 02 97 69 60 72
www.etapas.fr
Ouvert du lundi au samedi, 10h-19h30 (dès 9h vendredi et samedi).

Cette boutique originale est spécialisée en produits ibériques. Simon Le Gal a parcouru pendant plusieurs mois les terres hispano-portugaises pour travailler finement avec des producteurs en direct sa sélection de charcuteries, de fromages, de conserves sèches de poissons et fruits. On ne sait plus où donner de la tête et de l'estomac ! Les produits sont accessibles pour vos dîners de prestige avec un(e) chef à domicile. Vous trouverez sans aucun doute de quoi faire grande impression à vos convives. Et si vous voyagiez gustativement depuis votre salle à manger ?

VANNES ★★★★

Nichée au creux du Golfe du Morbihan, la cité vannetaise a conservé de nombreux vestiges de ses fortifications : ses remparts, ses tours (tour du Bourreau, tour Poudrière, tour du Connétable…) et ses portes (porte Saint-Vincent, porte Prison…) témoignent du passé médiéval de la ville et font partie intégrante de l'urbanisme. Des visites de certaines parties des fortifications sont organisées par l'office de tourisme. Les jardins, dits « des remparts », valent également le détour, et accueillent d'ailleurs chaque année de nombreuses manifestations : fêtes médiévales, salon du livre, festival de jazz…
Dans le centre-ville, promenez-vous place de la Mairie, où vous pourrez admirer la façade de la chapelle Saint-Yves, rénovée en 2021, puis glissez vers la vieille ville par la rue Emile Burgault, jusqu'à la place Henri IV où se font face la Cathédrale Saint-Pierre et le musée de la Cohue. Descendez la rue des Orfèvres qui vous mènera jusqu'à la place des Lices. C'est ici que les Halles accueillent le marché chaque matin. A pied ou à vélo, les berges sont aménagées et vous mèneront jusqu'à l'embarcadère, point de départ des croisières autour du Golfe et des traversées vers les îles. Si vous poursuivez votre route, vous atteindrez la jolie presqu'île de Conleau.

NAVIX

9, allée Loïc Caradec ✆ 02 97 46 60 00
www.navix.fr
Ouvert tous les jours de 8h à 18h en haute saison. Bateau restaurant en haute saison le samedi soir et le dimanche midi.

Navix propose des trajets vers Belle-Île-en-Mer, Hoëdic, Houat, dans le golfe du Morbihan… Les différents ports de départ sont : Vannes, Port-Navalo, Locmariaquer, Auray (Saint-Goustan), Le Bono, La Trinité-sur-Mer, Etel, Le Croisic, La Turballe. Avec ou sans escale, vous découvrirez les nombreuses îles du golfe. Les épicuriens apprécieront les déjeuners (avec ou sans escale) et les dîners (sans escale) croisières avec menus gastronomiques.

▸ **Exclusivité Navix** : Découvrez la ria d'Etel, surnommée « la plus secrète des mers intérieures » lors d'une croisière dédiée.

NORD-OUEST

AIRE CAMPING-CAR PARK VANNES

188, Avenue Maréchal Juin

11,05 €/24h. 33 emplacements. Services.

A l'entrée du camping Flower de la presqu'île de Conleau (400 m de la plage), cette aire pour camping-cars est idéale pour y rester une nuit ou plus au choix, sans s'enregistrer nécessairement au camping. Elle est en gestion indépendante du camping. Vous y trouverez 33 emplacements en épi et bataille stabilisés sur goudron, assez larges pour manœuvrer facilement le véhicule, ainsi qu'un espace pour y effectuer les services : vidange des eaux usées et WC, et approvisionnement en eau.

AMANDES ET CARAMEL

4, rue Thomas-de-Closmadeuc ✆ 02 97 13 69 91

www.amandesetcaramel.com

Ouvert du mardi au samedi, 10h30-13h & 14h30-19h (10h le samedi). Autre boutique à Arradon, 8 place de l'Église.

Amandes & Caramel est une aventure gourmande qui a débuté en 2016 sur les marchés de Larmor-Baden et Arradon. C'est Sylvie, Bretonne attachée à sa région, qui s'est lancée dans la préparation, avec amour et respect des traditions, de douceurs sucrées variées : macarons, palets et galettes bretonnes, caramels au beurre salé. En décembre 2019, elle a confié les rênes d'une boutique vannetaise à sa fille, Alizée, qui propose les gourmandises artisanales dans un décor authentique et épuré, au charme indéniable. Comment ne pas craquer pour cette jolie boutique ?

CAIRN DE PETIT MONT

Pointe de Petit Mont ✆ 02 97 53 74 03

www.cairndepetitmont.com

Adulte : 6 €. Enfant : 5 €. Famille : 15 €. Offre de couplage de billets avec Gavrinis disponible. Visite guidée.

L'ensemble mégalithique de Petit-Mont est classé d'intérêt national depuis 1989. Le site archéologique a été construit en 4 phases, de -5000 à -3000 avant notre ère, sur un emplacement stratégique en promontoire sur l'océan. Il a été utilisé durant la Préhistoire, l'Antiquité puis la Seconde Guerre mondiale. Le cairn accueille aujourd'hui les familles les mercredis et dimanches pendant les vacances scolaires pour des ateliers « apprentis archéologues », avec tout comprendre de la Préhistoire. Le cairn de Petit-Mont est aussi un point de départ de randonnée.

MOULIN À MARÉE DE PEN CASTEL ★

Rue de Keravello

✆ 02 97 53 88 06

Haute saison : tous les jours 10h-13h/15h-19h. Basse saison : ouvert mercredi au samedi 14h-18h. Gratuit

Ce moulin, qui fonctionnait jadis avec la marée, existe depuis la fin du XIIe siècle. Jusqu'au XIXe siècle, il était connu pour sa farine de froment et d'avoine. Classé en 1933, il devint un restaurant dans les années 1950. Aujourd'hui haut lieu culturel et artistique, vous pourrez y découvrir des expositions et animations (ateliers avec les artistes, conférences, projections). Une belle programmation basée sur le partage, le plaisir et l'étonnement vous est proposée toute l'année.

ARZON

Située à l'entrée du golfe du Morbihan et à la pointe de la presqu'île de Rhuys, Arzon est une des rares communes à pouvoir s'enorgueillir de 33 km de côtes. Entourée d'un côté par les vagues de l'océan, de l'autre par les eaux calmes du golfe, c'est une station balnéaire par excellence. Elle a reçu le label de Station Kid, élaboré par le ministère du Tourisme, la Fédération nationale des offices de tourisme et l'association des maires des communes touristiques et stations classées. Il récompense tous ceux qui font des efforts dans le domaine de l'accueil des enfants. La commune offre en effet de nombreux jeux, sans compter les ateliers, les sports...

FUMAGE ARTISANAL D'ARZON

23, rue Centrale ✆ 02 97 53 80 18

www.fumage-arzon.fr

Ouvert du mardi au samedi 9h-12h30 et 15h-18h30 ; le dimanche et les jours fériés 9h-12h30. Vente sur place et en ligne.

En 1990, Patrick et Anne Chauchard ouvrent leur première boutique à Arzon, puis, en 2009 dans le bourg de Sarzeau. Le saumon frais arrive d'Écosse en qualité Label Rouge, fumé au hêtre vert et salé au sel de Guérande, il est tranché à la main, mis sous-vide en filets entiers, en tranches, en darnes ou en pavés. Ont été ajoutés des conserves de poissons, sardines à l'huile, morgates du golfe, thon germon et rillettes de poisson fumé. Vous pouvez retrouver en été, leurs produits sur les marchés de la Presqu'île de Rhuys et toute l'année sur celle de Quiberon.

LIEUX	Km partiel	Km cumul	Routes
LA ROCHE-BERNARD	0	0	D774
HERBIGNAC	10	10	D33 puis D52
MESQUER	15	25	D352
POINTE DE MERQUEL	3	28	D52
PIRIAC-SUR-MER	9	37	D333 puis D99
GUÉRANDE	11	48	D774 puis D245
LE CROISIC	12	60	D245 puis D45
LA BAULE	14	74	Route locale
PORNICHET	4	78	D392 puis D971
SAINT-NAZAIRE	12	90	D971 puis D213
SAINT-BRÉVIN-LES-PINS	11	101	D213
SAINT-MICHEL-CHEF-CHEF	7	108	Route locale puis D313
POINTE DE SAINT-GILDAS	12	120	D313 puis D13
PORNIC	12	132	D13 puis D213
LES MOUTIERS-EN-RETZ	10	142	D13
MACHECOUL	17	159	D64 puis D59
BEAUVOIR-SUR-MER	22	181	D948
BABÂTRE	12	193	D38 puis D948
NOIRMOUTIER-EN-L'ÎLE	10	203	Arrivée

AYS DE A LOIRE

LA ROCHE-BERNARD ★★

L'origine de La Roche-Bernard remonte au Xe siècle. Un Viking, Bern Hart (fort comme un ours) bâtit son donjon sur le promontoire rocheux qui domine la Vilaine. La bourgade aura donc pour nom La Roche-Bernard. Le territoire devient la baronnie de la Roche-Bernard, où la féodalité s'organise et où se développent les activités portuaires. Jusqu'à la Révolution, c'est l'une des plus puissantes baronnies de Bretagne.
Les ruelles des vieux quartiers sont d'agréables lieux de promenade. Cette commune, à l'histoire riche, est à admirer en flânant dans ses rues, sur son port ou, en prenant de la hauteur, depuis son ancien pont suspendu au-dessus de la Vilaine.

LA CREPERIE DE LA ROCHE €€

14 RUE DE LA SAULNERIE ✆ 02 99 90 63 60
Ouvert tous les jours sauf le mardi. Service continu en juillet et août et aux vacances de Noël.

Située en haut de la place du Bouffay, dans une superbe maison à colombage (la plus ancienne de La Roche Bernard), Pascal, Franck et leur équipe vous accueillent chaleureusement dans leur authentique crêperie.

Place aux produits de qualité, petits producteurs et artisans locaux. Pascal en cuisine vous propose une carte 100% galettes et crêpes préparées à la minute ! Des traditionnelles aux recettes originales, tout est fait maison.

Une jolie cheminée vous réchauffera en hiver et en été deux belles terrasses vous attendent pour profiter du soleil breton.

HERBIGNAC ★

Ses activités rurales, son rôle administratif, sa position géographique expliquent sans doute l'importance de ce chef-lieu de canton qui regroupe de nombreux villages alentour. Le caractère monumental de son église le laisse à penser. Le site a bénéficié d'une occupation dès le néolithique, en témoignent le tumulus de Riholo ainsi que de nombreux vestiges retrouvés sur place. Herbignac, terre à pots est réputée depuis bien longtemps pour ses poteries, marchés des potiers, expositions et animations perpétuent et valorisent cette vieille tradition.

LE CHÂTEAU DE RANROUËT ★

✆ 02 40 88 96 17
www.cap-atlantique.fr
Haute saison : ouvert tous les jours de 10h à 19h. Adulte : 4 € à 5 €. Enfant de 7 à 18 ans : 3 € à 4 €.

Véritable sentinelle des marais, les vestiges du château de Ranroüet offrent un joli voyage dans le temps. C'est le dernier des châteaux féodaux, forteresse et résidence seigneuriale, qui bordaient la Brière et qui protégeaient la presqu'île de Guérande. Les six tours imposantes, le châtelet d'entrée, la barbacane, les douves, les bastions offrent un résumé de l'évolution de l'architecture militaire du XIIIe au XVIIe siècle. En été, des expositions, des visites animées, un parcours nocturne... animent ce château classé aux Monument historiques.

MESQUER ★

Mesquer est le nom donné au pays quand les Angles et les Saxons chassaient les Bretons des îles britanniques. Ces derniers vinrent s'établir sur les côtes d'Armorique. C'est le centre historique de la commune, avec le port de Kercabellec qui exportait le sel. Surnommée autrefois la petite capitale du sel, le bourg recèle de nombreux vestiges du passé, comme de vieilles maisons, en particulier la « maison du patrimoine » qui accueille des expositions culturelles. Mesquer a une tradition paludière tandis que Quimiac vient lui rappeler que la mer n'est pas si loin. Depuis qu'ils ne font qu'un, la devise de Mesquer-Quimiac est « A terre et mer fidèle. »

CAMPING LE CHATEAU DU PETIT BOIS*** €€

1820, route de Kerlagadec ✆ 02 40 42 68 77
www.campingdupetitbois.com
Fermé de novembre à mars. 126 emplacements. Emplacement + véhciules + 2 pers. de 13,60 € à 23,50 €. Aire de services

À moins de deux kilomètres de la première plage, n'est-ce pas un miracle de trouver un tel parc avec chênes et pins de haute futaie, à l'ombre desquels vous décompresserez tranquillement. Dans cette nature généreuse vous bénéficiez d'emplacements spacieux pour votre tente, caravane ou camping-car, et si vous avez choisi le mobil-home, ceux-ci sont très confortables quelle que soit leur taille. Un centre aquatique vous attend avec différents bassins, toboggans et transats.

PIRIAC-SUR-MER ★★

Peu d'écrivains sont restés insensibles aux charmes de ce qui n'était alors, selon Alphonse Daudet, qu'un petit village perdu. Sa situation privilégiée à l'extrême ouest de la presqu'île, la beauté de ses côtes savamment déchirées par l'océan, son port typiquement breton, n'expliquent qu'en partie son pouvoir de séduction. Sa longue histoire se lit dans ses vieilles et belles demeures au détour des ruelles. Tournée vers le grand large, Piriac participa à l'aventure des terre-neuvas puis se spécialisa dans la pêche aux harengs. Aujourd'hui encore, la rentrée des chalutiers reste une attraction, de même que les allers et venues des bateaux de plaisance.

GUÉRANDE ★★★

Guérande, au cœur de la presqu'île qui porte son nom, est depuis ses origines un espace que l'homme a façonné pour s'y installer et y vivre. Premier site habité de Loire-Atlantique, nœud de passage et d'échanges, place forte historique et centre des pouvoirs, terre de sel, grenier agricole et pôle économique, Guérande est depuis toujours une terre de vie. Située entre les estuaires de la Vilaine et de la Loire, la Brière et l'océan, la cité médiévale jouit d'une renommée internationale grâce à ses remparts, intacts, et à son sel aux vertus gastronomiques. Le tissu économique local est en développement constant. Le tourisme tient une place importante.

LA POINTE DU CASTELLI ★

10 km, environ 3h environ, circuit du Castelli : marquage jaune.

Une randonnée pédestre à la découverte du chemin douanier. A partir du port d'échouage de Lerat, une côte entrecoupée de criques sablonneuses autrefois fréquentées par les chercheurs d'or, mène par un sentier surélevé au bord de la lande verte, jusqu'au sémaphore de la pointe du Castelli. Cette pointe, la plus avancée du département de Loire-Atlantique, est très dangereuse pour la navigation. On y découvre l'embouchure de la Vilaine et l'île Dumet. Elle offre un magnifique panorama de la pointe du Croisic à la pointe de Saint-Gildas de Rhuys. Du sémaphore, les services de la Marine nationale surveillent la côte du Croisic à la presqu'île de Quiberon. Par temps clair, on aperçoit les îles de Houat et d'Hoëdic, et si le temps est très dégagé, Belle-Ile se profile derrière elles. Les rochers sont chargés de légendes comme celui d'Almanzor qui recueillit ce valeureux guerrier naufragé à son retour de croisade. Les roches de la Couette et des Oreillers sont sculptées par les ébats de l'océan. En traversant le bourg, on peut poursuivre le parcours qui, de l'autre extrémité du port, passe par le cimetière, le hameau de Kervin, l'étang de Brandu et le moulin de Praillane pour rejoindre Lerat. Une balade algues ainsi qu'une balade coquillages sont également au menu des promenades (réservation auprès de l'office de tourisme). Une partie de la pointe du Castelli est inaccessible aux randonneurs en raison de risques d'éboulements. A noter que les vélos sont strictement interdits sur ce sentier, empruntez plutôt la piste Vélocéan.

© FRANCK DIAPO - FOTOLIA

Marais salants de Guérande.

NORD-OUEST

L'ÉTANG DU PAYS BLANC

47, rue des Chênes

✆ 02 40 61 93 51

www.guerande-camping.com

Ouvert du lundi au samedi de 9h à 12h et de 17h à 19h30.

Engagés dans une démarche de développement durable, Philippe et Bérénice Tendron vous accueillent dans leur ferme laitière. Ici, on vend du lait cru, mais on le transforme également dans des ateliers aseptisés en lait ribot, yaourt, fromage blanc et tous dérivés. Après une petite visite de l'exploitation, achetez sans hésiter. La qualité des produits leur fraîcheur et leur goût sont inimitables. Vous les trouverez également dans beaucoup de supermarchés du coin. Et si vous voyagez en camping car, six places vous sont réservées pour un séjour des plus bucoliques.

LE CROISIC ★★

À partir du Pouliguen il faut rejoindre Le Croisic par la côte sauvage pour y découvrir des grottes sculptées par la mer. À marée montante, ces failles génèrent des bruits de tonnerre et des geysers d'eau provoqués par les vagues. Son nom pourrait venir de *kroazig*, petite croix en breton, ou des croisillons des marais salants. La vocation maritime de cette ancienne île ne s'est jamais démentie. Station balnéaire, port de pêche renommé et port de plaisance apprécié, ses restaurants, cafés, crêperies, accueillent un grand nombre de personnes, séduites par les beautés de son architecture et l'originalité de son site naturel. On aime la rudesse de sa côte.

LE NEPTUNE €€

11, avenue de Port-Val
✆ 02 40 23 02 59
www.restaurant-leneptune.fr

Ouvert en hiver, sur réservation. Haute saison : ouvert tous les jours, 12h-14h30, 19h-21h30. Service fruits de mer

La décoration est exclusivement axée sur la mer et la pêche. Quant à la spécialité du chef, Philippe Cocardon : les fruits de mer et les poissons bretons. Ce « maître-restaurateur » s'est formé au sein des plus grandes maisons françaises de Taillevent au Carré des feuillants... Vous vous régalerez de poireaux cuits en papillote, tartare de bulot, œuf cassé. Continuez avec un cabillaud confit, coco au chorizo ibérico, jus de piquillos. Avant de conclure avec l'ananas rôti au miel et romarin, crème vanillée. À déguster en salle ou sur la terrasse, face à la mer.

OCÉARIUM DU CROISIC ★

Avenue de Saint-Goustan
✆ 02 40 23 02 44
www.ocearium-croisic.fr

Haute saison ouvert tous les jours de 10h à 20h. Adulte : 14,90 €. Enfant de 3 à 12 ans : 11,90 €.

On dénombre pas moins de 55 aquariums, 4 000 poissons différents dont les vedettes 25 requins et 25 manchots. Plusieurs escales : le lagon, les requins d'Australie, les Cyclades, Belle-Île, l'île d'Yeu, les manchots du Cap, l'île de Vancouver, le tunnel, le *Nautilus* et la nurserie. Les enfants adoreront le bassin tactile et la résolution des énigmes grâce aux carnets des aventuriers. Le clou du spectacle : le nourrissage des manchots et poissons dans le tunnel et les commentaires au pavillon des requins. Idéal avec des enfants en bas âge.

LA BAULE-ESCOUBLAC ★★★★

Cette baie magnifique s'étend entre la pointe du Bec à l'est et la pointe de Penchâteau à l'ouest, un ancien site préhistorique fortifié. La volonté de quelques hommes courageux et la douceur de son microclimat, telles ont été les fées qui ont présidé à sa naissance, à la fin du XIXe siècle. La stabilisation des dunes par les pins, une urbanisation réfléchie et le chemin de fer ont fait le reste. Têtes couronnées, célébrités, riches industriels, tous sont venus prendre des bains ici, assurant à la Riviera bauloise sa renommée internationale de tourisme mondain. La plage de sable fin est considérée par beaucoup comme « la plus belle plage d'Europe ».

NORD-OUEST

Le Port de plaisance du Croisic.

AU CHAT GOURMAND €

8, avenue Louis-Lajarrige
✆ 02 40 60 31 09

Ouvert 7j/7. Journée continue aux vacances scolaires. Menus de 12,50 € à 22,90 €. Menu enfant : 9 €. Terrasse

Cette crêperie cosy propose de bonnes galettes et crêpes faites à base d'une farine bio. Un large choix de galettes copieuses et appétissantes, de la classique à la plus originale. Composée de noix de Saint-Jacques et de fondue de poireaux, la galette Noirmoutier est une des plus plébiscitées. Un régal ! Grand choix de salades composées ainsi que des tagliatelles. Côté crêpes, nous avons craqué pour la spécialité, la Caranoisette, aux éclats de noisettes et au caramel. La crêpe Tentation, pommes caramélisées, glace à la cannelle et chantilly est aussi excellente.

PORNICHET ★

Pornichet est la plus ancienne station de la région. Cependant, jusqu'au XIXe siècle, elle vit de l'exploitation et du commerce du sel. Ce village de paludiers n'est alors qu'un « port niché », propice au petit trafic maritime. Commune indépendante depuis 1900, elle vit se combler les marais salants, tandis que l'arrivée du premier train (en 1879) inaugure l'ère du tourisme balnéaire. Station familiale, elle se partage entre les plages enchâssées dans une côte rocheuse, à Bonne-Source et à Sainte-Marguerite, les criques (comme la Pointe du Bec) et les premiers kilomètres de la baie de La Baule.

SAINT-NAZAIRE ★★

Saint-Nazaire, à l'embouchure de la Loire et au sud de la presqu'île guérandaise, est occupée depuis des temps immémoriaux. Le très beau tumulus de Dissignac atteste d'un peuplement très ancien. En 1830, Saint-Nazaire n'est qu'une petite bourgade. Les pilotes y constituaient une importante corporation. Mais la Loire s'ensable et les navires à fort tonnage ne passent plus. La position de la ville à l'entrée de l'estuaire sur la rive nord est idéale. La construction de ses bassins à flot lance Saint-Nazaire qui connaît un essor extraordinaire. De ses cales sortiront des paquebots de croisière mais aussi des méthaniers, des cuirassés et des croiseurs.

ESCAL'ATLANTIC ★★

Boulevard de la Légion-d'Honneur
✆ 02 28 540 640

Adulte : 14 €. Enfant (de 4 à 14 ans) : 7 €. Horaires sur le site Internet.

Escal'Atlantic propose une véritable immersion dans l'aventure des paquebots. Le récit se déroule à travers 25 espaces évoquant des intérieurs de paquebots. Des dispositifs multimédias, des jeux, des documents et des films d'archives. Sur le parcours, 200 objets de collection remarquables. L'argenterie étincelante dans la salle à manger d'Escal'Atlantic a connu les fastes de la première classe de Normandie (1935). Le mobilier de cabines provenant du paquebot France (1962) a fait des centaines d'aller-retour entre le Havre et New York...

CAMPING DE L'EVE**** €€

Route du Fort-de-l'Eve ✆ 02 51 20 41 94
www.camp-atlantique.com

Ouvert d'avril à novembre. 280 emplacements. De 14 € à 35 €. Aire de services camping-car. Wifi en supplément.

À 100 m de la plage de la Courance, le camping de l'Eve bénéficie d'un accès direct à la plage par un tunnel privatif. Vous trouverez des emplacements de 100 m², ombragés, séparés par des haies pour camper en tente, caravane et camping-car. Des sanitaires et espaces laveries sont à disposition. Sur un terrain arboré de 7 hectares, des mobil-homes de 4 à 6 personnes pouvant offrir jusqu'à 3 chambres. Superbes piscines et toboggans. La plage de la Courance est très appréciée des amateurs de surf. Le chemin des Douaniers offre de belles balades à pied.

LE SAVARY €€

17, rue du Bois-Savary
✆ 02 40 61 41 48
www.lebistrobio.over-blog.com

Ouvert du mardi au samedi de 12h à 14h et de 19h30 à 21h. Menus de 24 € à 35 €. Formule du midi : 19,75 €.

Dans ce restaurant bistronomique vous découvrirez une cuisine du marché faite à base de produits frais et locaux dont beaucoup sont bio. Les menus changent chaque semaine, la carte suivant les saisons. En entrée, vous hésiterez entre le pain perdu aux algues et saumon fumé, coulis de mâche à l'huile de lin et le gratin de topinambours. Pour le plat, le choix n'est pas plus facile : dos de cabillaud poêlé, galette de couscous aux pois chiche, beurre de langoustines aux 4 épices ou feuilleté de cerf. De bons desserts aussi comme le nougat glacé.

NORD-OUEST

SAINT-BRÉVIN-LES-PINS ★

Ouverte sur l'océan Atlantique, regardant Saint-Nazaire, Saint-Brevin est installée sur la rive sud de l'estuaire, vestige de l'antique delta s'étendant de la Vilaine à Machecoul. L'avancée inexorable des dunes a enfoui les traces des anciens peuplements. Selon la légende, l'ancienne cité de Montoise aurait été engloutie. Il reste cependant de nombreux menhirs, témoignages de la présence humaine à une époque très reculée. Ses longues plages sûres, offertes aux vents de l'Atlantique en font le lieu idéal pour la pratique des sports de glisse et favorisent un tourisme familial épris tout à la fois d'authenticité et de vacances toniques.

PORNIC ★★★

Depuis des millénaires, les atouts de son site – confluence de rivières, ria profonde – ont favorisé l'implantation des hommes, comme en témoignent les mégalithes présents sur le territoire. La première forteresse daterait de l'époque d'Alain Barbe-Torte, duc de Bretagne. Une cité se développe en hauteur protégée par ce site défensif. De son port, les terre-neuvas partent pour la pêche hauturière. Pour le protéger des appétits anglais ou hollandais, ses côtes sont mises en défense et des canons placés notamment à la Noëveillard. Un regain d'activité de la pêche se fait sur les côtes grâce à la sardine, du XIXe siècle à la fin des années 1960.

SAINT-MICHEL-CHEF-CHEF ★

Si, entre la pointe Saint-Gildas et Saint-Brévin, vous parvient une bonne odeur de biscuit, vous êtes sur la bonne route ! Aucun doute, vous êtes à Saint-Michel-Chef-Chef, capitale de la galette Saint-Michel et autres gourmandises. La commune s'appelait jadis Saint-Michel-du-Chévecier et dépendait du duché de Retz. Puis le nom a été peu à peu déformé pour devenir Saint-Michel-Chef-Chef, éminemment connu et reconnu pour ses fameuses galettes exportées dans le monde entier. L'histoire remonte à 1905, lorsque Joseph Grellier, maître pâtissier, décida d'appliquer un secret de famille pour sa fabrication de galettes, qu'il baptisa Galettes Saint-Michel.

LES MOUTIERS-EN-RETZ ★

Les Moutiers-en-Retz est une des stations les plus originales de la Côte de Jade. Elle a ses inconditionnels, attirés par le charme intemporel de sa place ombragée, ses plages tranquilles et son eau de mer. On y rencontre aussi les touristes étrangers en quête d'authenticité ainsi que des pèlerins en route vers Saint-Jacques-de-Compostelle. On est ici au cœur du Pays de Retz, où Paul Fort a puisé ses *Complaintes du Pays de Retz*. On apprécie également son port, avec ses activités ostréicoles et ses kilomètres de plages de sable fin et blanc. Vous aurez également le plaisir de vous promener le long des différents circuits pédestres et cyclistes.

LES TERRES ROUGES

Plage de Gohaud

Cette zone naturelle propose un sentier le long du rivage et offre la possibilité d'admirer l'océan, les dunes et falaises sans détériorer l'habitat. Avec un peu de patience et une dose de chance, les passionnés de nature découvriront des espèces animales et végétales protégées, parmi lesquelles l'œillet des dunes, le panicault de mer, la mésange bleue, la mouette Rielse, le lézard vert, etc. Cette zone est située sur l'une des plus belles plages de Saint-Michel, à savoir la plage de Gohaud. Son nom est dû à la présence de minéraux sur les falaises.

LE CIRCUIT DU COLLET

Départ place du Général-de-Gaulle

www.pornic.com

10 km - 2h30.

Après avoir longé la plage et son cordon dunaire, vous arrivez au port du Collet et admirez sa passerelle. A marée basse, les oiseaux se rassemblent et envahissent la grande vasière. Ses boues, riches en sels minéraux ont inspiré un projet de fangothérapie qui a fait long feu. L'argile du marais de Lyarne, seul gisement d'argile marine en France, est utilisée pour les soins en thalassothérapie, notamment à Pornic. Contournez le Camping du Collet et rejoignez le bourg par le marais de Lyarne. Fiche explicative au bureau d'information touristique ou sur Internet.

MACHECOUL-SAINT-MÊME

Des ruines subsistent encore de la puissance seigneuriale et religieuse de Machecoul, capitale historique du Pays de Retz, parmi lesquels le pigeonnier d'une abbaye, le donjon de son château. Son couvent et ses chapelles, son auditoire, son champ de foire, ses halles, attestent tout au long de l'histoire, de son importance religieuse, judiciaire et économique. Son histoire, les vestiges de son passé, la proximité de la mer, en font une étape intéressante. La nature tient une place importante avec le marais, la forêt, le grand étang, les sentiers de randonnées, les itinéraires à vélo, les balades à cheval, les balades en canoë et les jardins d'Yves.

© LINDA CASTAGNIE

Pêcheries sur le marais breton vendéen.

BEAUVOIR-SUR-MER ★

Tout au nord-est de la Vendée, faisant face à l'île de Noirmoutier, à laquelle on accédait par le Gois, chaussée submersible de 4,2 km dans la Baie de Bourgneuf, avant la construction du pont en 1971. La commune se situe à la pointe d'un éperon rocheux qui sépare en deux le Marais Breton Nord. Un silo romain atteste d'une occupation dès l'époque gallo-romaine. Parmi les sites à ne pas manquer : l'unique et incontournable passage du Gois, dont la première traversée connue remonterait aux alentours de 843 après J.-C., les marais salants, l'adorable port du Bec et la vie ostréicole qui s'y déroule toute l'année, l'église Saint-Philbert du XIXe siècle.

LE MARAIS BRETON VENDÉEN ★★

www.le-maro.fr

Vu du ciel le spectacle du Marais breton vendéen est splendide ! À cheval entre la Vendée et la Loire-Atlantique, un territoire de 45 000 hectares de zones humides, entre canaux, prairies humides et polders, aujourd'hui labellisé Ramsar (zone humide d'importance internationale), rassemblé sous l'identité Le Marô (marais, en maraîchin) ! Le Marô borde le littoral vendéen et la Baie de Bourgneuf, offrant un accès unique à l'île d'Yeu et l'île de Noirmoutier. Le Marô se répartit sur 18 communes, s'étirant de Saint-Hilaire-de-Riez aux Moutiers-en-Retz (44), en passant par Challans, englobant Sallertaine, Bois-de-Céné et Le Perrier, formant le cœur du Marais breton vendéen. D'ailleurs, Bouin et Sallertaine sont d'anciennes îles aujourd'hui rattachées au continent ; seule l'île de Noirmoutier demeure encore entourée d'eau. Subsistent quatre ports d'échouage dont le très typique port du Bec, surnommé aussi le « port chinois », reconnaissable par ses pontons en bois sur pilotis : site classé à voir absolument ! Sur la commune de Beauvoir-sur-Mer, ancienne presqu'île, le long des étiers, vous apercevrez des pêcheries et leurs carrelets. Le marais breton vendéen est strié d'étiers, ces petits canaux par lesquels marais salants et mer communiquent. Ce sont les moines bénédictins du XIe au XIIIe siècle qui impulsèrent de grands travaux pour gagner des terres sur la Baie de Bourgneuf. Le Marais breton vendéen se hissa vite au rang de plus grand producteur de sel en France, le sel étant très utilisé pour la conservation des aliments. Aujourd'hui l'activité salicole du Marô se concentre essentiellement sur Bouin et Beauvoir-sur-Mer. C'est également une zone ostréicole. Le Marais est aussi un espace naturel abritant une flore riche et unique, dont la salicorne, et une faune rare composée d'une grande variété d'oiseaux migrateurs (barges à queue noire, avocettes, gorges-bleues...), mais les étiers accueillent aussi grenouilles et anguilles. Autrefois, les habitations les plus courantes étaient les bourrines, au toit de roseaux, faites d'argile, de paille et de chaux. Il reste une centaine de ces maisons de maraîchins. L'écomusée du Daviaud est l'illustration parfaite du Marais breton vendéen. Quand les marais étaient à fleur d'eau, les maraîchins utilisaient une barque à fond plat pour se déplacer sur le marais : la yole. En 2020, le Marô a remporté la Palme du Tourisme durable dans la catégorie « Territoire et Destination » distinguant la meilleure initiative de tourisme durable mise en place par une collectivité.

NORD-OUEST

LA CRÊPERIE DES HALLES €

12, Grande Rue

✆ 02 51 49 08 25

Basse saison : ouvert le mardi midi ; du jeudi au dimanche le midi et le soir. Haute saison : 7j/7. Patio ombragé.

On affectionne cette crêperie à l'ambiance bon enfant, tant pour la régularité de la cuisine de Nico, que la gentillesse de la pétillante Florence ! Dans la salle ou l'adorable patio ombragé, goûtez aux galettes et crêpes, faites à la minute, à partir d'une farine de qualité, dont la N°5 à l'andouille de Guéméné et moutarde à l'ancienne ou celle au saumon, la 4 fromages, la flamenkiche, la Saint-Jacques... Les amateurs de viande se régaleront de l'entrecôte Angus. En été, salades et moules-frites. On finira sur une crêpe Normande, au caramel beurre salé maison.

CAMPING LES ONCHERES*** €€

Chemin de la Martinière

✆ 02 51 39 81 31

www.les-oncheres.com

Du 01/04 au 30/09. 450 emplacements. Emplacement : de 11,20 € à 30,60 €. Electricité 10 A : 4 €. Accès plage. Piscine.

Ce camping 3-étoiles en grande partie ombragé, est situé à l'entrée de l'île, à 3 km du Gois. Il propose plus de 300 emplacements traditionnels pour planter sa tente ou poser caravane ou camping-car, et une centaine de locatifs. Plusieurs blocs sanitaires. L'ambiance est familiale et les amitiés se lient entre voisins. Les enfants se rejoindront à la piscine et feront des glissades dans le toboggan ; les plus petits joueront sur l'aire de jeux. Côté locatif, des mobil-homes avec 2 ou 3 chambres et bungalows toilés offrant 4 couchages et coin cuisine.

HUÎTRES DAVID

8, Polders du Bec

✆ 06 74 09 40 97

Alice et Vincent David sont ostréiculteurs depuis une dizaine d'années. Ils ont obtenu deux médailles, l'or pour leurs huîtres spéciales de claire, et l'argent pour les pleine mer au Concours général agricole en 2020. Vous trouverez leurs huîtres et coquillages sur commandes à leur cabane, mais aussi sur les marchés de Beaulieu-sous-la-Roche et Mouilleron-le-Captif. De juillet à octobre ils proposent des moules de Pénestin. En été, à partir de 8 personnes, réservez votre balade en bateau de pêche (1h30) pour découvrir la baie et déguster sa production d'huîtres.

LABYRINT'ILE

Rue du Polder

✆ 06 19 02 57 74

De juillet à fin août, tous les jours de 13h30 à 19h30. Fermeture guichets 18h. Entrée : 5,50 € (gratuit moins 3 ans).

Venez vous amuser en famille dans ce labyrinthe de maïs géant. Retrouvez votre chemin dans un parcours tracé dans un champs de maïs de plus de 20 000 m². A vous de jouer, parcours contre la montre ou balade tranquille, à chacun son rythme. Sur votre chemin des étapes avec une enquête à résoudre ! Le thème est renouvelé chaque année. Une aire de jeux avec des jeux en bois géants, structure gonflable (jeux inclus dans le prix d'entrée). Et vous pourrez faire une petite pause à la buvette ou grignoter sur l'aire de pique-nique.

BARBÂTRE ★

C'est la première commune que vous traverserez après le pont ou après avoir emprunté le légendaire Gois. D'un côté de cette bande se rétrécissant au niveau de La Guérinière, l'océan Atlantique, de l'autre, la Baie de Bourgneuf. Une forêt de pins maritimes et un cordon de dunes longent les plages de sable fin, dont celle du Midi (7 km), à l'abri d'une dune dominée de moulins. Sentiers pédestres, pistes cyclables, char à voile et sports de glisse. La côte Est est protégée par des digues abritant le Polder de Sébastopol où vous observerez les oiseaux de cette réserve naturelle. C'est dans cette partie de l'île qu'est cultivée la pomme de terre au printemps.

NOIRMOUTIER-EN-L'ILE ★★★

Le nord, centre névralgique de Noirmoutier regorge de ruelles, de bâtisses historiques et de lieux empreints d'histoire : y sont concentrés les commerçants. Admirez l'ancienne salorge seigneuriale en pierre transformée en centre culturel. Place d'Armes, vous observerez deux hôtels particuliers, l'hôtel Jacobsen et Lebreton des Grapillères. Ils encadrent le château et son musée. Depuis le quai du port, une promenade de 7 km offre de beaux points de vue. Avant d'arriver à l'adorable plage des Dames, baladez-vous dans le magnifique bois de la Chaize aux majestueuses demeures. En longeant la côte, vous arriverez au charmant petit village du Vieil.

BRASSERIE-CRÊPERIE L'ATMOSPHÈRE €

2, rue Parmentier
✆ 02 51 39 02 16
Basse saison : du jeudi au mardi. Haute saison : tous les jours. Formule : 12 €. Terrasse et patio.

Devant la façade à petits carreaux aux allures bretonnes se déploie une terrasse. Un intérieur composé de différents espaces et le patio. L'Atmosphère est une adresse familiale tout en simplicité, au super rapport qualité/prix. Des galettes faites avec une farine bio du Moulin de Retz, changeant régulièrement pour apporter variations et nouveautés. Et en alternative : salades, viandes, suggestions à l'ardoise (joue de porc à la bière et au miel, seiche en persillade, frites maison...).

LA MARINE €€€

5, rue Marie-Lemonnier ✆ 02 51 39 23 09
www.alexandrecouillon.com
Le lundi et du jeudi au samedi midi/soir ; dimanche midi. Menus de 130 € à 190 € (190 € à 250 € avec accord mets-vin).

Sacré « Cuisinier de l'année 2017 » par Gault & Millau, auréolé de deux étoiles au guide Michelin et d'un titre dans la catégorie Gastronomie durable en 2020, les récompenses ne manquent pas pour valoriser la sublime cuisine d'Alexandre Couillon et son épouse Céline. Empreints de valeurs de partage et de sobriété, attentifs au milieu marin et à la terre, soucieux de la transmission, le chef nous ramène à l'essentiel, la nature, qu'il retranscrit dans ses assiettes. Une cuisine créative où prime l'authenticité, autour du fil conducteur « marine et végétal ».

LE P'TIT NOIRMOUT €€

10, rue du Marché
✆ 02 28 10 79 52
www.le-ptit-noirmout.com
Menus de 19 € à 24,80 €.

Du charme, la cuisine n'en manque pas ! Maison, à base de produits frais, elle s'articule autour d'une carte rythmée par les saisons, faisant la part belle aux poissons et fruits de mer (sur réservation). Petit focus sur les spécialités avec en bonne place le bar entier à la plancha, les calamars sautés... Une cuisine alliant terroir et tradition, incluant aussi les Saint-Jacques et langoustines sauce champagne ou un plat vegan comme le wok de légumes sautés au curry. En dessert, vous succomberez à la copieuse brioche vendéenne façon pain perdu.

LE BIKINI

68, avenue Joseph-Pineau
✆ 06 59 71 21 26
Du jeudi au dimanche midi et soir. Haute saison : 7j/7. Ouvert le midi d'avril à septembre. Terrasse. Restauration.

Adoptez le Bikini en toute saison : lieu de sortie incontournable de l'île ! Échappatoire aux soirées moroses, vous trouverez ici une bande de joyeux drilles toujours prêts à animer les soirées. Cadre simple et chaleureux avec de grandes tables invitant aux échanges, et le plus : la petite terrasse intérieure. De bons cocktails dont le Westside, le Moscou Mule et le Yuzu à partager avec : planches de charcuteries, fromages, rillettes de poisson, assiettes fraîches maison, brochettes épicées, burrata di buffala, club sandwich, cheese burger, plats et tapas végé !

Marais salants et cabane sur l'île de Noirmoutier.

SARTHE ET MAYENNE

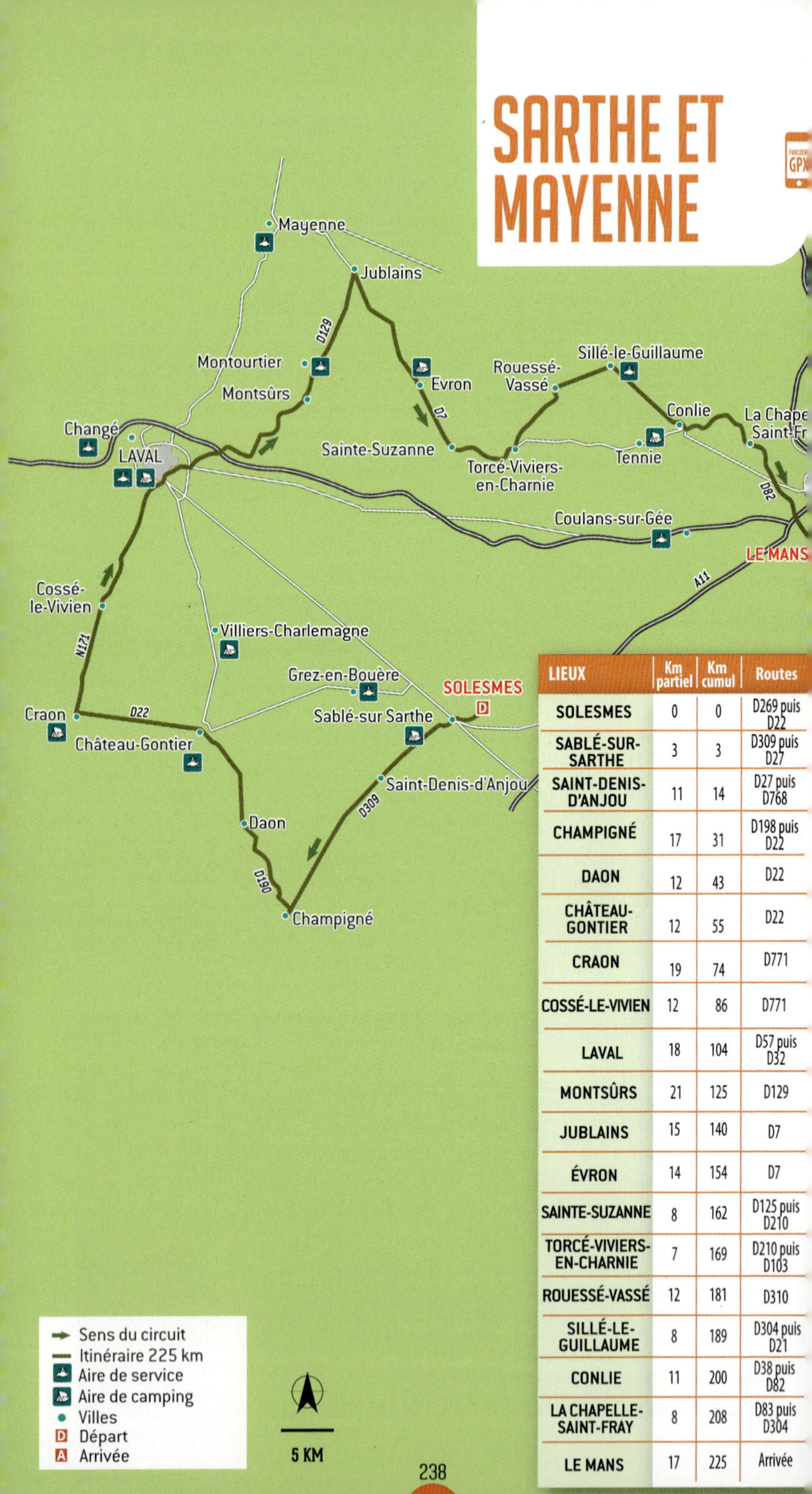

LIEUX	Km partiel	Km cumul	Routes
SOLESMES	0	0	D269 puis D22
SABLÉ-SUR-SARTHE	3	3	D309 puis D27
SAINT-DENIS-D'ANJOU	11	14	D27 puis D768
CHAMPIGNÉ	17	31	D198 puis D22
DAON	12	43	D22
CHÂTEAU-GONTIER	12	55	D22
CRAON	19	74	D771
COSSÉ-LE-VIVIEN	12	86	D771
LAVAL	18	104	D57 puis D32
MONTSÛRS	21	125	D129
JUBLAINS	15	140	D7
ÉVRON	14	154	D7
SAINTE-SUZANNE	8	162	D125 puis D210
TORCÉ-VIVIERS-EN-CHARNIE	7	169	D210 puis D103
ROUESSÉ-VASSÉ	12	181	D310
SILLÉ-LE-GUILLAUME	8	189	D304 puis D21
CONLIE	11	200	D38 puis D82
LA CHAPELLE-SAINT-FRAY	8	208	D83 puis D304
LE MANS	17	225	Arrivée

SOLESMES

Jouxtant la ville de Sablé, Solesmes est avant tout reconnue pour son impressionnante abbaye qui borde la Sarthe. Postez-vous le long de la rivière lors des matins brumeux. Vous verrez apparaître, par-delà le brouillard l'imposant édifice religieux. Spectacle magnifique à ne pas rater. Solesmes abrite également le manoir de Beaucé. Construit au XIVe siècle, il est actuellement la propriété notamment de François et Penelope Fillon. Dans la ville, on pourra aussi visiter l'église Notre-Dame et la chapelle Saint-Aquilin.

ABBAYE SAINT-PIERRE ★★★

✆ 02 43 95 03 08
www.abbayedesolesmes.fr
Église, librairie et exposition sur l'abbaye ouvertes tous les jours, de 9h à 19h.

© CHRISTIAN MUSAT - FOTOLIA

Il faut traverser la Sarthe pour admirer, depuis la rive droite, à quelques kilomètres de Sablé-sur-Sarthe, toute la beauté et la puissance de cette abbaye des XIe et XVIe siècles dont l'architecture est inspirée de celle du Mont-Saint-Michel. Vue imprenable et à ne manquer sous aucun prétexte si vos pas vous mènent dans la Sarthe. Chaque jour des fidèles ou de simples curieux viennent assister aux offices (7h30, 10h, 13h, 13h50, 17h, 20h30) et ainsi apprécier toute la beauté des chants grégoriens ayant fait la réputation de cette abbaye qui a plus de 1 000 an.

SABLÉ-SUR-SARTHE ★

Environ 12 000 habitants. Charmante ville située au bord de la Sarthe dans le sud du département, Sablé-sur-Sarthe est un nom gravé à jamais dans la gastronomie française avec les fameux biscuits sablés, introduit par la marquise de Sablé, à la cour de Louis XIV. Cité aux patrimoines culturel, architectural et naturel variés, Sablé-sur-Sarthe possède trois édifices classés Monuments historiques : le manoir Gautret (XVe siècle), l'ancienne tour des remparts et le château (XVIIIe siècle). La ville est aussi reconnue pour son dynamisme économique. À visiter : le musée À l'homme volant, installé dans deux des maisons les plus anciennes de Sablé.

CAMPING DE L'HIPPODROME*** €€

Allée du Québec
✆ 02 43 95 42 61
http://camping.sablesursarthe.fr
Ouvert d'avril à octobre. 68 emplacements. Emplacement + véhicule + 2 personnes 6-10 €. Aire pour camping-cars.

Ce grand camping très vert jouit d'une localisation idéale, en plein cœur de la Vallée de la Sarthe et à 400 mètres du centre-ville. Mobil-homes et chalets en bois sont très confortables. À vous de choisir la solution qui vous conviendra le mieux entre un emplacement pour tente, caravane ou camping-car, ou un locatif propre et spacieux. Sanitaires bien entretenus. De nombreuses activités sont organisées sur place comme tir à l'arc, golf ou encore balades en canoë.

SAINT-DENIS-D'ANJOU ★

1 550 habitants. Le plus beau village du sud de la Mayenne est classé Petite Cité de Caractère. Étape incontournable, ce bourg médiéval ne manque pas d'attrait, notamment ses halles. Construites en 1509, elles sont considérées comme étant les plus belles du Maine et de l'Anjou. Elles sont en effet parfaitement conservées. Le pignon nord est en maçonnerie. Quant à l'église, elle vaut le détour pour ses peintures murales sur la vie des saints. Chaque année en juin, Saint-Denis-d'Anjou accueille le Maine Uke Festiv'Halles, un festival dédié au ukulélé, avec des initiations, scènes ouvertes, masterclasses... le tout, dans la bonne humeur.

NORD-OUEST

CHAMPIGNÉ

A 32 kilomètres au nord d'Angers. Suivre la direction Rennes - Laval jusqu'à Montreuil-Juigné. Suivre ensuite Sablé - Châteauneuf-sur-Sarthe. La ville de Champigné abrite plusieurs châteaux et manoirs classés (mais tous ne se visitent pas, comme le Château des Briottières, construit au XVIIIe siècle). La commune est réputée pour avoir organisé, entre 1930 et 1990, sa célèbre « fête du muguet », qui attirait tous les habitants de la région. Aujourd'hui Champigné est une bourgade tranquille. On pourra emprunter un joli sentier pédestre ou s'adonner à des plaisirs balnéaires autour de son plan d'eau.

CAMPING DU PARC*** €€

15, route de Laval
✆ 02 43 07 35 60
www.chateaugontier.fr

Ouvert toute l'année. 38 emplacements. De 14 € à 17 € (véhicule + 2 personnes). Aires pour camping-cars.

Ce camping 3-étoiles est équipé de tout le confort. Les emplacements sont ombragés, les sanitaires propres. Une douzaine de mobil-homes et de chalets sont ouverts à la location. D'une surface de 36 m2 pour 4 à 6 personnes, ils sont entourés de haies et dotés d'une terrasse couverte. À proximité, l'accès de la piscine municipale est gratuit pour les résidents du camping. Quant aux pêcheurs, ils ont un accès direct à la Mayenne grâce à des pontons. Activités à pratiquer : canotage, bateaux à pédales, bateau électrique, canoë, équitation, cinéma.

ANJOU GOLF

Rue Normandie Niémen ✆ 02 41 42 01 01
www.anjou-golf.com

Avril-octobre 9h-19h 7j/7, 9 € à 50 €. Novembre-mars 9h-17h30 7j/7, 9 € à 37,50 €. Restaurant sauf lundi.

Le cadre naturel de ce golf, typiquement angevin avec son bois agrémenté de jolies pièces d'eau, s'étend sur une centaine d'hectares. Vous y trouverez des parcours jusqu'à 18 trous, un practice à 29 postes et un compact de 6 trous, empreints de calme et de sérénité. Si les *greens* et les *fairways* sont assez plats, la diversité est constante et les difficultés vont crescendo, selon les vœux de l'architecte du lieu. Vous pourrez également profiter de la superbe terrasse surplombant le trou n° 18, et des formules sportives ou gastronomiques que propose le restaurant.

CRAON ★

Située à une trentaine de kilomètres de Laval, Craon est une ville marchande de campagne. Célèbre pour son fil de lin, aux nombreux greniers à sel et aux halles du XIIe siècle réputées parmi les plus grandes de France, elle a vu ses murailles médiévales chargées de garder la frontière bretonne disparaître vers 1820. Son château en est aujourd'hui l'attrait touristique majeur. À Craon, on découvrira également plusieurs maisons à pans de bois, sur la place des Halles. La bourgade compte aussi une église de style néo-gothique.

CHÂTEAU-GONTIER ★

Vers 1007, Foulques Nerra construisit une forteresse sur l'éperon rocheux surplombant la Mayenne et en offrit le commandement à un officier régisseur du nom de Gontier. A la fin du XIIIe siècle, la cité se présentait comme une ville forte de forme rectangulaire avec 4 portes principales au sein de 2 400 mètres de remparts qui furent détruits sur ordre de Richelieu. L'économie se développa, s'appuyant sur les tanneries, la filature et le tissage du lin. La position de Château-Gontier, au milieu du trafic fluvial Laval-Angers, participa à sa richesse. C'est aujourd'hui une cité dont le centre-ville ravit les amoureux de patrimoine.

LE CHÂTEAU DE CRAON ET SON PARC ★

Avenue de Champagné
✆ 02 43 06 11 02
www.chateaudecraon.fr

Ouvert toute l'année. Adulte : 8 € (etudiant : 6 €). Enfant : 3,50 €.

Doté d'une architecture classique et raffinée propre aux demeures du XVIIIe, ce château est sans conteste le plus bel édifice néoclassique du département. Il a été réalisé en pierre blanche de la Loire (le tufeau) et renferme un mobilier d'époque parfaitement conservé. Son parc romantique de 47 ha comprend un jardin à la française, une chapelle, les anciennes écuries, un lavoir-buanderie que borde la rivière de l'Oudon, et une glacière. Le bassin des cygnes prolonge la vue du château.

LE GRENIER À POPOTE €€

46, route de Nantes
✆ 02 43 07 64 90
www.ville-craon53.fr
Ouvert du mardi au samedi midi ; vendredi et samedi le soir aussi. Menus de 13 € à 32 €.

Serge et Sylvie vous accueillent avec chaleur et simplicité dans leur restaurant de cuisine traditionnelle française d'une capacité de 38 couverts. Ici les produits frais sont rois dans votre assiette pour composer les plats simples et sans fioritures. Le décor est quant à lui surprenant mais en accord avec le nom du restaurant puisqu'il donne l'impression d'avoir été pensé en chinant sur les brocantes mayennaises tout un tas de vieux objets. Le résultat combiné au cadre charpenté du plafond donne une ambiance d'autrefois très réussie.

LE PETIT SAINT-VÉNÉRAND €€

58, rue du pont de Mayenne ✆ 02 43 53 56 75
Ouvert du mardi au jeudi et le dimanche le midi ; le vendredi et le samedi midi et soir. Compter 15-30 € le repas.

Situé rive gauche dans la partie du Vieux-Laval qui prolonge le vieux pont, Le Petit Saint-Vénérand est un restaurant où l'on déjeune et dîne fort agréablement. Chaque jour, de nouveaux plats se retrouvent sur l'ardoise. Le carpaccio de saumon et tapenades d'olives noires, le dos de cabillaud au chorizo, la tatin d'endives ainsi que la panna cotta à la mangue méritent des compliments. Ainsi que l'accueil très souriant et chaleureux de la patronne, qui, manifestement, aime ce qu'elle fait et donne envie de revenir. Le décor met en valeur des murs de pierres.

LAVAL ★★

La ville mérite qu'on s'y arrête pour prendre le temps de la visiter en longeant la Mayenne qui la traverse et lui donne un cachet unanimement salué. Elle compte de nombreux monuments architecturaux tout à fait remarquables : ses deux châteaux, bien sûr, mais aussi sa basilique d'Avesnières, ses maisons à pans de bois, ses remparts, sa porte Beucheresse, ses hôtels particuliers... Des statues permettent de ne pas oublier que c'est aussi la ville natale du chirurgien Ambroise Paré, de l'écrivain Alfred Jarry, du peintre naïf Henri Rousseau et du navigateur Alain Gerbault, le premier à avoir réalisé une traversée de l'Atlantique en solitaire.

JUBLAINS

Jublains a conservé en excellent état des souvenirs de l'époque gallo-romaine. Sur 25 hectares, il reste des vestiges de sites majeurs, symboles de la richesse et de l'influence de la ville à l'époque antique. C'est le plus grand site archéologique gallo-romain de l'Ouest français. On peut d'ailleurs s'arrêter au musée archéologique pour découvrir ses trésors. Cette cité touristique organise diverses expositions d'art et des manifestations culturelles. Le théâtre, par exemple, retrouve sa vocation d'origine lors du festial des Nuits de Mayenne en été.

MUSÉE D'ART NAÏF ET DES ARTS SINGULIERS

Place de la Trémoille
✆ 02 53 74 12 30
www.musees.laval.fr
Visite libre gratuite, visite guidée 3 €. Accueil enfants. Boutique. Animations.

Un lieu valorisant la création plastique et sa diffusion auprès de tous. Le MANAS est un lieu unique consacré aux arts naïfs et singuliers, qui présente ses collections et expositions temporaires sur 1 100 m². Assurant une veille sur la création hors-les-normes, il est identifié au niveau national comme découvreur et soutien aux plasticiens éloignés des circuits de diffusion. Vraiment très original quant à sa muséographie et ses choix artistiques.

MUSÉE ARCHÉOLOGIQUE DEPARTEMENTAL ★★

13, rue de la Libération
✆ 02 43 58 13 20
www.museedejublains.fr
Gratuit jusqu'à 18 ans (gratuit le 1er dimanche de chaque mois). Adulte : 4 €. Horaires sur le site Internet.

De l'âge de bronze au haut Moyen Âge, ce musée unique vous emmène à la découverte des collections archéologiques de la Mayenne et de la ville de Noviodunum, en particulier lors des époques gauloise et gallo-romaine. Le plus : le musée donne accès la forteresse, qui daterait de l'an 200 et de l'an 295 pour sa muraille, installé à proximité immédiate ! Le musée et la forteresse sont labellisés pour les 4 types de handicap : visuel, auditif, mental et moteur.

EVRON ★★

À son patrimoine, la basilique Notre-Dame-de-l'Épine édifiée par les Bénédictins à partir de la fin du Xe siècle et durant près d'un siècle. Témoignage d'un passé plus récent, des fours à chaux, toujours debout en centre-ville, rappellent que la région connut une activité de production de chaux et donc de construction très florissante au XIXe siècle. Une horloge perpétuelle a été installée en son sommet. Évron est aujourd'hui une petite ville très vivante avec de nombreux commerces, des tables gourmandes et même un espace beauté et bien-être avec sauna et hammam (Spa de la Fontaine) pour la détente après une randonnée sur les sentiers alentour.

ROUESSÉ-VASSÉ

Cette commune de 800 habitants se déploie dans une vallée verdoyante de prés et de bocages arrosée par la Vègre qui y prend sa source au pied des collines boisées des Coëvrons. Ses trois premiers affluents – Le Fourmont, les Écoulées et l'Essart – l'alimentent d'une eau claire qu'affectionnent les truites. C'est donc un spot apprécié des pêcheurs. Du fait de sa géographie et de sa géologie, Rouessé-Vassé fut un pays de carriers (la Kabylie), de tailleurs de grès (pavés du Vieux-Mans), de tisserands (chanvre et lin), de chaux-fourniers (haut-fourneau de la Régale), de menuisiers et de charpentiers, de charbonniers de bois et bien sûr d'éleveurs.

SILLÉ-LE-GUILLAUME ★★

Cette petite bourgade de 2 500 habitants jouit d'un cadre naturel exceptionnel. En effet, sa forêt domaniale couvre 3 500 ha autour d'un lac de 35 ha. Étape des pèlerins qui, au Moyen Âge, faisaient route vers le Mont Saint-Michel, Sillé-le-Guillaume est aujourd'hui avant tout une ville où l'on flâne. Il fait bon se promener sur les monts environnants qui dominent la campagne et la forêt, autant qu'en ville autour du château qui fut construit à la place d'une forteresse au XVe siècle et subit de nombreux changements après ou l'église Notre-Dame de style roman qui fut une ancienne collégiale castrale, classée au titre des Monuments Historiques.

CHÂTEAU DE SILLÉ-LE-GUILLAUME ★

10, Place des Minimes
✆ 02 43 14 23 43
www.sille-le-guillaume.fr
Juin et septembre mercredi-dimanche 14h-18h. Juillet-août mardi-dimanche 10h30-12h30/ 14h-18h30. Adulte 3 €, réduit 2 €

Siège d'une très vieille baronnie du Haut-Maine, le château a été bâti au XVe siècle sur les ruines d'une ancienne forteresse du XIe siècle. Très impressionnant, il se présente sous la forme d'un quadrilatère flanqué de tours à ses angles, dont l'énorme tour à mâchicoulis domine la ville de sa masse imposante. C'est le Vassal du comte du Maine, Guillaume, fondateur de la maison féodale de Sillé, qui fit bâtir la première forteresse pour défendre la ville des invasions normandes et bretonnes. Il restera dans la même famille jusqu'à la Révolution. Au XVe siècle, Gilles de Rais, fidèle compagnon d'armes de Jeanne d'Arc, et tristement célèbre cousin de la famille de Sillé, vint souvent prêter mains fortes pour combattre les Anglais. Un peu en retard sur son temps, le baron de Sillé décida de faire construire un puissant donjon qui ne servira jamais. En 1684, Louis XIV acquiert le château et l'offre à sa fille illégitime, la princesse de Contie dite madame de la Vallière. C'est la Renaissance qui donnera à l'imposant château son caractère plus pacifique avec la construction de nouvelles ailes. Le château montre des expositions temporaires et rend hommage à deux importants personnages de Sillé, le peintre Arsène-Marie Lefeuvre (1863-1936) célèbre pour être le « père » du Bébé Cadum et Léon Besnardeau (1829-1914), modeste papetier-libraire et néanmoins inventeur de la carte postale française illustrée. Une visite théâtralisée est proposée aux familles, le mercredi en été.

BASE DE LOISIRS DE SILLÉ PLAGE

Allé d'Erla ✆ 02 43 20 10 32
https://tourisme.sille-le-guillaume.fr
Ouvert tous les jours de mai à octobre (10h-12h30, 14h-18h), du mercredi au dimanche en avril.

Base de loisirs située aux abords d'un lac, le site de Sillé plage se trouve à proximité d'une forêt domaniale de 5 000 hectares (constituée en majorité de pins et de chênes). Plage aménagée, bateau promenade, pêche, voile, petit train, tyrolienne, mini-golf, manège, rosalies... De multiples activités vous sont proposées sur place pour passer un moment de détente en famille. Les après-midi de juillet et août, la baignade est surveillée par des maîtres-nageurs assermentés.

LE MANS ★★★

À la confluence de la Sarthe et de l'Huisne, Le Mans, c'est une colline qui surplombe la rivière, une muraille romaine du IIIe siècle au riche décor, des enceintes médiévales, une cathédrale de lumière. C'est aussi une vieille ville, la cité Plantagenêt, où s'imbriquent maisons à pans de bois et hôtels Renaissance, ou encore des quartiers à l'âme haussmannienne, des parcs et jardins à l'anglaise, à la française ou contemporains. C'est également un décor pour de nombreux films, mais aussi l'art de se mettre en scène l'été grâce à la Nuit des Chimères. Le Mans, ce sont enfin les 24 Heures, course auto/moto qui lui confère une notoriété internationale.

CARRÉ PLANTAGENÊT (MUSÉE) ★

2, rue Claude-Blondeau ✆ 02 43 47 46 45
www.lemans.fr/musees

Ouvert du mardi au dimanche 10h-12h30/ 14h-18h. Accès gratuit au musée et expositions temporaires. Fermé jours fériés.

Sur un espace de 3 300 m², 1 200 sont dédiés à la présentation de collections permanentes et 300 aux expositions temporaires. Les collections présentées dans ce musée d'Archéologie content l'histoire de la ville à travers cinq époques : la préhistoire, la protohistoire, l'époque gallo-romaine, le haut Moyen Age et le Maine médiéval. L'architecture épurée de l'édifice est résolument contemporaine. Chacune des parties présente par ailleurs des objets emblématiques locaux.

LE PARVIS SAINT-HILAIRE €€

7, place Saint-Hilaire
✆ 02 43 28 92 55
www.leparvis-sainthilaire.fr

Ouvert du mardi au samedi le midi et le soir. Menus de 27 € à 40 €.

Sur la muraille du vieux Mans, dans un cadre médiéval, vous dégusterez des mets soignés et savoureux, élaborés de produits majoritairement issus de l'agriculture biologique, raisonnée ou intégrée. Le chef, Damien, artisan cuisinier, privilégie les producteurs locaux. Sur le moment : riz de veau juste doré en feuilleté, petite sauce crémée ; salpions de légumes ; fricassée de queues de langoustines saisies au thym enveloppée d'une fine tranche de courgette : crème de crustacés... Les végétariens seront aussi comblés. Belle carte des vins. Une excellente adresse.

DISTILLERIE DU SONNEUR

7, rue du Vert Galant
✆ 02 72 91 56 74
www.distillerie-dusonneur.com

Ouvert du mardi au samedi de 14h à 19h. Des visites guidées à 15h et à 17h chaque samedi ; fermé les jours fériés.

Cette distillerie agricole travaille à partir de 5 hectares de vergers en agriculture biologique. Les fruits qui poussent sur place sont des variétés anciennes ou locales. Différentes eaux-de-vies sont fabriquées sur place et on peut comprendre tout le process grâce aux visites guidées. Parmi les alcools les plus insolites fabriqués sur place, vous trouverez de l'eau de rillettes ! C'est un insolite gourmand 100 % local puisque les rillettes sont une spécialité bien connue du Mans. Dans la boutique, vous pourrez en acheter si jamais vous devenez accro !

NORD-OUEST

© LEONID ANDRONOV - ISTOCKPHOTO.COM

Enceinte gallo-romaine du Mans.

CHATEAUX DE LA LOIRE D'ORLÉANS À TOURS

PARCOURS GPX

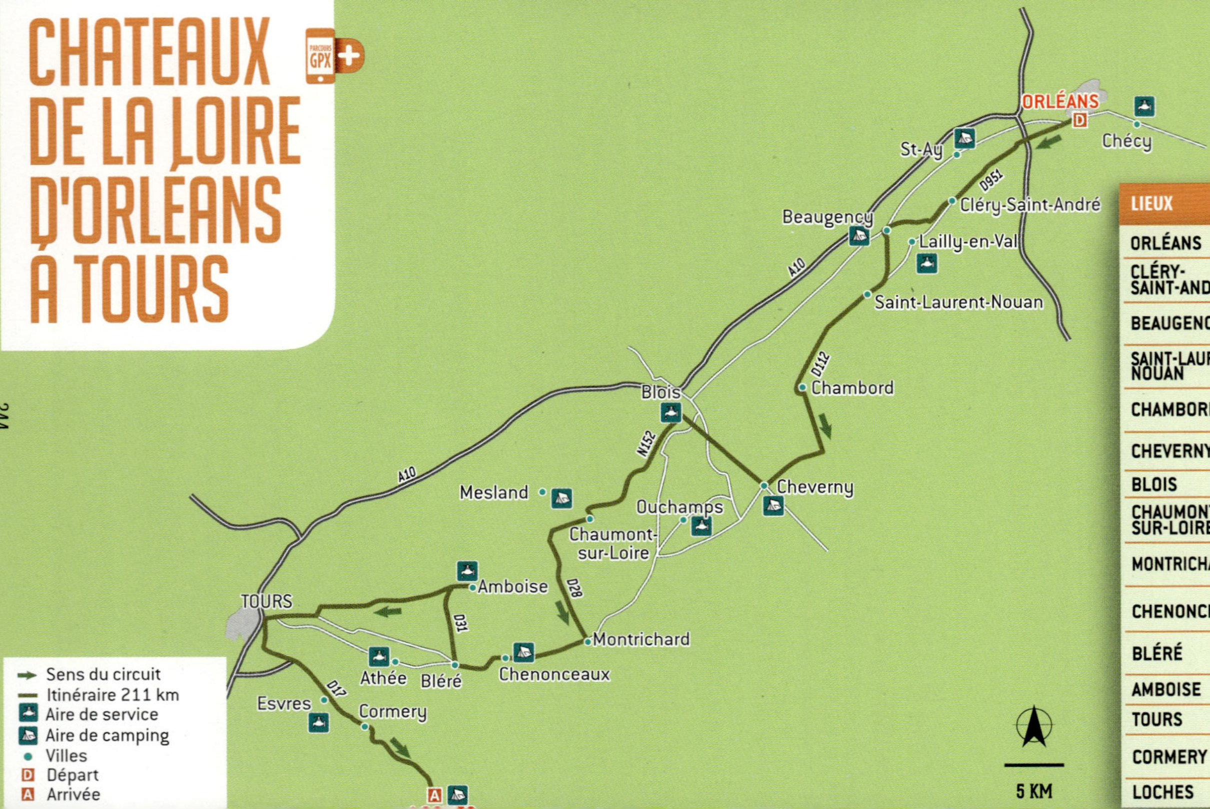

LIEUX	Km partiel	Km cumul	Routes
ORLÉANS	0	0	D951
CLÉRY-SAINT-ANDRÉ	15	15	D951 puis D19
BEAUGENCY	12	27	D925 puis D951
SAINT-LAURENT-NOUAN	9	36	D951 puis D112B
CHAMBORD	15	51	D112 puis D102
CHEVERNY	17	68	D765 puis D956
BLOIS	16	84	D952
CHAUMONT-SUR-LOIRE	17	101	D27 puis D28
MONTRICHARD	20	121	D976 puis D80
CHENONCEAUX	11	132	D40 puis D81 puis D376
BLÉRÉ	7	139	D31 puis D431
AMBOISE	10	149	D751
TOURS	24	173	D943
CORMERY	19	192	D17 puis D94 puis D21
LOCHES	27	219	Arrivée

ORLÉANS ★★

Dotée de la plus grande forêt de France, du fleuve le plus long de France, de la personnalité la plus convoitée de France – Jeanne d'Arc – et traversée par la véloroute EV6 longue de 4 450 km reliant l'Europe occidentale à l'Europe orientale en traversant l'Europe centrale, Orléans dispose d'une situation patrimoniale, naturelle, historique et futuriste des plus avantageuse. Son passé baigné de royauté est loin d'être indifférent à cet héritage qui offre à la capitale de la région Centre-Val de Loire une place unique et qualitative, notamment dans l'économie, le sport et la culture. Une ville en mouvement qui tend les bras à la biodiversité.

BEAUGENCY ★★

Cette cité écrin, à mi-chemin d'Orléans et de Blois, se niche au bord de la Loire. Son pont, le plus ancien enjambant le fleuve, relie la Beauce à la Sologne. Son abbatiale du XIe siècle, sa Tour César, le clocher Saint-Firmin aux cloches mélodieuses, l'hôtel de ville Renaissance et ses tentures brodées à la main, ses peupliers en bord des quais et ses sternes migratrices offrent à cette ville un charme serein. Au château, désormais Centre d'Art Numérique, on se tourne résolument vers le futur sans oublier les beaux apports du passé. L'ambiance médiévale de cette ville fleurie reste inoubliable. « ... Places like Beaugency... » comme dit James Bond !

CLÉRY-SAINT-ANDRÉ ★★

La force de l'histoire se ressent immédiatement à Cléry-Saint-André. L'imposante basilique, de style gothique flamboyant, domine le village, marqué par les pèlerinages qui ont débuté au Moyen Âge et qui se poursuivent encore aujourd'hui. Jeanne d'Arc y est passée mais l'ouvrage venait d'être rasé par les Anglais qu'elle allait bientôt chasser d'Orléans. C'est l'un de ses compagnons d'armes, Dunois, qui aura le projet de sa reconstruction mais c'est bien sûr Louis XI qui en sera le maître d'œuvre. Sous son règne la basilique devient chapelle royale et il érigera son tombeau qui sera détruit lors des guerres de religion et à la Révolution.

© GERARD DUSSOUBS - FOTOLIA

Beaugency.

NORD-OUEST

BASILIQUE NOTRE-DAME ✞ ★

2, passage Cachon
✆ 02 38 44 32 28
www.entre-orleans-et-chambord.com
Ouvert toute l'année. De 9h à 18h30. Visite libre.

C'est à du gothique flamboyant que nous sommes conviés en cette basilique prometteuse que l'on peut apercevoir de loin. Avec sa nef tout en longueur, c'est bien sur un plan de croix latine qu'elle fut édifiée. Malgré les irréparables dégâts laissés par les guerres de religion et la Révolution, les tombeaux de Louis XI et de Charlotte de Savoie demeurent... Statues, tableaux, bannières de procession, stalles en bois de chêne du XVIe siècle, fonts baptismaux enrichissent le savoir. Chaque 8 septembre, un pèlerinage dédié à la Vierge continue la tradition.

CAMPING MUNICIPAL DU VAL DE FLUX ⛺ €

Route de Lailly-en-Val ✆ 02 38 44 50 39
www.camping-beaugency.fr
D'avril à septembre. Emplacement + véhicule + 2 personnes + électricité : à partir de 17 €. Laverie. Wifi.

Vous ne resterez pas insensible au charme de ses bords de Loire. C'est pour ces raisons, entre autres, que vous trouverez bon de séjourner au camping municipal du Val de Flux, situé en bordure de la Loire justement et à deux pas du centre-ville. Il dispose de blocs sanitaires, de beaux emplacements et d'une aire pour les services des camping-cars. Idéal pour une halte ou un plus long séjour. Accueil souriant et disponible. Bonne ambiance camping comme on les aime.

SAINT-LAURENT-NOUAN

Cette localité est née du regroupement de deux villages dont l'origine remonte aux Gallo-Romains, Saint-Laurent et Nouan-sur-Loire, car situés sur l'axe fluvial de la Loire. Durant plusieurs siècles, de nombreux moulins à vent émaillaient le territoire, qui ont été peu à peu détruits. Certains n'en demeurent pas moins actifs comme le Moulin Saint-Jacques situé à la sortie du village en direction de Blois. Par bonnes conditions, il est en action le vendredi après-midi où il est même possible de le visiter si la présence d'un bénévole entre 14h et 15h le permet.

CHEVERNY ★★★

« Mille milliards de mille sabords ! » Vous pourrez lancer ce juron en arrivant dans cette bourgade. Pourquoi donc ? Puisque tout simplement le château de Cheverny a été immortalisé par Hergé, qui se servit de l'architecture symétrique de la demeure pour le Moulinsart du capitaine Haddock ! On saluera aussi le château de Troussay, réputé pour être un des plus petits châteaux de la Loire, avec son parc à l'anglaise où poussent depuis des siècles des essences d'arbres rares. On peut dire que le visiteur de passage aura l'embarras du choix. Cheverny est une commune tournée vers le tourisme et la préservation de l'environnement. Une visite s'impose !

CHAMBORD ★★★★

Le petit bourg de Chambord se distingue grâce à son château gargantuesque. Car il est impossible d'évoquer Chambord sans penser immédiatement à son gigantesque édifice dont on doit la démesure exaltée à François Ier. Située dans le petit village éponyme à peine peuplé et doté d'une immense forêt servant d'écrin à un des plus célèbres complexes architecturaux, cette demeure royale fut le théâtre des chasses du roi mais aussi le symbole de l'époque Renaissance en France. L'ensemble de la vie du village tourne autour du château et de ses multiples monuments tels l'église Saint-Louis, le pont des Italiens ou encore les jardins de Chambord.

LES SAULES €€

Les Saules
✆ 02 54 79 90 01
www.camping-cheverny.com

Ouvert de fin mars à mi-septembre. Emplacement + véhicule + 2 personnes à partir de 21,60 €. Aire pour camping-cars.

Le camping des Saules vous propose des emplacements spacieux et ombragés d'environ 110 m^2, un parc avec 2 étangs, piscine chauffée avec trois bassins dont un pour les enfants et un bassin couvert, un espace promenade de 3 hectares et 11 chalets lumineux et confortables. Le camping est directement connecté sur les itinéraires cyclables et labellisé Vélocamp, et les vélos sont disponibles à la location. Découvrez les nouveaux locatifs, les Cabatentes et retrouvez l'esprit authentique du camping. Sanitaires bien entretenus et machine à laver.

Chambord.

RESTAURANT LA ROUSSELIÈRE €€

Golf de Cheverny
✆ 02 54 79 23 02
www.golf-cheverny.com

Ouvert toute l'année. Du mardi au dimanche le midi. Le soir uniquement de juin à septembre. Carte : 30 € environ.

Un restaurant à double face, une brasserie dans une salle au confort élégant et moderne et une salle raffinée et traditionnelle. Le chef vous fera découvrir des saveurs de son inspiration, combinées aux produits frais de saison en formule brasserie ou gastronomie classique. En période estivale, le service se fait aussi en terrasse, autour du barbecue, avec vue sur l'étang et le golf. Vous aurez également accès à tout un panel d'activités (golf, piscine, montgolfière...).

BLOIS ★★★

Blois a bénéficié dans son développement de sa position géographique : proche de la capitale, au centre de la France, au bord de son plus grand fleuve, sur un axe de liaison primordial. Même si son origine gallo-romaine ne fait pas de doute, il faut attendre le IXe siècle et les Carolingiens pour trouver trace d'une forteresse indiquant l'importance de la ville. L'histoire commence réellement à s'écrire avec Jeanne d'Arc, qui s'apprête à délivrer Orléans, et en fait son quartier général avant l'attaque. Elle devient royale avec Louis XII et son épouse Anne de Bretagne. Le monarque fait du château sa résidence, que François Ier agrandira et renforcera.

LE BISTROT DU CUISINIER €€

20, quai Villebois-Mareuil
✆ 02 54 78 06 70
www.lebistrotducuisinier.fr

Ouvert tous les jours midi et soir. Menu enfant : 12,50 €. Formules midi : 20,50 et 23,50 €.

Derrière une vitrine assez anonyme, se cache une des meilleures adresses blaisoises, le chef **Christophe Philoreau** qui a fait ses classes dans les maisons les plus réputées tant en France qu'aux Etats Unis avant de se poser au bord de la Loire. Dans un cadre moderne et chaleureux il donne libre cours à sa passion mais à des prix très raisonnables. Sa carte variée et constamment renouvelée est volontairement réduite mais permet de se régaler du début à la fin du repas avec des classiques comme le foie gras ou des surprises avec des fingers de pieds de cochon panés.

CHÂTEAU ROYAL DE BLOIS ★★★★

Place du Château
✆ 02 54 90 33 33
www.chateaudeblois.fr

Adulte : 12 €. Enfant (de 6 à 17 ans) : 6,50 €. Tarif réduit à 9,50 €.

Aux portes du Val de Loire, le château royal de Blois présente un véritable panorama de l'art et de l'histoire des châteaux de la Loire, ce qui en fait la meilleure introduction à leur visite par sa richesse architecturale. Autour de la cour, dominée par le monumental escalier François Ier, se déploie un florilège de quatre styles de l'architecture française, le style gothique avec la salle des Etats généraux, les prémices de l'influence italienne avec l'aile Louis XII, Renaissance dans l'aile François Ier et enfin classique avec l'aile bâtie par Mansart pour le duc d'Orléans. Résidence de sept rois et de dix reines de France, le château royal est le lieu évocateur du pouvoir et de la vie quotidienne de la cour à la Renaissance, comme en témoignent les appartements royaux, meublés et ornés de magnifiques décors polychromes. Sur la façade extérieure, le portail est surmonté de la statue équestre du roi Louis XII. Dominant la ville, la façade aux multiples loges colorées est tout simplement remarquable… Pour vous surprendre, la « visite insolite » du château (sur réservation uniquement) : parcours atypique privilégiant les parties fermées au public. Un nouveau parcours de visite des appartements royaux avec l'histoire du château en 3D (écrans géants interactifs) ainsi qu'une nouvelle présentation du musée des Beaux-Arts ont été mises en place. Chaque année, des expositions mettent en valeur l'histoire du château et de ses hôtes. Le spectacle son et lumière est tout simplement magnifique.

NORD-OUEST

CHAUMONT-SUR-LOIRE ★★★

Chaumont-sur-Loire est un bijou classé au patrimoine mondial de l'Unesco. Son écrin ? La Loire qui le borde d'un côté, un coteau et, bien sûr, son somptueux château du XVe siècle surplombant le bourg. On y vient donc pour son château Renaissance, profitant ainsi du Festival international des jardins où des paysagistes et jardiniers aguerris du monde entier confectionnent des jardins d'exception sur un thème imposé. Sa situation touristique plus qu'idéale met à disposition des villégiatures hôtelières et des petits commerces artisanaux. Pour les sportifs, ce sera aussi l'occasion de découvrir la Loire sauvage à travers des balades à vélo.

DOMAINE DE CHAUMONT-SUR-LOIRE ★★★

Rue des Argillons
✆ 02 54 20 99 22
www.domaine-chaumont.fr
Le château est ouvert toute l'année. Festival International des Jardins du 22/04 au 7/11/2021. Adulte : 19 €.

La première forteresse fut construite vers l'an 1000 pour surveiller la Loire et la frontière entre les territoires du comte d'Anjou et de celui de Blois ; elle sera rasée par Louis XI. À sa place naîtra cet élégant château qui passera entre les mains de Catherine de Médicis puis de celles de Diane de Poitiers qui lui donnera toute sa splendeur. Au XVIIIe siècle, l'aile nord est détruite pour ouvrir la cour et lui donner une vue sur la vallée. Les magnifiques écuries seront bâties un siècle plus tard. Tout y est fait pour le bien-être des chevaux et surtout pour montrer la richesse des propriétaires : confortables stalles abritant les pur-sang, la sellerie, les garages pour les calèches sans oublier le grandiose manège couvert. Les bâtiments de la ferme modèle accueillent aujourd'hui une partie des expositions de la quinzaine d'artistes contemporains que l'on retrouve également dans le superbe parc et dans le château lui-même. Cette surprenante découverte de toutes les facettes de l'art moderne est une excellente entrée en matière, avant de s'immerger dans le monde féerique du festival international des jardins où les artistes invités rivalisent de créativité pour traduire les émotions et les concepts dans la réalisation de coins de nature, à chaque fois plus extraordinaires. Le mariage du végétal et du minéral est une réussite à chaque détour de sentier. Le vallon des brumes est un passage incontournable et rafraichissant de la visite.

CHENONCEAUX ★★★★

Ce village de la vallée du Cher est devenu célèbre grâce au charme de son château, qui est le plus visité de France. Mais on connaît peut-être moins l'inattendue ancienne maison de garde-barrière, la seule construite en style gothique à la demande du château. La cité a une histoire intimement liée à l'édifice, à commencer par son nom ! Mais la différence réside dans le « x » final. La légende veut que lors de la Révolution, Madame Dupin, proche des villageois, ait décidé de supprimer cette lettre finale pour s'éloigner du symbole de la royauté qu'il représentait. Chenonceaux compte aussi parmi ses points d'intérêt une église des XIIe et XVIe siècles.

MONTRICHARD VAL DE CHER ★★

Si le nom de ce village prête avant tout à sourire en laissant galoper son imagination sur des chemins sémantiques invitant aux griseries, l'origine du mot « Bourré » proviendrait du nom gaulois *burrus* (le roux) orné du suffixe *-acum* (domaine). Situé sur les bords du Cher, entre Tours et Vierzon, Bourré arbore fièrement son histoire et son patrimoine. Les Templiers étant passés par là, le Moulin Blanc de Bourré relevant jadis de la commanderie d'Amboise, en est un modeste témoignage, n'étant alors qu'une petite maison édifiée vers 1229. On peut y également visiter des champignonnières, et un site troglodytique où l'on élève encore des vers à soie.

BLÉRÉ ★

Bléré, « le village au pied du pont ». Au cœur du Val de Loire et de ses vignobles, vous pourrez découvrir abbayes et châteaux. A vélo ou à pied, de magnifique parcours bucoliques de randonnées sont proposés. Sur la commune : des bâtisses de style Renaissance, d'anciennes demeures seigneuriales, et le moulin des Aigremonts. Un édifice rare. Le meunier était aussi vigneron, d'où l'appellation de cavier. Aujourd'hui, Bléré est une petite ville paisible et néanmoins animée. On peut y faire une escale gastronomique avant de cheminer sur les berges. En longeant les rives du Cher, vous pourrez d'ailleurs rejoindre le château de Chenonceau voisin.

LA SARRAZINE €

21, rue du Pont

✆ 02 47 57 32 56

Tous les jours de 12h à 14h et de 19h à 22h. Sauf mercredi et dimanche. Carte à partir de 12,90 €. Terrasse.

Repris en juin 2019 par Alexandre, aux fourneaux, et Cathy, en salle, La Sarrazine connaît une seconde jeunesse et promet des assiettes copieuses, au bon rapport qualité-prix. Au programme : des galettes originales accompagnées d'une boule de glace artisanale salée, des crêpes mais aussi des plats «brasserie» comme des côtelettes d'agneau, pièces de bœuf, salades ou poissons. On apprécie la carte courte, renouvelée au fil des saisons, des mets faits maison, et la cuisine ouverte. Un bel établissement qui vient juste de s'offrir des petits travaux d'embellissement.

AMBOISE ★★★

Située entre Blois et Tours, Amboise est une cité de 13 000 habitants sur les bords de Loire. Elle s'étend, pour l'essentiel, sur la rive sud, à un endroit où le fleuve enserre l'île Saint-Jean (anciennement île d'Or). Deuxième pôle industriel d'Indre-et-Loire, elle est principalement connue pour son riche patrimoine historique, et en premier lieu pour son superbe château royal. C'est ici, au sein de la chapelle Saint-Hubert, que se trouve la tombe de Léonard de Vinci. Non loin de là, le Clos Lucé où il vécut 3 ans avant d'y mourir en 1519. Le génie italien a bien sûr participé au rayonnement intellectuel de la ville mais a également permis à Amboise de devenir la capitale de la Renaissance française. Et lorsqu'on voit le panorama qu'offre la cité sur le val de Loire, classé à l'UNESCO, on ne peut que comprendre son influence exercée sur les artistes de l'époque, émerveillés et fascinés devant tant de beauté. Prenez leur point de vue, depuis le haut du château royal ou en face, depuis l'autre rive. Suivant le soleil et la lumière, le décor de carte postale change et s'admire à chaque saison. Enfin, n'oubliez pas de faire une halte à la pagode Chanteloup, monument d'inspiration chinoise du XVIIIe siècle au sein d'un très beau parc.

PAGODE DE CHANTELOUP ★

Route de Bléré ✆ 02 47 57 20 97

www.pagode-chanteloup.com

De mi-mars à mi-novembre. Haute saison 10h-18h. Juillet-août : 10h-19h. Visite libre ou guidée. Adulte 10 €.

A mi-chemin entre Chambord et Chinon, à deux pas de la cité d'Amboise, voici une folie orientale au cœur du Val de Loire ! Edifiée en 1775, chinoiserie de pur style Louis XVI, la pagode constitue un exemple rare des fantaisies du XVIIIe siècle. Elle est entourée d'une pièce d'eau en demi-lune. Le parc de quatorze hectares regorge d'arbres séculaires. Du haut de ses quarante-quatre mètres, on peut admirer l'un des plus beaux panoramas sur la Vallée de la Loire et la Forêt d'Amboise. Visite libre ou guidée. En famille, venez résoudre le «Mystère de Chanteloup».

PARC MINI-CHÂTEAUX ★

Boulevard Saint-Denis Hors ✆ 02 47 23 44 57

www.parcminichateaux.com

Avril-juin 10h-18h30. Juillet-août 9h30-19h. Septembre-novembre 10h30-18h. Adulte 14 €. Enfant 10,50 €. Gratuit -4 ans.

Ce parc étonnant vous invite à visiter les châteaux de la Loire... en modèles réduits ! 44 maquettes très réalistes et fidèles, à l'échelle 1/25e : Chambord, Chenonceau, Amboise... Un monde enchanteur qui fascinera petits et grands. Les plus jeunes pourront aussi déambuler au milieu de ces joyaux de France en mini-Bugatti, mais aussi chevaucher des chevaux mécaniques en tenue de chevalier et princesse et partir à la chasse au trésor à travers des énigmes à résoudre. Une très belle sortie pour découvrir à la fois l'histoire et les monuments du Val-de-Loire.

CAVES AMBACIA

56, rue du Rocher-des-Violettes

✆ 02 47 57 20 77

www.caves-duhard.fr

Tous les jours de 10h à 18h. Visite 12 €. Epicerie fine. Bistrot. Animations œnologiques. Caviste. Terrasse vue Loire.

Les Caves Ambacia (ex Caves Duhard) datent du XVe siècle. Ce lieu troglodytique est spécialisé dans les vieux millésimes du Val de Loire. On y retrouve une œnothèque d'exception ainsi qu'une sélection de vins de Vouvray, Montlouis, Chinon, Bourgueil et Amboise. Une histoire et un terroir à découvrir à travers plusieurs propositions : des visites sensorielles, des projections 3D, des dégustations, des cours œnologiques... Amateurs ou néophytes, tout le monde sera satisfait ! Des produits du terroir sont aussi à déguster au Bistrot l'Oppidum. A ne pas manquer !

TOURS ★★★

Cité belle et agréable, organisée en petits quartiers d'esprit très différents (les Prébendes, le quartier Royal derrière la cathédrale Saint-Gatien, celui des Halles, vivant et authentique, le quartier Velpeau, celui des artisans, le quartier Blanqui, véritable petit village, etc.), Tours s'offre le luxe de mélanger, dans une esthétique parfaite, les plaisirs villageois à ceux de la grande ville active et moderne, des maisons à colombages à la cité Mame, en passant par la cathédrale et la rue Nationale. Berceau des Arts, Tours accueille notamment le Centre de Création Contemporaine Olivier Debré mais aussi de nombreux festivals.

LE CCC OD ★

Jardin François-1er ✆ 02 47 66 50 00
www.cccod.fr

Ouvert toute l'année, du mardi (été) ou mercredi (hiver) au dimanche. Tarif 7 €. Gratuit jusqu'à 18 ans. Café-resto.

Le Centre de Création Contemporaine Olivier Debré présente chaque année une dizaine d'expositions temporaires et fait partie des lieux incontournables de l'art contemporain en France. Conçu par les frères Aires Mateus en 2016, le bâtiment abrite 4 grands espaces d'exposition et permet au public de profiter de plusieurs expositions en une seule visite. Conférences, visites commentées, mais aussi les happy hours du jeudi dans le centre d'art et au café-resto ou à la librairie permettent d'enrichir la visite de manière originale. Programmation sur le site Internet.

AU MARTIN BLEU €€

34, avenue de Grammont ✆ 02 47 66 79 33
www.aumartinbleu.com

Ouvert du mardi au samedi. Menu unique à 35 €. Formule du midi : 25 €. Belle carte des vins. Terrasse.

Déco chic et décontractée ! Ici, les poissons de la Loire sont à l'honneur (et quelques poissons de mer selon l'arrivage). Le chef Florent Martin sait nous faire succomber devant nos assiettes : filet de mulet de Loire, pavé de silure, poêlée d'anguilles en persillade. Si le poisson est à l'honneur, les amateurs de viande ne seront pas en reste avec l'entrecôte rouge des prés angevine et les spécialités du chef selon ses envies. Il cuisine exclusivement avec des produits régionaux et de grande qualité. Une des meilleures adresses gourmandes de Tours depuis 2005.

PRIEURÉ DE SAINT-COSME ★★

Rue Ronsard - **LA RICHE** ✆ 02 47 37 32 70
www.prieure-ronsard.fr

Ouvert 7j/7 sauf de novembre à mars fermé le mardi. Haute saison 10h-19h. Gratuit -7 ans. Adulte 6 €. Tarif réduit 5 €.

Ce n'est pas un hasard si Ronsard est venu finir ses jours au prieuré de Saint-Cosme. Le poète de la Renaissance y a trouvé plus qu'une demeure : un lieu chargé de sens et d'histoire, propice à la contemplation et aux itinéraires esthétiques. Il repose d'ailleurs dans les vestiges de l'ancienne église. Les visiteurs peuvent désormais découvrir sa maison, son histoire, à travers un nouveau parcours scénographique interactif. Poèmes à l'écoute, projections, livres ou encore jeux permettent de lui redonner toute sa dimension historique, spirituelle et poétique. Au XIIe siècle, les chanoines qui y vivaient considéraient les jardins comme un « paradis sur terre ». De cette histoire, l'ancien monastère n'a rien oublié. Il a su conserver au fil des siècles sa dimension spirituelle. Il offre aujourd'hui de multiples parcours de visite qui relient les époques et les disciplines par le prisme de l'architecture, de la poésie et de l'art contemporain. Un art contemporain que l'on retrouve à travers de nombreuses propositions d'expositions. Comme dans le réfectoire, lieu où des expositions d'artistes qui marquent notre époque sont proposées chaque année. On appréciera le fabuleux travail du peintre Zao Wou-Ki, qui a imaginé quatorze vitraux originaux, à l'encre de Chine, et volontairement sobres. Il a d'ailleurs fallu convaincre la commission des Monuments historiques pour les intégrer de manière permanente. Le prieuré de Saint-Cosme est un lieu hors du temps, dont les formes ne cessent de se renouveler.

LE CLAPOTIS €€€

10, boulevard Paul-Doumer - **SAINT-AVERTIN**
✆ 02 47 27 94 71
www.leclapotis.fr

Maître Restaurateur. Fermé dimanche soir, lundi soir, mardi soir, mercredi. Menus de 22 à 46 €. Belle terrasse.

Situé au bord du Cher, le Clapotis est très bien aménagé pour un peu d'intimité. La décoration est contemporaine, on s'y sent bien et on apprécie d'y manger dès qu'une occasion se présente. Depuis 1990, Emmanuelle et Thierry Joubert proposent une carte savoureuse. Maître Restaurateur, le chef ne manque pas d'imagination pour accommoder des produits frais et savoureux. Profitez d'une belle terrasse très agréable au bord de l'eau dès les beaux jours, et n'hésitez pas à réserver pour un repas de famille. Un restaurant abordable et chaleureux.

LE CADEAU GOURMAND

38, rue Bernard-Palissy
✆ 02 47 61 32 17
www.le-cadeau-gourmand.fr
Ouvert le lundi et du mercredi au samedi 11h-18h. Anglais parlé. Formule à partir de 5,50 € à emporter. Vente en ligne.

Idéalement implantée entre la gare et la cathédrale, cette épicerie fine est l'une des plus originales de la ville. Vous y trouvez de très bons produits du terroir issus de la région et d'ailleurs. Craquez pour les rillettes de Tours IGP, les rillettes de poissons sauvages de Loire, les confitures, les macarons de Cormery, les poires tapées de Rivarennes et les vins du Val de Loire. L'offre est très large avec également de succulents chocolats et une importante sélection de thés. Vous pouvez d'ailleurs retrouver tous les produits sur la boutique en ligne.

AUX VRAIS MACARONS DE CORMERY

8, rue Nationale ✆ 02 47 43 40 53
www.auxvraismacarons.fr
Du mardi au vendredi 6h30-20h, samedi 6h30-13h30 et 15h30-19h30, dimanche 7h-13h30. Vente en ligne.

Plébiscités jusqu'au Japon, les macarons du boulanger-pâtissier Pascal Debaud viennent de cette petite boutique. Rondes, croquantes, ces douceurs plaisent ! Selon la légende, les macarons auraient été inventés par les moines de Cormery au Moyen Age. Ils sont également appelés les «nombrils». Sur place, dans la boutique fraîchement rénovée en 2020, le service est toujours souriant et agréable. On trouve bien sûr d'autres petites spécialités et sucreries, mais aussi du pain croustillant.

CORMERY

À mi-chemin entre Tours et Loches, Cormery, comme beaucoup de villages tourangeaux, possède une grande richesse patrimoniale. Son abbaye est l'un de ses grands points d'intérêt. Son histoire est étroitement liée à celle de Tours et son évangélisateur saint Martin. Au fil des siècles, l'abbaye prend de l'ampleur et possède un grand rayonnement et une population grandissante. Elle fut ensuite particulièrement abîmée lors de la guerre de Cent Ans et les invasions anglaises. Vous pourrez partir à sa découverte à travers un sentier de randonnée jalonné de panneaux, ou bien vous arrêter dans le village lors d'une étape de votre parcours sur l'Indre à vélo.

LOCHES ★★

Bienvenue en Sud-Touraine ! Non loin de Chenonceau, Beauval ou La Roche-Posay, Loches domine la vallée de l'Indre. Cité historique de caractère, elle possède un patrimoine unique, fortement influencé par le Moyen Âge, à commencer par son château et ses personnages (Ludovic Sforza, Foulques Nerra, Jeanne d'Arc...). Encerclé de remparts, il abrite le logis royal, un donjon millénaire aux dimensions surprenantes, et la collégiale Saint-Ours. Vous apprécierez également ses ruelles pavées, et les maisons anciennes en vieilles pierres. Des lieux qui s'animent pleinement l'été et en particulier pendant les marchés hebdomadaires les mercredis et samedis.

ABBAYE DE CORMERY ★

✆ 02 47 91 82 87
Toute l'année pour les groupes. Juillet-août 10h30-13h et 14h-17h30. Visite libre ou guidée : 6 €. Gratuit -12 ans.

Fondée en 791, l'abbaye de Cormery a été reconstruite et agrandie au cours des siècles : la tour-porche, le réfectoire, le cloître, la chapelle de la Vierge. Puis le monastère décline et la Révolution le vide de son mobilier et de ses pierres. Mais on retiendra de ce lieu d'avoir donné naissance à la lettre minuscule (la minuscule caroline), au milieu du VIIIe siècle, grâce à un certain Alcuin d'York, diacre et conseiller culturel, qui imposa cette écriture. D'où l'association les Alcuins. N'hésitez pas à la contacter pour avoir de plus amples informations.

CARRIÈRE TROGLODYTIQUE DE VIGNEMONT ★

52 ter, rue des Roches
✆ 02 47 91 54 54
Ouvert de Pâques à la Toussaint 7j/7. Adulte 14 €. 10h-12h et 14h-18h en haute saison.

Au pied de la falaise lochoise, les visiteurs pourront découvrir cette ancienne carrière souterraine aménagée sur 750 mètres. Il s'agit d'un site exceptionnel, où vous sera décrite l'histoire du tuffeau, cette pierre tourangelle exploitée depuis le Moyen Âge. Des techniques d'extraction aux différentes constructions à travers l'histoire, matériels et outillages ont été reconstitués. Mais couvrez-vous, il ne fait ici que 13 °C. Un site unique à ne pas manquer au cœur de la cité royale !

NORD-OUEST

CITÉ ROYALE DE LOCHES ★★

Place Charles-VII
✆ 02 47 19 18 08
www.citeroyaleloches.fr

Ouvert toute l'année. De 9h à 19h en haute saison. Adulte 10,50 €. Visite libre ou guidée. Histopad.

Bâtie sur la pointe de l'éperon rocheux dominant la vallée de l'Indre, la Cité royale, réunissant le donjon et le logis royal, a marqué l'histoire. Jeanne d'Arc, Agnès Sorel et Anne de Bretagne y ont notamment été accueillies. Le logis renferme une très belle collection de tapisseries flamandes, un triptyque de l'école de Jehan Fouquet. Remarquable par ses dimensions (36 mètres de hauteur) et par son excellent état de conservation, le donjon roman, lui, a été érigé par Foulques Nerra, comte d'Anjou, autour de l'an mil. Grimpez-y et vous jouirez d'une vue imprenable sur la ville. Le jardin médiéval a lui aussi sa place : il raconte l'histoire à lui tout seul. Une oasis de paix au cœur d'un édifice militaire : pour se soigner, pour se nourrir, ou simplement pour s'aérer, le jardin médiéval n'aura plus aucun secret pour vous. Cette visite qui regroupe deux sites à découvrir plaira aux plus grands comme aux plus petits. Sans surcoût, vous pourrez la découvrir à l'aide de l'HisoPad, une tablette interactive avec des reconstitutions et des animations. Sachez que la forteresse du XIe siècle fut transformée en prison royale au XVe siècle par Louis XI. Elle abrita les cachots de Philippe de Commynes. Des pièces d'artillerie du XVe siècle sont présentées sur la terrasse à feu de la tour Louis XI. L'équipe vous propose aussi de nombreux événements et animations comme les journées médiévales, des escape games, Noël au Pays des Châteaux et l'exposition : «Animalis, les animaux royaux et fantastiques» jusqu'en septembre 2021.

FORÊT DOMANIALE DE LOCHES

✆ 02 47 59 00 86

Ouvert toute l'année. Sentiers thématiques. Pistes cavalières.

Cette ancienne forêt royale de 3 600 ha a conservé les aménagements et infrastructures des XVIIIe et XIXe siècles avec ses allées forestières et ses carrefours en étoiles. On y retrouve essentiellement le chêne sessile qui est utilisé dans la confection de tonneaux. C'est le lieu idéal pour les balades à pied, à cheval, à vélo ou encore en trottinette électrique tout-terrain. La forêt a fourni 30 chênes en 2021 pour servir à la reconstruction de la cathédrale Notre-Dame de Paris.

TOUR SAINT-ANTOINE

2, rue Moulins
✆ 02 47 91 82 82

Visite ext. libre toute l'année. Visite intérieure lors des journées du patrimoine. Inscription à l'office de tourisme.

Edifice du XVIe siècle, elle se distingue par son dôme que surmonte un lanternon (petite lanterne élancée). Découvrez aussi la chancellerie (XVIe siècle), et ses colonnades à l'Antique, ainsi que les anciennes portes, et de belles maisons Renaissance. Deux tableaux découverts à l'église Saint-Antoine de Loches ont fait l'objet d'études et de restaurations. Il s'agit de deux des quatre peintures achetées au Caravage par le cardinal Philippe de Béthune au XVIIe siècle. Classées monuments historiques en 2002, elles sont désormais exposées à la Chancellerie.

Cité royale de Loches.

CHATEAUX DE LA LOIRE DE TOURS À ANGERS

PARCOURS GPX

LIEUX	Km partiel	Km cumul	Routes
VOUVRAY	0	0	D952
TOURS	11	11	D952 puis D49
LUYNES	11	22	D952 puis D953
LANGEAIS	15	37	D57 puis D16 puis D7
VILLANDRY	10	47	D7 puis D39
AZAY-LE-RIDEAU	11	58	D751
CHINON	23	81	Route locale puis D751 puis D7
FONTEVRAUD-L'ABBAYE	20	101	D947
CANDES-SAINT-MARTIN	4	106	Route locale
MONTSOREAU	2	108	D947
TURQUANT	3	105	D145 puis D162 puis D93
BRÉZÉ	11	116	D93
SAUMUR	11	127	D751
CUNAULT	13	140	D751 puis D952
LA MÉNITRÉ	11	151	D7
BEAUFORT-EN-VALLÉE	6	157	D347 puis D74
MONTGEOFFROY	7	164	D244 puis D144
BAUGÉ	16	180	D18
DURTAL	20	200	D859 puis D68
TIERCÉ	21	221	D74 puis D508
LE PLESSIS-BOURRÉ	8	229	D108 puis D107
ANGERS	20	249	D160 puis D748
BRISSAC-QUINCÉ	16	265	Arrivée

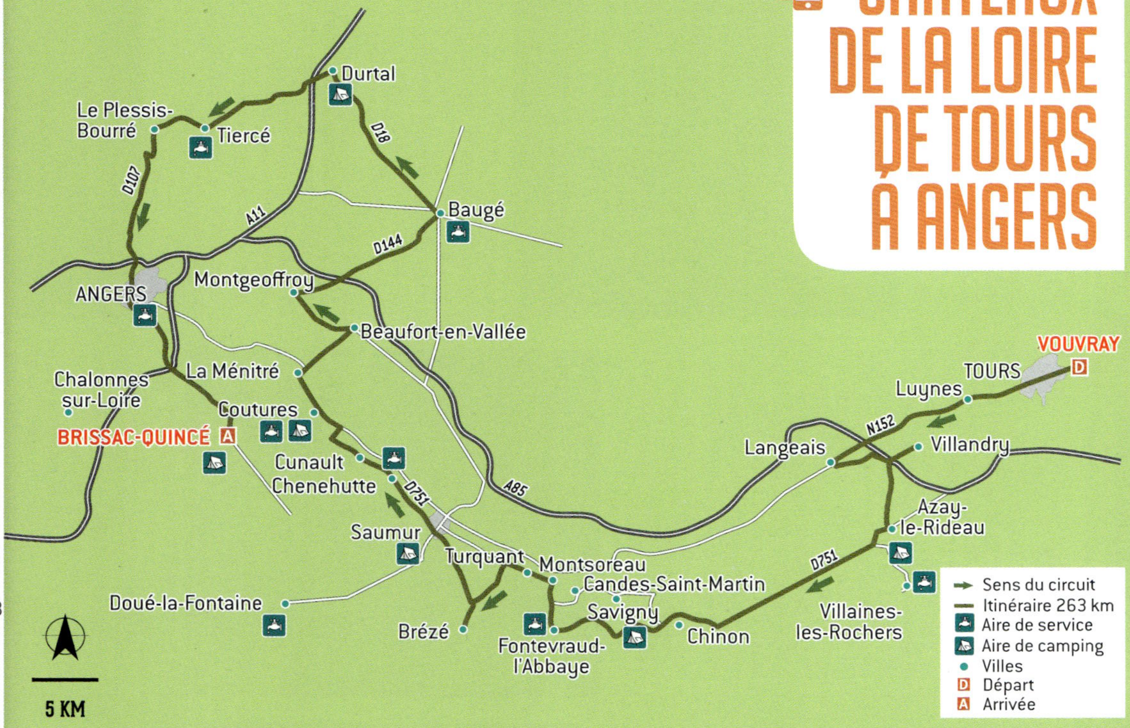

VOUVRAY ★

Le vignoble de Vouvray est cultivé sur des pentes abruptes sur la rive droite de la Loire. Très étendu et très ancien, il possède des galeries creusées dans le tuffeau qui courent sur des kilomètres. Ce coteau, comme celui de Montlouis, a un cépage commun aux deux appellations : le chenin dont sont issues les deux célèbres appellations. Parmi les meilleurs millésimes, certains atteignent 100 ans. Une foire au vin a lieu trois fois par an. Le château de Moncontour, flanqué de ses tourelles dominant le coteau, était convoité par Balzac. Il abrite un musée viticole. Accompagné d'un guide-vigneron, vous pourrez découvrir en quad des paysages authentiques.

Scène de vendanges dans le vignoble de Vouvray.

CHÂTEAU DE VALMER

Valmer - **CHANÇAY** ✆ 02 47 52 93 12
www.chateaudevalmer.com
Ouvert toute l'année sauf du 24 décembre au 2 janvier. Adulte 10 €. Labels : Tourisme & Handicap, Jardin remarquable.

Adossé à un parc de 60 ha, le château de Valmer se compose de superbes jardins Renaissance dont les terrasses à l'italienne épousent la pente du coteau, dans un panorama unique. Sur huit niveaux et une trentaine de mètres de dénivelé se succèdent balustrades, statues, colonnes, escaliers et jets d'eau mais aussi damiers de couleurs et de saveurs. A voir, une chapelle troglodytique de 1524 qui abrite un exceptionnel autel du XVe siècle. Dans les caves de tuffeau vieillissent les vins de Vouvray ; 6 des 29 ha se trouvent d'ailleurs dans l'enceinte du parc.

TOURS ★★★

Cité belle et agréable, organisée en petits quartiers d'esprit très différents (les Prébendes, le quartier Royal derrière la cathédrale Saint-Gatien, celui des Halles, vivant et authentique, le quartier Velpeau, celui des artisans, le quartier Blanqui, véritable petit village, etc.), Tours s'offre le luxe de mélanger, dans une esthétique parfaite, les plaisirs villageois à ceux de la grande ville active et moderne, des maisons à colombages à la cité Mame, en passant par la cathédrale et la rue Nationale. Berceau des Arts, Tours accueille notamment le Centre de Création Contemporaine Olivier Debré mais aussi de nombreux festivals.

La Loire à Tours.

CAVE DE VOUVRAY ★

38, rue de la Vallée-Coquette ✆ 02 47 52 75 03
www.cavedevouvray.com
Toute l'année. Horaires selon saison. Tarif visite 3 €. Cave touristique d'Excellence. Visite possible en anglais.

Dans les vastes galeries creusées dans le tuffeau, sous une température de 13 °C, au calme et à l'abri de la lumière, mûrissent plus de six millions de bouteilles de vins de Vouvray. Ici, on vous dévoile les secrets de l'élaboration des fameuses «fines bulles». La Cave des Producteurs de Vouvray a été créée en 1953, à l'initiative d'un petit groupe de vignerons. Aujourd'hui, l'aventure se poursuit avec une trentaine de professionnels, qui exploitent ensemble 500 hectares de vignoble, répartis sur toute l'appellation Vouvray. On découvre en vidéo les «Quatre Saisons de la Vigne» pour suivre le travail des vignerons, au rythme des saisons, de la taille d'hiver aux vendanges, puis à la sélection des vins qui constitueront les cuvées de la Cave de Vouvray. Suivez ensuite le guide à travers les 3 km de galeries troglodytiques. Lors de la dégustation, vous découvrirez toute la gamme des Vouvray AOP (fines bulles et tranquilles). Une boutique gourmande clôture cette visite incontournable du vignoble Vouvrillon, vins de Vouvray et du Val de Loire. Vous pouvez également trouver toute la gamme en ligne sur le site Internet et vous faire livrer partout en France.

- **« Suivez le chenin »**, un espace découverte pour tout connaître sur le cépage du Vouvray.
- À Vouvray, **un espace Caviste dégustation**. Vins de Vouvray et du Val de Loire. Situé au 24, avenue Brûlé à Vouvray.
- **Paniers apéro**, disponibles dans les deux points de vente, à consommer sur place ou à emporter. Composés de produits 100 % locaux à partir de 19 €.

ESCAPE YOURSELF

53 bis, rue Léon-Boyer
✆ 06 28 48 00 34
www.escapeyourself.fr
Tarifs de 21 à 25 €. Étudiants de 18 à 22 €. 3 à 8 joueurs selon énigmes (5 scénarios - 5 salles).

Enfermé dans une pièce avec votre équipe, saurez-vous en sortir avant la fin de l'heure impartie ? Escape Yourself a été l'un des premiers *escape games* à ouvrir à Tours, en plein cœur de ville. Les univers sont variés et régulièrement renouvelés, mais le principe reste le même : en équipe de trois à huit joueurs, vous devrez trouver des indices, reconstituer des codes et élucider des énigmes pour sortir avant la fin du chronomètre. Un bon plan pour les amateurs de chasse au trésor et casse-tête. Le petit plus : une photo de groupe à la fin de votre aventure.

LUYNES ★★

A une dizaine de kilomètres à l'ouest de Tours, sur la rive droite de la Loire, Luynes dispose d'un patrimoine archéologique et historique riche remontant à l'époque gallo-romaine. Son aqueduc est l'un des éléments remarquables. Cet imposant édifice a connu plusieurs restaurations, ce qui laisse penser aux historiens qu'il a servi longtemps. Quelques-uns de ses vestiges sont d'ailleurs encore visibles. Comme un peu partout en Touraine, Luynes a aussi droit à son château. Mais celui-ci a toujours appartenu à la famille des ducs de Luynes. C'est une forteresse construite entre le XIIe et le XVIIe siècle sur un éperon rocheux et jardins en terrasse.

LANGEAIS

Passage incontournable dans la descente de la Loire, Langeais est une cité historique de caractère, bordée par le fleuve royal d'un côté, la forêt, et le coteau et ses habitats troglodytiques de l'autre. Elle possède également une foisonnante activité économique ; plus de 150 artisans, commerçants et industriels s'y sont installés. Cette ville, parmi les plus anciennes de Touraine, abrite un riche patrimoine architectural avec plusieurs églises romanes et un château du XVe siècle et son pont-levis. Il fut le théâtre d'un événement important pour la France : le mariage d'Anne de Bretagne et de Charles VIII, qui réunit la Bretagne à la France.

VILLANDRY ★★★

Niché entre la Loire et le Cher, Villandry est sans doute LE village qui représente le mieux l'expression de «;jardin de la France» attribuée au Val de Loire tourangeau. Mais comment parler de Villandry sans mentionner son château et ses jardins ? D'abord forteresse féodale, le château doit son style Renaissance française à Jean Le Breton. C'est à lui que l'on doit la galerie à arcades, les pilastres richement décorés ou encore le toit à forte pente. Les jardins du château constituent un lieu de visite incontournable pour l'harmonie d'ensemble et de chaque parcelle, la palette de couleurs et les parfums qui s'en exhalent.

CHÂTEAU ET JARDINS DE VILLANDRY ★★★

✆ 02 47 50 02 09
www.chateauvillandry.com
Jardins ouverts toute l'année, château de février à mi-novembre puis en décembre. Adulte 7 à 11 €.

Dernier des grands châteaux bâtis à la Renaissance, cet édifice, construit sur une plate-forme entourée de douves, reprend l'ordonnancement typique de l'époque : un corps de logis principal flanqué de deux ailes en retour. Profondément remanié au XVIIIe siècle par son acquéreur Michel-Ange de Castellane, il faudra attendre le début du XXe siècle pour que Joachim Carvallo lui rende son caractère originel en supprimant les ajouts architecturaux. Il s'attachera également à reconstituer les jardins en s'inspirant d'ouvrages de référence sur l'art de la Renaissance, empruntant le potager à la tradition monastique et les ornements à l'influence italienne. Aujourd'hui, ces jardins, garantis sans pesticides, comptent parmi les plus beaux de France. Ils sont toujours entretenus par ses descendants. D'ailleurs, l'équipe de dix jardiniers propose sa récolte de légumes aux visiteurs en fin de saison. Il est aussi possible de déguster ces produits sur place, au restaurant du château La Douce Terrasse. «Villandry en famille» permet aux plus jeunes d'apprécier la visite de façon ludique et active durant lequel ils découvriront le lieu, les jardins et leurs travaux en s'amusant. La salle François Ier est accessible dans le cadre de la visite du château ! Côté agenda, ne manquez pas les Nuits de Mille Feux, où 2 000 bougies illuminent les jardins de manière exceptionnelle ! Et puis l'hiver, les décorations de Noël au Pays des Châteaux sont tout aussi immanquables !

AZAY-LE-RIDEAU ★★★

Au cœur de la vallée de l'Indre, Azay-le-Rideau est célèbre pour ses châteaux. Parmi les deux principaux : le château d'Azay-le-Rideau et le château de l'Islette. Le premier a la particularité d'être bâti sur pilotis. Il est l'un des modèles de l'architecture de la Renaissance française. Son parc de 8 hectares offre de très beaux points de vue sur l'édifice. Le second château est tout aussi intéressant. Son magnifique parc inspira de grands artistes tels que Rodin et Camille Claudel qui y séjournèrent jadis. De magnifiques châteaux construits en pierre de tuffeau, cette pierre blanche extraite et taillée depuis des carrières ou à même les coteaux.

MUSÉE MAURICE DUFRESNE ★★

17, route de Marnay ✆ 02 47 45 36 18
www.musee-dufresne.com
Ouvert d'avril à fin septembre. 10h-18h/19h. Adulte 12 €. Gratuit pour -10 ans. Label Tourisme & Handicap. Restauration.

Le musée abrite une impressionnante et magnifique collection de véhicules, machines et objets d'époque, véritable patrimoine mécanique des années 1850 aux années 1950. Vous y découvrirez l'œuvre d'un homme passionné qui a consacré plus de 60 ans de sa vie à sauver de l'oubli tout un pan de notre histoire. Le musée abrite pas moins de 3 000 pièces de machines et objets, témoignant du progrès dans ces 150 dernières années. Une promenade ludique au fil du temps. Un moment incontournable et inoubliable sur le circuit des châteaux de la Loire !

Le château de Villandry et ses jardins.

CAMPING LE SABOT €

1, Rue du stade
✆ 02 47 45 42 72
Emplacement pour 2 personnes avec électricité : de 16 à 20 € selon la saison.

Quel plaisir de séjourner dans le village historique d'Azay-le-Rideau ! Cette étape est d'autant plus agréable que le camping municipal offre aux vacanciers nomades un véritable havre de paix. Situé au bord de l'Indre, le camping est immense, très arboré et tout équipé (sanitaires, aire de services pour camping-cars, ping-pong, piscine et tennis en libre accès). D'ici, on se trouve à 500 m du centre-ville et à 3 minutes à pied du château. Avis aux cyclotouristes qui empruntent la Loire à Vélo mais aussi à tous les passionnés de la Touraine et du camping !

LES ANNÉES 30 €€

78, rue Haute-Saint-Maurice
✆ 02 47 93 37 18
http://www.lesannees30.com
Ouvert du jeudi midi au lundi soir. Menus de 31 à 42 €. Midi 22,50 €. Terrasse. 2 salles. Cheminée. Maître Restaurateur.

Nichée dans une des ruelles médiévales de la cité de Chinon, à deux pas de la forteresse, le restaurant vous accueille avec la plus grande sympathie depuis 2003. Une excellente cuisine gastronomique vous est servie avec passion et selon les idées du chef Stéphane Charles. Le décor nous fait voyager dans le passé, comme l'indique le nom du restaurant : les Années 30. Côté repas, des plats faits maison, avec des produits frais, de saison et de très haute qualité. L'accueil orchestré par Karine est parfait. Une adresse immanquable à Chinon !

CHINON ★★★

Au bout de l'Indre, non loin de sa confluence avec la Loire, Chinon est une des villes d'Indre-et-Loire regroupant le plus richesses patrimoniales. Ce site exceptionnel fait partie des 6 agglomérations classées au patrimoine mondial de l'Unesco. C'est au Moyen Âge que la ville se développe fortement, grâce au règne d'Henri II Plantagenêt, comte d'Anjou, devenu roi d'Angleterre en 1154. Il fait du château, reconstruit et agrandi, l'une de ses résidences préférées. Mais Chinon fut aussi marquée par François Rabelais. Cet écrivain, prêtre, médecin, mais surtout bon vivant et libre penseur, a souvent été inspiré par les décors de la Touraine. Plusieurs hommages lui sont rendus ici, notamment avec un musée et un centre culturel. L'autre personnage marquant c'est Jeanne d'Arc. La pucelle y rencontra pour la première fois le dauphin, futur Charles VII. Et que dire de la beauté du centre historique de Chinon ! Progressivement réhabilité, dans le respect de son identité historique et architecturale, il a été classé en tant que secteur sauvegardé en 1968. Enfin, la ville donne aussi son nom à un vin AOC. Plus globalement, le territoire chinonais possède un lien indéfectible avec la viticulture. Elle en façonne d'ailleurs les campagnes environnantes, pour le plus grand bonheur de nos yeux et de nos palais.

© MARC JAUNEAUD - ICONOTEC

Vue générale de Chinon.

FONTEVRAUD-L'ABBAYE ★★★★

Nécropole des Plantagenêts, située à 18 km de Saumur et 80 km d'Angers, Fontevraud porte un nom chargé d'histoire et sur lequel plane la légende des grands rois d'Anjou et d'Angleterre. Aliénor d'Aquitaine et son fils favori Richard Cœur de Lion, Henri II Plantagenêt... L'émotion est au rendez-vous en découvrant l'abbaye Royale, qui abrite leurs célèbres gisants et donne à voir l'histoire sous un angle bien plus réel, proche de nous. Ce charmant village est riche de nombreux monuments, et d'autres édifices méritent le détour : l'église Saint-Michel, la fontaine Saint-Mainbœuf, la chapelle Notre-Dame-de-Pitié ou encore le lavoir des Roches.

NORD-OUEST

FORTERESSE ROYALE CHINON ★★★

Forteresse de Chinon ✆ 02 47 93 13 45
www.forteressechinon.fr

Ouvert toute l'année de 9h30 à 18h ou 19h (de mai à fin août). Adulte 10,50 €, enfant 8,50 €.

Située sur son éperon rocheux aux confins de l'Anjou, de la Touraine et du Poitou, la forteresse royale de Chinon rappelle les heures les plus prestigieuses du Moyen Âge. Dernier refuge d'Henri II Plantagenêt roi d'Angleterre, ses murs millénaires ont accueilli les plus grands personnages historiques : Aliénor d'Aquitaine, Richard Cœur de Lion, Charles VII et Jeanne d'Arc, lors des tournants majeurs de l'histoire de France. Les «trois châteaux, « qui composent la seule forteresse médiévale royale du Val de Loire, livrent aujourd'hui leurs secrets au travers de reconstitutions et d'animations ludiques grâce à l'HistoPad. Cette tablette, fournie sans surcoût, vous permettra de découvrir les pièces meublées à plusieurs époques mais aussi de visualiser la vie des lieux, leurs différentes évolutions au fil du temps, y compris des salles aujourd'hui disparues. Visiter la forteresse royale de Chinon, c'est marcher dans les pas de Jeanne d'Arc, comprendre le fonctionnement d'une machine de guerre, ou admirer les magnifiques panoramas du Val de Loire. La forteresse royale de Chinon, ce sont également de nombreux événements et animations tout au long de l'année : exposition (Mythes et Légendes de la forteresse jusqu'en novembre 2021), escape game, dégustation de vins, ateliers enfants pendant les vacances... Nouveauté cette année : la reconstitution meublée et fidèle de la chambre d'Aliénor d'Aquitaine et d'Henri II Plantagenêt. En fin d'année, ne loupez pas les expositions et illuminations de Noël au Pays des Châteaux !

CANDES-SAINT-MARTIN ★

Le village, classé parmi les «Plus Beaux Villages de France», est né de la confluence entre la Vienne et la Loire sur la rive gauche du fleuve, à proximité immédiate de Montsoreau, avec ses berges ligériennes enchanteresses. Laissez-vous bercer par le rythme tranquille de cette bourgade et n'hésitez pas à vous égarer dans ses ruelles et admirer ses maisons en pierre de tuffeau blanc et leurs toits d'ardoises. Ce village typique des bords de Loire vous charmera grâce à ses ruelles fleuries de roses trémières, sa collégiale dominant fièrement le fleuve... C'est réellement un endroit à voir durant votre séjour, vous ne le regretterez pas !

ABBAYE ROYALE DE FONTEVRAUD ★★★★

Abbaye royale de Fontevraud
✆ 02 41 51 73 52
www.fontevraud.fr

Ouvert de mars à octobre, horaires variables selon les saisons. Gratuit jusqu'à 8 ans. Adulte : 11 €, enfant 7,50 €.

Au cœur du parc régional Loire Anjou Touraine, l'abbaye royale de Fontevraud est inscrite au patrimoine mondial de l'Unesco depuis 2000. Aliénor d'Aquitaine y a vécu ses derniers jours et les gisants d'Henri II et de Richard Cœur de Lion à ses côtés rappellent qu'elle fut chérie des Plantagenêt. Sur la route des châteaux de la Loire, l'élégante et plus vaste cité monastique de France héritée du Moyen Âge mérite un séjour. En parcourant ses 13 ha, vous voyagerez à travers l'histoire et l'architecture des lieux. Ce fut d'abord un monastère – en avance sur son temps – à la tête duquel se succédèrent 36 abbesses pendant plus de six siècles. Les religieuses furent contraintes de quitter l'abbaye après la Révolution française, qui, comme bon nombre de monuments religieux, fut transformée en prison. Bien que l'abbaye fût inscrite sur la liste originelle des monuments historiques en 1840, et par Prosper Mérimée lui-même (!), elle reste une prison jusqu'en 1963. Plus de 2 000 personnes y furent emprisonnées. Elle était considérée comme l'une des prisons les plus dures de France. Et assurément la plus poétique, surnommée « la prison aux 1 001 fenêtres et portes » en raison de ses nombreux arcs et vitraux. Venez découvrir 1 000 ans d'histoire riche et complexe à travers les 18 animations, véritables tapisseries numériques, qui jalonnent les parcours de visite. Vous pouvez également opter pour un tour des incontournables avec la visite guidée ou l'audioguide. Plongez dans un dédale architectural : de l'église abbatiale, dont le chœur épuré aux impressionnantes dimensions marque l'apogée de l'art roman, arrêtez-vous à proximité des gisants des rois d'Angleterre et parcourez la crypte archéologique qui nous plonge et explique les origines du lieu. Le cloître du Grand-Moûtier quant à lui, a conservé ses dimensions originales et est, tout simplement, l'un des plus grands édifices européens de ce type. On aura également beaucoup de plaisir à découvrir cet étrange bâtiment, « les cuisines romanes », dont la toiture comme couverte d'écailles et les cheminées interrogent encore historiens et architectes. Au fil des maquettes qui retracent l'évolution du lien ainsi que la salle Lego, vous vous improvisez bâtisseurs et rêvez vous aussi de grandeur. Cité tournée vers la création, lieu de vie et de rencontre, Fontevraud accueille aussi en ses murs des installations artistiques et un nouveau musée d'art moderne. Une visite des plus magnifiques et enrichissantes !

MONTSOREAU

Bâti entre le fleuve et le coteau, autour de son château, Montsoreau est classé parmi les plus beaux villages de France et fait également partie des Villages de charme de l'Anjou. Son château jouit d'une situation exceptionnelle : il a quasiment les pieds dans l'eau ! La ville doit surtout sa célébrité à Alexandre Dumas père et à son célèbre roman *La Dame de Montsoreau*, qui raconte l'histoire d'amour adultérine entre Françoise de Maridor, épouse du comte de Montsoreau, et Bussy d'Amboise. Le village a conservé l'image romanesque de ces amours mythiques. La promenade, au hasard de ses rues escarpées et fleuries est un enchantement.

CHÂTEAU DE MONTSOREAU-MUSÉE D'ART CONTEMPORAIN ★

Passage du marquis de Geoffre ✆ 02 41 67 12 60
www.chateau-montsoreau.com
Toute l'année, tous les jours de 10h à 19h. Gratuit jusqu'à 5 ans. Tarif adulte : 10,20 € ; tarif 5-18 ans : 6,20 €.

Magnifique construction érigée vers 1450, premier château Renaissance de France et seul château de la Loire construit dans le lit de la Loire dont le collectionneur d'art Philippe Méaille est tombé sous le charme... Il a pris l'initiative d'y créer un musée d'Art contemporain radical et engagé, un temple de l'art conceptuel, associé à une programmation culturelle reflétant l'expression créatrice de certains artistes d'aujourd'hui : innovantes, expérimentales, toujours inattendues.

VERVERT €

7, place du Mail ✆ 02 41 52 34 89
www.ververt.com/
Fermé le mardi et mercredi. Ouvert du jeudi au lundi de 12h à 14h et le soir de 19h à 21h. Toute l'année, les 2e dimanche du mois, la Dégust' des puces. Carte : 20 € environ. Chaises bébé. Terrasse.

Situé dans le charmant village de Montsoreau, Ververt est une belle découverte culinaire. Dans un cadre épuré, aux tons clairs, la cuisine du Chef étonne par la justesse de ses mariages de saveurs. Ici les producteurs sont locaux et régionaux. Les assiettes sont à elles seules des chefs-d'œuvre et méritent tous les superlatifs : en entrée, un velouté de potimarron au curcuma et graine de courge, puis un faux-filet de paleron de bœuf maturé de Castille et pour finir une tarte aux pommes bio de Montsoreau, tout simplement. La carte des vins propose plus de 200 domaines bio.

TURQUANT

Entre Saumur et Fontevraud, Turquant se distingue par ses troglodytes de côte. Une véritable curiosité qui aurait fini par s'effriter si la commune n'avait mené un vaste chantier de réhabilitation et de consolidation des coteaux. Derrière les façades se cachent quantité de trésors, incarnés par les œuvres des artisans d'art qui vivent et travaillent ici depuis 2009. Petite Cité de Caractère et Village de Charme, Turquant et ses 580 habitants abritent et chérissent de réelles petites merveilles. Les métiers du patrimoine – Village Métiers d'Art – attirent encore pas mal de visiteurs bien que nombre d'artistes aient quitté les lieux faute de résultats.

L'HÉLIANTE €€€

Ruelle Antoine-Cristal
✆ +33 2 41 51 22 28
www.restaurant-helianthe.fr
Menu-carte : entrées à 9 €, plats à 16 €, fromage à 5 € et desserts à 8,50 €. Carte : 27,50 € environ.

Mets délicats et saveurs raffinées sont au rendez-vous : légumes oubliés, panais, topinambours accompagnent poissons mais aussi, et c'est moins commun, cerfs et oies, la carte variant au fil des saisons. Le pavé de gigot d'agneau rôti, pommes grenailles et ail confit, est particulièrement réussi, mais pour ceux qui préfèrent les produits de la mer, le pot-au-feu de poissons d'eau douce est aussi très bon. Une belle assiette végétarienne est proposée avec son « steak de champignon » et sa « saucisse » aux champignons épicés des saveurs d'Alex.

BRÉZÉ

Brézé, cette énigmatique place forte, située aux confins du Maine-et-Loire, proche des Deux-Sèvres et de la Touraine, contient non seulement un château unique en Europe mais surtout un terroir particulier. Ses terres alentour sont depuis des siècles le support de vignes qui puisent ici une minéralité particulière grâce à un sol ne contenant pas que du tuffeau. Argiles, marnes, sédiments marins, veines de roches cristallines, altérations de roches métallifères, sont quelques-unes des richesses qui constituent la base alimentaire des vignes sous cette latitude. Les vins blancs secs de Brézé sont toujours réputés pour leur typicité fort marquée.

SAUMUR ★★★

Blottie le long de la Loire au pied de son superbe château, la ville de Saumur est célèbre pour ses vins et son école de cavalerie. La perle de l'Anjou se visite à pied, le nez en l'air pour mieux goûter les détails d'architecture de son patrimoine. Dans le quartier Saint-Jean, sur la place de la République, se trouvent l'hôtel de ville gothique et le théâtre néoclassique, qui accueille aussi l'office de tourisme et la Maison du Vin. Sur la place de la Bilange, on aperçoit le somptueux hôtel Blancler ; dans la rue des Païens, un temple protestant du XVIe siècle rappelle la place particulière de la ville au moment où la Réforme s'installait jusque dans les bastions les plus catholiques du pays. Le long du quai Mayaud se succèdent des hôtels particuliers, reflet d'une richesse constituée au fil de l'histoire par un important commerce fluvial. Bien que la ville soit relativement récente comparée à certains sites préhistoriques voisins – elle se développe essentiellement à partir du XVe siècle –, son poids culturel est aujourd'hui indiscutable. On ne fera ici que mentionner le Cadre Noir, école d'équitation qui a fait connaître la finesse et la précision de la cavalerie française dans le monde entier, qu'il serait dommage de ne pas visiter pendant votre séjour. Et puis, c'est une ville où l'on sait joindre l'utile à l'agréable ! Profitez-en pour enrichir vos connaissances viticoles en visitant les caves et domaines qui parsèment la ville et ses alentours, et en goûtant leurs productions. Découvrez également les grands sentiers de randonnée (GR 3 et GR 36).

L'ALCHIMISTE €€

6, rue de Lorraine
✆ 02 41 67 65 18
www.lalchimiste-saumur.fr

Du mardi au samedi 12h15-13h30 et 19h30-21h. Menus de 25,50 € à 37,50 €. Formule midi : 26,50 €/29,50 €.

Une table enchanteresse entre un accord parfait des mets et du vin et une cuisine d'exception. Un bon rapport qualité/prix avec des produits frais pour une cuisine locale, avec une entrée incontournable, le pot de fleur d'anguilles de Loire, citrons confits et pommes tapées. Selon la saison, ce sera un velours de potimarrons, nuage de chèvre ou une effilochée de joues de bœuf, mousseline de patates douces, et on termine avec une poire rôtie au sirop de châtaigne et croustilles de pain d'épice. L'accueil finit de transformer l'expérience en totale réussite !

LE GAMBETTA €€€

12, rue Gambetta
✆ 02 41 67 66 66
www.restaurantlegambetta.com

Mardi-samedi 12h-13h30 et 19h15-21h30. Réservation impérative. Menus 29 € à 120 €. Formule midi de 29 € à 37 €.

Le Chef Mickaël Pihours est incontestablement un orfèvre de la haute gastronomie, il vous invite à un voyage aux saveurs raffinées où chaque plat est parfaitement présenté : maquereau breton brûlé, rouille, chorizo ou lieu jaune en écaille végétale, polenta, estragon, épinard, carotte nouvelle, combava, citronnelle, un mélange de saveurs étonnant et réussi, ou ce merveilleux pigeonneau d'Anjou, acidulé-persillé, pousses de moutarde, naans aux épices. En dessert, vous serez subjugué par le citron, Yuzu et gingembre Daï. Une adresse incontournable.

Saumur.

LA MÉNITRÉ

Ici, la rue principale ne donne pas sur l'eau. La Loire n'est pourtant pas bien loin mais ce n'est pas vers elle que les regards se tournent. Ici, on vient voir le manoir de Jeanne de Laval (XVe siècle) ou les deux moulins, dont un à pivot, qui a été entièrement démonté et reconstruit quelques centaines de mètres plus loin. La Piautre, bière bio d'Anjou, est brassée sur place. On peut même visiter la fabrique avant de partir en bateau ou en canoë sur l'eau. La période estivale est riche en événements : Mystère de Loire au printemps, le Festival de Folklore d'Anjou et du Monde en juillet, les apéros concerts tout l'été...

DURTAL

L'histoire de Durtal remonte à la préhistoire, mais personne n'est encore capable d'affirmer d'où lui vient son nom... Au fil des siècles, la ville s'est étoffée autour de son château fort, érigé au XVe siècle pour protéger Angers. Route fluviale majeure du Moyen Âge, son patrimoine historique est impeccablement conservé, comme le montre le sentier d'intérêt qui parcourt la ville. La ville s'illustre également par son patrimoine naturel et sa protection de la forêt de Chambiers. Cette dernière, classée Zone d'intérêt écologique et faunistique, accueille chaque printemps le héron pourpré qui vient nicher, en colonies, dans les roseaux de son étang.

BAUGÉ-EN-ANJOU

Baugé-en-Anjou est né de la fusion de quinze communes aux alentours de la forêt de Chandelais, l'une des plus fécondes de la région. Le roi René y fit d'ailleurs édifier un grand pavillon qu'il utilisait comme relais de chasse. Églises aux clochers tors, manoirs et châteaux habillent la campagne tandis que la vieille ville, « Petite Cité de caractère », offre un gracieux ballet de façades classées, balcons de fer forgé, lucarnes sculptées et toits d'ardoise. En été, ne manquez pas les visites théâtralisées et pleines d'humour, de la ville. Enfin, découvrez la voie verte du coin : 50 km de piste cyclable sur les traces d'une ancienne voie ferrée.

ANGERS ★★★

Autrefois surnommé la Ville noire en raison de ses toitures en schiste ardoisier, son esthétique, qui peut paraître austère au premier abord, fait en réalité tout le charme de la métropole. Été comme hiver, de jour comme de nuit, c'est surtout le long de la Promenade du Bout du Monde qu'il faut flâner pour avoir une vue imprenable sur l'ancien quartier de la Doutre. En passant à quelque pas du château du roi René, vous apercevrez également l'église Saint-Jacques, l'abbaye du Ronceray ou encore le pont de Verdun. Quand le soleil printanier et estival vient se refléter sur la Maine et sur la blancheur éclatante des façades, elle semble alors scintiller.

CAMPING LE PONT DES FÉES

rue du pont des fées
✆ 02 41 89 14 79
www.camping-bauge.fr

Ouvert de juillet à octobre. Emplacement avec électricité + voiture + 2 personnes : 13 € à 16 €. Aire pour camping-car.

Dans un cadre naturel et ressourçant, le camping Le Pont des fées accueille les vacanciers adeptes de plein air de juillet à octobre. Il dispose de 44 emplacements et trois types d'hébergement : un emplacement pour tente, caravane ou camping-car ; un espace bivouac (tente sur pilotis) pour les vélos (le camping se trouve sur l'itinéraire cyclo de la Vélobuissonnière) ; un petit chalet tout équipé. Les résidents ont accès à la piscine municipale qui jouxte le camping. En haute saison principalement, le camping propose des animations pour petits et grands.

GIFFARD

Chemin du Bocage - **AVRILLÉ**
✆ 02 41 18 85 00
www.giffard.com

Fermé les samedis, dimanches et jours fériés. Uniquement sur réservation. Adulte : 5,50 € ; Groupe (20 personnes) : 4 €

La maison familiale Giffard, installée à Avrillé depuis 1972, est un symbole de la région. Au sein de l'Espace Menthe-Pastille, du nom de la célèbre liqueur aux origines de la firme, affiches, bouteilles, documents originaux et anciennes publicités vous accueillent afin de vous faire découvrir la création et l'évolution de ses liqueurs et sirops emblématiques. Enivrez-vous de leurs arômes au Bar des senteurs et au Bar à cocktails, avant de pénétrer dans la salle des macérations pour une visite ou un escape game : saurez-vous percer le secret de maître Giffard ?

LE CARRÉ COINTREAU ★

2, boulevard des Bretonnières
SAINT-BARTHÉLÉMY-D'ANJOU
© 02 41 31 50 50
www.cointreau.com

Du mardi au samedi, visite sur réservation uniquement. Adulte : de 11 € à 19 €. Gratuit pour - 12 ans accompagnés.

Cointreau, la célèbre liqueur d'écorces d'orange est originaire d'Angers ! Les frères Cointreau y ont fondé leur distillerie en 1849 sur les quais de la Maine. Confiseurs à l'époque, ils décident de se diversifier et se lancent dans la production de liqueurs traditionnelles. En 1885, Édouard Cointreau, inspiré par l'orange, crée la recette unique qui fait encore le succès de la Maison. Aujourd'hui l'unique site de production est installé à Saint-Barthélemy-d'Anjou mais la marque résonne aux quatre coins du monde, et trouve une place de choix dans les bars les plus réputés. Saviez-vous, d'ailleurs, que la recette originale du célèbre Cosmopolitan new-yorkais est à base de Cointreau ? La Maison vous ouvre ses portes et vous dévoile quelques-uns de ses secrets. Au cœur de la majestueuse salle des alambics, vivez l'expérience multisensorielle de la distillation du Cointreau et sillonnez la route de l'orange. Découvrez ensuite la fabuleuse conquête angevine de la famille Cointreau ainsi que la riche saga publicitaire. Terminez votre visite au bar, par une initiation à l'art du cocktail. Profitez aussi de la boutique, de ses articles de bar, ses exclusivités et ses nombreuses gourmandises.

LA TABLE DE GREEN €

4, rue de l'église - **SAINT-LAMBERT-LA-POTHERIE**
© 02 41 69 94 23

Du jeudi au samedi 12h-14h30 et 18h-22h30. Menu midi 21,95 € (2 plats), 26 € (3 plats). Le soir 47 € (3 plats).

À 15 minutes d'Angers, la Table de Green propose, dans un cadre chic et décontracté, une expérience culinaire différente et hautement gustative. À table ou depuis le comptoir, le chef vous prépare une crème Dubarry et son foie gras poêlé à l'huile de noisette, ou une succulente tarte au brie de Meaux. En dessert, le crémet d'Anjou au caramel beurre salé est un pur délice. Le menu est revisité chaque semaine dans le respect des produits de saison, cuisinés sous vos yeux ! Aux beaux jours, la terrasse et son jardin d'aromates offre une pause en toute quiétude.

ANJOU TERRE DE DOUCEUR

15, place Sainte-Croix
© 02 41 88 78 51
www.anjou-terrededouceur.fr

Ouvert du mardi au samedi de 10h à 19h.

C'est un best of de la gastronomie angevine qui vous attend ici ! Parmi les spécialités, les rillauds, les biscuits Le Vinaillou ou encore les Quernons d'ardoise. Mais aussi d'autres trésors culinaires comme les Pavés du bout du monde, délicieuses bouchées au praliné feuilleté et fleur de sel, une savoureuse terrine de poulet au Cointreau ou encore d'appétissants filets d'anguille fumée de Loire. Une belle sélection également ici de produits bio comme les nougats au miel d'Anjou, ou encore savons et eaux de toilette à base d'extraits de roses de Doué-la-Fontaine.

LE LION-D'ANGERS ★

En Maine-et-Loire, il y a Saumur et... Le Lion-d'Angers. Leur point commun ? Le cheval ! Sur ce territoire où se rencontrent deux jolies rivières, l'Oudon et la Mayenne, la filière équine représente un atout important. Le parc départemental de l'Isle-Briand offre de superbes balades en plus de promouvoir l'élevage et les activités liées au noble animal. Il héberge en son sein l'ancien haras national, devenu haras du Lion en se privatisant. Chaque année, la fine fleur internationale de l'équitation y concourt lors du Mondial du Lion, compétition de renom où cavaliers confirmés et étoiles montantes de la discipline font montre de leurs talents.

PARC DEPARTEMENTAL L'ISLE-BRIAND ★★

Parc départemental l'Isle-Briand © 02 41 96 09 00
www.isle-briand.fr

Haute saison ouvert tous les jours de 8h à 21h. Basse saison tous les jours de 8h à 18h. Accès libre et gratuit.

Si le parc départemental de l'Isle-Briand compte des bâtiments historiques, ce sont surtout ses infrastructures équestres qui en font la renommée. Promenez-vous dans cet Espace Naturel Sensible en suivant l'itinéraire fléché. Le parc accueille plusieurs entreprises dont le haras du Lion. Au printemps, observez les poulinières et leurs poulains dans les prairies. Pour compléter le programme, des manifestations sont organisées toute l'année, dont l'incontournable Mondial du Lion !

VALLÉE DE L'ERDRE ET VALLÉE DE LA LOIRE

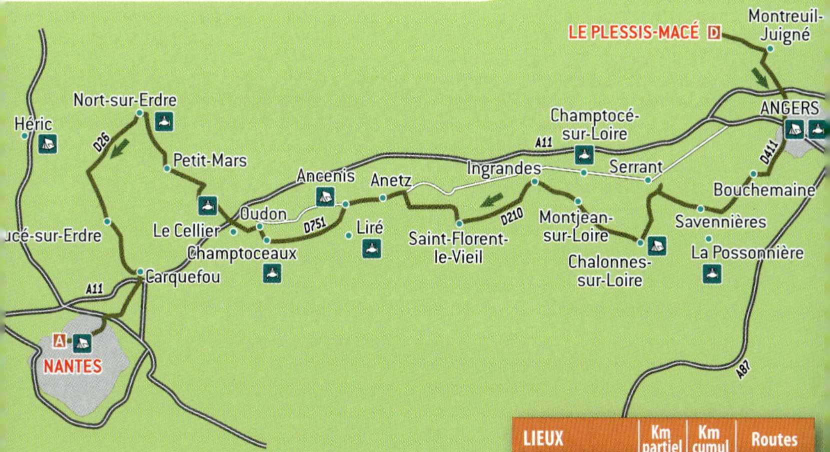

LIEUX	Km partiel	Km cumul	Routes
LE PLESSIS-MACÉ	0	0	D103 puis D768
MONTREUIL-JUIGNÉ	6	6	D106 puis D122
ANGERS	12	18	D411 puis D112
BOUCHEMAINE	8	26	D111
SAVENNIÈRES	7	33	D311 puis D961
SERRANT	10	43	D723 puis D961
CHALONNES-SUR-LOIRE	10	53	D751
MONTJEAN-SUR-LOIRE	9	62	D210 puis D751
SAINT-FLORENT-LE-VIEIL	13	75	D752 puis D723
ANETZ	10	85	D723
ANCENIS	7	92	D763 puis D751
OUDON	12	104	D723 puis D68 puis D9
PETIT-MARS	18	122	D178
NORT-SUR-ERDRE	7	129	D26 puis D69
SUCÉ-SUR-ERDRE	13	142	D37
CARQUEFOU	8	150	Route locale
NANTES	11	161	Arrivée

Sens du circuit
Itinéraire 157 km
Aire de service
Aire de camping
Villes
D Départ
A Arrivée

ANGERS ★★★

Autrefois surnommé la Ville noire en raison de ses toitures en schiste ardoisier, son esthétique, qui peut paraître austère au premier abord, fait en réalité tout le charme de la métropole. Été comme hiver, de jour comme de nuit, c'est surtout le long de la Promenade du Bout du Monde qu'il faut flâner pour avoir une vue imprenable sur l'ancien quartier de la Doutre. En passant à quelque pas du château du roi René, vous apercevrez également l'église Saint-Jacques, l'abbaye du Ronceray ou encore le pont de Verdun. Quand le soleil printanier et estival vient se refléter sur la Maine et sur la blancheur éclatante des façades, elle semble alors scintiller.

SAVENNIÈRES ★

L'un des plus beaux sites de l'arrière-pays angevin où les vignobles réputés coulent en pentes abruptes vers la somptueuse Loire. Les Romains produisaient déjà du vin à Savennières. Au Moyen Âge, les moines continuèrent d'exploiter ces coulées schisteuses, bien exposées au soleil, qui livrent encore aujourd'hui des vins à la réputation mondiale. C'est au château de Serrant que Louis XIV goûta ce breuvage comparé jadis par Louis XI à… une goutte d'or ! L'appellation Savennières fut officialisée en 1952. Blanc sec ou demi-sec, ce fleuron de la viticulture de Loire issu du chenin doit sa spécificité aux coteaux bien exposés, qui constituent son terroir.

BOUCHEMAINE ★

Bouchemaine, joli village en bord de Loire, est à une dizaine de kilomètres d'Angers. Les joggeurs et les cyclistes pousseront jusque là-bas, le long de la Maine, en empruntant l'agréable sentier bordé par la Maine, au départ du parc Balzac. Le chemin permet d'atteindre l'embouchure de la rivière angevine vers la Loire. Et c'est justement cette embouchure qui a donné son nom à la commune : Bouchemaine. La commune fait partie du périmètre du Val de Loire inscrit au patrimoine mondial de l'Unesco au titre de paysage culturel vivant. Elle compte deux chemins de randonnée balisés et fait partie intégrante du circuit de la Loire à Vélo. Un plaisir sportif.

AIRE D'ACCUEIL DE CAMPING-CARS €

25, rue Chevrière
✆ 02 41 22 21 53

Mars-novembre : 15 € ; décembre-février : 9 € (emplacement sans eau ni électricité). 45 emplacements. Véhicule 9 €/15 €.

À quelques minutes à vol d'oiseau d'Angers s'offre à nous la possibilité de garer le camping-car. Idéalement située au cœur de la très jolie commune de Bouchemaine, cette aire d'accueil est spécialement aménagée pour le bien-être des camping-caristes. L'accès y est aisé pour les commerces de proximité et aux multiples loisirs de la commune. On apprécie les 45 emplacements bitumés et entourés d'herbes, idéal pour sortir le parasol pendant les beaux jours.

CHÂTEAU D'ÉPIRÉ

Place de l'ancienne église
✆ 02 41 77 15 01
www.chateau-epire.com

Lundi-samedi 10h-12h et 14h-18h Week-end sur rdv. Groupe 30 personnes max (possibilité d'excursion dans les vignes).

Le château d'Épiré est un des plus anciens domaines de l'appellation Savennières. Le domaine est transmis de père en fils depuis 1882, aujourd'hui la cinquième génération de la famille Bizard veille sur 11 ha de coteaux dominant la Loire, dont 9 sont dédiés à l'AOC Savennières. Les trois parcelles situées autour de la propriété produisent trois cuvées différentes. Une visite guidée des chais vous permettra de percer les secrets de la vinification, il est également possible de découvrir le vignoble (visite guidée d'1h30) et son sublime panorama.

CHALONNES-SUR-LOIRE ★

Chalonnes est une ville qui aime la nature… et celle-ci le lui rend bien. Cette ville, située au confluent du Layon, du Louet et de la Loire, s'ouvre sur un territoire inscrit au patrimoine mondial de l'Unesco. La ville est riche en zones naturelles protégées, au point d'avoir créé son Atlas de la Biodiversité chalonnaise (ABC), encore en cours d'écriture. Les naturalistes de tout poil sont donc les bienvenus sur place ! Mais l'histoire n'est jamais bien loin, et il faut visiter les différents bâtiments de la ville pour comprendre que chacun possède son anecdote, depuis l'hôtel de ville, jusqu'à la tour Saint-Pierre et les anciennes zones portuaires.

ANCENIS ★

La Loire franchit à Ancenis la porte de l'ancien duché de Bretagne et, attirées par l'Atlantique, ses eaux douces se mêlent aux eaux salées de l'océan. À l'origine Ancenis est une île dont on peut encore distinguer les contours grâce aux boulevards Joseph-Vincent et Léon-Sécher. Quelques noms de rue évocateurs et quelques belles maisons témoignent du va-et-vient incessant des gabares (bateaux fluviaux) chargées de sel, de vin, de grains, qui parcouraient la Loire. La Loire est bien présente à Ancenis ; dans les paysages qu'elle a façonnés par les caprices de son cours, dans la luminosité de son ciel et dans les soubresauts de son histoire.

CAMPING DE LA TOUR €€

Rue de la Gare
✆ 02 40 83 80 22
www.oudon.fr
Ouvert de mi-mai à fin septembre. Forfait accueil camping-car (nuitée) 7 €-8 €. Aire de service camping-car : 3,60 €.

Le camping de la Tour est situé sur les bords de la Loire, sur l'itinéraire de la Loire à Vélo et à proximité des commerces. Avec ses 60 emplacements dans un écrin de verdure, il fonctionne de début mai à fin septembre. De nombreux équipements et services vous sont proposés : WiFi gratuit, aire de services pour camping-cars, aire de jeux pour enfants, barbecue, tables de pique-nique, lave-linge et sèche-linge. Pour les cyclistes de la Loire à Vélo : four micro-ondes, réfrigérateur et congélateur. Un barnum équipé de tables permet de prendre les repas à l'abri.

LA TABLE DU PÊCHEUR €€

11, boulevard Léon-Séché
✆ 02 40 83 11 36
www.latabledupecheur.com
7j/7 midi et soir. Menus de 19 € à 25 €. Formule midi semaine : 18,90 €.

Une institution que cette Table du Pêcheur, où les amateurs de poissons et de crustacés se délectent face à la Loire. L'établissement met un point d'honneur à mettre en avant les spécialités locales, telles que anguilles, mulets, aloses ou lamproies. Inutile de préciser que les produits sont ultra frais. Brochet ou sandre de Loire vapeur avec sauce au beurre blanc, noix de Saint-Jacques poêlées avec leur trio de carottes à la vanille beurre de mandarine ou encore la choucroute de la mer royale au beurre nantais sont quelques-uns des mets que vous pourrez déguster.

SENTIER DE RANDONNÉE DANS LA VALLÉE DU HÂVRE

Passerelle du Hâvre
Balisage jaune. Les deux derniers circuits présentés peuvent être suivis à vélo.

La vallée du Hâvre serpente entre bois et prairies et offre des possibilités de balades agréables :

- **Un parcours de 9 km (aller simple)** relie Oudon à Couffé et permet de découvrir la faune et la flore locale. Vous pouvez également faire la boucle de 6,3 km en un peu moins de deux heures aller-retour au départ d'Oudon.
- **Deux autres circuits au départ de la passerelle du Hâvre** : une boucle de 7,5 km (environ 1h45) que vous pouvez prolonger en bordure de la Loire (10 km, 2h30).

OUDON

Cité de caractère, Oudon est une petite ville de bord de Loire. La création de la ville n'est pas récente : on retrouve des traces de civilisations antérieures à l'arrivée des Celtes en Europe occidentale grâce à des pirogues d'un seul morceau de bois creusées dans un tronc d'arbre puis un menhir au lieu-dit « Pierre Blanche ». Son château et sa vue imprenable au sommet du donjon et ses ruelles médiévales font l'attrait de la cité, mais ce sont surtout ses magnifiques panoramas sur la Loire et sa vallée du Havre verdoyante qui en font un site privilégié pour la découverte du grand fleuve et de ses îles.

NORT-SUR-ERDRE

L'histoire de Nort-sur-Erdre est intimement liée à la présence de l'Erdre, la plus belle rivière de France selon François Ier, d'ailleurs aujourd'hui la commune est reconnue « Station Verte » pour la richesse de son patrimoine fluvial et naturel aux multiples charmes. Nort-sur-Erdre doit son histoire à la curieuse destinée que celle de cette rivière qui naît à La Pouëze dans le Maine-et-Loire et qui, après un cours capricieux, s'assagit à Nort pour se jeter dans la Loire à Nantes. Nort ne fut épargnée ni par les guerres de religion ni par les guerres de Vendée. Mais elle s'agrandit et s'embellit avec son port fluvial et son magnifique plan d'eau.

Grand Éléphant et branche - Les Machines de l'île, Nantes.

LE BRETAGNE - MAISON LORIN €€

41, rue Aristide-Briand ✆ 02 40 72 21 95
www.restaurantlorin.com

Ouvert du mardi au samedi de 12h15 à 13h30 et de 19h15 à 20h30. Réservation conseillée. Repas entre 17 € et 65 €.

Une maison qui existe depuis 1981 et une table gastronomique. Déjeuner dans un cadre champêtre et rustique. Donnant sur la cour arborée aux murs garnis de vigne vierge, dégustation d'une cuisine du terroir et du marché. La plupart des légumes sont récoltés chez un agriculteur bio de Nort-sur-Erdre. Osez la mijotée d'escargots, sauce bordelaine, puis le tajine de poisson au citron confit et laurier, et pour finir une poire pochée feuilletée et sirop de fleur de bleuet. Un sans-faute !

NANTES ★★★★

Nantes, ville des ducs de Bretagne, de Jacques Demy et de son inoubliable *Lola*, mais aussi ville contemporaine qui se dessine sur l'île et son quartier de la Création, est une cité qu'il faut visiter à pied en passant par ses quartiers historiques. Ils recèlent de magnifiques trésors architecturaux : la cathédrale Saint-Pierre-et-Saint-Paul, de style gothique et d'une blancheur immaculée, le château des ducs de Bretagne, ses courtines et son chemin de ronde ou, plus proche de nous, la tour LU et son Gyrorama, souvenir d'un passé industriel encore bien vivant. Nantes, c'est aussi une ville à l'architecture contemporaine admirée au gré de flânerie.

SUCÉ-SUR-ERDRE

À Sucé, l'Erdre prend ses aises et s'élargit en un superbe plan d'eau fréquenté par les bateaux de plaisance. Cette vocation touristique, rehaussée par la beauté du paysage a succédé à l'ancienne activité économique du port, après la disparition du transport fluvial des marchandises. Sucé-sur-Erdre, fief de la famille de Descartes, est associée au souvenir du philosophe qui venait y faire des séjours. Le charme et la douceur de vivre opèrent. Sucé vous invite à profiter de ses quais et de son port, à admirer le pont du XIXe qui l'enjambe, à emprunter les circuits de randonnées pédestres ou cyclistes ou encore à découvrir les marais de Mazerolles.

LE GRAND ÉLÉPHANT DES MACHINES DE L'ÎLE ★★

Boulevard Léon-Bureau
✆ 0810 12 12 25
www.lesmachines-nantes.fr

Les jours et horaires varient selon les saisons. Se renseigner par téléphone ou sur le site Internet.

Le célèbre pachyderme vit sur l'île de Nantes, sous les nefs de la Galerie des Machines. Cet éléphant de bois, cuir et métal affiche 12 m de haut et 48 tonnes et se déplace dans le quartier des chantiers navals en arrosant les passants. Vous montez sur son dos depuis sa cathédrale d'acier, jusqu'au Carroussel des Mondes Marins où il vous dépose pour un tour de manège. Une promenade insolite d'environ 30 min pour découvrir l'ancien site des chantiers navals et les quais de la Loire.

CHACHA RESTAURANT €

9, rue de la Blèterie
✆ 09 83 88 83 53
http://chacharestaurant.fr

Du mercredi au samedi, midi et soir. Tapas midi et soir. Brunch 1 dimanche par mois : 20 €. Groupes. Vente à emporter.

Un grand bar, deux jolies salles, des banquettes colorées... Un univers cosy et amical. Midi et soir, on se régale d'une cuisine de saison à base de produits locaux. Chaque jour à l'ardoise : un plat végétal, un plat végétarien mais aussi des tapas. On a beaucoup aimé les saveurs de ce « faux-mage » de cajou. À suivre, un bowl gourmand avec des légumes crus et cuits, tous marinés différemment. Enfin, une délicieuse tarte choco-caramel vegan. Les parts sont copieuses. On y boit des vins éthiques, des bières artisanales et des cocktails. Belle terrasse extérieure.

NANDI SAVEURS DES INDES €

6, rue Jean-Jacques-Rousseau
✆ 02 53 45 17 88
www.nandi-restaurant.com

Menus de 17,90 € à 21,90 €. Menu enfant : 6 €. Formule du midi : 12,50 €. Vente à emporter. Livraison possible.

Un restaurant qui casse les codes des habituels restaurants indiens, avec meubles et tables contemporains, et un style sobre sur les murs, avec simplement quelques mantras et photos accrochées ici et là. À l'heure du déjeuner, l'ardoise offre une belle variété de plats, entre bœuf, poulet et légumes. À la carte, des gambas tandoori, du poulet ou des crevettes korma ou encore un bœuf biryani et un crumble à la mangue ou un *gulab jamun* et sa glace au safran pour la note sucrée finale. On aime le soin apporté au dressage des assiettes.

LES RIGOLETTES NANTAISES

18, rue de Verdun
✆ 02 40 48 00 39
www.les-rigolettes-nantaises.com/fr/

Ouvert du lundi au samedi de 10h à 19h.

Inspiré par l'opéra *Rigoletto*, le confiseur nantais Charles Bohu avait baptisé son chat Rigolette en hommage au bouffon. Le félin a donné son nom aux friandises inventées en 1902, composées d'une fine coque de sucre cuite à la vapeur fourrée à la pulpe de fruit puis givrée. Les 5 parfums d'origine sont toujours là (citron, mandarine, framboise, cassis et ananas), complétés par ceux aux fleurs, aux fruits de saison, ou encore caramel beurre salé ou praliné. On trouve aussi une gamme de douceurs régionales, comme les Berlingots, Ducs de Bretagne ou Pavés nantais.

CARQUEFOU

Il y avait là un village dont l'origine remontait à l'emplacement d'un hêtre ou d'un chêne. Entre Erdre et Loire, Carquefou jouxte Nantes. Les charmes de son site, son territoire boisé, ont séduit par le passé conseillers du roi puis riches armateurs nantais. Châteaux, manoirs, témoignent de son pouvoir d'attraction. Mais Carquefou développe bien d'autres visages. C'est une commune dynamique sur le plan industriel et culturel. Elle abrite notamment le Fonds régional d'art contemporain des Pays-de-la-Loire, riche de près de 800 œuvres. Carquefou s'est dotée d'un golf dont le parcours évolue sur le magnifique domaine du château de l'Épinay.

© SOPHIE KESRAOUI

Port Jean face à l'Erdre-Carquefou.

LA FERME GOURMANDE

10, Chemin des enfas
✆ 02 40 49 83 61
www.lafermegourmandecarquefou.fr/

Ouvert du mardi au vendredi de 9h30 à 13h et de 14h30 à 19h ; le samedi de 9h30 à 18h.

C'est en mars 2020 à Carquefou que le jeune agriculteur Alexis Chauvelon a créé sa ferme gourmande. Ce jeune maraîcher cultive de manière raisonnée carottes, pommes de terre, blettes, courgettes, aubergines, tomates et fraises... Situé entre l'enclos des poules et des chèvres et les serres maraîchères, ce nouveau bâtiment en bois abrite un magasin qui propose divers produits fermiers de qualité en direct des producteurs, locaux pour la plupart. Les fruits et les légumes sont cultivés en agriculture raisonnée et il tend vers une conversion biologique à terme.

VILLAGES ET FORÊTS DE SOLOGNE

PARCOURS GPX

- Sens du circuit
- Itinéraire 167 km
- Aire de service
- Aire de camping
- Villes
- D Départ
- A Arrivée

2,5 KM

BRIARE	0	201	D952
GIEN	11	190	D953
SULLY-SUR-LOIRE	23	197	D60
CHÂTEAUNEUF-SUR-LOIRE	19	148	Rue de Gabereau
JARGEAU	8	140	Rue de la Levée
ORLÉANS	20	120	D2020
LA FERTÉ-SAINT-AUBIN	23	97	D2020
SALBRIS	35	62	D724
ROMORANTIN-LANTHENAY	27	35	D2076
VIERZON	35	0	

BRIARE ★

Briare, c'est avant tout son impressionnant pont-canal à l'architecture remarquable. Il permet aux bateaux empruntant le canal latéral de la Loire de traverser le fleuve sans craindre ses crues ou ses étiages pour rejoindre ensuite la Seine par le canal de Briare. Ces voies d'eau sont à l'origine de la création de son port de plaisance qui accueille les navires pour une escale ou en résidence. La ville est connue dans le monde entier pour ses émaux réputés. Le magnifique château de Trousse-Barrière, en brique rouge et pierre de taille, est devenu un centre d'expositions. L'église Saint-Étienne, romano-byzantine, parée d'émaux, demeure une curiosité.

GIEN ★★

Gien est mondialement reconnue par son excellente faïencerie, absolument unique. L'audace du travail prodigué continue à ravir les amoureux de l'élégante matière où la poésie n'est pas en reste. On profitera de traverser la Loire par le pont médiéval, de visiter l'église Jeanne d'Arc d'un modernisme détonnant et d'arpenter sur les hauteurs de la ville les salles du château d'Anne de Beaujeu devenu musée de la Chasse. À noter le bicentenaire de la naissance de la Faïencerie de Gien : 1821-2021… tout comme celui de Baudelaire, l'immense poète !

CHÂTEAU-MUSÉE DE GIEN - CHASSE, HISTOIRE ET NATURE

1, place du Château
✆ 02 38 67 69 69
www.chateaumuseegien.fr

Haute saison : du 1er mai au 30 septembre de 10h à 18h. Fermé le mardi. Fermé en janvier. Gratuit -6 ans. Adulte : 8 €.

Le château, qui abrite aujourd'hui le Musée de la Chasse et de la Nature, surplombe la ville ligérienne. Il est situé à la frontière de plusieurs territoires historiques. Il a été bâti par la fille de Louis XI : Anne de France devenue Anne de Beaujeu. Son architecture est un témoignage de la période de transition entre la forteresse défensive médiévale et la Renaissance avec son plus grand confort et son plaisir de vivre. Après avoir vu passer Jeanne d'Arc et Catherine de Médicis, il devient bien national à la Révolution et propriété du département du Loiret qui y installe la sous-préfecture, le tribunal et une prison. Le Musée de la Chasse, créé à l'initiative de Pierre-Louis Duchartre (inspecteur des musées de France) et d'Henri de Linarès (premier conservateur), a trouvé place dans ses murs depuis 1952. Un important travail de rénovation a permis de mettre en valeur des remarquables collections sur les thèmes des techniques de chasse. On peut y découvrir la faune de la région à travers les différentes facettes de la chasse. Les collections remarquables sur les techniques de chasse au vol, à courre et à tir sont autant d'informations qui montrent l'importance de cette pratique ancestrale au cœur du Val de Loire aux néophytes, mais aussi aux chasseurs eux-mêmes. Outre le musée, les activités pour les petits comme pour les grands ne manquent pas : ateliers créatifs de masques de loup, sculptures sur glace en hiver, concerts en été... Sans oublier les visites guidées.

SULLY-SUR-LOIRE ★★

De Sully-sur-Loire émane comme une majesté venue des eaux. Son château, extrêmement bien conservé et parfaitement entretenu, entouré de ses douves, ressemble à une frégate. La cité est comme nichée tout près de lui, et apparaît protégée par cette demeure hors du temps. Le festival international de musique classique va bientôt fêter son demi-siècle d'existence, une vraie référence ! La maison d'Henri IV, dont Sully fut l'illustre ministre, est parmi le nombre de curiosités à découvrir durant le petit circuit historique balisé dans la ville. Et on ne peut pas repartir sans avoir goûté au pâté de faisan, la spécialité de la ville, unique.

AUX P'TITS OIGNONS €€

1, rue du Port au Bois
✆ 02 38 67 64 16

Ouvert mardi, mercredi, vendredi et samedi 12h-14h/19h-21h. Menu unique à 25,50 €. Formules du midi : 17,50 €.

Un restaurant avec une salle dédiée aux chats, cela vaut le détour. Et on n'en sort pas déçu, tout le contraire. Viandes et poissons se disputent la place principale pendant que sont entrés une terrine de foies de canettes, des gésiers confits et du magret fumé en salade. Un peu plus loin, on aperçoit la venue d'un tiramisu à l'italienne suivi d'une mousse au chocolat à l'ancienne. Vous l'avez compris, on cuisine avec le cœur, les mains alertes et les choix rigoureux. Ça mitonne grave *Aux P'tits oignons* mais dans la bonne humeur et le sourire affiché. Chat alors !

CHÂTEAU DE SULLY-SUR-LOIRE ★★

Chemin de la Salle Verte ✆ 02 38 36 36 86
www.chateausully.fr
Ouvert toute l'année (sauf en janvier). Ouvert 7j/7 l'été de 10h à 18h. Visite guidée 10 €. Plein tarif 8 €.

La première construction de ce château remonte au haut Moyen Age. A la toute fin du XIVe siècle, Guy de La Trémoïlle fit construire un vaste donjon entouré de quatre tours circulaires. Le château fut ensuite remanié et embelli par Maximilien de Béthune, duc de Sully, ministre d'Henri IV, qui l'acquit en 1602. Une réplique du tombeau de Sully et de sa seconde épouse, Rachel de Cochefilet, se trouve d'ailleurs au rez-de-chaussée du donjon. Dans ce château, Sully vint principalement passer sa retraite après l'assassinat d'Henri IV. Il y écrivit et imprima ses mémoires. Les collections (mobiliers, tableaux, gravures, arts décoratifs) permettent de découvrir l'époque du « bon roi Henri », dont le souvenir reste attaché à ce château. La tenture de Psyché, présentée dans les salles réaménagées en 2007, est un ensemble de six tapisseries du XVIIe siècle racontant l'histoire de cette déesse dont la beauté dépassait celle de Vénus. Le second étage vous séduira par son chemin de ronde (l'horizon porte à une dizaine de kilomètres) et son imposante charpente aux poutres d'époque. Illuminé le soir, le château, propriété du Conseil départemental du Loiret, est entouré d'un parc et bordé par la Loire. Côté programmation, le château s'anime chaque année avec des rendez-vous incontournables. Et, entre-temps, vous pouvez bénéficier des nouveautés : visite des parties insolites du château avec « Enquête au château », visite aux lanternes, visite théâtralisée pour les groupes, entre autres.

CHÂTEAUNEUF-SUR-LOIRE ★

Châteauneuf-sur-Loire entretient un lien particulier avec la littérature (Maurice Genevoix, 1890-1980) et la marine fluviale. Sans pour autant oublier son château qui connut les Capétiens, les Valois et les Orléans. Désormais, c'est la mairie qui s'y est installée, laissant aux écuries le rôle de musée de la marine de Loire. Il n'empêche que son parc dessiné par Le Nôtre est doté d'un respectable arboretum et qu'en bord de Loire, on apprécie la promenade du Chastaing où les gabares ont l'air de regarder les passants. Du pont suspendu, on saura peut-être retrouver la mémoire de ce que fut le port au début du XIXe siècle. Depuis, de l'eau a coulé sous le pont…

MUSÉE DE LA MARINE DE LOIRE ★

1, place Aristide-Briand ✆ 02 38 46 84 46
www.musee-marinedeloire.fr/musee
Ouvert toute l'année. Fermé le mardi. Du 1er avril au 31 octobre, ouvert de 10h à 18h. Adulte : 5 €. Label Loire à Vélo.

Incontournable, le mot est juste. Ce Musée de la Marine de Loire est un petit bijou. Les passionnés vont s'y retrouver en se perdant allègrement de salle en salle où chacune réserve des surprises. Sur trois niveaux des centaines d'objets évocateurs d'un temps où Châteauneuf fut un grand port, tels Orléans ou Nantes. Des collections enrichies par les artistes ligériens mais aussi des manuscrits et des ouvrages bibliophiliques. Une nouveauté : le circuit Maurice Genevoix. À ne pas rater.

Vue sur le pont George V et la cathédrale Sainte-Croix d'Orléans.

NORD-OUEST

LE PARC DÉPARTEMENTAL DU CHÂTEAU

✆ 02 38 58 44 79
www.chateauneuf-sur-loire.com
Ouvert tous les jours, toute l'année. Gratuit.
Attribué à Le Nôtre, conçu donc au XVIIe siècle, le Parc Naturel Départemental de Châteauneuf-sur-Loire offre des promenades loin de tout souci. Ses 20 hectares, ponctués par sa célèbre haie de rhododendrons sur 800 mètres, regorgent de plus de 70 espèces d'oiseaux. L'arboretum, où 40 arbres remarquables s'épanouissent depuis près de deux siècles, taquine aussi bien les narines que la vue. Enfin, la Loire à proximité vous offre un rare panorama ligérien.

CAMPING MUNICIPAL D'OLIVET*** €€

Rue du Pont-Bouchet - **OLIVET** ✆ 02 38 63 53 94
www.camping-olivet.org
Ouvert d'avril à fin septembre. Emplacement + véhicule + 2 personnes de 8,30 à 20 €. Wifi. Laverie. Aire camping-car.
46 emplacements dont 42 «grand confort», qui accueillent tentes, caravanes ou camping-cars. Ces derniers trouveront par ailleurs une aire pour effectuer les services. Les blocs sanitaires sont chauffés et bien entretenus. Sur 2 hectares, le camping s'étend en bordure de cours d'eau. Vous trouverez à proximité la possibilité de faire une sortie en montgolfière, une sortie canoë, une sortie à vélo (location de vélos sur place) et une sortie en pleine nature sur les bords du Loiret.

JARGEAU

Ville johannique, Jargeau, bien que « capitale de l'andouille », est aussi celle des carnavals du Mardi gras et, en été, la bien connue « nocturne » où faire l'andouille est de mise. Foires diverses et festivités en faveur des produits de bouche n'empêchent nullement d'aller découvrir la fameuse *Semeuse* d'Oscar Roty en son musée et d'admirer le cachet architectural de l'église et de la mairie se côtoyant sur la place du Grand-Cloître. Jargeau a toujours eu une importance stratégique grâce à son pont en pierre construit dès le début du XIIIe siècle. Il sera emprunté par Jeanne d'Arc et ses troupes pour attaquer les Anglais et libérer Orléans.

LA FERTÉ-SAINT-AUBIN ★★

S'étendant principalement au bord des deux côtés de la Nationale 20, La Ferté-Saint-Aubin est une place importante de la Sologne. Son château commencé au cours du XVIe siècle attire nombre de curieux. En ville, construits au XIXe siècle, ce sont vingt petits châteaux privés égrenés çà et là ainsi que d'opulentes maisons solognotes reconnaissables à leurs colombages. Halles, fermes et églises confortent la tradition. Il y a peu, le Variétés Cinéma, datant de la fin des années 1930, a rouvert grâce à la famille Seydoux. Un parfum d'une époque révolue ressurgit.

ORLÉANS ★★

Dotée de la plus grande forêt de France, du fleuve le plus long de France, de la personnalité la plus convoitée de France – Jeanne d'Arc – et traversée par la véloroute EV6 longue de 4 450 km reliant l'Europe occidentale à l'Europe orientale en traversant l'Europe centrale, Orléans dispose d'une situation patrimoniale, naturelle, historique et futuriste des plus avantageuse. Son passé baigné de royauté est loin d'être indifférent à cet héritage qui offre à la capitale de la région Centre-Val de Loire une place unique et qualitative, notamment dans l'économie, le sport et la culture. Une ville en mouvement qui tend les bras à la biodiversité.

SALBRIS ★

Deuxième ville de Sologne après Romorantin, Salbris, la capitale de la chasse, enchantera les amateurs de tourisme vert entre les balades et circuits de randonnée, la pratique de la pêche, du kayak et l'Almeria, le parc entièrement dédié au cheval et à l'art équestre… En passant par Salbris, ne manquez pas son église Saint-Georges, édifiée du XIIe au XVIIe siècle et qui vient de changer de clocher. La chapelle Notre-Dame-de-Pitié (fin XVIe-XVIIe siècle) était sensée donner un répit aux enfants morts-nés pour leur donner le temps d'être baptisés. La ville comporte aussi d'excellents restaurants et un circuit international de karting réputé.

LE LION D'OR €€

23, boulevard de la République
✆ 02 54 97 05 82
www.hotelliondorsalbris.fr

Menus de 19 à 33,50 €. Carte : 30 € environ. Formule du midi : 14 € (du mardi au vendredi). Chambres de 62 à 82 €.

Ne passez pas à côté des spécialités de la maison qui met à l'honneur les produits du terroir comme les asperges ramassées à quelques kilomètres du restaurant, la châtaigne ou encore le gibier en saison comme le civet de biche. Le chef vous réserve encore quelques surprises comme ses râbles de lapin cuits au four ou encore son sandre rôti au beurre blanc ou la tête de veau sauce gribiche... Des prix raisonnables pour une étape intéressante où l'accueil se veut résolument chaleureux, dans des chambres simples mais confortables.

LE LANTHENAY €€

9, rue de Notre-Dame-du-Lieu
✆ 02 54 98 35 94
www.hotel-restaurant-le-lanthenay.fr

Restaurant ouvert du mardi au dimanche midi. Menus de 24 à 41 €. 10 chambres de 59 à 88 €. Terrasse. 2 salles.

Au pied de la petite église de Lanthenay si particulière avec ses 2 chapelles rondes, ce restaurant fraîchement rénové en mai 2021 privilégie les légumes et produits de producteurs locaux. Foie gras et pâtisseries maison, la carte est gourmande et si le chef n'hésite pas à innover, il n'oublie pas les plats traditionnels comme le gibier, incontournable en Sologne, la biche en civet en est le meilleur exemple. La pâtisserie est un péché que le chef aime partager. Une porte s'est rouverte à Romorantin, les gourmands peuvent la pousser avec bonheur. Adresse futée.

ROMORANTIN-LANTHENAY ★

La visite de la capitale de la Sologne, c'est d'abord la promenade autour du plan d'eau, en entrant dans le parc Fernand-Buisson. Un grand tour qui vous emmène dans le vieux Romorantin, repaire tranquille. Pour la dimension culturelle, les vestiges des fortifications, la porte Braud, les maisons du Moyen Age, les églises Saint-Etienne et Saint-Aignan. Et bien sûr les trois musées de la ville, dont un consacré à l'automobile. Romorantin reste marquée par François Ier qui y reçut en chahutant une blessure à la face qui l'aurait obligé à porter la barbe. La ville faillit devenir la capitale du royaume comme en témoignent les plans de Léonard de Vinci.

VIERZON ★

Traversée par le canal du Berry, Vierzon se trouve aux portes de deux régions bien typiques : la Sologne, ses forêts, ses landes et ses étangs, et le Berry, avec ses vallons et vignobles parcourus de paisibles cours d'eau. La ville fut le théâtre des guerres de religion et fut traversée par la ligne de démarcation pendant la Seconde Guerre mondiale. Aujourd'hui, on se promène sur la butte de Sion (la motte féodale du château) qui offre une jolie vue panoramique. Les vestiges des remparts du IXe siècle et le beffroi du XIIe siècle sont toujours visibles en ville. On se laissera aussi séduire par les maisons à pans de bois. A voir, l'église Notre-Dame.

CAMPING MUNICIPAL DE TOURNEFEUILLE €€

32, rue des Lices ✆ 02 54 76 16 60
www.campingromorantin.com

Ouvert du 1er avril au 31 octobre. Terrain de 18 ha. Emplacement + véhicule + 2 personnes de 14 à 17,40 €.

Situé à deux pas du centre-ville, en bordure de la Sauldre, le camping Tournefeuille, convivial et familial, est plein d'atouts pour découvrir la Sologne. Il met à la disposition des vacanciers 6 chalets : 5 pour 6 personnes et 1 pour 4 personnes pouvant accueillir une personne handicapée. Une formule « Stop Accueil Camping-Car » est également prévue avec un accès à l'aire de services, où vous pourrez vidanger les WC chimiques et les eaux usées, et faire le plein d'eau potable.

SENTIER DE LA SALAMANDRE

Route d'Auxerre
✆ 02 48 75 49 99

Ouvert toute l'année. Gratuit.

Un sentier pédagogique dans un espace naturel sensible de la forêt de Vierzon de 2,3 km à la découverte du milieu forestier, de sa faune, de ses essences et même d'une mare. Au long de votre cheminement, des panneaux didactiques vous informent. A ces pupitres sensoriels avec relief et braille s'ajoutent des revêtements accessibles aux fauteuils roulants ou aux poussettes afin que le site soit accessible au plus grand nombre. Le parcours est jalonné de nombreux bancs parfaits pour une immersion méditative. Et rien de vous empêche de pratiquer un bain de forêt.

SUD-OUEST

CHARENTE MARITIME

LIEUX	Km partiel	Km cumul	Routes
TRIZAY	0	0	D238E1 puis D238
ROCHEFORT	14	14	D911
MURON	16	30	D911
SURGÈRES	11	41	D107 puis D108
LA JARNE	27	68	D111 puis D937
LA ROCHELLE	9	77	D21 puis D735
LA FLOTTE	17	94	D735E2 puis D735
SAINT-MARTIN-DE-RÉ	4	98	D201E2 puis D735
ARS-EN-RÉ	13	111	D735 puis D101
PHARE DES BALEINES	9	120	Arrivée

LE CHÂTEAU-D'OLÉRON ★

C'est l'une des premières communes accessibles une fois le viaduc franchi. Cet ancien port ostréicole, chef-lieu de canton et capitale historique de l'île, est situé au sud-est d'Oléron, face au continent. La « citadelle de Vauban » fait de la commune un des hauts lieux touristiques de l'île. Composante majeure du bassin de Marennes-Oléron avec La Tremblade et Marennes, Le Château-d'Oléron est intimement lié à l'ostréiculture. Il fait bon flâner le long du chenal d'Ors et admirer les cabanes multicolores. La ville aime les couleurs éclatantes, et ce n'est pas un hasard si elle est devenue un pôle incontournable en matière d'arts plastiques.

AIRE MUNICIPALE D'ACCUEIL POUR CAMPING CARS €€

✆ 05 46 75 53 00
www.lechateaudoleron.fr
Ouverte toute l'année, 180 emplacements, 13,50 € pour 24 heures tout compris. CB uniquement.

Cette aire d'accueil pour camping-cars est située dans la capitale historique d'Oléron, route des Huitres au Château d'Oléron, face à la mer, à proximité du centre ville avec sa citadelle, ses commerces, son marché quotidien, son port avec ses cabanes d'artisans d'art. Vous aurez accès à l'eau, l'électricité, sanitaires, douches, vidange cassette et eaux usées. La toute nouvelle piste cyclable toute proche vous permettra d'accéder aisément au centre-ville.

CITADELLE DU CHÂTEAU D'OLÉRON ★

✆ 05 46 75 53 00
www.ile-oleron-marennes.com
Ouvert tous les jours. Gratuit. Renseignements en mairie.

© DR

Ouvrage militaire destiné à protéger la partie Sud de l'île d'Oléron, la citadelle est née en 1630. Constatant les faiblesses de la structure, l'ingénieur en chef Vauban décide en 1685 la création de deux ouvrages à cornes. Débutés trois ans plus tard, les travaux nécessitent des milliers d'hommes. Quelque 7 000 ouvriers dont des sauniers de Dolus et Saint-Trojan travaillent à l'édification. La citadelle sera convertie en prison pendant la période révolutionnaire. Incontournable !

SAINT-TROJAN-LES-BAINS ★★

Saint-Trojan-les-Bains est un village apprécié pour la baignade, les balades en forêt et le port ostréicole et ses cabanes bariolées. Lorsque le mimosa fleurit en début d'année, chaque maison ou villa se pare de jaune d'or. Adossée à une forêt de pins maritimes et donnant sur une baie magnifique, la plage de Gatseau permet une baignade familiale en toute sécurité. Le pertuis de Maumusson, par lequel on accède par les sentiers forestiers ou par le P'tit train en partant du village, est soumis à l'un des plus forts courants d'Europe. Les vagues y sont parfois impressionnantes : un rêve pour les surfeurs et autres adeptes des sports de glisse.

SAINT-PIERRE-D'OLÉRON ★★

Cette commune est située au cœur de l'île, aussi proche du phare de Chassiron que du viaduc. Cette position si particulière a très tôt profité à la cité, lui permettant de développer des relations commerciales avec le nord de l'Europe, exportant du sel et du vin depuis Boyardville et La Cotinière. Le cadre se prête idéalement à la promenade. En été, on se prélasse à la terrasse d'un café admirant le ballet des bateaux de retour du large, on déambule à travers les commerces jusque tard dans la soirée, profitant des animations estivales. Dans le centre, le voyageur se laisse charmer par ses ruelles piétonnes dotées d'un patrimoine varié.

MUSÉE DE L'ÎLE D'OLÉRON ★

9, place Gambetta
✆ 05 46 75 05 16
www.musee-ile-oleron.fr
Ouvert tous les jours de 10h à 12h et de 14h à 18h. Haute saison : tous les jours de 10h à 19h. Adulte : 4,50 €.

Le musée est situé en plein centre-ville. Inauguré en 1963, il est installé depuis 2006 dans une jolie bâtisse du XVIIIe siècle. L'accueil est agréable, donnant envie de parcourir les différents lieux d'exposition pour connaître l'histoire de l'île d'Oléron. Vous comprendrez comment a évolué l'homme sur ce territoire insulaire du Néolithique à aujourd'hui en observant les activités traditionnelles (viticulture, saliculture, gemmage, ostréiculture) mises en valeur par une sélection d'objets représentatifs du mode de vie d'Oléron.

DE L'ÎLE AUX PAPILLES €€

Place Camille-Mémain
✆ 05 46 36 87 45
www.ile-aux-papilles.fr
Haute saison : du mercredi au dimanche à partir de 12h15 et à partir de 19h30. Menu à 36,50 € ou 31 €.

Ce restaurant n'a en rien usurpé son nom ! Niché dans un recoin de la place Camille-Mémain, il est dédié à tous ceux qui veulent surprendre leurs papilles. La salle, intimiste, charme par ses murs en pierres apparentes. L'accueil est chaleureux et le service rapide. Mais c'est bien dans les assiettes que ce restaurant surprend. Les produits locaux sont traités avec talent et la carte est courte : tataki de thon germon, lieu jaune, médaillon de lotte et des desserts qui ne laissent pas indifférents : trilogie de sorbets maison, parfait chocolat noir.

SAINT-DENIS-D'OLÉRON ★

Bienvenue chez les Dionysiens, les habitants de la pointe nord de l'île. Saint-Denis d'Oléron, en plus de son bourg, dorlote ses 6 villages : Chassiron, La Gautrie, La Morelière, La Michelière, La Bétaudière et Les Huttes. Si le premier village s'est construit autour de l'église, Saint-Denis s'est développé grâce à son port depuis lequel partaient des bateaux chargés en vins et eaux-de-vie. Au début du XXe siècle, la route et la voie de chemin de fer permettent d'accéder plus facilement au nord de l'île. La commune la plus septentrionale d'Oléron a un lien tout particulier avec l'océan et accueille tout naturellement les amateurs de bains de mer.

TRIZAY

A 12 kilomètres de Rochefort, la petite commune de Trizay ne manque pas de points d'intérêt, à commencer par son Prieuré bénédictin Saint-Jean-l'Evangéliste, datant du XIe siècle. Entièrement restauré entre 1990 et 2000, il accueille aujourd'hui un intéressant musée d'art contemporain. A Trizay, on ira aussi découvrir le parc botanique des jardins de Compostelle, bordé par un plan d'eau artificiel, qui compte plusieurs écosystèmes. Constitué de plantes parfois rares, il abrite une intéressante oliveraie. Voir aussi l'église Notre-Dame-de-Monthérault, récemment rénovée, et celle de Saint-François, d'architecture néo-gothique.

ROCHEFORT ★★★

Etrange destin que celui de Rochefort, ville nouvelle du XVIIe siècle. Sous l'impulsion de Louis XIV, le roi Soleil, Rochefort sort de terre en 1666 pour devenir un grand port de guerre. L'emplacement est idéal : l'accès à l'Arsenal est protégé naturellement par l'estuaire de la Charente et les îles d'Aix et Oléron. Dessinée et édifiée selon un plan en damier, la ville prend son aspect définitif grâce à Michel Bégon, intendant de la Marine, qui organise sa reconstruction en pierre de taille. De cette riche histoire, Rochefort tire sa beauté singulière. Le caractère royal de la ville se retrouve dans les édifices monumentaux de l'ancien Arsenal.

CAMPING MUNICIPAL LE RAYONNEMENT

3, avenue de la Fosse aux Mâts
✆ 05 46 82 67 70
Ouvert de fin février à fin novembre. Emplacement + véhicule + 2 personnes à partir de 16,60 €.

Le camping municipal Le Rayonnement se trouve à 500 m du centre-ville de Rochefort et 2 km des thermes. Il accueille les voyageurs dans un espace naturel, pour un séjour au calme. Le camping propose 117 emplacements, dont 23 mobil-homes. Les tentes, caravanes et camping-cars trouveront des emplacements semi-ombragés avec accès à l'électricité si besoin. Parmi les infrastructures et activités du camping : blocs sanitaires, terrain de pétanque, aire de jeux pour enfants, prêt de vélos.

© SYLVAIN BREFFY

PHARE DE CHASSIRON ★★

Pointe de Chassiron
✆ 05 46 75 18 62
https://chassiron.jimdo.com

Ouvert tous les jours de 10h à 12h30 et de 14h à 17h/19h/20h selon la saison. Adulte phare + musée 5 €. Enfant : 2,50 €.

Du haut de ses 46 m, il est depuis deux siècles le point culminant de l'île. Prenez votre souffle, quelque 224 marches vous attendent avant de pouvoir admirer un panorama d'exception : le nord de l'île bien sûr, mais aussi l'océan à perte de vue, Fort Boyard et même La Rochelle. Plus bas, un jardin ainsi qu'un parcours spectacle dédié aux « gens de la côte entre terre et mer ». Futé, des visites guidées sont disponibles permettant de profiter du coucher de soleil, mais aussi de découvrir toute la richesse environnementale des lieux. Visite nocturne en été.

KER ZEN €

44, avenue Gambetta ✆ 05 46 88 18 49
www.kerzen.fr

Ouvert mardi-samedi midi et soir. Menu à partir de 9,80 €. Menu enfant : 7,10 € (- 10 ans). Formule du midi : 12,95 €.

Plusieurs menus sont proposés, de l'express du midi qui permet de dévorer plat et dessert du jour au menu pizza pour composer soi-même sa pizza ! Ne ratez pas les galettes de sarrasin qui sont d'une grande qualité. Les végétariens pourront également se régaler de plats pensés pour eux. Qu'on se le dise ici, le chef cuisine des produits frais et on en redemande. Les desserts font la part belle aux crêpes de froment des classiques beurre-sucre aux gourmandes comme l'Emeraude mêlant glace menthe-chocolat, chocolat maison, crème fouettée et amandes grillées !

SURGÈRES

Située dans la plaine d'Aunis, la ville doit avant tout sa renommée à Hélène de Fonsèque, dite Hélène de Surgères. Demoiselle d'honneur de la reine Catherine de Médicis et dernière muse de Ronsard, elle s'est retirée dans son château avant d'y mourir en 1618. Mais l'histoire de la cité surgérienne est plus ancienne et liée à la rivière, la Gères, qui lui donne son nom. Surgères connaît un âge d'or grâce à la viticulture. Les propriétés viticoles ravagées sont rachetées par des paysans qui délaissent le vin pour le beurre. La région se lance dans la production de lait avec la première laiterie coopérative de France créée en 1888 par Eugène Biraud.

LA ROCHELLE ★★★★

Ville la plus importante des estuaires de la Loire et de la Gironde. A voir : les tours médiévales du Vieux Port, la porte de la Grosse Horloge, l'hôtel de ville de style Renaissance et d'autres bâtiments des XVIIe et XVIIIe siècles. Parmi les musées, optez pour le Musée du Nouveau Monde, le Musée rochelais d'Histoire Protestante, le Musée Maritime. Avec un peu plus de temps, rendez-vous également sur l'une de ses trois plages (de la Concurrence, des Minimes, de Chef de Baie). A la pointe des Minimes, contemplez le Phare du bout du monde, réplique du phare original érigé en 1884 sur l'île des Etats, en Patagonie, et aujourd'hui détruit.

MUSÉE MARITIME DE LA ROCHELLE ★

Place Bernard-Moitessier
✆ 05 46 28 03 00
www.museemaritimelarochelle.fr

Tous les jours 10h-18h30 du 1er avril au 2 novembre (dernière visite à 17h30). Adulte 9 €.

Le Musée maritime met en avant une large collection de bateaux : espaces ludiques, scénographie travaillée avec soin, le tout accompagné de maquettes, photos, gravures et d'objets reflétant l'histoire portuaire de La Rochelle. Vous passerez du port de Rupella à celui des Minimes, de la pêche à la plaisance. Après la visite, rendez-vous au Bar du France 1 : rencontres musicales, vue imprenable sur les tours, produits de la mer version tapas, et une cuisine de type brasserie le midi.

MUSEUM D'HISTOIRE NATURELLE ★★

28, rue Albert-Ier ✆ 05 46 41 18 25
www.museum-larochelle.fr

HS : du mardi au vendredi de 10h-19h, le week-end et jrs fériés de 14h à 19h. 1er dimanche du mois : 10h-19h (gratuit).

Les 2 300 m² d'exposition du Muséum d'histoire naturelle offrent un magnifique voyage au cœur du patrimoine naturel et culturel : près de 10 000 objets issus des collections naturalistes et ethnographiques. Entre autres découvertes, le cabinet d'histoire naturelle de Clément Lafaille et les trouvailles d'explorateurs comme Pierre Loti forment une collection magnifique. Le Muséum propose une muséographie moderne et interactive. Collections végétales originales côté Jardin des plantes.

AIRE COMMUNALE

Boulevard Aristide-Rondeau
✆ 05 46 41 14 68

600 places. Payant. Vidéo surveillance. 2h : 1 € ; 3h : 1,50 € ; 24h : 5 €, offres spéciales et divers forfaits.

Ce parking-relais, situé non loin du Parc des Expositions, et ouvert depuis plusieurs années pendant les mois d'été, est devenu permanent. Surveillé 24h/24 en été, il offre un service de navette gratuite vers le centre-ville de 7h30 à 21h. De septembre à juin, il est ouvert et surveillé de 6h à 21h, sauf le dimanche et jours fériés. Il est également fermé pendant la foire-exposition. Il accueille camping-cars et cars de tourisme. Idéal pour stationner sans se poser de questions sur l'accessibilité aux camping-cars, et visiter la ville.

L'HYSOPE €€€

25, rue de l'Aurore ✆ 05 46 68 52 21
www.lhysope.fr
1 Michelin. Fermé dimanche soir, lundi toute la journée et mercredi soir. Menus de 48 € à 125 €. Formule midi.*

Ce restaurant gastronomique est l'une des meilleures tables de la région. On comprend pourquoi le chef Nicolas Durif, a obtenu une première étoile en 3 ans. On découvre une cuisine raffinée, mêlant produits de la mer et du terroir agrémentés de fleurs et d'épices. Le midi, la formule du marché offre un excellent rapport qualité-prix. Au dîner, l'ambiance cosy invite à tenter le menu dégustation en 8 plats riches en originalité selon l'humeur du Chef. Les desserts sont confectionnés par le chef pâtissier à la manière d'un bijou que l'on contemple comme une œuvre.

LA TOQUE CUIVRÉE - CANELÉS DE BORDEAUX

60, boulevard André-Sautel ✆ 05 46 50 64 55
www.la-toque-cuivree.fr
Ouvert du lundi au samedi de 8h à 19h ; le dimanche de 8h à 13h. Livraison possible. Vente sur internet et en boutique.

Le Canelé est un délice qui date du XIVe siècle. C'est une pâtisserie à base de farine, d'œufs, de lait, de vanille et de rhum... Installée le long du boulevard Sautel, la boutique perpétue un savoir-faire unique rendant ces petits gâteaux caramélisés délicieux. Canelés gros ou en bouchée selon votre appétit et votre gourmandise ! Vous pourrez même vous laisser tenter par des spécialités comme les tourtières et le tout nouveau produit : la pâte à tartiner aux Canelés de Bordeaux !

LA FLOTTE ★★★

On rejoint cette commune depuis le viaduc en empruntant une route passant devant les restes d'une abbaye et des champs riches en couleurs. La Flotte, c'est avant tout un port où chacun fait escale, du marin au touriste de passage, avide de s'imprégner de ce lieu chargé d'histoire. Construit en 1765, il a vu partir de nombreux navires chargés des deux trésors de l'île, le sel et le vin. Aujourd'hui, voiliers et bateaux de plaisance s'y amarrent, s'offrant une escale toute particulière dans ce port bordé de bistrots et de restaurants. Endormi durant l'hiver, se réveillant dès les premiers beaux jours, le port est le cœur battant du village. Profitez-en pour louer un vélo et ainsi découvrir ce village typique et faites un tour sur le fameux vieux port, boire un verre en terrasse, passer par le célèbre marché médiéval et profiter du marché nocturne ouvert tous les soirs entre juillet et août. Dans l'assiette, les incontournables huîtres, fruits de mer, agneaux et spécialité de l'île, ses petites pommes de terre grenailles qui se dégustent avec la peau. Difficile de résister aux nombreux produits locaux proposés par des commerçants réputés pour leur accueil chaleureux. La Flotte jouit d'un patrimoine riche qui mérite d'être découvert. À découvrir : l'Abbaye des Châteliers, la Maison du Plantin, le marché Médiéval, le Fort de Prée qui est le plus ancien bâtiment militaire de l'île et l'Église Sainte-Catherine datée du XVe siècle pour ses parties les plus anciennes.

La Rochelle.

ÉCOLE DE SURF [RÉ SURF]

6, rue Maxime-Dervieux
✆ 06 30 08 12 81
www.re-surf.com
Fermé déc.-avr. Stages (5x1h30) de 140 €. Cours de 1h30 de surf : de 35 € à 40 €. Cours particulier 1h à partir de 50 €.

Vantée pour ses plages de sable fin, l'île de Ré est aussi un territoire propice au surf en abritant un certain nombre de spots. Pour apprendre le surf, n'hésitez pas à fréquenter cette école. Depuis près de 10 ans, cette structure – la seule à être labellisée par la Fédération Française de Surf – accueille tout le monde, du simple amateur aux surfeurs plus aguerris. 2 sites : l'un à la plage du Gros Jonc au Bois Plage en Ré, l'autre à la plage du Lizay aux Portes en Ré, offrent de bonnes conditions de glisse. L'école propose des cours particuliers et des stages.

BEN HUR - CHAR À HUÎTRES €

✆ 06 99 21 20 73
Ouvert de mai à mi-octobre : du vendredi au mardi midi et soir, et le mercredi : midi. Terrasse. Animations.

Un bateau posé au cœur du parc de la Barbette ? Non, vous ne rêvez pas, Tony a choisi de s'installer dans un lieu idyllique pour s'offrir une pause déjeuner. Non loin des remparts, on profite ici d'un accueil chaleureux, d'un lieu authentique et de la nouvelle terrasse couverte. Pas de grande carte, mais plutôt une petite ardoise où sont inscrits des plats océaniques à un tarif abordable. Le chef les cuisine joliment, donnant l'occasion de déguster en terrasse des langoustines à la plancha, une papillote de vanets, et même des tentacules de poulpes marinés !

SAINT-MARTIN-DE-RÉ ★★★

Saint-Martin-de-Ré, considérée comme la capitale de l'île de Ré a tiré sa prospérité du commerce et de la pêche dès le Moyen Age. C'est la commune la plus riche de l'île au niveau architectural, comme en témoignent ses belles maisons bourgeoises, ses hôtels particuliers, les portes de Thoiras et des Campani. Du bourg médiéval subsistent trois rues parallèles qui descendent vers le port. Organisé autour de son port, c'est un lieu de visite incontournable pour les locaux et les touristes. Pour avoir un bon aperçu de la ville, il faut prendre le temps de longer la citadelle et les remparts, parcourir le centre et ses venelles fleuries. L'histoire de cette cité est également associée à celle du bagne de Cayenne, étape obligatoire de l'expiation de 70 000 hommes. En effet, de 1874 à 1938, Saint-Martin devient le lieu de rassemblement des bagnards avant leur acheminement vers la Nouvelle-Calédonie et surtout la Guyane. À visiter : les fortifications Vauban construites à la fin du XVIIe par Sébastien Le Prestre de Vauban, alors ingénieur du Roi Louis XIV. Les murailles et bâtisses sont restées intactes. La prison et la Citadelle qui sont aujourd'hui la plus importante maison pénitentiaire de France. Elle ne se visite pas... Le clocher Observatoire qui offre un panorama unique sur la ville fortifiée, mais aussi sur l'ensemble de l'île. Le musée Ernest Cognacq qui propose une lecture des temps forts qui ont façonné l'identité de l'île. Le port qui est l'élément phare du village !

ARS-EN-RÉ ★★★

On devine le village de loin grâce au fameux clocher de l'église Saint-Étienne qui domine vignes et marais salants et qui servait autrefois d'amer – un point de repère pour les marins. Devenu bicolore en 1855 avec sa pointe en noir, le clocher est unique, car il a conservé ses couleurs. Si votre regard s'arrête un instant sur cette drôle de silhouette, il se perdra volontiers dans les venelles qui partent de la place Carnot où se trouvent de nombreux restaurants. Plus loin, se trouve l'autre lieu de vie du village : le port. On y arrive au gré d'une flânerie, après avoir contemplé les maisons bourgeoises, on s'y arrête le temps d'un café ou d'un repas.

LES CONFITURES DU CLOCHER

1, chemin des Palissiats
✆ 05 46 29 41 35
www.les-confitures-du-clocher.com
Ouvert toute l'année. Confitures 100% fruits et tradition. Vente sur place à la boutique.

Bertrand Héraudeau dirige cette entreprise familiale depuis peu. Pâtissier de formation, il ne cesse de mettre ses qualités en avant au point d'obtenir, en 2018, le titre de meilleur confiturier de France. Rétais et touristes ne s'y trompent pas, ils sont nombreux à faire une halte dans cette boutique située à deux pas du clocher. Chaque produit est soigneusement fabriqué, sans produit chimique ni conservateur. La qualité est telle que chaque année plusieurs sont primés.

PAYS DE COGNAC

LIEUX	Km partiel	Km cumul	Routes
ANGOULÊME	0	0	D72 puis D130
FLÉAC	7	7	D72 puis D41
NERSAC	8	15	D41 puis D84
CHÂTEAUNEUF-SUR-CHARENTE	13	28	D14 puis D22
VIBRAC	6	34	D22
ANGEAC-SUR-CHARENTE	2	36	D154
TRIAC-LAUTRAIT	8	44	D22
JARNAC	5	49	D157 puis D945
COGNAC	14	63	D83 puis D24
ROUFFIAC	17	80	D233 puis D24
SAINTES	15	95	D128
PORT-D'ENVAUX	12	107	D128 puis D119
SAINT-SAVINIEN	8	115	D18 puis D216
SAINT-PORCHAIRE	12	127	D122 puis N137
PONT-L'ABBÉ-D'ARNOULT	8	135	D18 puis D733
ROCHEFORT	19	154	D733 puis E602
FOURAS	13	167	Arrivée

ANGOULÊME ★★

Depuis le Moyen Âge, la capitale de la province d'Angoumois s'était rendue célèbre pour la fabrication du papier. Une tradition qui a perduré, malgré le départ des artisans protestants après 1685. Balzac prit même un papetier angoumoisin pour héros de son roman « Les Illusions perdues ». La place New York rappelle que le navigateur Verazzano donna d'abord le nom de Nouvelle-Angoulême à ce qui devait devenir la cité des gratte-ciel. Surnommée le balcon du Sud-Ouest, elle est chargée d'histoire et ses maisons sont faites de cette belle pierre blanche. Son festival de la bande dessinée et le Pôle Magelis en font la capitale mondiale de l'image.

CHÂTEAUNEUF-SUR-CHARENTE ★

A la place de l'oppidum gaulois fut élevée une forteresse. Après qu'elle eut brûlé, un château neuf fut reconstruit. De cet édifice ne reste que le nom donné à la commune. L'église Saint-Pierre-de-Châteauneuf s'orne d'une statuaire comparable en qualité à celle de la cathédrale d'Angoulême ou de l'abbaye de Saint-Amant-de-Boixe. Le cavalier décapité du frontispice représente probablement Constantin, libérateur de la chrétienté. Les ruelles du centre-ville un peu austère réservent quelques surprises architecturales : chapelles Renaissance, hôtels des XVe et XVIIe siècles… A la sortie du bourg, l'église Saint-Surin se tient à l'abri d'un grand cèdre.

CITÉ DE LA BANDE DESSINÉE

Quai de la Charente
✆ 05 45 38 65 65
www.citebd.org

Fermé le lundi. Adulte : 8 €. Enfant : 5 €. Visites guidées, expositions temporaires, restaurant.

Symbole d'Angoulême : la bande dessinée a sa Cité internationale, rive gauche de la Charente. Vous y trouvez une bibliothèque, une librairie avec des ouvrages anciens et 4 000 nouveautés, une résidence internationale d'artistes de bande dessinée et d'image animée, 2 salles de cinéma Art et Essai. S'ajoute le Musée de la bande dessinée sur 1 300 m², riche d'une collection d'imprimés des origines de la bande dessinée, de BD franco-belges, Comics USA et Mangas japonais. Un sanctuaire !

CAMPING DE L'ÉTANG €

route de Chassors
✆ 05 45 91 90 53
www.campingdeletang-charente.com

Ouvert toute l'année. 15 emplacements. Mobil-home : 280 €/semaine. Emplacement : environ 12 €. Tarif camping-car : 10 €.

Voici un camping bien au calme, au bord d'un étang qui réjouit les pêcheurs. Il n'est pas très grand, mais possède cet esprit familial que l'on apprécie. Ses 15 emplacements semi-ombragés accueillent tentes, caravanes et camping-cars tout au long de l'année. Egalement des mobil-homes pour les personnes à la recherche d'un confort qui se rapproche de celui de la maison, tout en séjournant en plein air. Durant l'été de nombreuses festivités et activités culturelles ont lieu dans les alentours du camping : fête du cognac, nuit archéo...

FLÉAC

Désormais intégrée à l'agglomération d'Angoulême, Fléac a toujours été une importante voie de passage. La ville se situe à proximité d'une ancienne voie romaine et sur l'ancien *Chemin des Anglais*, route commerciale qui reliait naguère Saintes à Angoulême. Plus tard, c'est le chemin de fer qui reliait la ville aux autres bourgs régionaux, une voie métrique que Fléac a su transformer en agréable voie verte. On pourra y louer des embarcations et effectuer des croisières fluviales jusqu'à Cognac. Mais aussi admirer son château datant du XIXe siècle, édifié par Louis Plauchut, son hôtel de ville qui abrite un agréable parc, ou encore son doyenné.

LA TONNELLERIE €€

Chemin des Quais
✆ 05 45 65 10 72

Jours d'ouverture variables selon la saison. Menu unique à 32 €. Carte : environ 40 €. Formule du midi proposée.

La Tonnellerie est située au bord de l'écluse de la Charente. En hiver le cadre style auberge chic est chaleureux. L'été les clients adorent la terrasse qui donne sur le fleuve. Comme le chef ne travaille qu'avec des produits frais de saison, la carte change au moins deux fois par an. Les producteurs locaux ou proches sont privilégiés. En entrée les goujons de sole et mayonnaise au citron réjouissent les amateurs de poisson. En plat, le filet ou faux-filet de bœuf sont très demandés. En dessert le crumble est fait maison et sur commande..

ANGEAC-CHARENTE

A 18 km à l'ouest d'Angoulême. Angeac possède un joli patrimoine médiéval, avec une église du XIVe siècle, des lavoirs, des ponts et des fontaines qui sont autant d'occasions de pauses photogéniques ou de promenades bucoliques. Mais c'est surtout pour son gisement d'os de mammouths et de dinosaures (ex. : une phalange de sauropode, l'un des plus grands herbivores terrestres au monde, de 34 cm) que le site a connu depuis les années 2010 un succès touristique croissant. Beaucoup des découvertes effectuées ici ont permis d'enrichir les salles des musées d'Angoulême.
La commune est traversée par le GR4 qui va de Royan à Grasse dans les Alpes-Maritimes.

COGNAC ★★

Le nom de la petite cité charentaise de Cognac est connu partout dans le monde. François Ier et Jean Monnet natifs de la ville n'y sont pas pour grand-chose. La renommée internationale de Cognac est évidemment due à cette boisson alcoolisée, autrement nommée « liqueur des dieux ». Des parcours piétonniers valorisent le patrimoine urbain à travers deux thématiques : le parcours du Roy et le parcours Belle Époque. Dans les ruelles pavées, on remarque les frontons sculptés des hôtels particuliers, des logis anciens et les enseignes d'une échoppe. La place François Ier offre un cadre « royal » avec des terrasses et des restaurants. Départ de randonnées.

JARNAC ★

Bordée par la Charente et entourée de vignes, Jarnac doit sa prospérité à de grands noms du négoce du cognac et sa notoriété au plus célèbre de ces enfants du pays : François Mitterrand. James Delamain a été le premier à fonder une maison de cognac. D'autres vont suivre : Courvoisier, Royer, Hine... Les quais sont redevenus tranquilles après avoir connu l'effervescence du négoce et sont désormais dédiés à la plaisance. On flânera avec plaisir sur la Chaussée des Moulins, vers l'écluse, dans le jardin public ou sur les quais. La Charente invite à la navigation en bateau, mais aussi en canoë, à la pêche aux côtés des martins-pêcheurs et des hérons.

© JACKF - STOCK.ADOBE.COM

Dans les rues de Cognac.

SUD-OUEST

© LAVAL SÉBASTIEN/CHARENTE TOURISME

Pêcheurs à Jarnac.

CAMPING DE COGNAC***

Boulevard de Châtenay
✆ 05 45 32 13 32
www.campingdecognac.fr
Ouvert du 1er mai au 30 septembre. Emplacement + voiture + 2 personnes + électricité : env. 24 €. Aire de camping-car.
A 2,5 km du centre-ville, le camping de Cognac est au cœur d'un très beau parc de 2 ha, planté de platanes, d'érables et de chênes en bordure de la Charente. Il possède tous les équipements nécessaires pour vous faire passer un séjour agréable. Ses 146 emplacements sur sol herbeux accueillent tentes, caravanes, camping-cars, mais aussi 4 mobil-homes et 2 habitats toilés. De nombreuses activités sont proposées au camping et dans les alentours : aire de jeux pour enfants, vélo, ping-pong, mini-golf, canoë, cinéma... Un camping idéal pour se ressourcer.

MUSÉE DES ARTS DU COGNAC ★

Place de la Salle Verte ✆ 05 45 36 21 10
www.musees-cognac.fr

Gratuit -12ans. Adulte 6 €. Groupe 4,50 €, Pass Voyageur Virtuel 10 €. Billets à coupler avec Musée d'Art & d'Histoire.

Le musée des arts du cognac s'est installé au cœur de la vieille ville dans le bel hôtel Perrin de Boussac qui appartint à la famille Augier et à l'emplacement des chais Marett. Il associe une architecture classique (façade classée Monument historique) et une intervention contemporaine qui s'adosse au rempart du XVIIe siècle. Ce musée permet de tout savoir sur cette fameuse et célèbre eau-de-vie, de son origine à sa terre, son commerce, son histoire, son élaboration et l'imaginaire qu'elle suscite. En parallèle, on découvre aussi l'histoire de la ville, son développement économique et industriel, son patrimoine architectural... Deux maquettes permettent d'appréhender l'évolution de la cité médiévale jusqu'à son explosion commerciale au XVIIIe siècle, on y voit notamment le château de François Ier et le pont Saint-Jacques. La suivante présente le territoire autour de Cognac et recense les différents centres d'intérêt sur ces communes, vignoble, art roman, monuments antiques, voies cyclables. Les salles se succèdent selon certaines thématiques relayées par des ambiances sonores, olfactives, visuelles..., où l'on comprend l'incidence du breuvage dans la région. En effet, le cognac a induit toutes sortes d'activités, d'industries, de savoir-faire, alliant technologie et tradition, histoire et modernité, comme la célèbre invention de la machine à souffler les bouteilles par Claude Boucher. C'est la visite idéale pour compléter celle que vous ne manquerez pas de faire dans l'un des chais des grandes maisons de cognacs voisines...

SAINTES ★★★

Deuxième plus grande ville de Charente-Maritime, Saintes est située au cœur de la Saintonge. Porte d'entrée vers le sud, traversée par la Charente, la cité est réputée pour sa douceur de vivre. Le voyageur vient goûter à cette douce atmosphère, mais aussi se plonger dans l'histoire en contemplant les hôtels particuliers baignés de lumière qui longent les quais et se blottissent dans le centre historique. Classée « Ville d'art et d'histoire » depuis plus de 30 ans, Saintes s'est engagée dans une démarche de conservation de son riche patrimoine qui est chaque année mis en avant. Comme sa grande sœur rochelaise, Saintes se prête idéalement à la flânerie !

L'ABBAYE AUX DAMES ★★

11, place de l'Abbaye
✆ 05 46 97 48 48
www.abbayeauxdames.org

Haute saison du 1er mai au 30 septembre. Basse saison du 1er octobre au 30 avril. Horaires et tarifs voir site internet.

La grande dame de pierre a été fondée par Agnès de Bourgogne et Geoffroy Martel, comte d'Anjou. Premier couvent pour femmes de la Saintonge, l'abbatiale Notre-Dame est un des joyaux de l'art roman saintongeais. Le clocher, en forme de pomme de pin et couvert d'écaille de pierre, se visite. Vous découvrirez les bâtiments conventuels où étaient jadis éduquées les jeunes filles nobles. L'Abbaye aux Dames est désormais la cité musicale. Le Festival de Saintes (50e édition en 2021), le Jeune Orchestre de l'Abbaye, un programme d'éducation artistique et le site historique de l'abbaye en sont les piliers. Surtout, l'abbaye propose une visite unique en France : Musicaventure. Il suffit de se munir d'un casque pour une découverte à la fois sensorielle et connectée ! Innovation technologique et histoire ne font qu'une et le son 3D vous permet une immersion complète. L'abbaye propose une autre expérience unique : le Carrousel musical, un surprenant manège abrité par une coque de miroirs. Prenez place devant l'un des 24 instruments géants et laissez-vous séduire par une mélodie originale. La musique se vit de multiples façons, en s'installant près du cloître, dans un transat, la Sieste Sonore vous permettra de revivre en musique les concerts emblématiques du Festival de Saintes. Mais l'abbaye accueille aussi tous ceux voulant passer une nuit dans les anciennes cellules des nonnes. 33 chambres sont disponibles. L'occasion rêvée de s'imprégner du charme des lieux et de s'accorder une nuit insolite au cœur de la cité.

LA CAVE PASSE À TABLE €

27, rue Saint-Michel
✆ 05 46 74 05 01
www.lacavepasseatable.com

Ouvert Mardi-jeudi et les jours fériés 10-19h ; vendredi-samedi 10-22h. Réservation recommandée. Menus de 17 € à 19 €.

Laurent Guenot avait créé un concept unique, se rendre dans un restaurant où l'on peut déguster des produits frais tout en choisissant un verre de vin parmi une jolie carte. Clément Coufourier continue cette aventure, ouvrant les portes de son établissement à tous ceux cherchant un endroit cosy où l'on peut se faire plaisir autour d'un menu unique. Dans cet antre chaleureux, on vient déguster une salade thaïlandaise, un saumon à l'unilatéral, un pavé de rumsteck et sa sauce au foie gras, le tout au milieu de nombreuses bouteilles de vin..

PORT-D'ENVAUX

Ce village est un bourg plein de charme. L'ancien port batelier fut actif jusqu'au XIXe siècle, avant l'arrivée du chemin de fer qui marque le déclin de la commune. On y transportait la fameuse pierre de Crazannes, utilisée dans de nombreuses constructions comme le fameux Fort Boyard ou la cathédrale de Cologne, mais aussi du sel, du vin et les fameuses poteries de La Chapelle-des-Pots. Ne manquez pas la chaussée de Saint-James, construite sur une ancienne voie romaine. Avec ses 22 arches, dont 3 voûtées d'origine, elle permettait de rejoindre Taillebourg par un pont sur la Charente. Elle constitue un axe de circulation utilisé en temps de crue.

PONT-L'ABBÉ-D'ARNOULT

Lèvres de mer, c'est ainsi qu'à la période gallo-romaine Pont-L'Abbé se nommait, en latin « Ponti-labium », alors situé sur le large estuaire de l'Arnoult. En 1047, les terres pontilabiennes ont été cédées par Geoffroy Martell à l'Abbaye Sainte-Marie de Saintes. Entre le XIIe et le XIVe siècle, les conflits entre les abbesses de Saintes et l'occupant anglais furent pour le moins mouvementés comme en témoignent l'église Saint-Pierre, le prieuré, la belle porte de ville, les douves et les souterrains. Aujourd'hui, Pont-l'Abbé est réputé pour ses terres maraîchères et ses fameuses mojhettes, produit phare de la gastronomie saintongeaise.

SAINT-SAVINIEN ★

Cette cité de pierre les pieds dans l'eau, l'une des plus pittoresques de la Saintonge Dorée, est nichée dans un méandre de la Charente. Le village a une histoire particulière avec ce fleuve qui lui a permis de grandir et qui en fait encore aujourd'hui un agréable lieu de balade. Partie intégrante du pays des Vals de Saintonge et occupant le nord-est du département, la ville offre le charme paisible des cités pittoresques qui vivent au rythme de l'eau. Le nom de la commune est issu de l'église paroissiale bâtie au XIIIe siècle sur les hauteurs de la ville. Les voyageurs s'arrêtent le long du fleuve admirant les maisons « les pieds dans l'eau ».

FOURAS ★★

Située à l'embouchure de la Charente, Fouras-les-Bains fait partie intégrante de la destination « Rochefort Océan, Le Pays de Fort Boyard ». Sa situation face à l'archipel charentais constitue un lieu particulièrement propice à la balade. Il fait bon se promener près de l'océan au milieu des pins, tamaris et autres chênes verts, admirer les îles si proches. L'extrémité de la presqu'île ou Pointe de la Fumée est un site ostréicole important, lieu privilégié pour le captage des naissains d'huîtres. De nombreuses cabanes proposent aux visiteurs de déguster les produits de la mer. C'est aussi ici le point d'embarquement principal pour aller à l'île d'Aix.

SAINT-PORCHAIRE

Située au cœur de la Saintonge, Saint-Porchaire doit une partie de sa notoriété à ses lieux et monuments, comme le château de la Roche Courbon, établi sur un éperon rocheux au XVe siècle. L'écrivain Pierre Loti, dont un magnifique buste trône devant la mairie, disait de lui qu'il était « le château de la Belle au bois dormant ». Il est doté de quatre tours et d'un pigeonnier. Entouré d'un agréable jardin à la française, il est agrémenté de statues. A Saint-Porchaire, on pourra aussi admirer le pont Napoléon, édifié en 1800 sur l'ordre de Napoléon 1er. Il était à l'origine destiné à faciliter le passage des troupes pendant la guerre d'Espagne (1808-1814).

CAMPING MUNICIPAL DE L'ESPERANCE* ⛺ €

Route de l'Espérance ✆ 05 46 84 24 18
www.campings-fouras.com

Ouvert du 11 juin au 5 septembre. 122 emplacements. Emplacement : 4,50 € Campeur plus de 7 ans : 3,80 €

Ouvert à partir du mois de juin, ce camping est un lieu apprécié des touristes qui souhaitent passer du temps à Fouras. Idéalement situé près d'une plage mais aussi à 5 minutes en voiture d'un supermarché. L'accueil est chaleureux, l'ambiance conviviale. Les campeurs trouveront ici des emplacements spacieux pour y planter leur tente et des sanitaires propres, le tout dans une atmosphère iodée. Futé, le camping dispose d'une aire de jeux, d'un snack et de trois accès directs à la plage.

LA CORRÈZE ET LA VÉZÈRE

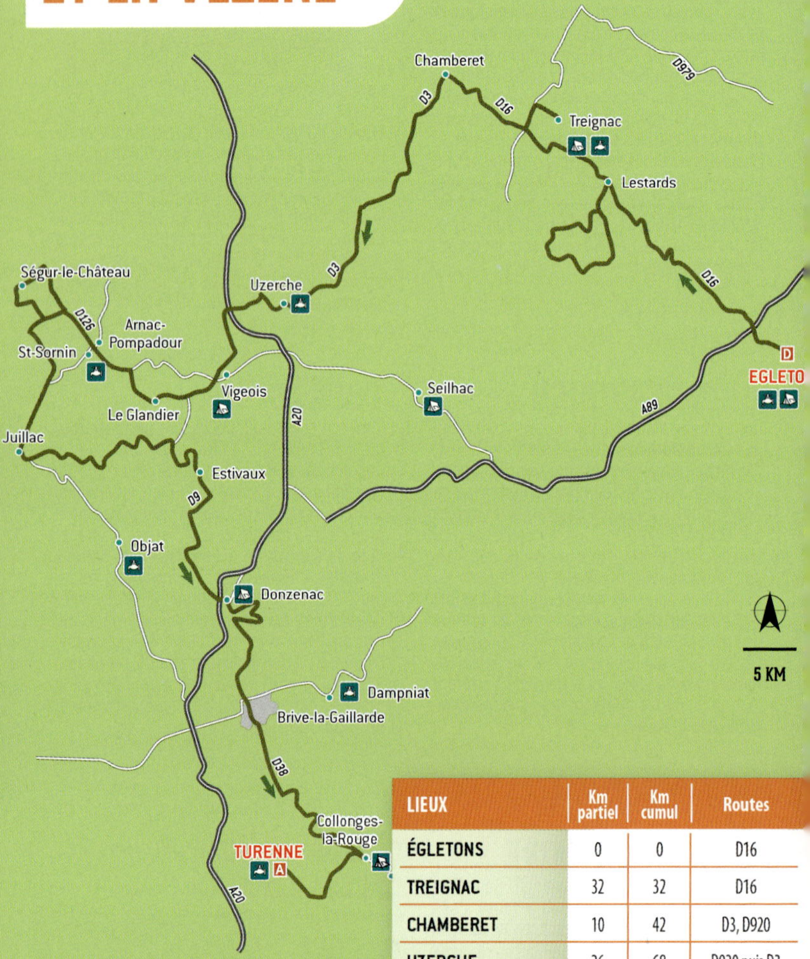

LIEUX	Km partiel	Km cumul	Routes
ÉGLETONS	0	0	D16
TREIGNAC	32	32	D16
CHAMBERET	10	42	D3, D920
UZERCHE	26	68	D920 puis D3
VIGEOIS	8	76	D3, D7 puis D901
ARNAC-POMPADOUR	15	91	D901, D31 puis D134 puis D25
DONZENAC	41	132	D920
BRIVE-LA-GAILLARDE	10	142	D38
COLLONGES-LA-ROUGE	20	162	D38 puis D28E puis D19 puis D8
TURENNE	10	172	Arrivée

- Sens du circuit
- Itinéraire 204 km
- Aire de service
- Aire de camping
- Villes
- D Départ
- A Arrivée

EGLETONS ★

Cette cité d'origine celte fut la capitale de la famille des seigneurs de Ventadour. Depuis leur fastueuse forteresse, dont les imposants vestiges se dressent à quelques kilomètres de là, ils firent la fortune d'Egletons au temps de *la fina amor*, la poésie des troubadours. Egletons présente des remparts aux cinq portes aux armes de Ventadour, l'église Saint-Antoine aux vitraux modernes, au clocher à mâchicoulis du XIIe siècle ainsi que l'ancienne chapelle des Pénitents qui programme désormais des expositions de peintures. Le village est connu aussi pour sa Salers, l'apéritif à base de gentiane de la distillerie locale.

CHAMBERET

Chamberet possède une forêt naturelle composée de feuillus et des plantations comprenant essentiellement des conifères. Son église renferme la châsse de saint Dulcet (classée Monument historique), un des joyaux de l'orfèvrerie limousine du XIIIe siècle représentant la mise au tombeau du saint ainsi que plusieurs autres pièces d'intérêt regroupées dans le trésor de l'église. C'est au hameau de Germont qu'est née Marcelle Delpastre en 1925, et qu'elle y est décédée en 1998, laissant une œuvre imposante et variée dont la partie essentielle est d'ordre poétique. Sites naturels à découvrir : mont Ceix, du cirque d'Enval ou du jardin du Géant…

TREIGNAC

A 40 km au nord de Tulle, Treignac est la capitale des Monédières, mais aussi une Petite Cité de caractère et une Station Verte de Vacances. On y vient en été pour ses eaux vives qui accueillent régulièrement des compétitions de canoë-kayak, la pêche à la truite, mais aussi pour ses sentiers de randonnée à travers la bruyère ou encore pour partir à la recherche de cèpes, girolles et autres coulemelles. Le bourg, bâti en amphithéâtre au-dessus de la vallée de la Vézère, ne manque pas de charme. Une escale incontournable lors de la découverte de la Corrèze.

CAMPING DE LA PLAGE*** €

Lac des Barriousses ✆ 05 55 98 08 54
www.camping-correze.com
Ouvert d'avril à fin septembre. 81 emplacements. Emplacement + véhicule + 2 personnes (avec 11 A) à partir de 22 €.

Vous êtes là au pied des Monédières et le plateau de Millevaches vous tend les bras. A la location : des mobil-homes de confort simple et des bungalows toilés. Petite piscine couverte et chauffée. Un club enfant est ouvert les deux mois d'été. A noter : l'épicerie de dépannage et dépôt de pain en haute saison. Activités nautiques, plage de sable fin, accessible grâce à un souterrain et surveillée en été, ainsi qu'un mini-golf et la location de VTT permettent détente et amusement. Les itinéraires pédestres qui partent d'ici vous offrent de nombreuses randonnées.

ARBORETUM DU PARC DE L'ANGLE À CHAMBERET

1, route de Schillingsfurst
✆ 0555979214
www.arboretum-chamberet.com
Horaires et tarifs sur le site Internet.

L'arboretum du parc de l'Angle, ce sont 11 ha de verdure et 105 espèces végétales d'ici et d'ailleurs. Ainsi, feuillus et conifères locaux côtoient sapins du Colorado, érables du Canada ou encore araucarias du Chili ; une cohabitation réussie qui séduira sans aucun doute les passionnés de la nature, tout comme les botanistes en herbe. On y découvre également plusieurs milieux naturels protégés tels que la tourbière, la saulaie et la mare. Parcours de santé et de course d'orientation.

UZERCHE ★

Cette ville fortifiée, lovée dans un méandre de la Vézère est surnommée la « Perle du Limousin ». Les Gaulois occupèrent Uzerche. Puis, au Xe siècle, son essor se fit autour d'une abbaye bénédictine rayonnante. L'abbatiale Saint-Pierre reste un témoin majeur de l'art roman limousin avec son clocher octogonal typique. La cité hérissée de tours, truffée de passages voûtés, avec ses demeures médiévales aux allures de petits châteaux, offre un ensemble architectural remarquable et rare, d'où le proverbe « Qui a maison à Uzerche a château en Limousin ». Il y a d'autres raisons d'y faire escale, notamment avec l'éco-quartier culturel de la papeterie.

VÉZÈRE PASSION

Base de la Minoterie
✆ 05 55 73 02 84
www.vezerepassion.com
Parcours canoë entre 14 € et 25 €, escalade falaise 15 €, location VTT entre 7 € et 15 €. Autres tarifs sur Internet.

Située sur les bords de la Vézère, la base de loisirs de la Minoterie offre un grand choix d'activités toutes encadrées par des moniteurs qualifiés pour tous les publics : canoë-kayak (initiation, stages, rando), paddle, raft, escalade sur site naturel, tir à l'arc, VTT (location, rando), courses d'orientation encadrées. Des ateliers faune et flore sont également proposés au public, ils permettent notamment d'explorer la rivière et les espèces qui y habitent. Futé : Le Gîte du Moulin de la Minoterie propose une offre d'hébergement.

LA TREILLE MUSCATE €€

Place des Vignerons
✆ 05 55 97 20 60
www.hotel-joyet-maubec.com
Menus de 29 € à 39 €. Vin au verre.

En saison, on ne viendrait que pour la terrasse superbe qui domine la vallée et une partie du village médiéval. Mais la cuisine, dans ce lieu d'exception, est aussi un plaisir. Les plats du terroir revisités avec des produits frais et locaux mettent l'eau à la bouche : Moules façon marinière, royale de potimarron, émulsion cardamome et pain noir, suivi, par exemple, par un pavé de maigre sur un écrasé de pomme de terre, amandes de mer et jus vert. C'est excellent et bien fait. Service très attentionné. Côté vins, une carte bien équilibrée.

ARNAC-POMPADOUR ★

Le pays de Pompadour évoque le souvenir de la marquise et l'univers du cheval. Ce territoire chargé d'histoire et de richesses a vu passer quelques grands noms dont la marquise, bien entendu, qui, favorite du roi Louis XV, s'est vu offrir le marquisat du lieu par le souverain, et cavalière émérite, créa un haras privé dans les écuries du château. Pompadour est l'un des hauts lieux de l'événementiel équestre en France. Son pays compte cinq communes, essentiellement agricoles : Beyssac, Beyssenac, Concèze, Saint-Sornin-Lavolps et Troche. Un territoire pourvu d'un intéressant patrimoine vernaculaire, artistique et de plaisirs gustatifs.

CAMPING LES ÉTOILES DE SAINT-SORNIN-LAVOLPS*** €

Allée du Stade ✆ 05 55 73 01 27
www.camping-les-etoiles.com
Ouvert de fin mars à début novembre. Forfait camping-car services + emplacement : 11 €. Autres tarifs site Internet.

A seulement 2 km de Pompadour dans la commune de Saint-Sornin-Lavolps, ce camping est très agréablement installé sur des terrasses ombragées, près d'un petit plan d'eau où la pêche est autorisée. Pour se loger, mobil-homes, bungalows ou emplacements classiques avec sanitaires et épicerie en été. Idéal pour les amoureux du cheval et de la nature, ainsi que pour les vacances en famille : aire de jeux et animations enfants, pétanque, ping-pong, piscine extérieure chauffée avec transats.

La ville fortifiée d'Uzerche.

VIGEOIS

C'est sur une colline, en rive gauche de la Vézère, que s'étagent les maisons de cette charmante bourgade. La présence humaine est attestée sur ce site dès le néolithique. Le village se développe au cours des siècles, pour devenir un site important au Haut Moyen Age. Son abbaye est à son apogée au XIIe siècle, période de reconstruction de l'abbatiale Saint-Pierre. Au niveau d'un ancien passage à gué, le Vieux Pont du XIVe siècle enjambe la Vézère. Dans la cour de l'école, à l'emplacement de l'ancien cimetière de l'abbaye, admirez l'If millénaire, labellisé Arbre Remarquable de France en 2000. Vigeois fait partie du Pays d'Art et d'Histoire Vézère Ardoise.

LA FERME-AUBERGE DU GRAND BRUGERON €€

De Vigeois suivre Lubersac puis Saint-Ybard puis Grand Brugeron. ✆ 05 55 73 68 95

www.fermedugrandbrugeron.fr

Ouvert juillet en août du jeudi au lundi midi et soir. Menus de 24 € à 30 €.

Une équipe jeune, dynamique et adorable vous accueille dans une grange typique de la vallée de la Vézère. Une carte restreinte, preuve de qualité. Des produits frais et de saison, des préparations maison pour une cuisine raffinée et inventive. Repas copieux et délicieux, des amuse-bouches au dessert en passant par le vin. Pour faire saliver : tartine d'escargots grillés, moelle de bœuf et pesto noisette, gâteau croustillant, mousse chocolat et marmelade d'orange...

SÉGUR-LE-CHÂTEAU

Au nord-ouest de la Corrèze, ce village et ses vieilles maisons nobles dominées par les imposants vestiges du château constituent un ensemble pittoresque qui lui vaut de figurer parmi les plus beaux villages de France. Niché dans une boucle de l'Auvézère et protégé par un éperon rocheux, Ségur est, comme l'indique la toponymie, un « lieu sûr ». Dès le IXe siècle, l'édification d'un château lui donne sa vocation de place forte. Partez à la recherche des petits personnages d'argile disposés dans le village par l'artiste Dominique Plaize. Ses adorables sculptures (Plaizentins) ont toutes un prénom. Ils sont discrets, espiègles, malicieux, joyeux...

JUILLAC

Situé à flanc de coteau, face aux paysages variés de l'Yssandonais (table d'orientation au Chatenet), Juillac, d'origine gallo-romaine comme son nom en -ac- l'indique, dépendit au Moyen Age de la famille Pérusse des Cars, puis de la maison d'Hautefort. Cité ancienne et médiévale, elle mérite qu'on la visite à pied. Parmi les vieilles demeures aux grands toits d'ardoises, admirez le château de La Salle devenu presbytère et le manoir des miracles, bâti en schiste, pourvu d'un toit à quatre pans et de tourelles qui fut récompensé par l'émission tv « chefs-d'œuvre en péril ». L'église gothique est pourvue d'un curieux clocher à bâtière.

DONZENAC

A proximité d'une sortie de l'autoroute A20, ce village est estampillé du label Village étape avec les services que cela suppose (hôtel, restaurants, pompe à essence...). Bâti sur un roc dominant le Maumont, il se distingue par des maisons en schiste couvertes d'ardoise et son caractère médiéval. Au gré des ruelles vous découvrirez également des édifices Renaissance ou du XVIIIe siècle. La commune fait partie du Pays d'Art et d'Histoire Vézère-Ardoise. A proximité, on ne manquera pas la visite des Pans de Travassac, avec des à-pics impressionnants. L'occasion de découvrir le métier d'ardoisier, avec la reconstitution d'un chantier.

BRIVE-LA-GAILLARDE ★★

Brive-la-Gaillarde, baignée par la Corrèze, offre un centre historique bâti autour de la collégiale Saint-Martin, dont plusieurs hôtels particuliers et bâtiments à tourelles. Brive est connu pour ses marchés estivaux, foires grasses d'hiver et marchés de Noël. Sachez pour la petite histoire que si Georges Brassens a donné son nom à la Halle de Brive-la-Gaillarde dont il a rendu le marché célèbre avec sa chanson *Hécatombe*, il ne s'y serait jamais rendu.

▶ **Autour de Brive,** vous avez des villages, dont certains, parmi les plus beaux villages de France, des châteaux, des monuments historiques, des paysages verdoyants et des rivières qui serpentent.

GOUFFRE DE LA FAGE ★

La Fage
NOILLES
✆ 05 55 85 80 35
www.gouffre-de-la-fage.com
Gratuit jusqu'à 3 ans. Adulte : 8,50 €. Enfant (de 4 à 12 ans) : 5,50 €. Horaires sur le site Internet.

Le Gouffre de La Fage s'ouvre au cœur de la nature, dans un vaste sous-bois, sur la commune de Noailles, à 8 kilomètres au sud de Brive-la-Gaillarde, en Corrèze, à la limite des départements du Lot et de la Dordogne. Couvrez-vous avant de descendre, il fait 10 °C dans les cryptes et ça glisse ! Découvertes lors de la construction du chemin de fer en 1891, les grottes de la Fage servent désormais de terrain d'entraînement aux spéléologues et de lieu de protection pour les chauves-souris. C'est un véritable musée vivant de la concrétion, car tous les types y sont représentés : colonnes de toutes formes et de toutes grosseurs, forêts de stalactites et de stalagmites, draperies excentriques, bassins naturels, ponts de calcite richement décorés, cascades pétrifiées et figurines imaginaires… Toute l'année, 3 000 chauves-souris de 10 espèces différentes résident au fond de la grotte et de la galerie étirée. Pas de panique, elles sont inoffensives ! Ce chiffre monte à 16 000 chauves-souris représentant 14 espèces sur 33 présentes dans toute la France, durant la période d'hibernation quand les visiteurs ne sont plus là ! Le grand nombre d'ossements fossiles, datant de 300 000 à 400 000 ans, trouvés dans la cavité au cours des fouilles a été rassemblé dans un musée paléontologique qui recèle ainsi de nombreuses espèces témoins des périodes froides comme la marmotte, l'ours, le rhinocéros laineux, etc. A noter pour les familles des ateliers sont proposés sur réservation en période estivale ainsi qu'aux vacances de Pâques.

Eglise de Collonges-la-Rouge.

LE CANTOU €

Rue de la Barrière
✆ 05 55 84 25 15
www.lecantou.fr
BS mardi-dimanche le midi. HS tlj midi et soir. Menus 19-24 €. Carte 25 € environ. Menu enfant 8 €. Plat du jour 14 €.

Le Cantou vaut la visite ne serait-ce que pour sa décoration soignée à l'ancienne. Pour vous restaurer, vous pourrez choisir entre deux grandes salles de pierres rouges ou la sympathique terrasse sous la treille. On vous propose une authentique cuisine du terroir, faite de salades composées, d'omelettes aux cèpes, de viande de veau fermier, confits de canards... Si vous souhaitez manger sur le pouce, optez pour la formule sandwich ou tartine. Et l'hiver, si vous passez l'après-midi, le Chef prépare de délicieuses merveilles à déguster avec du vin paillé.

COLLONGES-LA-ROUGE ★★★

Toute de rouge vêtue, Collonges-la-Rouge est unique. Construite par des moines au XIIe siècle, elle fut fortifiée (deux portes sur les quatre subsistent) et devint une étape sur les chemins de Saint-Jacques-de-Compostelle. Ses murs en grès rouge, ses toits de lauzes, ses treilles qui témoignent de son passé viticole, ses castels, hôtels nobles, maisons du XVIe siècle, ses manoirs, sa halle en ont fait l'un des villages corréziens classés parmi les plus beaux villages de France.

TURENNE ★★★

Les vicomtes de Turenne s'y sont établis il y a mille ans. De sa forteresse juchée sur un éperon rocheux, butte témoin du causse Martel, Turenne, visible de toutes les collines avoisinantes, conserve deux tours altières perchées sur la butte ponctuée de deux magnifiques pins aux ports étalés. D'hôtels particuliers en chapelles et collégiale (la cité recèle bien des merveilles du passé), venez flâner tranquillement dans ce joyau médiéval pas encore envahi par les touristes, l'un des plus beaux villages de France. Son patrimoine est à découvrir absolument et à pied de préférence, même si son fort dénivelé demande un petit effort physique !

HAUTE VALLÉE DE LA DORDOGNE

PARCOURS GPX +

LIEUX	Km partiel	Km cumul	Routes
LA BOURBOULE	0	0	D88 puis D645
LA TOUR-D'AUVERGNE	13	13	D203 puis D29
TAUVES	8	21	D937 puis D31
MESSEIX	18	39	D73 puis D72
LABESSETTE	24	63	D749 puis D49 puis D922
BORT-LES-ORGUES	13	76	D127 puis D20
ROCHE-LE-PEYROUX	19	95	D20
LIGINIAC	5	100	D20
NEUVIC	9	109	D982 puis D682
CHALVIGNAC	25	134	D678 puis D75
AURIAC	17	151	D65 puis D13
BASSIGNAC-LE-HAUT	11	162	D13 puis D75
SERVIÈRES-LE-CHÂTEAU	12	174	D75 puis puis D75E3 puis D980 puis D111
SAINT-CIRGUES-LA-LOUTRE	14	188	D13 puis D136
SEXCLES	14	202	N120
ARGENTAT	10	212	Arrivée

- Sens du circuit
- Itinéraire 211 km
- Aire de service
- Aire de camping
- Villes
- D Départ
- A Arrivée

LA BOURBOULE ★★

À tous les amateurs d'histoire, les nostalgiques de la Belle Epoque, La Bourboule plonge les visiteurs au XIXe siècle. Les thermes, le casino, la façade de l'actuelle mairie, les palaces... : l'architecture est tout droit sortie de ce pan de l'histoire. Au cœur des volcans, traversée par la Dordogne, entourée de verdure, notamment avec le parc Fenestre et son aménagement à l'anglaise, elle est le lieu de nombreuses activités de plein air et d'animations. La Bourboule est d'ailleurs labellisée Famille plus. En plus de soigner certaines pathologies des enfants, l'établissement thermal propose aussi des soins bien-être et détente.

© ALAMER - ICONOTEC

La Bourboule.

PARC FENESTRE

Avenue Agis-Ledru ✆ 04 73 81 14 60
www.parcfenestre.com

Ouverture attractions payantes ouvertes d'avril à sept. Tous les jours juillet-août. Pass illimités, +1,20 m : 16,90 €.

Créé en 1874, le parc Fenestre est un parc paysager et ludique de 12 ha avec de nombreuses essences arbustives et un jardin de vivaces de près de 200 variétés. Aires de jeux gratuites et nombreuses attractions payantes (bracelets en vente à la gare du train, au snack vers le minigolf) : petit train du Far West, minigolf, chevaux galopants, petites autotamponneuses, structures gonflables, Petit Carrousel, Cacahuète Express, Bateau pirate, tapis volants Tasses qui tournent, Trampoline-élastique, parcours acrobatique et la Fenes'Tower. Nouveauté 2021 : T'es à bord !

LA TOUR-D'AUVERGNE

Un grand nom pour un bourg charmant entouré de verdure, de ruisseaux et de cascades. Le plan d'eau et la petite station de sports d'hiver, aménagée sur les bois de Chambourguet en font un lieu de villégiature agréable et tranquille. La famille de la Tour-d'Auvergne résidait dans un château situé à l'emplacement du jardin public, dont il ne reste qu'un pauvre petit morceau de mur. Il faut dire que la fameuse famille a quitté définitivement les lieux au XIIIe siècle pour s'installer à Saint-Saturnin. Ensuite, ça a été la montée vers les sommets : des comtes d'Auvergne en passant par les vicomtes de Turenne ou la reine Margot. Un certain nombre a tout de même marqué l'histoire.

CAMPING LA VALLEE €€

La chauderie basse ✆ 04 73 21 54 43
www.camping-la-vallee.fr

Ouvert de mi-avril à mi-septembre. Forfait camping-car (hors saison) : 9,90 €. Sinon environ 15 €. Services camping-car.

Nathalie et David gèrent un terrain de 3 hectares qui comprend 60 grands emplacements arborés. Chalets, mobil-homes et caravanes complètent l'offre d'hébergement. Tous les services pour camping-car : vidange des eaux usées, eau... Une jolie petite rivière de première catégorie, La Burande, borde le camping dans sa partie basse. A moins d'un kilomètre vous trouverez commerces et services de proximité. Pour une vraie rupture avec le quotidien, prendre son temps et savourer les plaisirs de la vie en pleine nature. En somme, le vrai luxe, c'est la simplicité !

MESSEIX

1 048 habitants (recensement de 2018). A une vingtaine de kilomètres au sud d'Herment, aux confins du Puy-de-Dôme et de la Corrèze, Messeix est un lieu paisible et accueillant, entouré de vallées où coulent Dordogne, Clidane et Chavanon. Durant des siècles, des milliers de mineurs ont extrait dans ce recoin des hautes Combrailles un charbon de grande qualité : l'anthracite. La mine avait la particularité d'être équipée de locomotives électriques. Aujourd'hui désaffectée, elle abrite un musée, témoin de ce fort passé minier : le Minérail. Intéressant également, le musée de l'école rurale d'Auvergne permet aux plus jeunes de découvrir l'école d'antan.

MINÉRAIL - MUSÉE DE LA MINE DE MESSEIX ★

2, allée des Sorbiers ✆ 04 73 21 45 63
www.minerail.fr

Ouvert du 1er avril au 30 septembre. Ouvert du mercredi au lundi de 14h à 18h. Adulte 7 €. Enfant (de 3 à 12 ans) 4 €.

Près de deux siècles d'histoire minière sont racontés à travers le patrimoine de l'ancienne mine d'anthracite. La visite s'organise dans trois bâtiments : celui des Douches et sa salle des Pendus, où une maquette mobile permet de comprendre le fonctionnement du puits. Le bâtiment du Chevalement avec sa machine d'extraction revient sur l'ensemble complexe des installations de la mine et expose un superbe bloc d'anthracite. A ne pas manquer : la maquette panoramique de l'Auvergne.

NEUVIC ★

Ancienne cité fortifiée, Neuvic fut franchisée en l'an 1300 par Elbes VII de Ventadour. Son église dépendait du couvent des cordeliers de Saint-Projet, situé sur les bords de la Dordogne. De ce passé, la cité a conservé les ruelles étroites et la porte fortifiée. Située dans un environnement d'immenses forêts de pins et de châtaigniers, sur la rive droite de la Triouzoune, Neuvic domine les gorges de la Dordogne à 630 m d'altitude. Neuvic a tristement fait parler d'elle en 2007, lorsqu'un Rafale de l'armée de l'air française s'est écrasé sur son territoire. Le pilote, décédé, aurait subi une désorientation spatiale durant cette mission d'entraînement.

BORT-LES-ORGUES ★

La commune s'étire sur les deux rives de la Dordogne dans une vallée pittoresque. Bort devient cité manufacturière au XIXe siècle autour de trois activités principales : la chapellerie, le moulinage de la soie et le cuir. C'est le métier du cuir qui se démarqua avec l'essor des tanneries de Bort au début du XXe siècle et, dès 1932, l'installation d'un grand maroquinier (Soco). Sans oublier l'entreprise de confection textile, « Etablissement MAS », et bien entendu, la construction du barrage. La fermeture en 1995 des tanneries a imposé à Bort de se recentrer sur le tourisme, l'exploitation de son environnement naturel, et de son patrimoine historique.

MUSÉE DE LA RÉSISTANCE HENRI-QUEUILLE ★

21, rue du Commerce ✆ 05 55 46 30 60
www.musee-henriqueuille.com

Ouvert toute l'année. En juillet et août tous les jours de 10h à 12h et de 14h à 17h30. Entrée libre et gratuite.

Ce musée départemental est installé dans la demeure du président Henri-Queuille (884-1970), grande figure qui avait en son temps rejoint De Gaulle et la France libre. Le musée rassemble de très nombreux souvenirs des maquis de Haute-Corrèze ainsi que des drames de la déportation dont furent victimes les populations. Au rez-de-chaussée, un montage audiovisuel présente la Résistance en Corrèze. Le premier et le second étage sont consacrés aux documents et armes qui évoquent les combats.

TRAIN TOURISTIQUE « GENTIANE EXPRESS »

Gare de Riom-ès-Montagnes ✆ +33 4 71 78 07 37
www.gentiane-express.com

Avril-sept. Réservations très fortement recommandées toute l'année. Adulte : 16 € (aller-retour).

Embarquez à bord d'un autorail des années 1950 pour une balade commentée de plus de 4h. Le trajet de 39 km relie Bort-les-Orgues à Lugarde et emprunte une ancienne voie ferrée qui mène, par la traversée de l'Artense, de la vallée de la Dordogne aux plateaux du Cézallier. Trajets partiels possibles au départ de Riom-ès-Montagnes. Visite possible de l'Espace Avèze à Riom-ès-Montagnes. Hors saison, mise en circulation de trains spéciaux sur demande pour les groupes.

CAMPING DU LAC*** €€

route de la Plage
✆ 05 55 96 70 69
camping.neuvic-correze.net

Ouvert de mars à fin octobre. Emplacement pour camping-cars : 12-15 € selon la saison. Machine à laver : 4 €.

Non loin de Neuvic, ce camping s'étend sur plus de 400 hectares sur les rives du lac de la Triouzoune. L'espace, très bien tenu, est traversé par des allées en courbe le long desquelles s'organisent les différentes parcelles : tentes, caravanes ou chalets. Baignade, pêche, canotage, planche à voile, vollay, tir à l'arc, pétanque. Des animations sont organisées l'été : barbecue, belote, soirées à thèmes. Une salle de jeu vous accueille de 9h à 23h avec flipper, billard, babyfoot, jeux vidéo, table de ping-pong. Restauration possible sur place.

LA GUINGUETTE €

La Plage

✆ 05 55 95 94 16

Ouvert en juillet et août, tous les jours de 12h à 15h et de 18h à 22h. Carte : 18 € environ.

Au bord du lac, cette guinguette aux nappes pimpantes de toutes les couleurs, vous propose des assiettes copieuses avec salades, grillades et quelques produits du terroir et des pizzas. De quoi satisfaire les petits budgets qui souhaitent profiter du magnifique cadre naturel, en musique, sur une terrasse ombragée. Service rapide. Si vous préférez ou s'il n'y a plus de place, vous avez également la possibilité de prendre votre repas à emporter. Ensuite, ou avant, il ne vous reste plus qu'à profiter du lac et de ses quelques activités.

AURIAC

Ne pas confondre avec le chef-lieu du département du Cantal voisin, à 10 km. Le Auriac de Corrèze est une charmante petite commune de 200 habitants, proprette. Au nord de la Xaintrie, à 640 m d'altitude, bordée par les gorges de la Dordogne, c'est le point culminant du canton de Saint-Privat. Dans ce village, un Aurillacois aura tôt fait de vous indiquer la maison de Denis Tillinac, écrivain, journaliste et éditeur récemment décédé, ami personnel de Jacques Chirac qu'il a représenté de 1995 à 1998 au conseil permanent de la francophonie. Un camp de base parfait pour un tourisme vert en compagnie des superbes vaches de race Salers.

LES JARDINS SOTHYS ★

10, rue Bernard Mas

✆ 05 55 91 96 89

www.lesjardinssothys.fr

Ouvert de début avril à début novembre (fermé lundi). Adulte 8 €, enfant 6 €. Restaurant gourmand. Boutique. Animations.

C'est la terre d'origine de la famille Mas qui racheta la griffe parisienne des cosmétiques Sothys dans les années 1960 pour l'implanter en Corrèze. Les Jardins Sothys d'Auriac, au cœur d'un écrin végétal préservé et riche en biodiversité, sont une ode au monde végétal, source d'inspiration et de création de la gamme cosmétique maison, Vous découvrez 3 petits clos intimistes : le jardin botanique, le potager, le jardin de plants bio. Au programme : découverte sensorielle, balades nature, escapades sur le thème de l'eau et de la peau, apéros-concerts...

ARGENTAT-SUR-DORDOGNE

A l'entrée de la vallée de la Dordogne, posé de chaque côté des rives de la rivière, Argentat, capitale des gabariers et capitale de la pêche à la mouche, se distingue par ses toits en lauze. C'est un ancien port marchand et aujourd'hui une cité touristique charmante. On peut filer sur l'eau en gabare ou en canoë. On chemine sur les quais pavés de galets dans la vieille ville aux monuments historiques, on apprécie les marchés et les animations estivales.

De nombreuses balades et randonnées, pour tous les niveaux, sont accessibles depuis Argentat ou dans les alentours. Rendez-vous sur le site www.vallee-dordogne.com, rubrique *rando et balades*.

LE SAINT-JACQUES €€€

39, avenue Foch

✆ 05 55 28 89 87

www.lesaintjacques-argentat.com

Ouvert du mardi au samedi midi et soir, le dimanche midi. Fermé le lundi. Menus 38-51 €. Carte : 70 € environ.

Le Chef Patrick Ceaux cuisine des produits frais et régionaux de préférence dans un registre gastronomique. Colverts et perdreaux en saison de chasse, noix de Saint-Jacques sautées en ragoût de châtaignes, rouleau végétal de tourteau en salade potagère, langoustine et rouget à la vinaigrette de corail, entre autres recettes classiques revisitées suffisent à votre bonheur. Ne vous privez pas d'un dessert maison : feuilleté caramélisé aux éclats de pralines, crémeux aux fraises pétillantes, macaron glacé en guimauve chocolat, douceur cherry-pistache.

PROMENADE EN GABARE

www.vallee-dordogne.com

Entre avril et octobre : 7,50 €. Embarquement au lieu-dit « Graffeuil » à 5 min d'Argentat en voiture.

Venez revivre l'aventure des gabariers le temps d'une balade dans les gorges de la Dordogne en amont d'Argentat. Des balades commentées sont proposées du lundi au samedi à 15h de Pâques à Toussaint. Des balades thématiques avec un comédien sont aussi organisées pour le public, uniquement en juillet et août. Un conseil : se munir de chapeau/casquette et de bouteille d'eau lors de la balade. Réservation conseillée et billetterie à l'office de tourisme de la vallée de la Dordogne ou sur le site internet.

▶ **Autre point de départ** : Beaulieu-sur-Dordogne, Quai Faugères.

PAYS DES PIERRES

LIEUX	Km partiel	Km cumul	Routes
SOUILLAC	0	0	D804 puis D703 puis D61
CARLUX	14	14	D704A puis D704 puis D703
MONTFORT	13	27	D703 puis route locale
SARLAT-LA-CANÉDA	9	36	D6 puis D47
LES EYZIES-DE-TAYAC	22	58	D48 puis D706
TURSAC	8	66	D706 puis D66
SAINT-LÉON-SUR-VÉZÈRE	10	76	D706
MONTIGNAC	10	86	D704
LE LARDIN	12	98	D6089
TERRASSON-LAVILLEDIEU	7	105	D63
CHAVAGNAC	10	115	D60
LARCHE	7	122	D152
VARETZ	11	133	Arrivée

- Sens du circuit
- Itinéraire 139 km
- Aire de service
- Aire de camping
- Villes
- Curiosités
- D Départ
- A Arrivée

5 KM

BELCASTEL ★★

Dans l'un des plus beaux passages des gorges de l'Aveyron, Belcastel est une apparition soudaine dans un paysage qui semblait presque désert. La silhouette de son château escarpé domine un petit village sur lequel le temps ne semble pas avoir eu prise. Belcastel mérite amplement son appartenance aux plus beaux villages de France. Aujourd'hui, les propriétaires du village, influencés par les travaux du château, ont restauré au mieux les maisons anciennes, ce qui fait que l'ensemble du village a retrouvé son cachet ancien. De plus, l'office du tourisme a balisé un circuit dans les ruelles inclinées et organise des visites guidées toute l'année.

© ARONAZE - ISTOCKPHOTO.COM

Belcastel.

LE CHÂTEAU ★

✆ 05 65 64 42 16

www.chateaubelcastel.com

Haute saison : ouvert tous les jours de 10h à 19h. Adulte : 10 €. Enfant : 5 €.

Avant de parvenir au pied de ses murs et de sa première terrasse, on le voit massif et compact, ramassé autour de son donjon carré. Ses fortifications et leurs tours d'angle enserrent pourtant une cour centrale, dans laquelle on pénètre par un pont-levis étroit, remis en état de grâce. Les visites (environ 1 heure) conduisent dans les différents corps de logis restaurés sous l'impulsion de l'architecte Fernand Pouillon qui présida la reconstruction du vieux port à Marseille. Autres curiosités : la salle médiévale avec ses armes et ses armures, impressionnante.

SOUILLAC ★★

La présence humaine et animale est très ancienne et a été révélée par des fouilles mettant au jour des crânes humains et des squelettes de chevaux datant de 250 000 ans. C'est entre les rivières Dordogne et Borrèze que Souillac fut fondée au Xe siècle par les moines bénédictins qui asséchèrent les marécages « souilh ». Petite ville commerçante, elle grandit au XIIe autour de l'abbaye. Aujourd'hui, les atouts de Souillac sont d'abord touristiques avec sa situation géographique en vallée de la Dordogne, son musée de l'Automate, et économiques grâce à la distillerie Louis Roque qui produit une eau-de-vie réputée, et à la vitalité du lycée hôtelier.

DISTILLERIE LOUIS-ROQUE

41, avenue Jean-Jaurès

✆ 05 65 32 78 16

www.lavieilleprune.com

Ouvert toute l'année. Visite gratuite et dégustation offerte. Du lundi au vendredi de 8h30 à 12h et de 14h à 18h.

Vous avez envie de découvrir un haut lieu du patrimoine local ? La Distillerie Louis Roque est la visite qu'il vous faut ! Un espace ludique où vous apprendrez l'art de la distillation mais également ce que l'amour pour un territoire peut créer. C'est toute l'histoire du XIXe et du XXe qui se raconte en miroir de celle de la famille Roque, distillateur de père en fils depuis 1835. Installée en 1905 à Souillac par Louis, la distillerie a été transmise dans la famille depuis 5 générations ! Dans cet antre du bon goût et du savoir-faire, vous pourrez découvrir la magie de cette alchimie agrémentée d'un parcours retraçant la vie du lieu au travers de photos, matériel - alambics - accompagnés par les commentaires passionnés de ses collaborateurs. Dans ce musée aux couleurs chaudes, le cuivre des alambics côtoie pressoirs, conges, filtres et chaudrons. Vous partagerez le silence serein des chais où les eaux-de-vie s'affinent lentement dans les vieux fûts de chêne. Vous y observerez le personnel en train de remplir, cirer et étiqueter manuellement les bouteilles de façon traditionnelles. Après votre visite, vous pourrez repartir avec une bouteille, pour votre régal ou pour un cadeau. En effet, la distillerie Roque produit de nombreux spiritueux : sa spécialité phare, la Vieille Prune, toute une gamme de carafes, d'apéritifs, de liqueurs, crèmes et eaux-de-vie, des coffrets cadeaux, des fruits en bocaux et même des petites douceurs et des condiments. Une palette gustative que l'on vous recommande chaudement !

LE BEFFROI €€

6, place Saint-Martin
✆ 05 65 37 80 33

Ouvert du lundi au samedi midi et soir. Fermé les soirs de semaine de novembre à mars. Formule midi 13,50 €. Terrasse.

En plein cœur de la cité souillagaise, rendez-vous au restaurant de Marie et Christopher. Superbe terrasse sous une glycine centenaire. Le Beffroi propose une cuisine traditionnelle et locale, axée sur les circuits courts et mettant en valeur les produits frais et les fournisseurs du terroir. Dans les assiettes, la truite entière est servie avec un beurre citronné, le magret avec une sauce à la moutarde de Brive, le foie gras est maison... En dessert, le Petit Futé craque pour le gâteau aux noix nappé de chocolat. C'est pro, simple et bon !

SARLAT-LA-CANÉDA ★★★★

Entrez dans une ville de conte de fées. Capitale du Périgord Noir et Ville d'Art et d'Histoire, la belle Sarlat se pare de ses plus jolies pierres d'or, vous présentant son mille-feuille architectural du XIIe au XIXe siècle ! Millénaire, son berceau d'origine abbatial se déploie au gré de charmants hôtels particuliers Renaissance et de maisons médiévales avec quelques rénovations signées par le célèbre architecte Jean Nouvel. Entre mille et une petites cours, places et recoins suivant le fil d'étroites ruelles, l'ambiance dorée regorge de restaurants et d'activités toute l'année ! Parkings gratuits près du cimetière et du Collège la Boétie.

CARLUX

Situé à l'est de Sarlat, le bourg de Carlux abrite un remarquable castrum du XIe siècle : un des plus vieux de France ! Carlux, ou « Pierre de Lumière », vous permet de visiter librement ce site archéologique de presque 3 000 m² (situé à côté de la mairie), dont les fouilles ne sont pas terminées. Mettez-vous dans la peau d'un archéologue surplombant un époustouflant point de vue à 360° ! Ce petit village préserve son authenticité dorée, doté d'une des plus belles cheminées sarrasines (médiévale) du Périgord ! Son office de tourisme, *La Gare Robert Doisneau*, vaut le détour avec une exposition permanente sur le célèbre photographe en sirotant un café...

CAMPING HUTTOPIA SARLAT €€

rue Jean Gabin ✆ 05 53 59 05 84
www.camping-indigo.com

Fermé du 1er octobre au 31 mars. Emplacement + véhicule + 2 personnes (avec 10 A) de 24,50 € à 41,50 €.

A 10 minutes de Sarlat, ce camping, nouvelle génération en harmonie avec la nature, offre un excellent confort sur un terrain ombragé en terrasse, qui permet un bon isolement. Il comporte des emplacements pour tentes, caravanes ou camping-cars et il offre de nombreuses possibilités de location : des tentes Toile et Bois, des roulottes, des mobil-homes. Le mobil-home lodge pour 5 personnes est très agréable avec sa grande terrasse couverte de 8 m². Sur place : trois piscines, dont l'une couverte et chauffée, tennis, jeux, services.

COPEYRE CANOËS

Base Nautique
✆ 05 65 32 72 61
www.copeyre.com

Ouvert en saison, 9h-19h, nombreuses randonnées sur la rivière Dordogne

Depuis la base de Carlux profitez d'une partie de l'offre Copeyre sur la vallée de la Dordogne (un large choix d'activités pour tous à travers 3 départements) location de canoë-kayak et paddle d'Argentat à Beynac (en journée ou randonnées), location de VTT et vélos électriques. Accès offert à Quercyland et/ou au Labyrinthe de l'Ermite le même jour pour toute location de canoë ! Le Canoë vous permet de découvrir les paysages de la vallée sous un autre angle, et de profiter de la fraîcheur de l'eau par les chaudes journées estivales. La baignade est recommandée !

L'AUBERGE DE RAVILHON €

2, rue des Armes ✆ 05 53 31 03 14
www.restaurant-ravilhon-sarlat.fr

Fermé du 15 novembre au 31 mars. Ouvert tous les jours et les jours fériés le midi et le soir. Menus de 16 € à 25 €.

Deux salles spacieuses, dont une au rez-de-chaussée donnant sur une magnifique terrasse ombragée, sur ruelle et sans passage, l'autre à l'étage réservée aux groupes. Le décor se décline en rouge et noir. À la carte, une cuisine où le Sud-Ouest reste présent avec le menu découverte, mais aussi un grand choix d'omelettes servies avec salade et frites maison ou encore des pâtes à la carbonara, bolognaises... Le tout à petits prix au cœur de Sarlat. Soulignons la qualité de l'accueil ; les familles apprécieront fortement la présence de chaises bébé mises à disposition.

La ville de Sarlat-la-Canéda.

LES EYZIES-DE-TAYAC-SIREUIL ★★★★

Bienvenue dans la Capitale Mondiale de la Préhistoire ! S'il s'agissait d'un simple petit hameau doté d'un port rattaché à Tayac, notre ami Cro-Magnon en changera la donne ! Vous êtes au cœur de la Vallée de l'Homme, qui regroupe 147 gisements et 25 grottes ornées, sur à peine 35 km de long ! Les Eyzies peut s'enorgueillir d'honorer le premier et unique Musée National de Préhistoire en France, à défaut d'église... Né dans les murs d'un château en ruines, le Musée est vite repérable avec sa statue d'Homme de Néandertal, trop confondue avec le plus célèbre des Périgourdins ! Ce village linéaire et semi-troglodytique attirera les passionnés de grottes.

SAINT-LÉON-SUR-VÉZÈRE

L'entrée du village est gardée par le Manoir de la Salle et son donjon. Le château de Clérans se dévoile dans le village et domine la rivière avec ses tours. Le joyau de Saint-Léon-sur-Vézère est sa superbe église romane du XIIe siècle avec ses murs en pierres blondes de pays et sa toiture de lauze. Dans le cimetière, une inscription en occitan sur le fronton d'une chapelle expiatoire, qui rappelle la légende du village : un domestique ayant envoyé une flèche sur le crucifix de l'église tomba raide mort, la tête « derrière devant »... Fin XIXe, des archéologues ont eu la surprise, en fouillant sa tombe, de trouver un squelette avec la tête retournée...

LE CONQUIL ★

Lieu-dit Le Conquil
✆ 05 53 51 29 03
www.leconquil.fr

Fermé novembre à mars. Printemps : 10h -18h30. Été : 10h-19h30. Automne : 11h -18h. Adulte : dès 7,50 €. Tarifs enfant.

Le Conquil est un écrin de verdure de 18 ha en bordure de Vézère qui regroupe un site naturel troglodytique pour voyager à travers les siècles, un parc aux dinosaures et des parcours accrobranche avec plus de 100 ateliers. Le site naturel originel, dans les falaises, permet de se promener dans les abris-sous-roche vers le pigeonnier, la salle du guetteur, la meule à grain, la porte fortifiée. Pour le parc aventure dans les arbres et aussi pour le parc aux dinosaures qui attire tant les enfants. Cette diversité est à partager en famille sur ce site agréable et frais, avec un espace pique-nique.

On peut choisir l'une des 3 visites où bénéficier de remise pour des achats sur les autres. Le dinoparc s'est enrichi cette année d'une animation digne de Jurassic Park et dispose d'un simulateur de réalité virtuelle. Muni d'un casque et assis sur un siège qui reproduit les vibrations, le son, le vent et les mouvements, on part pour une aventure de 6 minutes très... perturbante. Si on a encore besoin de sensations fortes, on ajoute le parcours aventure dans les arbres avec un parcours enfants, 2 parcours verts, 5 bleus, 1 rouge et 1 noir. (compter 4 heures). En juillet et août, vous profiterez des animations organisées pour toute la famille. Il y a une structure gonflable près du snack et des tables où vous pourrez sortir votre pique-nique du sac. Encadré par du personnel formé et entraîné, le site dispose d'agréments « *Ministère de la Jeunesse et des Sports* » et « *classes découvertes* », idéal pour les groupes et les scolaires.

PIQOLI

Grand rue

✆ 06 16 16 25 25

http://piqoli.com/

Haute saison : ouvert du dimanche au vendredi de 11h à 19h. De novembre à mars sur rendez-vous.

Olivier Picquart, sculpteur sur bois de formation, a découvert un jour, par l'intermédiaire d'un ami, l'ivoire fossile de mammouth de Sibérie. Il en a fait un pendentif et s'est pris rapidement de passion pour cette matière. Dans son atelier il crée des bijoux et des sculptures. Comme un rappel aux hommes de la Préhistoire qui taillaient des objets en os ou en ivoire de mammouth. Dans sa boutique, il expose également des couteaux, de la maroquinerie, des objets en céramique… d'autres artisans d'art qu'il a sélectionnés. Il aime expliquer son savoir-faire.

MONTIGNAC ★

Cela fait 70 000 ans que l'Homme passe par Montignac ! C'est ce que nous révèle le squelette de Néandertal, retrouvé sur le pittoresque gisement du Regourdou aux ours bruns. Situé à 800 mètres de la célébrissime grotte de Lascaux, mondialement reconnue avec ses presque 2 000 gravures et représentations graphiques polychromées ! Montignac est une des premières villes romaines de la Vallée Vézère, qui s'étendait sur 10 ha et dont on ne voit plus de vestiges in situ. Son bourg, coupé par la rivière aux jolies berges fleuries parsemées de terrasses de restaurants, recèle de charmantes rues qui nous racontent son riche passé médiéval. Circuit pédestre.

CENTRE INTERNATIONAL DE L'ART PARIÉTAL - LASCAUX 4 ★★★★

✆ 05 53 50 99 10

www.lascaux.fr

Ouvert de 8h/9h à 18h/20h selon la saison. Adulte : 20 € (réduit 19 €). Enfant (5-12 ans) : 12,90 €.

Après Lascaux 2, Lascaux 4 est le fac-similé de la grotte de Lascaux. Il propose aux visiteurs une reconstitution quasi intégrale de la partie ouverte au public de la grotte originelle. Elle a été conçue à partir d'un clone numérique qui a permis de réaliser des coques sur lesquelles des artistes ont projeté les images en 3D de la grotte originelle. Ils les ont ensuite reproduites à l'identique avec les mêmes pigments et les mêmes gestes que les hommes de la préhistoire pour être au plus près de la grotte d'origine. On commence par la visite du fac-similé. Un ascenseur nous transporte sur le toit du bâtiment semi-enterré, à 9 m de hauteur. Dans la pénombre on descend petit à petit dans la cavité et la lumière apparaît peu à peu. On ressent vraiment la fraîcheur (13 °C à 16 °C) et l'humidité. Il y a même un aperçu du trou par lequel les découvreurs sont passés en 1940. C'est bluffant. On découvre la Salle des taureaux, le Diverticule axial, le Passage, l'Abside et la Nef avec toutes leurs merveilleuses peintures. A l'issue de la visite plusieurs espaces permettent d'aller plus loin dans la compréhension des techniques de reconstitution. Grâce à des procédés lumineux il est possible de découvrir des dessins cachés dans la pierre. On effectue aussi un tour du monde pariétal grâce à des projections en 3D. L'implantation de ce centre a pour but de sanctuariser la colline où se trouve la grotte originale. Le site de Lascaux 2 reste ouvert aux visites particulières...

SUD-OUEST

Centre international de l'art Pariétal - Lascaux IV.

LE 4 €€

Lieu-dit La Coste ✆ 05 53 51 86 92
https://le-4.eatbu.com

Ouvert le lundi, le mardi et du jeudi au samedi le midi et le soir ; le dimanche midi. Menu unique à 28 €.

Un duo à 4 mains, face à la colline de Lascaux 4. Ce restaurant est devenu devenu une belle adresse de Montignac-Lascaux depuis 2 ans avec Christopher et Wendy. Une cuisine maison pour une expérience gustative et visuelle. Elle accueille les hôtes en salle ou en terrasse aux beaux jours, lui derrière les fourneaux sublime les produits locaux et de saison. Ses plats sont beaux, savoureux et variés. Quelques exemples de plats : foie gras mi-cuit, fricassée d'escargots, suprême de pintade, Saint-Jacques au sésame... Ils proposent aussi deux belles chambres d'hôtes.

MCD CAMPING CARS DORDOGNE €

Pontour bas
✆ 07 83 25 01 93

Emplacement + véhicule à partir de 6 €. 2 € pour 100 litres d'eau + 3 € pour le branchement électrique (12 heures).

Située en plein cœur de Terrasson sur une exploitation agricole maraîchère, à 500 m des premiers commerces et sur les bords de la Vézère, cette aire d'accueil de camping-cars comprend 25 emplacements spacieux, une borne Euro-relais et une fosse de vidange pour les eaux grises et noires. Vente de légumes de saison sur place. Possibilité de recevoir les groupes ou les clubs. Idéal pour visiter les alentours sans se demander si le stationnement sera ou non autorisé.

TERRASSON-LAVILLEDIEU ★★★

La ville ancienne construite en terrasse surplombe avec majesté la Vézère depuis sa muraille et la falaise du Malpas. Terrasson est occupée depuis l'époque gallo-romaine comme en atteste la mosaïque de Gaubert trouvée dans les vestiges d'une villa. Dans un état de conservation remarquable, elle est aujourd'hui exposée à la Maison du Patrimoine. C'est au VIe siècle que le moine Sorus vient s'installer en ermite dans une grotte. Le roi Gontran, atteint de la lèpre vint à sa rencontre. Le Moine le soigna avec de l'eau d'une source qu'il venait de bénir. Le roi guéri, il lui fit un don permettant au Moine d'établir son Abbaye : Terrasson fut fondé.

LARCHE

Située à 12 kilomètres de Brive-la-Gaillarde, Larche tire son nom d'un ancien pont à arches sur la Vézère. Blottie entre la Couze et la Vézère, à la frontière du Limousin et du Périgord est avec ses 88 mètres d'altitude, le point le plus bas du département. Si le paysage tient plutôt du Périgord, l'influence ethnique du Limousin s'y fait néanmoins sentir. La cité fut possession de la famille de Noailles, du XIIe siècle au XVIIIe siècle. A voir : le joli pont sur la Vézère, l'église Saint-Caprais, le château du Puyjubert.

CHATEAU DU FRAYSSE ★

Le Fraysse
✆ 05 53 50 00 05

Ouvert l'après-midi en juillet et en août. Visite des extérieurs uniquement. Visite gratuite.

Le château du Fraysse (XVe et XVIIIe siècles) est édifié à flanc de coteau. En 1348, les Anglais détruisent les remparts pour accéder à l'église. Le château, ravagé par un incendie, est détruit. Reconstruit au fil des siècles, il est composé d'un corps de logis principal flanqué de deux tours. L'orangerie, les écuries, et les greniers à blé ferment le troisième côté. On y visite la cour d'honneur et les jardins. Il appartient à la famille de Saint-Exupéry depuis près de 700 ans. Son propriétaire actuel est maître d'art ébéniste serrurier.

VARETZ

A la confluence de la Vézère et de la Loyre, entre Brive et Objat, Varetz a été marqué par deux personnages le baron Henry de Jouvenel, dont la famille possédait le château Castel-Novel – aujourd'hui hôtel de luxe et table gastronomique – et celle qui fut son épouse, l'écrivaine Colette, qui donna naissance à sa seule fille sur ces terres. Pour mémoire, les jardins de Colette abritent plus de 1 000 espèces de plantes et nous plongent dans l'univers de l'artiste. La plupart des maisons du bourg datent du XVIIe siècle, typiques avec leurs murs de pierres aux tons rouge rosé et leurs toits d'ardoises.

AU FIL DE LA DORDOGNE

LIEUX	Km partiel	Km cumul	Routes
SARLAT-LA-CANÉDA	0	0	D704 puis D703
MONTFORT	9	9	D703
LA ROQUE-GAGEAC	8	17	D703 puis D46
DOMME	5	22	D46 puis D50
CASTELNAUD-LA-CHAPELLE	15	37	D57
VÉZAC	5	42	D49 puis D703
BEYNAC-ET-CAZENAC	2	44	D703
SAINT-CYPRIEN	10	54	D49 puis D35 puis D703
LE BUGUE	13	67	D703 puis D31
LIMEUIL	6	73	D51 puis D29
LE BUISSON-DE-CADOUIN	6	79	D29
BADEFOLS-SUR-DORDOGNE	12	91	D29 puis D8E4
LALINDE	5	96	D703 puis route locale
BANEUIL	6	102	D660 puis D37
LANQUAIS	7	109	D22 puis D19
MONBAZILLAC	20	129	D13
BERGERAC	8	137	Arrivée

SARLAT-LA-CANÉDA ★★★★

Entrez dans une ville de conte de fées. Capitale du Périgord Noir et Ville d'Art et d'Histoire, la belle Sarlat se pare de ses plus jolies pierres d'or, vous présentant son mille-feuille architectural du XIIe au XIXe siècle ! Millénaire, son berceau d'origine abbatial se déploie au gré de charmants hôtels particuliers Renaissance et de maisons médiévales avec quelques rénovations signées par le célèbre architecte Jean Nouvel. Entre mille et une petites cours, places et recoins suivant le fil d'étroites ruelles, l'ambiance dorée regorge de restaurants et d'activités toute l'année ! Parkings gratuits près du cimetière et du Collège la Boëtie.

CANOË DORDOGNE

Le Bourg ✆ 05 53 29 58 50
www.canoesdordogne.fr
5 balades de 9 à 26 € par personne. Tarifs enfants. Rando de 2 à 7 jours, 24 € par personne et par jour.

Depuis 1970 Canoë Dordogne propose la découverte des châteaux de la vallée Dordogne sur des parcours de 9, 16 ou 25 kilomètres, en canoës pour 2, 3, 4 personnes, et même 8 personnes, en kayac pour 1 et 2 personnes. Tout le matériel est fourni. En couple, en famille, entre amis ou en solitaire tous les périples s'avèrent surprenants. On passe entre des falaises, on peut faire du farniente sur les nombreuses plages et on prend un bain entre deux coups de rame. Randonnées de 2 à 7 jours sur les traces des gabariers. Un parking gratuit est réservé à la clientèle.

LA ROQUE-GAGEAC ★★

Ce sublime village aux pierres d'or semble sortir d'un conte de fées ! Bien exposé au sud, sa falaise reflète la lumière à tout instant. Si le plateau au-dessus de la corniche possède une voie romaine, la naissance du village est actée à partir de la construction de son fort troglodytique. Ce dernier vous attend au bout de son escalier vertigineux composé de 140 marches ! Sortez de la rue principale pour vous aventurer dans « L'allée des Bananiers », qui commence tout au bout du parking. Vous voilà sur un rafraîchissant sentier ombragé, entre des bananiers, de parfumés lauriers-roses, néfliers du Japon... plantés par un « fou de palmiers ».

La Roque-Gageac.

DOMME ★★★

Le roi Philippe III dit « le hardi » décida en 1281 de créer une bastide sur la falaise qui dominait la rivière Dordogne de plus de 150 mètres. La bastide fut construite selon un plan régulier, des rues se coupant à angle droit, des places carrées et une halle. Les nombreuses restaurations ont permis à cette bastide de survivre et de témoigner encore de nos jours, de la richesse de son passé. Les remparts qui ceinturent le village et les différentes portes qui en permettaient l'accès sont encore debout dans un extraordinaire état de conservation. La plus impressionnante est la Porte des Tours, à la fois ouvrage esthétique et défensif.

GROTTES DE DOMME

Place de la Halle
✆ 05 53 31 71 00
www.sites-domme.com
Fermé d´octobre à mars. Haute saison : ouvert tous les jours de 10h15 à 18h40. Adulte : 8,50 €. Enfant : 6 €.

Joyau souterrain incomparable, la grotte de Domme est entièrement située sous la halle du village ce qui fait un atout précieux. La richesse brille ici de part en part le long des 450 mètres de galerie où les plafonds sont ornés de milliers de stalactites, et où les stalagmites, les draperies translucides et les miroirs d'eau se livrent à vous sans retenue. L'ensemble est desservi par un ascenseur panoramique qui permet de profiter d'un grand-angle de vue unique sur la vallée de la Dordogne. Prévoir un pull, la température de la grotte étant autour de 14 °C.

CASTELNAUD-LA-CHAPELLE

Couronné par son château-musée médiéval, ce Plus Beau Village de France vous muscle ! Lové entre deux collines habillées de chênaies, il surplombe le confluent des eaux pures de la Dordogne et du Céou. Comme une cascade d'or, le bourg s'explore via des sentiers très pentus aux gros pavés. Dénicherez-vous sa pittoresque fontaine panoramique ? Il dispose de parkings en haut et au pied du village doté d'une aire de pique-nique où vous pourrez vous adonner à différentes activités (canoé, vélo...). Les gourmandises sont aussi au rendez-vous grâce à sa délicieuse pâtisserie et son écomusée de la noix. Pensez au glamour du biographique Château des Milandes !

VÉZAC

Située aux portes de Sarlat, la commune de Vézac possède un riche patrimoine historique et architectural. Son église Saint-Urbain construite au XIIe siècle et classée au titre des Monuments historiques. On pourra y admirer également deux châteaux d'importance : le château de Marqueyssac et ses jardins qui date de de la fin XVIIIe siècle ainsi que le château de la Malartrie ; domaine privé de style Renaissance datant du XIXe siècle. Au nord, vous trouverez le manoir de Rochecourbe qui fut construit au XVe siècle. Située en plein Périgord Noir, la jolie bourgade de Vézac est entourée de coteaux boisés. Un parcours propice pour les randonnées.

BEYNAC-ET-CAZENAC ★★★

Couronné par sa forteresse millénaire aussi vertigineuse que majestueuse, ce Plus Beau Village de France séduit ! Beynac, habillé de pierres dorées aux ruelles aussi pentues que fleuries, se mire dans les eaux diamantées de la Dordogne, réserve de Biosphère. Pour les amis du farniente, voguez en gabarre, bercés par un décor de rêve et son histoire ! Situé à 10 km de Sarlat, ce village recèle de petits commerçants, hôteliers et de délicieux restaurants, dont certains ouverts à l'année ! Côté parkings, garez-vous soit au pied du village, soit à mi-chemin de la rue de la Balme, qui accueille aussi les camping-cars, ou à hauteur du château.

LA PETITE TONNELLE €€

Le bourg
✆ 05 53 29 95 18
https://la-petite-tonnelle.fr
De juillet à octobre, tous les jours midi et soir. Résa recommandée. Menus de 19,50 € à 46 €. Carte : 22 € environ.

Dans un ancien bâtiment adossé à la falaise, ce restaurant met à l'honneur les produits du terroir. C'est savoureux, frais, bien cuisiné et original. En entrée, cannellonis de saumon fumé par le chef, granité de Monbazillac aux épices douces ; ensuite, quasi de veau en croûte de cèpes, jus corsé au poivre gris, gâteau de légumes au parmesan ou riz de veau braisé, sauce aux morilles et en dessert, on peut se régaler d'un baba bouchon à l'orange et Grand Marnier, fruits de saison. L'été on peut s'installer sur la belle terrasse ombragée.

MONTGOLFIÈRE & CHÂTEAUX

Les Louardes
✆ 06 71 14 34 96
montgolfiere-chateaux.fr
Différentes Formules de vol. Vol découverte, Prestige,... Durée : environ 1 h. À partir de 190 €. Tarif dégressif.

Entre le Ciel et l'histoire, envolez-vous dans la douceur des airs périgourdins... Lionel et son équipe de pilotes - Matthieu et Laurent - sont prêts à vous faire rêver le temps d'une heure par-dessus des paysages princiers. Voguer dans des airs d'émerveillement, de châteaux en *Plus Beaux Villages de France* ! Il est possible de voler toute l'année, selon les conditions météorologiques. Pendant la haute saison, les vols sont prévus à l'aube ou au crépuscule. Prévoyez trois heures en tout, incluant le gonflage, le vol et le retour. Bon vent !

LE BUGUE ★★

Cette petite ville de plaine accueille le dernier méandre de la Vézère. Situé à équidistance de Sarlat, Bergerac et Périgueux, c'est un carrefour qui fourmille d'activités et de visites (grotte ornée, aquarium ...). Sous son aspect du XIXe siècle, Le Bugue cache bien ses origines, née 9 siècles plus tôt avec l'implantation de la 1re abbaye féminine en Périgord ! Discrète, Le Bugue est très dynamique à l'année. Explorez-là le mardi, jour de marché depuis 700 ans où l'ambiance et les odeurs sont au rendez-vous, grâce aux producteurs du terroir. Partez à la recherche du temps perdu dans sa Grand'Rue sans oublier sa halle face à l'Office de Tourisme !

SUD-OUEST

CAMPING LE ROCHER DE LA GRANELLE*** €€

La Borie ✆ 05 53 07 24 32
www.lagranelle.com

Fermé d'octobre à mars. Emplacement + véhicule + 2 personnes (avec 10 A) de 15,50 € à 29,90 €. Piscine.

Dans une ambiance chaleureuse et familiale, vous pourrez profiter des plaisirs offerts par ce terrain de 7 hectares doté d'une plage au bord de la Vézère. Au programme : baignade, pêche et sorties en canoë, mais aussi tennis. De nombreuses animations sont prévues pour les jeunes et les moins jeunes. Le camping offre tous les types de locations jusqu'à 8 personnes : emplacements pour tentes, caravanes et camping-cars (avec services), tentes aménagées, mobil-homes.

LES GOURMANDISES DE LUCCO

Lieu-dit Couture
CASTELS ET BÉZENAC
✆ 05 53 29 25 33
www.patisserie-lucco.com

Ouvert dimanche et fériés 8h-13h. Haute saison du lundi au samedi 8h-19h. Livraison possible.

Alexis Lucco est aux commandes de ses Gourmandises. Il crée des nouveautés en permanence. On craque pour sa glace caramel cacahuète, ses verrines Piémont et Soleil si gourmandes et son millefeuille tout simple – feuilletage au beurre AOP Charente Poitou, crème pâtissière vanille de Madagascar et fondant marbré – . Il y a aussi les En'k (sablé caramel fleur de sel et perles croustillantes), les macarons, les confitures maison, les *panettones* et des cakes aux noix... On aime tout !

SAINT-CYPRIEN

Saint-Cyprien respire l'authenticité. Son marché dominical, qui s'étend dans la rue Gambetta sertie de commerçants, est remarquable. Bouillonnant de couleurs, de parfums et de vie, le tout est agrémenté d'une multitude de terrasses sympas et d'une merveilleuse pâtisserie ! Le village médiéval (partie haute) vous charme avec ses ruelles aussi pittoresques que méconnues enlaçant son abbaye massive. Des QR Codes vous soufferont quelques secrets. Remontez le temps jusqu'aux grottes des Farges où l'ermite fondateur du village s'installa au VIIe siècle, et pensez à faire un saut jusqu'au surréaliste oratoire de Redon-Espic, avec un décor de conte de fées !

LIMEUIL

Nous sommes à la charnière de 2 vallées connues et reconnues, la Dordogne et la Vézère. Ce village dégringole le long de la falaise, et se savoure en marchant à la rencontre des trois portes fortifiées restant accrochées à quelques traces de remparts. La charmante petite église romane de Saint-Martin de Limeuil a plus de 800 ans. Ses proportions, son chœur en cul-de-four, sa charpente impeccable en font un régal pour l'œil. A l'intérieur, la coupole à la croisée de transept et les bribes de fresque valent la visite (de mai à octobre, tous les jours). L'association, à qui l'on doit sa restauration, y programme des concerts de haute tenue durant l'été.

Les toits de Saint-Cyprien.

LE BUISSON-DE-CADOUIN ★★

Aux confins du Périgord Pourpre, le Buisson-de-Cadouin fusionne deux noyaux ruraux. Cadouin, au cœur de la forêt Bessède, naît au XIIe siècle, à partir de son ensemble abbatial incroyablement préservé ! Sa légende sur le Saint Suaire le boostera, attirant des foules de pèlerins de Saint-Jacques-de-Compostelle, jusqu'au XXe siècle. Découvrez l'architecture épurée de l'église cistercienne, admirez son clocher en bardeaux de bois et faufilez-vous dans la cour des communs. Entre les deux, le superbe cloître en gothique flamboyant, classé à l'Unesco, vous enflammera d'émerveillement ! Continuez jusqu'à la « porterie », avec sa rue aux enseignes oubliées...

TRÉMOLAT ★

En partant de Limeuil, il faut marquer un arrêt sur la hauteur pour savourer le point de vue admirable sur le confluent de la Vézère et de la Dordogne, et plus loin sur le cingle de Trémolat dont les boucles gracieuses enroulent les terres fertiles et chatouillent les falaises. Ce village fortifié ne porte plus beaucoup de traces de ses remparts, mais il reste des maisons fortes et une église forteresse du XIIe siècle avec murs aveugles et meurtrières, chambres de défense et trois coupoles sur chapiteaux sculptés. On y vient aussi pour la gastronomie avec une institution locale, le fameux Vieux logis et ses émanations. De quoi se régaler !

CAMPING DU BASSIN NAUTIQUE DE TRÉMOLAT*** €€

Moulin d'Aval

✆ 05 53 22 81 18

Ouvert d'avril à fin octobre. Emplacement + véhicule + 2 personnes (avec 6A) : de 16 € à 27 €. Wifi. Aire camping-car.

Au cœur d'un village typique du Périgord Noir, ce camping bénéficie d'un cadre exceptionnel. Il est situé au bord de la rivière Dordogne et offre à la fois repos, calme, détente et la possibilité de pratiquer de nombreuses activités en saison : ski nautique, tennis, pêche, canoë, piscine. A proximité, vous trouverez également d'autres animations : minigolf, équitation, escalade, tir à l'arc, voile, circuits de randonnées. De la nature et de bons moments de repos en perspective.

LALINDE

De la bastide édifiée au XIIIe siècle par le roi d'Angleterre Henry III, il reste peu de traces : une porte romane, des restes de fortification et le tracé global de la ville. A Lalinde, le point fort reste le canal creusé de 1838 à 1843 entre Mauzac et Tuilières pour faciliter la navigation sur la Dordogne. C'est un lieu de pêche et de promenade très prisé. Le pont-canal de Saint-Capraise, les écluses et le site de Tuilières font l'objet d'un sentier d'interprétation. L'ascenseur à poissons de Tuilières est ouvert au public au niveau du barrage hydroélectrique. Il permet aux poissons migrateurs comme le saumon de remonter vers leur lieu de naissance.

LANQUAIS ★

Située à 20 kilomètres de Bergerac et peuplée de près de 500 habitants, Lanquais est surtout connue pour son superbe château, souvent qualifié de « Louvre inachevé du Périgord », puisque construit en partie par les bâtisseurs du célèbre palais parisien. Entre le château fort et le palais Renaissance accolé, voilà donc une merveille à ne pas rater au cœur d'un paysage boisé et verdoyant. A Lanquais, on ne manquera pas non plus la visite de la petite église romane Notre-Dame-de-l'Assomption, érigée au XIIe siècle. Une petite balade à pied balisée, de 40 min permet de découvrir le bourg et ses curiosités. Le départ s'effectue au presbytère.

MONBAZILLAC ★

La première bonne raison de venir à Monbazillac est son magnifique château. Ce monument du XVIe siècle, à mi-chemin entre forteresse et manoir, abrite un caveau de dégustation, un restaurant, des salles de musée dédiées au vin, aux arts et traditions populaires, au protestantisme et au mobilier ancien. La deuxième est son vignoble planté sur les coteaux argilo-calcaires, qui offre un nectar liquoreux : le monbazillac, vin de pourriture noble (le premier liquoreux à entrer dans la famille des AOC). Il révèle le foie gras et sublime les desserts. La troisième est son restaurant étoilé La Tour des Vents qui propose une cuisine fine pour palais gourmets.

LE BISTROT DE MALFOURAT €€

✆ 05 53 58 04 11

guestonline.fr

Ouvert du mardi au samedi le midi ; vendredi et samedi le soir. Menu 28 €. Formule midi 18 €. Groupes. Terrasse.

Ce bistrot d'inspiration gastronomique a été ouvert par le restaurant étoilé La Tour des Vents. Autant dire que c'est une garantie de savoir-faire et de qualité. Depuis la terrasse, la vue est magnifique. Le midi, vous pourrez goûter une cuisine du moment, fine dans l'esprit bistronomique, avec un excellent bon rapport qualité-prix. A la carte, le foie gras bien sûr, mais encanaillé d'un chutney fruité, du canard confit mais dans un cassoulet périgourdin. On casse un peu les codes, avec une élégance folle ! Même le burger, ne ressemble pas à un burger. Surprise !

CHÂTEAU DE MONBAZILLAC ★★

Le Bourg ✆ 05 53 61 52 52
www.chateau-monbazillac.com
Fermé en janvier. Haute saison tous les jours 10h-19h30. Adulte 7,80 €. Enfant (6/12 ans) 3,90 €. Dégustation offerte.

Bâti entre 1550 et 1582 par le seigneur d'Aydie sur une colline surplombant Bergerac, ce monument du XVIe siècle, à mi-chemin entre forteresse et manoir est la propriété de la cave de Monbazillac. De là-haut, on domine une grande partie du vignoble et de la vallée. A l'intérieur de la bâtisse, le mobilier et la décoration Grand Siècle présentés dans les salles d'apparat et les salles historiques donnent beaucoup d'âme à ce château. A voir absolument la salle Protestante où sont rassemblés différents souvenirs des guerres de Religion qui ont frappé si durement la région et Bergerac en particulier. La tour du Diable est également impressionnante avec son puits dissimulé sous le plancher, il a été creusé directement dans le rocher. Au premier étage, des salles sont consacrées aux grandes figures locales : Sen, célèbre caricaturiste du début du XXe siècle et dessinateur mondain du Tout-Paris ; Mounet-Sully, tragédien et grand ami de Sarah Bernhardt, dont le mobilier baroque italien est exposé ainsi que sa vaisselle de porcelaine et d'émaux. Les cuisines du château, installées dans les caves sont particulièrement intéressantes, car elles conservent encore tous les ustensiles nécessaires à la célèbre gastronomie du Sud-Ouest. La visite se termine par une dégustation...de Montbazillac bien sûr ! Vous pourrez aussi y faire vos emplettes dans la boutique du château. Le parc de 4 hectares est ouvert librement au public. Il est possible de louer les anciens chais, aménagés en salle de réception pouvant recevoir jusqu'à 200 personnes.

BERGERAC ★★

Bergerac est classée Ville d'art et d'histoire. Il fut un temps où faire voyager, par routes et par chemins, hommes et marchandises relevait de l'aventure. Les voies d'eau présentaient bien plus d'attraits dont ceux de pouvoir transporter en plus grande sécurité des volumes et des charges plus importantes. C'est ainsi que naquirent nombre de cités le long des fleuves et des rivières. Tel fut le cas de Bergerac qui vit le jour près de cette Dordogne qui fut la colonne vertébrale de son économie. Le mur d'un antique rempart est visible au cloître des Récollets qui date du XVIIe siècle. Il abrite le Conseil interprofessionnel des vins de la région.

BRASSERIE ARTISANALE BIO LA NOVE

129, Avenue Aristide Briand
✆ 06 82 87 99 62
Ouvert du lundi au vendredi de 10h30 à 15h.

En créant une brasserie artisanale locale bio, c'est l'alchimie humaine qu'ont voulu créer les fondateurs de la Brasserie Artisanale Bio La Nòvé. Elle est née en septembre 2019, constituée en SCOP. Elle relève de l'Économie Sociale et Solidaire et porte donc un double projet économique et social. C'est sur un ancien site militaire dénommé l'ESCAT que la Brasserie la Nòvé est venue posée ses bouteilles et son malt. Ce site est atypique, vestige d'une industrie périgourdine disparue.

SUD-OUEST

Château de Monbazillac.

AQUITAINE ET SAUTERNES

PARCOURS GPX +

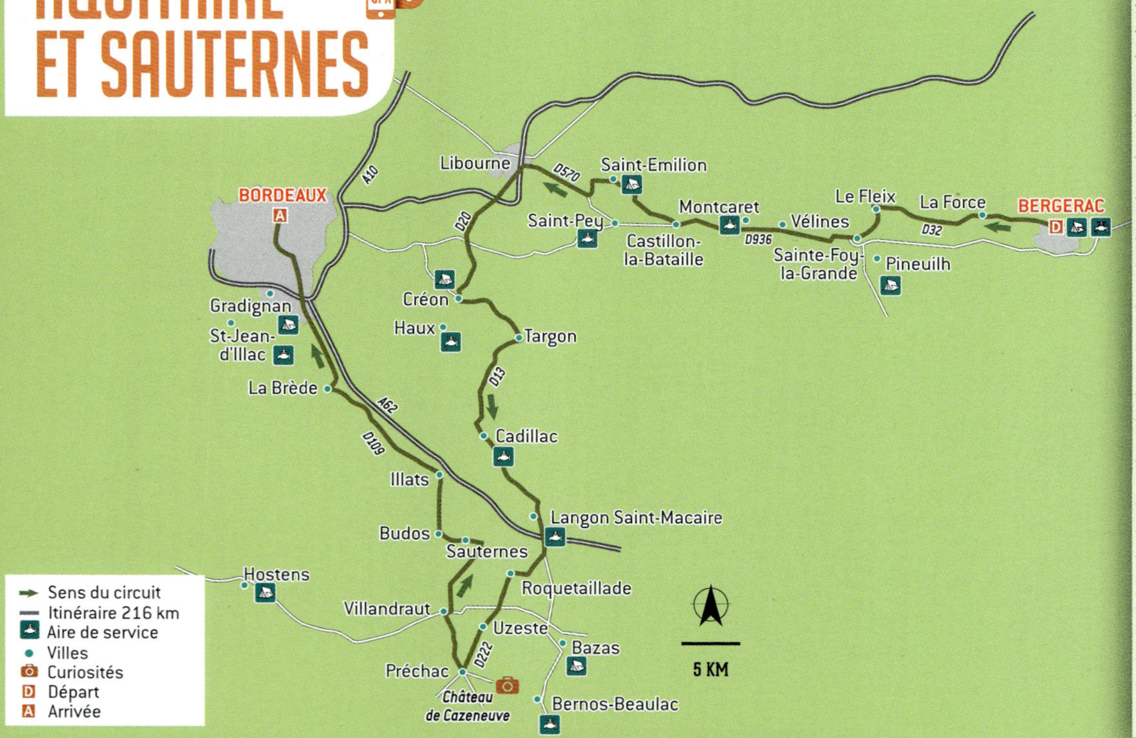

LIEUX	Km partiel	Km cumul	Routes
BERGERAC	0	0	D34
LA FORCE	9	9	D4 puis D32
LE FLEIX	11	20	D130
SAINTE-FOY-LA-GRANDE	5	25	D936E2 puis D936 puis D11
VÉLINES	11	36	D10 puis D10E3
SAINT-MICHEL-DE-MONTAIGNE	8	44	D9
CASTILLON-LA-BATAILLE	8	52	D130 puis D243
SAINT-EMILION	13	65	D243
LIBOURNE	8	73	N2089 puis D20
CRÉON	21	94	D671 puis D238
TARGON	9	103	D237 puis D13
CADILLAC	14	117	D10 puis D19
LANGON (SAINT-MACAIRE)	13	130	D932 puis D223
ROQUETAILLADE	9	130	D125 puis D222
UZESTE	9	148	D222
PRÉCHAC	6	154	D114
VILLANDRAUT	7	161	D8 puis D125
SAUTERNES	10	171	D125 puis D114
BUDOS	4	175	D118
ILLATS	8	183	D109
LA BRÈDE	18	201	D1113
BORDEAUX	23	221	Arrivée

BERGERAC ★★

Bergerac est classée Ville d'art et d'histoire. Il fut un temps où faire voyager, par routes et par chemins, hommes et marchandises relevait de l'aventure. Les voies d'eau présentaient bien plus d'attraits dont ceux de pouvoir transporter en plus grande sécurité des volumes et des charges plus importantes. C'est ainsi que naquirent nombre de cités le long des fleuves et des rivières. Tel fut le cas de Bergerac qui vit le jour près de cette Dordogne qui fut la colonne vertébrale de son économie. Le mur d'un antique rempart est visible au cloître des Récollets qui date du XVIIe siècle. Il abrite le Conseil interprofessionnel des vins de la région.

CASTILLON-LA-BATAILLE ★

Pendant longtemps, le village permettait de voir l'unique point de passage pour traverser la Dordogne : le gué du Pas de Rauzan. La bataille du 17 juillet 1453 qui a fait rage aux pieds de la cité marqua la fin de la guerre de Cent Ans entre les Français et les Anglais. Malgré les siècles qui se sont écoulés, cette bataille reste dans les mémoires grâce à la très célèbre reconstitution historique costumée, près du château de Castegens. Castillon-la-Bataille possède également un patrimoine exceptionnel : église et mairie du XVIIIe, porte du Midi, chapelle Sainte-Marguerite du XIIe siècle... La Dordogne ajoute à la commune un charme fou.

SAINTE-FOY-LA-GRANDE

Le frère de Saint Louis (Alphonse de Poitiers) ordonne l'édification de la nouvelle ville en 1255. Les rues sont tracées en damier et une halle entourée de couverts est érigée Place Centrale. Quelques décennies plus tard, la ville est entourée de murailles flanquées de tours et cinq portes. Au Moyen Âge, la fin de la guerre de Cent Ans amène la prospérité, donnant lieu à la construction de belles demeures. La ville a toujours occupé une position particulière entre le Périgord et l'Agenais, tant sur le plan historique, religieux que géographique et administratif. La cité est aussi, et paradoxalement, l'une des plus petites communes de France.

SAINT-EMILION ★★★

Saint-Émilion est certainement l'un des villages les plus riches en nombre de monuments historiques. Il y a notamment l'église troglodytique Saint-Pierre réalisée du IXe au XIIe siècle, les carrières, les catacombes, la chapelle de la Madeleine, la commanderie, le couvent des Cordeliers et celui des Dominicains. À voir aussi : l'église collégiale et son cloître. Le portail du couvent des Jacobins est orné d'une sculpture du XVe siècle. Saint-Émilion est aussi le premier vignoble inscrit au patrimoine mondial par l'Unesco. Ses paysages autant que son patrimoine, ses saveurs et le charme de cette cité de caractère vous séduiront à coup sûr.

SAINT-MICHEL-DE-MONTAIGNE

Cette commune, située à 40 kilomètres à l'ouest de Bergerac, est entourée d'un grand massif forestier propice à l'agriculture et à la viticulture. Elle abrite une petite église (église Saint-Michel) et surtout le château de Montaigne, édifié aux XVIe et XVIIe siècles. Ayant subi les ravages d'un incendie en 1885, celui-ci est aussitôt reconstruit dans un style néo-Renaissance. Demeure familiale du penseur Michel de Montaigne, c'est ici que l'écrivain aimait lire et écrire. De là sont nés, dans la tour ronde de la « librairie », ses célèbres *Essais*, parus pour la première fois en 1580.

CLOÎTRE DES CORDELIERS

2, rue de la Porte Brunet
✆ 05 57 24 42 13
www.lescordeliers.com

Ouvert toute l'année. Jours et horaires d'ouverture variables selon la saison. Bar. Restaurant & snacking. Boutique.

Classé Monument historique et inscrit au Patrimoine mondial de l'Unesco, le cloître des Cordeliers date du XIVe siècle. A cette époque, Les Cordeliers, qui cultivaient déjà la vigne, ont occupé les lieux jusqu'à la Révolution française. A la fin du XIXe siècle, les sous-sols furent transformés en chais et en caves. Après une visite commentée du cloître, des jardins et des caves à 20 mètres sous terre, vous découvrirez et appréhenderez la méthode traditionnelle de production des vins effervescents. Le tuk-tuk tour inclut une visite du village de Saint-Emilion.

YELLOH ! VILLAGE - SAINT-ÉMILION****

2, les Combes ✆ 05 57 24 75 80

www.camping-saint-emilion.com

Ouvert de mai à septembre 2021. Cottage (4 pers.) dès 350 €/semaine. Emplacements à partir de 140 €/semaine. Piscines.

Situé au milieu des vignes à 3 km du centre-ville historique de Saint-Emilion, ce superbe camping****, membre de la chaîne « Yelloh ! Village », s'étend sur près de 10 hectares, en bordure d'un vaste lac. On peut venir y planter sa toile de tente, s'installer avec sa caravane ou son camping-car, louer un chalet ou un mobil-home ou encore prendre possession d'un cottage flottant. Le cadre est magnifique ! Bar, snack, épicerie... Tout se concentre autour d'une grande place de village.

CHÂTEAU CORBIN MICHOTTE

✆ 05 57 51 64 88

www.boidron.info

Visite et dégustation sur rendez-vous.

Ancienne possession du Prince Noir, le domaine a fait peau neuve en 2010, lorsque les chais furent reconstruits. Ce Grand Cru est la propriété de la famille Boidron qui a commencé l'élaboration du vin en 1760, au rythme de la nature. Ici, pas d'herbicides, on vendange à la main. Seuls les lots de parfaite qualité sont mis en bouteille au Château. Le vin est conservé en cave souterraine. De cette qualité de travail résultent les prix et les médailles obtenus. La famille Boidron est à la pointe des nouvelles technologies. Une visite s'impose !

LIBOURNE ★★

Confluence de rivières, de terres et d'hommes, Libourne est une bastide royale née en 1270 sous l'impulsion du roi d'Angleterre Henri III. Située au confluent de l'Isle et la Dordogne, la cité a longtemps occupé une place stratégique. Tantôt alliée, tantôt rivale, la filleule de Bordeaux a connu de belles périodes de développement. Fondée en 1268 par Edouard Ier, la ville est dotée d'un port, débouché naturel des vins de la vallée de la Dordogne. Leyburn est l'une des bastides les plus prospères d'Aquitaine. À moins d'une demi-heure de Bordeaux, une heure des plages océanes et desservie par le TGV, Libourne est une destination touristique de choix.

LA FABRIQUE À DESSERTS

8, rue Jean Jaurès

✆ 05 57 55 11 23

Ouvert le mardi et du jeudi au samedi de 8h30 à 19h.

La Fabrique à desserts vous régale avec une vingtaine de pâtisseries. Aux côtés de David Julien, Susie Smal laisse libre cours à son imagination. Avec beaucoup de fraîcheur et un dosage en sucre parfaitement maîtrisé, les pâtisseries de Susie valent le détour. L'Oscar, ce macaron emblématique de la Maison Darnajou, est toujours là, mais revisité par la nouvelle équipe, bien sûr. Piou-Piou, Madeleine, Chou'Quai... le plus difficile est de choisir ! Vous trouverez encore des confiseries, plateaux de mignardises et des gâteaux à partager. Sur place ou à emporter !

SUD-OUEST

Saint-Émilion et son vignoble.

CRÉON

Fondée en 1315 par Amaury de Craon, sénéchal du roi d'Angleterre, Créon qui voit ses foires et marchés fleurir devient une véritable ville-campagne et un pôle économique majeur aux portes de Bordeaux. Avec ses arcades, la place centrale de la Prévôté est typique des bastides. Datées de différentes époques (XVIIIe ou XIXe siècle), les façades dont certaines sont ornées d'éléments sculpturaux valent le coup d'œil. Parmi les richesses patrimoniales : son église qui abrite une Vierge à l'Enfant du XIIIe siècle ou encore son clocher massif. Première ville à devenir Point Relais Vélo de France, Créon profite d'un gigantesque réseau de pistes cyclables.

SAINT-MACAIRE ★

Saint-Macaire est un splendide site médiéval entouré de remparts. Appelée Ligena durant l'Antiquité, la cité a pris le nom du saint venu l'évangéliser, elle s'est développée autour de son abbaye. Commencez par la porte de Benauge du XIVe siècle, qui synthétise admirablement l'entrée fortifiée du village, puis au centre, la place du Mercadiou, considérée comme la plus belle du département avec ses arcades de pierre blonde, ses façades du XIVe au XVIe et son ancien relais de poste de style Renaissance. Le village renferme de nombreuses maisons anciennes, dont les plus belles sont celles de Tardes, La Roque, Eyquem ou Baritault et Flous.

TARGON

Située à 33 kilomètres de Bordeaux, Targon est une commune rurale peuplée de 2 066 habitants. Le nom de la commune de Targon viendrait du franc targo, évoquant son tracé en forme de bouclier. De passage ici, pensez à visiter l'église Saint-Romain. Ce bel édifice roman du XIIe siècle, très ramassé sur lui-même, possède d'intéressantes sculptures ainsi qu'un étonnant clocher carré fortifié du XVIIe siècle. A l'intérieur, vous remarquerez, dressé contre un mur, un gisant très détérioré. Une autre église (Montarouch) se trouve à Targon, mais elle est en ruine.

L'ABRICOTIER €€

2, rue Bergoeing
✆ 05 56 76 83 63
www.restaurant-labricotier.com

Maître Restaurateur. Ouvert du mercredi au dimanche le midi et le soir. Menu à 36 € ; le dimanche de 23 à 27 €. Jardin.

Michèle et Alain vous accueillent dans leur maison avec piscine comme des amis de passage à qui ils indiqueraient où se trouve la salle à manger. L'Abricotier est un lieu sans prétention où les tables sont bien dressées. Dans l'assiette, Alain Zanette, maître restaurateur, deux fourchettes au *Guide Michelin*, ne met pas les petits plats dans les grands. Il cuisine avec précision, justesse et ne part pas dans des envolées superflues. Le produit pour le produit, et juste ce qu'il faut pour l'accompagner. L'Abricotier est aussi une adresse où séjourner.

CADILLAC ★

Bastide du XIIIe siècle fortifiée au XIVe siècle, Cadillac borde la rive droite de la Garonne à une trentaine de kilomètres au sud de Bordeaux. La ville fut fondée en 1280 par Jean de Grailly, sénéchal d'Aquitaine, pour le roi d'Angleterre Henri III. De ses fortifications du XIVe siècle, elle conserve de beaux vestiges, ainsi que son plan intra-muros découpé en îlots rectangulaires. Le mieux est encore de laisser sa voiture le long des remparts pour faire le tour de la cité à pied, sans manquer une visite au très beau château des ducs d'Epernon. Par ailleurs, le vignoble de Cadillac produit un vin réputé que vous auriez tort de ne pas découvrir.

UZESTE

Célèbre pour son festival musical (informations sur le site www.cie-lubat.org), le village d'Uzeste qui se trouve à quelques kilomètres à l'ouest de Bazas est également réputé pour sa collégiale fondée par le pape Clément V, et qui subit plusieurs transformations au cours des âges. Celle-ci est classée aux monuments historiques depuis 1840. Des visites guidées sont organisées du 15 avril au 15 octobre, le samedi et dimanche de 15h à 18h. Dans la bourgade, que traverse le Ciron, on pourra également admirer plusieurs maisons gothiques.

PRÉCHAC

Entre le Ciron et la forêt des hautes Landes girondines, Préchac est fortement marqué par le bois comme l'attestent plusieurs scieries en activité aux alentours. L'histoire a également marqué le lieu et il ne faut surtout pas manquer de visiter le château de Cazeneuve, sur la route de Pompéjac. C'est aussi le Pays de Bertrand de Got, avec l'un de ses châteaux dits clémentins : le château de La Trave. Celui-ci fut érigé en 1306 par Arnaud-Bernard de Preyssac, parent du pape Clément V. Cette vaste forteresse était protégée d'un côté par le Ciron et de l'autre par des fossés. Totalement en ruine aujourd'hui, le château est libre d'accès.

CAMPING DU HAUTACAM

65, cami de Beaucens

✆ 05 62 97 10 33

Ouvert toute l'année, sauf l'hiver. Forfait camping-car : 4,20 €/jour. électricité (6A) : 4,50 €/jour. Wifi.

Le Hautacam est un petit camping convivial situé au cœur du village de Préchac. Les propriétaires vous accueillent toute l'année, hormis de janvier à fin mars, pour un séjour d'une nuit ou plus dans un écrin de verdure et au calme. Les 23 emplacements nus et stabilisés, mi-ombragés, sont idéaux pour installer sa tente, sa caravane ou son camping-car. Les sanitaires sont bien entretenus. Une laverie est à disposition, il vous faudra des jetons à demander à l'accueil. Le bar-snack est ouvert l'été. On y sert sur demande le petit déjeuner.

VILLANDRAUT

Situé à 7 km de Sauternes et sur les rives du Ciron, Villandraut (un millier d'habitants), était une étape sur le chemin de Saint-Jacques-de-Compostelle. Seigneurie fondée au début du XIIIe siècle par André Lopez de Villandro, ce fut surtout la ville natale de Bertrand de Got qui deviendra, plus tard, le premier pape d'Avignon sous le nom de Clément V. Écarté de Rome, il fit bâtir entre 1305 et 1312, le château de Villandraut qui était tout à la fois, une forteresse et un palais. Malgré le large fossé imaginé pour sa défense, l'édifice subira les assauts des Français à la fin de la guerre de Cent Ans, puis des Protestants qui en feront un siège.

SAUTERNES ★

Un grand nom pour un village au cœur des vignes qui mérite le détour ! À 40 km au sud de Bordeaux, le village de Sauternes est réputé pour son vin blanc, – le meilleur liquoreux du monde. Le plus prestigieux de ces vins est produit au château d'Yquem. Inabordable pour le commun des mortels, on peut lui préférer d'autres châteaux dont le rapport qualité-prix sera plus terrestre. Le territoire est parsemé de châteaux et de demeures anciennes. A voir au cœur du village, l'église de Sauternes qui possède une jolie abside romane. La proximité avec le Ciron, affluent de la Garonne, fait de Sauternes un lieu de détente idéal pour les amoureux de la nature.

LA PETITE GUINGUETTE €

2, chemin de Pasquette

www.lapetiteguinguette.com

Ouvert en saison de fin avril/début mai à septembre (jours et horaires variables). Tapas de 6 € à 25 €. Vin au verre.

Coup de cœur ! La Petite Guinguette est un petit coin de paradis avec une vue imprenable sur les vignes. Créée en juillet 2017 par Marie et Guillaume, l'endroit, qui se donne des allures de brocante chic, a immédiatement remporté un franc succès. Petits et grands aiment s'y retrouver pour déguster quelques tapas, boire un verre ou écouter de la musique. Les assiettes de tapas accompagnent à merveille un cru du coin ou une mousse, ou inversement. La bonne idée : suivre leur page Facebook pour ne pas rater l'ouverture de la saison et le programme estival.

BUDOS

Au cœur des Graves, Budos est un petit village situé à proximité du très connu village viticole de Sauternes. Aujourd'hui, l'activité principale de Budos est la viticulture. On connaît aussi Budos pour son eau, car le village possède l'une des plus grandes sources de la région et alimente le sud de la Communauté Urbaine de Bordeaux. Vous pouvez aussi découvrir les ruines du château fort de Budos construit au XIVe siècle. Il existe des circuits de randonnée au départ Budos : une boucle complète de 15 km, la boucle des sources (3 km) ou de la marche pour atteindre d'autres parcours dans les communes avoisinantes. Informations : www.budos.fr

LA BRÈDE ★★

Terre des Graves en bordure de la forêt girondine, La Brède est située à 18 km au sud de Bordeaux. Berceau et patrie de Charles-Louis de Secondat (dit Montesquieu), La Brède a nourri les pensées du philosophe qui a fait sa renommée et dont il est, depuis lors, le plus fidèle ambassadeur. Avec le château classé aux Monuments historiques et qui a vu naître l'écrivain, l'église Saint-Jean-d'Étampes est un des sites remarquables à voir dans la ville. Dans le cimetière de l'église du bourg, considérablement remaniée au XIXe siècle, on peut d'ailleurs voir plusieurs pierres tombales, dont celle du grand-père de Montesquieu ou Jean de Secondat.

CHÂTEAU DE LA BRÈDE ★★

Avenue du Château
✆ 05 56 78 47 72
www.chateaulabrede.com

Jours et horaires d'ouverture variables selon la saison. Adulte de 4 € à 12 €. Enfant (de 7 à 15 ans) : 4 € à 7 €.

Classé Monument historique depuis 1951, le château de La Brède est un édifice exceptionnel et incontournable dans la région. Il est situé au cœur d'un parc classé de 150 hectares (en accès libre). Edifié au début du XIVe siècle, puis rénové et réaménagé à la Renaissance puis au XIXe siècle, ce curieux château étonne par sa forme polygonale. A l'origine, on accédait au château par trois ponts-levis qui ont été remplacés par des passerelles en bois. C'est dans ce château que naît, le 18 janvier 1689, Charles-Louis de Secondat, baron de La Brède et de Montesquieu, plus connu sous le nom de Montesquieu. Ce dernier passe beaucoup de temps entre sa chambre et la bibliothèque, où il a rédigé une grande partie de l'ouvrage *De l'Esprit des lois*. La dernière propriétaire, la comtesse Jacqueline de Chabannes est l'une des descendantes de Denise, la plus jeune fille de Montesquieu. Elle résida au château jusqu'à son décès en 2004. Sans descendant, elle a souhaité que le domaine reste ouvert au public. Pour cela, elle a créé la Fondation Jacqueline de Chabannes afin de préserver et faire découvrir ce patrimoine. Depuis, les vignes du château ont été remises en activité et on retrouve ainsi une ambiance vivante. Des visites guidées sont organisées pour pénétrer dans le château, mais aussi pour en apprendre davantage sur son jardin régulier. Pour obtenir des renseignements et pour réserver, les groupes doivent s'adresser à l'Office de Tourisme de Montesquieu. Notez que les chiens ne sont pas autorisés à entrer sur le domaine.

TRUFFE ALÉNA

✆ 06 16 01 03 74
https://truffe-alena.com/

Aléna, c'est 120 hectares de truffières melanosporum basées en Aquitaine qui produisent chaque année 3 tonnes de truffes noires du Périgord vendues aux plus grands noms de la gastronomie mondiale. Sachez qu'il est possible de vivre l'aventure d'un peu plus près. Comment ? En adoptant un chêne truffier. La souscription du contrat d'adoption génère l'envoi annuel de 50 g de truffes noires du Périgord, deux boîtes de suprêmes de truffe Aléna (une de 15 g de truffe noire et une de 30 g de truffe d'été) ainsi qu'un livret de recettes. Et ce, durant 5 ans.

BORDEAUX ★★★★

La découverte de la Gironde passe obligatoirement par Bordeaux et les communes qui l'entourent. L'antique Burdigala ne compte plus ses atouts. En enregistrant le plus important secteur sauvegardé médiéval du XVIIIe siècle et la plus grande façade néo-classique d'Europe, elle a de quoi plaire aux amoureux des vieilles pierres. Le touriste averti ne manquera pas de lever le nez le plus souvent possible pour admirer les balcons et les façades, particulièrement le long des quais qui ont bénéficié d'un programme de rénovation. Le charme de Bordeaux vient sans doute de la diversité et de l'harmonie qui règnent dans chaque quartier. Et de ses berges.

LA CITÉ DU VIN ★

1, esplanade de Pontac
✆ 05 56 16 20 20
www.laciteduvin.com

Horaires sur le site. Adulte : 21 € (billet Parcours permanent + accès au belvédère, dégustation d'un verre de vin).

Musée nouvelle génération à l'architecture audacieuse et emblématique, la Cité du Vin propose un voyage immersif et sensoriel unique à la découverte des multiples facettes du vin. Avec une scénographie innovante, le parcours permanent constitue le cœur de la visite. Le belvédère à 35 mètres du sol propose aux visiteurs une vue panoramique exceptionnelle sur Bordeaux et la Garonne, et les invite à déguster un verre de vin du monde. Expositions temporaires, conférences, spectacles et ateliers de dégustation rythment la vie de la Cité du Vin !

MUSÉE MER MARINE

89, rue des Étrangers
✆ 05 57 19 77 73
www.mmmbordeaux.com
Ouvert du mardi au vendredi de 13h à 19h, samedi et dimanche de 10h30 à 19h. Tarif plein : 14 €.

Bienvenue à bord ! Niché au cœur des Bassins à flot, découvrez un lieu unique à la croisée des chemins entre les mondes de la Mer et de la Culture. Plongez dans une des plus grandes collections privées d'Europe dédiées à l'histoire de la navigation à travers les âges et à la préservation des Mers et de l'Océan, mais aussi à l'art contemporain. 10 000 objets de marine (maquettes et bateaux, instruments de navigation, cartes et atlas) et œuvres d'art y sont désormais accessibles au public dans une scénographie moderne et interactive.

PARKING ALLEES DE CHARTRES

Allée de Chartres
✆ 05 56 52 97 75
Accueil des camping-cars de 8h à 20h. 395 places + 12 places pour les bus de tourisme. Stationnement payant.

Le parking des Allées de Chartres propose des places de parking en surface et en plein air, il est situé entre les allées de Chartres et les allées de Bristol aux abords de l'esplanade des Quinconces à Bordeaux. Une présence physique sur le site est assurée du lundi au samedi de 9h à 18h. A noter que ce parc accueille les camping-cars de 8h à 20h. En dehors de ces horaires, les camping-caristes sont invités à stationner leur véhicule au camping international de Bordeaux-Lac.

CAMPING BEAUSOLEIL €

371, cours Général-De-Gaulle - **GRADIGNAN**
✆ 05 56 89 17 66
www.camping-beausoleil-gradignan.fr
31 emplacements. Emplacement + véhicule (avec 10 A) à partir de 13 €. Animaux acceptés (1 €). Aire pour camping-cars.

Aux portes de Bordeaux, le camping Beausoleil possède une infrastructure pouvant accueillir les caravanes et camping-cars toute l'année, et les tentes en juillet et en août. Ici, est proposée la location de mobil-homes de 30 m² avec deux chambres, salle de bains, cuisine équipée et plancha à disposition ! Côté confort, les sanitaires possèdent l'eau chaude et sont chauffés en hiver, une buanderie est à disposition de tous. Quant aux loisirs, on retrouve sur place un terrain de pétanque pour des parties entre amis. Sentiers pour la randonnée ou le VTT.

RESTÔ&CIE €€

17-19, rue Robert Schuman
BÈGLES
✆ 06 26 39 55 28
Ouvert du lundi au vendredi de 12h à 17h30.

Vous connaissez ChapitÔ ? Ce lieu de partage où l'on peut flâner, participer à des ateliers, découvrir des spectacles... et manger ! Chez RestÔ&Cie, Magali et Nicolas proposent un buffet chaque midi. Au choix, un poisson, une viande, un plat végétarien... La particularité ? On paie au poids, à raison de 2,40 € les 100 grammes. L'établissement se veut également engagé, partageant une manière de vivre éco-responsable et locale. Une épicerie et un marché de fruits et légumes de saison sont également sur place, avec des cagettes de producteurs à emporter.

MARCHÉ DES CAPUCINS

Place des Capucins
www.marchedescapucins.com
Du mardi au vendredi de 6h à 14h, week-end de 5h30 à 14h30.

Un marché qui existe depuis le XVIIIe siècle ! Aujourd'hui le plus grand marché de Bordeaux vit toute l'année dans une ambiance décontractée, conviviale, unique en son genre. On y vient faire ses courses, se restaurer, prendre un café, boire un verre, acheter des fleurs, déguster des huîtres ou encore des spécialités asiatiques et même dénicher quelques vêtements à l'extérieur. La viande, les charcuteries françaises ou espagnoles et les fromages sont magnifiques, quant aux prix (notamment les fruits et les légumes) ils restent très abordables. On y court !

PLANÈTE BORDEAUX

BEYCHAC-ET-CAILLAU
✆ 05 57 97 19 22
www.planete-bordeaux.fr
Ouvert du lundi au vendredi de 9h à 12h30 et de 14h à 18h30. Ouvert le samedi en juillet et août, de 10h à 18h30.

Plonger au cœur des appellations Bordeaux et Bordeaux Supérieur, partir à la découverte du vignoble et déguster de Grands Crus... C'est la promesse de ce lieu situé à seulement vingt minutes de la capitale girondine. Ludiques, les expositions et projections éclaireront les novices et permettront aux fins amateurs d'approfondir leurs connaissances. Le clou du spectacle est l'espace de dégustation où vous pourrez découvrir des vins et vous faire conseiller par des passionnés. Ici, vous trouverez d'excellents crus à prix abordable.

LE MÉDOC

LIEUX	Km partiel	Km cumul	Routes
ARSAC	0	0	D105E1
MARGAUX	5	5	D2
FORT-MÉDOC	10	15	D2
PAUILLAC	11	26	D2 puis D204
VERTHEUIL	11	37	D204E3 puis D2E1
SAINT-ESTÈPHE	6	43	D2 puis D203
ORDONNAC	12	55	Route de la Maréchale
PORT DE LA MARÉCHALE	6	61	D2
SAINT-YZANS-DE-MÉDOC	4	65	D2
SAINT-CHRISTOLY-MÉDOC	4	69	D2
VALEYRAC	8	77	D2
SAINT-VIVIEN-DE-MÉDOC	14	91	D1E4 puis D1215
LE VERDON-SUR-MER	17	108	D1215 puis D1E4
SOULAC-SUR-MER	8	116	D101
VENDAYS-MONTALIVET	21	137	D101
HOURTIN	20	157	D3 puis D207
CARCANS-PLAGE	24	181	D6E1 puis D6
LACANAU-OCÉAN	12	193	Arrivée

MARGAUX ★

Le nom même de ce petit village médocain de 2932 habitants est presque connu sur toute la terre pour ses vignobles et ses châteaux. Ils composent la Route des vins et se distinguent parmi les meilleurs grands crus classés du monde. Un tiers réunis sur cette langue de terre ne représentent qu'un dixième du vignoble médocain. Fleuron des vins de cette appellation : le Château Margaux, premier grand cru classé en 1855. Il ne faut pas oublier l'autre richesse naturelle : l'estuaire où les carrelets esquissent leurs silhouettes élégantes. Margaux est aussi un cadre de rêve pour les sportifs : boucles cyclistes, greens de golf, attelage équestres, etc.

© BP LAMARQUE

Le château Marojallia - Margaux.

LE SAVOIE €€

1, place de la Trémoille
✆ 05 57 88 31 76
www.lesavoie.net
Ouvert tous les jours. Service traiteur.
Menus de 26 € à 70 €. Carte : 40 € environ.

La bâtisse blanche et rouge bordeaux est magnifique et le cadre est somptueux. Le restaurant propose plusieurs ambiances de la terrasse ensoleillée, la verrière chic avec ses fauteuils club en cuir noir à la salle fleurie très élégante. Philippe Vilet, maître restaurateur, et son équipe mettent en œuvre leurs savoir-faire et compétences pour donner à ce restaurant gastronomique les lettres de noblesse qu'il mérite. Les plats évoluent au fil des saisons et les assiettes créatives sont agrémentées parfois de saveurs d'ailleurs. En cave plus 170 références de vins.

CHATEAU CITRAN

Chemin de Citran - **AVENSAN**
✆ 05 56 58 21 01
www.citran.com
Entrée : 10 €. Gratuit pour les moins de 3 ans.
Réservation : https://aliceaupaysdespaons.fr ou 07 60 26 17 52.

Le Château de Citran est un domaine chargé d'histoire. Son cadre est un écrin de verdure, au bord de l'eau, propice aux humains, plantes et animaux. Les paons sont les emblèmes des lieux. Ils incarnent la noblesse de la famille ayant vécu sur ces terres. Les vignes font également partie de ce paysage exceptionnel. Les parcours sont axés sur l'histoire de la propriété mais d'autres circuits sont construits sur des thèmes inédits. C'est une expérience ludique et familiale de 1h30 qui se termine par une dégustation gratuite de vin ou de jus de raisin.

ARSAC

Arsac est une petite ville typique du cœur du Médoc. Elle est limitrophe des communes d'Avensan, Cantenac, Labarde, Macau, le Pian-Médoc. Le porche de son église est classé aux Monuments historiques, car de facture romane, il témoigne de l'existence d'une paroisse au XIIe siècle. Etienne de la Boétie, poète et ami de Michel de Montaigne, a séjourné dans la petite commune et a même écrit un poème sobrement intitulé « Arsac ». Arsac possédait le plus grand vignoble de la région avant que le phylloxera ne détruise tout au XIXe siècle. Le vignoble d'Arsac fait partie des deux appellations prestigieuses, Margaux et Haut-Médoc, des vins de qualité.

CUSSAC-FORT-MÉDOC ★

Entre vignes et estuaire, la ville de Cussac Fort Médoc a eu un port très actif sur la Gironde jusqu'au XVIIe siècle. Ce fort bâti par Vauban – comme la citadelle de Blaye – pour fermer le verrou de l'estuaire est inscrit au patrimoine mondial de l'UNESCO. Un livre *Fort Médoc* écrit par Michel Faure est en vente au Fort Médoc et à la mairie de Cussac Fort Médoc. Il raconte l'histoire tourmentée du fort qui participe aujourd'hui à la beauté du territoire. Le fort mérite la visite tout comme les châteaux du vignoble de Cussac, classé Haut Médoc. Il représente plus de la moitié de la surface agricole de la commune. Ici, on produit le saint-julien...

SUD-OUEST

AXA
Passion
Roulez confiant
Assurance scooter jusqu'à 25 % de réduction(1)
OFFRE CITOYENNE
(1) Jusqu'à 25 % de réduction appliquée sur le tarif d'assurance scooter pour tout conducteur principal détenant déjà un contrat d'assurance auto, moto ou scooter chez AXA.
AXA France IARD - S.A. au capital de 214 799 030 € - 722 057 460 RCS Nanterre • AXA Assurances IARD Mutuelle - Société d'assurance mutuelle à cotisations fixes contre l'incendie, les accidents et risques divers - Siren 775 699 309 • AXA France IARD est mandataire exclusif en opérations de banque d'AXA Banque - N° ORIAS 13004246 (orias.fr) • Sièges sociaux : 313, Terrasses de l'Arche - 92727 Nanterre Cedex • AXA Assistance France Assurances - S.A. de droit français au capital de 24 099 560,20 €, immatriculée au Registre du Commerce et des Sociétés de Nanterre sous le numéro 451392724 et dont le siège social est situé 6, rue André Gide - 92320 Châtillon • Juridica - La filiale spécialisée en assurance de protection juridique d'AXA France S.A. au capital de 14 627 854,68 €. 572 079 150 RCS Versailles. Siège social : 1, place Victorien Sardou - 78160 Marly-le-Roi. Entreprises régies par le Code des assurances • Club 14 est une association, déclarée le 4 septembre 1981 sous le numéro 81-1832. Siret 338 666 050 00038. Siège : 87, avenue François Arago - 92022 Nanterre Cedex • AXA Banque - S.A. au capital de 146 017 296 € - 542 016 993 RCS Créteil • AXA Banque Financement - S.A. au capital de 33 855 000 € - 348 211 244 RCS Créteil. Sièges Sociaux : 203/205, rue Carnot - 94138 Fontenay-sous-Bois Cedex. Intermédiaires en assurance pour le compte d'AXA France Vie et AXA France IARD - N° ORIAS 07 025 377 et 07 025 368 - orias.fr. Coordonnées de l'Autorité de contrôle prudentiel et de résolution (ACPR) - 4, place de Budapest - CS 92459 - 75436 Paris Cedex 09. Le détail des procédures de recours et de réclamations et les coordonnées du service dédié sont disponibles, pour la banque et l'assurance, sur le site axa.fr.
Réf. 969207 10 2021 - Document non contractuel - © Yamaha Motor Europe N.V.

FORT MÉDOC ★★

Route du Fort-Médoc
✆ 05 56 58 98 40
www.cussac-fort-medoc.fr
Horaires sur le site internet. Gratuit jusqu'à 5 ans et personnes handicapées. Adulte : 4 €, enfant de 5 à 12 ans : 1 €.

Cette fortification défensive fut construite par Vauban dès 1691 pour protéger Bordeaux afin de fermer l'estuaire avec le fort Pâté et la citadelle de Blaye : cet ensemble, inscrit au patrimoine mondial par l'UNESCO, constitue le verrou de l'estuaire. Certains bâtiments sont encore debout comme la poudrière fortifiée, le corps de garde, la chapelle, la citerne, une partie des casernes ou la porte royale de l'entrée avec son fronton ouvragé orné du soleil royal. Belle vue sur la Gironde, la citadelle de Blaye et ses coteaux depuis les remparts gazonnés.

CAFÉ LAVINAL €€

Place Desquet
✆ 05 57 75 00 09
Fermé du 20 décembre jusqu'à mi-février environ. Ouvert tous les jours le midi et le soir. Carte : 44 € environ.

Le Café Lavinal tient son nom de Berthe Lavinal, la grand-mère de Jean-Michel Cazes, le propriétaire du Château Lynch-Bages, situé juste à côté, et grande figure du vignoble bordelais. Gabriel Gette, a pris en main ce bistrot chaleureux et convivial. La cuisine bistronomique est élaborée avec des produits frais de la région. La carte des vins comporte plus de 120 références de vins de Bordeaux et d'ailleurs. Le service de vins au verre permet de découvrir jusqu'à 8 vins rouges... La terrasse ensoleillée est appréciée pour sa vue.

SAINT-JULIEN-BEYCHEVELLE ★

Saint-Julien et de Beychevelle se situe dans le canton de Pauillac, au bord de l'estuaire de la Gironde, sur la route des châteaux, à 42 km au nord de Bordeaux. C'est le village qui donne son nom à l'appellation saint-julien, qui n'est peut-être pas la plus connue du Médoc, mais dont les vignes couvrent néanmoins 920 hectares. Les ports de Saint-Julien et de Beychevelle sont charmants. A noter que cette petite commune de moins de 1 000 habitants, compte parmi les enfants du pays Jean-Louis Triaud, qui dirige le château Gloria et fut président des Girondins de Bordeaux. Depuis 1979, elle est jumelée avec Gaiole, une commune italienne de Toscane.

SAINT-ESTÈPHE

Cette commune est mondialement connue pour ses monuments de délectation que sont les vins de l'appellation saint-estèphe. On considère que les premières vignes ont été plantées à l'époque romaine, mais c'est à partir du XVIIe siècle que le domaine s'est agrandi grâce au drainage des terres marécageuses. Le vignoble stéphanois occupe environ 1 230 ha. Les cépages principaux qui rentrent dans la composition du vin Saint-Estèphe sont le merlot, le cot, le petit verdot, le cabernet-franc, le cabernet-sauvignon, le carmenère. Au milieu des vignes le bourg est dominé par son église du XVIIe siècle. De l'ancien port on admire le vaste panorama sur la Gironde.

PAUILLAC ★

A mi-chemin entre Bordeaux et la pointe de Grave cette petite ville se partage entre le vignoble et le fleuve. Posée sur l'estuaire de la Gironde, la commune abrite 100 propriétés viticoles, dont 18 grands crus classés, incluant les trois premiers mondialement connus : château Lafite-Rothschild, Latour et Mouton-Rothschild. Pauillac. Une longue tradition de navigation se perpétue dans son port de pêche et de plaisance. Depuis la superbe façade des XVIIIe et XIXe siècles des quais de la ville, on aperçoit les carrelets – les typiques cabanes de pêcheurs –, les bateaux « libellules » partant à la pêche et les îles disséminées au milieu de l'estuaire.

SAINT-YZANS-DE-MÉDOC

Saint-Yzans marque le passage du Haut Médoc au Médoc. Terre sauvage avec ses paysages de marais et ses vignes, c'est « la pampa », comme on la nomme ici. Les vestiges gallo-romains des Ier et IIe siècles de la villa du Bois-Carré prouvent que le village existe de longue date (collection de monnaies à la mairie), mais c'est surtout vers le château Loudenne que l'on se dirigera. Il donne directement sur l'estuaire et un passage public permet à chacun d'accéder au fleuve. Ne pas manquer de pousser jusqu'au petit port de la Maréchale via le chemin de randonnée, perdu dans la verdure et les roseaux, où l'on pourra surprendre un bateau de pêche au départ.

SAINT-CHRISTOLY-MÉDOC

Le fort de Castillon, érigé à Saint-Christoly pour défendre l'embouchure de la Gironde contre les invasions des Normands au IXe siècle, fut démoli sur l'ordre de Louis XIII. Le port de Saint-Christoly est presque un port miniature et mérite le détour pour sa belle vue sur la Gironde et ses vieux bateaux à quai. C'est un lieu de rencontre et de convivialité. Ce fut le chef-lieu de l'ancienne seigneurie de Castillon avant d'appartenir à la maison Pardaillan puis aux ducs d'Antin. Le port de Saint-Christoly mérite vraiment le détour pour sa jolie vue sur la Gironde et ses vieux bateaux à quais. L'ancien nom du village est Saint-Christoly-de-Castillon.

LE KAYAK CAFÉ €€

16 bis, route du Port
✆ 07 70 18 89 60
www.kayak-et-decouvertes.blogspot.fr
Fermé de novembre à avril. Haute saison : ouvert tous les jours le midi et le soir. Carte : 25 € environ.

Le Kayak Café allie la location de kayak pour une balade facile et agréable sur le chenal du Gua et un restaurant où tous les produits frais sont achetés chez des producteurs locaux : les huîtres du Médoc, les gambas bio de La Petite Canau, les saucisses artisanales du charcutier du village voisin. La spécialité du chef, Sébastien, ce sont les moules à la plancha, un délice. Tous les plats sont faits maison et réalisés à la demande. Le service se fait dans la « cabane » bien aménagée ou à l'extérieur en terrasse ou sur le ponton, les pieds dans l'eau.

VALEYRAC

A l'époque gallo-romaine, le site, qui est probablement une petite île de la Gironde, est connu pour son élevage d'huîtres. Un Romain nommé Valerius (première origine admise pour le nom de la commune) y édifie une villa. Une autre hypothèse veut que l'origine du nom vienne du celte ou du bas-breton *balira*, signifiant « avancée d'un bâtiment. » En 1741, le curé de la paroisse mit à jour les fondations d'un mur d'enceinte ; qui devait être très certainement une ancienne fortification de défense contre des envahisseurs arrivant en bateau par l'estuaire. Entre Pauillac et Le Verdon, le petit port de la Goulée, offre un beau panorama sur l'estuaire.

SAINT-VIVIEN-DE-MÉDOC

Saint-Vivien est à égale distance de l'Estuaire et de l'Océan, à mi-chemin de Lesparre et de la fin des terres et à la limite de la vigne et des céréales. De nombreuses découvertes archéologiques attestent un très ancien peuplement et, au VIe siècle, une chapelle chrétienne y est érigée en hommage à Saint Vivien. Il n'en reste aujourd'hui plus rien, mais le très récent clocher de l'église – 1957 – ne doit pas faire oublier sa très belle abside du XIIe siècle de style saintongeais. Après une visite au marché, renommé dans tout le Médoc, le petit port intérieur de Saint-Vivien est à ne pas manquer avec ses embarcations multicolores et ses guinguettes.

LE VERDON-SUR-MER ★★

Le Verdon symbolise la fin des terres et le début de l'Aquitaine. La Pointe de Grave est un lieu unique où les eaux de la Gironde et de l'Océan se mêlent, face aux côtes charentaises. Dominée par le clocher de 38 mètres de Notre-Dame-de-Bon-Secours, la commune vaut la visite ses longues plages de sable fin dont une naturiste, ses 4 ports : Port Bloc d'où partent les bacs Le Verdon-Royan; Port Médoc, un port de plaisance moderne et écologique; le Vieux Port aux Huîtres au cœur du village, ancien port ostréicole pittoresque qui revit chaque été avec ses guinguettes et expositions diverses et le grand Port Maritime de Bordeaux, port de commerce et d'escale de paquebots. Le Verdon possède aussi trois phares : Cordouan en pleine mer, le phare de Grave et son musée à l'embouchure de la Gironde et le phare Saint-Nicolas qui marque l'entrée de la plage St Nicolas. L'été un train touristique relie La Pointe de Grave et Soulac-sur-Mer. La grande nouveauté pour cet été c'est l'ouverture d'une passerelle en bois pédestre et cyclable de 900 mètres qui part de port Médoc pour relier Le Verdon par la plage de la Chambrette. Cet aménagement touristique a aussi pour but essentiel de protéger la dune qui est grignotée par l'eau à chaque gros coefficient. Des palplanches ont été installées perpendiculairement à la dune de manière à la stabiliser. Un circuit découverte de 6,7 km, appelé La Verdonnaise, emprunte des rues en centre-ville, une piste cyclable, une route forestière et un chemin forestier en calcaire.

LE ROYANNAIS*** €€

88, route de Soulac ✆ 05 56 09 61 12
www.royannais.com

Fermé du 1er octobre au 31 mars. Emplacement à partir de 26 €. Mobil-home à partir de 240 € la semaine.

Le Royannais est un camping 3 étoiles qui a une démarche écolo humaniste. Il se distingue par son engagement environnemental sincère et son ambiance zen. Il est situé à 400 m de l'Océan, à 2 km du bourg du Verdon et à 200 m de la piste cyclable. Tous types d'hébergements sont proposés : des locatifs bon marché et sans sanitaires (Coco Sweet, tipi sur pilotis) ou des locatifs grand confort (chalets, mobil-homes) ainsi que des emplacements nus pour tentes, caravanes et camping-cars. L'été, des stages de yoga sont organisés sur la plage ou dans une yourte.

SOULAC-SUR-MER ★★

Soulac est une ville qui mérite le détour, car elle détonne dans la succession des stations balnéaires de la côte médocaine. Une particularité qui tient d'abord à son histoire. La commune est une des premières à avoir bénéficié du boom de la mode des bains de mer au XIXe et son architecture s'en ressent. C'est d'ailleurs une des premières villes où l'on commence à se baigner en mer. En quelques décennies a surgi de terre la nouvelle agglomération avec sa gare, le casino, le marché couvert, les hôtels, les établissements de bains et les villas. Le circuit organisé par l'Office de Tourisme vous emmènera à la découverte de ces maisons.

BISTROT TARTINES & COMPAGNIE €

3, place Georges-Mandel
✆ 06 32 56 89 63

Haute saison ouvert tous les jours le midi et le soir. Carte : 20 € environ.

Eric et Aurélie, deux Strasbourgeois, ont apporté dans leurs bagages quelques idées gourmandes de leur région : des tartines toastées. C'est du pain croustillant garni de saumon, fromage frais ou miel, chèvre et amandes grillées, le tout accompagné d'une belle salade verte bien assaisonnée (c'est tellement rare !). En terrasse, à l'abri du vent, ou à l'intérieur on apprécie aussi l'une des spécialités, la flammekueche, puis hors saison c'est la choucroute ou le baeckeoffe.

LA FORÊT DE ROBIN

26, boulevard Guy Albospeyre
✆ 06 13 06 40 82

Haute saison : ouvert tous les jours de 10h à 20h. Entrée : 20 €.

La Forêt de Robin ouvre ses espaces de tir à l'arc en plein air sur les communes de Soulac, Lacanau et Montalivet. Son initiateur, Gregory Pigneguy, n'est pas n'importe quel archer puisqu'il a participé à de nombreuses compétitions nationales et internationales. Il a mis en place des séances de 2 heures pour un groupe de 6 archers sous la houlette d'un moniteur. Tout le monde part en forêt pour tirer sur des cibles d'animaux (faux bien sûr). Le maniement de l'arc se fait en toute sécurité, d'ailleurs les enfants sont admis à partir de 7 ans.

VENDAYS-MONTALIVET

Vendays-Montalivet est réputé pour son camping naturiste CHM Montalivet, l'un des plus anciens et des plus grands d'Europe. La commune a aussi une activité commerçante et artisanale de tout premier plan avec son marché couvert et son marché extérieur, en période estivale, qui offre un déballage de plus de 200 stands. Côté patrimoine, les curiosités ne manquent pas notamment la pittoresque gendarmerie installée dans une maison typique avec son toit symétrique en pente, son balcon et ses jolies découpes en bois. Son bleu tirant sur le vert émeraude ne fait pas très réglementaire... Montalivet est enfin un paradis avec ses très grandes plages surveillées.

HOURTIN ★

Hourtin se distingue par ses grands espaces, sa nature généreuse et partage avec Carcans le plus grand lac naturel d'eau douce de France où l'on pratique de multiples activités : stand up paddle, voile, bateau à pédalier, kitesurf, balades en bateau. A Hourtin Plage, vous pourrez profiter de l'océan Atlantique et des sports de glisse comme le surf ou le kite surf. Les amoureux de la flore et de la faune autant que des randonnées. Pour les enfants, faites un tour à l'île aux enfants à Hourtin Port où ils pourront jouer aux aventuriers dans un château en bois grandeur nature. Hourtin est le lieu idéal pour les vacances famille et nature.

SUD-OUEST

CAMPING LE LITTORAL €

102, rue d'Aquitaine
✆ 05 56 09 13 73
www.camping-lelittoral.fr
Emplacement + véhicule + 2 personnes de 13,50 € à 14,50 €.

A 2 km du lac d'Hourtin et à 12 km de l'océan, le Littoral est un camping familial qui permet de combiner plage, loisir et nature ; le personnel conseille même pour la cueillette des champignons en arrière saison. A l'intérieur vous trouverez pêle-mêle : piscine extérieure avec pataugeoire pour bébé, tennis, volley, salle de jeux, minigolf et jeux pour enfants. De bons emplacements pour les camping-cars, ainsi qu'un point pour effectuer les services. Un bal disco est organisé une fois par semaine. Et ici, la clientèle est bichonnée.

YELLOH ! VILLAGE LES GRANDS PINS***** €€

Avenue des Grands-Pins ✆ 05 56 03 20 77
www.lesgrandspins.com
Ouvert de mi-avril à mi-septembre. Emplacement de 24 € à 69 €. Cottages à partir de 357 € la semaine.

Le Village propose 2 secteurs d'emplacements, un secteur sans circulation automobile pour plus de calme et un secteur avec circulation automobile. Tous les emplacements ont une superficie de 80 m² et plus. Pour les locations, les amoureux de l'hébergement nature pourront opter pour la tente lodge meublée de 27 m² prévue pour 4 personnes, au style élégant et dépaysant ; vous pouvez aussi opter pour les cottages contemporains et de standing, de styles et de catégories différents.

CARCANS-PLAGE

Carcans-Plage est idéal pour les amateurs de surf, de belles vagues et de bronzette. Le petit centre ville est regroupé autour des deux plages : plage Sud et plage centrale. On trouve uniquement des commerces saisonniers (bars, restaurants, surf shop… boutiques) et les campings. Sur les abords, on franchit de hautes dunes aménagées pour accéder aux plages. Pour les amoureux d'endroits sauvages, il faut s'écarter un peu de la plage centrale. L'accès peut se faire à vélo par la piste cyclable mais il faut marcher et traverser les dunes et le trajet peut être un peu long et difficile avec des enfants ! Le lac de Carcans-Hourtin est juste à côté.

RAINBOW CAFÉ

11, rue des Écureuils
✆ 06 18 00 49 04
http://alexandramuller.fr
Tous les jours de beau temps en saison.

Avez-vous remarqué la nouvelle cabane en bois située sur la Plage des écureuils ? Elle porte le nom de Rainbow Café. Dans cette petite bicoque la carte est adaptée à tous les moments de la journée : boissons fraîches, jus détox, smoothies, et des plats tendance : buddha bowl, veggie bowl, avocado toast, hot dog végétarien. Côté sucré vous craquerez pour le chia pudding, le smoothie bowl, l'açaï bowl ou la salade de fruits dans un demi-melon. Les plats sont colorés et très frais. Le Rainbow est l'endroit idéal pour une pause entre deux séances de surf.

LACANAU-OCÉAN ★★

Son nom est issu de '-canau' qui vient de '-canal', et ce n'est pas du tout un passage du singulier au pluriel. La-canau signifie bien le-canal, en l'occurrence celui qui reliait autrefois, naturellement l'étang de Lacanau à l'océan atlantique. Vers 1810, l'ingénieur Nicolas Brémontier pense fixer les dunes avec des pins, mais ce n'est qu'après l'assèchement des marais que les sols deviennent propices à la végétation forestière vers 1855. En 1884, Pierre Ortal, propriétaire à Lacanau-ville et chef de service aux Chemins de fer des Landes, fait connaître son intention de créer une station balnéaire sur les dunes littorales de la commune.

BIG MAMA

4, boulevard du Maréchal Franchet d'Espérey
✆ 05 56 26 33 55
www.ecole-surf-lacanau.com
Fermé de décembre à mars. Surf découverte à partir de 33 € (2h), stand up paddle à partir de 30 € (2h).

Direction plage Nord, au fond du boulevard, pour rencontrer Romain Lhoste et Adrien Valéroque, deux jeunes Canaulais dynamiques et attentionnés, qui dirigent cette école de surf. Ils proposent en toute sécurité et avec une bonne pédagogie des cours de surf pour petits et grands, du stand up paddle, de la voile sur la plage du Moutchic dans la petite cabane familiale Chamoulou d'Antoine Chamoux, mais aussi du conseil pour le matériel, des planches et accessoires dans leur surf shop. On peut même de boire un verre, tranquille, au snack Big Mama.

LA ROUTE DES PUYS

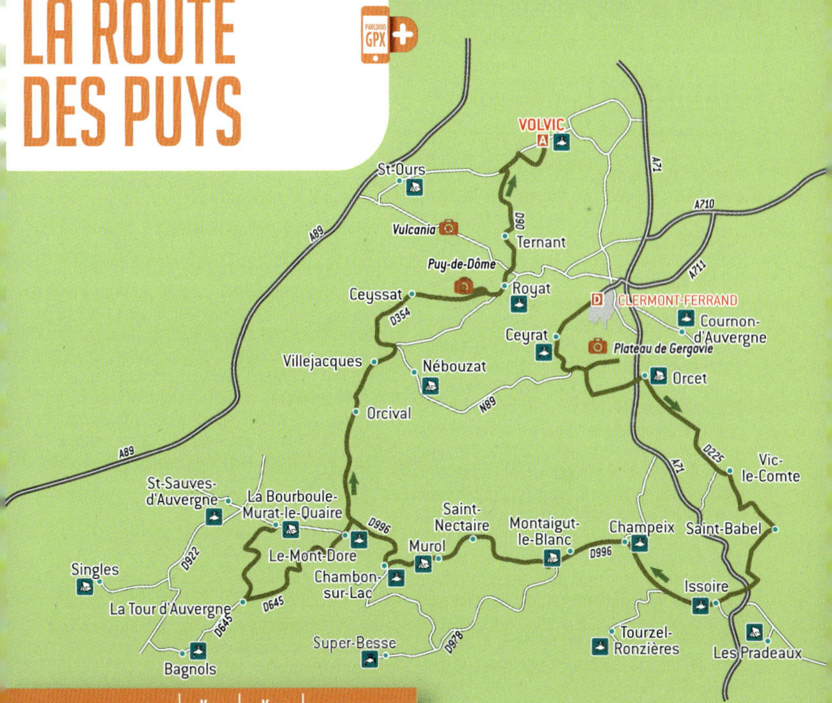

LIEUX	Km partiel	Km cumul	Routes
CLERMONT-FERRAND	0	0	D3
PLATEAU DE GERGOVIE	12	12	D756 puis D978 puis D225
VIC-LE-COMTE	18	30	D49
SAINT-BABEL	9	39	D14 puis D9
ISSOIRE	10	49	D996
CHAMPEIX	13	62	D996
SAINT-NECTAIRE	14	76	D996
MUROL	6	82	D996
LE MONT-DORE (PUY DE SANCY)	20	102	D645
LA TOUR-D'AUVERGNE	17	119	D129
LA BOURBOULE	12	131	D996 puis D27
ORCIVAL	24	155	D27 puis D216
VILLEJACQUES	5	160	D216
CEYSSAT	7	167	D52
PUY DE DÔME	15	181	D52 puis D90 puis D986
VOLVIC	25	206	Arrivée

CLERMONT-FERRAND ★★★

À quelque 400 mètres d'altitude, le chef-lieu de l'Auvergne est protégé par la chaîne des Puys à l'ouest, et s'ouvre sur la plaine de la Limagne à l'est. Son centre ancien est construit sur le cratère d'un volcan dont la cheminée serait au niveau de la place de Jaude. La butte dominée par la cathédrale, est le rebord de ce cratère. Riche de plus de deux mille ans d'histoire, Clermont est un terrain de jeu pour les passionnés d'histoire, d'archéologie et de volcanologie. Elle a aussi forgé son identité en tant que berceau des pneumatiques Michelin, dont on pourra découvrir l'histoire de la célèbre entreprise et sa relation avec la ville dans un parcours ludique et scénographique à l'Aventure Michelin. Mais Clermont-Ferrand, ce n'est pas que Michelin, le rugby et les volcans, c'est aussi une ville dans laquelle les étudiants représentent 15 % de la population, attirés par le cadre de vie agréable et la proximité avec la nature. C'est une ville dynamique, où les concepts novateurs et créatifs émergent les uns après les autres. Restaurants, boutiques, ateliers, on y découvrira forcément quelque chose de nouveau à chaque visite. Au niveau culturel, la ville n'est pas en reste non plus, plusieurs festivals y sont organisés tous les ans. Le festival international du court-métrage pour les amateurs du 7ème art, Europavox, qui attire des milliers de festivaliers, ou Jazz en Tête, pour les mélomanes, sans oublier le Rendez-Vous du carnet de voyage pour les globe-trotters font partie des plus connus. L'été, les Contre-plongées ravissent clermontois et touristes.

LE PUY DE DÔME ★★★★

ORCINES

www.panoramiquedesdomes.fr

Ouvert toute l'année. Horaires et tarifs du panoramique des Dômes sur le site web. Gratuit. Restauration. Boutique.

Sa silhouette est l'emblème du département, celle que l'on apercevoit de quasiment partout aux alentours de Clermont. Situé à l'ouest de la ville, le puy de Dôme culmine à 1465 mètres d'altitude. Cet ancien volcan, le plus haut de la chaîne des Puys, est un endroit privilégié pour faire de la randonnée ou du parapente. Deux chemins montent à son sommet, le sentier des Muletiers au sud et le chemin des chèvres au nord. Les moins sportifs pourront y monter grâce au train à crémaillère. Là-haut trône la ruine du temple Mercure, édifice gallo-romain du IIe siècle.

FLAGRANTS DÉLICES €€

18, rue Sainte Rose

✆ 04 63 79 05 28

Ouvert du lundi au vendredi le midi, du jeudi au samedi le soir. Menus de 24 à 28 €. Formule du midi 16 €. Terrasse.

Il s'agit du premier restaurant du couple formé par Zonzaya Gonchig en cuisine et Alexandre Chambon au service. Dans la salle, l'ambiance est chic et cosy. Dans les assiettes, midi et soir, on y déguste une cuisine traditionnelle aux accents asiatiques. On peut retrouver du bouillon thaï aux légumes en entrée, du curry rouge de canard, sans oublier les délicieux poke bowl ou encore la salade thaï en plat. Un plat végétarien est également proposé. Tout est cuisiné maison. L'établissement joue avec les codes de la bistronomie et pratique des prix accessibles.

Parapente au-dessus du Puy de Dôme.

VIC-LE-COMTE ★

Située à 25 kilomètres au sud de Clermont-Ferrand, Vic-le-Comte est une ville à taille humaine puisqu'elle compte à peine plus de 5 000 habitants pour une vie, malgré tout, très active. C'est notamment ici que se situe la papeterie qui fournit la Banque de France et qui emploie plusieurs centaines de personnes. L'histoire se ressent dans les rues de l'ancienne ville comtale où Jean Stuart bâtit la Sainte-Chapelle qui revint ensuite à Marie de Médicis. C'est finalement la reine Margot qui en hérita jusqu'en 1606. Le vieux bourg plein de charme au petit patrimoine séduisant mérite le détour : maisons à encorbellements, lavoir, pigeonnier, fontaines.

ISSOIRE ★★

Les ruelles de la cité labellisée Plus beau détour de France sont bordées d'hôtels particuliers du XVe au XVIIIe siècle. L'abbatiale est l'un des édifices incontournables, avec la Tour de l'Horloge. Ne soyez pas surpris de croiser biefs ou canaux. La Couze Pavin forme un véritable réseau d'eau dans la ville, qui irrigue ainsi les jardins. La rivière mène au square René Cassin où une agréable promenade se profile. Les jardins du château d'Hauterive raviront les amateurs de botanique et de potager. Les samedis, les rues du centre-ville s'animent, très tôt le matin ; producteurs et commerces ambulants s'installent et attirent les chalands.

© JOEL DAMASE

Visite de la ville d'Issoire.

CAMPING DU MAS*** €

Rue du Docteur-Bienfait
✆ 04 73 89 03 59
www.camping-issoire.fr

Ouvert de fin mars à novembre. Emplacement + véhicule + 2 personnes de 16,45 à 17,85 €. Aire pour camping-cars.

C'est près du plan d'eau d'Issoire, dans un écrin de verdure, que ce camping municipal vous accueille. Il comporte 133 emplacements mais également trois toiles de tentes meublées, deux mobil-homes, six chalets tout confort, le tout réparti sur un espace nature de 5 hectares. Chaque emplacement bénéficie d'un raccordement direct à l'eau et à l'électricité. Les amoureux des activités sportives seront ravis avec une base de canoë-kayak à proximité. Une piste cyclable et pédestre permet de rejoindre le centre ancien en toute sécurité.

LE FRANÇAIS €

44, boulevard de la Manlière
✆ 04 73 89 23 39

Ouvert du dimanche au jeudi de 8h à 23h ; le vendredi et le samedi de 8h à 0h.

La salle est vaste et une mezzanine permet d'accueillir davantage de tables. Pourtant, il faudra penser à réserver, l'endroit est prisé surtout le midi et les soirs de week-end. L'accueil y est chaleureux mais l'ambiance parfois un peu bruyante. Les plats du jour sont copieux et servis assez rapidement. C'est François Chalut, chef reconnu toque d'Auvergne, qui exerce en cuisine. Il propose ici une cuisine plutôt simple mais gourmande. Chaque week-end, il prend le temps de proposer une nouvelle suggestion en fonction des produits de saison et de ses envies.

CHAMPEIX

Blottie entre la Couze et des coteaux en terrasses, Champeix fut, jusqu'au XIXe siècle, une cité viticole prospère de plus de 2 000 habitants. Touchées une première fois par le mildiou en 1895, les vignes furent progressivement arrachées et la ville subit une forte baisse démographique. Le phénomène ne s'inversa progressivement qu'à partir de 1950. Champeix compte aujourd'hui 1 400 habitants. Dans le centre, les maisons vigneronnes sont toujours présentes. C'est toutefois le château du Marchidal, en surplomb du village, et l'aménagement des coteaux en jardins et terrasses cultivées qui donnent son attractivité touristique à la petite ville.

SUD-OUEST

CAMPING LE PRE €

3, place Amouroux - **MONTAIGUT-LE-BLANC**
✆ 04 73 96 75 07
www.campinglepre.com

Ouvert de fin avril à fin septembre. Emplacement de 12 à 19 €. Stop accueil camping-car (2 personnes) 8 € hors saison.

À 500 mètres d'altitude et aux bords de la Couze Chambon, ce camping profite d'une vue sur le village médiéval de Montaigut-le-Blanc. Semi-ombragé il possède 100 emplacements délimités par des haies ou des arbustes. Le camping possède également une borne de vidange et une aire pour les camping-cars, une piscine, des cours de tennis et de volley, un terrain de pétanque. Des commerces sont disponibles à 50 mètres et il est possible d'aller pêcher dans la rivière à proximité. De quoi passer des vacances sportives idéales dans la nature.

AUBERGE LA GRANGE D'ALPHONSE €€

3, rue du 10 aout 1944 ✆ 06 32 69 95 59
www.st-nectaire.com

Ouvert l'été mardi et dimanche midi, mercredi au samedi midi et soir. Basse saison voir site. Réservation recommandée.

Cette ancienne grange couverte de chaume est pleine de charme. Sa carte est plutôt traditionnelle mais c'est une cuisine généreuse et authentique avec des produits de qualité. La phonsounette, spécialité de la maison, est à goûter : des patates au saint-nectaire fondu accompagnées d'une saucisse grillée au chou… La décoration sera appréciée par les amateurs de vieilles pierres. Tout est soigné dans le détail pour vous plonger dans un chaleureux univers campagnard.

SAINT-NECTAIRE ★★

Saint-Nectaire est plus que le nom d'un savoureux fromage, c'est aussi une jolie petite cité marquée par la présence d'une source salée et de sources thermales. En 1806 elle est reconnue officiellement station thermale. L'architecture est le témoin de ce fastueux passé. Aujourd'hui les artisans, les commerces de produits locaux, les restaurants, les bars, l'établissement thermal, le casino animent le centre. Dans la ville haute, l'église transperce le ciel. Elle est l'une des 5 églises majeures de la région. Le Parc du Dolmen propose une agréable promenade. Ne partez pas sans avoir découvert la curiosité de la ville : les fontaines pétrifiantes.

MUROL ★★

Dressé sur son promontoire, le château de Murol, datant du XIIIe siècle, veille sur la cité. Véritable ville médiévale, Murol est aussi le lieu d'installation de nombreux peintres au début du XXe siècle. Sur le côté du paisible Parc du Prélong, où l'on se promène à l'ombre d'arbres venus du monde entier et parfois centenaires, se trouve le Musée des peintres de l'école de Murol. Le centre s'anime lors des marchés, des vide-greniers, des fêtes historiques, les terrasses des restaurants et des bars se remplissent vite. Les randonnées sont nombreuses, un des chemins permet de rejoindre le lac Chambon à pied et de piquer une tête en plein été.

LES MYSTÈRES DE FARGES ★

3, rue du 10 août 1944
✆ 04 73 88 52 25
www.st-nectaire.com

Ouvert mai, juin, sept : tous les jours 10h-12h/14h-17h, été : tous les jours 10h-17h30. Reste de l'année sur résa.

Les habitations troglodytiques de Saint-Nectaire datent du Moyen Âge. Les grottes troglodytes ont ensuite été redécouvertes dans les années 1990. Grâce à quatre grottes, creusées il y a plus de 1 000 ans, un spectacle son et lumière va vous transporter à travers les âges. Du temps des guerriers à la Révolution française, pour finir au début du XXe siècle avec un étonnant diaporama de photographies en stéréoscopie de Monsieur Viginet. La visite dure environ 50 minutes. Continuez ensuite sur une note gourmande en dégustant le fameux fromage saint-nectaire.

LA TOUR-D'AUVERGNE

Un grand nom pour un bourg charmant entouré de verdure, de ruisseaux et de cascades. Le plan d'eau et la petite station de sports d'hiver, aménagée sur les bois de Chambourguet en font un lieu de villégiature agréable et tranquille. La famille de la Tour-d'Auvergne résidait dans un château situé à l'emplacement du jardin public, dont il ne reste qu'un pauvre petit morceau de mur. Il faut dire que la fameuse famille a quitté définitivement les lieux au XIIIe siècle pour s'installer à Saint-Saturnin. Ensuite, ça a été la montée vers les sommets : des comtes d'Auvergne en passant par les vicomtes de Turenne ou la reine Margot. Un certain nombre a tout de même marqué l'histoire.

CHÂTEAU DE MUROL ★★

Le Château ✆ 04 73 88 82 50
www.murolchateau.com
Horaires variables : consulter le site. Gratuit pour les moins de 10 ans. Adulte : 9,60 €. Enfant : 4,80 €.

© JB RABOUAN

Accrochée à son rocher depuis le XIe siècle, cette bâtisse militaire a subi quelques modifications dans son enceinte et ses tours au XVIe siècle pour devenir un château résidentiel, jusqu'à son abandon au XIXe. Aujourd'hui, son architecture remarquable en fait un site emblématique. Cette année, la visite est enrichie par la mise en valeur de la couleuvrine aux armes de François Ier d'Estaing, une pièce d'artillerie qui date de 1574. Toute l'année, les journées sont rythmées par des animations, comme les joutes équestres entre Jehan de Murol et Draguinet de Lastic.

PARC FENESTRE

Avenue Agis-Ledru ✆ 04 73 81 14 60
www.parcfenestre.com
Ouverture attractions payantes ouvertes d'avril à sept. Tous les jours juillet-août. Pass illimités, +1,20 m : 16,90 €.

Créé en 1874, le parc Fenestre est un parc paysager et ludique de 12 ha avec de nombreuses essences arbustives et un jardin de vivaces de près de 200 variétés. Aires de jeux gratuites et nombreuses attractions payantes (bracelets en vente à la gare du train, au snack vers le minigolf) : petit train du Far West, minigolf, chevaux galopants, petites autotamponneuses, structures gonflables, Petit Carrousel, Cacahuète Express, Bateau pirate, tapis volants Tasses qui tournent, Trampoline-élastique, parcours acrobatique et la Fenes'Tower. Nouveauté 2021 : T'es à bord !

LE MONT-DORE ★★

Blotti au pied du puy de Sancy, le Mont-Dore change de décor au fil des saisons. En été, la cité prend le visage d'une véritable station de pleine nature. De nombreuses randonnées partent et arrivent dans la ville. Elle revêt son habit blanc neige l'hiver venu et devient le refuge des skieurs et autres amateurs de glisse. Depuis le XIXe siècle, les thermes accueillent les curistes venus se refaire une santé ou profiter d'un moment de détente et de bien-être. Grands hôtels, palaces, villas, parc, rivière, casino rappellent l'histoire de la ville marquée par les thermes. Commerces, cafés et restaurants animent les rues tout au long de l'année.

LA BOURBOULE ★★

À tous les amateurs d'histoire, les nostalgiques de la Belle Epoque, La Bourboule plonge les visiteurs au XIXe siècle. Les thermes, le casino, la façade de l'actuelle mairie, les palaces... : l'architecture est tout droit sortie de ce pan de l'histoire. Au cœur des volcans, traversée par la Dordogne, entourée de verdure, notamment avec le parc Fenestre et son aménagement à l'anglaise, elle est le lieu de nombreuses activités de plein air et d'animations. La Bourboule est d'ailleurs labellisée Famille plus. En plus de soigner certaines pathologies des enfants, l'établissement thermal propose aussi des soins bien-être et détente.

LAC DE GUERY ★

Tour du lac en 2 heures - facile.

Son origine provient d'un surcreusement glaciaire et d'une coulée de lave tardive qui est venue obstruer la vallée. Cet obstacle a été rehaussé de quelques mètres pour pouvoir aménager un plan d'eau. Nous sommes à 1 244 m d'altitude, c'est le lac le plus haut d'Auvergne. Il est de forme presque parfaitement ovale, peu profond. Posté au bord d'un trou comme un Inuit, pêchez les truites et autres poissons prisonniers des glaces durant l'hiver. Sinon, hiver comme été, une belle marche vous permet d'en faire facilement le tour. Cascade par un détour.

SUD-OUEST

La station du Mont-Dore et les crêtes du Sancy, Massif du Sancy.

ORCIVAL

Ce petit village de montagne se niche dans la vallée du Sioulot. Il est développé autour de sa basilique romane. L'édifice en lui-même mérite le détour dans le bourg. Bâtie au XIIe siècle, elle fait partie des 5 majeures de l'Auvergne. Les maisons à tourelles attirent l'attention. Une randonnée de 8,2 km mène à la roche branlante d'Orcival. Résultat de l'érosion, cette étrange roche, semblant tenir un peu par magie ou hasard et paraissant pouvoir basculer à tout moment, est entourée de légendes. De nombreuses autres randonnées et spots d'activités de pleine nature entourent Orcival. Ce n'est pas un hasard si la cité est labellisée Station verte.

VOLVIC ★

Volvic, sur les flancs des volcans, sur les hauteurs de Riom, est l'une des portes d'entrée du parc naturel régional des Volcans d'Auvergne. Le cœur de village est charmant avec son église, une riche architecture, son musée Marcel Sahut ou encore le château de Tournoël. Le nom de Volvic, c'est également l'eau minérale dont l'étiquette affiche les traits du volcan du Pariou et le nom de la pierre sombre issue des coulées de lave en haut du bourg, composante de monuments emblématiques, comme la cathédrale de Clermont. Volvic organise de nombreuses manifestations dont la Volvic Volcanic Experience qui mêle sport, culture et patrimoine.

CAFÉ DU LAC SERVIÈRES €

D983 ✆ 04 73 65 93 63

www.gitedulacservieres.com

Ouvert tous les jours du 15 juin à fin sept. et vacances scolaires. Sur résa reste de l'année. Formule truffade 17 €.

Simple, bonne et efficace qualifient cette cuisine qui fait la part belle au bio et aux produits locaux. Au menu, une cuisine faite maison avec des plats traditionnels auvergnats dont la véritable truffade, des classiques revisités et incontournables comme la tarte à la myrtille, les omelettes ou crêpes. Le service se fait en continu. Vous pouvez d'ailleurs séjourner dans l'un des trois dortoirs. Ainsi vous aurez tout le loisir d'apprécier la grande salle avec sa cheminée et son coin bibliothèque. La seconde salle vous séduira par la vue offerte depuis sa véranda.

ESPACE D'INFORMATION VOLVIC ★

Rue des Sources ✆ 04 73 64 51 24

www.espaceinfo.volvic.fr

Jours, horaires : se référer au site. Adulte et enfant +7 ans : 3 €. 2 parcours d'orientation accessibles, 1 de santé.

L'Espace d'Information Volvic a fait peau neuve en 2021. L'exposition sur les coulisses de l'eau minérale naturelle est proposée dans une nouvelle version. A l'issue de la visite qui comprend également un film et une dégustation, vous pourrez vous dégourdir les jambes dans le parc de la source. A votre rythme, pour les familles ou les sportifs, découvrez la nouvelle exposition «Les arbres me parlent», deux parcours d'orientation, un parcours de santé, des sentiers de randonnées.

LES MONTS DU CANTAL

PARCOURS GPX

LIEUX	Km partiel	Km cumul	Routes
SALERS	0	0	D680
PUY MARY	21	21	D17
SAINT-CIRGUES-DE-JORDANNE	20	41	D17
AURILLAC	17	68	D117 puis N122
VIC-SUR-CÈRE	20	88	N122 puis D67
SUPER-LIORAN	20	108	D67 puis N122
MURAT	14	122	D39
PRAT DE BOUC	10	132	D39 puis D65
PIERREFORT	19	151	D65
PONT-DE-TRÉBOUL	10	161	D11
CHAUDES-AIGUES	17	178	D13
VIADUC DE GARABIT	32	210	D909
SAINT-FLOUR	15	225	D40 puis D116
CHÂTEAU D'ALLEUZE	12	237	Arrivée

- Sens du circuit
- Itinéraire 226 km
- Aire de service
- Aire de camping
- Villes
- Curiosités
- D Départ
- A Arrivée

SALERS ★★★

Salers (ne prononcez pas le S final) est la cité la plus visitée du Cantal. Ce joyau, classé parmi les plus beaux villages de France, a su conserver son caractère autour de son église, de son beffroi et des façades de ses hôtels particuliers. De nombreux artisans d'art se sont installés dans les rues. Depuis les terrasses bordant l'ancien rempart, la vue est à couper le souffle. Vous pourrez à quelques kilomètres, par le col de Néronne, rejoindre le Pas de Peyrol pour accéder au sommet du puy Mary. Salers partage son nom avec une race de vache locale à la robe acajou, un fromage et une marque de liqueur à base de gentiane.

AURILLAC ★★

Aurillac, préfecture du département du Cantal, compte 25 500 habitants. Elle est traversée par la Jordanne, un affluent de la Cère, toute proche. C'est l'arrivée de la voie ferrée, en 1866, qui accéléra le développement de la cité connue depuis le IXe siècle mais certainement bâtie sur un site primitif. Plusieurs industries y sont installées et la fabrication de parapluies, entre autres, est l'une de ses spécialités. Aurillac possède un riche patrimoine historique, dont le château Saint-Étienne qui abrite le musée des volcans. Un festival renommé, le festival international de théâtre de rue, a lieu tous les ans, la troisième semaine d'août.

LES BURONS DE SALERS ★

Route du Puy-Mary ✆ 04 71 40 70 71
www.buronsdesalers.fr

Musée du fromage, de la vache Salers et de la gentiane Salers. Ouvert de mai à septembre inclus.

A flanc de montagne, ce buron, reconstruit à l'identique de la bâtisse de 1760, propose de découvrir le travail et la vie des buronniers durant les mois d'été sur les estives pour la fabrication du fromage. Les après-midi la visite guidée se termine par une dégustation de fromage mais aussi de liqueur à base de gentiane, plante emblématique des monts.du Cantal dont ont fait macérer les racines. Et pour finir, vous pouvez vous rassasier d'une bonne truffade. Le buron de Salers se trouve sur une route magnifique en altitude qui mérite, à elle seule, le détour.

Bords de la Jordanne.

SAINT-CIRGUES-DE-JORDANNE

Saint-Cirgues-de-Jordanne fut créée en 1844 par son démembrement d'avec Saint-Julien-de-Jordanne. Son nom se rattache à la rivière qui coule depuis les pentes du puy Mary en direction d'Aurillac et de saint Cyr, ici modifié en Cirgues, martyr du IVe siècle. L'église paroissiale porte son nom attaché à celui de sainte Juliette. De style roman (XIIe siècle), son clocher à peigne, à quatre cloches, est caractéristique de la Haute-Auvergne. La nef et les chapelles ont été modifiées au XVe siècle. Elle est inscrite aux monuments historiques depuis 1986. Originaire de la commune, le rugbyman Jean-Marie Bonal a joué au niveau international de 1968 à 1970 en équipe de France.

ROCHER DE CARLAT

CARLAT ✆ 04 71 43 65 08
www.caba.fr/rocher-de-carlat/

Ouvert du 5/07 au 29/08. Du mardi au dimanche, visite libre de 14h à 19h, visite guidée à 15h et 17h (rés. obligatoire).

Le Rocher de Carlat propose un véritable voyage dans le temps, au cœur d'une citadelle reconstituée en 3D. Armé d'un casque de réalité augmentée, vous plongez au XVe siècle sur un plateau basaltique de 2 ha où se déployaient palais, remparts, tours, église, écuries... Elle accueillit notamment Jacques d'Armagnac et la reine Margot, avant qu'Henri IV ne fasse procéder à sa démolition. Aujourd'hui, Son Altesse Sérénissime le Prince Albert II de Monaco est le propriétaire des lieux. Ici, petite et grande histoire se mêlent. 15 minutes de marche depuis le parking.

LE MOZART €€

21, rue des Carmes
✆ 04 71 47 07 81

Ouvert toute l'année. Du mardi au dimanche. Réservation impérative. Menus de 29 à 45 €. Formule du midi : 17 €.

Installés confortablement sur l'une des nombreuses banquettes, préparez-vous à tester une cuisine recherchée qui met gracieusement à l'honneur les produits de saison. En automne, on peut trouver dans d'étonnantes assiettes des navets boules d'or, du sarrasin torréfié, des kakis confits ou de la purée de panais accompagnés de morceaux de choix de viande ou de poisson. Finement agencés dans l'assiette, le cabillaud prend la forme d'une corolle et l'onglet de veau se parfume d'une sauce vigneronne. D'ailleurs, la carte des vins est bien étoffée.

CAMPING DES BLATS*** €

Route de la Gare - **SAINT-JACQUES-DES-BLATS**
✆ 04 71 47 06 00
www.camping-des-blats.fr

Ouvert du 1er mai au 30 septembre, du 15 décembre au 30 mars. Réservation recommandée. Accueil à partir de 14h.

Ce camping, ombragé et très calme, se situe à 1 000 mètres d'altitude dans la haute vallée de la Cère. Il possède une situation idéale au pied des monts du Cantal et à quelques kilomètres de la station du Lioran. Il sera un camp de base pour tout bon randonneur en été ou tout adepte des sports d'hiver. Il propose aussi des logements originaux, comme les kotas finlandais, les tentes inuites et tentes montées, le barrel (tonneau finlandais) et les chalets tout confort. Vous pourrez aussi goûter au joie d'un kota gril finlandais pour des soirées grillades originales.

VIC-SUR-CÈRE ★★

La ville est chargée d'une histoire qui remonte à l'époque gallo-romaine. Il faut impérativement visiter la vieille ville, située entre la colline et la RN122. Des plaques ont été disposées sur chaque maison dont l'histoire mérite d'être évoquée. Pourtant la cité fut détruite à plusieurs reprises par les pillards ou les troupes anglaises.

Lors de son séjour à Vic en 1586, Marguerite de Valois, la reine Margot, découvre la bourrée, la danse auvergnate.

A voir aux alentours : la cascade de la Conche, la chapelle du Calvaire et le panorama sur la ville, la maison des princes de Monaco, les rives de la Cère, le rocher des Pendus et la grotte des Anglais.

MURAT ★★

Murat, Petite Cité de Caractère, est la quatrième ville du département. Au pied des monts du Cantal, son écrin se compose de vallées et de trois rochers basaltiques parfaitement alignés qui en font la particularité paysagère. La ville recèle des trésors architecturaux : tours, façades richement ornées, arches de pierre, maison des Templiers (rue Vialboudou), maison consulaire (rue du Faubourg-Notre-Dame) ou encore l'hôtel particulier du XVIe siècle abritant actuellement la maison de la Faune, la halle du type pavillon Baltard et d'innombrables ruelles et passages en escaliers. C'est le lieu idéal pour la randonnée et des moments entre amis.

CASCADE DU FAILLITOUX

THIÉZAC

Accès libre et gratuit.

La cascade du Faillitoux est l'une des plus belles du Cantal. Sa chute affiche 41 mètres. Elle se déverse en un bain d'écume dans une cuve de basalte. Le ruisseau file ensuite entre les pâturages jusqu'à la Cère. Depuis le hameau de Lasmolineries, une petite marche d'environ vingt minutes s'impose pour rejoindre ce lieu insolite et rafraîchissant. L'hiver, il s'habille de glace pour le plus grand plaisir des yeux. Les lumières deviennent alors magiques. Plus haut, le paysage s'ouvre sur les estives et les crêtes des monts du Cantal.

COUTELLERIE À L'ÂGE DE BRONZE

28, rue Porte Saint-Esprit
✆ 04 71 20 14 82
www.coutelleriemurat.com

Ouvert du mardi au samedi. Tous les jours en été.

A l'Age de Bronze comblera les amateurs d'antiquités, de déco ou de collections. La boutique est pleine de charme ! A l'intérieur on trouve d'anciens zincs de bistrot ou des boiseries du XVIIIe siècle. Valéry Besse, le propriétaire, a aussi développé une coutellerie. Laguiole ou Thiers sont à l'honneur. Mais il a aussi créé le Murat, dont il a déposé le modèle et la marque. Ce couteau de poche est fabriqué à la main avec des manches en bois, en ivoire ou en molaire de mammouth.

PIERREFORT

Au sud du Plomb du Cantal, le Pierrefortais baigne déjà dans l'influence de l'Aveyron et de l'Aubrac voisins. Sur la route de Saint-Flour à Aurillac, Pierrefort possède de nombreux services et commerces. Les éleveurs sont attachés à la vache Aubrac dont ils sont des ambassadeurs réputés. Les boucheries rivalisent de savoir-faire pour présenter les meilleures viandes, les fromageries font de même avec d'excellents cantals. Vous l'avez compris, on aime ici les bons produits. Et les restaurants ne sont pas en reste. Pour cependant garder la forme, rien de tel qu'une balade dans la région à la rencontre de la nature et d'un patrimoine préservé.

LA FOLIE DES SENS €€

36, rue de la Rollandie
✆ 04 71 60 42 21
www.folie-des-sens.fr

Ouvert toute l'année. Haute saison : du jeudi au mardi le midi et le soir.

Christophe Redon a installé son restaurant La Folie des Sens dans les ruelles du centre ancien de la Cité du Vent. La décoration est simple et apaisante pour un charme discret à l'image de la cuisine proposée. Le terroir est un prétexte pour jouer avec des ingrédients les plus frais possibles et de saison. Le menu du marché change tous les jours. Pas de grands plats régionaux, mais des propositions subtiles dans l'esprit bistronomique. Une belle adresse qui a su rapidement conquérir le cœur des Sanflorains. En été possibilité de déjeuner en terrasse.

SAINT-FLOUR ★★★

Sur son promontoire de basalte, la ville mérite que l'on s'y attarde : ruelles médiévales, remparts, hôtels particuliers du XVe siècle... La pierre volcanique peut donner l'impression de durcir les lieux, mais elle vient surtout révéler un caractère typique de la cité. Des vues remarquables sur la campagne environnante viennent enrichir ce paysage. Saint-Flour compte de nombreux monuments classés, parmi lesquels la cathédrale Saint-Pierre du XVe siècle. La place d'Armes abrite les musées de la Haute-Auvergne et Alfred-Douët. A quelques kilomètres, vous pourrez découvrir les gorges de la Truyère sauvage, marcher ou pédaler sur l'un des 35 circuits balisés.

CHAUDES-AIGUES ★

Le nom de Chaudes-Aigues est une adaptation de l'occitan *Chadasaygas,* qui reprenait déjà le latin *calentes aquae* signifiant : eaux chaudes. Et la ville n'usurpe pas son appellation avec la source du Par qui coule à 82 °C, record d'Europe, mais aussi avec une trentaine d'autres sources d'eau chaude. Les volcans ne sont pas loin... Dès l'époque romaine, le thermalisme s'y développe pour soulager les rhumatismes. Encore aujourd'hui, les curistes profitent des vertus médicinales au centre thermal Caléden et des charmes de la cité aux portes de l'Aubrac. Mais, très tôt aussi, les habitants ont tiré profit de ce don de la terre pour chauffer leurs maisons.

CAMPING LE PETIT BOIS*** €

Route de Cassouneyre
RUYNES-EN-MARGERIDE
✆ 04 73 93 60 00

Ouvert d'avril à septembre. Emplacement à partir de 21 €. Chalets à partir de 220 €, bungalows 135 €.

Le camping Le Petit bois dispose d'une position idéale pour profiter d'une belle vue sur les monts du Cantal tout en étant proche d'un centre-village avec des commerces. Ici, vous disposerez d'un vaste équipement qui s'étend sur une superficie de 8 hectares. Les camping-cars sont les bienvenus et les emplacements sont ombragés et espacés. A 950 mètres d'altitude, on respire et on se sent pleinement en vacances dans cet espace naturel à l'ombre des pins et équipé d'une piscine. Le lac de Garabit est tout proche pour les activités nautiques.

RESTAURANT GASTRONOMIQUE SERGE VIEIRA €€€

Le Couffour ✆ 04 71 20 73 85
www.sergevieira.com

Ouvert d'avril à novembre. du jeudi au lundi midi et soir. Menus à 95 et 165 €. Deux étoiles au guide Michelin.

Sur les hauteurs de Chaudes-Aigues, le donjon médiéval s'est paré de verre et d'acier pour, à ses pieds, abriter le restaurant de Serge Vieira. Bocuse d'or 2005 et deux étoiles au Michelin confirmées en 2021, le chef travaille les produits avec délicatesse et esthétisme. Résultat : c'est aussi beau que bon ! On ne s'en lasse pas, depuis les amuse-bouches jusqu'au café. Serge Vieira aime explorer, inventer, créer avec des produits de saison. L'excellence est au rendez-vous !

LE BASSIN D'ARCACHON

PARCOURS GPX

LIEUX	Km partiel	Km cumul	Routes
PARENTIS-EN-BORN	0	0	D652
BISCARROSSE	9	9	D146
BISCARROSSE-PLAGE	10	19	D83 puis D218
DUNE DU PILAT	18	37	D218
PYLA-SUR-MER	7	44	Route locale
ARCACHON	4	48	D650
GUJAN-MESTRAS	11	59	D650
LE TEICH	4	63	D650
BIGANOS	6	69	D3
AUDENGE	6	75	D3
ANDERNOS-LES-BAINS	10	85	D3
LÈGE-CAP-FERRET	8	93	D106
LE GRAND-PIQUEY	11	104	Route locale puis D106
CAP FERRET	13	117	Arrivée

PARENTIS-EN-BORN

Dotée d'un lac de plus de 3 000 ha – le lac de Parentis-Biscarrosse ou lac Sud –, Parentis-en-Born allie tranquillité et plaisirs de la côte. Saveurs gastronomiques, promenades pédestres ou cyclistes, pêche, sports nautiques, baignade… La petite ville a tout d'un lieu de repos. Autre particularité : un forage réalisé en 1954 révélant le plus important champ de pétrole d'Europe occidentale. Encore exploité aujourd'hui, c'est le plus important gisement sublacustre de France métropolitaine. L'été, de nombreuses animations sont organisées comme les Fêtes du lac ou la plus importante Féria du nord des Landes aux arènes de Parentis-en-Born.

L'INSTANT GOURMET €€

1300, avenue du Pyla
✆ 05 58 04 28 57

Ouvert d'avril à octobre (tous les jours le midi et le soir en juillet et août). Menus de 21 à 38 €. Terrasse.

Après son apprentissage avec Bernard Lepesteur, chef reconnu à Parentis-en-Born, Sylvain Girard a pris les rênes de L'Instant Gourmet. Son objectif ? Proposer une cuisine entièrement maison. Au petit matin, Sylvain prépare la soupe de poisson, épicée comme il se doit, et les ravioles de Saint-Jacques accompagnées d'un fumet crémé. Dans son menu du terroir, il met en scène le magret de canard sauce miel avec des oignons grelots glacés et un foie gras poêlé à la mangue. La maîtrise est à saluer ! Du côté des vins, la carte est bien fournie avec 80 références.

BISCARROSSE ★★

Biscarrosse se situe entre le lac de Cazaux-Sanguinet et le lac de Parentis-Biscarrosse et se divise en trois parties : Biscarrosse-Ville, Biscarrosse-Plage et Biscarrosse-Lac. D'importantes découvertes sublacustres renseignent sur l'histoire de la région. C'est au début du XIXe siècle que les dunes ont été fixées par des pins et c'est à cette époque également que la station de Biscarrosse-Plage a commencé à se construire. Actuellement troisième ville des Landes avec quelque 15 000 habitants, elle est la plus étendue avec plus de 19 000 ha (près du double de Paris). Elle propose ses multiples facettes sur un triptyque océan, lac et forêt.

LES VAGUES €€

99, rue des Iris
✆ 05 58 83 98 10
www.lesvagues.com

Logis Gourmand. Ouvert de mars à novembre tous les soirs à partir de 19h. Menus de 20 € à 36 €. Réservation recommandée.

Façon bistronomie, la cuisine de cet hôtel-restaurant où l'accueil et le service sont impeccables fait la part belle aux produits frais et de la mer. L'été, le chef ajoute ses Maxi Salades Fraîches à déguster sur la terrasse ombragée ou au milieu du jardin paysager. La formule déjeuner La salle de ce restaurant Terroir & Tradition est climatisée. La carte des vins est riche et variée. N'hésitez pas à commander un panier pique-nique pour emporter le midi ou le soir afin d'assister au coucher de soleil sur la plage à 400 mètres de là.

CHEZ CAMETTE €

532, avenue Pierre-Georges Latécoère
✆ 05 58 78 12 78

Ouvert toute l'année. Jours/horaires d'ouverture variables selon la saison. Menu : 27,50 €. Formule du midi : 18,50 €.

Depuis 1943, ce petit restaurant traditionnel avec sa façade blanche et ses volets rouges fait partie du paysage local. Chez Camette est une auberge populaire où l'on déguste une cuisine simple, mais goûteuse à base de produits frais du terroir. Vous pourrez d'ailleurs découvrir le tomahawk ; une côte de bœuf dont l'os a été gardé intact. L'os du steak tomahawk intensifie la saveur de la viande et, dans l'assiette, c'est plutôt impressionnant ! Menu du jour de bon rapport qualité-prix, deux terrasses pour profiter du soleil, du boulodrome… Réservation recommandée.

BISCARROSSE-PLAGE ★★

Sur le littoral, c'est au début du XIXe siècle que les dunes ont été fixées par des pins, c'est à cette époque également que la station de Biscarrosse-Plage a commencé à se construire. La station balnéaire vous accueille sur ses 4 plages surveillées en été avec des activités liées aux plaisirs des rouleaux de l'océan. Tournée vers le loisir, la cité balnéaire offre de multiples possibilités d'évasion : Aventure parc, karting, mini-golfs, ULM, location de bateaux ou barques, surf, équitation, hydravion, plongée… De nombreux sentiers de randonnée et pistes cyclables parcourent les dunes et la forêt pour vous conduire à Biscarrosse-ville.

PYLA-SUR-MER ★★★

Elle est réputée pour ses magnifiques villas de style basco-landais que l'on doit à l'entrepreneur Louis Gaume. L'une des plus photographiées est sans doute la villa Téthys (14, avenue de la Plage), de style Art déco, construite en 1927 par l'architecte Roger Expert. Depuis la plage, vous pouvez apercevoir le bas-relief de la déesse de la mer. Parcourez la plage en direction de la dune, vous découvrirez alors de nombreuses villas disséminées au milieu des pins. Mais Pyla-sur-Mer doit surtout sa notoriété à la célèbre dune du Pilat, premier site visité en Aquitaine, et accessible toute l'année. Les habitants sont les Pylatais et Pylataises.

PYLA CAMPING*** €€

Grande dune du Pyla
✆ 05 56 22 74 56
www.pyla-camping.com
Emplacement + véhicule + 2 personnes de 18 € à 40 €.

Planté à l'extrémité sud de la très célèbre dune du Pilat, ce camping est dans un cadre exceptionnel parsemé de chênes et de pins. Outre son décor naturel et son accès direct à la plage, le Pyla Camping se démarque par la qualité de ses prestations. Côté hébergements, vous pouvez soit planter la tente ou garer votre caravane, soit louer un mobile-home, une tente lodge ou une caravane estivale. L'ensemble des équipements sont parfaitement entretenus. Côté services on trouve tout le nécessaire pour passer des vacances en autonomie et en toute détente.

ARCACHON ★★★★

C'est l'une des communes les plus étendues de France avec ses 2 000 ha. Elle doit en partie son envol à Napoléon III. L'Empereur fut charmé par l'endroit qui jouxte La Teste-de-Buch. L'arrivée du chemin de fer en 1857 a fait le reste. Son port de plaisance est le deuxième de la façade atlantique. Aujourd'hui la ville vit toute l'année. Le front de mer, sur près de 3 km, est très passant, animé par de nombreux bars et restaurants et la longue jetée est l'un des endroits incontournables. Les rues adjacentes à la place du marché sont très commerçantes. Arcachon offre aussi de belles balades sur le Bassin, sur les plages sud et surtout sur la Dune du Pyla.

LE BISTROT DU PORT €€

5, rue du Port
✆ 05 56 83 20 49
http://bistrot-arcachon.fr
Ouvert de mars à octobre. Du lundi au samedi midi et soir en juillet/août. Plats de 13 à 22 €. Formule du midi : 18 €.

Les nouveaux propriétaires de ce bistrot sont fort sympathiques. De très bons conseils pour le vin, ils parlent également des plats avec passion. Terrine de foies de volaille au porto, couteaux de la mer à la plancha, magret de canard, tartare de duo de thon et bar... Pour apercevoir le bassin d'Arcachon et son port au bout de la rue, vous pourrez profiter de la terrasse sur la rue piétonne. Envie de soleil, mais la terrasse affiche complet ? Dites-vous qu'il y a un patio à l'intérieur. Pour les locaux, le Bistrot du Port, c'est un peu la bonne cantine du coin.

CAFÉ DE LA PLAGE - RESTAURANT CHEZ PIERRE €€

1, boulevard Veyrier-Montagnères
✆ 05 56 22 52 94
www.cafedelaplage.com
Ouvert tous les jours et les jours fériés le midi de 9h30 à 23h. Réservation recommandée. Carte : 35 € environ.

Le Café de la Plage est incontournable. Sa terrasse située face à la plage est un atout de taille, certes, mais la qualité de la carte et du service fait en premier lieu le succès de cet établissement. L'équipe dynamique et chaleureuse accueille avec enthousiasme. A la table de Chez Pierre, la déco est chic et moderne. Le chef réalise une cuisine gastronomique, raffinée et créative, à base de produits régionaux. Le coin brasserie est idéal pour une salade, coquillages, etc.

GUJAN-MESTRAS ★

Capitale de l'ostréiculture du bassin d'Arcachon, ici à Gujan-Mestras on respire, on vit et on mange huître. Plus qu'une tradition, c'est pour beaucoup une passion bien vivante. Sept ports se succèdent en enfilade, chacun avec un charme et une atmosphère différente, mais empreints d'authenticité. Les professionnels proposent de découvrir leur métier, de l'observer et évidemment de goûter le fruit de leur labeur. Il paraît que leur saveur dans les cabanes de Gujan-Mestras est unique. Que vous soyez nature, sport, divertissement, plage, tradition ou un peu de tout à la fois, vous trouverez votre bonheur dans cette commune au charme indéniable.

SUD-OUEST

© BP LAMARQUE

Vue aérienne d'Arcachon.

AQUALAND

145, route des Grands-Lacs
✆ 05 56 66 39 39
www.aqualand.fr
Horaires sur le site. Adulte : 28 €. Tarifs pour enfants de moins de 10 ans et seniors de plus de 65 ans.

Séjourner si près d'Aqualand et ne pas y passer une journée de folie ? Si vous avez des enfants, ce sera compliqué ! On y trouve des attractions pour tous les âges, un personnel de surveillance diplômé, des consignes claires et visibles pour préserver le bien-être et la sécurité de chacun. Les attractions : le Black Hole, une descente infernale dans le noir, le Boomerang et le Tornado, dont vous sortirez déboussolé... Les moins téméraires apprécieront les espaces solarium et les aires ombragées au milieu d'une végétation luxuriante. Restauration sur place.

MARCHÉ MUNICIPAL DU TEICH

Place du Souvenir
Ouvert le samedi de 7h30 à 13h30.

Le rendez-vous des Teichois se déroule le samedi matin à partir de 7h30 jusqu'à 13h30, place du Souvenir, en centre-ville, entre l'église et la mairie. Retrouvez chaque week-end une vingtaine de commerçants pour vos produits locaux, fruits et légumes frais, viandes, poissons, plats cuisinés ou encore pour votre pain. Mais vous trouverez également quelques stands de fleurs, de plantes et même de vêtements. De quoi passer une matinée agréable et conviviale.

LE TEICH

Les premiers habitants du bassin d'Arcachon, les Bituriges Vivisques, quelques siècles avant notre ère, s'installèrent au Teich et à Biganos. La commune est avant tout remarquable par son capital nature : près de 80 % des 8 700 hectares sont recouverts par la forêt. Les Techois sont gâtés. Le delta de la Leyre, véritable Camargue miniature, offre des paysages uniques depuis les prairies du delta jusqu'à la sombre forêt-galerie, ainsi qu'une faune ornithologique unique. A découvrir sur les sentiers de randonnées et lors de la visite du fameux parc ornithologique qui accueille plus de 260 espèces d'oiseaux sauvages sédentaires et migrateurs.

BIGANOS ★

Située sur le delta de la Leyre, Biganos est une commune du Parc naturel régional des Landes de Gascogne. Elle est traversée par de nombreux cours d'eau dont la Leyre, la Leyrote, le Lacanau ou le Ponteils. La richesse du patrimoine transparaît à travers différents sites remarquables tels que les deux ports : le port de Biganos, en zone protégée, et le port des Tuiles, protégé par le Conservatoire du Littoral mais aussi l'île de Malprat et le site archéologique situé entre la Leyre et l'Eyga, témoin d'un passé chargé d'histoire. Ces paysages forestiers, agrestes et aquatiques, sont à découvrir à pied, à vélo ou sur l'eau en canoë-kayak par exemple.

LA TOQUE CUIVRÉE

Rue Louis Braille
✆ 05 57 18 30 22
www.la-toque-cuivree.fr
Ouvert du lundi au samedi de 8h à 19h ; le dimanche de 8h à 13h. Livraison. Retrait en boutique.

Véritable emblème bordelais, et au-delà, le canelé est un délice qui date du XVIe siècle. C'est une pâtisserie à base de farine, d'œufs, de lait, de vanille et de rhum. Et quel challenge d'obtenir un canelé moelleux à l'intérieur et croustillant à l'extérieur ! La Toque Cuivrée le réalise parfaitement. Dans l'un des magasins, où vous bénéficierez d'un accueil toujours très chaleureux, vous aurez le choix entre trois tailles de canelés. Vous pourrez aussi vous laisser tenter par les tourtières aux pommes, le bordelais amande, la pâte à tartiner aux canelés...

COURANT D'EYRE

88bis, rue du Port
✆ 06 85 49 72 53
www.courantdeyre.com
Ouverture si les conditions le permettent le 1er mai. De 13,50 € à 19,50 € par personne, selon parcours et embarcation.

La Leyre est un véritable conservatoire biologique grâce qui abrite une faune et une flore originales. Courant d'Eyre propose de belles activités sur la petite Amazone avec plusieurs parcours en canoë-kayak à la journée, la p'tite journée, la matinée, l'après-midi. Le temps de navigation (hors navette et temps de pause) est d'environ 4h30 pour la journée et de 2h pour la demi-journée. Courant d'Eyre loue aussi des paddles. C'est également une bonne idée d'activité pour un anniversaire ou un enterrement de vie de jeune fille ou de garçon.

AUDENGE

Située dans le parc naturel régional des Landes de Gascogne, Audenge est une petite ville qui regorge de curiosités à dénicher au détour des chemins et des ruelles. Elle a son port ostréicole typique avec des cabanes de pêcheurs, un port de plaisance, trois piscines d'eau de mer pour se baigner quand l'eau du bassin se retire et une petite plage sauvage aux abords du Domaine de Graveyron. Audenge c'est aussi une immense forêt de pins maritimes et des domaines protégés : Certes et Graveyron. Classés espace naturel sensible, propriété du Conservatoire du Littoral, les deux sites s'étendent sur une surface de 545 ha mitoyens par le chenal de Certes.

LE SENTIER DU LITTORAL

✆ 05 56 26 95 97
Ouvert toute l'année. Gratuit. Visite guidée se renseigner auprès de l'office de tourisme.

Sur le Bassin d'Arcachon, il existe 4 sentiers du littoral, dont celui d'Audenge qui est le plus long avec ses 14 km. Ce parcours contourne le domaine de Certes par une digue qui permettait la création des marais salants au XVIIIe siècle. On découvre les secrets de l'architecture d'un marais créé d'abord pour le sel puis pour la pisciculture. On observe des oiseaux tels que des cormorans, des goélands ou des milans noirs. Les chemins sont larges et la balade ne présente pas de difficultés. Prévoir 3 heures et de quoi se désaltérer, car l'ombre y est rare.

PISCINE D'EAU DE MER

Port d'Audenge
✆ 05 56 26 95 12
Accès gratuit. Surveillée en juillet et août par un maître nageur sauveteur. Animations pour enfants.

Fini les soucis de marées ! Le bassin de baignade d'Audenge est un lieu de trempette relativement insolite. Il s'agit d'une retenue d'eau de mer qui forme une grande piscine extérieure. On y trouve trois bassins aux niveaux différents, pour petits et grands. L'eau est chauffée par le soleil... Ici pas de chlore, c'est le sel qui pique les yeux, mais aussi pas de filtre ! Sur place une aire de jeux pour les enfants, des espaces de sable, de caillebotis et d'herbe le long des bassins ainsi que de fréquentes animations pour les plus jeunes.

ANDERNOS-LES-BAINS ★★

Andernos-les-Bains était une importante bourgade à l'époque gallo-romaine et de nombreux vestiges sont exposés à la Maison Louis David comme ceux d'une villa du IVe siècle. La saison estivale est particulièrement animée, avec par exemple le célèbre festival de jazz, des feux d'artifice, des concerts et spectacles, mais la basse saison n'est pas délaissée. Tout début décembre « Cabanes en Fête » est une manifestation conviviale qui mettent les papilles en émoi. La nature est très présente et la réserve naturelle abrite une faune et une flore préservées, avec notamment des pins centenaires isolés dans une belle chênaie, des tamaris en bord de plage.

CAMPING LE COQ HARDI*** €€

3, avenue de la République - **LANTON**
✆ 05 56 82 01 80
www.campingcoq-hardi.com
Fermé du 1er novembre au 31 mars. Emplacement de 17 € à 32 €. Chalets à partir de 240 €, mobil-homes à partir de 300 €.

Idéalement situé en bordure du Bassin d'Arcachon, le Coq Hardi est un camping familial qui a élu domicile dans un cadre exceptionnel avec ses deux accès directs à la plage. Entre pins et chênes, vous aurez le choix de votre emplacement, vous pourrez préférer la proximité des piscines, de l'entrée et de ses animations, ou de la plage ou du calme des arbres centenaires. Vous aurez également le choix entre caravane, chalet, mobil-home ou encore camping en tente ou camping-car. De nombreuses animations, des sorties organisées et des soirées conviviales.

LÈGE-CAP-FERRET ★★★

Le Cap Ferret – le Férè pour les intimes – est situé à l'extrémité sud de la presqu'île de Lège Cap-Ferret. Ce cordon littoral d'une vingtaine de kilomètres sépare le Bassin d'Arcachon de l'océan Atlantique. Cette situation est unique, car on peut profiter d'un côté des paysages du Bassin, de l'autre des vagues et de l'immensité de la Côte d'Argent sans oublier la forêt des Landes de Gascogne. A la pointe du Cap Ferret, on observe, au milieu des passes, le banc d'Arguin et, au-delà, la fameuse dune du Pyla. Cette partie du Bassin, devenue emblématique, a longtemps été occupée uniquement par des pêcheurs et des chasseurs saisonniers.

L'OSTRA €€

15, avenue Pasteur
✆ 05 57 17 28 43
Ouvert toute l'année. Du mardi au dimanche midi et soir en haute saison. Carte : 25 € environ. Formule midi : 16,90 €.

Céline et Loïc ont repris La Gourmandine qu'ils ont entièrement refaite. On s'attable donc à l'Ostra dans un cadre contemporain tout neuf. La carte est variée et tout donne envie ou presque. On peut aussi bien se faire plaisir avec des sushis ou des nems qu'avec un burger, un poke bowl, des salades ou des tartes salées. Sans oublier les desserts. Tout est fait maison. L'après-midi, pour un petit creux ? Des crêpes, gaufres, glaces artisanales. Le soir ? Cocktails et bières du monde.

LE BOUCHON DU FERRET €€

2, rue des Palmiers
✆ 05 56 60 67 51
www.bouchonduferret.fr
Ouvert toute l'année. Tous les jours et les jours fériés de 12h à 15h et de 19h à 22h30. Carte : 40 € environ.

Le Bouchon du Ferret accueille gourmands et gourmets dans l'ancienne poissonnerie du Ferret revisitée aujourd'hui en restaurant. La carte est composée principalement de poissons et de fruits de mer pêchés du jour. Jonathan Gomez, le propriétaire, dirige cet endroit magnifique et authentique, au cœur du village traditionnel ostréicole, avec vue sur la dune du Pilat. Le Bouchon est aussi un lieu d'échange et de partage autour non seulement des bons produits de la mer ou de la terre, mais aussi de belles bouteilles qui garnissent les étagères en bois.

LES TAMARIS €€

2, place Louis-David
✆ 05 56 26 74 77
www.restaurant-tamaris-andernos.fr
Ouvert toute l'année 7j/7, midi et soir. Menu à 36 €. Carte : 42 € environ. Formule du midi : 21 €.

Face à la jetée et à quelques pas à peine de la plage, le restaurant Les Tamaris offre un cadre et une vue exceptionnels sur le Bassin pour un repas en terrasse, presque les pieds dans l'eau, ou à l'intérieur dans une salle climatisée. Les amoureux de fruits de mer seront ravis c'est certain, mais laissez-vous tenter par le poisson du jour grillé à la plancha, des viandes grillées ou encore par les belles suggestions à l'ardoise. C'est une cuisine de saison, savoureuse, faite 100 % maison par un maître restaurateur avec des produits frais. Service pro et agréable.

RED STORE €€

Domaine du Four
✆ 05 57 17 68 80
www.leredstore.com
Haute saison : tous les jours et les jours fériés le midi et le soir. Carte : 32 € environ.

Le Red Store c'est avant tout la rencontre avec un lieu atypique né en 1925 et le restaurant bistronomique du golf est ouvert à tous, golfeurs ou pas. Les tables sont abritées du soleil par des voilures colorées. On s'installe et on attend tranquillement la carte avec la possibilité de choisir une formule. Les plats varient en fonction des saisons, les produits du Bassin sont bien présents et le chef a toujours des idées créatives. La carte des vins privilégie des petits vignerons. L'été les grillades et tartares ont un énorme succès. Service efficace et avenant.

LE ROUERGUE

LIEUX	Km partiel	Km cumul	Routes
LAGUIOLE	0	0	D541 puis D197 puis D34
SAINT-AMANS-DES-COTS	20	20	D34
ENTRAYGUES-SUR-TRUYÈRE	16	36	D107 puis D141
LA VINZELLE	30	66	D42 puis D901
CONQUES	13	79	D42 puis D901
MARCILLAC-VALLON	20	89	D901
RODEZ	20	109	D12 puis D62 puis D911
PONT-DE-SALARS	22	131	D911 puis D993
SALLES-CURAN	15	146	D993 puis D30
SAINT-BEAUZÉLY	20	166	D96 puis D911
MILLAU	16	182	D809 puis D907 puis D187
PEYRELEAU	21	203	D907 puis D907BIS
LES VIGNES	11	214	D995 puis D67 puis D235
SÉVÉRAC-LE-CHÂTEAU	23	237	D809 puis D2
SAINT-GENIEZ-D'OLT	24	261	D19 puis D141 puis D987
ESPALION	27	288	D920
ESTAING	10	298	D920
ENTRAYGUES-SUR-TRUYÈRE	17	315	Arrivée

Sens du circuit
Itinéraire 344 km
Aire de service
Aire de camping
Villes
D Départ
A Arrivée

LAGUIOLE ★

Etymologiquement, Laguiole provient de « La Gleisola » qui signifie petite église de secours. Cette dernière fut remplacée par une église principale édifiée au XVIIe siècle sur le site d'ancien fort. Ce village, bien ancré dans son milieu, à tradition d'élevage, et bien connu pour son artisanat coutelier du XIXe siècle qui a été dépassé par la production industrielle. En descendant la place du village et son monumental « Taureau de Laguiole», œuvre du sculpteur Georges Lucien Guyot, symbole de la race Aubrac et aujourd'hui porte-bonheur au toucher des passants. Une visite s'impose aux coutelleries de Laguiole, un savoir-faire et une fierté du village.

© PHOVOIR

Laguiole.

BENOÎT L'ARTISAN

21, allée de l'Amicale
✆ 05 65 51 55 80
www.laguiole-benoit.com
Ouvert du lundi au samedi de 9h30 à 12h30 et de 14h à 19h ; le dimanche de 10h à 12h30 et de 14h à 18h30.

Formé en apprentissage dans l'atelier de son père, Benoît Mijoule est devenu en vingt ans de métier un maître en coutellerie. L'artisan a notamment créé deux couteaux Laguiole signature : le Tribal, un couteau contemporain qui tient bien dans la main ; et plus récemment le Sarrans, un intemporel taillé dans les essences de bois du lac du Nord-Aveyron à l'occasion de sa vidange en 2014. Maître artisan d'art, Benoît Mijoule propose des visites de son atelier tout au long de l'année. Il organise également des stages de fabrication de couteau.

SAINT-AMANS-DES-COTS

Bienvenue en Viadène, éminence boisée entre Cantal et Aubrac, balcon vers les monts d'Auvergne, terrasse occidentale du plateau granitique ! Saint-Amans-des-Côts (prononcer « des co ») symbolise la porte du pays des églises à clochers-peignes. Ces curiosités architecturales se découvrent dans de nombreux petits villages du secteur, dont le site impressionnant et sauvage de Bez-Bédène avec son église du XIIIe siècle. Celle de Saint-Amans-des-Côts est de style gothique. Le monument surprend par son absence de symétrie et les vestiges romans subsistants. Mais son joyau est sans aucun doute son retable en bois peint, réalisé en 1626 par Ludovicus Gomez.

ENTRAYGUES-SUR-TRUYÈRE ★★

Pour découvrir ce village situé au confluent du Lot et de la Truyère, il faut quitter la rue du Tour-de-Ville pour se faufiler dans les rues de la vieille ville. Sa création remonte au XIIIe siècle, lorsque Henri II, comte de Rodez, décide d'y faire bâtir un château qui servirait à contrôler le trafic fluvial. Ainsi, la rue Basse, le passage de l'Eglise, l'impasse de l'Horloge ou bien encore la place de l'Eglise ont conservé une atmosphère de la période médiévale, avec notamment de nombreux passages sous les maisons. La ville a été fortifiée en 1357, et du chemin de ronde subsistent quelques traces dans ce qui est devenu la rue de l'Horloge.

CONQUES-EN-ROUERGUE

Déjà classé parmi les Plus Beaux Villages de France et les Grands Sites Occitanie, Conques a été élevé au rang de Patrimoine mondial de l'Unesco. Pour en profiter au mieux, la circulation des véhicules est interdite dans le village. En parcourant à pied la rue principale, dite de Charlemagne, vous admirerez les maisons médiévales à encorbellements ou à colombages, les rues pavées, avec un caniveau central, les toits en lauzes. On ne pourrait passer sans admirer l'abbatiale qui allie une architecture romane, des orfèvreries médiévales et des vitraux contemporains de Soulages. C'est également une étape importante sur le chemin de Compostelle.

MARCILLAC-VALLON

Marcillac est au cœur d'une des régions les plus étonnantes de l'Aveyron par ses paysages et son patrimoine. C'est le passage obligé entre Rodez et l'un des sommets de l'art roman, l'église abbatiale de Conques évidemment. Mais on trouve aussi toute une série de petites perles autour de ce joyau imposant : Sainte-Austremoine et Saint-Paul sur la commune de Salles-la-Source ou encore Saint-Jean-du-Froid sur les hauteurs de Marcillac. En remontant du Moyen Âge vers les Temps Modernes, l'architecture n'est pas en reste avec nombre de châteaux Renaissance. La nature a réservé à cette région une beauté hors pair : rivières, flancs de vallées...

LE CRUOU €

48, Tour de Ville

✆ 05 65 47 48 36

Formule du midi : 14 €. Menus à 20 € et 25 € + carte.

Une terrasse agréable dressée à l'ombre des platanes nous invite à nous asseoir à l'heure du déjeuner. A l'intérieur, la salle moderne habillée d'un mur de pierre et d'un mobilier moderne et sobre et d'un patio ombragé tout au fond, se remplit au fur et à mesure. La carte du Cruou n'est pas immense et c'est tant mieux ! L'établissement élabore des spécialités traditionnelles, mais pas que... La petite carte des vins fait la part belle au marcillac et aux vins plus largement régionaux du gaillac au pic-saint-loup. En été, les soirées à thèmes animent le lieu.

RODEZ ★★★

La ville de Rodez possède de nombreux bâtiments dont la valeur architecturale mérite l'intérêt qu'on lui porte. Citons ainsi le palais épiscopal, la maison canoniale, la tour Raynaldy, les vestiges du forum gallo-romain... Place d'Estaing, entrez sous le porche pour admirer la cour intérieure avec balcon à gargouilles et arches gothiques. Citons également l'imposante cathédrale Notre-Dame. Un circuit dans le vieux Rodez est facilement accessible par un fléchage en plusieurs points. Il permet de découvrir les richesses architecturales de la cité et de parcourir les petites rues piétonnes. Sans oublier le musée Soulages et sa collection unique au monde.

CAMPING MUNICIPAL LAYOULE*** €

✆ 06 07 78 90 92

www.ville-rodez.fr

Emplacement + véhicule + 2 personnes de 12 € à 17 €. Aire pour camping-car.

Le camping municipal de Layoule jouit d'une situation exceptionnelle et d'un environnement naturel préservé. Réputé pour ses équipements de qualité et ses nombreux services, il est depuis toujours une halte privilégiée pour découvrir le Piton et ses environs, en une journée ou plus. Classé trois étoiles, le camping compte près de 80 emplacements – dont une bonne dizaine réservée aux camping-cars – éparpillés sur trois hectares de terrain semi-ombragé.

LE KIOSQUE €€

Avenue Victor-Hugo

✆ 05 65 68 56 21

www.lekiosque-rodez.fr

Ouvert toute l'année. Réservation recommandée. Menu unique à 33 €. Menu enfant : 8,50 €. Formule midi : 16,50 €.

Sur le Piton, ce restaurant est une institution. Grâce à sa position centrale dans la ville, à mi-chemin entre la cathédrale Notre-Dame et le musée Soulages. Et grâce à son fort tempérament iodé, Aurélie et Guillaume ont développé un savoir-faire rare en Aveyron et cuisinent avec justesse tous les produits de la mer, tels que la parillada de poissons. Les plateaux de fruits de mer et assiettes d'huîtres sont le point fort et se dégustent, dans une élégante salle de restaurant, ou à l'ombre, sur la terrasse, dès les beaux jours venus.

PONT-DE-SALARS

Site calme, reposant où un prieuré domine les gorges encaissées du Viaur. Sur le portail de l'église qui date du XIVe siècle, on note la présence d'un fragment de tympan roman qui proviendrait de la cathédrale de Rodez. Le Christ qui y trône serait une copie de celui de Conques. À proximité de l'église, il existe un rocher où une empreinte évoque un sabot de cheval. La légende veut que ce soit la trace du cheval de saint-Georges, lorsque ce dernier poursuivi par des bandits, franchit d'un saut la vallée. On remarquera les sarcophages creusés dans la roche en contrebas, un oratoire a été édifié. De là, un chemin descend au bord de la rivière.

SALLES-CURAN

Bien qu'il n'en reste pas de vestiges, la commune existait cependant déjà à l'époque celtique. L'ère médiévale laissera de nombreuses traces, sûrement à cause du rayonnement de la cité à cette époque. Elle était, en effet, propriété épiscopale et il était fréquent que les évêques de Rodez y séjournent. Guillaume de la Tour édifia un château au XVe siècle, le château de Larguiès (à moins de 2 km de Salles-Curan), duquel subsiste une très belle porte sculptée (en été une visite guidée extérieure est possible). L'église date également du XVe siècle, mais a été embellie au XVIe. De style gothique, son portail et un bénitier sont de style roman.

CAMPING DU CHAROUZECH**** €€

Lac de Pareloup
✆ 05 65 46 01 11
www.parcducharouzech.fr

Emplacement + véhicule + 2 personnes de 20 € à 32 €. Mobil-homes pour 4 à 6 personnes de 340 € à 800 € la semaine.

Le parc du Charouzech, idéalement situé sur une presqu'île du lac de Pareloup, allie confort, nature et respect de l'environnement. En plus d'un accès direct à la plage, l'établissement déroule une belle liste d'équipements et de services : piscine chauffée et base nautique ; ateliers et sports à toute heure et soirées thématiques pour toutes les générations. Le Charouzech est en effet un établissement familial, adossé à une ferme qui fournit de bons produits bio.

SAINT-BEAUZÉLY ★

Le bourg de Saint-Beauzély est agencé autour de l'église, il se compose de belles maisons en pierre de grès. Situé sur la voie romaine reliant Lodève à Rodez, la cité s'est construite au fil des âges. De nombreux édifices illustrent ces différentes époques. Pas moins de 8 dolmens et un menhir témoignent de l'occupation des lieux durant la préhistoire. Un ensemble de vestiges de temples gallo-romains rappellent le passage des voyageurs dans la cité. Le gué, le pont et le château médiéval attestent de la reconnaissance de la région à cette époque pour ses carrières de grès. Saint Beauzély fut surnommé le pays des tailleurs de pierre.

MILLAU ★★★

La ville est devenue célèbre grâce au plus beau « tire-bouchon » du monde, le viaduc. Pour connaître l'histoire de la ville, une visite pédestre s'impose. La place du Maréchal-Foch, très pittoresque, a gardé ses belles arcades construites du XIIe au XVIe siècle, et une belle fontaine. Sur cette place s'ouvre l'église Notre-Dame, ancien édifice roman reconstruit au XVIIe siècle, dont le chœur est décoré de magnifiques fresques. En plein cœur de la ville, le beffroi est une ancienne tour carrée du XIIe siècle, surmontée d'une tour octogonale au XVIIIe siècle. Il surplombe le vieux Millau de ses 42 mètres et offre une vue sans pareille sur la ville.

© CLODIO - ISTOCKPHOTO

Viaduc de Millau.

TAURIAC WORKSHOP

21, rue droite
✆ 06 44 27 74 91
www.tauriacworkshop.com

Boutique ouverte de lundi à vendredi, 08h30-12h / 13h45-18h.

Aurore est une cirière, elle vient de s'installer dans le centre de Millau. On trouve dans sa boutique quantité de bougies parfumées, parfums élaborés à Grasse, fondants artisanaux... Les bougies et fondants sont confectionnés uniquement à base de cire de soja ou colza. Cela a l'avantage d'être entièrement naturel et biodégradable. N'hésitez pas à visiter le site Internet pour avoir un aperçu des dernières créations d'Aurore. Les noms de ses créations sont à elles seules une invitation au voyage : « Douceur de Moorea », « Escale à Honshu », « Allons au verger »...

ROC ET CANYON

155, Avenue de l'Aigoual
✆ 05 65 61 17 77
www.roc-et-canyon.com

Plusieurs forfaits sont proposés selon l'activité choisie. Fortement recommandé de faire son choix et réserver en ligne.

Location de matériel, activités à la carte, organisation de séjours...Une équipe de professionnels du loisir sportif a testé et mis au point une impressionnante palette d'activités entre roc et canyon. Dans l'eau, ces moniteurs diplômés entraînent leurs élèves en canoë, en raft, en canyoning... Sur ou sous terre, les équipes s'adonnent aux joies de l'escalade, de la spéléologie, de la via ferrata, du VTT électrique ou du paint-ball, histoire de se défouler. Et comme si cela ne suffisait pas, ils s'envoient dans l'air en public en saut à l'élastique.

ESPALION ★★

Ville-étape fondamentale sur les chemins de Saint-Jacques-de-Compostelle, le fameux GR 65, Espalion, entre causse et montagne, garde aussi l'entrée des gorges du Lot qui remontent vers Estaing. Le pont Vieux, comme beaucoup de monuments ici, est construit en grès rose. Il a été modifié au fil des siècles et agrandi, mais conserve charme et authenticité. Plus haut, le Vieux Palais, construit en 1572, propose une étrange architecture Renaissance, avec sa tour dite « en poivrière », comme collée à même les murailles, et de curieuses perspectives. Pour embrasser au mieux toutes ces richesses, il faut se rendre sur le Foirail et suivre la rivière.

PEYRELEAU

Accroché sur un versant abrupt du Causse noir, ce village est dominé par une tour carrée, vestige d'un ancien château. Il faut prendre le temps d'arpenter les ruelles pittoresques où subsistent quelques belles maisons du XVe siècle. De son petit promontoire, Peyreleau domine la Jonte à son confluent avec le Tarn au petit village du Rozier. La Jonte est ici la frontière naturelle entre les départements de l'Aveyron et de la Lozère. Par la D29, petite route qui grimpe à l'assaut du Causse en direction de Montpellier-le-Vieux, on a une vue magnifique sur la vallée de la Jonte et les falaises du causse Méjean.

ESTAING ★★

Au pied de l'Aubrac, le village d'Estaing, digne des décors les plus époustouflants du « Seigneur des Anneaux », est établi au confluent du Lot et de la Coussane. Dans les rues, on admire encore de belles façades datant des XVIe, XVIIe et XVIIIe s. dont l'hôtel Cayron – mairie actuelle – et l'ancien collège. Outre l'important pèlerinage de saint Fleuret, Estaing tirait parti de se trouver sur le chemin de Saint-Jacques qui franchissait le Lot grâce au pont gothique. Ce dernier, classé au patrimoine mondial de l'Unesco, a été restauré. Il soutient en son centre la croix d'Estaing, si connue qu'elle symbolise l'Aveyron et a été reproduite en bijouterie.

LES VIGNES

Au cirque des Baumes, le Tarn prend une orientation nord-sud. Le village des Vignes se situe dans cette partie des gorges où la vallée s'élargit quelque peu. La paroisse avait autrefois son siège à Saint-Préjet, comme en témoigne une église romane toute simple, avec son clocher-peigne à une baie et qui renferme une fresque de la Renaissance, découverte en 1910 : l'Apothéose de saint Préjet. Plus au sud, en remontant sur le causse, la route frôle les ruines de château de Blanquefort, nid d'aigle qui gardait la vallée. En juillet et août, l'office de tourisme Gorges du Tarn, Causse de Sauveterre ouvre un point d'information dans l'ancien four à pain.

Le village d'Espalion.

SUD-OUEST

LE QUERCY AU FIL DU LOT

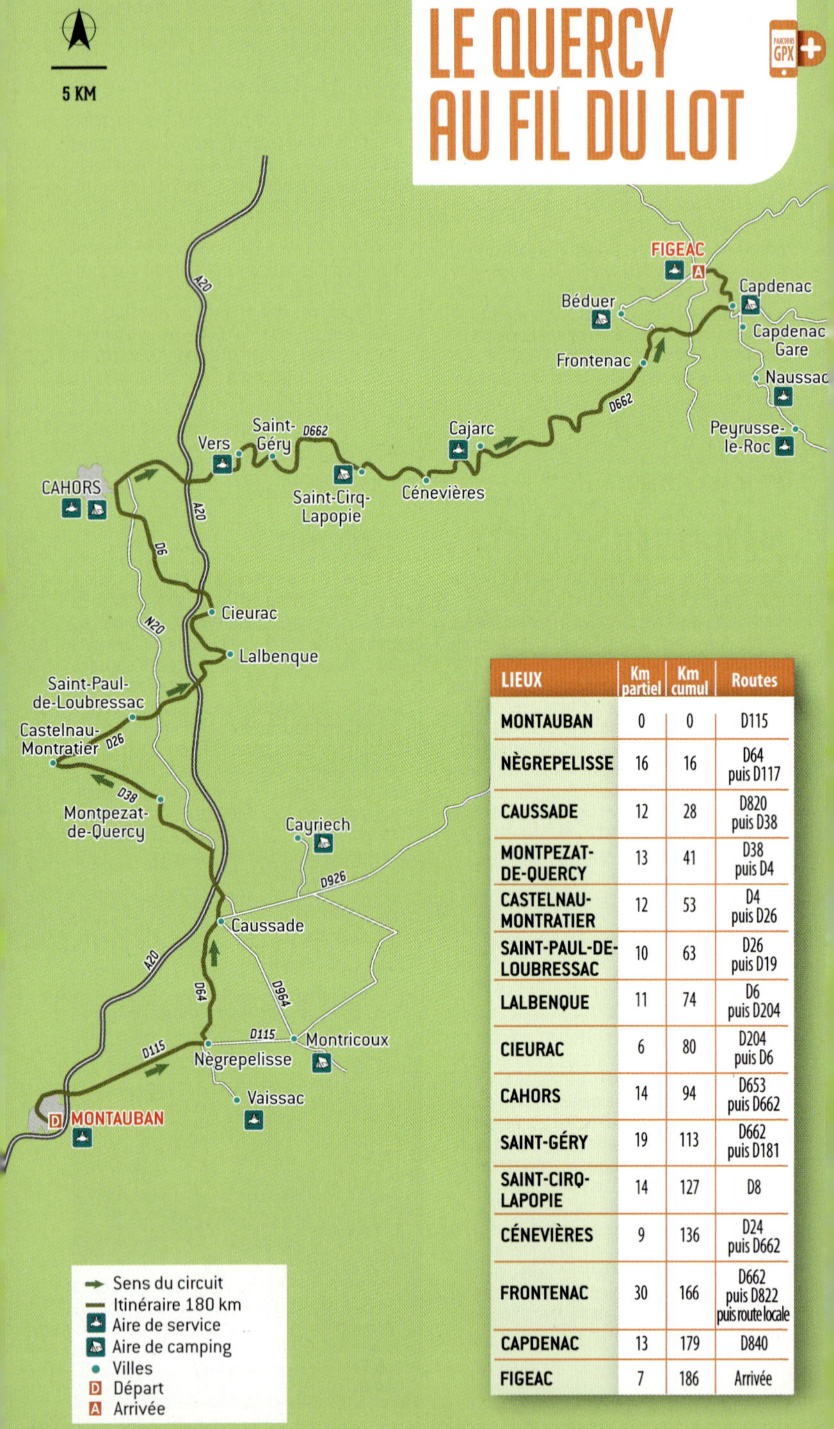

LIEUX	Km partiel	Km cumul	Routes
MONTAUBAN	0	0	D115
NÈGREPELISSE	16	16	D64 puis D117
CAUSSADE	12	28	D820 puis D38
MONTPEZAT-DE-QUERCY	13	41	D38 puis D4
CASTELNAU-MONTRATIER	12	53	D4 puis D26
SAINT-PAUL-DE-LOUBRESSAC	10	63	D26 puis D19
LALBENQUE	11	74	D6 puis D204
CIEURAC	6	80	D204 puis D6
CAHORS	14	94	D653 puis D662
SAINT-GÉRY	19	113	D662 puis D181
SAINT-CIRQ-LAPOPIE	14	127	D8
CÉNEVIÈRES	9	136	D24 puis D662
FRONTENAC	30	166	D662 puis D822 puis route locale
CAPDENAC	13	179	D840
FIGEAC	7	186	Arrivée

MONTAUBAN ★★★

Fondée au bord du Tarn par le comte de Toulouse en 1144, la ville originelle constitue aujourd'hui encore la trame urbaine du centre historique. De l'époque médiévale, il ne subsiste ici que trois édifices : l'église Saint-Jacques, le Pont Vieux et la salle gothique dite du « Prince Noir » au Musée Ingres. Servis par une brillante culture architecturale, édifices civils et religieux rivalisent de splendeur : la Place nationale ; le Palais des Évêques ; les Hôtels Particuliers des riches bourgeois et la cathédrale, symbole de la reconquête catholique et royale. Montauban est la ville où art de vivre, culture et environnement sont dans l'ADN de chacun.

LA CUISINE, CENTRE D'ART ET DE DESIGN

Esplanade du Château

✆ 05 63 67 39 74

www.la-cuisine.fr

Ouvert toute l'année. Horaires sur le site Internet.

La Cuisine est un centre d'art et de design. Située dans l'enceinte du château médiéval en surplomb d'un coude de l'Aveyron, elle propose des expositions temporaires, composées de créations inédites réalisées par des artistes et designers. La Cuisine propose des événements : conférences, films, concerts, performances. Elle accueille également les programmations culturelles des associations de la commune : festival de musique l'été, concerts, danse, fêtes folkloriques.

LE VENTADOUR €€

23, quai Villebourbon

✆ 05 63 63 34 58

www.le-ventadour.com

Du lundi au vendredi le midi. Menu unique à 29 €. Formule du midi : 16,90 €.

Cuisine haute en couleur avec une carte sympathique et inventive. Citons par exemple : tarte aux cèpes et foie gras poêlé, cassolette d'œufs de caille au foie gras et champignons, carpaccio de noix de Saint-Jacques, ris de veau sauce banyuls, nage de homard au gingembre, magret de canard au foie gras, avant des desserts qui font aussi saliver : tiramisu revisité à la mangue, macaron à la framboise, cannelé... Attention, le soir est dédié aux groupes, sur réservation uniquement, le chef assurant également un service traiteur très apprécié dans la région.

CAUSSADE ★

Surnommée La cité du chapeau, Caussade employait jusqu'à 3 000 personnes à l'âge d'or de la chapellerie, au début du XXe siècle. Qu'il soit canotier, Borsalino, casquette ou chapeau de cérémonie, le chapeau continue de tenir sa place dans l'activité de la commune (subsistent encore trois fabriques). Protestante pendant les guerres de religion, c'est aujourd'hui une petite ville très active et commerçante, réputée pour son incontournable marché du lundi matin, lieu d'échanges, de rencontres et de découvertes des saveurs du Quercy. À découvrir : la rue de la République, la tour d'Arles du XIIIe siècle, la fontaine de Thouron et le clocher d'église.

NÈGREPELISSE ★

Perchée sur une petite butte sur un coude de l'Aveyron, la petite ville semble dominer cette immense plaine rectiligne et alluviale qui annonce le Quercy et le Rouergue. D'ailleurs, à quelques kilomètres, la rivière s'enfonce dans ses célèbres gorges, vers Montricoux, Bruniquel et Saint-Antonin. Cette bastide prit son curieux nom au XIIIe siècle, de la couleur de la pelisse noircie des producteurs de charbon de bois, nombreux. La ville a souffert des guerres de religion à l'image de Montauban, avec une influence qui perdurera jusqu'à l'époque contemporaine. Nègrepelisse a connu un essor démographique sans précédent ces vingt dernières années.

MONTPEZAT-DE-QUERCY ★

Cité médiévale du Tarn-et-Garonne, Montpezat-de-Quercy est formée d'un ensemble de vieilles maisons en pierre, étagées au-dessus des remparts, serrées contre la collégiale... Jadis ceinturée de remparts, Montpezat a été construite sur les derniers contreforts du Quercy. L'illustre famille des Prés qui succéda en 1250 à celle des Montpezat a doté la cité d'édifices et d'un trésor remarquable... Laissez-vous guider à la découverte des plus beaux monuments du village : la porte de la ville, la Collégiale Saint-Martin et son collège des chanoines, l'ancien couvent des ursulines et son cloître, le centre ancien et ses rues et ruelles pittoresques...

LALBENQUE ★

Chaque année, le village de Lalbenque est sous le feu des projecteurs avec la venue des différents médias pour le célèbre marché aux truffes. Pour vivre et comprendre le village à 100 %, tâchez d'y passer au moins une fois le premier mardi de décembre à 14h pour le lancement de la saison. Les paniers truffés sont eux à retrouver tous les mardis d'hiver par la suite, une particularité locale particulièrement appréciée. Le village ne se limite pourtant pas à cela puisque l'église gothique Saint-Quirin notamment, de la fin du XVe s., fait partie du patrimoine culturel riche de Lalbenque, avec également une magnifique tour-pigeonnier à lanterneau.

CAHORS ★★★★

Cahors est connue pour un certain art de vivre dont la légende s'est forgée autour de son produit emblématique : le vin de Cahors. La ville, nichée dans une boucle du Lot, est séparée en deux par un axe nord-sud, matérialisé par le boulevard Gambetta. La vieille ville se trouve limitée à l'ouest par cette grande artère, et à l'est et au sud par le Lot. Bien que l'agglomération ait fait éclater les limites de la vieille ville, elle est peu industrialisée, vivant essentiellement des commerces et de son vignoble réputé. Cahors tire son nom de la peuplade gauloise des Cadourques, qui faisait ses dévotions auprès de la fontaine dédiée à la déesse Divona.

LE MARCHÉ AUX TRUFFES DE LALBENQUE

rue du Marché aux truffes
truffesnoires-lalbenque.com/
Tous les mardis à 10h. Truffe env. 1 000 € le kilo.

La *tubermelanosporum* s'est imposée comme la star hivernale du Lot notamment dans le Quercy Blanc et à Martel. Lalbenque en est la capitale dans le Quercy Blanc. Chaque année de décembre au mois de mars un marché hebdomadaire fait la une des journaux, il s'agit d'un marché entièrement dédié à la truffe où vous ne trouverez que de la truffe. Son parfum commence à embaumer les rues de Lalbenque dès 8 ou 9h. Chaque mardi matin, la truffe est vendue à prix d'or, en vrac ou au détail.

CAMPING RIVIÈRE DE CABESSUT★★★ €€

1180, rue de la Rivière ✆ 05 65 30 06 30
www.cabessut.com
Ouvert du 1er avril au 30 septembre. Emplacement 2 pers 17-24,60 €. Mobil-homes 4 pers. 260-680 € / semaine.

Le camping Rivière de Cabessut, c'est une histoire familiale, celle de la famille Coste. On aime particulièrement leur philosophie du camping : la nature, les amis, la famille, la détente, l'entraide... L'accueil est toujours chaleureux et bon enfant. Situé en bordure du Lot, à deux pas du centre-ville de Cahors, mais en pleine nature, le camping propose des emplacements spacieux et semi-ombragés. En communion avec la nature qui l'entoure et qui lui donne tout son charme.

Reflets dans le Lot - Cahors.

SUD-OUEST

AU FIL DES DOUCEURS €€

32, avenue André-Breton
✆ 05 65 22 13 04
www.aufildesdouceurs.fr
Ouvert toute l'année du mardi au samedi midi et soir. Menus 28-39 €. Terrasse.

En face du pont Valentré, bienvenue chez Muriel et Philippe Larguille. On vous conseille le risotto quercynois au rocamadour avec noix et jambon de magret ou bien les lasagnes de foie gras poêlé sauce aux truffes noires. Grand choix de desserts mais la spécialité locale est de rigueur : la Pescajoune, une crêpe gourmande aux pommes et au calvados. Parfaitement maîtrisé dans un travail de gourmandise absolue. Côté vin, outre les vins de Cahors, il y a quelques coups de cœur à déguster comme un Ventoux... avec modération bien sûr.

SAINT-CIRQ-LAPOPIE ★★★★

Saint-Cirq-Lapopie fait partie des lieux que l'on garde en mémoire. Imaginez-vous arriver en 1950 à bord de la voiture du poète surréaliste André Breton, vous arrivez de Cahors et en apercevant la cité de Saint-Cirq-Lapopie une seule pensée vous vient : j'ai cessé de me désirer ailleurs - déclara le chef de file du mouvement surréaliste en parlant de son coup de foudre pour le village lotois. L'émotion que chacun peut ressentir en visitant pour la première fois la cité se réitère à chaque fois que l'on foule les ruelles pavées de ce drôle de village perché. Son histoire nous ramène dans les pas de nos ancêtres médiévaux qui ont bâti cette cité.

LOU BOLAT €€

✆ 05 65 30 29 04
loubolat.fr
Mi-mars à mi-novembre. 7/7. Menu 21/27 €. Terrasses. Boutique. Glaces et crêpes maison. Terrasses panoramiques.

Situé au sommet d'un des plus beaux villages de France, Lou Bolat est l'endroit idéal pour apprécier le charme de St-Cirq-Lapopie. Sa terrasse domine le village qui avait charmé André Breton. Belle adresse où vous dégusterez une cuisine traditionnelle et savoureuse faite maison. La carte propose des plats régionaux et d'antan mais aussi des galettes, crêpes et salades. L'après-midi, Lou Bolat troque sa toque contre sa veste de limonadier et propose glaces et crêpes faites maison. Au-dessus du restaurant vous y trouverez aussi une boutique de souvenirs.

CENEVIÈRES

L'origine du nom provient de la culture du chanvre « chènevières » sur les alluvions de la vallée. A voir à 2 kilomètres, un très beau dolmen au mas de Labat et, en direction de Limogne, sur le cours du Girou, la résurgence de Trou-Madame, rendu célèbre par son record du monde de plongée. A Saint-Clair, commune de Cénevières, on peut admirer une modeste petite église dont les fondations datent du XIe siècle. Elle a été établie à 50 mètres d'une source dite miraculeuse. On lui prêtait autrefois des vertus notamment dans le traitement ophtalmique. Elle fit l'objet d'une dévotion populaire locale. Cenevières c'est aussi son magnifique château.

CAPDENAC-GARE

Depuis ce petit village, le point de vue sur la vallée du Lot est superbe. On admirera de magnifiques maisons lotoises avec pigeonniers. Capdenac-Gare est la jumelle de Capdenac-le-Haut au riche patrimoine gallo-romain. Son expansion est principalement due à la présence de la gare qui a permis, notamment, l'implantation en 1866 d'une conserverie, la conserverie Raynal et Roquelaure, devenue célèbre depuis. Une locomotive à vapeur est exposée sur une voie de garage de la gare. En été, la base nautique amène une animation sympathique. A voir, le pont Eiffel, les trois tunnels (fluvial, routier et ferroviaire), l'église Notre-Dame des Voyageurs.

FIGEAC ★★

Pour comprendre Figeac, il faut se plonger dans son histoire séculaire. La cité est née au IXe s. sur les rives du Célé. C'est alors une abbaye bénédictine fondée par Pépin Ier, roi d'Aquitaine, arrière-grand-père du fameux Pépin le Bref. Les pèlerins venus du Puy par Conques vers Cahors ou Rocamadour, puis Saint-Jacques-de-Compostelle, passaient par Figeac. C'est aujourd'hui une halte toujours très prisée par les pèlerins, mais aussi par les touristes. Cité flamboyante de la vallée du Célé, Figeac attire par ses nombreux atouts. Elle a été rendue célèbre dans le monde entier par l'un de ses enfants, Champollion qui a su déchiffrer la pierre de Rosette.

PAYS CATHARE

LIEUX	Km partiel	Km cumul	Routes
FOIX	0	0	D117 puis D9
ROQUEFIXADE	16	16	D9 puis D117
LAVELANET	10	26	D210 puis D509 puis D9
MONTSÉGUR	13	39	D9 puis D117
PUIVERT	24	63	D117
QUILLAN	17	80	D118 puis D613
CASSAIGNES	16	96	D14
PEYREPERTUSE	39	135	D14
CUCUGNAN	5	140	D14 puis D611
TUCHAN	13	153	D611 puis D106 puis D40
VILLEROUGE-TERMENÈS	29	182	D613 puis D40
TERMES	13	195	D40 puis D202 puis D3
LAGRASSE	21	216	D3 puis D714 puis D42
MAS-DES-COURS	25	241	D42
CARCASSONNE	15	256	Arrivée

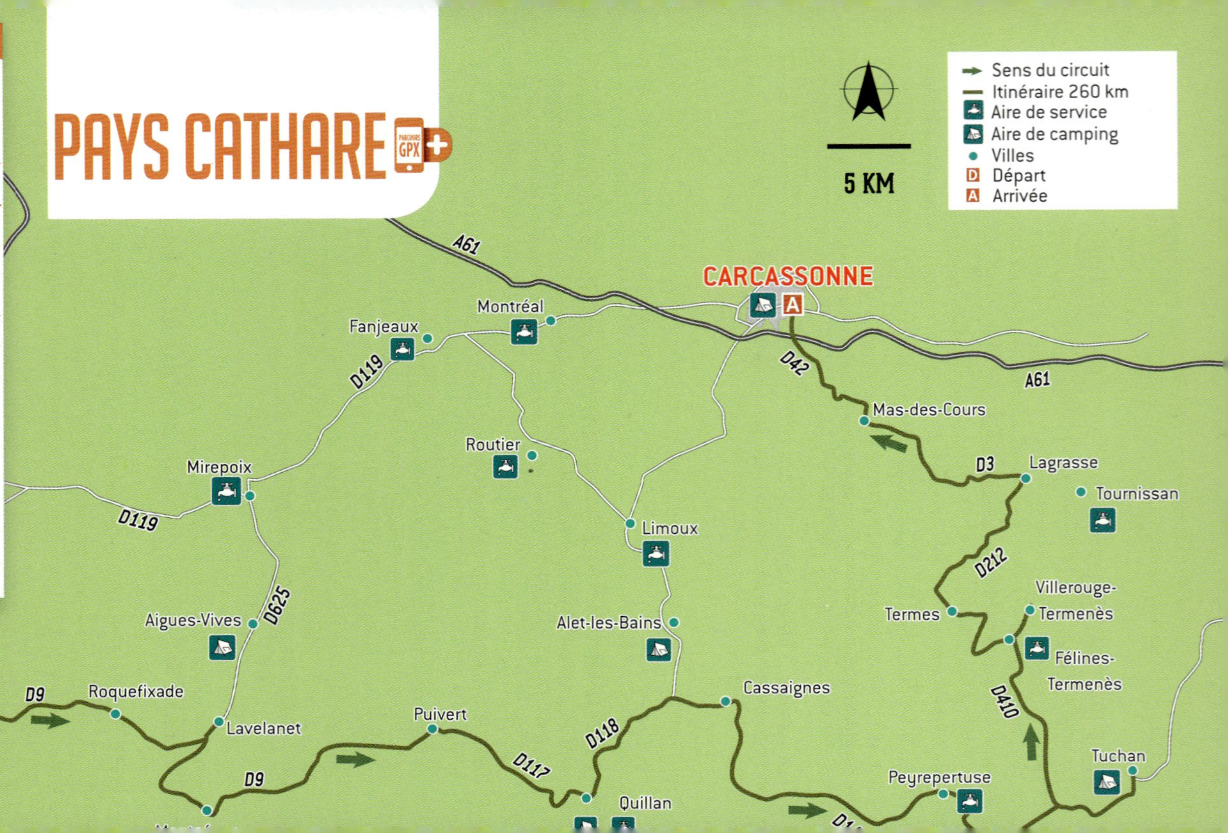

LAVELANET

La ville, au cœur de l'antique pays d'Olmes, est le fief du textile malgré les assauts répétés de la crise économique qui ont frappé cette région de plein fouet. La tradition du textile marque de longue date le pays d'Olmes puisqu'elle remonte au tout début de notre ère. Parmi les monuments intéressants figure l'église de l'Assomption, un vaste vaisseau gothique à quatre travées avec un chœur octogonal. Mady de la Giraudière, peintre naïf de grand talent et native de Lavelanet, a représenté les différentes stations du chemin de croix. L'église de Saint-Sernin de Bensa, dans le quartier du même nom était une possession de Saint-Sernin de Toulouse.

AGENCE DÉVELOPPEMENT TOURISTIQUE ARIÈGE PYRÉNÉES

2, boulevard du Sud
✆ 05 61 02 30 70
www.ariegepyrenees.com

Le site Internet qui est parfait pour aider les touristes à glaner la moindre information utile pour partir à la découverte de notre beau département à vélo, en rando... Vous pouvez ainsi télécharger toutes les brochures possibles, réserver directement en ligne un hôtel, un gîte, un camping ou une chambre d'hôtes, vous informer sur les découvertes gastronomiques et culturelles, les sports, l'aventure... Bref, une étape indispensable pour qui veut découvrir l'Ariège.

FOIX ★★

Les premières traces de présence humaine dans cette ville remonteraient à la Préhistoire, et plus particulièrement dans les grottes du roc de Foix. Bien des siècles plus tard, c'est autour de l'abbaye Saint-Volusien connue en 849 et du château élevé en l'an mille que la cité s'est développée, mêlant intimement son histoire à celle de cette majestueuse sentinelle qui domine la ville. Le premier seigneur à porter le titre de comte de Foix fut Bernard Roger, fils du comte de Carcassonne. Mais c'est au XIVe siècle que le destin de la ville fut marqué par un Gaston Phoebus, dont la chevelure blonde ou le soleil, lui valut le surnom de Fébus en occitan.

CAMPING DU LAC MERCUS*** €€

1, promenade du Camping - **MERCUS-GARRABET**
✆ +33 5 61 05 90 61
www.campingdulacmercus.com

Nombreuses formules sur le site web. Chèque Vacances. Wifi.

Dans une ambiance chaleureuse et familiale, Angèle et Olivier, vous accueillent dans ce lieu de villégiature labellisé Camping Qualité, situé au bord d'un plan d'eau, à seulement quelques kilomètres de Tarascon, Foix et de la principauté d'Andorre, autant de lieux à découvrir et à visiter au cours de balades sportives et culturelles. Vous pourrez également partir en randonnées pédestres et découvrir de nombreux châteaux et grottes pittoresques, typiques de la région. Désormais vous pourrez bénéificer d'un service restauration sur place.

SUD-OUEST

© PHOVOIR

Le château et les toits de Foix.

LE VERTIGO €€

21, rue Peyrevidal
✆ 05 61 64 95 36
Menus de 24,90 € à 35,90 €. Plat du jour : 9,50 €.

Piloté par Ramon Montandon, le Vertigo est une référence culinaire du centre-ville de Foix. La cuisine est traditionnelle et ariégeoise. Vous découvrirez du foie gras, l'assiette ariégeoise (charcuteries de chez Rouch, fromages et verre de vin), du bœuf, de l'agneau, des compositions terre ou mer, des trios de viandes... les ingrédients sont de grande qualité. Le chef travaille des produits locaux et frais. Les vins sont exposés sur les murs. En été, agréable terrasse. Terriblement bon et efficace. L'accueil et le service sont à la hauteur de l'ensemble.

QUILLAN

Carrefour géographique et capitale touristique de la haute vallée de l'Aude, Quillan a connu plusieurs vies industrielles et commerciales : au XIIe siècle, des mégisseries qui traitent les peaux d'isards et de chèvres s'installent au bord de l'Aude. L'huile, le vin et le bois sont aussi sources de richesses. Au XVIIe siècle s'ajoutent la métallurgie, la fabrique de draps et de clous. Au XIXe siècle, l'industrie de la chapellerie lui offre une renommée mondiale, remplacée progressivement par la chaussure. Aujourd'hui, c'est le tourisme qui porte la ville et ses alentours. Celle-ci jouit d'un formidable environnement naturel et d'un riche patrimoine.

MONTSÉGUR

Parmi les lieux les plus énigmatiques de la région, le château de Montségur intéresse les historiens, les chercheurs mais aussi les mystiques en tout genre qui ne cessent depuis des années de « passer à la question » le site. Certains pensent qu'il s'agit d'un haut lieu tellurique et d'autres avancent que le fameux trésor y serait encore bien enfoui. Perché sur un véritable nid d'aigle à 1 216 m d'altitude, vaisseau de pierre suspendu dans le vide, le château de Montségur tutoie l'azur de ses ruines devenues le symbole de la résistance des cathares face à l'oppression des barons du Nord. Montségur est inscrite dans la mémoire collective de l'Occitanie.

CAMPING MUNICIPAL LA SAPINETTE*** €€

21, rue René Delpech ✆ 04 68 20 13 52
www.camping-quillan.fr
Fermé du 1er novembre au 31 mars. Gardé 24h/24. Terrain de 4 ha. 98 emplacements (dont 26 chalets). Ombragé. Piscine.

Au cœur d'une sapinette aménagée, dans un écrin de verdure empreint de sérénité, vous profiterez de la belle cité Station Verte, où les activités de pleine nature sont innombrables notamment au Parc du St Bertrand. Avec ses 4 hectares de terrain la Sapinette vous propose : 72 emplacements et 26 chalets, une belle piscine, des terrains de pétanque et de volley, ainsi qu'une aire de jeux, et de nombreux commerces à proximité. Alors n'attendez plus et commencez à vous ressourcer !

PUIVERT ★

Puivert se situe à la limite de la Haute-Vallée de l'Aude et de l'Ariège, c'est une commune du Quecorb tout à fait particulière puisqu'elle se compose de quatorze hameaux et s'étend sur plus de quarante km. Les lieux sont connus pour le magnifique château médiéval du XVe siècle sur lequel on peut voir des pierres à bossage, une caractéristique des châteaux médiévaux du Languedoc. C'est dans ce superbe décor qu'a été tourné le film *La Passion Béatrice* de Bertrand Tavernier. Des sculptures remarquables représentant des musiciens, situées dans une salle du château, sont à l'origine de la création de l'Instrumentarium, un musée que l'on peut visiter.

TUCHAN ★

Haut lieu des vins de Hautes-Corbières, Tuchan se prête à la visite, notamment pour les ruines de son château d'Aguilar, situé à deux kilomètres du village. Érigé au XIIe siècle, il fut la propriété des seigneurs de Termes. A Tuchan, on pourra également découvrir l'église Notre-Dame de Faste, partiellement en ruines, et admirer la jolie façade de l'hôtel des Poste (transformé en hôtel). Peuplée de près de 800 habitants, le village est situé à 27 kilomètres de Rivesaltes. A proximité se trouve le mont Tauch, d'une hauteur de 950 mètres, qui s'ouvre sur un très beau panorama, une grande étendue de vignes et des garrigues rocailleuses.

RUINES DU CHÂTEAU D'AGUILAR ★★

A 3,5 km à l'est de Tuchan via la D611.
✆ 04 68 45 51 00
www.payscathare.org
Haute saison : ouvert tous les jours. Voir calendrier complet sur le site Internet. Adulte : 4 €.

C'est dans ce beau Pays Cathare que se dresse le château Aguilar, mais il n'a joué aucun rôle militaire durant la Croisade contre les Albigeois. On trouve des traces écrites attestant de son existence dès 1020 sous l'appellation de « Puig Agilar ».Fier, surplombant du haut de sa colline de 321 m d'altitude la plaine de Tuchan il permettait de contrôler l'accès aux Corbières. Toutefois, en dépit de sa « hauteur », il est conçu comme un château de plaine.

CUCUGNAN ★

C'est par le grau de Maury, dominé par le château de Quéribus, dernière citadelle cathare et sentinelle française aux portes de l'Espagne jusqu'en 1659 qu'on accède à ce petit village de plaine qui s'est fait entendre, au fil de siècles, pour différentes raisons. Tout d'abord, il abrite dans l'église Saint-Julien-et-Sainte-Basilisse, datant du XIVe siècle, une représentation rarissime de la Vierge enceinte qui lui a fait connaître de nombreuses mésaventures. Ensuite, on y trouve les vestiges d'un castrum qui sont aujourd'hui encore visibles au-dessus du Moulin d'Omer (XVIIe), bâti sur un rocher en pente, au-dessus de trois anciennes aires de battage.

VILLEROUGE-TERMENÈS ★

Au cœur des Hautes Corbières, Villerouge-Termenès est un bel exemple d'architecture médiévale des Corbières. Convoité par les seigneurs de Termes, il appartenait aux archevêques de Narbonne. Du chemin de ronde il est possible d'apprécier l'étendue du paysage. Dans le village s'élève un imposant château dont les premières traces remontent au XIIe siècle. Dans la salle du château, une exposition audiovisuelle relate la vie du dernier Parfait et de l'évêché de Narbonne. Des vestiges notables sont à découvrir : la porte Saint-Jean, le Pont-Vieux du XIIe siècle, le jardin médiéval, l'église Saint-Etienne et son superbe retable du XVIe siècle.

CHÂTEAU DE QUÉRIBUS ★★★

1, rue Achille Mir
✆ 04 68 45 03 69
www.cucugnan.fr
Ouvert toute l'année sauf les 25/12 et 01/01. Gratuit jusqu'à 5 ans. Adulte : 7,50 €. Horaires variables, cf site web.

Dominant les Corbières, la majestueuse citadelle de Quéribus est l'un des châteaux majeurs de la frontière septentrionale du royaume d'Aragon. Chabert de Barbaira, partisan du roi d'Aragon, occupe le site fortifié de Quéribus en 1239, où il abrite les hérétiques cathares en fuite après la chute de Montségur. Quéribus sera le dernier bastion à tomber aux mains des Croisés en 1255. Après 16 ans de règne, Chabert de Barbaira se rend, non sans avoir négocié sa liberté, abandonne Quéribus aux ingénieurs royaux et aux soldats, et s'en retourne auprès du roi d'Aragon. Devenue alors forteresse royale, Quéribus surveille la frontière entre les royaumes de France et d'Aragon. Saint Louis devient alors le maître des Corbières. Le château perdra son intérêt stratégique en 1659, sous le règne de Louis XIV, avec le traité des Pyrénées qui fixe une nouvelle frontière entre la France et l'Espagne. Une bien belle visite : un sentier aménagé mène au château après 10 bonnes minutes de marche, des panneaux explicatifs jalonnent le circuit. La terrasse du donjon qui culmine à 728 mètres offre un panorama à couper le souffle sur les Corbières, les Pyrénées et la Méditerranée. L'état de conservation des éléments liés à la vie quotidienne (citerne, corps de logis, emplacement de la cheminée...) est remarquable. Profitez de votre visite au château pour découvrir les vestiges médiévaux du village de Cucugnan. A noter les ruines d'une citerne ou encore le moulin d'Omer (datant du XIIe siècle), entièrement restauré.

TERMES ★★

Village caractérisé par son château, témoin de la croisade contre les Cathares. Pour y aller, empruntez la petite route de montagne aux découpes insolites. Les gorges de Coynepont et celles du Termenet au défilé vertigineux, en aval du village, sont fréquentées par les adeptes du canyoning. Deux boucles de randonnées : « la petite vadrouille » autour des gorges du Termenet et la boucle de « nitable roc », via celles de Coynepont. Visitez la petite église Notre-Dame édifiée à partir de 1163 par les seigneurs ; au sud-est, dans la vallée du Sou, la modeste chapelle d'origine médiévale ; et sur la rive gauche du Sou, s'arrêter au moulin de la Buade.

SUD-OUEST

CAFÉ MILO €

Rue de la Promenada
✆ 06 18 03 41 96
Horaires variables, se référer au site internet.
C'est au pied du Château de Termes, au cœur de son joli petit village qui surplombe la rivière que Le Café Milo vous accueille. Une cuisine bien faite 100% fait maison, qui associe les saveurs, des produits frais des environs, des bons vins du coin, une ambiance à la fois chaleureuse et conviviale. Après avoir arpenté les chemins qui montent au château, la formule goûter et son fameux « Laissez-vous faire ! » sera idéale pour reprendre des forces dans un cadre vraiment magnifique ! Nathalie et Vincent s'occupent de vous pour leur plus grand plaisir… et le vôtre !

LAGRASSE ★★★

Cette ancienne capitale culturelle des Corbières est classée parmi les Plus Beaux Villages de France. Cette cité médiévale est située dans la vallée de l'Alsou. Lagrasse présente de nombreuses curiosités : pont vieux du XIIe siècle, rues pavées bordées de façades Renaissance qui débouchent sur une belle place aux maisons classées, église paroissiale Saint-Michel de style gothique, ses halles où l'activité marchande était prospère et sa célèbre abbaye Sainte-Marie-de-l'Orbieu. Véritable plaisir de découverte d'un patrimoine et d'un art de vivre. N'hésitez pas à vous renseigner sur les Mitounes, elles offrent une légende vieille de plusieurs siècles au village.

CARCASSONNE ★★★★

Située sur la rive est du fleuve Aude, Carcassonne est avant tout connue comme une ville médiévale fortifiée. Cet éperon rocheux est occupé depuis le VIe siècle av. J.-C., d'abord par les Gaulois, puis par les Romains qui dotent la ville de remparts aux IIIe et IVe siècles. Des travaux de fortification se poursuivent tout au long du XIIIe siècle, avec la construction de l'enceinte extérieure et la modernisation du rempart intérieur. Elle bénéficie de travaux de rénovation au milieu du XXe. Carcassonne est aujourd'hui inscrite sur la liste du patrimoine de l'humanité de l'Unesco. À voir : le château comtal et la basilique Saint-Nazaire.

© SATILDA - ISTOCKPHOTO.COM

La Cité médiévale.

CAMPING DE LA CITÉ**** €€

Route de Saint-Hilaire
✆ 04 68 10 01 00
www.campingcitecarcassonne.com
Ouvert de fin mars à fin septembre. 199 emplacements (156 emplacements nus et 43 locatifs). Forfait camping-car : 15 €.
Ce camping se situe au pied de la cité médiévale, à laquelle on accède par un petit sentier pédestre, et à 3 km du canal du Midi. Il est le seul de la ville, et inutile d'en chercher un autre car il est parfait. Il propose une multitude d'animations pour toute la famille, ainsi qu'un mobil-home dévolu au bien-être avec jacuzzi, sauna et soins du corps. Pratique aussi le restaurant, le snack-bar et la boutique d'alimentation en haute saison. Une aire spéciale pour camping-cars (38 emplacements sans électricité avec l'accès aux services) se trouve à l'entrée.

CAFÉ GREEN GARDEN €

7, rue Frédéric Mistral
✆ 09 50 18 65 15
Menus de 10 € à 15 €. Bagel et burger de 9 € à 15 €. Brunch : 15 €. Terrasse. Sur place ou à emporter.
Le Café Green Garden est un lieu séduisant, une parenthèse d'oxygène en plein cœur de la ville. Ici tout est végan et fait maison, des bagels, de délicieux desserts mais aussi un large choix de smoothies, milkshakes, sodas cafés bio. Sébastien et Yahel vous expliquent leur démarche écoresponsable au travers de leurs de thés, cafés bio, green smoothies et des créations culinaires comme le cinnamon roll, les pancakes, ou le *egg bread*. Tout est réalisé sur place, à déguster directement ou à emporter. Brunch proposé tous les matins.

SUD-OUEST

PAYS CATALAN

IEUX	Km partiel	Km cumul	Routes
TUCHAN	0	0	D611
DURBAN-CORBIÈRES	18	18	D611 puis D611A
PORTEL-DES-CORBIÈRES	16	34	D3
SIGEAN	6	40	D6139
PORT-LA-NOUVELLE	6	46	D709 puis D627
LEUCATE	18	64	D627 puis D83
E BARCARÈS	16	80	D83 puis D11
SALSES-LE-CHÂTEAU	14	94	D900 puis D88
PERPIGNAN	16	110	D617
ANET-PLAGE	13	123	D81A
AINT-CYPRIEN	12	135	D81
ARGELÈS-SUR-MER	11	146	D114
COLLIOURE	7	153	D114
ORT-VENDRES	3	156	D114 puis D914
BANYULS-SUR-MER	8	164	D914
CERBÈRE	10	174	Arrivée

TUCHAN ★

Haut lieu des vins de Hautes-Corbières, Tuchan se prête à la visite, notamment pour les ruines de son château d'Aguilar, situé à deux kilomètres du village. Érigé au XIIe siècle, il fut la propriété des seigneurs de Termes. A Tuchan, on pourra également découvrir l'église Notre-Dame de Faste, partiellement en ruines, et admirer la jolie façade de l'hôtel des Poste (transformé en hôtel). Peuplée de près de 800 habitants, le village est situé à 27 kilomètres de Rivesaltes. A proximité se trouve le mont Tauch, d'une hauteur de 950 mètres, qui s'ouvre sur un très beau panorama, une grande étendue de vignes et des garrigues rocailleuses.

TERRA VINEA ★★

15, chemin des Plâtrières ✆ 04 68 45 87 68
www.terra-vinea.com

Ouvert du 01/02 au 30/12 (sauf 24 et 25/12). Gratuit -4 ans. Adulte : 12,90€. Restaurant «Le Grenache». Boutique.

Ce voyage d'exception à 80 mètres sous le massif des Corbières, vous emmène à bord d'un petit train sur 800 mètres de galeries ! Suivez le guide et pénétrez dans cet univers magique où différentes scènes ont été reconstituées, de l'époque gallo-romaine au Moyen Âge. La cathédrale souterraine, aux volumes impressionnants, offre un majestueux spectacle son et lumière. Le dernier tableau expose notamment l'atelier d'un artisan tonnelier. La visite se termine par une dégustation de vins et un passage par la boutique de produits locaux à ne pas manquer !

DURBAN-CORBIÈRES

Au pied des ruines du château seigneurial du XIe siècle qui abrita la famille Treilhes Gléon Durban durant 600 ans, le village de Durban se niche dans un décor naturel au confluent de la Berre et du Barrou, entre vignes et garrigue. Depuis maintenant quarante ans, le village s'est développé sur la rive gauche pour accueillir de nouveaux établissements tout en conservant l'âme des Corbières. Laissez-vous guider par le soleil à travers les rues piétonnes et découvrez : le quartier du Fort, l'ancienne chapelle du château devenue l'église paroissiale Saint-Just-et-Saint-Pasteur ainsi que la chapelle Saint-Hippolyte du XIVe siècle, restaurée en 2005.

SIGEAN ★

Au pied du massif des Corbières, Sigean occupe une situation géographique privilégiée, à 5 km de la mer et à 70 km des Pyrénées et de l'Espagne. Cette petite ville des Corbières tient son nom de l'époque gallo-romaine : la villa « Sejanum », important domaine agricole. Joli coup de projecteur sur la région, suite à l'ouverture dans les années 1970 de la Réserve Africaine. Sigean possède bien d'autres atouts : des sentiers de randonnées et de découvertes, un vignoble réputé, un riche patrimoine avec son église XVIIe siècle dont l'orgue est classé et ses anciens remparts... Sans oublier son site incontournable : l'oppidum de Pech Maho.

PORTEL-DES-CORBIÈRES

A la limite maritime, situé entre les collines de la Bade et de la Serre, entouré d'un riche vignoble, le petit village de Portel ouvre la porte des Corbières. Portel vient du latin portelus signifiant « petite porte », en raison de l'étroite ouverture rocheuse par où s'écoule la Berre, qu'enjambe le pont de Tamaroque, de la plaine vers les étangs. Grâce à son climat méditerranéen, des champs d'oliviers à perte de vue prospèrent sur ce riche territoire. Vous succomberez à ces paysages qui abritent la culture d'un vin renommé : le Rocbère. Plus de 150 viticulteurs y expriment leur passion, travaillant près de 11 000 hectares de vignes.

LIEU D'ART CONTEMPORAIN (LAC)

1, rue de la Berre
✆ 04 68 48 83 62
www.lac-narbonne.art

Horaires variables, se référer au site internet. Gratuit jusqu'à 15 ans. Adulte : 5€.

En 1991, le peintre hollandais Piet Moget et sa fille Layla sont tombés sous le charme de cette ancienne cave viticole de caractère. Après avoir effectué d'importants travaux, ils ont aménagé un des lieux d'exposition les plus inattendus de la région. Sur deux niveaux, il présente les œuvres d'artistes contemporains nationaux et internationaux : Olivier Debré, Dado, Matias Spescha, André Lote... Chaque exposition temporaire est accompagnée d'une sélection de la collection permanente.

LE POTAGER €€

28, avenue de Perpignan
✆ 04 68 48 42 76
www.restaurantsigean.com
Avril à septembre du mardi midi au dimanche soir l'été (jeudi au dimanche en moyenne saison) Grillades à partir de 15€.

Dans cette ancienne bâtisse vigneronne se cache un petit trésor qui attire tous les gourmands du secteur. De la terrasse au patio, en passant par la belle salle avec cheminée, ce restaurant arbore une décoration de caractère. Réalisée par Christine, la maîtresse des lieux, elle allie l'ancien, le moderne et l'atypique avec harmonie. Depuis l'extérieur, on peut profiter d'une vue agréable sur le potager de l'adresse. Les légumes qu'il produit s'inviteront dans vos assiettes, seuls ou en accompagnement des viandes et poissons grillés.

L'ADRESSE €€

10, rue Roger-Rapin
✆ 04 68 45 39 35
Ouvert toute l'année. Carte : 25 € environ. Menu enfant : 9 € (jusqu'à 10 ans). Formule du midi : 15 €.

L'Adresse est une des meilleures table de la ville. La façade est quelconque mais c'est une fois à l'intérieur que vos sens vont se mettre en ébullition. C'est confortablement installé dans la salle que vous allez déguster la cuisine mi-traditionnelle, mi-asiatique de Ong. Dans les assiettes, une cuisine généreuse et parfumée réalisée à partir de produits frais et de saison. Parmi les incontournables, le bar façon thaïe cuit minute est exceptionnel et de belles surprises pour les amateurs de viandes... Pour le vin, laissez-vous guider par Vincent, c'est un expert.

PORT-LA NOUVELLE ★

Port-la-Nouvelle, comme son nom l'indique, est une ville plutôt récente. Créée par un décret de Louis Philippe en date du 21 juillet 1844, elle était connue des navigateurs dès le début de l'ère chrétienne, comme lieu de passage des bateaux en Méditerranée et faisant commerce avec Narbonne. Ce grau cerné de zones marécageuses s'est formé dans un premier temps par un petit groupe de maisons, qui allait rapidement croître avec l'arrivée du chemin de fer reliant Narbonne à Perpignan. La ville possède de multiples facettes : 15 km de sable fin, des endroits préservés et sauvages comme l'île de Sainte-Lucie, la garrigue, les étangs et le canal de la Robine.

LEUCATE ★

Située entre mer, étangs, vignes et parcs à huîtres, la presqu'île de Leucate tient son nom du grec ancien « leukos » signifiant blancheur, nommée ainsi par les marins comme point de référence et d'orientation. Leucate s'étend sur 17 kilomètres de plages, d'étangs, de chenaux et de bassins portuaires. Elle baigne dans un paysage naturel protégé d'une grande diversité, qui accueille goélands, flamants, aigrettes, grands cormorans, garde-bœufs... (classée zone Natura 2000). Elle se compose de quatre pôles touristiques : Leucate-Village, la Franqui, Port-Leucate et Leucate-Plage. « La plagette » est la plus belle plage du littoral audois.

CAMPING CAP DU ROC*** €€€

1700, route de La Palme ✆ 04 68 48 00 98
www.camping-cap-du-roc.com
Fermé du 1er octobre au 31 mars. Réservation impérative. Emplacement + véhicule + 2 personnes (avec 6 A) de 11 € à 32 €.

Le camping Cap du Roc est proche de la mer et point de départ idéal pour découvrir les trésors du Pays Cathare et des Pyrénées-Orientales. La falaise vous protège du vent du nord, particulièrement présent sur le département. Autre point fort du camping : ses équipements ludiques avec tables de ping-pong, aire de jeux... et son espace aquatique avec un bassin chauffé et son toboggan très apprécié des plus jeunes. En haute saison, de nombreuses animations sont proposées. Un camping bien tenu où la direction se pliera en quatre pour que votre séjour soit inoubliable.

LA CABANE DES TONTONS €€

Mas Ostréicole n° 23 - Rive droite
✆ 09 51 88 12 16
Ouvert en juillet - août tous les jours de 9h à tard.... très tard le soir ! Vente à emporter.

Comme dans toutes les autres cabanes à huîtres du port des ostréiculteurs, on ne mange ici que ce que l'on produit : huîtres, moules et palourdes. Alors pour se démarquer, Cul d'Oursin, c'est le surnom du patron (voir aussi la cabane « Chez Cul d'Oursin ») a misé sur un concept convivial, ici on mange sur des grandes tables en bois fabriquées avec d'anciens parcs à huîtres, n'hésitez surtout pas à vous assoir à côté d'autres clients car ici on privilégie le contact et le patron aime quand l'amitié et la bienveillance sont au rendez-vous.

SUD-OUEST

LE BARCARÈS ★

A environ 25 km au nord-est de Perpignan, voici la station balnéaire la plus septentrionale du département. Longtemps petit hameau de pêcheurs, c'est à partir des années 1960 et 1970 que Le Barcarès commence à se transformer en la station balnéaire que nous connaissons aujourd'hui. Du sud au nord, le long de la mer, on trouve le village du Barcarès, puis son port de pêche et de plaisance, suivis des quartiers limitrophes de l'Aude, à savoir le Lido et la Grande Plage, royaumes du farniente. Côté étang, trois zones lagunaires : la Presqu'île, la Coudalère et le Cap de Front, zones de marinas très prisées des touristes du nord de l'Europe.

AIRE DE CAMPING-CAR BARCARES

Quai de la Tourette
✆ 04 68 86 16 56

Stationnement nuit et services : 12 € (juillet-août) ; 10,80 € le reste de l'année.

Cette aire de camping-cars est idéalement située, à 8 minutes à pied du centre-ville et des activités du Barcares. Elle est sécurisée avec un accès par barrière. Ses 111 emplacements stabilisés sur herbe, plus ou moins ombragés, vous feront passer un bon séjour, quelle que soit la durée. Un espace pour effectuer les services : vidange des eaux usées et des WC, et approvisionnement en eau. L'accès à l'électricité est un atout supplémentaire à ajouter à la liste de cette belle aire.

CAMP DE RIVESALTES ★★★★

Avenue Christian-Bourquin
✆ 04 68 08 34 90
www.memorialcamprivesaltes.eu

Ouvert toute l'année. Accès au camp (visite extérieure) libre. Visite guidée. Librairie. Événements culturels.

Le Mémorial est un espace de référence de l'histoire de l'internement et des flux migratoires, restituant les conflits du XXe siècle qui ont précipité dans ce lieu plus de 60 000 personnes considérées comme indésirables. Tant par sa durée que par le nombre de personnes qui y furent internées emprisonnées ou reléguées, il est considéré aujourd'hui comme l'un des plus grands camp d'Europe occidentale. Entre les ruines des baraquements de l'ancien camp, l'architecte Rudy Ricciotti a conçu un monolithe de béton ocre tout en longueur et partiellement enfoui dans la terre. (Grand Prix spécial du jury de l'Équerre d'argent en 2016). La salle d'exposition permanente retrace l'histoire de ce camp du sud de la France, témoin des évènements de la seconde moitié du XXe siècle, qui ont provoqué de vastes déplacements forcés de population ainsi que la création de plus de 200 camps d'internement en France. Une table centrale présente documents et objets qui racontent la rétention des républicains espagnols, juifs, tsiganes, collaborateurs et prisonniers de guerre, puis des harkis, des tirailleurs guinéens, malgaches indochinois… Le visiteur peut également accéder à un ensemble de témoignages d'anciens internés et à un grand nombre de films d'archive. Le mémorial invite ainsi le visiteur à interroger un passé qui travaille toujours en profondeur le présent et l'actualité. Une programmation culturelle, artistique et scientifique (expositions temporaires, conférences, rencontres, lectures, projections…) est proposée tout au long de l'année.

SALSES-LE-CHÂTEAU ★★

Porte d'entrée du Roussillon, Salses est surtout connue pour sa forteresse rectangulaire. Vieille de plus de cinq siècles et unique en son genre, elle fut construite en plaine avec des murailles de brique et de mortier d'une épaisseur de 6 à 12 mètres afin de s'adapter au mieux à l'artillerie à boulets. Dotée d'un système de défense impressionnant, elle fut construite par les Espagnols en 1497, elle avait pour rôle essentiel de contrôler l'étroit passage entre les Corbières et les étangs. Elle perdra son intérêt stratégique vers 1659 avec la signature du traité des Pyrénées. Restaurée par Vauban elle servira de prison, puis de poudrière.

VIA DOMITIA €€

11, rue Aimé-Verdié
✆ 04 68 38 68 45
www.chambresdhotesviadomitia.com

Gîtes de France (3 épis). 3 chambres, Petit déjeuner inclus. Table d'hôtes sur réservation, Patio.

Ces chambres d'hôtes dans une belle maison de maître tiennent leur nom de la célèbre voie aménagée par les Romains voilà plus de 2 000 ans, pour joindre l'Italie à l'Espagne. Jean-Yves se fera un plaisir de vous faire partager sa passion pour l'histoire des Cathares le soir autour de plats qu'il mitonne lui-même, Annie son épouse y met de temps en temps son grain de sel. Dans cette demeure à la déco faite d'objets et mobilier chinés, les chambres sont simples et confortables. Une suite familiale avec 2 chambres communicantes est parfaite pour 5 personnes.

LA FORTERESSE DE SALSES ★★★★

✆ 04 68 38 60 13
www.forteresse-salses.fr
Ouvert toute l'année du mardi au dimanche. Toutes les infos (horaires, tarifs...) sur le site internet.

Un chef-d'œuvre de l'architecture militaire. L'édifice est un véritable spécimen de transition entre le château médiéval et la forteresse moderne géométrique et enfoncée dans le sol. Elle commandait la frontière entre le Roussillon, alors appartenant à l'Espagne, et le royaume de France. Au cœur de la plaine viticole, les énormes murs de brique et de pierre s'enfoncent dans le sol. Le fort rectangulaire couvre près d'un ha. Il est cerné de fossés larges de 12 à 15 m et profonds de 7 m. Le rempart atteint 12 m d'épaisseur, dont seule la partie haute dépasse du sol, afin de résister plus fortement encore à l'artillerie. On y retrouve les éléments classiques de l'architecture défensive médiévale : douves, donjon, meurtrières, courtines et pont levis. Les logements, sous le chemin de ronde, étaient conçus pour 1 500 hommes (les étables pour 300 chevaux !). Le donjon, haut de sept étages, était destiné au logement du gouverneur.

Salses, porte du Roussillon. Depuis l'antiquité, ce lieu hautement stratégique en bordure de la via Domitia qui menait jusqu'à Cadix, a été place forte. Mais c'est à partir de 1497, que le roi d'Espagne Ferdinand initie le projet d'une forteresse imprenable capable de résister aux boulets de canon et à toutes les dernières innovations dans le domaine de l'art de la guerre. Au cours des nombreux conflits entre la France et l'Espagne, Salses changera souvent de mains jusqu'en 1659, date de la signature du traité des Pyrénées. Le Roussillon appartient désormais à la France de Louis XIV.

PERPIGNAN ★★★

« Benvinguts en Perpinya la catalana », bienvenue à Perpignan la catalane, pouvez-vous lire sur les panneaux aux entrées de la ville. La cité vous annonce la couleur, et quelles couleurs ! le sang et l'or de son drapeau avec la légende de Guiffré le Pelut, comte de Barcelone qui trempa ses doigts dans son sang pour les apposer à son bouclier d'or, le bleu de son ciel, les ocres et les rouges de ses façades, les verts, jaunes et orangés des étals de maraîchers, et puis les couleurs des faciès de ses habitants, preuve il s'en fallait que Perpignan est une ville de métissage où les peuples se sont croisés ou encore sédentarisés. Perpignan est une ville qui bouge pour garder ses commerces dans le cœur de ville médiéval et piéton, une cité ouverte vers le monde avec son histoire tiraillée entre France et Espagne où l'identité est une religion. Les Perpignanais sont fiers d'être Catalans et d'appartenir à ce peuple qui a toujours accueilli les apatrides, les gens sans terre et les persécutés. A la fois ancrée dans le passé et tournée vers l'avenir, Perpignan devient au fil des ans un lieu de plus en plus plébiscité par les touristes venus à l'origine se ressourcer dans les montagnes catalanes ou se détendre sur la côte. Le centre-ville a plus d'un charme dans son sac : monuments classés, musées, commerces, bars et restaurants ne manqueront pas de vous envoûter. Et puis il ne faut pas oublier comme l'a justement rappelé Salvador Dali que vous être « au centre du monde » !

Perpignan.

LA 7ÈME VAGUE €€

327, rue Docteur-Parcé
✆ 04 68 81 81 00
www.boniface-coquillages.com
Disciple d'Escoffier. Maître Restaurateur. Ouvert toute l'année. Du lundi au samedi midi et soir. Service traiteur.

Sandrine et Olivier ont créé un restaurant gastronomique avec pour thème les produits de la mer qui marie l'expérience d'un marin-pêcheur ostréiculteur et le savoir-faire d'un grand chef. Profitant des produits « extra frais » des viviers attenants, un seul crédo : « une cuisine au service de la mer » avec comme mot d'ordre : choisissez votre poisson, on vous le cuisine ! Les amoureux des fruits de mer auront quant à eux le choix entre les multiples plateaux proposés. Sans oublier les délicieux sushis. C'est plus que la 7ème Vague, c'est un tsunami de saveurs !

CANET-PLAGE

A l'intérieur des terres, le vieux village ne manque pas d'attraits : rues étroites, joli clocher et ancien château en rénovation. Canet-Plage, plus saisonnier, offre aux visiteurs un vaste espace de promenade, une immense plage de sable fin avec ses jeux nautiques, et au hasard des rues des exemples de canétoises, ces jolies demeures des Perpignanais aisés du début du siècle dernier.

SAINT-CYPRIEN

Saint-Cyprien respire l'authenticité. Son marché dominical, qui s'étend dans la rue Gambetta sertie de commerçants, est remarquable. Bouillonnant de couleurs, de parfums et de vie, le tout est agrémenté d'une multitude de terrasses sympas et d'une merveilleuse pâtisserie ! Le village médiéval (partie haute) vous charme avec ses ruelles aussi pittoresques que méconnues enlaçant son abbaye massive. Des QR Codes vous souffleront quelques secrets. Remontez le temps jusqu'aux grottes des Farges où l'ermite fondateur du village s'installa au VIIe siècle, et pensez à faire un saut jusqu'au surréaliste oratoire de Redon-Espic, avec un décor de conte de fées !

ARGELÈS-SUR-MER ★

Dernière plage de sable blanc avant les criques de la Côte Vermeille, cette station balnéaire familiale bénéficie d'une situation exceptionnelle, au pied des Albères, derniers maillons de la chaîne des Pyrénées. Argelès-sur-Mer est en fait le vieux village, avec ses commerces et une activité dynamique tout au long de l'année. Argelès-Plage, la station balnéaire, 2 km plus à l'est, voit affluer durant les deux mois d'été des milliers de touristes des quatre coins d'Europe. Plus au sud, le port de plaisance de Port-Argelès, et, enfin, avant d'attaquer la Côte Vermeille, la dernière plage de sable blanc du Racou et ses charmantes maisonnettes.

CAMPING LA COSTE ROUGE*** €€

Route de Collioure ✆ 04 68 81 08 94
www.lacosterouge.com
Fermé du 1er octobre au 31 mars. Réservation recommandée. 185 emplacements, bain bouillonnant, sauna. Animations.

Au pied du massif des Albères, à 900 m de la mer, ce camping vous offre des emplacements spacieux au milieu des chênes-lièges et des pins, et toutes les commodités d'un 3 étoiles. 29 mobil-homes et 7 studios sont à la location. Vous y serez au calme ; pour la détente et la convivialité, un coin piscine bien structuré avec 2 bassins et une pataugeoire. Et pour que les vacances soient synonymes de repos, le mini-club (de 6 à 12 ans) est gratuit. Sans oublier le petit resto sympathique.

PARADISE AVENTURE PARC - CANYONING PARC

7, impasse Copernic
✆ 04 68 95 41 66
www.argeles-aventures.com
Ouvert tous les jours. Horaires variables selon les saisons.

Un espace de loisirs pour des sensations plurielles ! Argelès Aventure est un parc acrobatique forestier où vous pouvez évoluer en toute sécurité dans les jeux aériens. Envie d'un parcours plus rafraîchissant ? Foncez au canyoning parc et découvrez son concept unique au monde : sensations d'un canyon naturel, la sécurité maximale en plus ou au super Drop In, toboggans aquatiques. Pour les plus téméraires, il y a la « Tour de l'extrême » pour des sauts dans le vide de 8, 11 ou 28 m !

COLLIOURE ★★★

Joyau de la côte catalane, Collioure a su garder intact le charme de la vieille cité historique, célèbre depuis les rois de Majorque et immortalisée par les plus grands peintres du XXe siècle. Des petites rues pittoresques au charme indicible, entrecoupées d'escaliers et de maisons aux balcons fleuris, une église au clocher emblématique, un puissant château bordé par de petites plages, des barques catalanes reconnaissables à leurs couleurs vives et leurs mâtures typiques, un ciel bleu qui ne vous quitte jamais... Tout concourt à faire de Collioure le site le plus fréquenté du département. Et puis et surtout, Collioure ouvre une page de l'Histoire de l'Art du début du XXe siècle : Matisse et Derain, éblouis par son ciel lumineux et serein et son petit port de pêche, couchèrent le lieu sur leurs toiles et firent la gloire de ce village qu'il faut parcourir à pied en serpentant le long de ses venelles colorées et fleuries. Collioure subjugue été comme hiver, ce village ne s'endort jamais. Et quelle que soit la saison, on aime découvrir ses petites boutiques d'artisanat et ses galeries d'art, déguster ses célèbres anchois, s'asseoir à la table d'un des nombreux restaurants et faire une pause sur une des trois plages. L'office de tourisme est riche d'informations sur le village et ses alentours. Des circuits à thème et des visites guidées sont proposés, des randos pédestres vous invitent à vous élever vers les vignes en terrasse pour mieux contempler cet écrin unique au monde. On adore Collioure et on ne s'en lasse jamais.

FORT SAINT-ELME ★★★

Sant Elme
✆ 06 64 61 82 42
www.fortsaintelme.com

Fermeture entre novembre et janvier. Ouvert tous les jours de 10h30 à 17h. Visite guidée 1 €. Animations.

Située sur un pic à 160 mètres d'altitude, entre Collioure et Port-Vendres, « la sentinelle de la Cote Vermeille », fut érigée au XVIe siècle sous Charles Quint (le Roussillon appartenait à l'époque au royaume d'Espagne) sur les bases d'une tour de guet pour lutter contre les razzias des Maures. Ce chef d'œuvre de l'architecture militaire remanié par Vauban est aujourd'hui un lieu de culture consacré au Moyen Age et à la Renaissance qui permet de découvrir des centaines d'armes du XVIe et dans le jardin, des dizaines de plantes exotiques. Du Fort Saint-Elme, et tout particulièrement des terrasses au sommet de la tour de laquelle, vous aurez une vue imprenable à 360 degrés sur toute la côte de Collioure jusqu'à Sète, mais aussi jusqu'au Canigó et aux chaînes des Albères et des Corbières. Pour apprendre le fort en s'amusant, des animations et jeux sont proposés aux groupes d'enfants. L'accès aux souterrains est même possible (sur rdv pour les deux activités, détails des prestations sur le site). On peut se rendre au fort Saint-Elme en voiture depuis Port Vendres mais la découverte à pied vaut le détour (environ 30 min de marche et de grimpette) au départ de Collioure en empruntant le chemin qui part du musée d'Art moderne. Autre alternative très agréable, c'est d'y accéder avec le petit train touristique et ensuite de redescendre tranquillement par le chemin du moulin. On peut redescendre en suivant le sentier de crête vers le nord puis en virant à droite à travers les vignes en terrasses (sentier balisé jaune).

CHÂTEAU ROYAL ★

Place du 8-Mai
✆ 04 68 82 06 43

Voir le site Internet pour les horaires selon saison. Adulte €. Gratuit jusqu'à 12 ans. Visite guidée.

Aménagé par les comtes du Roussillon et les rois d'Aragon aux XIIe et XIVe siècles, le château accueillera la cour des rois de Majorque durant le bref épisode de leur règne. Par la suite, il est occupé par les Espagnols jusqu'en 1642, puis retombe aux mains des Français. Vauban renforce alors la citadelle. Les amateurs d'architecture apprécieront les salles voûtées d'ogives, la chapelle, mais aussi les impressionnants remparts d'où l'on bénéficie d'une superbe vue sur la mer et la cité. Expositions et spectacles animent le château tout au long de l'année.

ANCHOIS ROQUE

17, route d'Argelès
✆ 04 68 82 04 99
www.anchois-roque.com

Ouvert tous les jours. visite et dégustation gratuite. Livraison possible.

Saleurs à Collioure depuis 1870, l'entreprise familiale travaille toujours dans le respect de la tradition artisanale. Ces spécialités sont fameuses et se déclinent salés, au vinaigre, nature, ou en anchoïade et tapenades. Dans les ateliers du premier étage, vous pourrez discuter avec les anchoyeuses qui s'efforcent de perpétuer des gestes ancestraux. La visite des ateliers et les dégustations sont gratuites et valent vraiment le détour. Qu'on se le dise, dans cet établissement, de l'anchois au sel à l'olive farcie aux anchois, tout est délicieux !

PORT-VENDRES ★

A 2 km au sud de Collioure, Port-Vendres, Portus Veneris pour les romains est le plus important port de pêche des Pyrénées-Orientales. Autrefois délaissée des touristes au profit de son élégante voisine, cette petite ville d'environ 5 000 habitants offre pourtant une ambiance toute méditerranéenne, avec ses restaurants de poissons et ses petits bateaux de pêche qui se balancent dans cette anse naturelle. La ville constitue aussi un important bassin de commerce, spécialisé dans les fruits et légumes. Les paquebots de croisière et autres luxueux yachts privés y accostent également toute l'année car c'est le seul port en eaux profondes du Département.

LA TABLE DE JORDI €€

5, place Paul-Reig
www.latabledejordi.com

Ouvert toute l'année. Spécialité de fruits de mer. Superbe terrasse ! Animations. Vente de vin du domaine Sant Jordi.

Changement de propriétaire en 2018. Avec Josy et Luc aux commandes, la cuisine a été repensée entièrement avec du matériel flambant neuf, réaménagement de la salle avec extension pour un côté cocooning, terrasse avec vue sur la mer, équipe jeune et dynamique. Ajoutez à cela une cuisine onctueuse où la spécialité reste le poisson de Méditerranée, tout en proposant grillades, charcuterie, tapas et viandes du pays catalan et de haute qualité. Les plats sont divinement cuisinés et on se délecte des vins du domaine. Indiscutablement un de nos coups de cœur de l'année !

LE CHANT DU POULPE €€

13, Quai Pierre Forgas
✆ 09 72 82 41 79

Ouvert tous les jours en saison. Hors saison fermé le mardi. Cuisine locale à base de poissons frais.

Voilà un nouveau resto qui nous a fait craquer. Une autre idée de la cuisine locale avec des recettes originales et toutes à base de produits ultra frais et issus des petits métiers de la pêche. Belle terrasse face au port et salle intimiste fraîchement repensée. Le poulpe est à l'honneur bien entendu mais aussi des classiques de la cuisine catalane et espagnole avec toujours un petit brin d'originalité et de folie dans l'exécution des recettes. On apprécie la gentillesse et l'attention des propriétaires. Un resto dont on parle de plus en plus à Port-Vendres.

CERBÈRE ★

La ville s'offre à nos yeux, après avoir effectué un parcours de 10km depuis Banyuls-sur-Mer. Bâti sur les pentes ensoleillées des derniers contreforts des Albères, au fond d'une étroite baie, Cerbère, 1 500 habitants, connaît une ambiance toute méridionale. Station balnéaire et centre de plongée réputé, c'est aussi le siège d'une gare internationale, plaque tournante d'où partent les grands express européens. Anecdote pour les cinéphiles, Jean-Pierre Mocky, enfant terrible du cinéma français, avait choisi Cerbère pour y tourner des scènes de son film L'Etalon. A la distribution, deux maîtres de l'humour de l'époque : Bourvil et Francis Blanche.

BANYULS-SUR-MER ★

Banyuls « la Lumineuse », sur la Côte Vermeille, là où les Pyrénées ont rendez-vous avec la Méditerranée. Station balnéaire appréciée pour ses belles plages, ses criques intimistes à l'abri du vent, elle a su préserver son riche patrimoine. Port de pêche pittoresque aux ruelles typiques qui s'élèvent en escalier, Banyuls est surtout connu pour le célèbre vin doux naturel que l'on déguste en contemplant la mer. Banyuls-sur-Mer a aussi vu naître Aristide Maillol (1861-1944), l'un des plus grands sculpteurs français du siècle dernier, un petit – mais magnifique – musée lui est consacré ainsi qu'un itinéraire intitulé « Dans les pas d'Aristide ».

Cerbère, village de la cô te Vermeille.

CANAL DU MIDI

PARCOURS GPX +

LIEUX	Km partiel	Km cumul	Routes
AGDE	0	0	D612 puis D612B
BÉZIERS	25	25	D11
CAPESTANG	16	41	D11 puis D5
ARGELIERS	12	53	D326 puis D26
VENTENAC-EN-MINERVOIS	9	62	D124 puis D11 puis D611 puis D52E3
OLONZAC	18	80	D910 puis D610
PUICHÉRIC	13	93	D610
TRÈBES	16	109	D6113
CARCASSONNE	8	117	D33
BRAM	21	138	D4
FANJEAUX	10	148	D119 puis D623
CASTELNAUDARY	19	167	D624 puis D79
REVEL SAINT-FERRÉOL	20	187	D629
SAISSAC	19	206	D103 puis D118
CARCASSONNE	33	239	Arrivée

AGDE ★★

A la fois tournée vers la mer et vers les plaines viticoles, cette terre se rappelle une histoire séculaire. Fondée au VIIe siècle avant notre ère, par les Phocéens, Agathé, Agde la bienheureuse de son nom grec, fut la seconde colonie romaine après Marseille. Construite sur un site volcanique, cette fille de l'eau est restée ancrée dans ses traditions maritimes. Au fil de vos promenades, vous découvrirez l'histoire de cette ville à travers un riche patrimoine qui vous transportera de l'Antiquité grecque au Moyen Âge et à la Renaissance. Chaque rue, monument et rempart est un morceau de son histoire. Ils vibrent au rythme des traditions locales.

BÉZIERS ★★

Enserrée entre mer et montagne, Béziers domine la plaine viticole qui s'étend à ses pieds. Riche de son passé marqué par les révoltes, les destructions et les massacres, Béziers, fière et tolérante, s'est toujours relevée, bâtissant ses richesses sur l'exploitation de la vigne. A qui sait être curieux, Béziers dévoile son patrimoine, précieusement sauvegardé, au détour d'une rue ou à l'ombre d'une placette, au gré de promenades à travers les vieux quartiers. Églises romanes, hôtels particuliers de l'époque classique, musée des Beaux-arts et du Bitterrois, jardins à l'anglaise et Grand Théâtre… qu'est-ce qu'il fait bon flâner et découvrir le patrimoine de cette vieille ville aux ruelles encore imprégnées de l'occitan ! Prenez une machine à remonter le temps en parcourant les rues commerçantes qui font étrangement songer aux Ramblas de Barcelone tant elles sont animées et vivantes. Lors des week-ends et de la féria d'août, les arènes datant de 1897 s'animent et laissent entrevoir aux visiteurs la manière de vivre et l'insouciance sudiste où la fête et les animations culturelles occupent une place primordiale. Béziers dévoile au fur et à mesure ses secrets et vous fera revivre 65 siècles d'histoire. Sa douceur de vivre atteint son apogée lors d'une promenade dépaysante autour du canal du Midi ainsi que la majestueuse découverte des neuf écluses de Fonseranes qui raviront toute la famille. Il est possible également de découvrir Béziers avec l'office de tourisme grâce à un parcours plus atypique de 3 km qui suit les fresques murales colorées illustrant les grands événements de la ville.

CHÂTEAU-ABBAYE DE CASSAN ★

RD 13 - **ROUJAN** ✆ 04 67 24 52 45

www.chateau-cassan.com

Fermé du 1er novembre au 30 avril. Gratuit jusqu'à 7 ans. Adulte : 8€.

Cassan fut dévolu au culte religieux par Charlemagne en 805. Il fut pourvu d'une chapelle en 1080. A partir du XIIe siècle, la prospérité du lieu est telle que les vicomtes de Béziers le choisissent comme lieu de sépulture de leur dynastie. De nos jours, une église romane du XIIe siècle, dernier vestige du Prieuré, et un palais épiscopal, édifié au XVIIe siècle, s'y côtoient. Prenez le temps de le visiter, la vue sur la façade ouest, imposante avec ses 65 mètres de long et ses multiples fenêtres vaut, à elle seule, le détour.

ÀPONEM - L'AUBERGE DU PRESBYTÈRE €€€

1, rue de l'Église - **VAILHAN** ✆ 04 67 24 76 49

www.aponem-aubergedupresbytere.fr

Ouvert du samedi au lundi midi et soir, le vendredi soir. Menu unique à 105 €. 1 étoile au Guide Michelin. Terrasse.*

C'est un Eden culinaire qui a ouvert ses portes en juillet 2018 dans la petite commune de Vailhan. Dans ce village de 160 âmes, Amélie Darvas et Gaby Benicio ont ouvert APONEM («bonheur» en langue Pataxo) dans une auberge nichée au sein d'un ancien presbytère du XVIIe siècle. A table, elles ont conservé leur esprit moderne, leur style graphique et leur passion du terroir et des bons produits. Dans l'assiette comme dans les verres, c'est une déclaration d'amour à la région.

CAPESTANG

La prestigieuse et imposante collégiale Saint-Etienne sert de point de repère à ce petit village viticole qui embrasse le canal du Midi, que l'on peut suivre à pied ou à vélo pour de belles balades au coeur d'un environnement qui se découvre au fil de l'eau. Occupé par les Romains, puis par les Wisigoths, dont il reste quelques témoignages, Capestang (département de l'Hérault, 3 270 habitants, selon le recencement de 2018) conserve de son riche passé la collégiale, de style gothique méridional restée inachevée, le château résidence d'été du prélat narbonnais qui abrite aujourd'hui la caserne des pompiers, et les vestiges d'une église romane.

© KARL THOMAS

Vue sur la ville de Béziers et la cathédrale Saint-Nazaire.

TRÈBES

Trèbes est un ancien village fortifié situé à moins de 10 km à l'est de Carcassonne. Plusieurs ponts enjambent les trois cours d'eau qui le traversent. Le Canal du Midi fait partie intégrante du paysage. Un port de plaisance a été aménagé et le chemin de halage offre une plaisante promenade en toute saison. Vers la sortie du village, ne manquez pas de voir la triple écluse, encastrée dans la paroi rocheuse : son dénivelé a engendré la construction de deux moulins. A voir aussi le pont-canal de Vauban et le pont de la Rode. Plusieurs types de croisières sont proposés sur le Canal du Midi au départ de Trèbes. Marché hebdomadaire le dimanche matin.

LE MOULIN DE TRÈBES €€

2, rue du Moulin
✆ 04 68 78 97 57
www.lemoulindetrebes.com

Ouvert du mardi au samedi, midi & soir, dimanche uniquement midi. Salle & terrasse accessibles aux fauteuils roulants.

Depuis quelques années, Pascal et Sophie ont redonné une âme au Moulin de Trèbes. L'endroit est magnifique, avec sa terrasse ombragée au bord du canal du Midi, la salle qui allie charme cosy de l'ancien au confort moderne dans cet ancien moulin. Ici on fait preuve de grande exigence tant sur les plats que sur la qualité du service. Le chef privilégie les circuits courts, les petits producteurs et uniquement les produits de saison, sa cuisine est imaginative, goûteuse et moderne. Une des meilleures tables locales à fréquenter sans modération toute l'année !

OLONZAC

Cette jolie ville du Xe siècle est la capitale économique du Minervois. Olonzac, cœur du Pays Cathare, dont Minerve demeure le symbole, est une terre de contraste. Parcourue par le canal du Midi, elle héberge la garrigue, la rocaille et les vignes d'où sont extraites le fameux minervois. Tout autour se découvrent grottes, canyons, plateaux, ponts naturels, dolmens et églises romanes. C'est la proximité du canal du Midi qui offre le plus d'intérêt, en particulier la présence de l'écluse et du pont-canal de l'Ognon. On vient de loin pour profiter du lac de Jouarres qui est le seul plan d'eau aménagé du coin pour la baignade et les activités nautiques.

CARCASSONNE ★★★★

Située sur la rive est du fleuve Aude, Carcassonne est avant tout connue comme une ville médiévale fortifiée. Cet éperon rocheux est occupé depuis le VIe siècle av. J.-C., d'abord par les Gaulois, puis par les Romains qui dotent la ville de remparts aux IIIe et IVe siècles. Des travaux de fortification se poursuivent tout au long du XIIIe siècle, avec la construction de l'enceinte extérieure et la modernisation du rempart intérieur. Elle bénéficie de travaux de rénovation au milieu du XXe. Carcassonne est aujourd'hui inscrite sur la liste du patrimoine de l'humanité de l'Unesco. À voir : le château comtal et la basilique Saint-Nazaire.

SUD-OUEST

OFFICE DE TOURISME GRAND CARCASSONNE

2, square Gambetta © 04 68 78 58 90
www.grand-carcassonne-tourisme.fr
Ouvert du lundi au vendredi 9h-13h et 14h -17h/18h. Bornes interactives. Visites guidées. Fermé vacances Noël.

L'office de tourisme Grand Carcassonne vous accueille aux portes de la Bastide, en bordure du square Gambetta. Regroupant Carcassonne et 82 communes de son agglomération, il vous renseigne sur une large palette d'activités et de manifestations culturelles organisées, qui permettent au visiteur de découvrir la diversité et la richesse du patrimoine environnant. Vous trouverez ici de nombreuses idées pour vos vacances dans l'Aude, des visites guidées, des bornes interactives...

MR H €€

8, rue de la République
© 04 68 25 41 17
Fermé mercredi et dimanche. Réservation recommandée. Formule du midi : 20 €. Soir : à la carte. Terrasse. Patio intérieur.

On l'attendait, le petit resto idéal qui mêle pêle-mêle déco bohème, cour intérieure et cuisine créative. Mr H met en avant une cuisine de marché généreuse, savamment orchestrée, qui en fait l'endroit où il fait bon se poser, se repaître. À l'abri du brouhaha de la ville, à l'arrière d»une jolie maison de ville, c'est l'art de vivre moderne et coloré qu'on vient chercher entre deux plats, assis sur des peaux de mouton ou sous un voile d'ombrage. Le restaurant ne désemplit pas et ravit aussi bien les amateurs de cuisine locale que de voyage culinaire.

LE PLÔ €€

23, rue du Plô
© 04 68 25 51 85
Fermé en janvier. Ouvert tous les jours midi et soir. Menus de 16,90 à 29,50 €. Formule du midi : 14 €. Terrasse.

Le Plô, est une valeur sûre à Carcassonne, il se trouve au cœur de la Cité médiévale, entre la place Marcou et le Grand Théâtre. Ici tout ce que vous dégusterez est fait maison, la carte resserrée propose, par exemple, un velouté de saison, un excellent cassoulet, ou un craquant de magret au mie... Les desserts sont à la hauteur, les tartes maison délicieuses et les glaces réalisées sur place exceptionnelles. Pour accompagner votre repas, une belle carte de vins de la région vous attend. En intérieur ou sur la terrasse bien abritée, c'est un agréable repas assuré.

BRAM

Bram tire son nom d'une agglomération d'époque romaine : Eburomagus, sur l'ancienne Voie d'Aquitaine. À la fin de l'Antiquité, une église y apparaît, dédiée à Saint-Julien et Sainte-Basilice. Plus tard, vers l'An Mil, ce lieu de culte fixe un habitat villageois dans un enclos circulaire. Au cours du Moyen Âge, le village fortifié s'est agrandi en cercles concentriques. La couronne extérieure de maisons date du XIXe siècle, ce qui fait de Bram le plus vaste village circulaire de la région. L'histoire de sa formation est évoquée dans le musée archéologique de Bram, consacré à l'habitat rural du nord-ouest audois, entre la Préhistoire et le Moyen Âge.

TELESKI NAUTIQUE BRAM

Rue des Fleurs
© 04 68 79 74 14
www.teleskinautiquebram.net
Ouvert d'avril à fin octobre. Été : ouvert tous les jours. Ski nautique 18 €/ 1 h. Pratique dès 7 ans. Restauration.

Ça bouge à Bram du côté du lac de Buzerens, devenu véritable base de loisirs. Essayez le téléski nautique sur une boucle de 800 m, idéal pour débuter et pour s'adonner aux joies du wakeboard, skate, ski nautique et autre knee-board (à genou). Les adeptes de détente pourront pratiquer le paddle, la pétanque ou le farniente. Des aires de jeux pour les plus petits sont présentes, ainsi qu'une balade autour du lac. Si vous avez une petite faim, une petite restauration est proposée certains jours pour les clients en manque de nature ou de *chill out*.

FANJEAUX ★

Situé à 360 mètres d'altitude, Fanjeaux est un lieu chargé d'histoire. Son appellation latine Fanum Jovis, ne signifie-t-elle pas « le temple de Jupiter » ? Ce nom est un hommage à un mystérieux temple qui aurait été situé près de l'église, non loin de la « mare de Jupiter ». Fanjeaux fut tour à tour oppidum, temple romain, cité médiévale et place forte du catharisme, en effet elle était nommée « la capitale de l'hérésie » au XIIIe siècle. L'alignement de ses maisons donnant sur les allées matérialise, aujourd'hui encore, la présence de remparts. Fanjeaux fut également un grand centre de la culture du pastel, ce qui a valu au Lauragais le nom de « Pays de Cocagne ». Situé à mi-chemin entre Castelnaudary et Carcassonne, c'est par ailleurs un formidable poste d'observation : par beau temps, depuis le belvédère du Seignadou, on peut embrasser d'un seul regard six départements, toute la plaine lauragaise et la montagne Noire, ainsi que la chaîne des Pyrénées. Une vue époustouflante ! Aussi, le village regorge de nombreuses richesses : l'ancien couvent des frères pêcheurs (XIVe-XVe siècles), la maison dite « de saint Dominique » (celui qui mena la grande mission de prédication de 1206), la maison « du miracle », la chapelle de l'ancien hôpital (XIVe siècle) ; l'église paroissiale (XIIIe siècle), les vestiges de la chapelle des Pénitents blancs, les Halles (XVIIIe siècle), la maison de Catherine de Médicis (XVe siècle), une exceptionnelle croix discoïdale (XIIIe siècle), l'Hôtel de Framont (XVIe siècle). Tout un patrimoine à découvrir !

CASTELNAUDARY ★

Cette ville oscille intelligemment entre modernité et tradition. Connue dans le monde entier pour sa célèbre spécialité gastronomique, elle a acquis une certaine notoriété pour le point d'intérêt qu'elle représente au niveau du tourisme fluvial. Le paysage est fortement marqué par l'épopée cathare et les grands producteurs céréaliers. Des collines à perte de vue, une palette de couleurs qu'on ne saurait inventer, des vestiges de châteaux et d'anciens moulins à pastel et à farine, tel est le paysage de Castelnaudary. « La vieille ville » au cachet si méridional recèle en chacun de ses recoins des empreintes d'un riche passé qui se découvre du regard.

DOMAINE SAINT JOLY €€

LASBORDES

✆ 04 68 23 57 83

https://www.domaine-saintjoly11.com

3 chambres de 110 € à 135 €, 1 gîte, 1 table d'hôte. Petit déjeuner inclus. Jeux pour enfants. Animaux non admis. Wifi.

Une maison aux volets bleus avec vue sur la Montagne Noire d'un côté et sur la chaîne des Pyrénées de l'autre : c'est l'endroit idéal que vous proposent Stef et Chris pour faire une pause nature. Dans cette belle maison de maître, le parc aux arbres remarquables rivalise avec les chambres mansardées au parquet massif. Les salles de bains sont ultra-modernes avec douches à l'italienne et la grande piscine de la propriété, un régal pour l'été.. Au cœur du Lauragais, il fait bon vivre au Domaine Saint Joly avec une table d'hôtes ouverte toute l'année.

LE COMPTOIR DES HALLES €€

24, rue du 143e Régiment d'Infanterie

✆ 09 53 48 23 27

Ouvert du mardi au jeudi 12h-14h/19h-21h30 ; vendredi et samedi 12h-14h /19h-22h. Menus de 18,50 € à 32 €.

Situé face à la Halle aux grains, le comptoir propose une cuisine traditionnelle, agrémentée de spécialités italiennes. Dans un cadre soigné, vous pourrez découvrir le cassoulet de la maison, mais aussi des recettes moins courantes telles que la Mousse de balsamique avec son avocat, ou le Duo d'asperges vertes et violettes avec son beurre blanc maison, ainsi qu' un choix de pizzas, ou de charcuterie italienne. A noter leur formidable cave à viandes, en résumé, ici on affine du fromage, on vieillit du vin et on mature de la viande, quoi de mieux pour se régaler !

SUD-OUEST

Le port de Castelnaudary le soir.

CHEZ CHRISTOPHE

19, place de la République
✆ 04 68 60 35 75
www.chezchristophe11.com
Ouvert du lundi au samedi 9h-13h/15h-19h30 ; dimanche 9h-13h. Plateau de fromage et de charcuterie sur commande.

Cave et épicerie fine et de terroir, cette boutique située au centre de Castelnaudary est la petite sœur de celle de Villefranche-du-Lauragais et très prochainement la grande sœur de celle de Castanet-Tolosan. Christophe Hernandez vous y accueille au milieu des meilleurs fromages, charcuteries, conserves et épices en circuit court. Au fond de la boutique, une belle sélection de vins prend place, principalement régionaux, ainsi qu'une belle cave de champagnes. A noter : pour le côté insolite vous pourrez tester les insectes comestibles.

DOMAINE DE PÉRIÈS

Les Périès
LASBORDES
✆ 04 68 94 24 97
www.domainedeperies.fr
Livraison possible, commande sur le site web. Particuliers et professionnels.

C'est dans cette ferme céréalière appartenant au clan Bareil que sont fabriquées artisanalement ces pâtes originales aux noms chantants : resta, dentèla, virona, cauquilha et camba de blat. Sur une base de farine bise moulue à la meule de pierre concassée, les producteurs s'amusent avec art et gourmandise à modeler noms, formes, couleurs et saveurs autour du blé ancestral : pâtes jaune doré, rouge corail ou vert anglais, les goûts de tomate, betterave, épinard ou basilic dansent dans votre panier. Pour particulier ou distributeurs professionnels.

LES SAVEURS DE PAPOU

58, Rue Jacques Bouissou
✆ 04 68 94 75 56
www.lessaveursdepapou.fr
Ouvert du lundi au vendredi de 9h à 12h et de 14h à 17h. Présents sur les marchés de plein vent. Boutique en ligne.

Papou c'est le grand-père Marcel qui a donné le goût du bon en 1938 ! Anne et Cyril à la tête de cette entreprise familiale ont créé 4 générations plus tard une gamme de produits gourmands à la vente : fruits secs, olives lucques de pays et haricots lingots de Castelnaudary. S'inspirant de la tapenade, ils ont aussi créé leur propre crème salée : la « patenade » aux saveurs des plus originales : crème de poivrons, d'artichaut ou de piments, et la typique patenade au cassoulet, qui ravira les gourmands et fera taire les curieux !

SAISSAC ★

Sur les contreforts de la Montagne Noire, la ville de Saissac émerge d'un écrin de verdure. L'histoire de Saissac est fortement liée à celle de son château : il s'agit d'une étape à ne pas manquer. Ce monument cathare méconnu est le plus vaste et le plus ancien de France, sa construction aurait commencé en 900 ! Dans son enceinte, on retrouve deux salles consacrées à une muséographie sur le trésor monétaire de Saissac. Le tour de la ville a également beaucoup à offrir tant les vestiges de son Histoire sont nombreux : quatre tours, deux portes, une ancienne manufacture de draps, une église et un ancien hôtel reconverti en école...

CHÂTEAU DE SAISSAC ★★

4, place de la Mairie
✆ 04 68 24 46 01
www.saissac.fr
Juillet-août : 9h–20h, sinon 9h-18h. Gratuit jusqu'à 5 ans. Adulte : 5 €. Visite guidée. Boutique. Animations.

Le Château de Saissac est le plus ancien et l'un des plus vastes château du pays Cathare. En effet, des fouilles ont permis d'établir une datation à l'an 900. Véritable promontoire visible depuis la route, le château se visite et se vit au quotidien : dans les fêtes locales, les reconstitutions médiévales ou les visites guidées autour du « trésor ». En effet, 2 000 deniers royaux retrouvés en 1979 et frappés avec le sceau de Saint Louis rajoutent à l'intérêt muséographique et historique du site et en font un véritable trésor, au sens propre comme au sens figuré.

CAMPING LA PORTE D'AUTAN €€

Rue Boris-Vian ✆ 04 68 76 36 08
www.laportedautan.fr
Ouvert d'avril à octobre. Emplacement + véhicule + 2 personnes (avec 78 A).

Il est idéalement situé sur les hauteurs. Les emplacements, dont une partie est réservée aux « tithomes » (mi-bungalow, mi-tente, pour 4 ou 5 personnes) et aux mobil homes, sont ombragés pour la plupart et bénéficient d'un calme royal. La piscine est opérationnelle entre le mois de juin et la mi-septembre et les hôtes trouveront ici un terrain de pétanque, une petite épicerie de dépannage, un lave-linge et une vente de boissons fraîches et de glaces. Les emplacements dans le fond du camping offrent une vue somptueuse sur la chaîne de montagnes.

LES PYRÉNÉES AUX SOMMETS

LIEUX	Km partiel	Km cumul	Routes
TARASCON-SUR-ARIÈGE	0	0	D618
OUST	19	50	D3 puis D17 puis D4
CASTILLON-EN-COUSERANS	31	81	D618
SAINT-LARY	14	95	D618 puis D85 puis D44
SAINT-BÉAT	30	125	D44 puis D125
BAGNÈRES-DE-LUCHON	20	145	D618
ARREAU	33	178	D918
LA MONGIE	38	216	Arrivée

TARASCON-SUR-ARIÈGE

Du confluent des deux rivières Ariège et Vicdessos jusqu'aux frontières de l'Espagne et l'Andorre s'étendent les vallées de Tarascon, Vicdessos et Auzat où des sommets de 3 000 mètres d'altitude culminent. Des centaines de grottes qui ont permis le développement des civilisations préhistoriques jalonnent cette région. Les grottes de Niaux, la Vache et Bedeilhac en sont encore les témoins aujourd'hui. La ville de Tarascon-sur-Ariège autrefois fortifiée, s'est développée depuis le Moyen Âge autour de ses marchés et foires, les ruelles escarpées abritent de pittoresques maisons tandis que les tours du Casteilla et Saint-Michel dominent.

MASSAT

Enclave paisible dans les Pyrénées ariégeoises, le canton de Massat est une région charnière entre le Couserans et le Pays de Foix. La région fut habitée dès la Préhistoire, comme en témoignent les nombreux vestiges retrouvés. À Massat, un magnifique clocher octogonal de soixante mètres de haut domine le village. Le patrimoine architectural de la commune comprend deux bâtiments protégés par les monuments historiques, l'église de la Nativité-de-la-Vierge (en 1985) et la grotte du Ker (en 1974).

SUD-OUEST

PARC DE LA PRÉHISTOIRE ★★

Route de Banat ✆ 05 61 05 10 10
www.sites-touristiques-ariege.fr

Ouvert de début avril à début novembre. Fermé lundi hors vacances. Adulte 11,50 €, enfant 8 €, pass famille 36 €.

Rendez-vous dans l'un des plus beaux sites de l'Ariège à la découverte de la vie quotidienne des Magdaléniens dans un environnement d'animaux géants, bisons, mammouths ou mégacéros, sorte de cerf de taille préhistorique. Comparez les défenses de mammouths à la corne de rhinocéros laineux, faites un bras de fer avec le bison, mesurez-vous à la vitesse d'un lion des cavernes. Des animations et des ateliers immersifs, ouverts à tous, sont organisés tous les jours, permettant de plonger en immersion dans la Préhistoire : l'atelier de fouilles archéologiques, l'atelier d'art pariétal : en conditions de lumière préhistorique testez vos aptitudes à la peinture préhistorique, ou encore essayez-vous à la chasse avec le maniement du propulseur. Dans un campement reconstitué qui évolue en fonction des saisons, vous assisterez à des démonstrations de taille du silex et d'allumage du feu à la méthode Cro-Magnon. De nombreuses autres activités vous attendent dont le labyrinthe des sons, le panorama de la chasse ou le sentier des traces. Côté animations, Ca bouge chez les préhistophiles, Chasse aux œufs de mammouth fin mars (les œufs sont bien sûr en chocolat) et, en juin, La Nuit de la Préhistoire et les Journées nationales de l'archéologie. Autour des lacs, un restaurant, une boutique, une aire de pique-nique sont également à votre disposition. Bien plus qu'un simple parc d'attractions, vous découvrez une (pré) histoire, un environnement à travers un musée interactif où culture et nature évoquent le mystère des origines.

© PETER MOULTON - SHUTTERSTOCK.COM

Dans les rues de Massat.

LA RÉSERVE DOMANIALE DU MONT VALIER

Le mont Valier culmine à 2 838 m.

C'est l'une des plus anciennes réserves domaniales des Pyrénées et la plus importante de l'Ariège avec 9 037 ha d'espaces sauvages et protégés. C'est le domaine du gypaète barbu, cet immense rapace à la tête orange vif. Vous pourrez aussi y apercevoir un grand tétras à la robe moirée, ou un aigle royal niché dans la falaise. Venez découvrir le lys des Pyrénées, l'iris sauvage, la digitale pourpre ou encore les rhododendrons qui au mois de juin recouvrent les hauteurs d'un rose intense.

CASTILLON-EN-COUSERANS

Ce nom de Castillon-en-Couserans fait songer au château féodal qui se dressait sur un monticule dominant la ville. De ce monument qui fut pendant de longues années la résidence des comtes de Comminges, il ne reste que la chapelle du calvaire dénommée Saint-Pierre, datant du XIIe siècle et fortifiée au XVe siècle. Celle-ci abrite des peintures romanes aux thèmes iconographiques rares. Comme beaucoup de ses frères, le château fut rasé sur les ordres de Richelieu. Dans l'église du village, de construction plus récente, on peut admirer deux bois polychromes du XVIe siècle, un Christ aux mains liées et une pietà inspirée de celle d'Audressein.

SAINT-BÉAT

Par temps clair, vous pouvez les distinguer depuis Toulouse : les Pyrénées vous font de l'œil ! Délaissez la cité des Capitouls l'espace de quelques jours et dirigez-vous vers l'imposant massif. C'est là, sous son ombre protectrice, que vous découvrirez le pays de Comminges. Suivez la vallée de la Garonne. En progressant le long du fleuve vers le sud, vous remontez vers sa source ! Là, à la frontière avec les Hautes-Pyrénées, vous attend un territoire généreux prêt à satisfaire toutes vos envies de montagne. Ski l'hiver et rando l'été, mais aussi VTT, pêche, sports d'eaux vives, *via ferrata*, équitation, spéléo. Et bien sûr le thermalisme et spa.

BAGNÈRES-DE-LUCHON ★★

Une route défile entre les roches creusées par la Pique, qui court se jeter dans la Garonne sous le regard hautain des Pyrénées… Et là-bas, à 140 km de Toulouse, Luchon, la Reine des Pyrénées ! Louis-Napoléon, Lamartine, Flaubert, Dumas et Rostand se pressaient pour y prendre les eaux. Luchon demeure aujourd'hui la première station thermale d'Europe pour les affections ORL et la rhumatologie. Il faut suivre les allées d'Etigny, bordées de tilleuls et d'hôtels du XIXe siècle, gagner le parc des Quinconces, voir le bel édifice des thermes Chambert et le vaporarium (cet hammam naturel unique en Europe), flâner dans les parcs ou dans les ruelles escarpées.

LA CHAPELLE SUPERBAGNÈRES €€

✆ 05 61 79 55 89

Hiver : de 9h à 17h. Été : tous les jours de 9h à 21h. Carte : 25 € environ.

Cette chapelle est restée à l'abandon pendant plusieurs décennies. Depuis 2017, elle accueille un restaurant d'altitude, à proximité de la gare amont de la télécabine de Superbagnères. Une immense terrasse a été aménagée pour vous permettre de profiter d'un panorama à couper le souffle. À la carte, des classiques du bistrot, omble de fontaine pêché un peu plus bas, plats végétariens, raclette l'hiver… Des concerts sont régulièrement organisés. Un *spot* qui vaut le déplacement.

LA TUTE DE L'OURS €€

22, allées d'Etigny

✆ 05 61 79 04 04

Ouvert du mardi au dimanche le midi et le soir. Carte : 25 € environ.

La *tute* ? Comprenez : «la maison, la tanière» ! Celle de l'ours vous accueille en plein cœur de Luchon pour une pause roborative après une journée de ski, une randonnée ou une virée à VTT. Dans un cadre chaleureux et convivial, le restaurant vous propose une cuisine inspirée par la tradition montagnarde. Les assiettes sont généreuses, l'ambiance vivante et chaleureuse. Tartiflettes, mont d'or et planches du skieur attendent de pied ferme les plus solides appétits. Une adresse appréciée par ses habitués pour son rapport qualité-prix et sa convivialité.

ARREAU ★

Cette jolie étape sur la route des Cols est située à 703 m d'altitude et 850 habitants font vivre ces lieux enchanteurs où, où que vous soyez, la chaîne des sommets se dessine en toile de fond. Chacune de vos balades devient un véritable paysage de carte postale : entre les forêts emplies de cerfs et de sangliers, les prairies où paissent les vaches et les estives parsemées de blanches brebis. Les maisons sont pittoresques avec d'incroyables façades de marbre rose, des galeries, des portes typiques et ses ruelles pavées sont fleuries avec le même délice que les ponts qui traversent la Neste. Le site garde des vestiges de son riche passé.

LA MONGIE ★

L'été lorsque vous franchissez le mythique col du Toumalet par la route, en venant de l'est ou de l'ouest, vous voyez bien des remontées mécaniques, mais vous avez du mal à imaginer que vous êtes au milieu du plus grand domaine skiable des Pyrénées. Malgré la verdure et les animaux qui paissent tranquillement, c'est pourtant le cas ! Terres magiques où les panoramas grandioses se succèdent mais aussi terre de transhumance, elle vit toute l'année. Randonneurs et cyclo-sportifs connaissent bien ce site particulier des Hautes-Pyrénées qui mène au pic du Midi grâce au téléphérique. L'hiver, le ski et les sports de glisse prennent le dessus.

RESTAURANT LA MAMA €€

8, boulevard du Pic-du-Midi
✆ 05 62 91 90 14
www.lamama-lamongie.com
Ouvert tous les jours midi et soir. Pizza à partir de 11 €.

Christophe et son équipe ne se départissent jamais de leur sourire et cette bonne humeur va de pair avec un service efficace. Chaleureux, avec une terrasse mythique, cet établissement est l'un des spots préférés des gourmands. Les grillades sont l'occasion de savourer des côtes d'agneau de la vallée et des escalopes de veau de la région. On craque pour des fondues viandes, fromages ou charcuterie, tartiflette ou raclette. Célèbre pour ses pizzas cuites au feu de bois, La Mama mise sur la qualité des produits. Un éclectisme qui ravit les palais les plus exigeants.

LE SCHUSS €€

Boulevard du Pic-du-Midi
✆ 05 62 91 90 10
www.restaurant-schuss-tourmalet.fr
Ouvert tous les jours de novembre à avril et de juin à septembre. Réservation recommandée. Plat du jour : 12 €.

Au pied des pistes de La Mongie, le Schuss est un espace de convivialité à la déco chaleureuse. La générosité se retrouve dans une cuisine familiale et régionale, mijotée par des professionnels qui donnent de l'âme aux plats. Garbures, fondues, tartiflettes s'affichent à la carte pour honorer les saveurs du terroir et les planchas qui mettent en avant fromages du pays, charcuteries et produits espagnols sont un régal. Lorsque le soleil est là, profitez de la terrasse tout en dégustant un des supers desserts maison ou un café gourmand.

ARGELÈS-GAZOST ★★

A 460 m d'altitude, Argelès-Gazost est une charmante petite ville de moyenne montagne très vivante toute l'année et qui jouit d'un emplacement exceptionnel au cœur du massif pyrénéen. Sa réputation de ville d'eau et ses bienfaits climatiques sont mondialement connus et le tourisme bien développé. Ici, on se plaît à flâner entre les terrasses, les jardins et les cafés et ce n'est pas par hasard qu'elle fut surnommée « le petit Nice », avec ses palmiers, ses fleurs et ses fontaines au pied des montagnes. De multiples activités sportives de pleine nature, notamment d'eaux vives, marquent ses atouts ainsi que des sites de loisirs de qualité.

CAMPING SUNÊLIA LES TROIS VALLÉES**** €€

Avenue des Pyrénées
✆ 05 62 90 35 47
www.camping3vallees.com
Compter de 22 € à 45 € pour un emplacement et 2 personnes. Mobile-homes 4 pers ou 6 pers de 58 € à 410 € la nuit.

Niché dans un écrin naturel époustouflant, ce camping de 13 ha permet de vivre en famille et en autarcie pour un long moment. De l'emplacement de 100 m² au mobil-home grand luxe avec piscine privative, vous aurez de l'espace et l'embarras du choix. A la pointe de l'équipement, ce site moderne, ultra-complet et ludique est pensé pour le bien-être et le plaisir. En haute saison, les animations rythment les soirées avec des spectacles et une discothèque.

LARUNS ★

Au cœur de la vallée d'Ossau, Laruns est un des villages les plus importants par sa taille – près de 25 000 ha sur plus de 35 km de long, soit la plus grande du département – par sa population, mais aussi par ses activités. Vous pourrez y visiter l'église afin d'y découvrir un bénitier de marbre blanc du XVIe siècle alors que face à son portail figure le buste du maréchal des logis, Guindey qui tua le prince Louis de Prusse à la bataille de Saafeld. Elle comprend également la station thermale des Eaux-Chaudes, la station de ski d'Artouste ainsi que les hameaux de Goust, Gabas, Fabrèges, le pic du Midi, tout en longeant l'Espagne par le Pourtalet.

BEARN ET PAYS BASQUE

LIEUX	Km partiel	Km cumul	Routes
SAINT-JEAN-PIED-DE-PORT	0	0	D15
SAINT-ÉTIENNE-DE-BAÏGORRY	11	11	D948 puis D918
BIDARRAY	17	28	D918
ESPELETTE	20	48	D20
AINHOA	6	54	D305 puis D4
SARE	9	60	D4
ASCAIN	7	67	D4 puis D810
HENDAYE	18	85	D912
SAINT-JEAN-DE-LUZ	12	97	D810 puis D260
BIARRITZ	18	115	D260
BAYONNE	8	123	D261
URT	17	140	D261
HASTINGUES	15	155	D23
PEYREHORADE	5	160	D33 puis D28
ESCOS	15	175	D936
SAUVETERRE-DE-BÉARN	11	186	D933 puis D430
SALIES-DE-BÉARN	10	196	Arrivée

SAINT-ETIENNE-DE-BAÏGORRY / BAIGORRI ★★

Il semblerait que cette vallée de Baïgorri et notamment celle des Aldudes ait été humanisée dès la période de la préhistoire puisque l'on a retrouvé dolmens et cromlechs, près des pistes de transhumance laissant présager une population pastorale. Plus tard, à la période romaine, une activité importante devait s'y développer, les mines romaines de Banca et d'Urepel, tout comme le camp ou la voie romaine semblent l'attester. Saint-Etienne-de-Baïgorry a conservé son authenticité avec le château d'Etxauz, l'église avec ses 3 étages de galerie et son orgue baroque, les vieilles pierres du pont romain. Attisez vos papilles avec les spécialités régionales !

SAINT-JEAN-PIED-DE-PORT ★★

Le village de Saint-Jean-Pied-de-Port est le centre vital de la Basse Navarre. Des millénaires d'histoire l'ont façonné, lui ayant donné une force pour se maintenir et rester authentique. Édifié au XIIe s., il devient la capitale de l'une des cinq divisions du Royaume de Navarre. C'est en grande partie la présence de ce chemin qui a édifié le patrimoine religieux de la région, l'architecture et l'art chrétien se confondant à loisir. Art roman avec le portail de l'ancienne église Sainte-Eulalie – aujourd'hui maison de retraite – ainsi qu'à l'église de Saint-Jean-le-Vieux, art gothique à l'église Notre-Dame-de-Saint-Jean-Pied-de-Port.

FERME DIRIART

Ferme Diriart - **SUHESCUN** ✆ 05 59 37 69 61
www.producteurviandepaysbasque.com
Bienvenue à la Ferme. Ouvert lundi au vendredi 8h-12h/14h-18h. Visite sur RDV. 10 kg bœuf/veau fermier dès 13,50 €/kg.

La ferme Diriart Etxemendybeheria, (la « maison en bas de la colline ») est un exemple d'authenticité, avec le respect des traditions dans l'élevage des animaux. Respect des normes d'hygiène, de la qualité, de l'environnement et du client. C'est dans cette exploitation ancestrale que l'on transmet le goût du savoir-faire, avec des animaux qui naissent, vivent et passent l'été dans les estives et qui sont au chaud en hiver. Maïder et Dominique revendiquent le titre de paysans ! Il faut venir goûter et emporter les daubes de bœuf, blanquettes, et autres délices.

LA CAVE D'IROULEGUY

Route de Saint-Jean-Pied-de-Port
✆ 05 59 37 41 33
www.cave-irouleguy.com
Ouvert 7/7 + fériés 9h30-18h30 d'avril à fin septembre. Hors été, mardi au samedi 9h30-12h30/14h30-18h. Visite 15/30 €.

A flanc de montagnes, les vignerons de La Cave d'Irouleguy récoltent à la main leurs raisins sur près de 145 hectares. Ici, le vin d'Irouleguy, produit emblématique du Pays Basque, a acquis toutes ses lettres de noblesse au fil du temps. La Cave d'Irouleguy vous accueille dans sa boutique dédiée au savoir-faire de ses vignerons. Les curieux peuvent vivre une expérience sensorielle totale et partager un moment authentique autour d'une dégustation de vin offerte. Des visites guidées sont également proposées toute l'année. Plongez dans l'univers du vin d'Irouleguy !

POTERIE NAVARRAISE

36, rue d'Espagne
✆ 05 59 37 34 46
www.poterie-navarraise.info
Ouvert toute l'année de 10h à 19h. Fermeture le dimanche en hiver. A partir de 10 €. Boutique en ligne.

Olivier et Paul Carriquiry, potiers céramistes, font vivre et revivre cette célèbre boutique. Toute la fabrication est réalisée depuis l'atelier, visible lors de votre visite de cette célèbre rue de Saint-Jean-Pied-de-Port. Les pièces sont tournées à la main avec de l'argile noire puis séchées. Elles sont ensuite « grattées » pour enlever les aspérités, émaillées à la cendre de bois et cuites au four à 1 300 °C. Bougeoir, coquille Saint-Jacques, croix basque, cruche, entonnoir, mugs, etc. Large éventail de pièces décoratives et d'usages pour la cuisine.

BIDARRAY / BIDARRAI

On entre presque en Basse Navarre quand on arrive sur Bidarray après avoir descendu la Nive depuis Cambo et Itxassou. La Nive qui la traverse donne toute son importance à ce village au visage déjà montagnard, situé dans un cirque constitué du Baigura, de l'Artzamendi et des crêtes de l'Iparla. L'histoire de Bidarray commence au XIIe lorsqu'est érigée une commanderie (les pèlerins de Saint-Jacques passaient par ce village). Il faut monter pour atteindre l'église de grès rose. Découvrez en haut du village, la place centrale, son fronton et le superbe pont romain Noblia qui enjambe la Nive, terrain de jeu pour les amateurs de rafting et de canoë !

ESPELETTE / EZPELETA ★★

Un village haut en couleur et en saveurs, avec de superbes façades, croulant de cordes de piments rouges. A deux pas de l'océan et proche de la Navarre, Ezpeleta (en basque : lieu planté de buis), hier forteresse et seigneurie rattachée au royaume de Navarre, aujourd'hui bourg du Labourd de plus de 2 100 habitants est un coquet village dont le tourisme a modifié ces dernières décennies l'économie, agricole à l'origine. En effet, il a acquis une réputation mondiale pour ses fameux piments rouges séchant sur les façades des maisons. Et Espelette sait aussi séduire par un environnement charmeur : un habitat typique et une nature intacte.

Façades basques - Espelette.

CAMPING BIPER GORRI**** €€

Chemin Irazabaleko Bidea
✆ 05 59 93 96 88
www.camping-biper-gorri.com

Ouvert 4/04-4/11. Emplacement 19 à 34€/nuit. Locatifs de 379 à 1899€/sem. Espace aquatique. Balnéo. Fitness. Restaurant.

Un site de rêve au cœur du Pays Basque et en pleine nature, avec un magnifique espace aquatique et balnéo : piscine couverte chauffée, bain bouillonnant, col de cygne, structure gonflable... Tout est possible ici ou presque ! Emplacements classiques, aire camping-cars, chalets, mobil-homes tout confort, bungalows toilés. Et rien ne manque pour les sportifs et les loisirs détente : salle de fitness, sauna, hammam, soins détente, terrain multisports, boulodrome, fronton... Nombreuses animations proposées ainsi qu'en extérieur (randonnées....). Un séjour parfait.

BIPER ONA-LA BOUTIQUE DU PIMENT

185, Parking Xuriki
✆ 05 59 03 02 20
www.biper-ona.fr

Ouvert du lundi au samedi de 10h à 12h30 et de 15h à 19h. Parking gratuit. Boutique en ligne.

Sachez pimenter votre vie pourrait-être la devise de Biper-Ona (le bon piment), producteur de son état depuis 3 générations ! Chez les Pocorena, on cultive et on produit en famille « l'or rouge », ce piment AOP d'une qualité supérieure et d'un goût subtil qui convient parfaitement pour accompagner, voire sublimer, un poisson, une omelette, une volaille ou encore une viande. Les chefs ne s'y trompent pas avec de multiples déclinaisons également pour des salaisons.

BRASSERIE ARTISANALE ARROBIO

180, plazako Bidea ✆ 06 16 90 07 22
www.arrobio.com

Ouvert 8h-18h du lundi au vendredi. Juillet/août, + samedi et dimanche 10h-19h. Dégustation sur place ou à emporter.

Concours International de Lyon – médailles or/argent 2021 –, Concours général agricole de Paris – argent 2019 – ; aperçu des récompenses obtenues pour la qualité de la production des bières bio de la brasserie. Une dizaine de variétés : ambrée, blonde, brune, blanche, triple, IPA... produites devant nous, issues de l'agriculture biologique et élaborées avec des orges bio locales et européennes. Non filtrées, non pasteurisées, à fermentation haute ; idéales pour vos apéritifs et repas.

SUD-OUEST

FERME ERREKA

Route d'Itxassou, RD 249
✆ 05 59 93 80 29

Boutique ouverte mardi au dimanche 9h-12h/14h-18h, 7/7 en été. Repas à la Ferme, menus : 14 €, 22 €. Terrasse. Parking.

A quelques min. du centre du village découvrez la Ferme Erreka et partez à la rencontre de la famille Jauregui qui élève des brebis et des porcs en liberté depuis plus de 30 ans. Elle vend sa production directement à la ferme : charcuterie, salaisons, conserves, fromage de brebis. Et une belle évolution et diversification avec un restaurant, où des repas sont proposés dans la grande salle jouxtant la boutique ou en terrasse, dans une ambiance conviviale. L'endroit est très prisé des locaux, pensez à réserver. Un accueil privilégié et sympathique comme on les aime.

AINHOA / AINHOA ★★

Situé dans le Pays de Saint-Jean-de-Luz, entre les provinces basques de la Navarre et du Labourd, ce village bastide, à 3 kilomètres de la frontière espagnole, peut s'enorgueillir de bénéficier du label des Plus Beaux Villages de France, croqué par de nombreux artistes peintres : Ramiro Arrué, l'aquarelliste Dominique Bruyan. Amoureux de l'authentique, prenez le temps de vous arrêter à Ainhoa, d'y découvrir quelques belles tables et de flâner chez les artisans. Les maisons labourdines, reconstruites aux XVIIe et XVIIIe siècles, suite aux incendies causés par les envahisseurs espagnols, affichent des toits à deux pentes égales, des façades à colombages.

ITHURRIA €€€

Place du Fronton
✆ 05 59 29 92 11
www.ithurria.com

1 étoile Michelin. Ouvert du 8/04 au 1/11. Fermé mercredi, jeudi midi sauf de mi-juillet à fin août. Menus 49/74/94 €.

Elégance, raffinement, 1 étoile Michelin...Une cuisine orchestrée par Xavier Isabal qui a mis de sa personnalité dans des plats de toujours revisités avec art, à partir d'excellents produits du terroir et des légumes du jardin, aux cuissons et assemblages parfaits. Quelques exemples, la carte évoluant selon la saison : foie gras de canard mi-cuit pomme du jardin, maigre de ligne snacké, le fameux béret basque... Très belle carte de vins et d'armagnacs. Sous l'œil du maître de cérémonie, Stéphane Isabal qui gère la salle avec brio. Une maison où l'on se sent bien.

SARE / SARAKOHERRIA ★★

Sare est une enclave française qui s'enfonce dans la Navarre espagnole. Ainsi est naturellement né le Pays de Xareta, entre Sare, Urdax et Zugarramurdi en Espagne. Commune transfrontalière, donc, elle vécut de par sa situation des heures difficiles et elle doit son surnom Garrazko-Larra qui signifie travail de la nuit, à l'importante contrebande sur le secteur. Avec l'Europe, l'activité cessa. Sare fait partie des plus beaux villages de France avec le premier prix des villages fleuris, un village océanique, distant seulement de 8 km de l'Atlantique, posé dans un nid de verdure au pied de la Rhune et de l'Axuria qui n'a pas volé son label Station verte.

ASCAIN / AZKAINE ★★

Ascain est un autre exemple de joli village typiquement labourdin et basque. L'eau et la montagne constituent le double attrait de ce bourg de 4 213 habitants, traversé par la Nivelle et dominé par trois sommets : le Bizkarzun, l'Esnaur et Larrun dit la Rhune (905 mètres). Vous embrassez le bourg d'un coup d'œil depuis la place du fronton : l'église ravissante bien assise sur son clocher-donjon (1626), les rues bordées d'hôtels-restaurants et la Rhune au fond. On vous dira que Pierre loti a écrit Ramuntcho depuis la place de ce fronton (à l'hôtel de la Rhune ?) inspiré par un pelotari d'Ascain et que Churchill y a peint une aquarelle.

HENDAYE / HENDAIA ★★

Elle forme avec ses voisines ibériques Irún et Fontarrabie de l'autre côté de la Bidassoa un trio particulier où les cultures et gastronomies se confondent. Aujourd'hui encore près d'un tiers des habitants sont espagnols. Hendaye, ville métissée de deux peuples qui se parlent en trois langues, français, espagnol et basque. Avec ses 3 km, Hendaye déroule la plus grande plage de sable fin. Des points d'intérêts qui ne manquent pas entre le château Observatoire Abbadia érigé à la fin du XIXe siècle par Eugène Viollet-le-Duc, avec un panorama exceptionnel, la maison de la Corniche, ancienne ferme basque devenue propriété du Conservatoire du littoral.

GROTTES DE SARE ★★

✆ 05 59 54 21 88

www.grottesdesare.fr

Tous les horaires, infos et tarifs disponibles sur : www.grottesdesare.fr. Réservation en ligne fortement recommandée.

Troisième site le plus visité du Pays Basque, les Grottes de Sare vous proposent une visite guidée de 1h en son et lumières, composée de plusieurs thématiques : une géologie fascinante et atypique, l'occupation temporaire de la cavité par l'homme, sans oublier un pan de notre histoire à travers la mythologie, mais aussi une approche des origines du peuple basque, de ses traditions et de ses paysages. Cette visite a été conçue selon les travaux et écrits de J.-M. de Barandiaran, l'un des plus grands anthropologues de son temps.

Le guide vous apportera des compléments d'information, tout le long d'un parcours entièrement aménagé et sécurisé. Au rythme de la « txalaparta », vous admirerez l'extraordinaire travail de l'eau depuis des millions d'années. Vous observerez l'un des plus grands porches du Pays Basque et déambulerez dans les galeries pour découvrir méandres, tubulures, gours et autres concrétions, sans oublier le site d'habitat préhistorique où l'homme y séjourna temporairement il y a plus de 20 000 ans. Une visite adaptée pour petits et grands !

Un espace protégé : en collaboration avec le CEN Nouvelle-Aquitaine (Conservatoire d'Espaces Naturels) et le GCA (Groupe Chiroptères Aquitaine), la commune de Sare et les grottes de Sare ont signé un partenariat avec ces institutions afin de mieux connaître et conserver le patrimoine naturel des Grottes de Sare et de ses alentours. Les Grottes de Sare font aujourd'hui partie de Natura 2000, espace protégé pour sa faune et sa flore dont certaines espèces sont endémiques. A l'intérieur de la cavité, la chauve-souris, seul mammifère volant, nous observe ! Plusieurs espèces font l'objet de suivis réguliers (comptages), car certaines sont fortement menacées. Les grottes de Sare sont considérées comme un lieu d'intérêt international pour leur protection.

Parc Mégalithique et Musée de site : avant ou après la visite des grottes, 2 visites libres sont proposées, celle du Parc Mégalithique construit par le Dr Blot, véritable reconstitution des différents monuments érigés par l'homme durant la période protohistoire (2 800 ans av. J.-C.) et le musée qui présente l'occupation de la grotte par l'homme de la préhistoire à nos jours. Les enfants trouveront un espace consacré aux chauves-souris.

Compte tenu du nombre de personnes limité par visite, la réservation est obligatoire, soit par internet, soit auprès de l'un des 19 bureaux d'Offices de tourisme du Pays Basque. Conditions de visite et accès au site publiés sur www.grottesdesare.fr en fonction de l'évolution de l'épidémie de la COVID-19.

SAINT-JEAN-DE-LUZ / DONIBANEL-OHIZUNE ★★★★

Saint-Jean-de-Luz est une cité balnéaire au passé historique. Le mariage de Louis XIV avec l'Infante Marie-Thérèse d'Autriche fut en 1660 l'un des événements de la ville. Avec son emplacement maritime idéal, celle-ci a fait de la pêche son activité phare : son port renommé date du XIIe siècle ! Elle affiche un présent plein de dynamisme sans occulter son vivier gastronomique. La danse, les chants ou encore la gastronomie basque sont bien présents dans la cité des Corsaires. N'oublions pas les nombreuses activités sportives , accessibles facilement : surf, pirogue hawaïenne, accrobranche, chistera, randonnée, paramoteur... À vous de choisir !

L'HIRONDELLE €

3, rue du 17 Pluviose

✆ 05 35 39 73 52

Été, ouvert du mardi au samedi 12h-18h en continu. Réservation recommandée. Comptez 20 €. Terrasse. Vente à emporter.

Aventurez-vous hors des rues les plus commerçantes et allez passer un bon moment à L'Hirondelle, très prisé des locaux. Julie élabore des plats maison, sains, frais, avec des produits bio et locaux. Une carte renouvelée chaque semaine, selon les saisons et arrivages ; 3 choix maximum pour les entrées, plats, desserts ; un gage de qualité. Œuf cocotte, nems jambon Serrano, poissons issus de la pêche locale, tartelettes aux fruits et autres desserts maison. Très bon rapport qualité-prix. Pensez à réserver, les places sont limitées ! Service et accueil charmants.

PIL PIL ENEA €€

3, rue Salagoity

✆ 05 59 51 20 80

http://pilpilenea.fr

Juillet/août : fermé mercredi, dimanche midi. Réservation recommandée. Menu : 29,50 €, Carte 35 € env. Plats à emporter.

Vous aimez le vrai merlu Koskera – un délice –, à l'espagnole, les parilladas à partager, les chipirons et autres magrets, vous serez servis avec nos deux compères, Yvan aux fourneaux et Nicolas au service. Ici, c'est poisson avant tout (le grand-père était pêcheur) à la sauce basque, le tout « maison » avec le port à proximité. Tombé dedans quand il était petit, Yvan après un périple en Europe et dans de grandes maisons françaises, revient aux sources pour notre plaisir gustatif, dans ce quartier des Halles, rendez-vous des gastronomes luziens et d'ailleurs.

GOICOECHEA POTIER-CERAMISTE

Place Louis XIV ✆ 05 59 43 17 20
www.poterie-goicoechea.com
Label E.P.V. Ouvert toute l'année. Horaires selon les saisons sur le site. Catalogue en ligne et livraison en Europe.

Vitrine d'une entreprise artisanale ô combien florissante, dans le quartier historique de Saint-Jean-de-Luz ! Une explosion de couleurs dans cette salle autour de poteries d'exceptions, dans des couleurs superbes, rouge, orange, bleu. De la plus petite à la plus grande. A ces poteries, s'ajoutent dans le même esprit, des objets de décoration et d'arts de la table. Un conseil : direction la manufacture à Ossès pour une visite incontournable ; endroit tellement évocateur de cette maison.

BIARRITZ / MIARRITZE ★★★★

Elégante et raffinée, Biarritz a belle allure avec ce côté « principauté intemporelle ». La cité balnéaire est devenue au fil des décennies incontournable grâce à un développement touristique maîtrisé. Paradis des surfeurs, la ville exhale la douceur de vivre avec ce côté « charme discret » et aussi ses nombreux atouts ; gastronomie, patrimoine, culture, sport, etc. Un moteur économique essentiel pour l'attrait de cette région (à 2h de Paris et des principales métropoles européennes) et une offre hôtelière exceptionnelle : de l'hôtel de charme au palace ! Destination phare marquée à jamais par le passage de l'impératrice Eugénie, Biarritz a toujours été une ville accueillante, ouverte sur le monde tout en préservant son patrimoine et son environnement. D'abord petit port de pêche, elle est devenue une station balnéaire renommée accueillant les premiers bains de mer. Plus tard, c'est sur les vagues de la Côte des Basques, que le surf est apparu en Europe. Autant de lieux qui font l'histoire avec un point commun : ce lien étroit avec l'océan. Aujourd'hui, c'est vers les technologies liées à l'économie bleue que Biarritz a choisi de continuer à innover et se développer. Comme terre basque, elle entretient une tradition d'accueil riche et vivante, ouverte au monde en recevant à longueur d'année, de nombreux événements et manifestations de premier plan à caractère économique, culturel ou politique de dimension nationale et internationale. En 2019, la ville a accueilli le sommet du G7.

MUSÉE HISTORIQUE DE BIARRITZ ★

Rue Broquedis ✆ 05 59 24 86 28
www.musee-historique-biarritz.fr
Mar-sam 10h30-12h30/14h-18h30, juillet-août 10h30-13h/14h30-18h30. Adulte 6 €, étudiant 4 €, gratuit -12a. Audioguide.

Ce musée est né dans l'enceinte de l'église Saint-Andrew's. La 1re pierre a été posée par la reine Frederika de Hanovre. Inauguré en 1986 par l'Association des amis du Musée Historique de Biarritz, il vous plonge dans l'histoire riche de la ville et plus particulièrement des 3 principales époques de la cité : Moyen Age, XIXe siècle, marqué par la famille impériale, 1re Guerre mondiale, Années folles aux réceptions somptueuses données par des familles anglaises, russes et espagnoles, 2de Guerre mondiale, thermalisme... L'association continue ses investigations dans un seul but : la recherche, la conservation, l'exposition de tout bien concernant l'histoire locale, ancienne et récente afin de faire connaître le passé et soutenir ou entreprendre toute action de sauvegarde des biens mobiliers et immobiliers.

Le musée rénové et restauré. Pour le plus grand bonheur des Biarrots, des Basques et des touristes, après 2 ans de travaux, le musée a retrouvé toute sa splendeur en 2019. Des îlots thématiques, un parcours plus lisible, beaucoup de clarté et de luminosité qui rendent ce lieu incontournable.

Le musée organise chaque année l'été des expositions en partenariat avec les Affaires culturelles de la ville de Biarritz.

De nombreuses animations, conférences et concerts sont également proposés toute l'année ainsi qu'une visite guidée d'un quartier de Biarritz organisée chaque mois.

Ce musée est un véritable concentré de l'âme et de l'histoire de Biarritz..

BIARRITZ CAMPING★★★★ €€

28, rue d'Harcet ✆ 05 59 23 00 12
www.biarritz-camping.fr
Ouvert du 8/04 au 30/10. Emplacement 20 à 50 €/jr. Locatifs 350 à 1 290 €/sem. Piscine. Espace bien-être. Restaurant.

Ce camping 4 étoiles (le seul camping de Biarritz !) vous accueille dans une ambiance familiale. Un environnement typiquement basque, arboré et semi-ombragé. Avec tout le confort nécessaire : hébergements parfaitement équipés, piscine couverte chauffée, avec bains bouillonnants, jets massants, bar-restaurant, aires de jeu, espace bien-être avec soins détente. Autre atout : le wifi gratuit dans tout le camping. Une situation privilégiée à 700 m des plages et pied-à-terre idéal pour visiter le Pays Basque. Equipe professionnelle et chaleureuse à votre disposition.

LE PIM'PI BISTROT €€

14, avenue de Verdun ✆ 05 59 24 12 62
www.lepimpi-bistrot.com
Ouvert du mar au sam midi & soir. Formule midi semaine 15-20 €. Menu Carte 39 €, Dégustation 50 €. Pensez à réserver.

Une nouvelle fois, Fanny et Manu, passionnés de gastronomie, expriment tout leur talent et créativité avec une carte inspirée, où l'on découvre des produits du terroir et de saison mis à l'honneur dans leur bistrot cosy et moderne. Petit aperçu : fraîcheur de melon, tomates et feta, croustillants de gambas et basilic ; dos de merlu, mousseline de patates douces, falafels et yaourt au cumin ; poêlée de cèpes (en saison)... sublime. Côté desserts, le gros chou craquelin, crémeux de praliné. Une belle adresse pour se régaler à Biarritz, dans une ambiance conviviale.

CHEZ ALBERT €€€

Port des Pêcheurs
✆ 05 59 24 43 84
https://chezalbert64.fr/
Ouvert février à novembre + fin d'année 7/7 (sf mercredi hors juillet/aout). Carte 40/65 €. Terrasse. Pensez à réserver.

Une institution à Biarritz ! Situé au petit port des pêcheurs, c'est d'abord ici les fruits de mer et leur fraîcheur irréprochable. On aime ce cadre authentique où les murs pourraient raconter tellement d'anecdotes ! Aux fourneaux, le chef joue la cuisine de l'instant, du marché et des saisons. Les incontournables huîtres Gillardeau, le tourteau, les langoustines ou le homard breton. Chez Albert, vous pourrez aussi déguster des poissons à la plancha – dorade, sole, merlu... et l'excellent turbot, sans oublier les desserts maison qui sont de la même facture.

MAISON DARANATZ

12, avenue du Maréchal Foch
✆ 05 59 24 21 91
www.daranatz.com
Ouvert toute l'année ; du mardi au samedi de 10h à 13h et de 14h à 19h. Vente en ligne.

Cette Institution gourmande bayonnaise est aussi installée à Biarritz depuis 1930 dans un véritable écrin au style art déco, meubles et diplôme sont le témoin d'une époque. Ici, on aime les grands crus avec toujours la même signature chocolatière : puissance, longueur en bouche, finesse des mariages aromatiques. Les pâtes d'amandes sont « fraîches », une rareté. Dans le même esprit, les macarons, peu sucrés, ont un parfum remarquable d'amandes. Entrez dans cet univers de spécialités, tablette gourmande, bonbon de chocolat, touron... Un paradis pour les gourmets !

LA PETITE PLAGE BIARRITZ

Plage du Port-Vieux
✆ 05 59 24 88 98
Restaurant-bar. Ouvert d'avril à fin octobre 7/7 12h-minuit et 2h du matin le we + juillet/août. Terrasse panoramique.

Surplombant la petite plage du Port-Vieux, évasion à coup sûr dans ce bar lounge-restaurant, avec son nouveau décor authentique aux notes chaudes et naturelles. Esprit chic et cosy, idéal pour un moment convivial. Tout au long de la journée et jusqu'au crépuscule, son bar à cocktails unique vous régalera de saveurs sucrées, subtiles et désaltérantes, pour des instants complices en terrasse. A la nuit tombée, l'ambiance musicale chaleureuse aux airs de vacances vous fera vivre l'expérience des chaudes nuits du Pays Basque. Un lieu magique de jour comme de nuit !

La ville de Biarritz.

LA TIREUSE

29, rue Mazagran
✆ 05 59 24 26 18
www.latireuse-biarritz.fr

Basse saison, ouvert du mercredi au dimanche 11h-2h. Haute saison : 7j/7 11h-2h. Restauration. Sport sur multi écrans.

Institution à Biarritz et haut lieu de dégustation de bières artisanales d'exception : plus de 100 variétés, dont une vingtaine à la pression – les pompes changent très régulièrement, au gré des découvertes internationales-, ce qui permet de déguster plus de 200 bières à la pression sur une année ! A accompagner de bonnes planches de charcuteries maison, burgers, *fish and chips*, salades. Avec les multiples bières brassées au Pays Basque, vous pourrez aussi goûter des bières d'ailleurs, sous les conseils très avisés de l'équipe et dans une ambiance chaleureuse.

LES DOCKS DE BIARRITZ

Rue Luis-Mariano

Une cinquantaine de commerces toutes activités confondues à votre service avec parking gratuit.

Les Docks de Biarritz sont un concentré d'artisans et de savoir-faire dans la région. De la poissonnerie à la boucherie en passant par le charcutier, le boulanger-pâtissier, le marchand de légumes, le fleuriste, etc. C'est une cinquantaine de commerces toutes activités confondues, au service du goût et de la qualité. Avec un accès facile et gratuit à l'immense parking. Et si l'on a envie de se poser, un café ou un verre pourront être pris, et au cœur même de cet ensemble, des restaurants vous invitent aussi à vous installer. Avec aussi des animations en saison.

LE PETIT BIJOU

5, avenue de la Marne
✆ 06 81 95 45 90
www.petitbijou-cafetheatre.com

Billetterie/Bar gourmand ouverts du mercredi au dimanche 10h-12h/14h-19h. Tarifs spectacles : adulte 14/22€, enfant 10€.

Proche de la grande-plage de Biarritz, le café-théâtre Le Petit Bijou restitue l'esprit de ces lieux parisiens où l'on propose des spectacles d'humour pour les grands et les petits et dans un cadre chaleureux, sous l'impulsion de Mehdi et Virginie. Des spectacles d'humour toute l'année avec un public toujours plus enthousiaste et qui peut, avant ou après le spectacle, profiter du bar gourmand et de ses planches apéritives. Saluons cette belle initiative qui manquait au Pays Basque et qui va enchanter vos soirées, avec plus de 60 spectacles à l'année à l'affiche !

BAYONNE / BAIONA ★★★

La devise de Bayonne : *Nunquam Polluta*, qui signifie « jamais souillée », rappelle le rôle des fortifications dans la défense de la ville et montre, plus que jamais, que la capitale du Pays basque à l'exceptionnel patrimoine, reste authentique par ses traditions et ouverte sur l'avenir. Située à proximité de l'océan Atlantique et de ses influences maritimes, aux confins nord du Pays basque et sud de la Gascogne, frontalière avec le département des Landes, au pied des premiers contreforts pyrénéens avec la frontière espagnole à une trentaine de kilomètres, Bayonne a été romaine, sous domination anglaise avec Henri II Plantagenêt, roi d'Angleterre, et française, au terme de la guerre de Cent Ans en 1451. Bayonne est aussi la capitale économique du Pays basque avec son activité terre/mer, son ouverture sur l'océan qui classe son port au neuvième rang des ports français. Bayonne se caractérise aussi par son dynamisme, sa qualité de vie, son patrimoine architectural unique – Bayonne a été labellisée « Ville d'Art et d'Histoire » en 2011 –, ses commerces de proximité, tant rive droite de la Nive avec le Petit Bayonne, que rive gauche avec ses halles, son artisanat. Sans oublier sa gastronomie de grande qualité qui fait honneur aux producteurs de la région, son offre et diversité hôtelière. On n'omettra pas le sport, avec bien évidemment l'incontournable Aviron Bayonnais, promu au top 14 pour la saison 2019/2020, qui plus qu'un club est une religion pour beaucoup de passionnés de rugby et qui porte haut et fort les couleurs de Bayonne, et tant d'autres activités…

CAMPING LES 4 CHÊNES*** €€

101, chemin de Paylan - **URT / AHURTI**
✆ 05 59 56 21 51 - www.fermedes4chenes.fr

Emplacement/véhicule/personnes 11 à 24 €/nuit. Mobil-homes de 195 à 1 190 €/sem. Aire de jeux enfants. Piscine chauffée.

Idéalement situé au cœur du Pays basque, à 30 min des plages, dans un écrin de verdure, ce camping de la ferme des 4 Chênes est un paradis pour les familles en quête de repos, et les adeptes de baignade. C'est aussi un paradis pour les animaux de la mini-ferme avec autruche, poneys, ânes. Aire de jeux, fitness, baby-foot, terrain de pétanque et bien d'autres activités sportives ! Côté hébergement, emplacements pour tentes, camping-cars, caravanes, mobil-homes tout confort avec terrasse. Immersion dans l'univers d'une authentique ferme et d'une nature préservée.

CUCINA

22, rue Poissonnerie
✆ 05 59 63 77 39
www.cucina-epicerie.fr
Ouvert 7j/7 de 9h à 13h et de 16h à 19h. Le dimanche, de 10h à 13h. Vente à emporter. Livraison possible.

Gusto d'Italia ! Plus qu'un concept, une réalité avec Cucina (cuisine), la nouvelle épicerie fine italienne et traiteur où l'on retrouve 99 % de produits d'artisans italiens et aussi des produits de l'Adriatique... Pâtes fraîches réalisées à la demande, ravioles de la maison Irina à Arbonne, gorgonzola doux et persillé à souhait, arrivé tout droit de Lombardie, gressin de la région du Piémont, idéal pour l'apéritif, bières de Toscane produites par Mathieu Ferré, desserts gourmands avec les Cannolis fourrés au Gianduja... Une nouvelle pépite gustative à Bayonne !

URT / AHURTI ★

Petite et agréable commune, Urt est située au cœur du Pays basque à la frontière de la Gascogne, à 15 km de Bayonne, sur les bords de l'Adour, à la limite du département des Landes. Fondée au XXe siècle, la commune qui était auparavant un village de pêcheurs est devenue une cité prospère. Urt est désormais tournée vers le tourisme, profitant de sa situation géographique idéale pour découvrir les charmes de la région, son riche patrimoine culturel, gastronomique et sportif. 2 communautés bénédictines sont sur ce territoire. La communauté propose notamment des hébergements pour tous ceux en quête de repos spirituel avec activités et restauration.

HASTINGUES

Située sur un éperon dominant les Gaves réunis, la bastide d'Hastingues fut fondée en 1289 par John de Hastings, sénéchal de Gascogne représentant Edouard Ier, roi d'Angleterre et duc d'Aquitaine. Le site est un ancien oppidum romain. Hastingues fut bâtie pour défendre le port de Bayonne, regrouper une population livrée à l'insécurité et renforcer la puissance et l'autorité du roi anglais. Hastingues resta d'ailleurs anglaise jusqu'en 1451. Elle a gardé une porte fortifiée du XIVe siècle et d'adorables maisons. En pleine nature, l'abbaye d'Arthous, construite au XIIe siècle, abrite le Musée départemental d'Archéologie des objets de fouilles landaises.

PEYREHORADE

Bourg d'environ 3 700 habitants, au carrefour de la Chalosse, du Pays basque, du Béarn et à moins d'une heure de l'Espagne, Peyrehorade domine la rive droite des Gaves réunis, d'Oloron et de Pau. Peyrehorade est le pays du saumon, du kiwi et des bons produits du terroir. Depuis 1358, le marché traditionnel et hebdomadaire du mercredi matin est un grand rendez-vous. Le patrimoine historique de la cité se dévoile lors d'un parcours de découverte pédestre d'une heure environ, il est proposé par l'office de tourisme avec d'autres circuits dans le Pays d'Orthe. Ne manquez pas de jeter un coup d'œil au château d'Orthe où siège la mairie de Peyrerohade.

Le village de Peyrehorade.

OFFICE DE TOURISME DE BAYONNE

25, place des Basques ✆ 05 59 46 09 00
www.visitbayonne.com
Haute saison, ouvert du lundi au samedi de 9h à 19h, dimanche 10h à 13h. Hors saison, horaires à consulter sur le site.

Situé au cœur de la ville, l'Office de tourisme de Bayonne met à votre disposition toutes les informations nécessaires afin de passer d'agréables vacances dans cette ville classée ville d'Art et d'Histoire depuis 2011. Dans le nouvel édifice contemporain, toutes les informations pratiques vous sont renseignées : monuments à visiter, restaurants à tester, bars, hébergements… On peut également y profiter du wifi. Bayonne, destination reconnue pour son patrimoine culturel, ses fortes traditions, ses « Fêtes », son plaisir de vivre... est une étape à ne pas manquer lors de son séjour au Pays Basque. Entre art et histoire, découvrez la cathédrale gothique Notre-Dame de Bayonne, les nombreux artisans d'art très présents dans la ville. Partez à la rencontre des Bayonnais lors de la Foire au Jambon, de « Bayonne fête son chocolat » pour un bain de convivialité... et de gourmandises ! Vous y trouverez également une boutique de souvenirs (Collection Fêtes de Bayonne et Roi Léon en exclusivité, produits locaux, vaisselle, livres, culturels...), ainsi qu'un service de billetterie (concerts, spectacles, billets de match de rugby, sites, activités, hébergements…).

Plusieurs visites guidées sont proposées par l'Office de tourisme, selon un calendrier trimestriel, sur des thèmes qui varient, avec quelques grands classiques :

La cathédrale et ses merveilles : visite du cloître, de la cathédrale, de ses trésors cachés : crypte et portail sud du XIIIe siècle. Visites toute l'année.

Chocolat gourmand à Bayonne : autour d'un chocolat, pour découvrir les lieux qui ont marqué l'histoire chocolatière de la ville, du XVIIe siècle à nos jours.

« Bayonne en 60 minutes » : faire connaissance avec la ville au cours d'une balade au cœur du centre ancien, depuis les quais jusqu'aux fortifications en passant par le quartier de la cathédrale.

« Derrière les façades » : le guide vous ouvrira les coulisses de l'habitat bayonnais en centre ancien, l'un des plus denses de France. Découvrez des hôtels particuliers, des cours intérieures et des cages d'escaliers récemment réhabilitées… Vous mesurerez les enjeux d'un Site patrimonial remarquable, nouvelle dénomination du Secteur Sauvegardé.

Rendez-vous thématiques : visite de 1h : 6 €/pers, visite de 1h30 à 2h : 8 €/personne, gratuit moins de 12 ans.

Visites gourmandes : 10 €/personne et 5 € moins de 12 ans. Lieux de rendez-vous différents selon les thèmes (lieux précisés sur le fascicule « Rendez-vous »).

SAUVETERRE-DE-BÉARN ★

Sauveterre est une ancienne ville fortifiée du Moyen Âge, volontiers surnommée « la Perle du Béarn ». Elle surplombe le gave, majestueuse et impressionnante du haut de la falaise. Sa vieille ville est intéressante avec son église entre roman et gothique, ses portes médiévales, ses ruelles étroites, ses vieilles bâtisses. Construite par Gaston VII de Moncade, vicomte de Béarn, elle était une place forte majeure en Béarn, qui a bien résisté face aux invasions espagnoles au XVIe siècle. La vue sur la rivière et les montagnes depuis la terrasse de Saint-André, par temps dégagé, est digne des plus belles cartes postales.

SALIES-DE-BÉARN ★

Entourés de collines verdoyantes, les habitants sont blottis entre les gaves de Pau et d'Oloron. La commune est surnommée la « Venise du Béarn » mais surtout la cité du sel grâce à une eau rare, dix fois plus salée que la mer ! Composée d'anciennes ruelles qui s'entrelacent en coquille d'escargot autour du centre, elle a un charme unique avec la rivière Saleys qui traverse son cœur de ville et circule au pied de maisons sur pilotis. Dans Salies-de-Béarn, se trouvent des exemples majestueux d'architectures Belle Époque et Art déco qui encerclent les thermes et le casino ou encore un vieux bourg avec de nombreuses architectures médiévales.

DEMEURE DE LA PRESQU'ILE €€

22, avenue des Docteurs Foix ✆ 05 59 38 06 22
www.lademeurepresquile.com
5 chambres de 60 à 140 €/saison/nb de pers. avec petit déjeuner. Appartement 70 m², forfait 2 pers 490 €/semaine. Parc.

A la Presqu'île, les 6 000 m² du parc sont dans les méandres de la rivière et la maison y est reliée par un pont. C'est dans une maison de maître du XVIIIe siècle que vous serez logé. Les chambres sont à l'image de la maison, raffinées et de caractère, marquées par les couleurs dominantes de la décoration. Dans toute la maison, vous profitez d'espaces communs si bien meublés et décorés que l'on se croirait presque dans un musée, mais on ne doit pas manquer les extérieurs qui sont tout aussi beaux. Le petit déjeuner est copieux et bien pensé, selon vos envies.

BASTIDES DU GERS

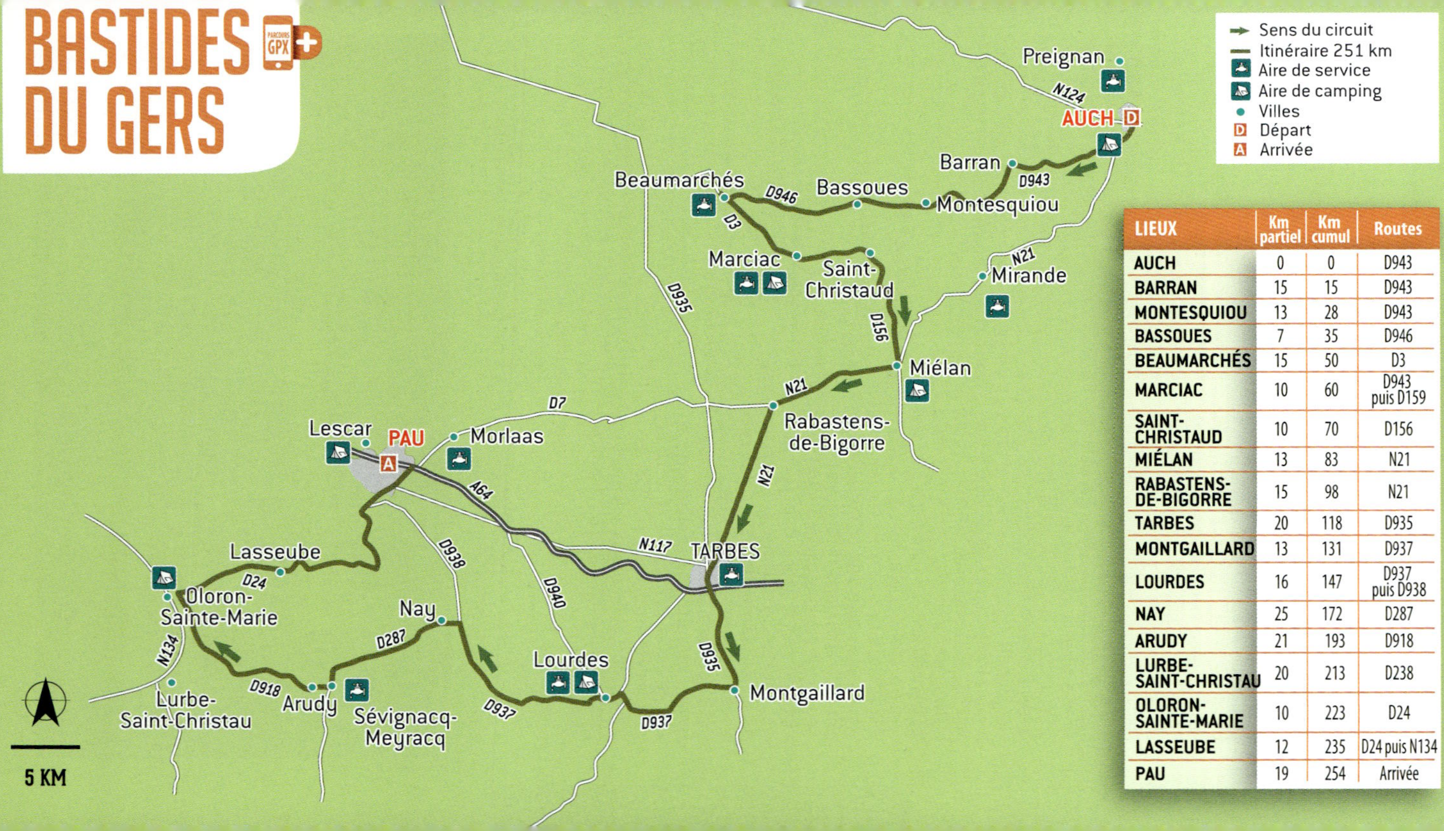

LIEUX	Km partiel	Km cumul	Routes
AUCH	0	0	D943
BARRAN	15	15	D943
MONTESQUIOU	13	28	D943
BASSOUES	7	35	D946
BEAUMARCHÉS	15	50	D3
MARCIAC	10	60	D943 puis D159
SAINT-CHRISTAUD	10	70	D156
MIÉLAN	13	83	N21
RABASTENS-DE-BIGORRE	15	98	N21
TARBES	20	118	D935
MONTGAILLARD	13	131	D937
LOURDES	16	147	D937 puis D938
NAY	25	172	D287
ARUDY	21	193	D918
LURBE-SAINT-CHRISTAU	20	213	D238
OLORON-SAINTE-MARIE	10	223	D24
LASSEUBE	12	235	D24 puis N134
PAU	19	254	Arrivée

AUCH ★★★

Capitale de la Gascogne, la ville d'Auch séduit d'emblée le visiteur avec ses grandes places et ses ruelles étroites et pentues chargées d'histoire. Le cœur historique de la ville, perché sur un éperon dominant le Gers et offrant de belles échappées sur la chaîne des Pyrénées, a beaucoup de caractère. L'architecture médiévale, représentée par de belles maisons à colombage, se mêle harmonieusement aux bâtiments classiques, surtout autour de l'imposante cathédrale Sainte-Marie. Chef d'œuvre du gothique tardif, elle offre un mélange réussi de styles architecturaux et raconte avec splendeur la longue histoire de sa construction. Structure gothique, façade Renaissance et chœur baroque forment un alliage de toute beauté. Non loin de la cathédrale, ne manquez pas l'escalier monumental, qui permet de rallier les rives du Gers, et d'embrasser d'un seul coup d'œil toute la ville. Auch est donc une ville d'histoire, mais aussi de culture, tournée vers les arts vivants : elle accueille le CIRCA, pôle national du cirque, qui organise le Festival du cirque actuel. Le musée des Amériques vaut également le détour. Parmi les places, rues et ruelles du centre-ville, beaucoup sont aujourd'hui semi-piétonnes ou piétonnes comme la commerçante rue Dessoles. Elles sont animées par de nombreux marchés en semaine et le weekend, et offrent des possibilités de balades variées et tranquilles. Vous pouvez aussi suivre la rivière par la promenade Claude Desbons jusqu'au joli parc du Couloumé pour combler vos envies d'espaces verts.

AIRE DE CAMPING-CARS DE L'ILE SAINT-MARTIN €

Rue du Général de-Gaulle ✆ 05 62 05 22 89

www.airecampingcars-auch.com

Compter 11 € pour l'emplacement avec accès à l'eau, à l'électricité et vidange ; 2 € pour une vidange et accès à l'eau.

Cette aire pour camping-cars est très agréablement située en bordure du Gers et en plein centre-ville. Elle est accessible toute l'année et 24h/24. Les bornes automatiques permettent d'accéder en toute autonomie aux différents services du site. À proximité, vous trouverez une piscine municipale, un stade, des espaces verts, des commerces, ainsi qu'un chemin piétonnier qui vous mènera tout droit aux sites patrimoniaux. De quoi bien occuper vos journées et celles de vos enfants.

LE DAROLES €€

Place de la Libération

✆ 05 62 05 00 51

www.ledaroles.com

Ouvert du lundi au samedi de 8h à minuit. Le dimanche de 8h à 14h. Compter 40 € pour un repas à la carte. Menu à 30 €.

À Auch, le Daroles est une institution, au sens le plus noble du terme. Sous l'impulsion de Perle et du chef Guillaume, cet élégant restaurant-brasserie a su répondre aux défis de la modernité sans renier son histoire. Il dispose de vastes salles ainsi que d'une belle terrasse idéalement située. La carte, renouvelée chaque saison, met en avant la qualité et l'origine naturelle de produits locaux, dont beaucoup sont issus de l'agroforesterie. Une adresse chic et authentique, une cuisine sincère et généreuse, servie par des passionnés : incontournable !

Auch.

SUD-OUEST

BARRAN

Située à 16 km à l'ouest d'Auch, sur la route « des bastides et des castelnaux », cette bastide possède un plan caractéristique : rues à angles droits, halle, une tour-porte très bien conservée et une église du XIIIe siècle avec un clocher dont la forme hélicoïdale a de quoi surprendre… Les explications n'ont d'ailleurs pas manqué, mais on retrouve des « clochers-tors » à travers l'Europe. Cette forme curieuse signale de loin la jolie bourgade et apporte à l'environnement gersois une note insolite ; poésie et technique se sont mariées à l'église.

MONTESQUIOU

Etymologiquement, « mont sauvage » ou « mont échine ». La porte fortifiée du XIIe siècle domine la vallée de l'Osse et ses coteaux boisés.

Ce castelnau perché fut le berceau de la noble et vieille famille des Montesquiou, d'où sont issus les Montesquiou-d'Artagnan et les Montesquiou-Monluc, deux grandes familles qui donnèrent des hommes de guerre, un maréchal de France, la mère de d'Artagnan, la nounou de l'Aiglon, l'abbé duc de Montesquiou, ministre de Louis XVIII et Robert de Montesquiou, poète et qui sera le Monsieur de Charlus, dans Proust.

BASSOUES

L'histoire de ce village est si riche qu'elle lui a légué à chaque époque de merveilleux trésors qui en font aujourd'hui un des plus beaux du département. Ce patrimoine d'exception se retrouve dès la place principale, véritable enchantement avec ses arcades et les maisons à colombages qui l'entourent. La rue principale traverse une splendide halle dont la charpente ne laisse pas indifférent et, pour remonter le temps, vous pourrez marcher au bord du mur d'enceinte : un instant de grâce à lui seul. Ce qui vous frappera pourtant le plus sera sans conteste l'impensable donjon de 43 mètres qui veille sur ses ruelles. Magnifiquement conservé, il date de 1371. Pour arriver au sommet, il faut monter 197 marches mais la vue est à la hauteur de l'effort ! Si vous aimez les raretés, n'hésitez pas à pousser la porte de l'église de la Nativité, elle comporte un bénitier en pierre du XVe qui reste un chef-d'œuvre absolu. Bassoues est une terre où les légendes ont forgé l'urbanisme, celle de sa création hésite entre le VIIe et le Xe siècle, où un castrum puisait déjà dans son charme. La forêt porte encore le nom de Marsoulès, dérivé du dieu romain Mars, mais s'il faut lier son histoire à un vrai héros, c'est au légendaire guerrier franc Fris qui y planta en 732 sa bannière. Son épopée d'anthologie a fait naître une basilique et une âme particulière à ce village qui, entre un flamboyant passé et un cadre enchanteur, a choisi de faire vivre les deux.

BETTY BEEF €€

Lieu-dit Lapèze
✆ 05 62 06 18 23
www.restaurant-bettybeef.com

Ouvert le soir du vendredi au dimanche et tous les jours midi et soir en été. Compter 30 € pour un repas.

L'idée de ce restaurant installé dans une magnifique grange centenaire a germé dans l'esprit de Philippe Villas et son épouse. Ces éleveurs de race charolaise se font les ambassadeurs de leur viande bio déclinée en burgers, grillades ou plats mijotés par le chef Wilson Bertin. Ouverte en 2018, cette table campagnarde a connu un succès immédiat et amplement mérité. Les produits proviennent des meilleures fermes de la région et sont affichés en toute transparence au tableau noir dans la salle. Une belle sélection de vins accompagne cet instant de grâce.

MARCIAC ★

Coeur battant du célèbre festival, la bastide royale de Marciac fut fondée en 1281 selon le plan à damier typique. Comme dans la plupart des bastides, la place centrale accueillait une halle dédiée au commerce. Elle fut détruite en 1871, ne laissant qu'une vaste place – la plus grande du Gers – qui permet d'accueillir les artiste sur scène à l'occasion du festival Jazz in Marciac. Tout autour, les élégantes façades percées d'arcades abritent commerces et restaurants. L'église Notre-Dame-de-l'Assomption, édifice du XVe siècle au clocher-porche carré, est constituée d'une triple nef et d'un chœur pentagonal abritant des sculptures du XIVe siècle.

La ville de Marciac.

LA PÉNICHE €€

Route du Lac
✆ 05 62 09 38 46
www.restaurant-marciac.com
Ouvert toute l'année. Tous les jours le midi et le soir. Fermé le dimanche et le lundi soir en hiver.

Cette véritable péniche, qui a navigué sur le canal du Midi, est aujourd'hui reconvertie en restaurant. Le lac de Marciac sert de cadre fabuleux à cet établissement original. Ce lieu magnifique est idéal pour déguster un foie gras dans la tradition, des aiguillettes au foie gras, des Saint-Jacques accompagnées de jambon Serrano et poivrons ou encore des ris de veau aux morilles. Le poisson, cuit à la plancha, est excellent. En été, le service se fait en terrasse au bord de l'eau. Accueil chaleureux. Réservation recommandée, évidemment !

SAINT-CHRISTAUD

Situé au croisement de deux voies anciennes, ce petit village est très connu des pèlerins qui empruntent le chemin de Saint-Jacques-de-Compostelle, et un poème dit d'ailleurs que « tous ceux qui l'on traversé l'ont aimé ». Même sans être de ceux-là, vous aurez du mal à ne pas succomber au charme de son panorama. Posé sur les crêtes, il domine les coteaux avec ses belles maisons éparses, son cœur étant formé d'une splendide église qui semble protéger ses terres avec bienveillance. Elle est d'une pure beauté architecturale, reconstruite au XIIe siècle par les moines antonins sur une base datant de 1088, peut-être édifiée par les templiers.

MIÉLAN

Miélan est l'une des cent bastides apparues en Gascogne entre le milieu du XIIIe siècle et celui du XIVe siècle, période de répit entre la guerre contre les Albigeois et celle de Cent Ans. Fondée en 1284 par le sénéchal du roi de France en Languedoc, en paréage avec le seigneur du lieu, elle a reçu le nom de la célèbre cité italienne (Milan), déformé localement en Miélan. Détruite en 1370 par les Anglais, reconstruite puis à nouveau occupée en 1450, elle devient capitale du duché-pairie d'Antin au XVIIIe siècle. Après la Révolution, d'anciennes églises ont servi de carrières de pierre. Napoléon, rentrant d'Espagne, traverse Miélan le 24 juillet 1808.

RABASTENS-DE-BIGORRE ★

Quand l'ancienne bastide royale vous ouvre les portes de la Bigorre, vous êtes certains d'y trouver une atmosphère particulière. Avant de pénétrer dans ses rues larges et typiques, regardez-la et imaginez qu'en 1306 il n'y avait que marécages et bois. C'est pourtant là que Guillaume de Rabastens, sénéchal et représentant du roi, décide de bâtir une cité à laquelle il donnera son nom. Sous cette impulsion, maisons en bois et pierres voient le jour, une vaste halle en bois se dresse, six moulins fleurissent ainsi qu'une église dédiée à Saint-Louis et un couvent pour les frères des carmes. La première bastide bigourdane est magistrale.

TARBES ★★

Les rues piétonnes et axes centraux de Tarbes se conjuguent en harmonie et si quatre fleurs ornent ses panneaux, ses parcs magnifiques en sont les principaux garants. Ornées de palmiers et de trottoirs pavés, ses rues vous réservent bien des surprises avec des édifices où chaque époque a laissé un peu de son héritage. Façades remarquables, galeries, trompe-l'œil et marquises : vous l'aurez compris, Tarbes joue avec ses atouts. Traversée par l'Adour et l'Echez, elle offre de superbes bords d'eau. Elle a été une des pionnières dans la mise en place de la navette électrique et en été, petit train et balades au centre-ville en calèche sont proposées.

GALERIE D'ART OMNIBUS

29, rue Bertand-Barrère
✆ 05 62 51 00 15
www.laboratoire-omnibus.over-blog.com
Ouvert du mardi au samedi de 15h à 19h ou sur rendez-vous.

Vidéos, sculptures, peintures, photos, installations, toutes les démarches contemporaines artistiques sont les bienvenues dans cet espace. Amoureux des œuvres et de la création libres, vous trouverez en ces lieux une âme, de belles signatures, des esprits foisonnants et des visions actuelles. Hétéroclite et éclectique, la galerie associative a gagné ses galons par des choix d'expos sans concessions. Résidences théâtrales ou musicales ponctuent la saison. Les artistes présentent le fruit de leur travail à l'issue de ces temps créatifs.

MUSÉE MASSEY - MUSÉE INTERNATIONAL DES HUSSARDS ★★

Rue Achille-Jubinal ✆ 05 62 44 36 95
www.musee-massey.com
Horaires sur Internet. Gratuit jusqu'à 18 ans. Adulte : 5 €. Pass famille (2 adultes + enfants) : 5 €.

Objet de tous les fantasmes, la troupe d'élite des Hussards demeure encore aujourd'hui fascinante. Si l'art a librement puisé dans les mythes de ce corps d'armée de cavalerie légère, il fallait un musée pour en saisir toute la complexité. Nés en Hongrie au XVIe siècle, le destin des Hussards n'en est pas moins étroitement lié à la ville de Tarbes et ses garnisons qui lui rendent hommage à travers une collection exceptionnelle de plus de 15 000 objets puisés à travers le monde. Au cœur du Jardin Massey, sur deux étages, le musée vous entraîne dans cet univers militaire où l'apparat flamboyant et rigoureux n'avait d'égal que la vertu combattante. La légende veut que ces guerriers ne descendaient pas de leurs chevaux pour dormir... Ils vous tiendront en tous cas les yeux bien ouverts tant leur épopée est palpitante. Elle s'étend par ordre chronologique et on les suit de l'Ancien régime à la Seconde Guerre mondiale à travers les 34 pays qu'ils ont foulés. La réputation internationale du musée réside dans la richesse de son exposition, agrémentée de 130 mannequins et bustes, d'une collection iconographique de dessins et de peintures et de nombreux équipements spécifiques qui relatent cette aventure en la restituant dans son contexte historique. En parallèle, une collection Beaux-arts avec une sélection d'œuvres européennes issues des écoles italiennes, espagnoles et flamandes : mythologie, religion, paysage et natures morte du XVe au XXe siècle vous attendent.

C'EST BIO À CROQUER €

22, avenue Bertrand Barère
✆ 05 62 34 84 48
www.cestbioacroquer.fr
Ouvert du mardi au dimanche de 10h à 15h et du jeudi au samedi de 18h à 23h. Compter 14 € pour un repas.

L'ambiance guinguette et le petit air d'accordéon qui vous accueille à l'arrivée vous donnent un indice de ce que vous allez trouver dans votre assiette. La carte 100 % bio fait appel aux producteurs régionaux, locaux, et même ultra-locaux, comme en témoigne la bavette issue d'un élevage iboscéen, en périphérie de Tarbes. A l'intérieur de l'établissement, le choix vous est offert entre la salle, la petite terrasse dressée dans la cour intérieure et une petite mezzanine de 12 places. L'ameublement sobre et moderne contraste avec la cuisine traditionnelle.

L'AMBROISIE €€€

48, rue Abbé-Torné
✆ 05 62 93 09 34
Ouvert le mardi et dimanche midi, du mercredi au samedi midi et soir. Compter 50 € pour un repas.

Table emblématique de Tarbes, L'Ambroisie a été reprise en juillet 2020 par le chef britannique Matthew Bayliss et sa compagne Cassandra Potier. Le jeune chef à peine trentenaire entend insuffler un vent de modernité aux grands classiques de la cuisine française, comme le lièvre à la royale. Les produits sont soigneusement sourcés auprès des meilleurs artisans-producteurs de la région : porc noir de Bigorre, agneau des Pyrénées, truite de Lau-Balagnas... Les accords sont subtils et les présentations délicates comme pour cet œuf parfait à la crème de champignon.

LOURDES ★★

De mars à octobre, la cité paisible au pied des montagnes change complètement de visage : le monde entier connaît et vient à Lourdes, ville de pèlerinage catholique par excellence. Ce sont les dix-huit apparitions de la Vierge que la jeune bergère Bernadette Soubirous dit avoir vues en 1858 qui ont changé à tout jamais la destinée du bourg. Très tôt, les environs furent habités, comme en témoignent des chefs-d'œuvre de l'art paléolithique (statuette d'un cheval en ivoire de mammouth : le moulage est exposé au musée Pyrénéen). Le château fort est un incontournable de la ville et l'ascension du Pic du Jer avec le funiculaire, un doux moment familial.

GROTTE DE MASSABIELLE

Les Sanctuaires, Route de la forêt
65100 Lourdes (France)
Accessible 24h/24 par la porte des Lacets.
✆ 05 62 42 78 78 - saccueil@lourdes-france.com
www.lourdes-infotourisme.com
Ouvert tous les jours et les jours fériés de 0h à 23h59. Gratuit. Accès libre 24h/24.

La grotte de Massabielle est l'une des plus célèbres au monde, car c'est ici que la Vierge est apparue 18 fois à la jeune Bernadette Soubirous. C'est ici aussi que la Vierge a indiqué la source miraculeuse à la jeune bergère. Surmontée par le rocher de Massabielle, la grotte s'enfonce sur 9,50 mètres. La source se trouve au fond à gauche et elle alimente les bassins et piscines dans lesquels plongent les pèlerins en quête d'un miracle. La grotte aussi appelée Grotte des Apparitions reçoit pas moins de 6 millions de visiteurs par an.

Près du Pont Vieux, hôtels au bord du Gave de Pau - Lourdes.

© PHOVOIR

CHÂTEAU FORT MUSÉE PYRÉNÉEN ★★

25, rue du Fort
✆ 05 62 42 37 37
www.chateaufort-lourdes.fr
Ouvert de 10h à 19h en haute saison ; du mardi au dimanche de 10h à 18h en basse saison. Entrée : 7,50 €.

Dominant fièrement la ville, après 144 marches, le château fort est un témoin majeur de l'histoire de Lourdes. Classé monument historique en 1995, il abrite le musée Pyrénéen. Fondé en 1921 par Louis et Margalide Le Bondidier, il présente la vie quotidienne dans les Pyrénées du XVIIIe au XXe siècle. Une salle sur la faune pyrénéenne permet de découvrir les animaux les plus emblématiques de la région et une autre abrite une magnifique collection de costumes provenant de l'Ariège à l'Aragon, et une autre plus insolite de surjougs d'époque. Tour à tour résidence du comte de Bigorre, forteresse médiévale, prison royale et garnison, le château a été maintes fois remanié. Plusieurs éléments architecturaux défensifs témoignent de ce poste militaire de premier ordre. Vous découvrirez le pont-levis, la citerne, la porte fortifiée avec sa herse et son assommoir et le donjon. Son allure actuelle lui est donnée par trois lignes de défense successives ainsi que par les modifications apportées par Vauban en 1685 et le Génie militaire au XIXe. En suivant le chemin de ronde, vous atteindrez la plate-forme d'artillerie, Pointe du Cavalier Sud, qui offre un vaste panorama sur la ville, le sanctuaire et les Pyrénées. En fin de visite, sur la terrasse, les enfants apprécieront le jardin botanique et les maquettes représentant l'habitat traditionnel et l'architecture religieuse. Les plus jeunes pourront résoudre des énigmes grâce aux fiches-jeux Randoland qui accompagnent le parcours.

CAMPING LA BERGERIE*** €€

79, rue des Chênes - **LANNE**
✆ 05 62 45 40 05
www.camping-la-bergerie.com
Compter entre 21,50 € et 25,50 pour 2 en emplacement avec électricité 10 A ; de 290 € à 460 € la semaine en bungalow.

A mi-chemin entre Lourdes et Tarbes, ce camping est un îlot de dépaysement. Le village de Lanne est petit mais plein de charme et c'est là que les palmiers de La Bergerie ont élu domicile. Idéal pour les familles, il vous propose des emplacements vastes mais aussi un parc locatif de mobil-home et de bungalows toilés. Des animations sportives et culturelles rythment la saison estivale et les attractions sur place sont nombreuses : tennis, terrain multisports, piscine… Possibilité de restauration sur place et épicerie de dépannage complètent l'offre.

CHOCOLATS PAILHASSON

6, place Peyramale
✆ 05 62 42 01 31
www.chocolat-pailhasson.com
Ouvert du mardi au samedi de 9h à 12h30 et de 15h à 19h.

Cette chocolaterie est tout simplement la plus ancienne de France. En 1729, l'apothicaire Pailhasson fait venir des fèves de cacao de Bayonne et fonde sa chocolaterie. Avec l'avènement du thermalisme au XIXe siècle, la chocolaterie connaît un franc succès et les bonbons de chocolat régalent Napoléon III et sa cour, l'impératrice Eugénie et le pape Léon XIII. Vous dégusterez dans ce salon de thé de nombreuses spécialités telles que les cœurs des Pyrénées, les crottes d'isard ou encore les cailloux aux amandes. Les puristes les accompagnent d'un bon chocolat chaud.

NAY

En 2002, la bastide fêtait ses sept siècles. C'est l'occasion de rappeler son histoire. Nay était à l'origine formée de six vastes îlots et avait une vocation autant militaire que commerciale. Contrairement à l'usage, les Nayais ne bénéficièrent pas d'entrée de l'application du for de Morlaàs, dont les avantages politiques et économiques étaient habituellement accordés aux habitants des bastides. Incendiée à plusieurs reprises, pillée, la cité finit par revivre et se transformer peu à peu en cité industrielle, spécialisée en filature. A visiter l'église médiévale du XVe siècle avec son originale tour-clocher gothique de 33 m de hauteur.

© YVANN K - FOTOLIA

Les toits et l'église de Nay.

SUD-OUEST

ARUDY ★

Outre l'église Saint-Germain, érigée aux XVe et XVIe siècles, parfait métissage de l'art roman et de l'art gothique, les visiteurs peuvent aussi découvrir les carrières de marbre ; il faut savoir que la vallée d'Ossau a longtemps trouvé une importante source de revenus dans l'exploitation de son calcaire métamorphique. En attestent les maisons des alentours qui comportent toutes des éléments souvent tirés de déchets, provenant d'Arudy. Du gris bleuté, au polychrome, ce marbre servit à la construction du château de Laeken, en Belgique, et de l'Empire State Building de New York... Une carrière reste encore aujourd'hui en activité à l'ouest d'Arudy.

Arudy.

LURBE-SAINT-CHRISTAU ★

Dans ce village, au lieu-dit Castera de Pères ou Tutes de Carrelore la grotte de Bérénice était très certainement un abri préhistorique étant donné le matériel de l'âge de l'Alézien trouvé à l'intérieur, puis véritable point de surveillance de la voie romaine, à la sortie de la Pène d'Escot. Célèbre pour sa forêt du Bager, abri des maquisards qui, en juin 1944, ont fait dérailler un train. Après une activité thermale liée aux ressources en eaux ferro-cuivreuses, aujourd'hui interrompue, le village demeure une étape de charme. Le gave d'Aspe et l'Ourtau constituent avec le château de Lurbe et l'église Saint-Etienne des atouts très agréables.

OLORON-SAINTE-MARIE ★★

Oloron, au riche patrimoine culturel, sur les chemins de Saint-Jacques, charnière entre l'Espagne et l'Atlantique est aussi une véritable plaque tournante, au carrefour des trois vallées. Mais elle a aussi sa vie propre et a su au fil des années retenir les visiteurs. 1 étoile au Michelin fait entrer la cité dans une nouvelle ère, celle du tourisme. Avec une municipalité particulièrement dynamique qui est parvenue à mettre en valeur un riche patrimoine architectural, en innovant avec l'arrivée du fameux bracelet à mettre au poignet dans le but de s'informer aux 14 bornes interactives installées à l'intérieur des trois quartiers historiques de la ville.

AMPHITRYON €€

23, place Saint-Pierre ✆ 05 59 39 78 50
www.amphitryon-oloron.com

Ouvert à l'année. 5 chambres (double 75/95 €, triple dès 105 €) avec petit déjeuner. Table d'hôte 25 €/pers.

L'Amphitryon est une maison d'hôtes installée dans une demeure du XVIIIe siècle au cœur du quartier médiéval d'Oloron. Dès l'entrée vous trouverez un piano, une grande cheminée traditionnelle, une grande table en bois où est servi le petit déjeuner et un bar en pierres du Gave. Une ambiance de caractère avec une décoration axée sur un méli-mélo de fer forgé, bois et pierres que l'on retrouve dans les chambres, où l'on accède par un escalier ancien. Patrick et Corinne n'ont de cesse d'améliorer le confort en apportant toujours plus de services en chambre.

RESTAURANT LE CHAUDRON €€

18, avenue du Marechal de Lattre du Tassigny
✆ 05 59 39 76 99 - www.le-chaudron-oloron.fr

Menu unique à 26 €. Carte : 15 € environ. Formule du midi : 16 € (entrée-Plat-Dessert du mardi au vendredi midi).

Le Chaudron est à coup sûr un bon. Chaque jour, la formule du midi change et régulièrement la carte propose des plats différents, toujours à base de produits frais, locaux et de saison. La cuisine de Rémi a du succès, le restaurant faisant souvent le plein, notamment le Burger du Chaudron entièrement fait maison comme chacun des plats à la carte. Le restaurant propose également des viandes et des poissons toujours en lien avec la saison et la région. Le Chaudron est en tout cas une belle adresse à Oloron où vous passerez assurément un bon moment !

LASSEUBE

Lasseube se trouve entre un splendide paysage de montagnes et un ruban de vignes sur les zones de l'AOC jurançon et vin de Béarn. Elle a d'ailleurs donné son nom à une variété de vigne, le camarelet de Lasseube. Au cœur de la commune située entre Pau et Oloron-Sainte-Marie, le clocher du village côtoie des fontaines remarquables et des maisons typiquement béarnaises, non loin de la rivière qui serpente sous des ponts de pierre. C'est là que les Seuvetons, nom local pour désigner les Lasseubois, en mai, fêtent leurs vignerons.

LES AMANTS DU MARCHÉ €€

1, rue Bourbaki
✆ 05 59 02 75 51
www.lesamantsdumarche.fr

Du mardi au samedi de 12h à 14h et de 19h à 21h30. Menu unique à 23 € ou 18 €. Formule du midi : 15 €.

Dans un cadre simple et convivial, à la décoration très personnelle, chaleureuse et originale, vous pourrez retrouver tout au long de l'année des expositions de peintures et sculptures d'artistes locaux. Le menu lui se compose de différents plats du jour toujours copieux. Au choix, 3 entrées, 3 plats, 3 desserts... La carte change souvent et propose des plats aussi succulents qu'atypiques, et bien sûr totalement végétariens et bios ! Ici vous voguez dans un parfait métissage d'originalité, de qualité et de saveurs venues d'ailleurs.

PAU ★★★

Au cœur des Pyrénées-Atlantiques, Pau possède plus d'un atout pour séduire et charmer les touristes et autres visiteurs de passage désireux de profiter de cette ville située au cœur des montagnes. Pau et son château, où Henri IV voit le jour en 1553 ; Pau et son haras national, inscrit aux Monuments historiques, mais également Pau et son golf, qui n'est rien de moins que le plus vieux golf du monde, exception faite des îles britanniques. Pau est aussi intimement lié à l'eau, avec son gave, le gave de Pau, lieu rêvé pour les amateurs de sports aquatiques. Rafting, stand up paddle, canoë-kayak, hydrospeed n'auront bientôt plus aucun secret pour vous.

BIO BÉARN

41, rue Fouchet
✆ 05 59 13 81 81

Ouvert du lundi au samedi de 9h à 19h30.

Les adeptes du bio et des produits issus de l'agriculture locale connaissent bien ce magasin : depuis 1992, Bio Béarn est le spécialiste dans ce domaine et même un des précurseurs. Aujourd'hui ce ne sont pas moins de 6 000 références qui représentent une manière de vivre et de consommer, une diversité qui, doublée de la qualité, a bâti le succès de l'enseigne. Vous êtes ici dans la même représentation qu'un supermarché conventionnel sauf que, vous l'aurez compris, tout est bio ! On apprécie la diversité et la qualité des produits.

Le gave de Pau.

SUD-OUEST

SUD-EST

PAYS DU CHAROLAIS ET DE L'ALLIER

PARCOURS GPX

LIEUX	Km partiel	Km cumul	Routes
TOURNUS	0	0	D215 puis D159
MARTAILLY-LÈS-BRANCION	13	13	D14 puis D146
PRAYÈS	7	20	D187 puis D446
BLANOT	10	30	D146 puis D115
CLUNY	11	41	D465 puis D165
MAZILLE	9	50	D17 puis D79
BEAUBÉRY	21	71	D79
LA CLAYETTE	17	88	D985 puis D987
SAINT-DENIS-DE-CABANNE	17	105	D4 puis D81 puis D4
BELMONT-DE-LA-LOIRE	13	118	D31 puis D8
COURS-LA-VILLE	11	129	D308
THIZY	9	138	D504
ROANNE	22	160	D9
RENAISON	12	172	D9 puis D25
CHÂTEL-MONTAGNE	31	203	D207 puis D176
ARRONNES	15	218	D995
VICHY	17	235	D906
THIERS	35	270	Arrivée

5 KM

- Sens du circuit
- Itinéraire 269 km
- Aire de service
- Aire de camping
- Villes
- D Départ
- A Arrivée

TOURNUS ★★

Connue dès le VIe siècle grâce à un sanctuaire dédié à Saint Valérien, la ville devient dès le IXe siècle un centre religieux abritant les reliques de saint Philibert. Etape historique et gastronomique de choix, on aperçoit, dès l'autoroute A6, les majestueux clochers de l'abbatiale qui domine cette fière cité médiévale. S'étirant en bordure de Saône, entre la plaine bressane et les monts du Mâconnais, Tournus est un lieu de vacances très prisé : on apprécie ses ruelles pittoresques, et nombre d'activités sont possibles dans un environnement écologique préservé. Entre randonnées et navigation de plaisance, Tournus nous ouvre les portes du Sud.

AUX TERRASSES €€€

18, avenue du 23-Janvier
✆ 03 85 51 01 74
www.aux-terrasses.com
Menus de 28 € à 35 €, du mardi au vendredi le midi. Menu de 70 € à 105 €.

Le chef, Jean-Michel Carrette fait partie du club prestigieux des étoilés de Tournus, réinventant la cuisine familiale tout en préservant le patrimoine culinaire local. La carte fait la part belle aux bons produits du terroir bourguignon très généralement issus de producteurs régionaux pour ne pas dire locaux. Résolument moderne, le chef à sa particularité et les clients devront lui faire entièrement confiance pour leur repas. Un cadre somptueux et moderne mais absolument pas guindé. Des formules mets et vins sont aussi possibles, alors laissez-vous porter !

LES VIGNERONS DE MANCEY

D906 ✆ 03 85 51 71 62
www.lesvigneronsdemancey.fr
Ouvert tous les jours, du lundi au samedi, dimanche et jours fériés. Formules ateliers et dégustations à partir de 5 €.

La cave des Vignerons de Mancey a pour volonté la promotion du terroir bourguignon et du savoir-faire des vignerons. Un concept simple réunissant espace muséographique et espace de vente. La cave propose un choix de 85 appellations disponibles en boutique, des vins de domaines bourguignons ainsi qu'un large choix de produits du terroir. Dans cet espace « œno-divertissant », plusieurs formules de dégustations sont proposées pour répondre à tous les publics. Les Vignerons de Mancey font preuve de dynamisme, et des animations sont proposées tout au long de l'année.

MARTAILLY-LÈS-BRANCION

Martailly-lès-Brancion est un musée-village qui prend vie avec les nombreux passages des touristes durant la saison. Son donjon, son église romane et ses rues médiévales constituent une des plus belles cartes postales de la région. Parmi les plus beaux points de vue du site, il est plus que conseillé de s'armer de courage pour grimper les quatre-vingt-huit marches du donjon du château. Etape incontournable pour tous les amoureux des vieilles pierres, ce petit village rural aux maisons typiques du Haut-Mâconnais est labellisé « Cité de Caractère Bourgogne Franche-Comté ». De jolies randonnées dans la forêt voisine feront le bonheur des sportifs.

CLUNY ★★★

Cluny est à bien des égards une ville très appréciée des touristes. Située au cœur du réseau européen clunisien, au centre d'un Pays d'Art et d'Histoire, Cluny cumule les labels et les mentions : Grand itinéraire culturel du Conseil de l'Europe, Patrimoine européen. Avec à peine 4 800 habitants, cette petite ville n'est pas connue par sa superficie, mais par sa grandeur architecturale et culturelle. Avec un patrimoine hors du commun : abbatiale, maison médiévale, musée, Hôtel-Dieu et Haras national (le seul en Bourgogne), les habitants sont fiers d'accueillir plus de 70 000 visiteurs chaque année. Un parc hôtelier et de nombreuses solutions d'hébergement permettent aux visiteurs de prendre le temps de découvrir la ville et sa région. La restauration n'est pas en reste avec un grand nombre de restaurants présentant une cuisine à l'image de la gastronomie bourguignonne. Ville de savoirs, Cluny possède aussi une École Nationale des Art et Métiers, installée depuis 1901 dans l'abbaye. Cette école renommée s'inscrit dans une tradition d'enseignement et de recherche. Du côté de la culture, Cluny est un superbe écrin qui accueille chaque été les « Grandes Heures de Cluny » entre envolées lyriques et dégustation de vins locaux et le Festival de jazz qui dure depuis plus de 25 ans. Balades vertes à pied dans les sentiers balisés, à vélo sur la voie verte ou encore à cheval : les façons de profiter de la belle cité sont nombreuses.

ABBAYE DE CLUNY ★★★

Place du 11-Août-1944
✆ 03 85 59 15 93
www.cluny-abbaye.fr

Horaires sur le site Internet. Gratuit jusqu'à 25 ans (ressortissants européens). Adulte : 8 €.

La célèbre Abbaye classée patrimoine Européen, est le berceau de l'ordre clunisien, qui a affirmé sa suprématie dans le monde monastique de l'Europe médiévale. Impossible de venir jusqu'à Cluny sans prendre le temps de visiter ce lieu incroyable. L'ordre s'incarna dans ses illustres abbés tels Pierre le Vénérable, abbé de Cluny de 1122 à 1156, ou Hugues de Semur, abbé de 1049 à 1109, qui fit ériger la troisième église abbatiale (Cluny III), consacrée en 1130 et plus grand édifice de la Chrétienté – 187 m de long – avant la construction de Saint-Pierre de Rome. Aujourd'hui, peu de choses subsistent de la puissance d'autrefois hélas. Cluny fut utilisée comme carrière de pierre, avant d'être progressivement démantelée jusqu'en 1823. L'endroit respire encore néanmoins la grandeur des Clunisiens qui, malgré leur vœu de pauvreté avaient pris goût à l'opulence, jusqu'au déclin de Cluny à la fin du Moyen Age. On peut aujourd'hui admirer une partie du bras sud du transept, qui donne une idée du gigantisme de l'église abbatiale, deux palais abbatiaux du XVe siècle ainsi que des bâtiments conventuels construits au XVIIIe siècle. Dans le musée Ochier sont conservés des vestiges et maquettes de l'ancien monastère et du bourg médiéval. Les visites guidées, les reconstitutions en 3D et les maquettes qui ponctuent la visite aident l'imaginaire à se faire une idée de ce qu'était le caractère grandiose de l'édifice. Sachez que le billet de la visite de l'Abbaye inclue aussi la visite du musée d'art et d'archéologie.

© VENTDUSUD / SHUTTERSTOCK.COM

CAMPING SAINT-VITAL★★★ €€

30, rue des Griottons
✆ 03 85 59 08 34
www.cluny.fr

D'avril à octobre. Emplacement + véhicule + 2 personnes de 18,20 € à 20,70 €. Aire pour camping-cars.

Avec une vue imprenable sur le bourg médiéval, le camping permet une halte de plein air à petit budget pour qui veut séjourner à Cluny. Calme et ombragé avec un accés direct à la voie verte, espace goudronné et sécurisé pour les balades à pied en roller ou à vélo, le camping bénéficie également de la proximité des structures sportives et culturelles de Cluny : terrains de tennis, centre équestre... Voisine accueillante, la piscine municipale est gratuite et à distance raisonnable. Bien intégré au bourg, le camping est plutôt fréquenté. Pensez à réserver !

LA PETITE AUBERGE €€

18, place du Commerce
✆ 03 85 59 02 96

Ouvert le lundi et le mardi le midi ; du jeudi au dimanche le midi et le soir. Ouvert le lundi soir en été.

A la carte, des pizzas, sur place ou à emporter, avec les classiques, mais aussi d'autres plus originales comme la créole, l'andalouse, celle aux escargots, avec du lard fumé et de la mozzarella ou la franc-comtoise avec saucisse de Morteau, pomme de terre et cancoillotte pour un clin d'œil à la Franche-Comté voisine. Et même une végétarienne ! Un menu du jour très raisonnable qui change quotidiennement permettant de venir souvent ! La terrasse apporte cette touche agréable aux beaux jours pour déjeuner dehors ou chanter durant les soirées estivales.

LA CLAYETTE

Ce que l'on retient de La Clayette, c'est son splendide château, digne de La Belle au bois dormant, situé au cœur de la cité, et qui fut jusqu'à la Révolution la plus puissante seigneurie de la région. Tournée vers le tourisme vert, La Clayette est aussi connue pour être la ville du cheval ; l'hippodrome accueille d'ailleurs concours et courses hippiques. La Clayette, dans son écrin de verdure, est propice aux balades sur ses sentiers balisés « balades vertes ». Enfin, la création de mosaïcultures est aussi une des particularités de la ville, une technicité déployée par l'équipe des espaces verts, affichant des créations originales dans toute la ville.

ROANNE ★

La capitale économique et culturelle du Roannais s'étire sur deux mille ans d'histoire et constitue la porte d'entrée de la région. Une promenade dans le centre ancien vous mènera des places historiques aux rues piétonnes, des marchés aux halles, du XIIe siècle du château au XIXe du théâtre à l'italienne, des fours de potiers gallo-romains du IIe siècle au baptistère du haut Moyen-Age, en passant par l'église Saint-Etienne. Façades colorées, murs peints en trompe-l'œil, Roanne est aussi un port et une ville où coule la Loire. Le canal de Roanne à Digoin est relié au canal du Centre et au canal latéral à la Loire.

RENAISON ★

Renaison est située de manière centrale sur la côte roannaise, terroir propice à la viticulture, ses deux barrages et l'abondance de sa végétation en font une commune privilégiée. Lieux de promenade et de détente, ils sont aussi la réserve en eau potable de tout le bassin roannais. Réalisés dans le souci de préserver l'écologie du milieu, ils restent deux ouvrages parfaitement intégrés dans une nature encore à l'état sauvage. Renaison compte environ 3 000 habitants, le centre du bourg se veut pratique et attractif. Les grands trottoirs, les halles, les commerces sont autant de réalisations qui agrémentent ce véritable centre de vie.

CHÂTEL-MONTAGNE

Ce village de 300 habitants est situé sur une branche de la voie romaine reliant Vichy et Roanne. D'importantes foires se tenaient à Châtel-Montagne au XVIe siècle. Le village a été marqué par la présence religieuse entre le XIIe et le XVIe siècle, d'un prieuré et de quatre moines. Les différents seigneurs qui se sont succédé en tenant une place importante dans l'histoire locale ont assuré la renommée de leur fief. C'est la Révolution française de 1789 qui entraîna progressivement le déclin du village. A voir, son église de type roman du XIIème siècle, notamment restaurée au XVIIIe siècle avec l'aide d'un don conséquent de Napoléon III.

VICHY ★★★

Elle devient bourbonnaise lorsqu'en 1344, Jean II de Vichy l'échange avec Pierre Ier de Bourbon. En 1605, Henri IV crée la surintendance générale des bains et fontaines minérales de France, qui exploitera des eaux de Vichy. Y séjourne Napoléon III, à l'origine de la construction des chalets. Au début du XIXe siècle, la cité se lance dans la fabrication de la toile vichy et d'une pastille aux vertus digestives. De 1940 à 1944, Vichy devient capitale de la France, les hôtels sont transformés en ministères. Reconnue pour sa douceur de vivre, la ville s'est dotée de nombreuses infrastructures sportives et s'enorgueillit d'événements culturels de qualité.

LES JARDINS DES HURLE VENTS

Rue louis neillot - **LE VERNET**
✆ 06 12 13 20 46
Ouvert de mars à novembre. Du mercredi au vendredi 14h-19h, samedi 14h30-18h, dimanche 14h30-19h.

Les jardins des Hurle Vents, c'est le travail de Virginie Clavel, pépiniériste et paysagiste spécialisée dans les plantes vivaces. On trouve ici pas moins de 600 variétés de plantes vivaces, qu'on découvre dans un joli jardin - offrant une très belle vue ! - et qu'on peut ensuite acheter à la pépinière. Virginie est là pour vous aider, vous aiguiller et vous conseiller pour vous permettre les meilleurs choix d'assemblage. Le plus : la petite buvette avec vue ! On recommande chaudement.

LE PARCOURS PATRIMOINE

Ouvert toute l'année. Tous les jours. Gratuit.

Il se décline en deux circuits : Or et Azur, pour découvrir les monuments majeurs de Vichy à travers 27 bornes. Le circuit Azur se situe dans le quartier thermal s'organise autour du parc et hall des Sources. Le circuit Or vous emmène dans le vieux Vichy, construit sur le rocher des Célestins avec la source la plus célèbre des eaux de Vichy. Mais aussi l'église Saint-Blaise et Notre-Dame-des-Malades de style Art déco au fabuleux décor intérieur, le Castel Franc, maison de bailliage du XVIe siècle, bâtie sur les anciennes fortifications de la ville.

SUD-EST

LE BISTROT DE PIERROT €€

22, rue de la Source-de-l'Hôpital ✆ 04 43 03 69 49
www.lebistrotdepierrot-vichy.com

Ouvert du mardi au mercredi midi, du jeudi au samedi midi et soir. Formule du midi : 16 €. Menus de 25 à 30 €.

Sympathique bistrot chic donnant sur la rue du Maréchal-Foch et la rue de la Source-de-l'Hôpital, d'une trentaine de couverts, et cuisine ouverte sur la salle. Sébastien travaille uniquement les produits locaux et de qualité : viande charolaise et agneau Label Rouge du Bourbonnais, poissons en fonction des arrivages. Il change son menu au fil des saisons avec au choix deux entrées, deux plats et deux desserts (vacherin framboise vanille, mousse au chocolat...). Il confectionne des sandwichs au pain au maïs, avec des garnitures différentes tous les jours.

THIERS ★★

Située aux portes du Parc naturel du Livradois-Forez, Thiers, capitale de la coutellerie, s'est développée sur la rive ouest de la Durolle. Au XIVe siècle, Thiers connaît un regain d'activité important grâce à la coutellerie, la papeterie, la tannerie et la fabrication de cartes à jouer. La coutellerie anime toujours la vie de Thiers. Chaque année se déroule Coutellia, le plus grand festival d'Europe dédié à la coutellerie d'art et de tradition. À voir en priorité : le musée de la Coutellerie, le centre d'art contemporain du Creux de l'enfer et l'église Saint-Genès. L'été, la ville s'anime avec la Pamparina, un grand festival musical gratuit.

© SERVICE COMMUNICATION VILLE DE THIERS

Moutier passerelle.

MUSÉE DE LA COUTELLERIE ★

23, rue de la Coutellerie ✆ 04 73 80 58 86

Ouverture et horaires variables : consulter le site Internet. Adulte 7,20 €, enfant (à partir de 10 ans) 3,10 €.

Le musée de la Coutellerie est situé dans le centre ancien de la ville, dans deux maisons traditionnelles thiernoises. La première partie présente la coutellerie à Thiers, sous des angles historiques, ethnographiques et sociaux. Dans la seconde partie, les couteliers du musée vous proposent deux démonstrations : le montage d'un couteau fermant et l'émouture traditionnelle thiernoise. Les deux étages de collections témoignent du savoir-faire des couteliers thiernois. Les plus jeunes ne sont pas oubliés avec un parcours-découverte qui animera leur visite !

VALLÉE DES ROUETS ★

Château Gaillard
✆ 04 73 80 58 86
www.ville-thiers.fr

Parcours libres gratuits. Visite guidée juin, sept, tlj 14h-18h. Été tlj 12h-19h. Adulte 4,30 € (gratuit -10 ans).

Site exceptionnel qui a concentré pendant plusieurs siècles deux des principales activités coutelières : l'émouture et le polissage des lames. C'était le fief des émouleurs, ces seigneurs de la coutellerie qui travaillaient dans des rouets et conféraient aux lames leur tranchant. À Thiers, ils avaient la particularité de travailler allongés sur une planche en bois au-dessus de leur meule, avec leur chien sur les jambes comme unique protection contre l'humidité et le froid. Les ruines de plusieurs de ces rouets sont visibles sur les circuits aménagés.

COSINA €€

4, rue du bourg
✆ 04 43 14 12 66

Ouvert du mardi au samedi, midi et soir. Juillet-août : lundi-samedi. Menu enfant 8,50 €. Menu midi 14,50 €. Terrasse.

Après avoir cuisiné en Chine ou encore en Russie, Alexandre Fauth a décidé de poser ses valises à Thiers. La Cosina, c'est une brasserie-pizzeria à la décoration sobre mais conviviale. En cuisine, on ne travaille qu'avec des produits frais et en circuits courts. Le bœuf est 100 % salers, le canard vient des Landes... Exception pour les produits italiens, qui viennent... d'Italie. Et ça se sent, la pizza 5 fromages à la ricotta fraîche et au provolone fumé est un régal. Pour le dessert, laissez-vous tenter par le tiramisù au caramel au beurre salé, une tuerie !

LACS DE SAVOIE

LIEUX	Km partiel	Km cumul	Routes
YVOIRE	0	0	D25
GENÈVE	26	26	D1205
ANNEMASSE	9	35	D1206 puis D15
CRUSEILLES	25	60	D1201
ANNECY	19	79	D909 puis D909A
TALLOIRES	12	91	D909A puis D1508
DUINGT	14	105	D1508
SÉVRIER	8	113	D912 puis D911
GRÉSY-SUR-AIX	37	150	D49E puis D913
LA FÉCLAZ	21	171	D206A puis D912
CHAMBÉRY	20	191	N201 puis D1504
LE BOURGET-DU-LAC	12	203	D1504 puis D914
ONTEX	15	218	D210B puis D914
CHINDRIEUX	15	233	D991B
SAINT-GERMAIN-LA-CHAMBOTTE	8	241	D991B puis D1201
AIX-LES-BAINS	12	253	Arrivée

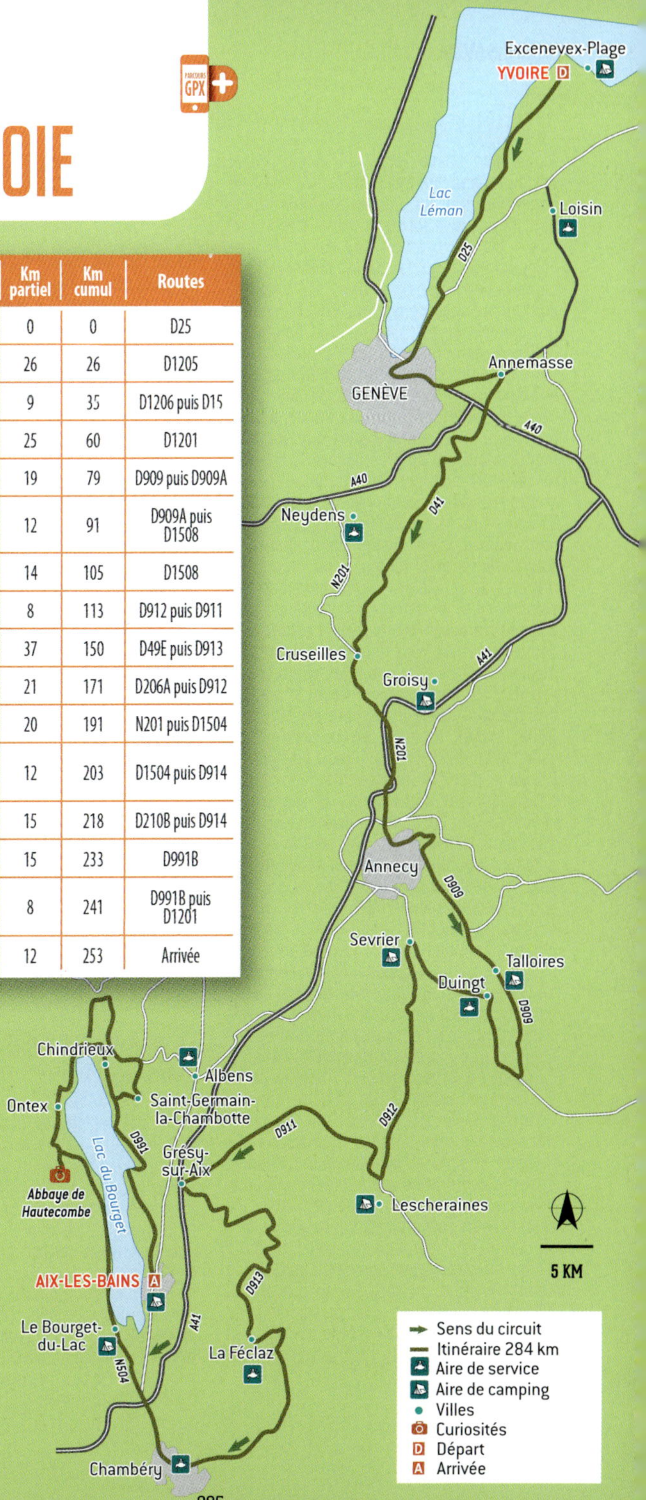

YVOIRE ★★★

Riche d'un passé remis en valeur, Yvoire est aussi appelée « la perle du Léman ». Construite sur un éperon rocheux dominant le lac, à la jonction des « petits » et des « grands » lacs, Yvoire est un élégant village fortifié qui a su se préserver des constructions modernes dans son enceinte aujourd'hui tant convoitée. Une convoitise qui commença en 1306, quand Amédée V le Grand entreprit de protéger de murs cette véritable sentinelle du Léman. Cette position stratégique lui assurera une certaine prospérité, notamment grâce aux franchises. S'il traversera le Moyen Age sans que ses bâtiments subissent de gros dégâts, le château ne résistera pas aux assauts des Genevois et des Français et sera privé de toit pendant 350 ans ! Au fil des siècles suivants, Yvoire redevient un petit village de pêcheurs et d'agriculteurs et ce jusque dans les années d'après-guerre. C'est à ce moment que l'on comprit que le patrimoine contenu dans ces murs pouvait intéresser et attirer bien des touristes. Et pour redonner à Yvoire son meilleur visage, les habitants fleurirent le village. C'est ainsi qu'Yvoire reçut le premier prix national de fleurissement en 1959. En 2002, Yvoire, membre de la prestigieuse association des « plus beaux villages de France », reçoit le Trophée international des paysagistes et horticulteurs et représente la France au Concours européen du fleurissement. Si Yvoire est une véritable carte postale au bord du lac, où nos amis Suisses aiment débarquer aux beaux jours, le village subit à la belle saison une forte « invasion » touristique qu'il faut canaliser dans les rues étroites. Parkings payants, restaurants bondés, foule peu silencieuse, Futé n'aime rien tant que de visiter Yvoire hors saison, quand on flâne seul au milieu des vieilles pierres, que les bateaux sont rangés au port et que les (trop rares) restaurants ouverts vous accueillent en vous racontant l'histoire de ce si charmant village... On pénètre dans le village par la Porte de Rovorée pour s'engouffrer dans les rues bordées de maisons aux façades étroites et abondamment fleuries. On est d'abord attiré par le clocher à bulbe, brillant, de l'église. Pour la petite histoire, ce clocher est recouvert d'acier inoxydable censé rappeler par son éclat au soleil le ventre d'argent de la féra, poisson emblématique du Léman. Ensuite, on découvre le château du XIVe siècle qui domine le lac où l'on descend pour ressentir cette paix infinie qui règne ici (hors saison bien sûr !).

LABYRINTHE - JARDIN DES CINQ SENS®

Rue du Lac
✆ 04 50 72 88 80
www.jardin5sens.net

Ouvert tous les jours de mi-avril à début octobre à partir de 10h. Adulte : 14 €. Enfant 6/18 ans : 8 €.

C'est à l'emplacement de l'un des anciens potagers du château, dont le plan est conservé avec ses allées et ses bassins, qu'a été créé en 1986 ce jardin classé « Remarquable » en 2004 par le ministère de la Culture. Ce jardin, aux murs végétaux composés de charmille et de pommiers palissés, offre aux visiteurs quatre lieux de réflexion, de méditation, d'émerveillement sur le thème des cinq sens : dans le salon du goût, les pommiers prennent des formes incongrues, tandis que les légumes sont sagement alignés, le salon des senteurs nous laisse deviner ses parfums et le salon du toucher nous invite à le caresser, le salon des couleurs attire irrésistiblement l'œil... Un pigeon paon tout blanc se pose dans le cloître, le bruit de l'eau et le chant des oiseaux éveillent notre dernier sens, l'ouïe. Au total, ce ne sont pas moins de 1 500 variétés de plantes qui se trouvent exposées ici. Dans ce paradis retrouvé, chacun trouve son bonheur : admiration devant le travail accompli par des jardiniers d'exception, éblouissement devant ce tableau vivant, sentiments profonds d'apaisement et de vitalité. Et surtout, chacun retrouve des gestes simples tels que sentir le parfum d'une fleur, observer la nature dans ses moindres détails, croquer la vie en quelque sorte. Pour les enfants, un questionnaire-découverte - différent en fonction de l'âge - permet d'aller à la rencontre du jardin et à la découverte de leurs sens. Une visite hautement recommandée pour toute la famille.

LE PRÉ DE LA CURE €€

1, place de la Mairie
✆ 04 50 72 83 58

Fermé du 28 octobre au 18 mars. Chambre double de 100 à 140 €. Menus de 20 à 57 €.

Le Pré de la Cure ajoute le grand bonheur d'un séjour gourmand. Jardins et terrasses panoramiques ouvertes sur un décor de rêve. Sérénité et convivialité se marient parfaitement dans une salle élégante. Accueil des plus agréables et service remarquable à la table d'Amélie et du chef Olivier Magnin qui sublime des produits sélectionnés avec soin, créant des associations magistrales de saveurs et de textures. Sans oublier les associations avec les vins sur une très belle carte. Ne pas manquer le menu Chasse qui revient chaque année avec un grand succès.

ANNEMASSE ★

Associée à douze communes, accolée à la frontière suisse, Annemasse est le centre de la deuxième agglomération de Haute-Savoie et le deuxième pôle économique du département. Outre cette position privilégiée, Annemasse reste une ville à découvrir. Pour les amoureux des sports d'eau, vous pourrez goûter aux joies du canoë-kayak sur le bassin d'Etrembières ou nager en eau calme au centre aquatique, le Château Bleu, avec son espace bien-être (bain bouillonnant, hammam…), ses jeux d'eau extérieurs, son bassin couvert de 50 m permettant la natation toute l'année. Pour les activités culturelles, de nombreuses structures rythment la ville.

FROMAGERIE CUGNET

10, rue Capitaine-Charles-Dupraz

✆ 04 50 38 17 87

Ouvert du mardi au samedi de 9h à 12h30 et de 14h30 à 19h30.

Impossible de passer devant cette superbe fromagerie sans remarquer la transformation qui s'est opérée à la Fromagerie Cugnet. Décor contemporain du meilleur goût pour mieux mettre en avant les stars que sont les fromages. Une sélection de saison remarquable par Cédric et Thibaud, toujours présents pour nous conseiller parmi les fromages dont ils connaissent chaque producteur. Des producteurs le plus souvent locaux sans s'interdire des excursions vers d'autres terroirs. A découvrir, les fromages « maison » avec de belles créations, notamment pendant les fêtes.

CRUSEILLES

Une grande ville sur l'axe Annecy-Genève, où l'on passe souvent bien trop vite sans prendre le temps de découvrir ce bourg au patrimoine intimement lié au comté de Genève. A découvrir à Cruseilles et aux alentours, les églises des XIIe et XVe siècles et les ponts suspendus ou le Pont de la Caille domine la rivière les Usses. Son patrimoine naturel est tout aussi intéressant, notamment le parc des Dronières. Près du lac, on peut pratiquer de nombreuses activités entre le centre nautique, le parc animalier (où les biches ne sont pas farouches), le parc aventure, un parcours de santé, les jeux pour enfants et de belles promenades.

AUBERGE À LA FERME DE BAJOLE €€

490, route de la Ferrande - **COPPONEX**

✆ 04 50 44 13 97

www.aubergedebajole.com

Ouvert toute l'année. Haute saison : du mardi au samedi le soir, du mercredi au dimanche à midi. Carte : 35 €.

Caroline, en salle et au service du vin dont elle est une spécialiste, et Lesly en cuisine transmettent leur passion pour les produits du terroir. Dans cette ferme familiale, terrasse paradisiaque et salle chaleureuse, les menus ont disparu au profit d'une carte renouvelée toutes les 6 semaines à base de produits locaux de saison. Filet de bœuf de Haute-Savoie, gibiers de la chasse en septembre, fromages d'ici… jusqu'aux desserts maison. L'Auberge du bonheur.

ANNECY ★★★

Annecy doit son surnom de Perle des Alpes à sa situation géographique mêlée à la beauté de son architecture médiévale. Au pied de la montagne du Semnoz, au bord du lac d'Annecy avec une perspective panoramique exceptionnelle sur les massifs des Bauges et des Aravis, Annecy présente un décor digne des plus belles cartes postales. Le centre historique d'Annecy borde le lac et s'ouvre sur la grande esplanade du Pâquier où se déroule chaque année début août la Fête du Lac. Très prisée des touristes, «la petite Venise» évoque le romantisme italien avec ses canaux et ses vannes qui régulent le cours du Thiou et le niveau du lac. Construit sur une île naturelle, le Palais de l'Ile est l'un des monuments les plus photographiés de France. Le château qui le surplombe offre l'un des meilleurs panoramas sur l'ancien bourg médiéval et les rives du lac. Très active dans le domaine culturel, avec un environnement de qualité, Annecy est une ville fleurie que la circulation encombre à dates régulières, victime de son succès touristique, et qui ne cesse d'inciter les visiteurs et les résidents à emprunter les transports en commun et les pistes cyclables pour bénéficier de ses meilleurs aspects. C'est l'une des villes touristiques les plus attractives des Alpes. Le Grand Annecy est né de la fusion de 5 intercommunalités du bassin annécien : Annecy-le-Vieux, Cran-Gevrier, Meythet, Pringy et Seynod. Désormais, Annecy se classe parmi les plus grandes communautés d'agglomération françaises regroupant 34 communes, accueillant un quart des habitations de la Haute-Savoie !

SUD-EST

CAMPING MUNICIPAL LE BELVEDERE**** €€

8, route du Semnoz ✆ 04 50 45 48 30
www.annecy-camping-municipal.fr
Emplacement + véhicule + 2 personnes de 13,80 à 19 €. Location d'un chalet à partir de 462 €/semaine. Wifi gratuit.

Une situation exceptionnelle pour ce camping municipal 4 étoiles puisqu'il est situé sur les premières hauteurs d'Annecy, entre la forêt du Semnoz et les rives du lac. Nombreuses activités outdoor pour s'amuser en famille, notamment pour les enfants avec une aire de jeux et un minigolf. Pour se reposer, 12 chalets d'une capacité de 6 personnes avec accessibilité pour les PMR, 90 emplacements pour les tentes, caravanes et camping-cars. Réservation conseillée en haute saison.

AUBERGE À LA FERME DE BAJOLE €€

490, route de la Ferrande - **COPPONEX**
✆ 04 50 44 13 97
www.aubergedebajole.com
Ouvert toute l'année. Haute saison : du mardi au samedi le soir, du mercredi au dimanche à midi. Carte : 35 €.

Caroline, en salle et au service du vin dont elle est une spécialiste, et Lesly en cuisine transmettent leur passion pour les produits du terroir. Dans cette ferme familiale, terrasse paradisiaque et salle chaleureuse, les menus ont disparu au profit d'une carte renouvelée toutes les 6 semaines à base de produits locaux de saison. Filet de bœuf de Haute-Savoie, gibiers de la chasse en septembre, fromages d'ici... jusqu'aux desserts maison. L'Auberge du bonheur.

LE CHALET À CRÊPES €

1, rue Vaugelas
✆ 04 50 51 69 18
Haute saison, ouvert tous les jours. Fermé le dimanche en basse saison.

Notre refuge gourmand en plein cœur d'Annecy, c'est Le Chalet à Crêpes. Chaleur humaine avec la gentillesse de Patrick Salon. Choix des crêpes préparées minute sous vos yeux par un authentique artisan. Les garnitures sont composées d'excellents produits, comme ce caramel au beurre salé maison. Revenir souvent en toute saison pour varier les plaisirs avec un vrai chocolat chaud, grand cru Nespresso, des glaces Mövenpick ou des jus de fruits pressés pour accompagner sa crêpe. Le sublime en toute simplicité, rien de meilleur pour nous régaler.

CHEZ INGALLS €€

29 bis, rue Vaugelas
✆ 04 50 45 25 96
www.chezingalls.fr
Ouvert tous les jours, service continu de 7h30 à minuit. Menu 38 €. Plat du jour : 10,90 €.

Chez Ingalls, restaurant créé il y a 18 ans, pourrait apparaître parmi les nouveautés tellement l'établissement a changé d'aspect tout en conservant ses bases. Les bases, c'est la qualité d'une cuisine de tradition réalisée à partir des meilleurs produits de saison. Ce qui a changé, c'est le cadre et le décor d'un restaurant qui prend une nouvelle dimension : agrandissement, nouvelle salle, décoration... et toujours la merveilleuse terrasse dans une cour privée. Transformation et continuité, Chez Ingalls compte parmi nos adresses préférées.

© LEONID ANDRONOV

Annecy.

LE MIJOTE €€

84, rue Carnot
✆ 04 50 62 63 47
https://lemijoteannecy.fr
Ouvert du lundi au samedi midi, du mercredi au samedi le soir. Plat du jour 13 €. Formule jour 17,50 €. Menu 23 €.

Manger bien, manger local, c'est pas compliqué, il suffit de s'installer au Mijoté. Belle terrasse, grande salle chaleureuse, accueil et service adorable pour savourer une cuisine de saison réalisée à partir de produits frais et essentiellement locaux. Corinne sélectionne les bons producteurs pour nous proposer des plats pleins de fraîcheur et de saveurs. Incontournable Mijoté du jour, truite rose cuite sur la peau, filet de bœuf et gratin de pommes de terre au Carvi. Fromages du marché et desserts maison. Belle carte des vins.

CURIOZ LOISIRS

228, route de Paris
LA BALME-DE-SILLINGY
✆ 04 50 68 18 31
www.campingcar-curiozloisir.com
Ouvert du mardi au samedi de 9h à 12h et de 14h à 18h30.

L'incontournable adresse pour tous les amoureux des caravanes et des camping-cars. Un vaste espace de 12 000 m² où l'on trouve un large choix en neuf – avec les marques Hymer, Pilote, Rapido... – et en occasions, sans oublier l'atelier d'entretien et réparations. Une fois que l'on a choisi son modèle (et qu'on a pu le financer... car ces superbes engins restent onéreux) pour partir en vacances sur les routes de France et d'ailleurs, on le «customise» avec plaisir à la boutique accessoires. Possibilité de louer un camping-car pour des vacances autrement.

TALLOIRES-MONTMIN ★★

Talloires est l'un des villages les plus cossus des rives du lac d'Annecy. Son patrimoine religieux - l'abbaye bénédictine aujourd'hui transformée en hôtel et le prieuré de Talloires - a été longtemps la marque d'un engouement passé. Puis l'auberge du père Bise, qui accueillit les personnalités venues par bateau d'Annecy, contribua à sa réputation dès le début du XXe siècle.

Au sommet du col de la Forclaz, Montmin est un charmant village perché, réputé pour sa vue saisissante sur le lac et le massif des Bauges, et d'où s'envolent les parapentistes. Petite station familiale de ski alpin en hiver, le joli village est aussi très agréable pour les activités sportives d'été.

RÉSERVE NATURELLE DU ROC DE CHÈRE

Roc de Chère
✆ 04 50 66 47 51
www.cen-haute-savoie.org
Ouvert toute l'année. Toute l'année, des visites guidées sont proposées aux groupes et aux particuliers.

A pied ou à vélo, il faut aller jusqu'à Echarvines et s'arrêter à l'un des joyaux du lac : la Réserve naturelle du Roc de Chère. Attention à bien respecter la réglementation pour protéger ce milieu unique, sanctuaire naturel offrant les criques les plus sauvages du lac. Le Roc de Chère est un petit massif montagneux forestier abritant une faune et une flore exceptionnelles liées à la diversité de micro-reliefs et de microclimats, entre falaises abruptes et vallon marécageux.

LA FERME DE LA FORCLAZ €

Col de la Forclaz
✆ 04 50 68 02 44
Haute saison : ouvert tous les jours le midi et le soir. Menus de 19,90 € à 29,90 €.

Une ferme encore en activité qui partage son goût de la tradition locale en ouvrant un bar-restaurant-boutique de spécialités haut-savoyardes. On apprécie la terrasse couverte et vitrée, ou celle non protégée, selon la saison, la météo et la température extérieure, pour déguster les plats incontournables de la ferme : les bougnettes (ou beignets) de pommes de terre, accompagnés de délicieuses charcuteries locales (saucisson et jambon fumé) et de salade verte ; ainsi que l'assiette d'assortiment de fromages, fabriqués et vendus sur place (reblochon et tomme).

L'ABBAYE DE TALLOIRES €€€

✆ 04 50 60 77 33
www.abbaye-talloires.com
Ouvert du mercredi au dimanche soir (tous les soirs en haute saison), samedi et dimanche midi. Menus de 59 à 109 €.

La baie de Talloires offre un écrin de rêve à cette abbaye millénaire, hôtel et restaurant, où s'exprime le talent du chef Christophe Le Digol. Accueil et service remarquables pour nous présenter le travail d'un cuisinier qui nous fait partager sa passion pour les meilleurs produits de saison. Association parfaite entre le sandre rôti, fenouil ananas et un jus de viande à la fève de tonka. L'autre grand personnage des lieux, c'est Charly, le sommelier de l'Abbaye. Une des plus belles caves de France pour une carte des vins exceptionnelle. Coup de cœur.

SUD-EST

DUINGT

Duingt se distingue par sa presqu'île sur laquelle pose son fier château privé de Ruphy. Face à la falaise du Roc de Chère, son avancée marque l'extrémité sud du grand lac et le passage vers le petit lac. Souvent peint depuis la rive opposée de Talloires – sa plus belle perspective –, notamment par Cézanne, il se repère aussi bien depuis la ville d'Annecy que du village de Doussard à son opposé. Le village a gardé son charme médiéval avec ses ruelles étroites et ses petites maisons rustiques savoyardes aux escaliers extérieurs et aux murs ornées de treilles. Balade sur la crête du Taillefer pour une belle randonnée surplombant le lac jusqu'à Annecy.

LE BISTROT DU PORT €€

236, route du Port
✆ 04 50 52 45 00
www.lebistrotduport-annecy.com

Ouvert tous les jours le midi et le soir. Formule du midi : 18 € (plat et dessert).

Au port de Sèvrier, une belle maison ouverte sur le lac avec deux terrasses splendides et une grande véranda pour profiter de la vue exceptionnelle. Salle chaleureuse autour d'un «bar cheminée» impressionnant. Bonheur complété par un accueil adorable et un service efficace. Cuisine savoureusement authentique, réalisée à partir de bons produits. Enfin une terrasse « les pieds dans l'eau » où l'on peut déguster une friture ou des filets de perche sans être pris pour un touriste. Meilleur rapport vue-qualité-prix-service des bords du lac.

SÉVRIER

La plaisante station touristique de Sevrier se blotti entre l'entrée du parc naturel des Bauges et la rive ouest du grand lac d'Annecy. L'ancienne voie romaine traversant Annecy vers Faverges, a fait place à une longue piste cyclable longeant la rive et ses roselières préservées. Au port de Sevrier, importante base nautique du tour du lac avec 400 anneaux, les activités de voile sont particulièrement favorisées tout comme la baignade depuis la belle plage ombragée aux équipements entièrement rénovés. Très prisés également, les deux musées, celui de la cloche (Musée Paccard) et des traditions savoyardes (Eco-musée du lac d'Annecy).

MUSÉE PACCARD ★★

215, route de Piron
✆ 04 50 52 47 11
www.musee-paccard.com

Ouvert tous les jours, sauf 25/12 et 01/01. Dimanches et jours fériés, après-midi seulement. Adulte 8 €. Enfant 5 €.

Paccard, une entreprise dont le nom ne cesse de résonner dans le monde entier. Pour tout savoir de cette Entreprise du Patrimoine Vivant, née en 1796, la visite du Musée est incontournable. 7 générations de passionnés ont créé les plus belles et les plus grandes cloches de France et du monde, plus de 120 000 cloches pour nous accompagner au quotidien. La visite gourmande permet de visiter le musée, les ateliers et de goûter au salon de thé maison Le Paccard Gourmand. Coulée des cloches le jeudi. Boutique pour rapporter une superbe cloche.

LA FÉCLAZ

La Féclaz est un hameau de la commune très étendue des Déserts, mais c'est surtout l'une des trois parties du domaine skiable de Savoie Grand-Revard, les deux autres étant Le Revard, tourné vers Aix-les-Bains, et Saint-François-de-Sales, tourné vers l'intérieur des Bauges. La forêt et son plateau constituent un paradis pour le ski de fond en hiver et pour la randonnée et le VTT en été. Au printemps, les fleurs envahissent les pâturages et c'est magnifique. On notera, parmi les randonnées incontournables, celle de la Croix du Nivolet qui peut notamment se faire au départ du Sire, sur le dessus de la station. Pour les activités : le centre équestre.

CHAMBÉRY ★★

La cité des ducs, riche d'une histoire qui remonte au Néolithique, est une Ville d'Art et d'Histoire située au carrefour de grands axes économiques européens. Des personnalités qui l'ont marquée, on citera l'incontournable philosophe des Lumières Jean-Jacques Rousseau. La ville accueille, depuis 1975, le festival international de la bande dessinée en automne et de nombreux autres événements. Il fait bon flâner dans son large cœur piétonnier, découvrir ses traboules, places colorées à l'italienne, et monuments, sans omettre les « Quatre sans cul », fontaine érigée en 1838, fichée de quatre pachydermes imposants, symbole visuel fort de la ville.

Tourisme

Proche du lac du Bourget, de deux massifs montagneux et leurs parcs naturels respectifs, les Bauges et la Chartreuse, la ville est traversée par la Leysse. Préfecture du département, ville de sportifs, tournée vers la montagne et le vélo, mais aussi historiquement et affectivement vers l'Italie (jumelage avec Turin depuis 1957). Point de passage pour se rendre en stations, il fait bon s'y arrêter tant les points d'intérêt y sont nombreux. Administrativement on parle aujourd'hui du Grand Chambéry, car la communauté de communes de l'agglomération chambérienne a fusionné avec celle du Cœur des Bauges en 2017, soit aujourd'hui 38 communes et 137 000 habitants.

CATHÉDRALE SAINT-FRANCOIS-DE-SALES ★

Place de la Métropole
✆ 04 79 33 42 47
www.chambery-tourisme.com
Déc-mai, lundi-samedi 9h-12h/14h-17h. Dimanche 9h-12h/15h-20h. Juin-nov, lundi-samedi 10h-12h/14h-18h. Dimanche 15h-19h.

© UOLIR - FOTOLIA

Édifiée par les Franciscains au XVe siècle et devenue cathédrale en 1779 lors de la création de l'évêché de Chambéry, il ne faut pas se fier à la façade extérieure en gothique flamboyant relativement sobre, car c'est en poussant la porte et en entrant que le meilleur vous sera réservé. Vous trouverez là quelque 6 000 m² de peintures en trompe-l'œil et un orgue classé monument historique. Le cloître est un bel endroit qui abrite parfois des manifestations culturelles et des concerts.

BIO DÎNER €€

3, place de la Grenette
✆ 04 56 29 12 17
www.biodiner.fr
100 % bio. Ouvert du lundi au vendredi de 10h30 à 14h30. Carte : plats de 11 à 12 €.

La chef, Pascale, propose des plats à déguster où vous le souhaitez, fraîchement cuisinés avec des produits issus de l'agriculture biologique et locaux lorsque c'est possible. D'ailleurs l'enseigne est labellisée Agriculture Biologique depuis peu. Pour un événement personnel ou professionnel, pensez à Bio Dîner. Vos convives seront ravis de déguster un buffet écoresponsable et bio avec des plats aussi délicieux qu'une terrine végétale ou qu'un tartare de saumon à la mangue. La carte est très complète et l'ardoise change chaque jour.

LE BOURGET-DU-LAC

Assise au bord du lac du Bourget, offrant ainsi une plage municipale, cinq petits ports, un camping, des activités nautiques et un Conservatoire d'espaces naturels veillant sur sa réserve ornithologique ou encore un observatoire géré par la FRAPNA, qui organise des sorties « nature » grand public, la commune du Bourget-du-Lac est aussi l'écrin d'un riche patrimoine historique : son prieuré avec jardins et son église Saint-Laurent, son château des comtes de Savoie aussi nommé château de Thomas II... Sa programmation culturelle très soignée à l'Espace La Traverse, nous fait nous régaler de théâtre, danse, musique, chant et autres pépites artistiques.

BELVÉDÈRE DU MONT-DU-CHAT

RD42
✆ 04 79 88 68 00
www.aixlesbains-rivieradesalpes.com
Accessible au public toute l'année.

Chasseurs d'images, amoureux de grands paysages ou contemplatifs curieux... Le Belvédère du Mont-du-Chat fait partie de ces endroits offrant un panorama magnifique sur le Lac du Bourget. En continuant à pied une trentaine de minutes on arrive au Molard Noir pour profiter d'une vue à 360 °. Attention : route d'accès coupée entre novembre et avril (et selon l'enneigement). Ce Belvédère peut aussi faire l'objet d'une randonnée au départ du centre du Bourget-du-Lac, en contrebas.

SUD-EST

CAMPING INTERNATIONAL DE L'ILE AUX CYGNES*** €€

501, boulevard Ernest Coudurier
✆ 04 79 25 01 76
www.ileauxcygnes.fr

Ouvert d'avril à octobre. 270 emplacements. Entre 15,50 et 19,50 €. Aire pour camping-cars.

Les pieds dans l'eau du lac du Bourget, ce camping dispose de sa propre plage en pente douce, particulièrement adaptée aux enfants, et de son port privé. Il offre une vue magnifique entre lac et montagnes et est suffisamment en retrait de la ville pour bénéficier aussi du calme. A proximité, les activités sont nombreuses : bateaux à pédales, stand-up paddle, minigolf, salle de spectacles (Espace culturel La Traverse), le Prieuré et ses jardins classés...

CHINDRIEUX

«Ô temps ! suspends ton vol»... Tout le monde connaît ce vers de Lamartine. Mais peut-être pas la statue du poète érigée à Chindrieux, au bout du lac du Bourget, sous le château de Châtillon. Cachée dans une crique, Alphonse de Lamartine contemple le lac. Son souvenir rappelle son séjour à Aix-les-Bains où il venait prendre les eaux et où, par un jour de gros temps, il sauva en 1816 Julie Charles, la future *Elvire*, dont il tomba amoureux. Trois ans plus tard, surpris par la traverse, un coup de vent, Lamartine se réfugia au château et récita des vers au baron Rambert de Châtillon. Chindrieux garde la mémoire du poète.

BASE DE LOISIRS Ô LAC

Plage de Châtillon
✆ 06 32 19 81 10
www.complexe-olac.fr

Ouvert de mai à fin septembre de 9h à 19h.

Entre les eaux du lac du Bourget et les montagnes, c'est sur la rive nord que l'on peut découvrir de nouveaux panoramas, où la nature est plus sauvage... Un zeste de romantisme pour certains, dans le sillage d'Alphonse de Lamartine qui a séjourné à Aix-les-Bains durant un temps, en tout cas du calme et de la douceur pour d'autres... Pour les plus sportifs, des locations sont possibles sur place, qu'il s'agisse de faire du bateau avec ou sans permis, du bateau à pédales, ou d'autres activités à rames. Le restaurant Ô Lac sert une cuisine fraîche et délicieuse.

AIX-LES-BAINS ★★★

Aix-les-Bains a non seulement les pieds dans l'eau, celle du lac du Bourget, mais elle a bâti sa réputation sur ses atouts liés au thermalisme depuis l'Antiquité. Elle devient officiellement la première station thermale de France après-guerre. Son histoire ne peut être dissociée du plus grand lac naturel d'origine glaciaire de France. Elle accueille d'ailleurs le plus vaste port de plaisance d'eau douce, avec 1 500 emplacements. Riche de son histoire, la ville se raconte à travers ses monuments et ses événements culturels et sportifs. L'Aquarium, le musée Faure, le casino, les thermes, l'hippodrome, le château de la Roche du Roi, le golf...

CAMPING INTERNATIONAL DU SIERROZ*** €

Boulevard Robert Barrier
✆ 04 79 61 89 89
www.camping-sierroz.com

Ouvert de mi-mars à mi-novembre. Emplacement + véhicule + 2 personnes de 20 à 26,30 €.

Les pieds dans l'eau, autrement dit à quelques mètres des rives du lac, le camping est aussi tout proche du Grand port et donc de son cœur animé, avec les bars et les restaurants. Ici, les formes d'hébergement sont diverses, du mobil-home classique à la toile de tente en passant par le Coco Sweet, une formule originale à mi-chemin entre les deux. Également une aire de camping-cars. Activités nautiques, aériennes, de montagne, mais aussi cyclo sont à portée de main.

LA BALANÇOIRE €€

9, place Carnot
✆ 04 79 54 59 56

Ouvert le lundi et du mercredi au vendredi de 7h30 à 18h ; le samedi de 8h à 18h ; le dimanche de 8h à 14h.

Vous allez adorer La Balançoire d'Aix-les-Bains ! C'est le même concept (la même maison) que la Bicyclette Rose d'Annecy : petit-déjeuner, brunch, déjeuner et tea time avec des produits frais, de saison et locaux (car le circuit court, c'est important, et le savoir-faire local aussi !). Du coup, la carte change selon les saisons bien sûr et les formules varient en fonction du marché. Cerise sur le gâteau : les ingrédients sont bio autant que possible, c'est le cas des œufs, et les prix sont très raisonnables. Service impeccable.

LE MASSIF DE LA CHARTREUSE

PARCOURS GPX +

LIEUX	Km partiel	Km cumul	Routes
CHAMBÉRY	0	0	D21
ENTREMONT-LE-VIEUX	20	20	D7 puis D45
SAINT-JEAN-DE-COUZ	18	38	D1006
LES ECHELLES	8	46	D520C puis D102B
SAINT-PIERRE-D'ENTREMONT	17	63	D512
SAINT-PIERRE-DE-CHARTREUSE	12	87	D520B
SAINT-LAURENT-DU-PONT	12	87	D520 puis D520A
VOREPPE	15	102	D57 puis D105A puis D1075
SARCENAS	23	125	D57
SARCENAS	23	125	D57

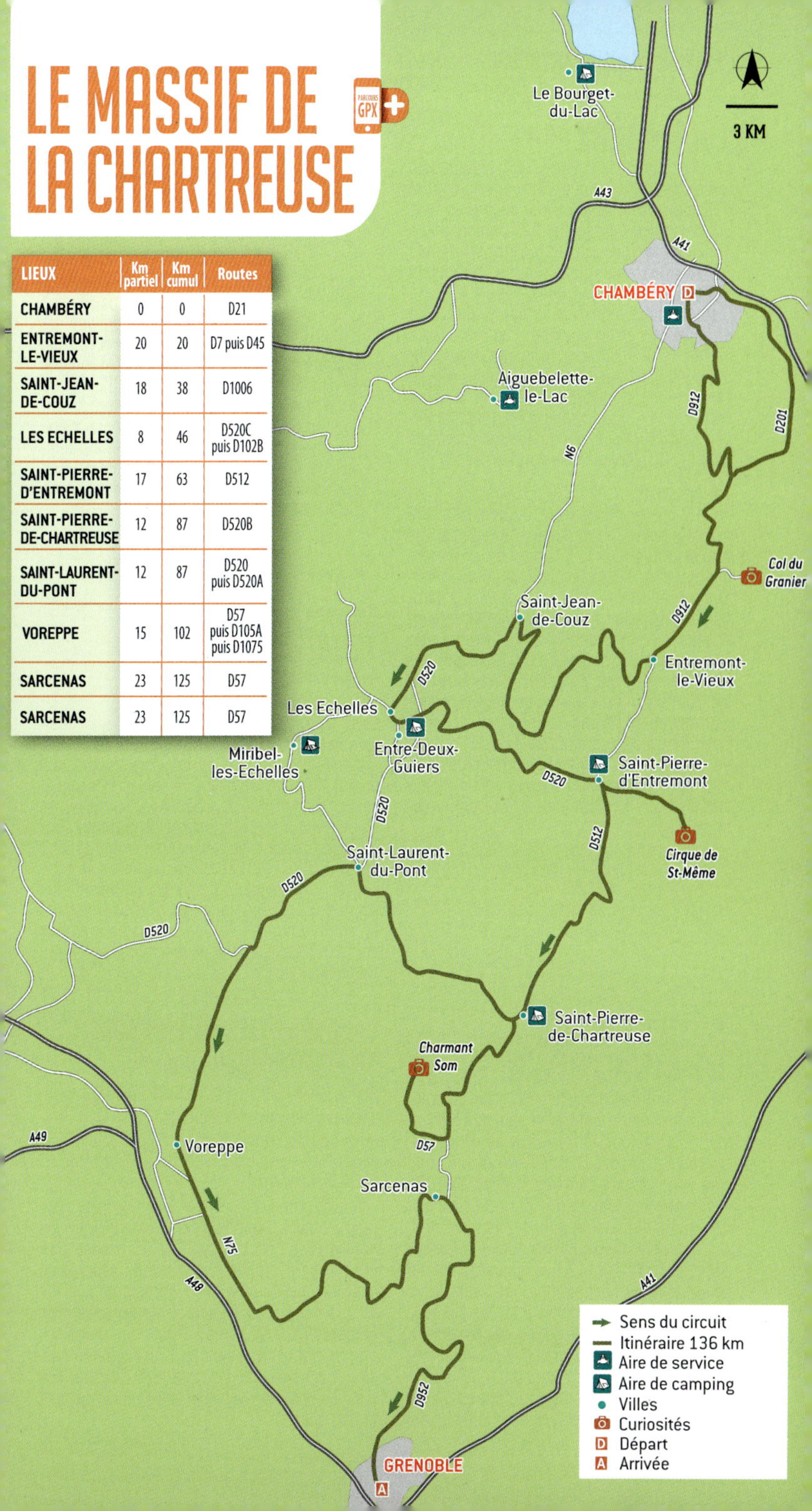

CHAMBÉRY ★★

La cité des ducs, riche d'une histoire qui remonte au Néolithique, est une Ville d'Art et d'Histoire située au carrefour de grands axes économiques européens. Des personnalités qui l'ont marquée, on citera l'incontournable philosophe des Lumières Jean-Jacques Rousseau. La ville accueille, depuis 1975, le festival international de la bande dessinée en automne et de nombreux autres événements. Il fait bon flâner dans son large cœur piétonnier, découvrir ses traboules, places colorées à l'italienne, et monuments, sans omettre les « Quatre sans cul », fontaine érigée en 1838, fichée de quatre pachydermes imposants, symbole visuel fort de la ville.

Tourisme

Proche du lac du Bourget, de deux massifs montagneux et leurs parcs naturels respectifs, les Bauges et la Chartreuse, la ville est traversée par la Leysse. Préfecture du département, ville de sportifs, tournée vers la montagne et le vélo, mais aussi historiquement et affectivement vers l'Italie (jumelage avec Turin depuis 1957). Point de passage pour se rendre en stations, il fait bon s'y arrêter tant les points d'intérêt y sont nombreux. Administrativement on parle aujourd'hui du Grand Chambéry, car la communauté de communes de l'agglomération chambérienne a fusionné avec celle du Cœur des Bauges en 2017, soit aujourd'hui 38 communes et 137 000 habitants.

SAINT-PIERRE-DE-CHARTREUSE ★

Saint-Pierre-de-Chartreuse est situé au cœur du massif de la Chartreuse, aujourd'hui traversé par la route qui conduit au col du Cucheron au nord et au col de Porte au sud. C'est une vraie station climatique. Avec ses 884 habitants, Saint-Pierre-de-Chartreuse est une commune très étendue (8 012 ha). En effet, on y trouve deux églises, Saint-Pierre-de-Chartreuse-Village et Saint-Hugues. C'est sur le territoire de la commune que saint Bruno et ses compagnons ont bâti au XIe siècle le premier monastère de l'ordre des Chartreux. C'est aussi là qu'a commencé à couler des alambics le précieux élixir connu du monde entier. Les connaisseurs sauront trouver sur les pentes de sommets, comme le Petit Som ou le Grand Som, quelques-unes des plantes rares qui entrent dans la composition de ce nectar, comme par exemple la vulnéraire. Attention, on ne doit pas cueillir plus de plantes que peut contenir la poignée d'une main. Saint-Pierre-de-Chartreuse est aujourd'hui une belle petite station de moyenne montagne, qui a su diversifier ses activités touristiques sans faire disparaître son patrimoine rural et artisanal. Authentique village de montagne, à 900 m d'altitude environ, c'est également la station de ski la mieux équipée de tout le massif. On pourra y pratiquer, outre le ski alpin et de fond, le snow-board, la randonnée en raquettes et le parapente. L'été, les amoureux de la randonnée seront comblés par la grande variété de sentiers aménagés dans l'ensemble du parc : pas moins de 1 000 km.

LA MAISON DE MARIETTE

107, rue du Souvenir-Français
SAINT-LAURENT-DU-PONT
✆ 04 76 55 17 73
www.lamaisondemariette.com
Téléphonez avant votre visite.

Dans cette galerie d'art originale sont rassemblées les œuvres de Mariette : peintures, gravures, reliquaires, céramiques, jouets, art postal... Toutes distillent un style très particulier, mariant poésie, recyclage, symboles et objets détournés. Les œuvres de Mariette sont étranges, parfois dérangeantes, mais jamais insignifiantes. On aime venir avec les enfants qui, avec leurs yeux d'enfants, ne voient pas les mêmes choses que nous. Onirisme, voyage en contrée familière et familiale, Mariette nous emmène dans son monde le temps d'une visite tout à fait insolite.

CAMPING SITES ET PAYSAGES DE MARTINIÈRE*** €€

Route du Col de Porte ✆ 04 76 88 60 36
www.campingdemartiniere.com
Ouvert de mai à mi-septembre. Emplacement + véhicules + 2 personnes de 19 à 38 €. Services pour camping-cars.

Ce qui fait l'une des grandes qualités de ce camping 3 étoiles, c'est bien son environnement, la nature à l'état pur du massif de Chartreuse dont chacun peut profiter à son rythme, sportif ou contemplatif. De nombreux forfaits et possibilités d'hébergement, de la tente au chalet, de nombreux services pour passer des vacances l'esprit tranquille, et surtout de nombreux loisirs et activités, de la piscine chauffée aux jeux pour les enfants, sans oublier les randonnées et autres sports.

SUD-EST

PARC NATUREL RÉGIONAL DE CHARTREUSE ★★★★

Place de la Mairie
✆ 04 76 88 75 20
www.parc-chartreuse.net

Naturel et culturel, le patrimoine de Chartreuse est particulièrement riche. Partagé entre l'Isère et la Savoie, le Parc naturel régional de Chartreuse, créé en 1995, offre des paysages fantastiques faciles à découvrir. Montagnes calcaires avec ses magnifiques synclinaux perchés et berceau de l'ordre des Chartreux créé par saint Bruno au XIe siècle, comment ne pas être fasciné par ce massif. La Chartreuse, c'est toujours l'eau qui chante dans les nombreux bassins de chacun des petits villages dispersés dans la montagne ou celle qui jaillit en cascades puis gronde dans les ravins du Guiers Mort et du Guiers Vif. Ce sont aussi les belles forêts et le parfum du bois que l'on coupe dans les scieries. Ce sont encore quelques morilles tapies au bord d'un ruisseau ombragé, un sabot-de-vénus qui se cache au détour d'un sentier ou un tétras-lyre qui fuit, en gloussant, le tapage des randonneurs. La Chartreuse ne se consomme pas : elle se déguste.

Délimitée au sud par la cluse de Grenoble et au nord par celle de Chambéry, la Chartreuse apparaît comme une autre forteresse de calcaire. Elle offre aux randonneurs quelques sommets qui dépassent les 2 000 m d'altitude, le plus haut étant Chamechaude avec ses 2 082 mètres. La Chartreuse est également percée de grottes et galeries appréciées des spéléologues. On a découvert dans l'une d'elles, la Balme à Collomb, un véritable trésor historique méconnu : un cimetière naturel d'ours des cavernes, vieux de plus de 20 000 ans ! Pas étonnant qu'avec un tel environnement exceptionnel de faune et de flore, l'ensemble du massif possède le statut de Parc naturel régional. La Chartreuse, que Stendhal avait baptisée « l'Emeraude des Alpes », est un collier dont il faut admirer chaque perle.

Au cœur de celles-ci, le cirque de Saint-Même est l'un des plus hauts lieux des Entremonts. Par son caractère sauvage et entier, le Cirque de Saint-Même nous offre un contact unique avec la nature, couronné de parois rocheuses abruptes et parcouru par le bruit du vent courant dans les grands arbres. Au cœur du cirque, à même les falaises, les eaux du Guiers Vif s'échappent des entrailles de la Terre et dégringolent en une succession de grandes cascades. Parmi les passages permettant de franchir les falaises et d'atteindre les plateaux supérieurs, le plus impressionnant est celui du pas de la Mort, au nom évocateur, avec une longue vire au-dessus du vide. C'est le lieu idéal pour écouter battre le cœur de la Chartreuse. Et si vous voulez sentir votre cœur battre, la Chartreuse offre d'autres belvédères vertigineux, comme celui des Sangles d'où l'on domine les gorges du Guiers Mort ou le monastère de la Grande Chartreuse. Mais le belvédère le plus impressionnant se situe sans doute au bout du plateau des Petites Roches, sur la face est du massif. C'est un véritable balcon-belvédère, qui domine de 800 m la vallée de l'Isère en amont de Grenoble, et qui lui-même est dominé de 1 000 m par les falaises de la dent de Crolles et de ses prolongements vers le nord. Le plateau des Petites Roches est aujourd'hui un lieu mondialement connu et fréquenté par les adeptes du vol libre. Chaque année en septembre, la Coupe Icare réunit à Saint-Hilaire les plus grands champions de ce sport. Voilà une autre façon de voir les Alpes en les survolant doucement, en se laissant planer sur les ailes du vent, comme l'un de ces oiseaux majestueux au-dessus de la Chartreuse.

SUD-EST

Parc naturel régional de Chartreuse.

LE MONTAGNARD €€

20, place Aristide-Briand
SAINT-LAURENT-DU-PONT ✆ 04 76 05 75 92
www.lemontagnard38.com
Lun-sam le midi, ven-sam le soir. Menus 23-39 €. Formule midi 13,90/15 €. 2 plats 10,90 €. Formules à partir de 20 €.

Ici, on se régale d'une cuisine réalisée avec des produits de l'agriculture locale. Il faut dire que Bruno, le maître des lieux, est un passionné du terroir et chez lui, au Montagnard, on est naturellement « locavore ». Parmi le choix de la carte : caillette maison, charcuterie locale des Entremonts, bœuf charolais né en Chartreuse, ravioles du Dauphiné ou encore truites et poissons de lac. Les fromages régionaux sont au rendez-vous, bien entendu. En dessert, une glace à la Chartreuse est tout indiquée. Carte des vins régionaux et jus de fruits artisanaux.

GRENOBLE ★★

Entourée des massifs de la Chartreuse, du Vercors et de Belledonne, la capitale du Dauphiné est une métropole tournée vers la préservation de l'environnement. D'ailleurs, Grenoble sera Capitale Verte Européenne en 2022. Longtemps cantonnée à un rôle de place forte, avec la Bastille qui reste l'un des emblèmes de la ville, Grenoble devient une ville industrielle à partir de la seconde moitié du XIXe siècle. La tenue des Jeux olympiques d'hiver en 1968 marque un temps fort pour la ville qui va s'imposer comme une véritable métropole des Alpes. Le centre-ville comporte deux zones majeures séparées par l'Isère : la vieille ville (quartiers hypercentre et Notre-Dame), rive gauche, et le quartier Saint-Laurent, rive droite (auquel succède la Bastille reliée à la ville par le téléphérique). Dans la vieille ville, on parcourt la place Grenette et la place Saint-André, très vivantes, ainsi que les innombrables rues aux superbes hôtels particuliers qui quadrillent le quartier. Les «bulles», célèbre téléphérique qui monte à la Bastille, font partie du paysage local et sont un incontournable lors de votre passage à Grenoble. Nombreuses visites guidées avec l'office de tourisme, notamment sur le thème du street art, très présent sur les murs de la ville. A noter qu'il est plus agréable de visiter et de se déplacer à Grenoble à pied, à vélo -nombreuses voies et itinéraires dédiés- ou en transports en commun qu'avec sa voiture. Toutes les meilleures adresses de Grenoble Alpes Métropole sont à retrouver dans notre guide Petit Futé Grenoble, Escapades en Isère.

MAISON BERGÈS (MUSÉE DE LA HOUILLE BLANCHE) ★★

40, avenue des Papeteries, Lancey
VILLARD-BONNOT ✆ 04 38 92 19 60
musees.isere.fr
Du 1/04 au 31/10 mer à ven 13h-18h, week-end 10h-18h. Du 1/11 au 31/03 mer à ven 13h30-17h30, week-end 10h-17h30 Gratuit

Un musée fantastique retraçant l'histoire d'une énergie verte, puisque renouvelable, celle de la «houille blanche», nom donné à l'hydroélectricité. C'est en 1869 qu'Aristide Bergès développe au pied du massif de Belledonne une papeterie dont les machines sont alimentées par l'énergie d'une conduite forcée. Aventure humaine et technologique formidable racontée dans une maison-musée au décor incroyable, mêlant Art nouveau et symbolisme, à découvrir à l'aide d'un audioguide.

MUSÉE ARCHÉOLOGIQUE SAINT-LAURENT ★★

Place Saint-Laurent ✆ 04 76 44 78 68
www.musee-archeologique-grenoble.fr
Ouvert tous les jours de 10h à 18h sauf le mardi. Gratuit. Boutique.

Ce site est aménagé dans l'ancienne église paroissiale Saint-Laurent, classée parmi les premiers monuments historiques de France. Sa crypte mérovingienne est un témoin unique de l'art et de l'architecture des premiers temps du Moyen Age.

Site archéologique majeur, le musée égrène près de deux mille ans d'histoire de la ville. Des premiers mausolées à l'église du XIXe siècle, le site a traversé le temps en conservant les traces additionnées de l'histoire, depuis les origines du christianisme. En découvrant les bâtiments qui se sont succédé du IVe au XIXe siècle ainsi que les vestiges archéologiques mis au jour lors des fouilles réalisées entre 1978 et 2008, le visiteur est plongé dans une rétrospective unique de l'évolution des pratiques funéraires, des croyances et des mentalités.

La mémoire de l'église, du cloître et de ceux qui les ont traversés est désormais donnée en partage grâce à des moyens numériques spectaculaires qui renforcent le pouvoir d'évocation des vestiges archéologiques.

▸ **La crypte Saint-Oyand.** C'est l'un des rares et très précieux vestiges du haut Moyen Âge en France ! Son décor sculpté et son état de conservation exceptionnel ont fait la célébrité du site. La crypte apparaît dans les textes du XIe siècle sous le vocable d'un saint régional, Eugendus ou Oyand, moine du Jura. La première étape de sa construction remonte au début du VIe siècle. Au VIIe siècle est installée une colonnade aux chapiteaux et tailloirs ornés de motifs chrétiens.

LE PHÉNICIEN €

64, cours Berriat ✆ 04 76 87 45 01
http://www.restaurant-lephenicien.com

Ouvert du lundi au samedi le midi et le soir. Fermé lundi soir. Assiette du jour : 11 €. Menus de 25 € à 30 €.

La belle terrasse annonce la couleur, le bleu. Un bleu qui nous fait plonger dans les eaux de la Méditerranée pour le plus beau des voyages gourmands le long des côtes du Liban. Aux commandes du Phénicien, Sam et Babeth nous régalent depuis 28 ans d'une cuisine aussi savoureuse que chaleureuse. Une cuisine à partager dans une ambiance de grande convivialité. Des sandwichs inoubliables aux mezzés traditionnels fantastiques, les assiettes, les grillades mixtes, le poulet grillé au charbon de bois. Pâtisseries orientales, vin libanais et thé à la menthe maison.

LE SEIZE €

16, rue de Strasbourg
✆ 04 76 27 03 32
www.restaurant-le-seize.fr

Ouvert du mardi au samedi midi et soir. Vendredi et samedi soir jusqu'à 22h30. Carte : 21,50 € environ.

La rue de Strasbourg est une invitation à la gourmandise. Encore plus quand on entre au Seize, l'adresse bistronomique de Kevin et Solène. Terrasse pour reprendre goût à la vie et salle cosy pour nos tête-à-tête. Dans les assiettes, des produits de qualité, frais et de saison, souvent issus de circuits courts pour des plats pleins de fraîcheur et de saveurs. Cuisine bistronomique réalisée avec soin, plats du jour abordables et carte suivant les saisons. Belle carte des vins. Privatisation possible un repas ou une soirée. Saisissez le plaisir d'être au Seize !

L'AUGUSTE €€

6, rue de Turenne
✆ 04 76 47 58 66

Ouvert du mardi au samedi midi et soir. Plat du jour à l'ardoise : 12 €. Tapas en soirée.

Installé depuis 2017 dans le quartier Championnet, L'Auguste de Christophe Martin fait partie des tables incontournables. Belle terrasse pour savourer une cuisine réalisée à base de produits régionaux, des produits de saison pleins de fraîcheur et de saveurs. Le bar, ouvert dès 9h, nous permet de vivre au rythme du quartier. A midi, L'Auguste joue la carte des plaisirs simples dans des assiettes généreuses. Tapas à partager dès l'apéritif qui se prolonge. Passionné de vin, Christophe fait de très belles propositions au verre.

ET SI... €€

16, rue de Strasbourg
✆ 09 83 91 55 95
www.etsi-restaurant.com

Ouvert du lundi au vendredi le midi et le soir. Plat du jour : 12 €.

Coup de cœur pour cette adresse de la rue de Strasbourg ! Jolie terrasse protégée sur la rue et salle à la décoration superbe. Entouré de beaux objets, découvrez la cuisine de la cheffe Maïwenn Feron. Cuisine maison, carte qui change toutes les semaines au rythme des produits du marché de saison, belle créativité et associations réussies que ce soit pour un bœuf sauté aux litchis, un civet de chevreuil à la Guinness ou des tentacules de poulpe en persillade. Plats végétariens. Desserts maison de même qualité. Une valeur sûre et surprenante.

LES DOUCEURS DE MAËLY

41, avenue Jean-Perrot
✆ 04 76 62 13 38

Ouvert du mardi au samedi de 6h30 à 13h30 et de 15h à 19h ; le dimanche de 6h30 à 13h.

Des douceurs à partager avec ceux que l'on aime ! Les Douceurs de Maëly, une pâtisserie-chocolaterie-glacier tenue par d'authentiques passionnés : Stéphane, artisan exigeant mêlant tradition et créativité, et sa femme Krystelle. Des gâteaux gourmands, réalisés à partir d'excellents produits : poire/amandes, tarte citron meringuée, tropézienne, Paris-Brest.... Accueil adorable et service parfait pour se régaler d'un vacherin maison, de meringues, mais aussi des ballotins de chocolats, des viennoiseries ou des coffrets de sirop Bigallet. Irrésistibles douceurs.

L'ÉPICERIE LOCAVORE

1, place Jacqueline-Marval ✆ 06 88 68 74 83
https://epicerie.locavore.fr

Ouvert du mardi au vendredi de 9h à 13h et de 15h à 19h ; le samedi de 9h30 à 13h et de 15h à 19h.

Le locavorisme, c'est maintenant et depuis 10 ans dans cette épicerie qui fut pionnière en la matière, hormis la pratique naturelle de nos grands-parents. Cette épicerie de proximité permet de nous remettre dans le bon chemin, celui des produits qui viennent de l'Y Grenoblois et des alentours ou de plus lointaines destinations dans une logique de commerce équitable. Au hasard de notre panier, des produits bio, tout plein de bonnes choses de la terre d'ici et d'autres boissons à consommer avec plus ou moins de modération. Achat de paniers bio, locaux et de saison.

LA DOMBES

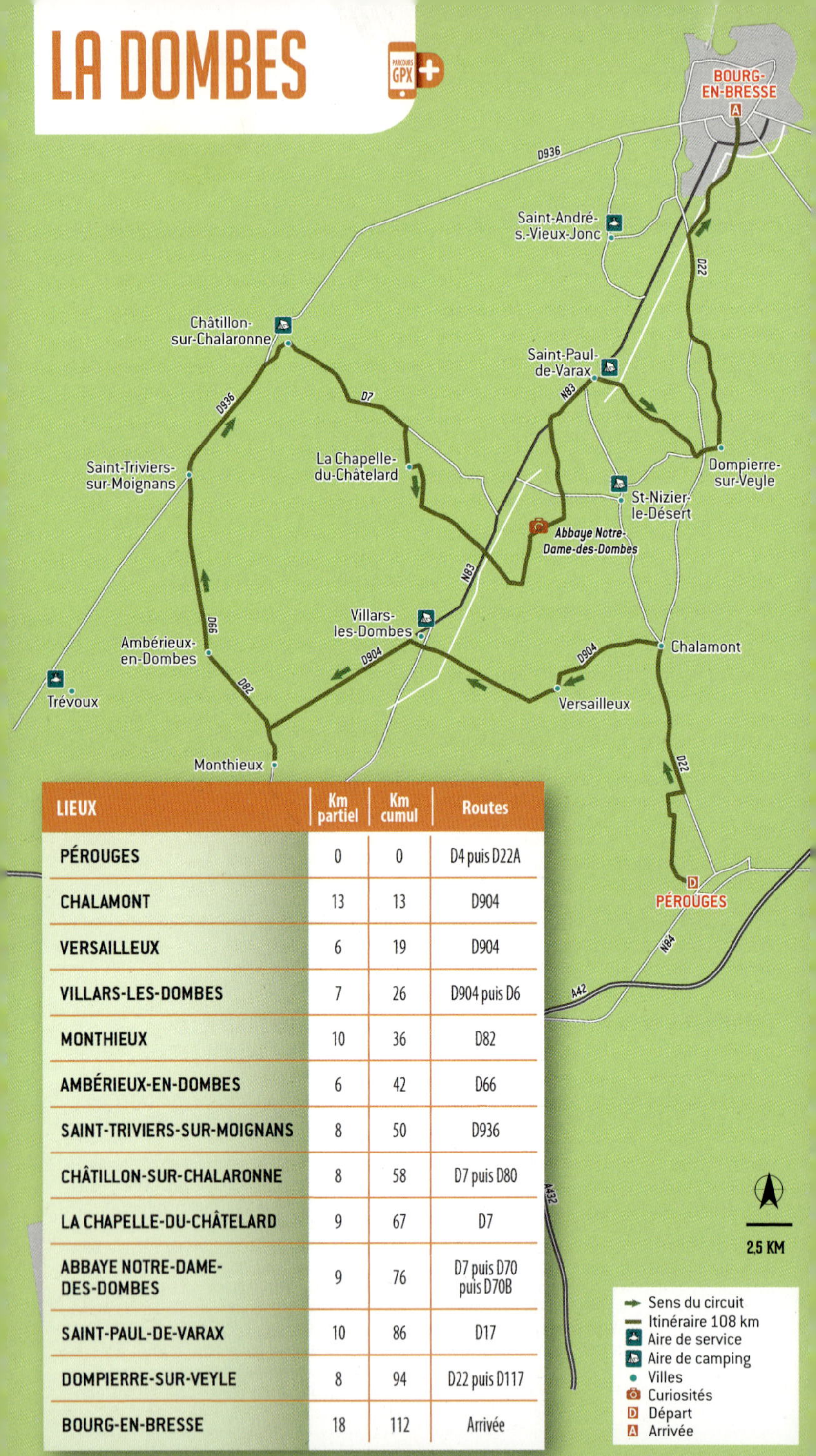

LIEUX	Km partiel	Km cumul	Routes
PÉROUGES	0	0	D4 puis D22A
CHALAMONT	13	13	D904
VERSAILLEUX	6	19	D904
VILLARS-LES-DOMBES	7	26	D904 puis D6
MONTHIEUX	10	36	D82
AMBÉRIEUX-EN-DOMBES	6	42	D66
SAINT-TRIVIERS-SUR-MOIGNANS	8	50	D936
CHÂTILLON-SUR-CHALARONNE	8	58	D7 puis D80
LA CHAPELLE-DU-CHÂTELARD	9	67	D7
ABBAYE NOTRE-DAME-DES-DOMBES	9	76	D7 puis D70 puis D70B
SAINT-PAUL-DE-VARAX	10	86	D17
DOMPIERRE-SUR-VEYLE	8	94	D22 puis D117
BOURG-EN-BRESSE	18	112	Arrivée

PÉROUGES ★★★

Niché sur un renflement du plateau de Dombes, Pérouges n'usurpe pas son appartenance au club des Plus Beaux Villages de France. Village médiéval par excellence, Pérouges est l'un des endroits incontournables du tourisme dans l'Ain. Du coup, il y a forcément du monde l'été, ce qui ôte un peu de charme aux vieilles ruelles pavées où l'on se croirait pourtant plongé, un soir de semaine gris et pluvieux, dans un Moyen Age tout cliquetant des bruits de sabots et d'armures. Les constructions datent pour la plupart de la fin du XVe siècle et si la ville connut un certain déclin au XIXe siècle, le travail entrepris par le Comité de préservation du Vieux Pérouges lui a rendu tout son éclat. Depuis, boutiques, maisons, habitants : tous soignent ce décor de carte postale. D'ailleurs, Pérouges a bel et bien servi de toile de fond à plusieurs films. Pour saisir l'atmosphère de la cité, il faut déambuler dans les vieilles rues et se poser à une terrasse sur la place du Tilleul, cœur du village. Si l'on repart de Pérouges la tête pleine de belles images, on repart également le ventre plein grâce à la fameuse galette au sucre, spécialité locale à ne manquer sous aucun prétexte.
La chaussée de la cité médiévale est couverte de galets ronds. Il est donc conseillé de se chausser confortablement et d'éviter impérativement toutes chaussures à talon. Les poussettes et les personnes en fauteuil roulant auront le plus grand mal à se déplacer. Pour se garer, plusieurs parkings obligatoires et payants entourent la vieille ville.

VILLARS-LES-DOMBES ★★

Villars-les-Dombes, connu grâce au Parc des Oiseaux qui a fêté ses 50 ans d'existence en 2020 ! Le cœur géographique de la Dombes vous fera donc voyager dans le monde avec plus de 300 espèces d'oiseaux à découvrir. Mais avant de partir vers les pays lointains, revenons un instant sur le terrain de ce pays aux mille étangs. Villars-les-Dombes offre un décor charmant avec son église des XIVe et XVe siècles et les vestiges de son château du XIe siècle planté sur sa « poype ». Lieu de séjour agréable – classée Site remarquable du Goût, la ville est aussi une Station verte de vacances –, Villars-les-Dombes est un bon point de départ pour rayonner dans la Dombes.

PARC DES OISEAUX ★★

RN 1083
✆ 04 74 98 05 54
www.parcdesoiseaux.com

Ouvert tous les jours de 9h30 à 20h. Adulte : 20 €. Junior : 17 €. Enfant : 15 €. Forfait famille : 62 €.

Le Parc des Oiseaux offre une journée idéale pour découvrir les oiseaux du monde entier dans un environnement exceptionnel. Ce parc est l'un des parcs ornithologiques les plus importants d'Europe et une journée ne sera pas de trop, sûrement pas assez, même, pour tout voir et vivre des émotions intenses au plus près des oiseaux. On peut y observer 2 500 oiseaux des cinq continents dans l'environnement préservé des étangs de la Dombes. Du colibri, le plus petit oiseau au monde, au gypaète barbu, le plus grand vautour européen, tous les oiseaux peuvent être observés dans les meilleures conditions, notamment depuis l'impressionnante tour panoramique, un phare de 27 mètres de haut. Nichée au cœur du parc, conçue comme une cabane dans les arbres, toute de caillebotis parée, elle favorise l'observation des oiseaux sur leur terrain de jeu mythique : le ciel. Autre approche, sur la terre ferme, le nourrissage des adorables loris arc-en-ciel qui viennent se poser sur votre main pour se délecter du nectar qui vous sera remis à l'entrée de la volière par les soigneurs. Nouvel espace ouvert en 2021, l'Effet Papillon vous permet d'être en immersion au milieu de 500 papillons originaires des forêts tropicales d'Amérique centrale et du Sud. Émerveillement garanti pour petits et grands. Magnifique spectacle aérien mettant en scène 150 oiseaux ! Enfin, réservez vos places pour la 12e édition des Musicales qui se tiendra du 28 août au 12 septembre 2021 avec une affiche fantastique. Un parc unique en son genre pour une journée inoubliable.

CAMPING LE NID DU PARC

164, avenue des Nations ✆ 04 74 98 00 21
www.leniduparc.com

Ouvert de mai à mi-novembre. Emplacement à partir de 18,90 €, électricité en supplément. Aire de services camping-cars.

Venez poser votre tente, caravane ou camping-car au camping Le Nid du Parc pour un séjour d'une nuit ou de plusieurs jours, reposant et au vert. Les 148 emplacements nus au sol herbeux sont semi-ombragés et plutôt vastes. Les blocs sanitaires sont propres. Une aire de services pour camping-car est à la libre disposition des résidents (en supplément si vous êtes de passage). D'autres hébergements sont proposés : chalets, tentes-lodges, tipis..., chacun trouvera celui qui lui convient pour de belles vacances en plein air. Une piscine hors sol vous rafraîchira l'été.

LE COMPTOIR DES DOMBES €€

10, D6B - **LAPEYROUSE**

✆ 04 72 88 50 69

www.lecomptoirdesdombes.com

Ouvert du mercredi au lundi midi, du jeudi au samedi le soir. Menus de 27 à 46 €. Menu enfant : 10 €.

Au cœur du village de Lapeyrouse, ce restaurant perpétue le meilleur de la tradition gourmande locale dans un cadre des plus agréables. La terrasse est une invitation à goûter à la douceur dombiste. La salle spacieuse offre un cadre chaleureux. Le jeune chef Julien Dimino réalise une cuisine maison à partir de bons produits pour nous livrer de savoureuses assiettes. Incontournables, les grenouilles fraîches façon dombiste accompagnées d'un gratin dauphinois ou un fameux poulet de Bresse aux morilles et vin jaune. Belle carte des vins.

CHÂTILLON-SUR-CHALARONNE ★

Châtillon-sur-Chalaronne est à la belle saison une invitation à la balade avec ses parterres de fleurs. Il faut dire que tout prédestinait Châtillon à être une ville fleurie. Philippe Commerson, l'un de ses fils, ne fut-il pas celui qui ramena en France une fleur jusqu'alors inconnue du nom d'Hortensia ? Balcons, ponts, berges, parterres : les fleurs dont celle dédiée à la reine Hortense sont omniprésentes. A voir aussi : ses anciennes halles où tous les samedis matin se tient un marché haut en couleur, son château féodal et ses maisons à colombages. Une ville titrée : Plus beau détour de France, Ville et métiers d'Art, ville de gastronomie...

RESTAURANT DES DOMBES €€

Le Village - **SAINT-ANDRÉ-LE-BOUCHOUX**

✆ 04 74 42 50 91

www.restaurantdesdombes.com

Ma-dim le midi, ven-sam le soir. Ma-jeu soir sur réservation 15 pers. mini. Menus 28-49,50 €. Formule midi : 14,50 €.

Au cœur de la Dombes, un restaurant d'exception tenu par le chef Jérôme et son épouse Stéphanie qui réserve un superbe accueil en salle. Un petit coin de paradis facilement accessible pour s'installer dès les beaux jours sur la superbe terrasse extérieure. Les spécialités maison sont les grenouilles fraîches sautées comme en Dombes, les poissons de la Dombes (avec un excellent travail sur la carpe), mais aussi le poulet à la crème et bien d'autres mets. En été, tartares et gaspachos à la carte. Desserts maison. Carte des vins et produits locaux de qualité.

BOURG-EN-BRESSE ★★

Découvrir à pied Bourg-en-Bresse est encore le moyen le plus sûr pour ne rien manquer des richesses de la vieille ville : maisons à pans de bois ou monastère royal de Brou, marché, venelles, boutiques et restaurants où gastronomie rime avec produits locaux... La ville moderne ne renierait pour rien au monde son esprit de terroir comme en témoigne le grand marché du champ de foire (mercredi et samedi matins). En dépit de ses traditions de ses musées et de son patrimoine classé, Bourg-en-Bresse (les autochtones prononcent « Bourk ») n'en est pas moins tourné vers la jeunesse puisque près de 3 000 étudiants, chaque année, y préparent leur future spécialité.

L'ENTRACTE €

7, cours de Verdun

✆ 04 74 22 59 96

Du lundi au samedi à partir de 7h et jusqu'à 19h, vendredi et samedi le soir. Carte : 25 € environ. Terrasse.

Avec sa décoration cosy, ses pampilles, sa terrasse, ce bar-restaurant-salon de thé est très apprécié des dames. C'est l'endroit idéal pour papoter autour d'une tisane ou d'une assiette veggie. Mais les merveilleux desserts maison et l'accueil excellent y sont sans doute aussi pour beaucoup. Plats simples bien préparés au fil des saisons : faux-filet, carpaccio de bœuf, de saumon ou de cabillaud, salade gourmande, tartes-salades, potages, bricks au bœuf, au porc ou à l'agneau… Les menus changent au gré de l'inspiration et des arrivages du moment.

LE FROMAGER

8, avenue Alsace Lorraine

✆ 04 27 53 95 02

www.le-fromager.fr

Ouvert du mardi au samedi de 9h30 à 13h et de 14h30 à 19h.

A deux pas de l'office de tourisme, impossible de manquer Le Fromager. Fabien Picard, issu d'une famille d'agriculteurs, est un amoureux de l'Ain, des bons produits de la Bresse comme la crème et le beurre de Bresse AOP. Formé au métier de fromager, il a complété son expérience pendant 10 ans dans une fruitière à Comté. Chez Le Fromager, une centaine de fromages dont les meilleurs comtés, bien d'autres fromages régionaux – morbier, bleu de Bresse, bleu de Gex..., –, français et d'ailleurs parfaitement affinés. Épicerie fine et vins de Cerdon. Plateaux sur commande.

ALPES DU NORD

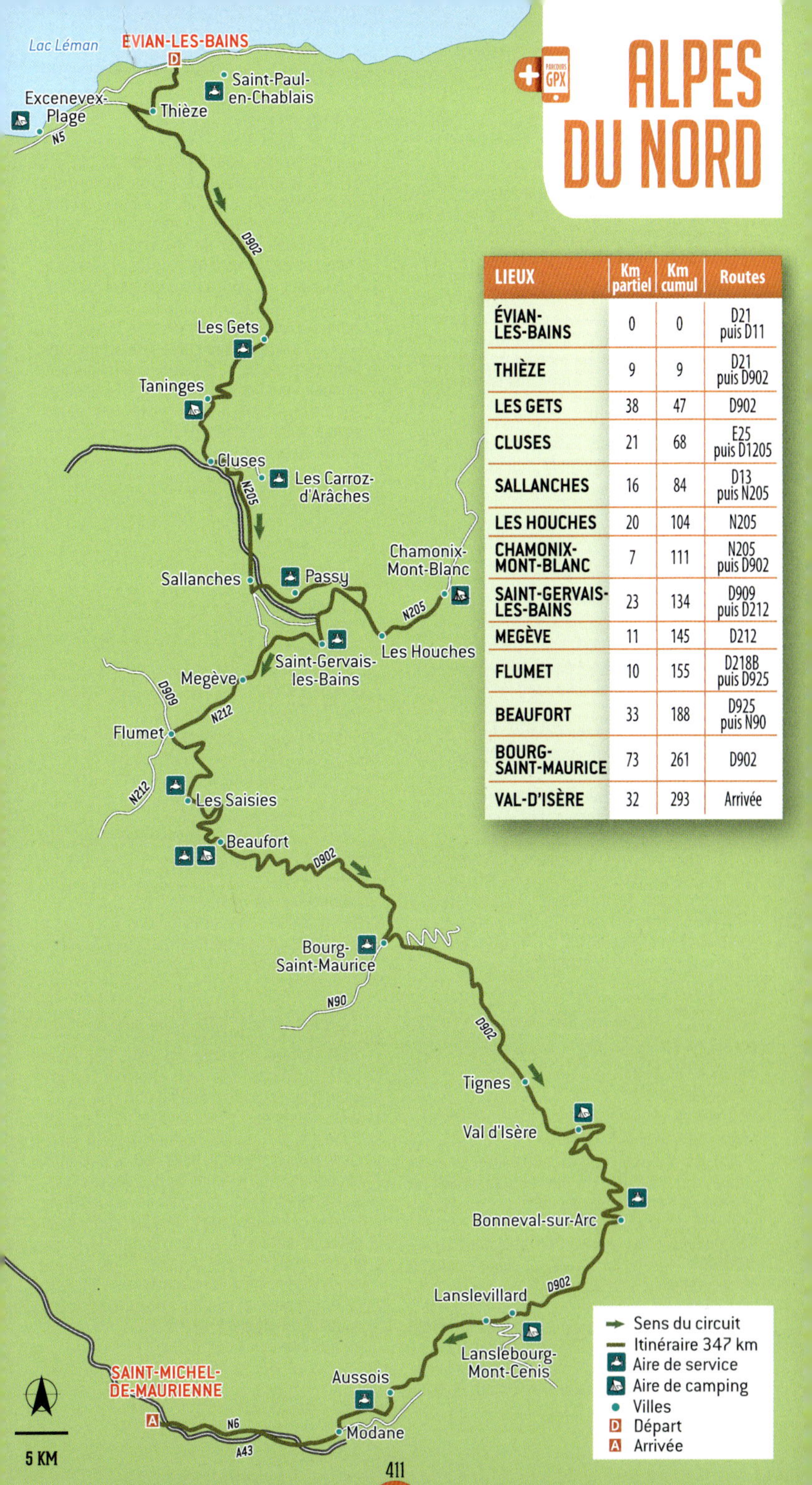

LIEUX	Km partiel	Km cumul	Routes
ÉVIAN-LES-BAINS	0	0	D21 puis D11
THIÈZE	9	9	D21 puis D902
LES GETS	38	47	D902
CLUSES	21	68	E25 puis D1205
SALLANCHES	16	84	D13 puis N205
LES HOUCHES	20	104	N205
CHAMONIX-MONT-BLANC	7	111	N205 puis D902
SAINT-GERVAIS-LES-BAINS	23	134	D909 puis D212
MEGÈVE	11	145	D212
FLUMET	10	155	D218B puis D925
BEAUFORT	33	188	D925 puis N90
BOURG-SAINT-MAURICE	73	261	D902
VAL-D'ISÈRE	32	293	Arrivée

EVIAN-LES-BAINS ★★★

A l'aube de la Révolution française, en 1789, la notoriété d'Evian ne dépasse guère les frontières régionales. Mais un marquis auvergnat qui passait par là goûta à l'eau d'une fontaine qu'il trouva « légère et bien passante ». Souffrant des reins et du foie, le marquis de Lessert continua sa cure d'eau et vit sa santé s'améliorer. Cette fontaine se trouvait sur la propriété d'un certain monsieur Cachat dont le nom deviendra célèbre dans le monde entier ! Evian est encore une station balnéaire où il fait bon se prélasser sur les nombreuses plages et se baigner dans le lac. Les thermes accueillent de nombreux curistes qui profitent de l'air alpin.

ESPACE EVIAN ★

19, rue Nationale
✆ 04 50 84 80 29
www.evian-tourisme.com

Fermé de mi-septembre à fin mai. Haute saison, tous les jours de 10h à 12h et de 14h à 19h. Gratuit.

Construite en 1903, chef d'œuvre de l'architecture thermale et représentatif de l'Art Nouveau à Evian, la Buvette Cachat possède un espace interactif et ludique dédié à son eau minérale expédiée dans le monde entier. Alors, que l'on soit curieux de savoir si l'eau traverse bien les montagnes pendant des années comme nous le dit la réclame, ou bien que l'on soit fan des bouteilles collector de la marque, il faut se rendre à cette exposition permanente. On pourra bien sûr se ressourcer directement à la source avant de faire un petit tour à la boutique.

PALAIS LUMIÈRE ★★

Quai Albert Besson
✆ 04 50 83 15 90
www.ville-evian.fr

Expositions temporaires toute l'année. Ouvert tous les jours de 10h à 19h.

Dans les anciens thermes, réhabilités en bâtiment à Haute Qualité Environnementale, le Palais Lumière d'Evian a développé un espace culturel de 4 200 m². Il abrite les 4 statues allégoriques des sources du sculpteur Louis-Charles Beylard. La façade principale alterne pierre blanche et faïence jaune paille, c'est un choix unique dans l'architecture thermale lémanique, et l'édifice a retrouvé le dôme qui le coiffait à l'origine. Le Palais Lumière organise de superbes expositions d'art, comme «Alain le Foll, maître de l'imaginaire» du 26 juin 2021 au 2 janvier 2022.

LES GETS ★

La station des Gets est située sur un col, (1 172 mètres d'altitude), à la limite entre le Chablais au nord et le Faucigny-Giffre au sud. Cependant son adhésion au vaste domaine des Portes du Soleil nous conduit à l'orienter vers le nord entre le lac Léman et le Mont-Blanc. On peut ainsi s'y rendre par deux itinéraires principaux : depuis Thonon, Saint-Jean-d'Aulps et les environs de Morzine ou depuis Cluses et Taninges. Sa caractéristique principale provient de son environnement et notamment du bois qui est à l'origine de son nom. « Gitte » ou « giette » en patois savoyard fait allusion au couloir de descente rapide du bois utilisé autrefois.

LA R'MIZE €€

160, rue du Vieux Village
✆ 04 50 79 75 57
www.larmize.fr

Ouvert toute l'année. Haute saison, tous les jours sauf mercredi. Menu jour (en semaine) 16,50 €. Menus 25 € à 43 €.

Une R'mize qui se renouvelle avec un nouveau décor, plus chaleureux, alliance parfaite entre l'ancien et le contemporain. Ce qui ne change pas, c'est la gentillesse de l'accueil et du service avec Jessica en salle et la qualité de la cuisine avec Emmanuel en cuisine. Le chef continue de mettre les producteurs locaux à l'honneur au rythme des saisons. Spécialités savoyardes, tradition avec les filets de perche, chasse à la carte en saison et desserts maison. Assiettes à savourer des yeux avant de se régaler. Adresse futée par excellence.

SALLANCHES ★

Voici l'entrée majeure du pays du mont Blanc ! Sallanches, avec plus de 16 000 habitants, est sans conteste une ville industrielle, comptant parmi ses usines les skis Dynastar, du groupe Rossignol (seul fabricant français de skis), mais depuis plusieurs décennies c'est le tourisme qui s'est aussi et surtout imposé ici : Sallanches est devenue la base polyvalente de toutes les stations qui gravitent autour du toit de l'Europe (le mont Blanc). Pour tous les touristes, c'est de plus en plus leur point de ravitaillement numéro un en grandes et moyennes surfaces, à des coûts normalement inférieurs à ceux des petites boutiques des stations.

COLLÉGIALE SAINT-JACQUES

Chef-lieu

Visite : 6 €. Visite guidée (guide du Patrimoine des Pays de Savoie).

Son édifice inscrit aux Monuments Historiques en 1986 comprend le clocher qui abrite un beau carillon de 13 cloches. Mais la collégiale est plus connue pour sa porte, son orgue de belle facture, sa voûte et ses fresques, sa nef, et sa riche décoration intérieure – boiseries et peintures d'artistes piémontais – très représentative de l'art sacré baroque et néoclassique et sa collection d'objets d'art sacré du XIVe au XVIIIe siècle. Maintes fois reconstruite, l'église a pris son aspect définitif entre 1680 et 1688. Cette collégiale mérite une visite attentive.

ANAÏS €

158, rue Antoine Pissard ✆ 04 50 93 92 06

www.anais-restaurant-sallanches.online

Ouvert du lundi au samedi uniquement le soir dès 19h15. Fermé dimanche. Spécialités savoyardes. Carte : 30 € environ.

La façade de l'Anaïs annonce la couleur : rose. Parking assuré devant cette magnifique maison de poupée réunissant une incroyable quantité d'objets tous plus mignons les uns que les autres. En salle, Laurence partage une joie de vivre communicative. En cuisine, c'est André qui partage son plaisir de cuisiner les recettes, authentiques et gourmandes, de la grand-mère Anaïs. Et il faudra revenir souvent pour goûter à toutes ces merveilles savoyardes. Le tout accompagné d'un vin de Savoie. Adresse de confiance, de petits et de grands bonheurs à partager.

LES HOUCHES ★

Sa particularité est d'être très étendu : entre 850 mètres à son point le plus bas et 4 304 mètres à son point le plus haut, qui est le Dôme du Goûter. Celui-ci est la voie royale qu'empruntent les alpinistes du monde entier pour atteindre le majestueux mont Blanc et, depuis Bellevue, qu'ils escaladent l'impressionnante face nord du Bionassay. Ses nombreux hameaux et oratoires, ses chapelles et fermes isolées sont à découvrir lors de sublimes randonnées à travers les forêts et les pics cristallins. Patrimoine à voir : l'église Saint-Jean-Baptiste - l'une des plus belles du département -, ou encore la statue du Christ-Roi mesurant plus de 25 m.

CHAMONIX-MONT-BLANC ★★★★

Chamonix reste, au moins pour l'Europe entière, synonyme d'alpinisme et d'exploits. C'est le village au pied du mont Blanc, la plus haute montagne de notre continent. Chamonix, ça vous impressionne au premier abord avec ses langues de glace qui viennent lécher la ville, avec ses neiges éternelles dont on ne peut détourner les yeux, avec ses hôtels de luxe qui accueillent les grands de ce monde... Mais Chamonix, ça vous prend au cœur et à l'âme pour ne plus jamais vous lâcher. C'est un petit paradis pour tous les skieurs et un immense terrain de jeu pour tous les amoureux de la montagne, c'est un village à part qui nous rappelle sans cesse à lui.

CAMPING LES CIMES** €

28, route des Tissières

✆ 04 50 53 58 93

www.campinglescimesmontblanc.com

Ouvert de juin à fin septembre. Emplacement entre 13 et 25 € avec ou sans électricité. Aire pour camping-cars. Wifi.

Au pied des Bossons, avant l'entrée de Chamonix, le camping des Cimes est idéal pour les sportifs. Eté comme hiver, l'hébergement est possible. Sous une tente ou dans un camping-car à la belle saison, bien sûr, mais aussi bien au chaud dans les petits chalets de location confortables l'hiver (tarifs sur Internet). Le camping offre un service de laverie, des sanitaires bien entretenus et, en saison estivale, de la restauration rapide. Un bon compromis à trois kilomètres du départ du téléphérique de l'aiguille du Midi et à quatre kilomètres du centre de Chamonix.

LE CAP HORN €€

78, rue des Moulins

✆ 04 50 21 80 80

www.caphorn-chamonix.com

Ouvert tous les jours midi et soir. Menus de 35 à 45 €. Formule midi : 24,50 €.

Au pied des plus grands pics, c'est un Cap gourmand ! Le Cap Horn, c'est le mariage réussi entre un chalet d'alpage et la cabine d'un élégant trois-mâts, avec un décor de rêve jusqu'à la terrasse ouverte. Wim Robberse et Laurence Claret-Tournier ont rapporté dans leurs bagages le meilleur des pays qu'ils ont visités. Lucie Claret, fille de Laurence, prolonge naturellement cette tradition familiale en proposant une cuisine délicieuse entre terre et mer. La carte de sushis faits minute complète notre bonheur. Un merveilleux voyage qui se prolonge aux Caves.

SUD-EST

L'AIGUILLE DU MIDI ★★★★

100, place de l'Aiguille du Midi
✆ 04 50 53 22 75
www.montblancnaturalresort.com
Adulte : 67 €. Enfant : 57 €. Famille (2 adultes et 3 jeunes ou enfants maximum) : 207,80 €. Réservation à l'avance.

C'est un voyage unique en son genre qu'il faut absolument faire au moins une fois dans sa vie. L'ascension vers l'Aiguille du Midi (à partir de 3 ans, bien se renseigner pour les enfants en dessous de 5 ans) vous offre un bond de géant de 2 807 mètres en 20 minutes vers les sommets (gare de départ à 1 035 m et arrivée à 3 842 m sur la terrasse sommitale). Un voyage unique qui se fait en deux temps. Survolant la forêt alpine qu'encadrent le glacier des Bossons, les aiguilles Verte et de Chamonix, les Drus, on accède au Plan de l'Aiguille, point de départ des skieurs, alpinistes et randonneurs pour le site du Montenvers. A 2 310 m, le Plan de l'Aiguille est une gare intermédiaire où il est agréable de faire une pause. Le deuxième tronçon vous propulse jusqu'au Piton Nord, on côtoie alors les glaciers suspendus et le dôme du Goûter menant au fameux mont Blanc (4 810 m), avec une plongée vertigineuse sur la vallée. Il est toujours bon de préciser qu'il faut prévoir des vêtements chauds quand on voit des touristes tenter de monter en plein été en short et tee-shirt à cette altitude de haute montagne proche de 0 °C. N'oubliez pas non plus des lunettes de soleil avec des verres anti-UV, une paire de jumelles et un bon appareil photo. Ne croyez pas que tout en haut vous n'allez faire qu'admirer les sommets environnants, même si c'est l'activité la plus fascinante à nos yeux éblouis par le spectacle de la nature. Vous pourrez marcher à l'intérieur d'un tube de 32 mètres, une galerie d'acier qui permet de faire le tour complet du piton centrale de l'Aiguille du Midi. Les amateurs de sensations fortes apprécieront l'incroyable **Pas dans le vide**. Sur une plateforme en verre, vitrée sur 5 de ses faces, plus de 1 000 m de vide s'ouvrent sous vos pieds ! Sujets au vertige et âmes sensibles s'abstenir. Plus reposant, l'**Espace Mont-Blanc** offre un espace de repos et de contemplation. Sur un banc, face aux larges baies vitrées, détendez-vous et profitez d'un panorama exceptionnel. Boutique, cafétéria et un restaurant, le **3842 m**, ce dernier vous permettant de savourer des spécialités savoyardes dans un cadre magique. Autre visite à ne pas manquer, celle de l'**Espace Vertical**. Le plus haut musée du monde rend hommage aux alpinistes qui ont gravi les pentes du massif du Mont-Blanc et présente le matériel utilisé actuellement. Et si vous voulez continuer cet incroyable voyage en haute montagne, montez dans le **Panoramic Mont-Blanc** (attention, le voyage n'est pas compris dans le Mont-Blanc Multipass, en supplément), une télécabine qui vous conduira vers la pointe Helbronner en Italie, en passant au-dessus des séracs et crevasses du glacier du Géant, en admirant les cordées d'alpinistes en randonnée glaciaire. En temps normal, l'aller-retour et la visite à l'Aiguille du Midi durent environ 3h. Mais l'affluence, notamment en juillet et août, rallonge ce temps de visite. Renseignez-vous sur les jours d'affluence et réservez vos billets en ligne pour être sûr de monter au sommet. En attendant l'ascension, ou à votre retour, vous pourrez profiter d'une nouvelle animation avec un cinéma immersif 4D installé dans la gare de départ du téléphérique de l'Aiguille du Midi. *L'Oiseau des Cimes*, le film proposé, vous fera véritablement voler au-dessus des montagnes. Avec ses nouveaux aménagements qui rendent une visite déjà sensationnelle encore plus prenante, plus passionnante, l'Aiguille du Midi nous impressionne pour toujours.

Aiguille du midi et l'Arête des Cosmiques.

LE REFUGE PAYOT

255, rue du Docteur Paccard
✆ 04 50 53 16 86
www.refugepayot.com
Haute saison : ouvert tous les jours de 8h à 20h. Livraison possible (en France métropolitaine).

A la recherche des meilleurs produits régionaux des Alpes ? Ils sont tous réunis au Refuge Payot. Le décor de ce Refuge mérite à lui seul la visite pour découvrir toute la chaleur et les bonnes odeurs d'une ferme d'alpage. Une sélection remarquable de produits de tradition et de haute qualité. Et pour vous conseiller, des passionnés qui vous donneront l'origine de chaque produit, mais aussi l'histoire de chaque spécialité savoyarde. Commandes possibles via le site de vente en ligne pour se faire livrer dans toute la France. Le refuge des vrais gourmands.

SAINT-GERVAIS-LES-BAINS ★★

Cette station aux mille visages abrite sur son territoire le prestigieux mont Blanc (altitude 4 807 m aux dernières mesures). Lors d'un séjour à Saint-Gervais Mont-Blanc, on peut allier les bienfaits de la balnéothérapie en eau thermale naturellement chaude aux activités de montagne, glisse et alpinisme en tête. Saint-Gervais n'est pas uniquement une ville, ce sont aussi quatre villages : Le Fayet (580 m), Le Bettex (1 400 m), Saint-Gervais (810 m), Saint-Nicolas-de-Véroce (1 170 m) et de nombreux hameaux reliés par un patrimoine extraordinaire, des églises et des chapelles baroques, des paysages sublimes, une faune et une flore préservées.

PATINOIRE

67, impasse de la Cascade
✆ 04 50 93 50 02
Ouvert toute l'année. Horaires sur Internet. Entrée : 4,50 €. Enfant : 3,50 €.

Une patinoire couverte et rénovée, riche d'activités : hockey sur glace, curling, jardin des glaces, luge pour personnes à mobilité réduite... Si les horaires d'ouverture de la patinoire peuvent varier, c'est du fait de la richesse de sa programmation : nombreuses et différentes manifestations sportives sont organisées pour le plus grand plaisir du public : matchs de hockey, de curling et galas de danse sur glace animent la patinoire toute l'année. Lorsque vous aurez trouvé le bon créneau, place au plaisir de patiner en famille ou entre amis.

MEGÈVE ★★★

Megève a été l'une des premières stations internationales de sports d'hiver de Haute-Savoie. Cet authentique village de montagne, devenu l'une des stations les plus huppées des Alpes (avec Courchevel), a su préserver son charme initial en alliant l'harmonie de son style architectural typique - malgré l'image surannée des traîneaux et calèches pour clientèle chic et le décor tape-à-l'œil des magasins de luxe - à l'authenticité de son paysage. On le découvre au détour d'une ruelle à l'agencement rustique, d'une montée abrupte ou encore depuis un pont de pierre sous lequel gronde un torrent qui se faufile dans une nature préservée.

MUSÉE DU HAUT VAL D'ARLY ★

84, rue Docteur Charles Socquet
✆ 04 50 91 81 00
http://museehautvaldarly.free.fr
En été, tous les jours de 14h à 18h. De mi-décembre à début avril, ouvert de 15h à 19h sauf le samedi. Adultes : 3,50 €.

Un musée dans une authentique ferme du XIXe siècle où se mélangent objets anciens et photos d'époque. Cet écomusée associatif, consacré à la vie traditionnelle dans le Haut Val d'Arly, a été créé en 1987 à l'initiative du médecin historien Charles Soquet. Véritable témoignage de la vie domestique, sociale et montagnarde des Mégevands, ce musée populaire ne manque pas de charme dans la Megève huppée ! Une mise en scène de collections d'objets, de meubles et de photos ; des reconstitutions réalistes laissent imaginer la vie de ces savoyards. Une agréable visite.

LA TABLE DE L'ALPAGA €€€

66, allée des Marmousets
✆ 04 50 91 48 70
www.alpaga.com
2 étoiles Michelin. Ouvert de décembre à mi-avril et en juillet et août. Haute saison : du mercredi au samedi le soir.

Anthony Bisquerra dirige le restaurant gastronomique doublement étoilé. Puisant dans la nature environnante les sources de son inspiration, le chef travaille des produits de saison : poissons sauvages de mer et de lac, écrevisses du lac Léman, cochon des Monts du Cantal, volaille de Bresse et sélection de beauforts. Il propose aussi un menu Tout Végétal... Le restaurant s'ouvre à la fin du printemps sur une vaste terrasse d'où l'on peut admirer le Mont-Blanc. A l'Onyx, les clients se retrouvent de manière plus informelle pour déjeuner, dîner, lire, jouer aux échecs.

FLUMET

Station-village perchée à 900 m d'altitude, Flumet est avant tout une station de ski du Val d'Arly Mont Blanc, du nom de Flumet-Saint-Nicolas-la-Chapelle. Sur son territoire, 20 pistes de ski alpin s'étendent de 920 à 1 200 mètres d'altitude. A Flumet, il est aussi possible de se tourner vers le patrimoine : la maison forte des Comtes de Bieu, en face de l'office de tourisme, la tour de la maison de Ribbes, l'église Sainte-Théodule, le Pont de l'Abîme qui surplombe l'Arly du haut de ses 30 m, ou encore le moulin à Tienne qui tournait grâce à la force hydraulique et pouvait moudre 100 kg de blé en 4 heures. Ce dernier se visite librement.

Eglise baroque de Flumet.

PLAN D'EAU DE FLUMET

✆ 04 79 31 60 97

Animaux interdits. Baignade surveillée en juillet et août, tous les jours. Gratuit. Parking.

On connaît Flumet, village perché à 900 m d'altitude, pour sa station de Flumet-Saint-Nicolas-la-Chapelle, mais peut-être un peu moins pour son plan d'eau qui est aménagé pour la baignade durant l'été. On peut s'y accorder une journée détente dans un écrin de verdure et profiter des équipements sportifs et jeux pour les enfants de l'espace de loisirs de l'Arrondine. La base de loisirs a même son temps fort en été avec la fête du plan d'eau autour de la 3e semaine de juillet : animations, jeux et musique battent leur plein (se renseigner à l'office de tourisme).

BEAUFORT ★

Le Beaufortin, ou pays de Beaufort, est principalement constitué de la vallée qui porte son nom au fond de laquelle coule le Doron. Se déployant à partir d'Albertville, le Beaufortin est l'écrin de l'Espace Diamant, vaste domaine skiable, mais aussi les domaines nordiques de Beaufort-Marcôt et le plateau de Cuvy, les Contamines-Evasion Mont-Blanc, les Rafforts à Ugine et enfin les Portes du Mont-Blanc-Évasion Mont-Blanc. Beaufort-sur-Doron est une commune où se trouve le domaine skiable d'Arêches-Beaufort. Les édifices remarquables ne manquent pas : d'anciennes maisons fortes, des édifices religieux et enfin le barrage hydroélectrique de Roselend.

BARRAGE ET SITE DE ROSELEND

Roselend ✆ 04 79 38 33 15

www.mairie-beaufort73.com

L'accès à Roselend est possible jusqu'à la fermeture de la route de Roselend, à l'arrivée de la neige.

Mythique, le site de Roselend est magnifique. Le barrage, mis en service en 1962, s'étend sur 804 m de long et 149 m de haut pour 150 m de large à sa base, ce qui fait de lui l'un des plus hauts de France. Il contribue à l'alimentation de la centrale de La Bâthie. Le site est aussi propice à la randonnée. A l'époque de sa construction, la chapelle Sainte-Marie-Madeleine a été remontée sur la rive du lac avant la mise en eau du barrage qui a noyé le hameau de Roselend le 6 mai 1960.

BOURG-SAINT-MAURICE ★

Bourg-Saint-Maurice est situé à 840 mètres d'altitude, passage donnant accès au Paradiski, le super domaine skiable des Arcs et Grande Plagne réunis. On trouve ici tout ce qu'il faut pour se divertir : cinéma, discothèques, bowling... Mais aussi des musées et monuments tels que la chapelle Saint-Grat au village de Vulmix, l'église Saint-Maurice de style néoclassique du XIXe siècle, le château ou tour de Bourg-Saint-Maurice, au lieu-dit La Bourgeat, la Tour du Châtelard (dite Sarrasine)... Se trouve ici l'un des bassins de slalom de canoë-kayak les plus prestigieux et difficiles au monde. Les sportifs de haut niveau liés à la ville sont nombreux.

MUSÉE DES MINÉRAUX ★

82, avenue Maréchal Leclerc
✆ 04 79 07 12 74
Ouvert l'été. Visite sur demande.

Une très belle collection minérale à découvrir, dont les pièces proviennent de la région de Bourg-Saint-Maurice et du massif du Mont-Blanc. Certaines d'entre elles sont particulièrement remarquables telles que ces imposantes épidotes avec byssolite ou même certains fossiles : une ammonite géante, un trilobite et une ammonite cristallière. Sédiments, roches volcaniques, quartz (citrin, hyalin, améthyste, chloriteux), quartz gris, vert et hématoïde… régaleront de leurs couleurs, textures et formes les amateurs comme les connaisseurs. Une halte pour toute la famille.

VAL-D'ISÈRE ★★★

Val-d'Isère, réputé pour être la ville des champions de ski, offre un paysage toujours aussi magnifique de montagnes. Au cœur du village ancien, marqué par son architecture ancrée dans les pures traditions savoyardes de chalets de vieilles pierres et bois aux toits de lauzes (grosses dalles de pierres), des nouvelles constructions se sont intégrées sans dénaturer l'âme initiale de Val. Au détour d'une ruelle, un vieux monsieur se repose sur un banc à l'abri d'un auvent centenaire, un chat dormant à côté de lui. L'église baroque mérite un détour. Dans la rue d'à côté, la vie touristique et sportive bat son plein. Ce sont les deux visages de Val.

C'est depuis longtemps la station idéale pour le ski. Elle a vu grandir Jean-Claude Killy, qui après avoir remporté de nombreux titres olympiques et mondiaux (pour les plus jeunes qui ne le savaient pas), a donné son nom au domaine skiable de Val-d'Isère et de Tignes. On pourrait rajouter d'autres champions, comme les sœurs Goitschel, que les moins de 20 ans ne connaissent toujours pas. Skis aux pieds avant de savoir marcher, ou presque, ces skieurs avaient et ont toujours de quoi s'entraîner. Deux glaciers, 300 km de pistes, 10 000 ha de neige, un snowpark d'un hectare. Vous en voulez encore ? Des pistes réputées comme la face olympique de Bellevarde qui accueillit les J.O. d'Albertville de 1992 et les championnats du monde de ski alpin en 2009. Emotions fortes garanties ! A noter que pour les débutants, les remontées mécaniques sur l'Espace Killy sont offertes. D'autres sensations sont possibles avec les balades en raquettes.

Val-d'Isère est aussi le royaume du VTT avec un espace VTT ludique du village qui propose une série de pistes pour jouer et apprendre les techniques tout en admirant les vues panoramiques des montagnes, mais aussi de nombreuses escapades pour les deux-roues tout-terrain. Le vélo est toujours à l'honneur, avec des bornes cyclotouristiques sur le parcours du col de l'Iseran, avec 17 km et 920 m de dénivelé pour une belle contemplation de la route des Alpes et une belle suée. En été également, des randonnées à n'en plus finir sur les pentes escarpées et dans le parc national de la Vanoise, dont le col de l'Iseran est un passage stratégique.

MAISON CHEVALLOT

L'Adroit
✆ 04 79 06 16 09
www.chevallot.com
Ouvert tous les jours de 6h30 à 19h30.

Pâtisserie, chocolaterie, boulangerie, traiteur, la Maison Chevallot est présente sur Val d'Isère depuis 1965. Que ce soit pour le petit déjeuner, le déjeuner ou le brunch, vous trouverez forcément votre bonheur dans le large choix proposé : petits pains au Beaufort ou au curry (idéal pour un casse-croûte de rando), gâteau «Ancolie» (pâte à financier, noisettes et framboises), les éclairs en multi-versions, les tartes aux fruits rouges, aux « noix caramel », ou encore aux myrtilles... A déguster sur place en terrasse ou à emporter, l'essentiel est de se régaler !

BONNEVAL-SUR-ARC ★★

Minéralité, Préhistoire et légendes, hameaux typiques, édifices religieux se conjuguent encore au présent. Pénétrez le village à pied et laissez-vous aller à imaginer les traditions de ce monde pastoral. 247 habitants à plus de 1 700 m d'altitude. Pays âpre et rude, ancien pays d'avalanches, il s'adoucit par la chaleur de l'accueil et sa beauté enchanteresse. A vous de l'apprivoiser ! Le premier téléski est inauguré en 1968. Bonneval, site classé, est l'un des plus beaux villages de France. Il a su garder intactes ses vieilles demeures en pierres sèches couvertes de toits en lauzes, de grosses ardoises de près d'une tonne superposées.

SUD-EST

AU VIEUX PONT - RESTAURANT €

Vieux village

✆ 04 79 05 94 07

Ouvert tous les jours midi et soir. Réservation recommandée. Carte : 25 € environ. Menu enfant : 10 €.

Au Vieux Pont, la vue est magnifique et donne justement sur le très photogénique pont en pierre, à l'entrée du village classé de Bonneval-sur-Arc. Crêpes, croûte au beaufort, tartiflette… et farandole de desserts maison. Une carte simple qui permet à chacun de trouver son bonheur pour un bon rapport qualité-prix. En été, on apprécie la terrasse ombragée qui permet de savourer un peu plus le panorama fabuleux. L'accueil est aux petits soins. Une adresse à découvrir.

L'ÉCHAPPÉE €€

13, rue de la République

✆ 04 79 05 42 99

www.restaurant-lechappee.com/

Ouvert les midis du lundi au vendredi. Réservation obligatoire. Menu entrée + plat + dessert : 16 €.

Qui n'a pas envie de s'échapper ? Dans cette longue rue de la République, au cœur de Modane et pas très loin de la gare, le restaurant L'Échappée propose une cuisine élaborée à partir de produits frais et locaux. Belle terrasse et salle chaleureuse pour se régaler de la cuisine créative du chef Rémi. *Futé* apprécie la qualité des produits, d'ici et d'ailleurs (avec de beaux produits de la mer notamment), le soin apporté à la présentation, l'accueil adorable ainsi que le service irréprochable pour couronner le tout. Une valeur sûre.

AUSSOIS

Village station perché à 1 500 m d'altitude, situé aux portes du Parc national de la Vanoise, en versant sud. Authentique village savoyard dont la fête traditionnelle du 15 août constitue une véritable attraction. Idéal point de départ pour des randonnées et découvertes, espace de détente et de loisirs, lieu de rencontres et de culture, vaste terrain de jeu pour les sportifs. Son télésiège fonctionne aussi en été permettant notamment aux parapentistes de décoller. Aussois est une station labellisée « Famille Plus ». La Grande Odyssée Savoie Mont-Blanc, course internationale de chiens de traîneaux qui se déroule au mois de janvier, fait étape sur le domaine.

SAINT-MICHEL-DE-MAURIENNE

Saint-Michel-de-Maurienne se trouve sur le départ de la route du col du Galibier, que cyclistes et motards apprécient largement. La ville fut marquée par les industries Renault de 1917 à 2016, l'époque faste de la houille blanche et de l'acier... mais aussi de la crise après les Trente Glorieuses. On peut y découvrir un riche patrimoine retraçant son histoire comme l'espace Alu au Dolmen du Thyl, mais aussi ses monuments religieux. La communauté de communes Maurienne-Galibier est accessible notamment par les célèbres cols du Galibier et du Télégraphe. Elle se trouve entre le Parc national de la Vanoise au nord et le Parc national des Écrins au sud.

MODANE

Modane, ville frontière, ouvre la porte vers la Haute-Maurienne et ses fabuleux paysages et sentiers de randonnée... Ses stations, ses villages... On ne fait souvent que passer par Modane, cherchant les vues, le charme des chalets en pierre, en bois et en lauzes d'altitude, et pourtant la ville cache certains trésors qui méritent bien quelques haltes... La maison penchée, le fort du Replaton (témoin d'une période où les tensions entre Italie et France étaient palpables), l'entrée monumentale du tunnel ferroviaire, la chapelle Saint-Jacques, les ouvrages de Saint-Gobain, le Muséobar, le musée de la liaison ferroviaire Lyon-Turin, le Carré Science...

CAMPING LE MARINTAN** €€

1, rue de la Provalière

✆ 04 79 59 16 91

https://le-marintan.com

Camping ouvert du 1er mai au 30 septembre (selon la météo). 31 emplacements (+ 20 places camping-cars et 8 bungalows).

Le camping offre une vue dégagée sur les montagnes environnantes. Les commerces de Saint-Michel-de-Maurienne sont accessibles à pied en quelques minutes. Ce camping familial propose des emplacements agréables, un terrain de pétanque et un mini-terrain de foot. Les camping-cars peuvent profiter d'emplacements adaptés à l'intérieur du camping mais également accéder à une borne dédiée à la vidange des eaux grises et noires (jetons en vente à l'accueil). Le camping propose également des locations de bungalows et de chalets (pour 4 à 6 personnes).

ALPES DU NORD AU SUD

LIEUX	Km partiel	Km cumul	Routes
BRIANÇON	0	0	D902
CHÂTEAU-QUEYRAS	35	35	D902
GUILLESTRE	19	54	D902 puis N94
EMBRUN	20	74	D9 puis N94
SAVINES	10	84	N94 puis D3
BARRAGE DE SERRE-PONÇON	26	110	D3 puis D900B
SAINT-VINCENT-LES-FORTS	23	123	D900
SEYNE	16	149	D900
DIGNE-LES-BAINS	42	291	Arrivée

SAINT-MICHEL-DE-MAURIENNE

Saint-Michel-de-Maurienne se trouve sur le départ de la route du col du Galibier, que cyclistes et motards apprécient largement. La ville fut marquée par les industries Renault de 1917 à 2016, l'époque faste de la houille blanche et de l'acier... mais aussi de la crise après les Trente Glorieuses. On peut y découvrir un riche patrimoine retraçant son histoire comme l'espace Alu au Dolmen du Thyl, mais aussi ses monuments religieux. La communauté de communes Maurienne-Galibier est accessible notamment par les célèbres cols du Galibier et du Télégraphe. Elle se trouve entre le Parc national de la Vanoise au nord et le Parc national des Écrins au sud.

COL DU TÉLÉGRAPHE

✆ 04 79 59 03 96

Ouvert selon les conditions météo. Aire de pique-nique. Parking. WC publics.

Perché à 1 566 mètres d'altitude dans le massif des Cercles, moins célèbre que son voisin le Galibier, le Col du Télégraphe doit son nom au fort jadis édifié ici entre 1885 et 1893. Il fait partie des cols appréciés des cyclistes dominant la Vallée de la Maurienne. Cet endroit est chargé d'histoire, car il occupait il y a bien longtemps, une place militairement stratégique. Il relie aujourd'hui Saint-Michel de Maurienne à Valloire. Paysages montagnards magnifiques et balades sur les sentiers... à pied, moto, vélo... il suffit de suivre son inspiration.

VALLOIRE ★

Village-station d'altitude perché à 1 405 m d'altitude, Valloire est proche du mythique col du Galibier. On y pratiquait le ski déjà un peu avant 1940. Depuis 25 ans, on y organise le concours international de sculptures sur glace et sur neige. Parmi les nombreux autres événements, l'on notera le Festival national du court-métrage, ou encore le passage régulier du Tour de France. Elle collectionne aussi les labels : « Station village de charmes », « Grand domaine », « Montagne douce » et « Étape de montagne » « Station verte ». Le domaine skiable de Valloire est relié à celui de Valmeinier, pour former le domaine skiable Galibier-Thabor.

LA GRAVE

La Grave (428 habitants) est situé à 1 135 m d'altitude, au cœur du parc national des Écrins. Le bourg a su conserver son aspect traditionnel malgré la pression touristique importante liée à la présence du téléphérique des glaciers de la Meije, dont la station se trouve au sud du bourg. Le massif de la Meije (station La Grave-La Meije) est connu comme un haut lieu de l'alpinisme et un site majeur pour le ski hors-piste. A voir : la belle église romane Notre-Dame-de-l'Assomption (XIe siècle). Autour du village, plusieurs hameaux traditionnels préservés sont à visiter, comme Le Chazelet, qui abrite un très bel oratoire et une table d'orientation.

Randonneur près de Valloire.

GROTTE DE GLACE DE LA GRAVE

Hameau les Hières
✆ 04 76 79 91 09
www.grottedeglace.com
Mi-juin/mi-septembre, tous les jours 9h3-16h. Adulte 5,50 €. Fermé en 2020. Se renseigner avant de s'y rendre.

La beauté, la pureté à l'état glacé, une merveille à visiter. Et pour cela, il vous faudra d'abord monter par les téléphériques de La Grave La Meije à plus de 3 000 m, puisque la grotte se situe à 3 200 m sous le glacier de la Girose. Ambiance féerique dans un monde taillé par la nature et par des sculpteurs qui donnent forme et vie à la glace. A noter que la grotte descend régulièrement sous le glacier rendant son ouverture de plus en plus difficile.

LA CAPONNIÈRE €

12, rue Commandant-Carlhan
✆ 04 92 20 36 77
Janvier à juin ouvert midi et soir, fermé 2 jours par semaine. Formules de 18 à 25 €

La Caponnière est une forteresse du bon goût. Une cuisine de haute tradition défendues par Martine en salle et Bruno derrière les fourneaux. Tout commence par un apéritif maison avant de découvrir les spécialités de montagne, fondue et raclette. L'autre thématique des lieux, plus insolite, est la cuisine médiévale. Le chef, passionné en la matière, nous propose un Menu Vauban (sur réservation) avec des plats merveilleux : escargots en fricassée de poulet, pigeon en farce et au fenouil ou une étonnante et savoureuse truite aux myrtilles. Inoubliable !

BRIANÇON ★★★

Site merveilleux au cœur des Alpes du Sud, Briançon, la « ville la plus haute d'Europe » et « ville qui grimpe », est une place animée, base appréciée par tous les amateurs de montagne qui ont les yeux tournés vers les sommets environnants dont certains culminent à plus de 4 000 m. Les activités varient à l'infini dans l'environnement naturel de Serre Chevalier Vallée Briançon, mais la ville elle-même, avec sa citadelle Vauban classée au patrimoine mondial de l'Unesco et son histoire, propose une visite tout à fait passionnante à tous les étages. Ce n'est pas un hasard si Briançon peut fièrement arborer le label Villes et Pays d'art et d'histoire.

GUILLESTRE ★

Guillestre est la porte d'entrée du parc naturel régional du Queyras. Lors de votre visite, vous pourrez admirer la porte du Saint-Esprit, un des derniers vestiges des remparts médiévaux, ou la belle église Notre-Dame-d'Aquilon. Des visites gratuites sont organisées pendant l'été. La place forte de Mont-Dauphin, construite par Vauban à partir de 1692, inscrite au Patrimoine mondial de l'Unesco, vous fera découvrir ses secrets au travers de visites guidées. Le Guillestrois qui bénéficie d'un climat plutôt doux et très ensoleillé (300 jours de soleil par an), est un territoire qui offre une grande variété de paysages et de nombreuses activités sportives.

CITÉ VAUBAN

1, Porte de Pignerol
http://vauban.alpes.fr
Accès libre.

Outre ses magnifiques fortifications, son architecture pittoresque, ses belles fontaines et ses nombreux cadrans solaires, la cité Vauban recèle plusieurs points d'intérêt : la place d'Armes et le puits Vauban, la collégiale Notre-Dame-et-Saint-Nicolas (XVIIIe) ; l'église des Cordeliers (XVe), rue de Roche ; la chapelle des Pénitents-Noirs, rue du Pont-d'Asfeld ; la maison du Temple (Office de tourisme), place du Temple ; la Maison du Parc national des Ecrins (également Musée du Ski), place Médecin-Général-Blanchard ; et le fort du Château (1845).

DESTINATIONS QUEYRAS

8, route de la Gare
✆ 04 92 45 04 29
www.randoqueyras.com
Ouvert toute l'année. Du lundi au samedi 9h/12h et 14h/18h.

Basée depuis 20 ans dans le Parc Régional du Queyras, l'agence de voyages éco-responsable, organisatrice de randonnées, est composée d'une équipe de professionnels de la montagne, attachés et engagée à défendre les territoires les plus préservés par des séjours marqués Valeurs Parc. Elle affirme son appartenance aux Alpes du Sud même si l'agence s'intéresse à d'autres régions, mais avec comme point commun la RANDONNÉE (pédestre, VTT, raquette, ski, multiactivité) A votre disposition, son savoir-faire afin de co-construire ensemble votre parcours personnalisé.

SUD-EST

CAMPING SAINT-JAMES LES PINS*** €

2A, route des Campings © 04 92 45 08 24
www.lesaintjames.com

Fermé en novembre. 100 emplacements. Forfait de 13 € à 16 €. Mobilhomes 4 pers de 350 € à 581 €/semaine. Chalets

Le camping propose 100 emplacements ombragés dont 23 chalets et mobilhomes. Le camping dispose de plages aménagées réservées aux campeurs, mais la baignade n'y est pas surveillée. Des animations sont organisées en soirée et des sorties sportives sont encadrées : randonnée, rafting, escalade, parapente. Le parc naturel du Queyras présente une faune préservée et de beaux paysages. Vous pourrez explorer la région avec votre chien ou bien vous baigner dans le lac de Serre-Ponçon.

Ô'DÉLICES €€

Place Joseph Salva
© 04 92 24 05 34

Fermé le lundi soir et le jeudi toute la journée, sauf en juillet et août ouvert 7j/7. Entre 13 € et 40 €.

Ô'Délices nous fait profiter de la dolce vita locale sur une superbe terrasse ensoleillée. Convivialité garantie jusque sous les voûtes d'une salle aux accents raffinés et décontractés tout à la fois. D'excellents produits du terroir pour une cuisine maison pleine de saveurs. A commencer par la Planche Alpine, la Salade du chef ou la Savoyarde version XL. A suivre, une Truite meunière ou un Magret de canard cuit à la plancha, les délicieuses spécialités montagnardes (raclette, fondue savoyarde, reblochonnade...) ou les burgers de buns, délicieux.

LA FABRIQUE €€

55, rue Victor-Maurel
© 06 89 36 18 52

Ouvert du lundi au samedi le midi. Ouvert tous les soirs en été. Menu du jour de 12,50 € à 19 €.

La Fabrique a pris la suite du Mot de la Faim tout en conservant la même philosophie du produit frais et de préférence local pour composer de belles assiettes de saison. En nouveauté, terrasse véranda agréable à l'année et une décoration chaleureuse. Aux commandes, Boris, un enfant du pays, et Laura, haute-savoyarde déjà présente au Mot de la Faim. Carte à l'ardoise selon les arrivages avec un menu estival et quelques spécialités régionales comme les oreilles d'ânes ou un jarret de porc d'ici. Pour se fabriquer les meilleurs souvenirs gourmands d'Embrun.

LA BOUTIQUE

32, rue Clovis Hugues
© 04 92 58 89 93

Ouvert du mardi au samedi de 9h à 19h. Pendant vacances scolaires, le dimanche matin.

Les meilleurs produits de la région concentrés en une seule adresse, une seule Boutique. La Boutique gourmande de Bruno et Hélène, deux passionnés des produits de qualité de la région. Dès l'entrée, cela sent tellement bon que l'on s'imagine déjà à table à partager de délicieux tourtons du Champsaur, des confitures de Briançon, une belle sélection de vins du pays ou d'épicerie fine, des huiles d'olive, de la charcuterie, mais aussi des fromages d'ici et de Corse ou des biscuits de Manosque. Si vous ne voulez pas cuisiner, Bruno peut le faire pour vous (traiteur).

EMBRUN ★★

Accrochée sur son roc et dominant la Durance, la vieille cité doit l'origine celte de son nom à son emplacement : ebre (eau) et dun (forteresse, colline). Particulièrement puissante au Moyen Âge, la ville connut une longue léthargie après son pillage par les troupes de Victor-Amédée II de Savoie, en 1692. C'est au XXe siècle que la ville connaît un nouvel essor avec le chantier du barrage de Serre-Ponçon, à la fin des années 1950, et avec la création du lac. A voir dans la ville : la cathédrale Notre-Dame-du-Réal (XIIe et XIIIe), la maison des Chanonges (XIIIe), la tour d'Embrun (XIIe) et l'ancien couvent des Cordeliers (actuel office de tourisme).

SAVINES-LE-LAC

Savines-le-Lac possède cette particularité d'avoir été entièrement détruit pour permettre le passage de la Durance et la création du barrage de Serre-Ponçon, avant d'être reconstruit sur les bords du lac. Entre Hautes-Alpes et Alpes-de-Haute-Provence, entre 780 et 3 000 m d'altitude, on se sent plus près du soleil et de l'air pur. Le bleu intense du ciel rivalise avec le bleu profond de la plus grande retenue artificielle d'Europe. Le lac de Serre-Ponçon est avant tout synonyme de « qualité de vie ». Outre un environnement exceptionnel, il accueille aussi de nombreuses activités nautiques, du voilier au paddle, du ski nautique à l'aviron.

SAINT-VINCENT-LES-FORTS

Outre ses églises et chapelles, la ville se distingue par ses installations militaires importantes, le tout formant un ensemble défensif imposant : forts, redoute, batteries... Les principaux éléments sont le fort de Saint-Vincent, édifié entre 1693 et 1700, le fort Joubert construit entre 1693 et 1700, la redoute de Chaudon datant de 1879-1883, la tour Vauban à mâchicoulis, sur le rocher de Guerre, construite en 1696, la batterie du Châtelard (1883-1885), la batterie du Colbas (1883-1887), la caserne Courtigis, au Chaudon, où logeaient les troupes. L'office de tourisme est à consulter pour pouvoir explorer les sites de près ou de loin.

SEYNE

Seyne-les-Alpes et ses 1 300 habitants vivent au cœur de la Vallée Blanche. Les premières maisons furent des cabanes construites à flanc de collines, sur le site des Edenats, où diverses peuplades gauloises vivaient alors. La cité s'appelait alors Sedena, ce qui voulait dire « ceux d'Edenats ». Des paysages somptueux entourent le village : la montée vers la crête de la Roche Close passe près de la cabane des Mulets et ses pâturages d'herbe grasse pour parvenir, après le col de la Pierre, jusqu'à 2 739 m d'altitude. Cette crête haut perchée domine la région et permet d'apercevoir à l'horizon, le mont Ventoux et la montagne Sainte-Victoire.

LA CITADELLE VAUBAN

Montée du Fort
✆ 04 92 35 31 66
http://fortetpatrimoine.free.fr

Ouvert toute l'année. Visite libre 5 € : tous les jours de 10h à 18h. Visite guidée en été : 6 €.

La visite de cet impressionnant ouvrage militaire dû à Vauban et dominant la cité est parfaitement organisée par une association locale *Fort et Patrimoine du Pays de Seyne*. Fort, remparts et bastions ceinturant une tour de guet antérieure au XIIe siècle, la visite est aujourd'hui un « must » pour les enfants comme pour les adultes. Du haut des remparts, éventuellement à travers les meurtrières, vous aurez une vue imprenable sur la vallée... et même la possibilité de faire un petit pique-nique sur une des belles tables de bois disposées à cet effet !

CAMPING DE LA BLANCHE** €

Les Tarettes ✆ 04 92 35 02 55
www.campingdelablanche.net

Ouvert toute l'année. Qualité Tourisme. Tentes, camping-cars, mobil-homes. Camping-car 18 € en été.

Les emplacements sont spacieux, plats et bien équipés. Valérie et Bruno, les sympathiques gérants, proposent des jeux pour enfants, un arboretum, des jeux « découvertes rurales » pour petits et grands et des soirées conviviales en saison estivale. Pour les cavaliers en randonnées, un champ est à disposition pour leurs chevaux. Aire pour les camping-cars. Ce camping est décidément une adresse à connaître pour tous les adeptes de nature et de grands espaces dans ces Alpes du Sud encore sauvages et préservées. Piscine municipale gratuite à 500 m.

DIGNE-LES-BAINS ★★★

Réputée pour la culture de la lavande dans les environs proches de la ville, on la célèbre le premier week-end d'août lors du Corso de la lavande, une fête à ne pas manquer.
Située à 600 m d'altitude, Digne-les-Bains est aussi au cœur de la plus grande réserve géologique d'Europe, l'Unesco Géoparc de Haute-Provence, qui vous permettra d'admirer un fossile d'ichtyosaure et la surprenante dalle aux ammonites. Avec une population d'environ 17 000 habitants, cette ville touristique et thermale dispose de plus de 300 km de sentiers de randonnée pédestre ou VTT balisés, d'une via ferrata sur la commune, d'un plan d'eau et d'un complexe aquatique.

CAMPING DU BOURG €

20, avenue du Souvenir Français
✆ 04 92 31 04 87
www.campingdigne.com

Ouvert du 30 mars au 31 octobre. Aire camping-cars. Emplacement + véhicule + 2 personnes (avec 10 A) de 15 à 25,50 €.

Ce camping est niché en pleine nature, au bord d'un ruisseau, non loin du centre-ville, de ses commerces. L'ambiance y est chaleureuse et familiale. Emplacements pour camping-car, caravane, tente, dans une ambiance paisible et agréable. Nombreux espaces ombragés. Accès piscine chauffée en mi-saison, mais aussi dans un périmètre restreint : terrains de boules, de tennis, ping-pong, volley. Pour les amateurs de VTT, le Camping du Bourg est tout proche du site réputé des Terres Noires ainsi que de L'EVO bike park. Proche de chemins de randonnée.

DES ALPES À LA MÉDITERRANÉE

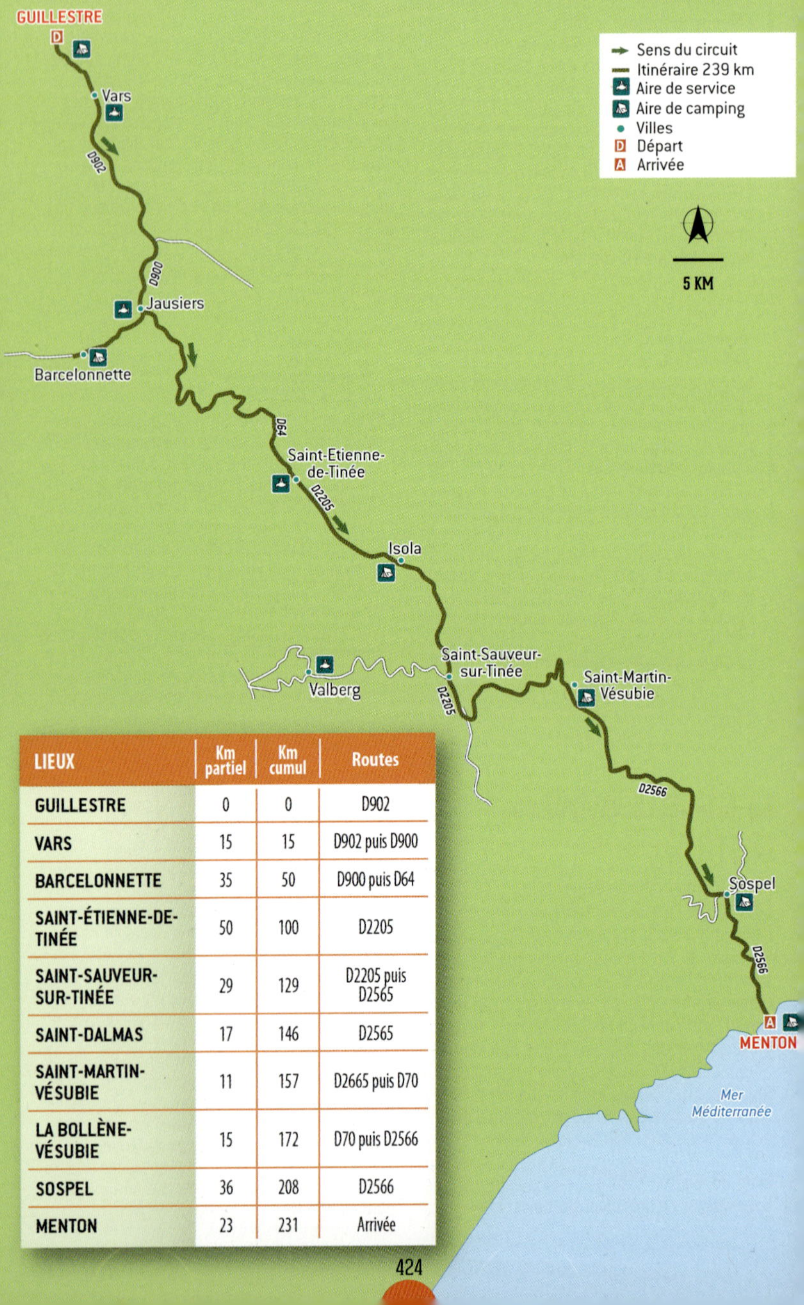

LIEUX	Km partiel	Km cumul	Routes
GUILLESTRE	0	0	D902
VARS	15	15	D902 puis D900
BARCELONNETTE	35	50	D900 puis D64
SAINT-ÉTIENNE-DE-TINÉE	50	100	D2205
SAINT-SAUVEUR-SUR-TINÉE	29	129	D2205 puis D2565
SAINT-DALMAS	17	146	D2565
SAINT-MARTIN-VÉSUBIE	11	157	D2665 puis D70
LA BOLLÈNE-VÉSUBIE	15	172	D70 puis D2566
SOSPEL	36	208	D2566
MENTON	23	231	Arrivée

GUILLESTRE ★

Guillestre est la porte d'entrée du parc naturel régional du Queyras. Lors de votre visite, vous pourrez admirer la porte du Saint-Esprit, un des derniers vestiges des remparts médiévaux, ou la belle église Notre-Dame-d'Aquilon. Des visites gratuites sont organisées pendant l'été. La place forte de Mont-Dauphin, construite par Vauban à partir de 1692, inscrite au Patrimoine mondial de l'Unesco, vous fera découvrir ses secrets au travers de visites guidées. Le Guillestrois qui bénéficie d'un climat plutôt doux et très ensoleillé (300 jours de soleil par an), est un territoire qui offre une grande variété de paysages et de nombreuses activités sportives.

VARS

Situés en limite des départements des Hautes-Alpes et des Alpes-de-Haute-Provence, aux portes du Parc naturel régional du Queyras et à quelques kilomètres de fameux col de même nom, Vars et ses quatre hameaux de montagne - le hameau des Claux abrite la station de ski alpin construite à partir de 1962 - s'étirent le long de la route des Grandes Alpes. Hiver - Vars associé à Risoul sur le domaine de la Forêt Blanche - comme été, la station propose une grande variété d'activités, dont le KL, et un immense espace de loisirs sportifs à découvrir. Parmi les événements remarquables des Alpes, l'Outdoormix Festival attire particulièrement l'attention.

© ANDREW_MAYOVSKYY - ISTOCKPHOTO

Vue sur la station de ski de Vars.

BARCELONNETTE ★

Sur la route des Grandes Alpes, Barcelonnette est sans doute la ville la plus « inattendue » des Alpes pour qui ne connaît pas son histoire passionnante. Au pied des stations de l'Ubaye que sont Sauze Super-Sauze et Pra-Loup, Barcelonnette est une ville de montagne avec ses ruelles étroites où l'on peut lire plus d'une fois « Attention, chute de neige ! ». Entourée de sommets, la ville n'est pourtant pas enfermée sur elle-même et c'est son extraordinaire ouverture sur le monde, notamment son aventure mexicaine, qui en fait une ville d'exception à découvrir hiver comme été, lors de fêtes magiques et colorées. L'histoire de cette petite ville de l'Ubaye, fondée en 1231 par Raymond Bérenger IV de Barcelone, se confond presque, depuis deux siècles, avec celle des Barcelonnettes. En 1812, des habitants de Barcelonnette et de ses proches environs ont décidé, selon la grande tradition de colportage de la région, de conquérir de nouvelles terres. Ils choisirent le Mexique pour faire valoir leur savoir-faire commercial et technique dans les métiers de la laine et de la soie. Les débuts seront difficiles mais, dès le Second Empire, ceux que l'on appelle les Barcelonnettes réussissent à créer et entretenir un réseau très puissant dans tout le pays. La présidence de Porfirio Diaz, entre 1876 et 1911, va permettre aux émigrants français de connaître un véritable âge d'or. Ce dernier fait en effet tout pour favoriser l'entrée de capitaux étrangers et voue de surcroît une véritable admiration pour la France. Les Barcelonnettes ouvrent d'immenses fabriques, certaines comptant plusieurs milliers d'ouvriers et, parallèlement, s'investissent de plus en plus dans la direction des grandes banques mexicaines. La longue révolution mexicaine marque le début du déclin industriel des Barcelonnettes. Les immigrants continuent pourtant d'arriver – au total, entre 1850 et 1950, ils seront plus de 2 500 à quitter l'Ubaye pour tenter l'aventure –, aujourd'hui il y aurait environ 60 000 descendants de Barcelonnettes au Mexique. Le centre historique de Barcelonnette regorge de superbes maisons, les villas des Mexicains, pour la plupart construites entre 1880 et 1930. Commandées par des fils du pays ayant réussi dans le commerce du textile au Mexique, elles sont à l'origine d'un véritable nouvel urbanisme, s'approchant de celui des villes d'eaux. Les Barcelonnettes les plus riches ont rivalisé, surtout au tournant du siècle, pour construire des villas toujours plus grandes et plus belles. Elles sont, pour la plupart, dans la partie est de la ville.

SUD-EST

SAINT-ETIENNE-DE-TINÉE ★★★

Sans doute habitée depuis la préhistoire, nommée Daeliae Insula par les Romains, puis Sancti Stephani Tinænsis au début de l'ère chrétienne, Saint-Etienne-de-Tinée a bien une histoire. Rattachée à la France en 1860, on y vivait replié, en raison des liaisons difficiles avec les vallées voisines et avec le littoral. À partir de 1900, l'élargissement des routes et l'avènement de l'automobile permirent au village de se développer, mais un dramatique incendie le ravagea en 1929. La moitié de la commune fut détruite et elle ne dut sa renaissance qu'à une souscription lancée à toutes les communes qui fut à l'origine du lancement de la station d'Auron.

LE CAMPING DU PLAN D'EAU** €

✆ 04 93 02 41 57

www.campingduplandeau.com

Ouvert du 1er juin au 30 septembre. Aire pour camping-cars. Emplacement : 8 €, et 3,50 € par adulte.

Vous êtes ici en pleine nature avec pour seul cadre les montagnes majestueuses environnantes. De nombreuses activités s'offrent à vous : baignade au plan d'eau (entrée gratuite), tables de pique-nique, kayak, volley-ball, badminton ou baby-foot. Les plus sportifs pourront partir randonner. Une buvette sur place, parfaite pour vous rafraîchir. N'hésitez pas à essayer le Petit bois des lutins attenant au camping avec des cabanes dans les arbres, des tyroliennes, des filets.

SAINT-SAUVEUR-SUR-TINÉE ★

Bâties en pierre locale, les maisons rouge sombre du village ancien de Saint-Sauveur-sur-Tinée méritent un détour. L'église Saint-Michel-Archange, construite au XIVe siècle, a été plusieurs fois restaurée et remaniée. Son clocher est pyramidal. A l'intérieur, on peut admirer plusieurs retables : de la Transfiguration, de la Vierge, de l'autel du Rosaire, mais aussi un reliquaire de saint Blaise et plusieurs objets de culte : croix processionnelle, calices et ciboires complètent le trésor de cette église. La chapelle des pénitents blancs abrite un portrait du roi Louis XIII.

SAINT-MARTIN-VÉSUBIE ★★

Situé au cœur d'une forêt de 3 600 ha à 1 000 m d'altitude, ce joli village est né au confluent des torrents du Boréon et de Fenestre qui forment la rivière Vésubie. En suivant le canal du Béal, on découvre l'architecture gothique de la cité médiévale : place de la Frarie, ruelles étroites, portes voûtées ornées de linteaux ouvragés et maisons à colombages. Les remparts sont réduits à de simples vestiges : des quatre portes qui permettaient l'accès au village, seule Sainte-Anne a résisté. L'église baroque de l'Assomption (XVIIe siècle), aux grandes colonnes blanches et clocher roman, renferme des tableaux du XVe siècle attribués à Louis Bréa.

LA BOLLÈNE-VÉSUBIE ★★

L'histoire de la Bollène est peu connue. On sait qu'à l'origine, en 1156, le village portait le nom de Abolena, dérivant du provençal voulant dire Terre Neuve. Le nom de la Bollène n'apparaîtra qu'au XIVe siècle. L'église baroque Saint-Laurent sera achevée en 1725 et consacrée par monseigneur Recrosio le 26 juillet 1728. Elle sera réparée et restaurée en 1862, puis en 1891 après le tremblement de terre du 15 janvier 1884. Le jour du tremblement de terre, il y eut beaucoup de dégâts matériels, mais pas de morts. Depuis, le conseil municipal a fait le vœu de célébrer le 15 janvier la Saint Maur, pour honorer le protecteur des Bollénois.

L'AUTHION CHEZ JEANJEAN €€

Camp d'Argent

✆ 04 93 91 57 61

Ouvert tous les jours le midi. Carte : 20 € environ.

Un petit resto au pied des pistes, à la décoration authentique et à l'accueil chaleureux. Dans les assiettes, de quoi ravir les estomacs les plus difficiles : la cuisine est simple mais goûteuse et, bien entendu, faite maison (y compris le pain !). Les raviolis sont extras, tout comme la daube. Mention spéciale pour la cassolette de l'Authion, la spécialité, un mélange gratiné de légumes et de champignons fraîchement cueillis par le propriétaire. Un conseil, gardez de la place en dessert pour la tarte à la confiture de myrtille !

SOSPEL ★★

Point de passage obligé sur la route du sel par où transitaient les marchandises de Turin à Menton, Sospel possède encore un vieux pont à péage à deux arches avec une tour de contrôle construite sur la pile centrale. En 1388, Sospel « se donne » aux ducs de Savoie : ce fut en quelque sorte l'âge d'or de la ville. Plus tard, sous l'autorité et la protection des rois de Sardaigne, tout exalte la grandeur du style baroque : la nouvelle église, les confréries, les couvents, le collège royal, les maisons des riches notables. Mais en 1794, les armées révolutionnaires partent à la conquête du royaume de Piémont-Sardaigne et Sospel devient une simple commune.

LA CABRAÏA €

1, place de la Cabraïa
✆ 04 93 04 00 54
www.la-cabraia.com

Ouvert du vendredi au mardi le midi et le soir ; du vendredi au mercredi le midi. Réservation recommandée. Terrasse.

Dans un cadre ravissant à mi-chemin entre la montagne et le littoral azuréen, la carte de ce charmant établissement affiche une cuisine française traditionnelle (salades, viandes, poissons) et quelques spécialités italiennes (pâtes, raviolis). Ces plats savoureusement et copieusement préparés par le Chef se dégustent dès l'arrivée des beaux jours sur la belle terrasse. On apprécie également l'accueil souriant et dynamique de Marjorie qui opère en salle. Une ambiance conviviale et un décor parfait pour une belle escapade gourmande.

MENTON ★★★★

Cité du citron, à l'honneur chaque année en février, Menton est également une ville de caractère, dopée par un climat exceptionnel, une longue plage de galets où se prélasser, et des jardins particulièrement bien aménagés. Entre nature luxuriante, culture et art, la ville est riche d'un patrimoine naturel et historique exceptionnel. Vous pourrez y découvrir de sublimes palaces Belle Epoque, de l'architecture baroque où parfums et couleurs si typiques de la région ont su leur donner un cachet incomparable. Porte d'entrée sur l'Italie puisque c'est la dernière ville française avant la frontière, l'influence architecturale italienne y est bien évidemment omniprésente.

JARDIN BOTANIQUE EXOTIQUE DU VAL RAHMEH ★★

Avenue de Saint-Jacques ✆ 04 93 35 86 72

Ouvert toute l'année, horaires variables. Fermé le mardi, le 1er mai et le 25 décembre. Visite guidée les jeudis matin.

Le jardin du Val Rahmeh, labellisé Jardin remarquable depuis 2014 est la propriété du Muséum national d'Histoire naturelle depuis 1966, le jardin botanique exotique du Val Rahmeh est un domaine de 1,5 hectare où se côtoient près de 1500 plantes, des espèces venues des quatre coins de la planète.

On y découvre des plantes des régions tropicales humides, une zone méditerranéenne où s'épanouissent des oliviers quadricentenaires ou encore le bassin aux nénuphars géants.

Le site est « ethnobotanique » et montre combien l'homme et la nature sont liés, notamment grâce aux plantes alimentaires et médicinales tout au long du parcours.

Demeure créée en 1875 par une vieille famille mentonnaise, les de Monléon, elle est achetée par Sir Percy Radcliffe qui s'y installe à partir de 1904 avec son épouse, Rahmeh, dont le nom (qui se traduit par « tranquillité ») sera donné au domaine. Il ajoute des bâtiments à la maison initiale, rachète des terrains agricoles attenants et dote l'entrée d'une superbe allée de palmiers. En 1957, Miss May Bud Campbell, une riche anglaise passionnée de botanique, acquiert la propriété qu'elle agrandit et décore de sublimes plantes ornementales comme les daturas.

Dans les sixties, le Muséum national d'Histoire naturelle le transforme en véritable jardin botanique et centre de recherches.

Aujourd'hui, le Val Rahmeh joue un rôle majeur dans l'acclimatation des plantes exotiques, la conservation d'espèces menacées et la transmission des savoirs.

CAMPING LE PARC SAINT MICHEL

Route des Ciappes de Castellar
✆ 09 82 21 27 95

Ouvert de mi-février à mi-novembre. Forfait camping-car : à partir de 25 €. Aire de services. Réservation en ligne.

Avec sa vue panoramique du bord de mer et sa localisation idéale à Menton, le camping Le parc Saint-Michel est une option de choix pour séjourner au plein air sur la côte d'Azur. Il offre 82 emplacements pour tente, caravane, camping-car mais aussi lodges et chalets tout équipés. Les emplacements sont mi-ombragés, les blocs sanitaires propres et une aire de services est à la disposition des camping-cars. Soleil, mer, accès facile aux attractions touristiques, que demander de plus ?

SUD-EST

LE VERDON

PARCOURS GPX

5 KM

LIEUX	Km partiel	Km cumul	Routes
BARCELONNETTE	0	0	D902 puis D908
LA FOUX-D'ALLOS	27	27	D908
ALLOS	8	35	D908
VILLARS-COLMARS	10	45	D908 puis D908A
THORAME-HAUTE	10	55	D908 puis D955
SAINT-ANDRÉ-LES-ALPES	19	74	N202 puis D955
BARRAGE DE CASTILLON	13	87	D955
CASTELLANE	8	95	D952
PONT-DE-SOLEILS	12	107	D955 puis D90
TRIGANCE	7	114	D90 puis D71
AIGUINES	34	148	D19 puis D952
MOUSTIERS-SAINTE-MARIE	17	165	D952
RIEZ	15	180	D952
SAINT-MARTIN-DE-BRÔMES	14	194	D952
GRÉOUX-LES-BAINS	6	200	D82 puis D4 puis D907
MANOSQUE	14	214	Arrivée

- Sens du circuit
- Itinéraire 214 km
- Aire de service
- Aire de camping
- Villes
- Curiosités
- D Départ
- A Arrivée

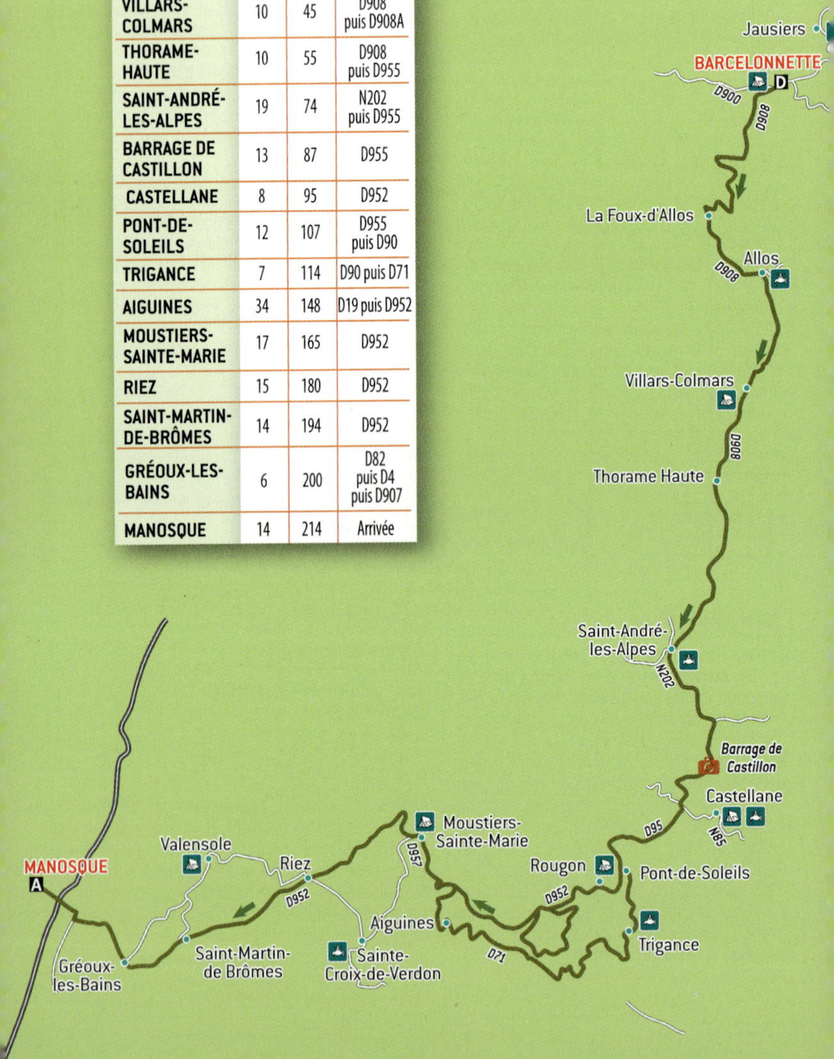

BARCELONNETTE ★

Sur la route des Grandes Alpes, Barcelonnette est sans doute la ville la plus « inattendue » des Alpes pour qui ne connaît pas son histoire passionnante. Au pied des stations de l'Ubaye que sont Sauze Super-Sauze et Pra-Loup, Barcelonnette est une ville de montagne avec ses ruelles étroites où l'on peut lire plus d'une fois « Attention, chute de neige ! ». Entourée de sommets, la ville n'est pourtant pas enfermée sur elle-même et c'est son extraordinaire ouverture sur le monde, notamment son aventure mexicaine, qui en fait une ville d'exception à découvrir hiver comme été, lors de fêtes magiques et colorées. L'histoire de cette petite ville de l'Ubaye, fondée en 1231 par Raymond Bérenger IV de Barcelone, se confond presque, depuis deux siècles, avec celle des Barcelonnettes. En 1812, des habitants de Barcelonnette et de ses proches environs ont décidé, selon la grande tradition de colportage de la région, de conquérir de nouvelles terres. Ils choisirent le Mexique pour faire valoir leur savoir-faire commercial et technique dans les métiers de la laine et de la soie. Les débuts seront difficiles mais, dès le Second Empire, ceux que l'on appelle les Barcelonnettes réussissent à créer et entretenir un réseau très puissant dans tout le pays. La présidence de Porfirio Diaz, entre 1876 et 1911, va permettre aux émigrants français de connaître un véritable âge d'or. Ce dernier fait en effet tout pour favoriser l'entrée de capitaux étrangers et voue de surcroît une véritable admiration pour la France. Les Barcelonnettes ouvrent d'immenses fabriques, certaines comptant plusieurs milliers d'ouvriers et, parallèlement, s'investissent de plus en plus dans la direction des grandes banques mexicaines. La longue révolution mexicaine marque le début du déclin industriel des Barcelonnettes. Les immigrants continuent pourtant d'arriver – au total, entre 1850 et 1950, ils seront plus de 2 500 à quitter l'Ubaye pour tenter l'aventure –, aujourd'hui il y aurait environ 60 000 descendants de Barcelonnettes au Mexique. Le centre historique de Barcelonnette regorge de superbes maisons, les villas des Mexicains, pour la plupart construites entre 1880 et 1930. Commandées par des fils du pays ayant réussi dans le commerce du textile au Mexique, elles sont à l'origine d'un véritable nouvel urbanisme, s'approchant de celui des villes d'eaux. Les Barcelonnettes les plus riches ont rivalisé, surtout au tournant du siècle, pour construire des villas toujours plus grandes et plus belles. Elles sont, pour la plupart, dans la partie est de la ville.

MUSÉE DE LA VALLÉE - LA SAPINIÈRE 🏛

10, avenue de la Libération ✆ 04 92 81 27 15
www.museedelavallee.fr

Ouvert toute l'année, sauf de mi-novembre à mi-décembre. L'été 7j/7 de 10h à 12h et de 14h30 à 18h30. Adulte : 4 €.

Le visiteur comprendra ici les liens qui unissent Barcelonnette au Mexique, depuis l'installation des frères Arnaud en 1804. On peut y admirer des collections superbes de beaux-arts, les toiles orientalistes des peintres voyageurs Jean Caire et Marie Tonoir, les objets et photographies rapportés par l'émigrant-collectionneur Emile Chabrand de son voyage autour du monde (1882), les céramiques de Chililico (Mexique) données par Guy et Claude Stresser-Péan et les costumes des hauts plateaux indochinois offerts par la famille Louppe-Gassier.

Après travaux en fin 2019, ce Musée de la Vallée à la villa de la Sapinière a fait peau neuve et sa muséographie a été entièrement renouvelée pour 2020. Elle présente en nouveauté deux grandes thématiques sur les Piémontais dans le Pays de Barcelonnette et les Colporteurs de la vallée de l'Ubaye. S'y ajoute un petit trésor archéologique avec la totalité de la Donation Gleize qui comprend 82 pièces (essentiellement des bronzes), accompagnée de 17 photographies inédites de la collection Olivier de Saint-Marcel Esseric datant de 1890. Une salle est consacrée aux Barcelonnettes aux Amériques de 1805 à 2014.

La salle rose expose aussi «1 000 petits chefs-d'œuvre du Mexique» : statuaire aztèque, objets d'art populaire, d'art colonial ou aussi d'art moderne mexicain. Quand à la salle Chabran, voyageur et naturaliste elle vous permettra de découvrir ses collections d'animaux ramenées de ses pérégrinations en Argentine puis au Mexique.

LA FOUX-D'ALLOS ★

Le Val d'Allos 1800, (ou plutôt, la Foux d'Allos comme l'appellent ses fidèles fréquentations), est une belle station de ski en hiver et de montagne en été. Baignée de soleil et de lumière en toute saison, vous y découvrirez le plaisir des grands espaces et d'une nature encore préservée, ou de l'immensité de l'horizon avec ses sommets escarpés... Sachez que vous êtes ici au cœur d'un des plus beaux domaines skiables des Alpes du Sud, et surtout le plus grand. En effet, son domaine skiable est relié à celui de la Station de Pra-Loup, dans la vallée de l'Ubaye, et se dénomme désormais l'Espace Lumière : une appellation bien méritée !

SUD-EST

PRO VERDON CANYONING

✆ 06 89 87 98 31

www.proverdon.com

Ouvert toute l'année sur réservation préalable, sauf de début décembre à fin mars. Demi-journée, à partir de 45 €.

De leurs sources au lac de Sainte-Croix, descendez le Verdon ou ses affluents de façon ludique et sportive. Rappels sur corde, sauts, toboggans et marche en rivière, le canyoning est une activité complète où se lient esthétisme de l'environnement et dépassement de soi. Que ce soit pour une première expérience de l'activité ou pour un pratiquant chevronné, Julien vous invite à le rejoindre pour vivre des moments intenses en émotions sportives... Lieux uniques riches en biodiversité, les canyons sont des livres ouverts passionnants à découvrir.

RESTAURANT LAC ET FORÊT €€

Route de Nice ✆ 04 92 89 20 45

https://lacforet.com/le-restaurant

A partir d'avril. Tous les jours midi et soir, fermé le mardi en basse saison. Menus de 22€ à 37€.

Dans l'enceinte de l'hôtel éponyme, sur les bords du lac de Castillon, voilà une belle découverte ! Côté culinaire, la cuisine est inventive, les saveurs subtiles et les assiettes joliment présentées. Le chef travaille des produits de saison et conjugue à merveille les légumes du terroir : poulpe de roche confit à l'huile de chorizo, turbot cuit à la perfection, financier à la pistache et aux fruits rouges... Le menu est digne d'un restaurant gastronomique ! Ajoutez à cela une carte des vins bien étudiée, un personnel au petit soin et une superbe terrasse.

SAINT-ANDRÉ-LES-ALPES

Le village de Saint-André-les-Alpes est une porte d'entrée des stations de ski. Cette commune juchée à 900 m d'altitude est surtout la porte des gorges du Verdon et du parc naturel régional du Verdon avec ses belles randonnées, situé sur le territoire de la réserve géologique de Haute-Provence. Sur les hauteurs, qui vous sont accessibles par des sentiers balisés, vous pourrez vous envoler – en parapente, pas tout seul ! – à partir de sites mondialement reconnus et ainsi remplir vos mirettes de somptueuses cartes postales qui resteront à jamais ancrées dans votre esprit. Ce petit village de caractère, qui fleure bon les Alpes, est entouré par la montagne de Maurel et la barre blanche des crêtes de Serres et de Chamatte, bénéficiant d'un climat exceptionnel.

Et en été, on apprécie les rives du joli lac de Castillon où l'on peut pratiquer à loisir voile et canotage. Tout autour du lac, de multiples lieux de baignade sont accessibles pour tous par le biais de plages sauvages et agréables, plus ou moins faciles d'accès, mais sans surveillance. Les amateurs de bateaux à pédales ou à moteurs électriques et autres planches à voile ont la possibilité d'embarquer à bord grâce aux loueurs installés sur les différentes plages. Et si le cœur vous en dit, laissez-vous aller à une petite pétanque entre amis, le terrain s'y prête à merveille ! En somme, qu'importe la saison, vous ne risquez pas de vous ennuyer lors de votre visite de Saint-André-les-Alpes !

TRIGANCE

Trigance est un beau village médiéval entouré de remparts, typiquement provençal. Il abrite de grandes tours, vestiges de son château du XIe siècle. En vous promenant dans les charmantes ruelles du village, vous découvrirez notamment l'église paroissiale du XVe siècle. Les Castellane, famille seigneuriale, ont régné sur le pays jusqu'en 1262, avant que les habitants du village soient regroupés autour du château, jusqu'à la Révolution française, sous l'autorité de différents sires : Fouquet III de Pontevès, conseiller du comte de Provence, Jean Ier de Raimondis, dit le Gros, les familles de Demandolx, de Valbelle et Antoine Henri de Majastres.

CHÂTEAU DE TRIGANCE*** €€

1400, route de Breï

✆ 04 94 76 91 18

www.chateau-de-trigance.fr

Ouvert de début avril à fin octobre. Accueil jusqu'à 23h. 10 chambres. Chambre double de 120 à 180 €.

Bâti sur la crête d'un piton rocheux, ce château du XIe siècle chargé d'histoire (pillé et démoli, il fut réhabilité dans les années 1960) a été transformé en hôtel-restaurant par M. et Mme Hartman, puis par la famille Thomas, dont le fils, Guillaume, assure toujours la direction. Les chambres, toutes différentes, avec lit à baldaquin et meubles anciens, sont conçues dans un décor moyenâgeux et s'ouvrent sur une large terrasse panoramique qui domine le village. Le restaurant sur place propose des plats à base de bons produits avec un style créatif.

SUD-EST

CASTELLANE ★★

Castellane est une petite ville chargée d'histoire. Tout d'abord, lors des invasions sarrasines qui ont ébranlé la Provence aux IXe et Xe siècles, les habitants situés alors dans la vallée se réfugièrent sur le rocher qui surplombe la ville du haut de ses 184 m. Une chapelle subsiste encore tout en haut du roc. De là-haut, on culmine à plus de 900 m d'altitude et la vue sur tout le village et la vallée . Lorsque la place forte fut achevée, on donna à la ville le nom de Petra Castellana (ce qui peut se traduire du latin par «la roche au village fortifié», ou plus simplement par «le château fort»). Au XIIe siècle, les seigneurs ayant combattu pour sauver la cité des envahisseurs sont élevés à la dignité de barons et prennent le nom de leur fief, Castellane.
Pendant deux siècles, ils vont sauvegarder l'indépendance et soutenir le développement de la cité jusqu'au rattachement en 1262 de la baronnie aux comtes de Provence. Les habitants de Castellane résistent aux troupes de Charles Quint en 1536 puis à Lesdiguières, chef des troupes protestantes, pendant les guerres de religion. Cet événement est commémoré tous les ans, le dimanche le plus proche du 31 janvier : c'est la « Fête du pétardier ». Napoléon y passa la nuit le 6 mars 1815 en montant à Grenoble.

CAMPING LES LAVANDES** €€

Route des Gorges-du-Verdon ✆ 04 92 83 68 78
www.camping-les-lavandes.com
Ouvert d'avril à octobre. Emplacement pour 2 de 14 à 19,5 €. Mobil-home pour 4 à 6 de 290 à 660 € la semaine.

Idéalement situé sur la route des gorges du Verdon, ce camping propose un large choix d'hébergements, sur emplacements ou en locatif, avec 5 types de mobil-homes-chalets pouvant accueillir de 4 à 6 personnes. La qualité de son accueil lui a valu un 1er Prix National "Camping Qualité France". Non loin du camping : marchés locaux les mercredis et samedis, piscine chauffée publique et d'autres activités plein air. De plus, par amour de sa région et par passion de la randonnée, Claude le propriétaire propose des randonnées pédestres gratuites, une fois par semaine.

AIGUINES ★

Petit village perché à plus de 800 mètres d'altitude, Aiguines surplombe le lac de Sainte-Croix.
Au sommet du village, à côté de la chapelle Saint-Pierre, une table d'orientation permet d'admirer le superbe panorama aux alentours du village. L'église paroissiale Saint-Jean, avec son beau clocher à baies, date du XIIIe siècle. Le château et ses caractéristiques, quatre hautes tourelles aux toits en poivrières recouvertes de tuiles vernissées polychromes, a été restauré en 1606 par Balthazar de Gauthier, avant d'être transformé et ses jardins aménagés, vers 1720, puis 1750. Racheté et rénové en 1989, il est devenu une résidence privée.

SUD-EST

© VINCENT FORMICA

Aiguines et le lac de Sainte-Croix.

MOUSTIERS-SAINTE-MARIE ★★★

Moustiers-Sainte-Marie est classé comme l'un des plus beaux villages de France. Confiné entre deux escarpements rocheux, ce qui attire votre attention sera tout d'abord cette étoile qui surplombe ce village aux allure de crèche. D'après Frédéric Mistral, elle aurait été accrochée par un chevalier croisé emporté par les Sarrasins qui avait promis de suspendre une étoile en hommage à Marie s'il parvenait à rentrer au village. Lors de vos pérégrinations, ne ratez pas l'église paroissiale et son clocher lombard du XIIe siècle ou encore la chapelle Notre-Dame-de-Beauvoir et les remparts. Vous découvrirez que c'est également un centre de faïence réputée.

RIEZ

Au cœur du Plateau de Valensole, Riez est bâti au flanc de la colline Saint-Maxime, qui offre un magnifique panorama en surplombant le confluent de trois vallées. La vieille ville s'ouvre sur de vieilles rues pittoresques jalonnées de splendides demeures. La Grand-Rue est aussi imprégnée d'une ambiance médiévale authentique à vocation marchande, aujourd'hui pérennisée par de nombreux artisans d'art, des faïenciers, des potiers. Le XIVe siècle a légué les vestiges d'une belle architecture militaire, dont il subsiste des pans de murs, la tour de l'Horloge, les portes Sanson et Ayguière. Les visites guidées proposées sont riches d'enseignement.

CAMPING LE MOULIN €€

Quartier Marzols ✆ 04 92 74 66 66
www.camping-le-moulin.com

Ouvert de fin avril à fin septembre. Terrain de 4 ha. 150 emplacements. Emplacement pour 2 de 12,60 € à 15,40 €.

Avec seulement 21 locations (dont 10 sortes différentes au choix) pour 150 emplacements répartis sur 4 hectares, le camping le Moulin est un camping qui privilégie résolument la conservation du cadre naturel. Sur ce domaine boisé de pins, peupliers le long d'une petite rivière et chênes, l'ambiance est familiale, et vos vacances baigneront dans une Provence authentique avec le chant de ses cigales. Tous les aménagements du camping ont été réalisés en prenant soin du cadre naturel. Des activités douces et des animations familiales y sont également proposées.

LA TABLE TOSCANE €€

30, rue du Marché
✆ 04 92 77 72 67

Ouvert toute l'année. Tous les jours, sauf mercredi soir et dimanche. Menu unique à partir de 24 €. Terrasse.

Dans une ruelle piétonne, à proximité du marché, une adresse sympathique à l'excellent rapport qualité/prix ! La Table Toscane fleure bon les produits frais, comme ce grand choix de pizzas bien garnies faites maison et cuites à la perfection au feu de bois, notamment l'été. Retenez la pizza Salmone, un régal ! Le cadre est agréable, on y vient en famille, entre amis, en amoureux mais aussi en solo pour profiter de cette carte simple qui éveille les papilles et où tout est fait maison. On se régale et on y revient ! Et en plus : tout est également à emporter.

Moustiers-Sainte-Marie.

SAINT-MARTIN-DE-BRÔMES

Construit en amphithéâtre sur le flanc de la colline de Castelleras, Saint-Martin-de-Brômes (département des Alpes-de-Haute-Provence, 608 habitants selon le dernier recensement de 2018) doit sa configuration architecturale à l'époque du Moyen Âge. D'emblée, on admire sa Tour de l'Horloge surplombant le bourg et son église paroissiale sur les hauteurs. Un charmant petit village qui fera le bonheur des amoureux des vieilles pierres et des coins typiques de Provence. Pour la baignade et les activités nautiques, rendez-vous au lac d'Esparron, tout proche. Enfin, l'écrivain Jean Giono aimait particulièrement ce village typique de Provence.

GRÉOUX-LES-BAINS ★★

Gréoux est une station thermale et un village de caractère. Il est difficile de manquer le magnifique château qui surplombe le village. Il fut construit au XIIe siècle par les Templiers, avant d'être cédé aux Hospitaliers de Saint-Jean de Jérusalem, puis passera de mains en mains jusqu'à ce qu'il soit classé monument historique en 1840. En été, il est possible de découvrir son histoire lors de visites théâtralisées. En déambulant dans les vieilles ruelles, vous découvrirez les chapelles, les remparts, la belle église et son campanile, les lavoirs, et évidemment les fameux thermes troglodytiques. Une invitation à voyager dans le temps !

CAMPING LE VERSEAU**** €€

Route de Saint Pierre
✆ 04 92 77 67 10
www.camping-le-verseau.com

Fermé du 1er décembre au 1er mars. 120 emplacements (dont 68 locations). Emplacements pour 2 de 14,90 € à 23 €.

Vous trouverez ici un accueil de qualité, du calme, un cadre de verdure exceptionnel et une multitude d'activités à faire à proximité de cet établissement. Côté location l'ensemble du parc de bungalows, chalets et mobil-homes est en train d'être renouvelé et a moins de 5 ans. De nombreux services sont proposés : piscine à débordement, espace fitness, terrain de basket sur herbe, jeux de boules et terrain de jeux pour les enfants... Ainsi que des plats cuisinés à emporter ! Une pool house très agréable accueille également les soirées à thème du camping.

LA MARMITE PROVENÇALE €€

12, rue Grande ✆ 04 92 77 66 62
www.greoux-les-bains.com

Fermé de décembre à mi-février. Ouvert du jeudi au mardi le soir ; du vendredi au mardi le midi. Carte : 22 € environ.

Agnès, la cheffe, est une passionnée qui souhaite vous faire déguster la meilleure des cuisines provençales. En été, optez de vous installer sur la grande terrasse, à l'ombre d'un formidable tilleul. La carte change trois à quatre fois par an avec toujours du poisson frais, une viande goûteuse et de délicieux desserts. Sur réservation dégustez sa marmite du pêcheur, comprenant rougets, lotte, cabillaud, gambas, moules, noix de saint-jacques, pommes de terre, et sa rouille. Savoureuse et très copieuse ! Ambiance conviviale et excellent rapport qualité/prix.

MANOSQUE ★★★

Le Pays de Manosque, où résonnent encore les pas de l'écrivain Jean Giono, bordé à l'est par le plateau de Valensole, et le canyon du Verdon, et à l'ouest par le Lubéron puis le Pays de Forcalquier, vous accueille aux portes de la Haute-Provence. Derrière vous, la montagne de Lure et son pays et devant vous, la Durance qui parcourt sa vaste plaine. Elle faisait jadis barrière, car parfois « indomptable » elle séparait les deux régions. Aujourd'hui, régulée par de nombreux barrages depuis Serre-Ponçon, elle est devenue plus compatissante et facilement franchissable, permettant une libre circulation dans tout le pays aux alentours de Manosque.

ÉCOMUSÉE L'OLIVIER ★★★★

Ancienne route de Forcalquier - D13 - **VOLX**
✆ 04 86 68 53 15
www.mb-1830.com/fr/ecomusee-olivier

Fermeture annuelle janvier et début février. L'été ouvert 7j/7 de 10h à 13h et de 14h à 18h30. Visite libre. Restaurant.

Géré par le parc naturel régional du Luberon, cet écomusée, ancien lieu où l'on transformait le calcaire en chaux vive, est depuis 2015 dédié à la culture vivante de l'olivier, qui propose à la fois un musée et une dégustation.

Il mérite une visite pour qui veut tout savoir sur l'histoire et la culture de l'olivier dans ce terroir et la fabrication son huile. Grâce à une scénographie étudiée qui mêle des vidéos, des vitrines présentant des objets rares et insolites et l'exposition de vieilles machines, vous découvrirez la civilisation de l'Olivier en Provence et en Méditerranée. Une visite qui plait aussi aux enfants, avec des quiz adaptés à chaque âge permettant de rendre la visite encore plus ludique. Une exposition d'art contemporain est mise en valeur par le très bel espace du musée : les artistes changent chaque année et ajoutent grandement à l'intérêt de la visite.

La boutique attenante est une véritable épicerie fine, qui propose une sélection de ce qui se fait de meilleur en Provence et au-delà, au travers notamment de producteurs d'huile d'olive triés sur le volet. Un espace glacier est également à votre disposition de Pâques à septembre et des animations ont lieu régulièrement (cours de cuisine, marché de Noël, conférences, etc.).

Enfin, depuis un peu plus d'un an, un restaurant, Le Petit Ribier, vous accueille vendredi et samedi midi et soir. Il vous propose une cuisine régionale élaborée à partir de produits locaux de qualité. Si vous passez dans les environs, n'hésitez pas à faire le détour !

LE LUBERON

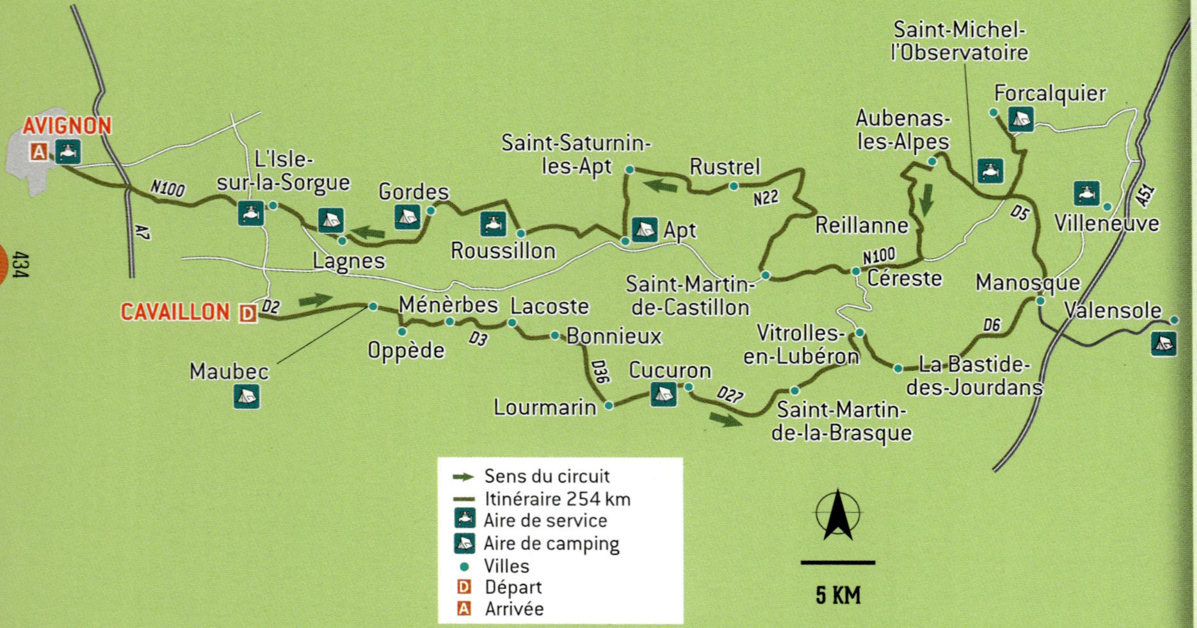

LIEUX	Km partiel	Km cumul	Routes
CAVAILLON	0	0	D2 puis D29
OPPÈDE	12	12	D188
MÉNERBES	5	17	D103 puis D109
LACOSTE	7	24	D109 puis D3
BONNIEUX	5	29	D36 puis D943
LOURMARIN	12	41	D56
CUCURON	7	48	D27
SAINT-MARTIN-DE-LA-BRASQUE	9	67	D216
LA BASTIDE-DES-JOURDANS	5	72	D27 puis D6
MANOSQUE	16	88	D5 puis N100
FORCALQUIER	23	111	N100 puis D5
SAINT-MICHEL-L'OBSERVATOIRE	12	123	D305 puis D5
AUBENAS-LES-ALPES	7	130	D55 puis D14
REILLANNE	12	142	D214 puis N100
CÉRESTE	8	150	N100 puis D900
SAINT-MARTIN-DE-CASTILLON	9	159	D190 puis D33 puis D22
RUSTREL	19	178	D179
SAINT-SATURNIN-LÈS-APT	10	188	D943
APT	8	196	D83 puis D104
ROUSSILLON	10	206	D102 puis D2 puis D102
GORDES	9	215	D2 puis D110 puis D99
L'ISLE-SUR-LA-SORGUE	17	232	D901
AVIGNON	22	254	Arrivée

CAVAILLON ★

C'est la porte du Parc naturel régional du Luberon. La ville roucoule au pied d'une falaise mais elle est surtout entourée d'une plaine agricole où pousse notamment le fameux melon, qui a fait sa réputation. Ne manquez pas la grande fête qui a lieu en juillet. On suit les cours où l'on découvre de jolies maisons à arcades. Aujourd'hui, c'est le cours Gambetta qui a la cote. Cavaillon a été par le passé, le chef-lieu des Cavares, vivant sur la colline Saint-Jacques surplombant la ville. A partir de 40 av. J.-C., elle devient une colonie romaine, puis un siège épiscopal dès le IVe siècle, pour en fin de compte passer aux mains du Saint-Siège.

LA COLLINE SAINT-JACQUES

Rue de la Colline-Saint-Jacques
Accès libre.

La colline fait partie de la ville au XVe siècle, les habitants ont taillé un escalier dans la roche derrière l'office de tourisme. Chaque palier donne une vision différente de la ville. La promenade « Vallons et Pinèdes » a été aménagée au cœur même de la colline ; elle parcourt sur 3,6 km un paysage méditerranéen diversifié. Adeptes de sensations fortes se lanceront dans la première via ferrata de ville en Europe. La chapelle du XIIe siècle abrite des vitraux contemporains réalisés par Frédérique Duran, maître-verrière qui réside à Gordes.

LE BELIZE €€

Chemin des Chênes-Verts
✆ 04 90 71 44 99
www.lebelize.fr
Du mardi au samedi le midi de 12h à 13h30 ; le vendredi et le samedi le soir de 19h à 21h30. Menu unique à 25,50 €.

La carte est alléchante, sans compter les suggestions quotidiennes en plats et desserts. Les produits sont frais et de saison. Les assiettes sont généreuses avec des accompagnements variés pour un même plat, des féculents et des légumes pour un repas équilibré. Chaque saison estivale de nouvelles recettes se rajoutent à la carte et contribuent au succès du Belize. L'occasion d'y venir en dehors des heures de cuisine, pour le plaisir de se poser devant la piscine ou sous la terrasse ombragée et de déguster une coupe glacée et quelques pâtisseries.

OPPÈDE ★★

Oppède-le-Vieux est un tout petit village médiéval au caractère bien trempé ! Ses habitants se sont très souvent rebellés contre l'autorité en place, que ce soit les papes, les comtes ou les familles dominantes. La modernité a eu raison de ce magnifique endroit et dès le XIXe siècle, les habitants quittent les hauteurs et s'installent dans les plaines. D'où cette double nomination : Oppède et Oppède-le-Vieux. On visite surtout Oppède-le-Vieux parce que c'est un vrai bonheur ! Les habitants du nouveau village se démènent pour rebâtir les maisons. On n'hésite pas à y passer, pour le déjeuner par exemple ! On y croise de nombreuses vedettes du show biz.

Cavaillon, chapelle St Jacques.

MUSÉE DE L'HISTOIRE DE L'HUILE D'OLIVE

375, route de Sénancole
✆ 04 90 76 87 76
www.royere.com
Ouvert toute l'année. Du lundi au samedi de 9h/18h. Adulte : 6,50 €. Visite guidée (sur réservation).

C'est un musée dédié à l'huile d'olive : de la cueillette des olives à la fabrication de l'huile, des anciennes presses aux techniques d' aujourd'hui. Le musée bien «outillé» propose un véritable voyage autour du produit phare de la cuisine méditerranéenne. A la sortie, vous serez incollables. Dégustation d'huiles d'olive… mais aussi de vins au Domaine de La Royère, où sont produits, depuis plus de 30 ans des vins issus de l'appellation AOP Luberon.

LACOSTE ★

Le hameau est célèbre pour son château occupé, par le sulfureux marquis de Sade. Il est abîmé mais a gardé son allure médiévale et nous transporte dans d'autres temps. Autrefois, face à Bonnieux la catholique, Lacoste la protestante fut l'un des fiefs des Vaudois, qui y trouvèrent refuge au XVe siècle. De ce passé, Lacoste conserve encore son temple qui accueille aujourd'hui la mairie. L'église date des XVe et XVIe siècles. Les rues pentues de la Frescado ou de Sainte-Trophime conduisent à l'un des joyaux du village : le beffroi, joliment surmonté d'un campanile. En 2000, le couturier et mécène Pierre Cardin achète le château.

MÉNERBES ★

Dressé sur une étroite arête rocheuse, ce village classé parmi les Plus Beaux Villages de France a des airs graves et austères. Son panorama et sa lumière exceptionnels attirent peintres (P.Picasso..) et écrivains. C'est un lieu habité depuis des millénaires. Son nom évoque la période romaine, il est associé à la déesse Minerve. Le plus ancien signe de vie est le dolmen de la Pichouno de l'époque néolithique. Pour le Moyen Âge, on devine une grande activité dès le XIIe siècle grâce aux deux portes d'entrée (Saint-Sauveur et Notre-Dame), une imposante citadelle et de nombreux souterrains. Au XVIe siècle, il fut le centre du protestantisme régional.

LOURMARIN ★★★

C'est l'un des villages les plus visités du sud du Luberon. On flâne dans ses ruelles étroites, bordées de belles maisons anciennes et d'hôtels particuliers ; on se pose sur une placette ombragée... C'est la douceur de vivre à la provençale ! Les amateurs d'art seront servis, les galeries et les ateliers sont nombreux dans le centre. Le vendredi, c'est jour de marché, un bonheur pour remplir son panier de bons produits, d'artisanat et même pour s'habiller à prix mini ; les bonnes affaires pullulent dans les stands le long du pré vous séparant du château. Dans le centre, vous trouverez de quoi vous vêtir et vous chausser sans compter quelques enseignes de créateurs !

MAISON DE LA TRUFFE ET DU VIN €€€

Place de l'Horloge ✆ 04 90 72 38 37
www.vin-truffe-luberon.com
Ouvert le lundi, le vendredi et le samedi le midi et le soir ; le dimanche midi. Menus truffes 60 et 90 €.

Pierre Martres gère depuis 2007 ce lieu dédié au diamant noir et aux produits du terroir provençal via la boutique et le centre de conférence. Gourmet et initié tout jeune aux tours de main culinaires par sa mère, il a pris les rênes du restaurant il y a une dizaine d'années. De la simple et savoureuse brouillade au velouté de topinambour et sa quenelle de brousse à la truffe noire, les amateurs de *tuber melanosporum* ont de quoi satisfaire leur palais avec 2 menus (3 ou 5 plats).

LE CHEMIN TOURISTIQUE

Accès par la rue Henri de Savornin ou par la place du Temple.

Le chemin touristique a été de tout temps un sentier de balade pour les Lourmarinois. Il démarre aux Tilleuls, tout près de la fontaine Laurent-Vibert et contourne le village à ses pieds, d'un côté façades de vieilles maisons, de l'autre, séparés par endroits par des tunnels (attention baissez la tête !), jardinets, prairies ou vergers. Autrefois, on y voyait pousser légumes et fleurs à foison, aujourd'hui subsistent quelques petits jardins entretenus. Ce chemin touristique débouche rue Henri de Savornin. Evitez les talons aiguilles et les chaussures fragiles !

SUD-EST

BONNIEUX ★

Bâti en pyramide autour de son piton rocheux, Bonnieux, un des plus beaux villages de France, domine la vallée et offre un panorama exceptionnel sur les monts et le village d'en face, dont il fut longtemps le rival lors des guerres de religion. Depuis le Néolithique, l'endroit est habité, à l'époque gallo-romaine, le village était au pied de son emplacement actuel. Territoire romain (Bitrona) au Ier siècle de notre ère, la route Cadix-Mila traversait le pays. Le pont Julien, construit dans la plaine faisait la jonction avec la voie secondaire vers Lourmarin. Ce n'est qu'au Moyen Âge, pour des raisons de sécurité, que les habitants remontent.

LE JARDIN DE LA LOUVE

Chemin Saint-Gervais

www.lalouve.eu

Jardin remarquable. Ouverture exceptionnelle pour les journées Rendez-vous aux jardins et les journées du patrimoine.

Ce jardin est une histoire de jardinières artistes. La dernière s'appelle Sylvie Verger. Il y a 2 ans, elle imagine sa retraite dans le Luberon parce qu'elle y est venue il y a très longtemps et qu'elle se souvient de ces paysages qui lui rappellent la Toscane. Elle apprend que le jardin dont elle a toujours rêvé est à vendre. Elle découvre alors le génie de Nicole de Vésian, sa quête de la solitude. Elle comprend qu'il y a très peu d'essences différentes. Le jardin est doux et très fort à la fois. C'est un jardin qui se regarde de l'intérieur vers l'extérieur.

K. DÉLICES DE PROVENCE

2, rue Marceau

✆ 04 90 75 06 88

www.k-delices.fr

Basse saison du mardi au samedi de 10h à 12h30 et de 14h à 18h30. Haute saison tous les jours 10h à 14h30/ 16h30 à 21h.

Gourmande elle-même, Karine a ouvert cette enseigne dédiée aux douceurs uniquement : chocolat, fruits confits, meringues à l'ancienne XXL, calissons, nougats, orangettes, pâtes de fruits et dragées de chez Doucet. Tout est fabriqué dans la région, artisanal, même les sirops fabriqués à Mane dans les Alpes-de-Haute-Provence. Selon la saison, on se laisse tenter par de jolies créations chocolatées : sacs à main, escarpins, œufs et poulettes à Pâques. Karine est aux petits soins, l'hiver elle va vous offrir un café et une orangette si dehors la météo s'affole.

CUCURON

Le nom donne lieu aux étymologies les plus fantaisistes. Il y a la version historique : *cur current?* (« pourquoi courent-ils? »), attribuée à Jules César, voyant la débandade des habitants face à ses légions. La version géologique s'appuie sur la colline Saint-Michel, dont le sommet ferait songer à la cuculle d'un moine. Reste la racine kur-, commune à d'autres lieux en France et qui signifie l'éminence. Ce village où il fait bon vivre, daterait du XIe siècle. On le cite pour la première fois sous le nom de Castrum Cucurone en 1024. En 1400, il bénéficie d'un gouvernement autonome l'autorisant à posséder un hôtel-ville, un beffroi.

CAMPING LE MOULIN À VENT** €€

245, chemin de Gastoule

✆ 06 50 19 85 51

www.le-moulin-a-vent.com

Ouvert d'avril à octobre. Forfait 2 personnes + emplacement + véhicule : 17,40 €. Branchement électrique 10A : 4 €.

Labellisé «Camping Qualité». Vous profiterez de la vie en plein air à travers le terrain de 2,5 hectares et sa végétation abondante, entre chênes centenaires, micocouliers, amandiers et oliviers. En plus des 75 emplacements (bien délimités par des haies naturelles ou de petites barrières), on trouve également 5 locations entièrement équipées, pour plus de confort. Aussi, de nombreuses infrastructures de loisirs : basket-ball, ping-pong, aire de jeux pour enfants…

LA PETITE MAISON DE CUCURON €€€

Place de l'Étang

✆ 04 90 68 21 99

www.lapetitemaisondecucuron.com

Ouvert du mercredi au dimanche midi et soir. Hors saison fermé le dimanche soir. Menus 60 et 90 €. Table d'hôtes 60 €.

Tout près du grand bassin qui fait le succès pittoresque de Cucuron, La Petite Maison, réputée pour sa cuisine et son authenticité toute provençale conforte chaque année son étoile Michelin. La cuisine d'Éric Sapet est une cuisine du cœur, ses assiettes sont magnifiques et généreuses, il privilégie les saveurs provençales d'autrefois... Sur la carte, des volailles savoureuses, des légumes farcis à l'ancienne. La *Table d'Hôtes* est ouverte toute l'année.

SAINT-MARTIN-DE-LA-BRASQUE

Au XIe siècle Saint-Martin-de-La-Brasque s'appelait Le Castelas et sous la Révolution « Le Mont-Libre ». Détruit et abandonné au XVe, St-Martin dut attendre le début du XVIe pour entamer sa seconde vie grâce au Seigneur de La Tour d'Aigues. Faites un petit détour par le village pour admirer les bastides. Ne manquez pas le marché paysan, premier marché traditionnel du sud Luberon. Il se déroule sur la place ombragée du village, le dimanche matin de mai à octobre. Les producteurs vous y font découvrir le terroir local, des produits frais et de qualité, tous plus savoureux les uns que les autres qui garniront votre panier de pique-nique.

VITROLLES-EN-LUBÉRON

Ce petit village accroché aux flancs du Lubéron, à peu près à 600 m d'altitude, veille sur la vallée d'Aigues, est un des rares passages entre le nord Luberon et le sud Luberon. Son histoire commence pendant la période antique. Son nom vient du latin vitrolea soit « verrerie ». Il sera abandonné puis repeuplé plusieurs fois au gré des épidémies de peste et des pillages. Mais ces variations démographiques sont encore récentes. Imaginez qu'en 1968, il ne comptait que 50 habitants. À voir - l'église Saint-Etienne d'origine romane, les vestiges de l'ancienne fabrique, le pigeonnier à casquette. Départ d'une randonnée sur les crêtes du Lubéron.

LA BASTIDE-DES-JOURDANS

S'arrêter au village c'est se poser à la jonction de la Basse et de la Haute Provence, point de départ de la route que les marchands doivent emprunter pour aller à Sisteron ou dans la vallée de la Durance. Dominé par les vestiges d'un château du XIIIe siècle, date à laquelle fut fondé le village par le Comte de Forcalquier, La Bastide des Jourdans doit son nom à Guillaume et Pierre JOURDAN dont le patronyme se lia à celui du lieu "Bastida" qui signifie fortification rurale. A voir la chapelle Notre-Dame de la Consolation du XVIe siècle, classée M.H, le beffroi du XVIIe siècle, l'église Notre-Dame et Saint-Pierre-aux-Liens du XIIIe siècle.

MANOSQUE ★★★

Le Pays de Manosque, où résonnent encore les pas de l'écrivain Jean Giono, bordé à l'est par le plateau de Valensole, et le canyon du Verdon, et à l'ouest par le Lubéron puis le Pays de Forcalquier, vous accueille aux portes de la Haute-Provence. Derrière vous, la montagne de Lure et son pays et devant vous, la Durance qui parcourt sa vaste plaine. Elle faisait jadis barrière, car parfois « indomptable » elle séparait les deux régions. Aujourd'hui, régulée par de nombreux barrages depuis Serre-Ponçon, elle est devenue plus compatissante et facilement franchissable, permettant une libre circulation dans tout le pays aux alentours de Manosque.

ÉCOMUSÉE L'OLIVIER ★★★★

Ancienne route de Forcalquier - D13 - **VOLX**
✆ 04 86 68 53 15
www.mb-1830.com/fr/ecomusee-olivier

Fermeture annuelle janvier et début février. L'été ouvert 7j/7 de 10h à 13h et de 14h à 18h30. Visite libre. Restaurant.

Géré par le parc naturel régional du Luberon, cet écomusée, ancien lieu où l'on transformait le calcaire en chaux vive, est depuis 2015 dédié à la culture vivante de l'olivier, qui propose à la fois un musée et une dégustation.

Il mérite une visite pour qui veut tout savoir sur l'histoire et la culture de l'olivier dans ce terroir et la fabrication son huile. Grâce à une scénographie étudiée qui mêle des vidéos, des vitrines présentant des objets rares et insolites et l'exposition de vieilles machines, vous découvrirez la civilisation de l'Olivier en Provence et en Méditerranée. Une visite qui plait aussi aux enfants, avec des quiz adaptés à chaque âge permettant de rendre la visite encore plus ludique. Une exposition d'art contemporain est mise en valeur par le très bel espace du musée : les artistes changent chaque année et ajoutent grandement à l'intérêt de la visite.

La boutique attenante est une véritable épicerie fine, qui propose une sélection de ce qui se fait de meilleur en Provence et au-delà, au travers notamment de producteurs d'huile d'olive triés sur le volet. Un espace glacier est également à votre disposition de Pâques à septembre et des animations ont lieu régulièrement (cours de cuisine, marché de Noël, conférences, etc.).

Enfin, depuis un peu plus d'un an, un restaurant, Le Petit Ribier, vous accueille vendredi et samedi midi et soir. Il vous propose une cuisine régionale élaborée à partir de produits locaux de qualité. Si vous passez dans les environs, n'hésitez pas à faire le détour !

SAINT-MICHEL-L'OBSERVATOIRE ★

En se promenant dans les petites rues de Saint Michel, on découvre de belles façades du XVIIe siècle, une église basse surmontée du traditionnel campanile, et l'église Saint-Pierre des XIVe et XVe siècles. Plus loin, sur la droite, le « chemin des étoiles » conduit à un magnifique point de vue, tout en narrant l'histoire de l'astronomie. C'est en 1938 que s'est implanté l'Observatoire astronomique de Haute-Provence, l'un des plus importants d'Europe, et accolant ainsi ce mot au nom originel de la commune. En 1998 s'est ouvert sur place le Centre d'astronomie, qui organise des veillées d'observation et reçoit des stagiaires durant l'année.

CENTRE D'ASTRONOMIE

Plateau du Moulin-à-Vent ✆ 04 92 76 69 69
www.centre-astro.fr

Ouvert toute l'année. Calendrier des animations en ligne ou auprès de l'Office de Tourisme. Soirée découverte : 13 €.

Ce centre d'astronomie ne doit pas être confondu avec l'Observatoire de Haute-Provence du CNRS installé à quelques kilomètres plus au nord du centre de Saint-Michel-l'Observatoire. Ainsi, en complément du travail effectué au sein de l'OHP, le Centre d'astronomie assure une mission de diffusion de la culture scientifique, et propose à ce titre des animations thématiques ainsi que des séances à la journée. Ce centre ludique est conçu pour satisfaire tous les publics, quel que soit l'âge, intéressés par l'astronomie. Des conférences sont ainsi proposées, ainsi que des soirées d'observation dans des télescopes de grands diamètres, des observations du Soleil, des week-ends spécifiques, stages d'astronomie, ateliers, expositions… Le champ des possibles est très large !

Tout au long de l'année, vous avez par exemple la possibilité d'observer le soleil ou de passer une soirée « T760 ». Sous cette appellation mystérieuse se cache le plus gros télescope du centre, d'un diamètre de 760 mm. De 21h à minuit, il vous fera découvrir « les splendeurs des galaxies, nébuleuses, amas d'étoiles et autres objets des confins de l'espace, tout en restant intégré dans l'environnement bien terrestre de notre planète ».

Et en été chaque année, de juin jusqu'à mi-septembre, un festival de l'Été Astro est organisé, avec observations en journée et en soirée, veillées aux télescopes, séances de planétarium, et visites de l'Observatoire de Haute-Provence ! Un établissement à ne surtout pas rater pour tous les curieux.

CAMPING SOUS LES ÉTOILES** €

Plateau du Moulin à Vent ✆ 04 92 75 89 38
www.camping-sous-les-etoiles04.fr

Geopod à partir de 130 €. Tente Lodg'Ing à partir de 60 €. Petit déjeuner : 7 €. Emplacement 15-18 €.

Situé en limite du centre astronomique de Saint-Michel l'Observatoire, au cœur d'un espace boisé de 12 ha, ce camping a tout pour plaire. Une aire naturelle et une aire camping avec de beaux emplacements très bien équipés. Vous opterez pour des vacances traditionnelles en tente ou camping-car ou encore insolites, avec 15 tentes lodg'ing et un géoPod (dôme transparent dans la nature). Les travaux réalisés l'ont été en auto construction dans le plus grand respect de la nature.

REILLANNE

Reillanne est riche d'un passé issu de la préhistoire. Les vestiges du château médiéval surveillant la vallée et protégeant le village attestent du rayonnement régional de premier plan de Reillanne au Moyen Age. Sur son emplacement, vous découvrez la chapelle Saint-Denis construite au XVIIIe siècle. De la terrasse, vous admirez la Sainte-Victoire. Redescendez pour flâner dans le vieux quartier. Son site archéologique du Moyen Age, les portes et fortifications du XIIe et XIIIe siècles, l'église Notre-Dame-de-l'Assomption du XIIe, XVIe et XVIIe siècles, les bories, les oratoires et le musée des Amis des Arts qui présentent de superbes expositions.

Balade

Ce pittoresque village peut se visiter en suivant une série de plaques en céramique disposées au détour des ruelles. L'itinéraire balisé vous mènera le long des remparts « Long Barri » puis au cœur historique par la porte des Forges, vestige de l'ancien château médiéval. Vous découvrirez les échoppes et plus étonnant, l'ancien ghetto juif. Un beau patrimoine bâti à compléter par des randonnées de durée variables. Ces agréables promenades vous mèneront au prieuré de Carluc, à la rivière du Largue ou au couvent Notre-Dame. Les plus sportifs emprunteront les fameux GR pour se rendre aux gorges d'Oppedette ou sur les Crêtes de Montjustin.

SUD-EST

CÉRESTE ★

À la frontière entre la Basse et la Haute-Provence, vous découvrirez Céreste et ses 1 284 Cérestains. Comme souvent par ici, ce joli village provençal est entouré d'une nature verdoyante et de ses douces collines (au nord, ce sont les monts de Vaucluse, et au sud, vous verrez la chaîne du Luberon). Enfin, non loin du village, vous pourrez trouver des vestiges troglodytes... En plus de cela, la visite au prieuré de Carluc et de ses environs vaut vraiment le détour ! En chemin vers le prieuré, vous trouverez également un adorable petit pont romain : admirez bien ce beau paysage. Un très bel itinéraire à suivre... Et un parcours prometteur !

SAINT-MARTIN-DE-CASTILLON

La commune ne compte que 700 habitants et ils sont répartis sur 7 hameaux ! Ces derniers constituent ce paysage sauvage de l'arrière-pays aptois où l'on sent la montagne pointer le bout de son nez. En tout cas, il est difficile d'imaginer l'intense activité qui y régnait pendant l'Antiquité. Le village était en fait traversé par deux routes importantes : les *vias Antiqua* et *Domitia*. Depuis, rien ne vient vraiment perturber le calme de ses habitants. Mais on fait volontiers une pause pour découvrir ses ruines, ses petits monuments, ses cabanons et on randonne dans ses collines comme si on était seul au monde.

RUSTREL ★★

Le village est après Apt et on sent que la montagne commence à changer le paysage. Et ici, il est assez exceptionnel avec le « Colorado provençal » aux mille couleurs d'ocres. En le parcourant, vous êtes sur un site qui doit sa beauté au travail réalisé par quatre générations d'ocriers et de paysans. Utilisant au mieux les richesses naturelles, minerais, sols fertiles et l'eau, ces hommes ont créé un équilibre entre jardins maraîchers des vallons et chantiers d'ocre des collines. Depuis l'arrêt des exploitations, cet équilibre est fragile. A découvrir, le prieuré Saint-Julien et le moulin à huile du XVIIIe, et le sentier des charbonniers.

COLORADO PROVENÇAL ★★

D22

✆ 04 90 04 96 07

www.coloradoprovencal.fr

Ouvert toute l'année, tous les jours. Pour les horaires, consultez le site. Parking payant.

Roussillon n'est pas le seul village à posséder son Colorado provençal. Le Colorado de Rustrel est sans conteste un site majeur. Classée au titre des monuments historiques, cette ancienne carrière d'ocres, qui a fermé en 1993, est un témoin privilégié de l'histoire géologique de la région, mais aussi de son histoire industrielle. Ouverte en 1871, cette carrière a fait vivre de nombreuses familles, jusqu'à ce que, au début du XXe siècle, l'apparition des colorants industriels et la crise de 1929 provoquent son déclin et mettent un point final à l'aventure.

SAINT-SATURNIN-LÈS-APT

C'est un gros bourg adossé à un rocher. Avec sa chapelle romane, son moulin à vent des XVIIe-XVIIIe siècles, son château du XIe, un barrage (1763) et sa porte Ayguier qui a conservé une partie de son système de défense. Le tout forme un bel ensemble dans une atmosphère apaisante et une lumière incomparable. A travers les ruelles, on découvre des demeures aux portes décorées de cariatides et des encadrements de fenêtres sculptés. L'église Saint-Etienne reconstruite en 1860 abrite une pietà datant des XIVe et XVe siècles. Aux alentours, les nombreux sentiers balisés (plus de 250 km) sur les anciens chemins de transhumance feront la joie des randonneurs.

APT ★

Apt fut longtemps une ville un peu austère avec ses industries comme les ocres, les faïences ou les fruits confits, et où l'on se rendait surtout pour le marché. Aujourd'hui, les maisons se sont parées de vives couleurs autour des placettes pleines de charme et des musées. Il y a toujours eu une importante vie religieuse au sein de la cité qui a compté jusqu'à quinze ordres religieux et l'on peut toujours voir dans la vieille ville de nombreuses chapelles et hôtels particuliers. Aujourd'hui, Apt, reconnue « Capitale Mondiale du Fruit Confit », est labellisée Site Remarquable du Goût et son grand marché provençal est classé « Marché d'exception ».

MONTGOLFIÈRE VOL TERRE

1066, route des Gaillanes
✆ 06 03 54 10 92
www.montgolfiere-luberon.com
Du 15 mars à fin octobre. Le matin au lever du soleil. 230 € par personne. Groupe sur devis.

Voici une excursion bien originale pour survoler le Luberon en période de beau temps et de découvrir notamment le Colorado provençal, les sentier des ocres à Roussillon, les villages perchés, Gordes, Bonnieux, Lacoste, Menerbes, les champs de lavandes quand c'est la saison, mais aussi survoler les magnifiques mas restaurés cachés dans la garrigue. C'est à Roussillon que l'on prend son envol au lever du soleil. La montgolfière peut contenir jusqu'à 15 personnes. Comptez 3h30-4h et 1h de vol. Un baptême inoubliable à vous couper le souffle ! On n'hésite pas !

LA MAISON DU FRUIT CONFIT

Quartier Salignan
✆ 04 90 76 31 43
www.lesfleurons-apt.com
Ouvert du lundi au samedi de 9h30 à 18h30. Ouverture les 3 dimanches qui précèdent Noël aux horaires habituels.

La Maison du Fruit Confit se situe dans l'enceinte des ateliers de fabrication d'Aptunion. L'espace Boutique propose à la vente directe fruits confits et spécialités provençales. A la suite, l'espace muséographique transporte le visiteur dans l'univers du fruit confit au cœur du Luberon. En libre accès et gratuit, ce parcours de découverte et multimédia stimule les 5 sens.. Des animations gourmandes et des ateliers culinaires sont régulièrement organisés tout au long de l'année.

GORDES ★★★★

Gordes, classé parmi les *Plus Beaux villages de France,* est sans doute la perle la plus délicate du Luberon. Dés votre arrivée au village, vous êtes happés par une carte postale à vous couper le souffle : des maisons en pierre sèche, disposées en restanque, dominées par un imposant château Renaissance. A l'intérieur du village, des ruelles caladées, qui se faufilent à travers les demeures où l'on découvre des voûtes, des caves, des portes anciennes et des jardins. Gordes était une place-forte des Vordenses, une tribu celto-ligure qui lui a donné son nom, avec cette coutume de transformer le V initial en G (Gordenses) à l'époque gallo-romaine.

SUD-EST

ROUSSILLON ★★★

C'est sans doute le plus inclassable des joyaux du Luberon : perché au cœur de gisements d'ocres maintenant en sommeil et de ce fait, c'est un village de couleur. Cette terre a quelque chose de magique : les jaune, rouge, marron éclatent contre le vert de la pinède et le bleu du ciel, les falaises ont des formes étonnantes, façonnées par l'homme et le temps. Des artistes Jean Cocteau, Buffet, Carzou et bien d'autres se sont laissés prendre par cette palette d'authenticité. Côté village, le charme parle de lui-même : ruelles et placettes pittoresque, ici règne le bien-être. De nombreuses galeries d'art animent les ruelles très fréquentées en été.

Le village de Gordes.

MOULIN DU CLOS DES JEANNONS

Route de Saint-Pantaléon ✆ 04 90 72 68 35
http://moulinjeannons.com
Ouvert du lundi au samedi de 10h30 à 19h. Boutique. Huile d'olive AOP. La visite du moulin est gratuite.

Les propriétaires ont recréé l'intérieur d'une ferme et c'est réussi ! Dans le même esprit, l'huile élaborée au moulin se fait dans la tradition. Que ce soient les olives des 2 500 apporteurs ou celle de la famille qui possède 4 000 arbres, elles sont écrasées avec des meules de pierre. Vous les trouverez en bidons métalliques à la boutique ainsi que du miel, de la tapenade, du vin. Au cœur du village de Gordes, le moulin vous invite à visiter sa boutique avec sa cave du XIIe siècle.

AVIGNON ★★★★

Capitale spirituelle, politique, économique et culturelle. Avignon peut s'enorgueillir de posséder un patrimoine architectural et artistique exceptionnel qui en fait aujourd'hui encore le plus grand et le plus bel ensemble gothique d'Europe. Célèbre aussi grâce au plus grand festival de théâtre vivant du monde, elle accueille des centaines de spectacles et des milliers de spectateurs chaque année. Par un dédale de ruelles ponctuées de placettes, venez découvrir ses mille richesses. Outre le prestigieux Palais des Papes, le célèbre pont d'Avignon et les remparts encore intacts qui ceignent la ville, celle-ci recèle nombre de trésors à découvrir.

L'ISLE-SUR-LA-SORGUE ★★

La ville-île est traversée par plusieurs canaux, certains la surnomment d'ailleurs la Venise Provençale. Elle a été construite au XIIe siècle sur pilotis dans les marécages. Avec ses rues en calade, ses passages voûtés, c'est une invitation à la rêverie. Ses grandes roues à aube moussues alimentaient autrefois les moulins à papier et les filatures. Au XIXe siècle, on comptait 62 roues à aubes dans la ville, seules cinq fonctionnent encore aujourd'hui. Les rues aux noms évocateurs – de la Loutre, de l'Anguille, de la Truite, de l'Ecrevisse – rappellent que l'Isle était autrefois un village de pêcheurs avec une confrérie au XVIe siècle.

PONT D'AVIGNON (PONT SAINT-BÉNEZET) ★★

Boulevard de la Ligne ✆ 04 32 74 32 74
www.avignon-pont.com
Du 1er septembre au 1er novembre de 9h à 19h ; du 2 novembre à fin février de 9h30 à 17h45 ; en mars de 9h à 18h30.

C'est un pont que l'on chante dans toutes les langues. Tendez l'oreille et vous serez surpris ! L'autre surprise, c'est de découvrir que ce n'est qu'un morceau de pont. Il faut dire qu'il a été maintes fois cassé et reconstruit, ravagé à nouveau tant par la furie destructrice des soudards que par la colère du fleuve, puis définitivement abandonné au XVIIe siècle. N'empêche, il est classé patrimoine mondial par l'Unesco et pas moins de 400 000 visiteurs viennent le voir tous les ans.

CAMPING LA SORGUETTE*** €€

871, route d'Apt ✆ 04 90 38 05 71
www.camping-sorguette.com
Fermé de mi-octobre à mi-mars. Emplacement + véhicule + 2 personnes de 18,90 € à 25,20 €. Aire camping-cars

Situé en bordure de Sorgue et en retrait du centre-ville, labellisé La Clef Verte, ce camping de 2. 5 ha est aménagé sur un terrain mi-ombragé. Calme, abondamment arboré, il offre des emplacements soignés préservant l'intimité de chacun, un espace nomade de 240 m^2 composé de 3 yourtes, 2 cabanes perchées et 3 tentes lodge, regroupés autour d'une cuisine commune toute équipée - auxquels s'ajoute un four solaire… Une démarche vraiment sympa pour passer un week-end ou partager des vacances en famille. Le ton est donné dès l'accueil, sourire et disponibilité.

CAMPING AUBERGE BAGATELLE €€

25, allées Antoine-Pinay ✆ 04 90 86 30 39
www.campingbagatelle.com
Ouvert toute l'année. Terrain de 3 ha. 220 emplacements. Emplacement + véhicule + 2 personnes. Aire pour camping-cars.

Camping, auberge de jeunesse, hôtel… Le Bagatelle a plusieurs cordes à son arc avec l'avantage d'un cadre sympa près du Rhône et de la proximité de la ville. Parfait pour les routards qui aiment voyager sac au dos, puisque des navettes permettent également le voyage depuis la gare TGV. En dehors de la saison il n'héberge pas que des vacanciers, il ouvre ses portes un vendredi soir, samedi soir ou un dimanche midi par mois à des animations comme ces Journées ou soirées marseillaises).

ARDÈCHE

LIEUX	Km partiel	Km cumul	Routes
THINES	0	0	D513 puis D113
LES VANS	20	20	D216 puis D251
BANNE	10	30	D202 puis D196
BARJAC	23	53	D979 puis D355 puis D217
LABASTIDE-DE-VIRAC	8	61	D217 puis D579
VALLON-PONT-D'ARC	10	71	D290
SAINT-MARTIN-D'ARDÈCHE	38	109	D290 puis D201
SAINT-MARCEL-D'ARDÈCHE	6	115	N86
BOURG-SAINT-ANDÉOL	7	122	D358 puis D201
BIDON	11	133	D201 puis D4
SAINT-REMÈZE	6	139	D362 puis D262
LARNAS (GORGES DE LA SAINTE-BAUME	12	151	D362
GRAS	8	159	D362 puis D4 puis D1 puis D559
RUOMS	38	197	D579
VOGÜÉ	16	213	D579 puis D104
AUBENAS	12	225	Arrivée

LES VANS

Entre Cévennes et garrigue méditerranéenne, ce village perché est particulièrement séduisant le samedi, jour de marché. Au croisement des routes, Les Vans ont connu dans les années 1970 un afflux de citadins utopistes venus élever des chèvres dans les montagnes. On doit à leurs héritiers de délicieux fromages de chèvre. Mêlés aux agriculteurs de souche ardéchoise, ceux-ci animent un marché coloré, joyeux, souvent bio et plein de saveurs. Les Vans conservent quelques belles bâtisses anciennes – voir la maison du Grangousier, XVe siècle – que l'on découvre à travers un parcours historique mis en place par la commune (dépliant à l'office de tourisme).

BOIS DE PAÏOLIVE ★

Accès principal par la D252.
✆ 04 75 39 96 79
www.bois-de-paiolive.org

Le bois de Païolive est un lieu unique, une source de découverte et d'imaginaire intarissable, une visite qu'il faut impérativement faire pour mieux se perdre au milieu d'une nature à la beauté étrange. On dit bien se perdre, car ceux qui s'écarteront des sentiers balisés – des centaines de kilomètres… – auront bien des difficultés à retrouver leur chemin dans ce dédale de roches aux formes improbables et de végétation dense qui semble étendre à l'infini les limites du bois. D'ailleurs, certains biologistes estiment que certains recoins du bois de Païolive recèlent encore la forêt primitive, celle qui n'a encore jamais été atteinte par l'homme ! La zone recouverte par le bois de Païolive possède encore une belle unité géologique qui fait sa spécificité : zone karstique – dissolution du calcaire par l'eau de pluie – dont les rochers ruiniformes offrent des visions spectaculaires – ours, lion, singe, juges, fantômes… –, zone qui couvre l'ensemble des terrains du jurassique supérieur au sud de l'Ardèche, Païolive est l'équivalent d'un causse à l'est des Cévennes. Trois grands sentiers permettent une approche de ce milieu unique. Le sentier de la Vierge est le plus facile et offre cependant une vision des plus belles curiosités du bois. Le sentier de la Corniche mérite bien son nom et présente quelques dangers – à-pics impressionnants – et celui de l'Ermitage est le plus long. Pour accéder au cœur du bois de Païolive, prendre la D252. De nombreux parkings d'où partent les innombrables sentiers de randonnée.

BARJAC

Cette attachante cité, labellisée Village de caractère, est le point de départ de multiples randonnées et sorties nature. En remontant vers l'intérieur du pays, à travers les sentiers pédestres de la vallée de la Cèze et des gorges de l'Ardèche, la région est fraîche et tempérée. Qu'est-ce qui fait le charme de Barjac ? Son patrimoine historique, le bel héritage de ses traditions, quelques bonnes tables et de sympathiques foires et marchés. Une certaine douceur de vivre également, que l'on sent ici, et une proximité avec la nature qui de toute part vous englobe. Une nature sauvage et prolifique, parsemée de senteurs de thym, de serpolet et de lavande.

C2 SAVEURS €€

205, gtand rue Jean Moulin
✆ 04 66 24 57 01

Hors saison : fermé le mercredi et le jeudi. En haute saison : fermé le jeudi midi. Menu unique à 28 €.

La Gargouille a fait place à un restaurant élégant repris par Coralie et Charlotte. L'une cuisine, l'autre pâtisse. Elles ont forgé lors de leurs voyages par le monde, une grande expérience culinaire qu'elles ont ajoutée aux plats de leur enfance et remixée de leur talent. Des zestes d'exotisme terminent de ponctuer une cuisine qui leur ressemble. Les mets élaborés à base de produits frais locaux et les viandes sont estampillées françaises. Un choix de 4 entrées, 4 plats, 4 desserts vous donne le tournis, on ne sait que choisir.

LABASTIDE-DE-VIRAC

Ce village médiéval ne manque pas de charme avec ses petites rues caladées, ses maisons anciennes et son château du XVe édifié pour surveiller le passage du Pont-d'Arc. Propriété du comte de Grimoard de Beauvoir du Roure jusqu'en 1825, puis de la famille Pradier après la Révolution, il est classé et ouvert à la visite. On admire sa cour intérieure. Une des nombreuses salles de l'édifice accueille une magnanerie, élevage vivant de vers à soie et l'écomusée de la soie dédié aux différentes étapes du cocon à l'étoffe. Le chemin de ronde récemment restauré offre une vue panoramique. Nombreux sentiers de randonnée vers les gorges de l'Ardèche.

VALLON-PONT-D'ARC ★

Gros bourg de 2 500 habitants situé à l'entrée des gorges, Vallon-Pont-d'Arc est très fréquenté en été. On y trouve essentiellement des prestations touristiques : canoë, VTT, randonnées, mais aussi boutiques en tout genre, restaurants et hébergements. Tout un ensemble de services qui disparaissent une fois la saison terminée, laissant le village retrouver son calme. De nombreuses curiosités géologiques sont à proximité, notamment la grotte Chauvet-2 (une réplique de l'originale classée au Patrimoine Mondial de l'UNESCO et découverte en 1994 sur le territoire de la commune) et le pont d'Arc (D290), une arche de 54 mètres de haut surplombant l'Ardèche.

RESTAURANT DE CHAMES €€€

Route des Gorges
✆ 06 07 66 17 09
www.restaurantdechames.com

Ouvert mardi soir ; du mercredi au dimanche midi et soir. Menus du midi de 28 à 48 €. Menus du soir de 36 à 84 €.

Un établissement de charme et de raffinement. Vous mangez comme dans un bivouac chic, au bord de la rivière, sur une jolie terrasse de bois aux balustrades de bois flotté. La table est simplement mise pour laisser toute la place aux assiettes merveilleusement bien présentées avec des fleurs, des herbes fraîches et des couleurs... Superbes produits, belles inspirations du chef, magnifique carte des vins. Nous sommes ici à une table qui met en avant une sélection d'excellents producteurs à travers une cuisine gastronomique et saine.

CAMPING BEAURIVAGE**** €€

Les Mazes ✆ 04 75 88 03 54
http://beaurivage-camping.fr

Ouvert de mai à septembre. Emplacement + véhicule + 2 personnes (avec 10 A) de 22 à 44 €.

Voici un camping en pleine nature, à l'ombre des acacias et au bord de la rivière. Piscine chauffée. Quant à la rivière qui borde le camping, elle invite à se baigner, mais aussi à naviguer et à pêcher. Nous l'avons sélectionné pour la qualité de l'accueil, la beauté, la qualité du site (très bien entretenu) et ses équipements : aire de jeux, restaurant (ouvert à partir du 1er juin tous les soirs), snack, pizzas maison, plats à emporter, plats cuisinés, épicerie de dépannage, pain... Attention : désormais branchement de type européen de couleur bleue.

BASE NAUTIQUE DU PONT D'ARC

Route des Gorges ✆ 04 75 37 17 79
www.canoe-ardeche.com

Fermé de début novembre à début avril. Réservation possible hors saison. De 19 à 65 € la descente, de 5 à 60 km.

Réservez un jour, un week-end, une semaine pour goûter à toutes les activités proposées par cette base nautique. Elle vous fait bénéficier de plus de 20 ans d'expérience dans la location de canoë-kayak. Un parc unique en Ardèche avec 600 embarcations en polyéthylène, régulièrement renouvelé et des parcours proposés de 5 km à... 60 km. Par ailleurs, cette base vous propose un large choix d'équipements à vendre – occasions ou neufs. Des bus assurent votre retour.

SUD-EST

© JUERGEN SACK - ISTOCKPHOTO

Vallon-Pont-d'Arc.

SAINT-MARCEL-D'ARDÈCHE

S'il faut s'attarder sur quelque chose en particulier à Saint-Marcel d'Ardèche, c'est sans doute sur ses fontaines intra-muros : celle de Soubeyran était conçue pour abreuver les animaux, un bassin tout en rondeur et un piédestal décoré. L'autre, fontaine et lavoir du Ponteil, abrite un bassin de 10 mètres sur 4 mètres, couvert, à l'arrière de la fontaine à proprement parler. Un joli petit patrimoine qui donne du cachet au village. Eglise, chapelle et château témoignent de l'histoire locale, tout comme ces têtes sculptées que l'on peut découvrir sur certaines façades en se promenant dans les rues.

SPÉLÉOENOLOGIE

www.speleo-oenologie.com

A partir de 59 € / personne.

Un vigneron et un spéléologue vous entraînent à la découverte de la grotte de Saint-Marcel-d'Ardèche. Ici, c'est une manière tout à fait originale et curieuse d'aborder le terroir différemment. Pendant deux heures et demie ou trois heures, initiez-vous à la spéléologie tout en dégustant les différents vins du coin. Une belle découverte qu'on ne peut que recommander ! En prime, il y a même la possibilité de faire de la tyrolienne souterraine ! Alors avis aux amateurs, c'est une activité à ne pas manquer. Pensez à réserver un peu en avance.

BOURG-SAINT-ANDÉOL ★

Ouvrant sur la partie la plus méridionale du département, le paysage est ici marqué par la viticulture. Bourg-Saint-Andéol, localité de 7 800 habitants, arbore de beaux hôtels particuliers. Parmi les incontournables : l'hôtel Nicolay (XVe et XVIe siècles), l'ancien couvent des Récollet (XVe siècle), devenu l'hôpital de la ville, l'église Saint-Andéol (XIe siècle) et le joyau : le palais des Evêques. A quelques kilomètres, taillé dans la roche qui surplombe les fontaines des Gouls de Tourne, ne manquez pas le bas-relief romain consacré au dieu Mithra. Sachez aussi que l'ancien couvent franciscain abrite la Maison des arts du cirque et du clown.

SAINT-REMÈZE

En bordure des gorges de l'Ardèche, posé sur son plateau calcaire, Saint-Remèze est un territoire de vignes et de lavande, animé en été, mais paisible en hiver. La commune abrite le musée de la Lavande et la Maison de la réserve naturelle située à l'entrée de la grotte de la Madeleine et alentour de nombreux sites intéressants sont à découvrir. De la Maison de la réserve partent plusieurs sentiers de randonnées pédestres balisées, dont le GR qui longe les gorges en surplombant l'Ardèche et en croisant les vestiges d'anciennes charbonnières, des orchidées et des plantes aromatiques. En face, dans la falaise nichent des couples de rapaces.

LA CIGALE ET LA FOURCHETTE €€

Place du Village
✆ 09 70 35 96 97
www.lacigaleetlafourchette.fr
Ouvert du jeudi au mardi le midi et le soir.

Voici l'une de ces adresses charmantes qui animent un village ! Bar, restaurant, traiteur, épicerie de produits bio, dans une grange restaurée, sous les mûriers platanes. Les ingrédients, le vin et la bière sont locaux et tendance bio. Délicieux muffins à la crème de picodon et chips de pancetta, originale bouillabaisse de poulet fermier au piment d'Espelette. Le matin c'est croissants frais, et le soir apéro sous les étoiles et parfois un concert.

AVEN MARZAL ★★

Route des Gorges ✆ 04 75 04 12 45
www.aven-marzal.com
Fermé de novembre à mars. Musée gratuit. Grotte : 10 €, enfant : 7 €. Zoo des dinos : 9 €, enfant : 7 €, 3-5 ans : 5 €.

Trois sites en un. Une vaste grotte abritant de magnifiques concrétions scintillantes valorisées par un son et lumière. Le musée de la spéléologie, avec expositions de fossiles et le zoo des dinosaures présentant sur deux hectares, le long d'un parcours naturel et ombragé, des reconstitutions scientifiques, grandeur nature, d'animaux préhistoriques (mammouth, tyrannosaure et autre stégosaure) ayant peuplé la région, avec certaines scènes animées et sonorisées. Chez les dinos on trouve aussi une aire de jeux pour enfants et des animations dont la course aux dinos.

RUOMS ★

Edifié en surplomb de l'Ardèche, Ruoms est au nombre des villages de caractère ardéchois. Des remparts qui fortifiaient le village ancien demeurent six tours, place de la République et rue des Tournelles. Le vieux bourg médiéval ne manque pas de charme. Ruoms était connu pour ses carrières de pierre, exploitées jusque dans les années 1960, et qui fournirent les architectes pour construire le nouveau pont d'Avignon, les lycées de Nîmes et d'Alès, la fontaine de Pont-Saint-Esprit ou le théâtre de Montpellier. Ruoms, ville vivante à l'année, abrite la plus grande coopérative viticole de l'Ardèche. Le moment fort de l'année : le festival Aluna fin juin.

LARNAS

A proximité des gorges de l'Ardèche, ce village de 170 habitants baigné par la Nègue est posé sur le plateau calcaire de Saint-Remèze, au milieu des lavandes, des amandiers et des vignes. On vient de loin admirer son église romane du XIIe siècle, probablement construite par les bénédictins de Cruas. Visite commentée gratuite : vous renseigner en mairie (04 75 04 30 20). On peut aussi apprécier les murets de lauzes qui bordent les ruelles et les sentiers du village. Parmi les curiosités locales de proximité : la vallée de la Nègue, les gorges de la Sainte-Beaume, la grotte de l'ermite...

NÉOVINUM - ESPACE DÉCOUVERTE ET CAVEAU

Boulevard de l'Europe-Unie
✆ 04 75 39 98 08
www.neovinum.fr
Horaires variables selon les saisons. Adulte 8 €.

La visite, pensée pour les familles, s'articule autour d'une découverte progressive, didactique et ludique. Dans la salle des Papilles vous rencontrez virtuellement un chef qui vous initie à la dégustation, un viticulteur qui raconte sa vigne, un géologue qui parle des sols... Vous terminez dans la salle dégustation où celle-ci varie en fonction de l'actualité viticole. Une salle est même réservée aux enfants - et aux plus grands - avec des jeux autour de la vigne et du raisin.

SUD-EST

ROUTE DES DÉFILÉS DE RUOMS ★

RD 4

De Ruoms vous prenez la direction de Largentière pour emprunter cette route pittoresque qui a été creusée dans le roc au XIXe siècle. Elle offre un panorama spectaculaire sur les falaises de calcaire. On circule presque au niveau de l'eau, la route bordée de l'autre côté par d'impressionnantes falaises. On emprunte une succession de tunnels et de voûtes puis on se faufile par une profonde gorge en aplomb de l'Ardèche puis de la Ligne. Beau point de vue sur le défilé depuis la route.

CHÂTEAU DE VOGÜÉ ★

2,, impasses des marronniers

✆ 04 75 37 01 95

www.chateaudevogue.net

Horaires sur le site Internet. Adulte : 5,50 €. Enfant (de 8 à 18 ans) : 2,80 €.

Le château de Vogüé, situé au bord de la rivière Ardèche, à 25 km de la Caverne du Pont-d'Arc, domine l'un des plus beaux villages de France. Il est encore aujourd'hui la propriété d'une des grandes familles qui a marqué l'histoire du Vivarais, celle des marquis de Vogüé. La visite vous entraînera à travers l'histoire de la famille et de celle du château, à la découverte de ses intérieurs tels que le cachot, la chapelle ou la salle des États de Vivarais. Depuis le jardin suspendu vous aurez une splendide vue sur le village et les monts ardéchois.

VOGUÉ ★

Ce village médiéval dominé par le château des seigneurs de Vogüé est implanté en bordure de l'Ardèche. Classé au nombre des Plus Beaux Villages de France, estampillé Villages de caractère ardéchoi,s il vient de se voir attribuer le label Station verte de vacances. Le tableau est dressé ! Entre les gorges et les montagnes ardéchoises, voici site de charme. Blotti contre les falaises calcaires en amphithéâtre, le,village est accessible par un pont à voie unique. Les maisons regroupées autour du château sont presque toutes d'époque médiévale. La petite église de Sauveplante se caractérise par une coupole pyramidale et des piliers de style byzantin.

LES ROCHES €€

Quartier Bausson

✆ 04 75 37 70 45

www.campinglesroches.fr

Fermé de septembre à mai. Emplacement de 17 à 29 €. Chèque Vacances.

Ce camping est depuis plus d'un demi-siècle aux mains de la même famille... et c'est une réussite ! Les fidèles y ont leurs habitudes depuis des générations et le site procure beaucoup de bonheur. Les équipements sont d'une propreté impeccable et les loisirs et animations ne manquent pas en saison : belle piscine, pataugeoire, court de tennis, terrain de volley, aire de jeux pour les enfants et spectacles en soirée... Amoureux du grand air et de l'Ardèche, sachez que celle-ci coule non loin. Location de vélos. Magasin d'alimentation.

Vogué.

SUD-EST

La ville d'Aubenas.

AUBENAS ★★

Aubenas est une petite cité commerçante d'environ 12 000 habitants. Sa position entre la plaine et la montagne a toujours été un atout important. Perchée sur un rocher calcaire qui domine la moyenne vallée de l'Ardèche, elle connaît dès le XIIIe siècle une prospérité rapide. Les barons de Montlaur règnent sur la ville de 1084 à 1441 et construisent le donjon, le mur d'enceinte et les tours rondes du château. Les Montlaur furent à l'origine de l'essor économique de la ville, mais aussi de l'amélioration des conditions de vie de ses habitants. Suivez le parcours mis en place par la municipalité pour découvrir les points d'intérêt de la vieille ville.

CHÂTEAU D'AUBENAS ★

Place du Château
✆ 04 75 87 81 11
www.aubenas-vals.com
Visite guidée obligatoire. Adulte 4,50 €. Gratuit -12 ans.

Très tôt Aubenas, en surplomb de la vallée de l'Ardèche, a eu vocation de poste de guet. La construction du donjon remonte au XIIe siècle puis le château devait s'agrandir au fil des siècles. Tuiles vernissées, fenêtres à meneaux, portes jumelles à fronton cintré, tourelles, cour de style Renaissance avec escalier à vis, portail à bossages, balcons et échauguette se côtoient. Propriété de la ville d'Aubenas depuis 1810 – classé monument historique depuis 1943 –, le plus bel édifice de l'architecture civile ardéchoise abrite des œuvres de différentes époques.

NOUGATS LE PETIT ARDÉCHOIS

Route d'Alès
SAINT-ETIENNE-DE-FONTBELLON
✆ 04 75 89 11 79
www.nougat-lepetitardechois.com
Ouvert du lundi au samedi de 9h à 19h. Ouvert le dimanche sur réservation pour les groupes.

Le nougat sort de la Drôme ! A la sortie d'Aubenas, en direction Alès, le Petit Ardéchois est réputé pour ses nougats artisanaux, élaborés à l'ancienne dans des bassines et de gros chaudrons en cuivre avec des matières premières rigoureusement sélectionnées : miel de lavande en provenance de la région et amandes de Provence. En boutique, vous avez le choix entre une quarantaine de nougats différents jonglant délicieusement entre originalité et tradition.

MERVEILLES DE LA CÔTE D'AZUR

PARCOURS GPX +

LIEUX	Km partiel	Km cumul	Routes
SAINT-TROPEZ	0	0	D61
RAMATUELLE	13	13	D93 puis D559
CAVALAIRE-SUR-MER	15	28	D559 puis D98
LE LAVANDOU	19	47	D98
CAP BÉNAT	7	54	Route locale
LA LONDE-LES-MAURES	15	69	D559 puis D12 puis D197
GIENS	18	87	D197 puis D142 puis D559
TOULON	30	117	Route locale
SIX-FOURS-LES-PLAGES	12	129	D559
BANDOL	10	139	D559 puis D141
CASSIS	32	171	D559 puis route locale
CAP CROISETTE	25	196	Route locale
MARSEILLE	11	207	A55 puis D568
L'ESTAQUE	11	218	D598 puis D5
CARRY-LE-ROUET	17	235	D5 puis D9
CARRO	12	247	Arrivée

MENTON ★★★★

Cité du citron, à l'honneur chaque année en février, Menton est également une ville de caractère, dopée par un climat exceptionnel, une longue plage de galets où se prélasser, et des jardins particulièrement bien aménagés. Entre nature luxuriante, culture et art, la ville est riche d'un patrimoine naturel et historique exceptionnel. Vous pourrez y découvrir de sublimes palaces Belle Epoque, de l'architecture baroque où parfums et couleurs si typiques de la région ont su leur donner un cachet incomparable. Porte d'entrée sur l'Italie puisque c'est la dernière ville française avant la frontière, l'influence architecturale italienne y est bien évidemment omniprésente.

© DAVID ERBETTA

Le port de Menton.

JARDIN BOTANIQUE EXOTIQUE DU VAL RAHMEH ★★

Avenue de Saint-Jacques ✆ 04 93 35 86 72

Ouvert toute l'année, horaires variables. Fermé le mardi, le 1er mai et le 25 décembre. Visite guidée les jeudis matin.

Le jardin du Val Rahmeh, labellisé Jardin remarquable depuis 2014 est la propriété du Muséum national d'Histoire naturelle depuis 1966, le jardin botanique exotique du Val Rahmeh est un domaine de 1,5 hectare où se côtoient près de 1500 plantes, des espèces venues des quatre coins de la planète.

On y découvre des plantes des régions tropicales humides, une zone méditerranéenne où s'épanouissent des oliviers quadricentenaires ou encore le bassin aux nénuphars géants.

Le site est « ethnobotanique » et montre combien l'homme et la nature sont liés, notamment grâce aux plantes alimentaires et médicinales tout au long du parcours.

Demeure créée en 1875 par une vieille famille mentonnaise, les de Monléon, elle est achetée par Sir Percy Radcliffe qui s'y installe à partir de 1904 avec son épouse, Rahmeh, dont le nom (qui se traduit par « tranquillité ») sera donné au domaine. Il ajoute des bâtiments à la maison initiale, rachète des terrains agricoles attenants et dote l'entrée d'une superbe allée de palmiers. En 1957, Miss May Bud Campbell, une riche anglaise passionnée de botanique, acquiert la propriété qu'elle agrandit et décore de sublimes plantes ornementales comme les daturas.

Dans les sixties, le Muséum national d'Histoire naturelle le transforme en véritable jardin botanique et centre de recherches.

Aujourd'hui, le Val Rahmeh joue un rôle majeur dans l'acclimatation des plantes exotiques, la conservation d'espèces menacées et la transmission des savoirs.

MONACO ★★★★

Monaco n'est pas que luxe, glamour, grandes fortunes, top models et autres célébrités. C'est avant tout le business qui prime. Concernant les jeux, déjà en 1856, le souverain Florestan souhaitait assurer le développement de la principauté en les associant au thermalisme… Pari réussi pour la Société des Bains de Mer qui a le monopole des jeux à Monaco. Le Casino de la SBM est en fait constitué de cinq casinos. Le plus connu est le Grand Casino, ce magnifique bâtiment construit au siècle dernier, un véritable antre des jeux. A deux pas, le casino du Café de Paris fut refait à la fin des années quatre-vingt-dix sur le thème ludique du Grand Prix.

GRANDS APPARTEMENTS DU PALAIS PRINCIER

Place du Palais

✆ +377 93 25 18 31

www.palais.mc/visites

Les visites des Grands Appartements sont actuellement fermées. Elles rouvriront en 2022.

L'édifice fut bâti à la fin du XIIIe siècle à l'emplacement d'un château édifié en 1215. Chaque année, un impressionnant cortège de touristes se presse pour découvrir, le temps d'une visite, une partie de l'intimité des Princes de Monaco au travers de leurs grands et somptueux appartements. L'occasion de voir la salle du Trône qui accueille les grands événements et les réceptions depuis le XVIe siècle. Notez que les appartements sont en cours de complète restauration.

SUD-EST

LA TERRASSE DU MUSÉE OCÉANOGRAPHIQUE €

Avenue Saint-Martin
✆ +377 93 15 36 16
https://musee.oceano.org/

Ouvert aux mêmes horaires que le Musée Océanographique. Déjeuner jusqu'à 15h. Terrasse avec vue sur la mer.

Pas de chichis pour ce restaurant panoramique italien perché à 85 m au-dessus de la Méditerranée et situé sur la terrasse du musée éponyme. L'accueil et le service se veulent sympathiques et avenants. En cuisine, honneur aux spécialités méditerranéennes ou italiennes pour un rapport qualité-prix honnête. Un service efficace et le ciel bleu, confortablement installé avec vue sur la mer... Quoi de mieux pour faire une pause gourmande lors de la visite du musée ?

MARCHÉ DE LA CONDAMINE ET HALLE GOURMANDE €€

Place d'Armes
✆ + 377 93 15 28 32

Ouvert tous les jours de 7h à 15h30 (commerçants à l'intérieur des halles). Service de livraison sauf le dimanche.

Pour vivre le Monaco authentique, rien de mieux qu'un tour entre les différents étals du marché de la Condamine. Vous pourrez y trouver de délicieux produits locaux ainsi que des spécialités monégasques et vivre, l'espace d'un déjeuner, comme un local attablé à l'un des restaurants ou cafés s'y trouvant. A ne pas manquer lors de votre passage en Principauté. Ouvert tous les jours et toute l'année, ce marché centenaire fait partie du patrimoine monégasque.

SAINT-JEAN-CAP-FERRAT ★★★

Entre Beaulieu et Villefranche-sur-mer, le sentier des Douaniers se fraye un passage discret à travers les falaises calcaires jusqu'au phare du Cap Ferrat édifié en 1827 par les Sardes puis rebâti en 1951 après la seconde guerre mondiale. Il donne accès à quelques plages qui raviront tous les publics. Attention : passage déconseillé les jours de grands vents. Sauvage, voire difficile d'accès par endroits, le sentier se faufile aux dessus des flots et permet de rejoindre de magnifiques plages.

Anse des Fosses et Anse des Fossettes

Après avoir fait le tour du cap, les Anses permettent de se rafraîchir. Le stationnement est payant pour les deux plages.

VILLA & JARDIN EPHRUSSI DE ROTHSCHILD

1, avenue Ephrussi-de-Rothchild
✆ 04 93 01 33 09
www.villa-ephrussi.com

La villa est ouverte tous les jours de 10h à 19h en haute saison. Gratuit jusqu'à 6 ans. Visite guidée. Boutique

Témoin de la grandeur de la Belle Époque, cette villa est l'une des plus belles demeures de la Côte d'Azur. Inspirée des grandes bâtisses Renaissance de Venise et Florence, la maison présente une douzaine de salons et d'appartements qui abritent un mobilier et des éléments décoratifs d'un grand raffinement ainsi qu'une collection extraordinaire d'œuvres d'art. En vous promenant dans les neuf jardins thématiques, vous passerez d'un continent à l'autre, d'un siècle à l'autre et d'une civilisation à l'autre. On voyage ainsi au travers des jardins à la française, japonais, espagnol, florentin, provençal, exotique, lapidaire, ainsi qu'une roseraie absolument magnifique et un jardin de Sèvres. Depuis le promontoire, on domine la mer avec pour seul bruit, le doux murmure d'une petite fontaine. Des soirées musicales et visites nocturnes sont organisées ponctuellement pour profiter autrement de ce lieu majestueux. Des brunchs sont sont également proposés tous les premiers dimanches de janvier, février, mars, novembre et décembre. En semaine, vous pourrez aussi vous restaurer à l'heure du déjeuner ou du goûter, au salon de thé-restaurant installé dans l'ancienne salle à manger de Béatrice Ephrussi de Rothschild. En cuisine, la cheffe Aude Filipowski dresse avec finesse des assiettes simples et toutes aussi élégantes que le lieu dans lequel elle officie. A l'arrivée des beaux jours, vous pouvez prendre place sous les orangers de la terrasse, un véritable enchantement.

LA TABLE DU ROYAL €€

3, avenue Jean-Monnet
✆ 04 93 76 31 00

Ouvert tous les jours le midi et le soir. Menus de 70 € à 100 €. Carte : 60 € environ. Réservation recommandée.

La Table du Royal donne une approche contemporaine et gourmande de la gastronomie à ce superbe cinq étoiles qu'est l'hôtel Royal Riviera. La carte propose de nombreux plats raffinés, élaborés par le chef Anthony Cadei : crustacés, coquillages, risotto, viandes et volailles. Des menus sans gluten et végétariens sont également proposés. Pour terminer, des fromages affinés par Maître Bordier et des desserts maison, de saison, réalisés par un chef pâtissier. Egalement une belle carte des vins. Le dimanche, la formule brunch est à découvrir.

NICE ★★★★

Nice aurait pris le nom de Nikaia de la déesse Athéna Nikê « Athéna victorieuse » après une victoire des Grecs de Marseille sur les Ligures. Autre hypothèse, « Nice » viendrait de « nis », radical ligure signifiant « source » en référence à la source d'eau potable qui jaillissait au pied de la colline du Château. Nombre de classements désignent Nice comme l'une des villes où l'on aimerait vivre, en raison de son ensoleillement annuel qui lui apporte une douceur climatique. Cette attraction pour la cité azuréenne s'explique aussi par son patrimoine architectural unique, sa douceur de vivre, sa gastronomie, et son dynamisme économique performant.

LA SOCCA D'OR €

45, rue Bonaparte
✆ 04 93 56 52 93
www.restaurant-soccador-nice.fr
Ouvert midi et soir. En été, fermé samedi et dimanche. En hiver, fermé mercredi et dimanche.

Voici une belle adresse nichée au cœur du Petit Marais niçois. La Socca d'Or séduit d'abord par l'accueil chaleureux et souriant de l'équipe. Cette adresse gourmande et savoureuse labellisée Cuisine Nissarde est l'endroit incontournable où déguster la vraie socca niçoise, cette fameuse galette de pois chiche préparée ici au four de manière traditionnelle, dorée et croustillante à souhait. Parmi les autres spécialités locales : pissaladière, pizza, pan panisse, tourtes de blettes, pan bagnat avec son pain maison ou encore salades variées dont la célèbre niçoise...

LA CARTE FRENCH RIVIERA PASS

www.frenchrivierapass.com
Proposée par l'office de tourisme Métropolitain Nice Côte d'Azur. Validité de 24h (26 €), 48h (38 €) ou 72h (56 €).

Le French Riviera Pass donne accès à plus de 60 sites sur la Côte d'Azur. Proposée pour 24, 48 ou 72h, cette carte est un sésame pour partir à la découverte de Nice : tour en bus à impériale, musées, cathédrale, enceintes sportives, parcs, petit train touristique, circuits commentés... Autant d'activités pour mieux connaître la ville et ses secrets. La carte offre également de nombreux avantages dans les commerces, restaurants et transports de la ville, et dans les villes alentour.

VEGAN GORILLA €€

7, rue du Lycée
✆ 04 93 81 32 98
www.restaurant-vegan.fr
Ouvert lundi, mardi et du jeudi au samedi, midi et soir. Plat + dessert : 25 €.

Ce restaurant à la décoration organique met à l'honneur la cuisine végane. Véritable havre de paix, les connaisseurs, les curieux et les épicuriens sont ravis de profiter d'un restaurant végétalien et crudivore digne de ce nom ! La carte propose un choix de plats et de desserts qui se renouvelle toutes les semaines selon l'inspiration du chef. Les produits utilisés sont frais et tout est fait maison. Sans oublier les jus vitaminés variés et la carte des vins bio. Une adresse gourmande qui permet de découvrir des saveurs nouvelles bonnes pour le corps et l'esprit.

MUSÉE MATISSE ★★

164, avenue des Arènes-de-Cimiez
✆ 04 93 81 08 08
www.musee-matisse-nice.org
Ouvert tous les jours de 11h à 18h (jusqu'à 17h en basse saison). Entrée 10 €.

La collection de ce musée, présentée autour d'un parcours initiatique pictural, couvre la période de 1869 à 1954. Elle réunit un ensemble d'œuvres et d'objets provenant de l'atelier d'Henri Matisse et constitue un témoignage exceptionnel. Porteuses de sens, les œuvres conservées ont été choisies car elles signifiaient quelque chose de particulier pour l'artiste. La collection comprend des dizaines de peintures, gouaches découpées et sculptures, des centaines de dessins, gravures et des éléments en papiers gouachés donnés par la famille de l'artiste. Exceptionnel.

CAGNES-SUR-MER ★★

Située entre Cannes et Nice, Cagnes-sur-Mer est riche d'un patrimoine touristique et culturel exceptionnel. La ville se scinde en plusieurs districts : le centre-ville avec ses places animées et ses rues commerçantes, le Haut-de-Cagnes, ce bourg pittoresque perché au sommet de la colline du château, le Cros-de-Cagnes, plus vieille station de sauvetage en mer de la côte d'Azur anciennement tournée vers la pêche et aujourd'hui vers les activités et les loisirs nautiques, et la jolie esplanade du bord de mer avec ses 3 km de plages de galets bordées de palmiers et ses nombreux bars, glaciers, boutiques de souvenirs et établissements culinaires.

CHÂTEAU-MUSÉE GRIMALDI

Place du Château
✆ 04 92 02 47 35
www.cagnes-sur-mer.fr
Fermé le mardi. Billet couplé pour le château-musée et le musée Renoir 8 €. Tarif 4 €. Gratuit -26 ans.

Construite en 1309 pour Rainier Grimaldi, seigneur de Cagnes, cette bâtisse resta la demeure familiale des Grimaldi avant d'être acquise par la commune de Cagnes-sur-Mer en 1937. Le château fut alors transformé en musée, puis classé aux Monuments historiques en 1948. Sa silhouette de forteresse contraste avec des intérieurs lumineux et aériens issus des embellissements de l'époque baroque. Ne manquez pas : le patio entouré d'arcades, la porte Louis XIII avec encadrement de marbre surmontée d'un balcon d'honneur, le musée de l'Olivier...

LE COLOMBIER*** €

35, chemin Sainte-Colombe
✆ 04 93 73 12 77
www.campinglecolombier.com
Fermé d'octobre à mars. Emplacement + 2 personnes de 18 € à 25,50 € (électricité en plus). Aire services camping-cars.

Vous êtes à 2,2 km de la mer, à 1 km du centre-ville et à 1 km de la cité historique... Une situation géographique des plus intéressantes. Agréablement ombragé, ce petit camping rafraîchissant vous accueille le temps de vos vacances dans une ambiance familiale et calme. Il constitue le point de départ idéal pour partir à la découverte de la fantastique Côte d'Azur et des environs de votre lieu de villégiature. Ses emplacements ombragés, ses services complets rendent le séjour dans ce camping à l'ambiance familiale agréable. Laverie.

SAINT-PAUL-DE-VENCE ★★★★

Haut lieu touristique attirant de nombreux visiteurs de tous les pays, Saint-Paul-de-Vence est ainsi dotée de remparts érigés dès 1544 afin de copier la citadelle de Nice. Village oublié au début du XXe siècle, sa notoriété fulgurante a pris corps après la Seconde Guerre mondiale, quand Utrillo, Derain, Soutine, Signac, Modigliani ou Matisse, séduits par la beauté de ses paysages, y déposèrent leurs chevalets, attirant ainsi d'autres artistes, gens de lettres et vedettes. Aujourd'hui fort bien entretenu, le village s'offre aux visiteurs en toute saison et se balader dans ses ruelles donne l'occasion de visiter un véritable musée vivant dont l'entrée est libre.

FONDATION MARGUERITE ET AIMÉ MAEGHT

623, chemin des Gardettes
✆ 04 93 32 81 63
www.fondation-maeght.com
Ouvert tous les jours de 10h à 18h. En juillet et août jusqu'à 19h. Adulte : 16 €. Tarif réduit : 11 €.

La fondation Marguerite et Aimé Maeght est un temple de l'art moderne. Elle possède l'une des plus importantes collections du XXe siècle en Europe avec des œuvres de Mirô et de Giacometti, le jardin des sculptures ou encore de superbes expositions temporaires. La librairie-boutique met l'art à portée de tous. Le site, construit au milieu d'une magnifique forêt de pins à proximité de la vieille ville de Saint-Paul-de-Vence, se révèle une œuvre remarquable. A découvrir absolument.

VENCE ★★★★

Découvrir ce territoire, c'est vivre une expérience de rupture avec les contraintes de la vie urbaine d'un littoral saturé. Vous y profiterez de l'authenticité d'un environnement ressourçant. C'est tout simplement faire le choix de l'itinérance douce, active et apaisante. Profiter de la vie à Vence, c'est flâner dans les ruelles étroites et colorées de la vieille ville, avec ses boutiques, galeries et son musée, pour admirer le travail de Matisse et des nombreux artistes. Flâner dans les ruelles de Vence, c'est remonter le temps. Aux alentours, vous pouvez également randonner à cheval, à pied ou à vélo, nager... pour redécouvrir une nature préservée.

L'AMBROISIE €€€

37, avenue Alphonse-Toreille ✆ 04 93 58 78 58
www.ambroisie-vence.com
Ouvert le lundi et le mardi le soir ; du jeudi au dimanche le midi et le soir. Menu unique à 39 €. Carte : 50 € environ.

Installé dans une ancienne chapelle d'un séminaire du XVIIe siècle, l'établissement possède une vue panoramique sur le Baou. Cuisine gastronomique où les produits régionaux et frais sont à l'honneur. Vous pourrez alors savourer un dos de turbo en cuisson lente, ananas caramélisés aux épices, mousse au yuzu ou encore un filet de bœuf Hemingway au poivre noir flambé Bourbon, pommes de terre ratte à l'essence de truffe. La carte évolue au fil des saisons et tout ici est maison, jusqu'au pain brioché qui accompagne le fois gras en provenance d'une ferme des Landes.

LE BAR-SUR-LOUP ★

Le Bar-sur-Loup est un village médiéval surnommé « la cité des orangers » car l'économie du bourg où est né l'amiral de Grasse a effectivement longtemps été liée au bigaradier. Les fleurs étaient réservées aux usines de parfumerie de Grasse. La spécialité culinaire est la confiture d'oranges amères et surtout le vin d'orange. Tous les lundis de Pâques a lieu la fête de l'Oranger avec expositions et concours de vins d'orange. Le vieux village séduit par son authenticité. Les maisons très anciennes, serrées les unes contre les autres autour du Château et de l'Eglise, forment un rempart toujours visible rue Estrabarry et rue du Cheiron.

GRASSE ★★★★

A 300-400 m d'altitude, Grasse est une véritable bouffée d'air frais dans un décor verdoyant de montagnes, de forêts et de grottes. Bien qu'étant la quatrième ville du département des Alpes-Maritimes, la ville et ses environs sont également un lieu de villégiature apprécié. Des personnes illustres y ont séjourné, notamment la princesse Pauline Bonaparte, sœur de l'empereur, en 1807-08, la reine Victoria et l'acteur et écrivain Dirk Bogarde. Sans oublier Napoléon lui-même, qui y fit escale à son retour de l'île d'Elbe. Dès la fin du XVIIIe siècle, Grasse connut un extraordinaire développement de la parfumerie qui la fait encore rayonner aujourd'hui.

PARFUMEUR MOLINARD

60, boulevard Victor-Hugo
✆ 04 93 36 01 62
www.molinard.com

Ouvert tous les jours de 9h30 à 18h30. Visite gratuite du musée et de la fabrique de savons, durée : 25 minutes.

Fondée en 1849, la maison Molinard est restée une entreprise familiale depuis cinq générations. En 1860, Molinard crée des parfums vendus dans d'élégants flacons en cristal de Baccarat. En 1891, la reine Victoria y achète ses eaux de Cologne. En 1900, c'est Gustave Eiffel qui conçoit la charpente du distilloir et les étrangers viennent (déjà) admirer la magnifique collection de meubles des XVIIe et XVIIIe siècles dans le salon provençal. En 1921, Molinard lance l'inimitable Habanita, dont le succès ne s'est jamais démenti ! Au début des années 1930, ce sont Lalique et Baccarat qui signent de magnifiques flacons. Allez vous en rendre compte sur place. On y trouve toute une gamme de parfums (« Prestige », « Habanita », « Collection Icones »...), ainsi que divers bougies et parfums d'ambiance, savons artisanaux (abricot, jasmin, mandarine...). Tout y est, rien n'a changé : l'architecture de la maison est admirable, la collection des flacons anciens est unique ainsi que les meubles sur lesquels sont exposés toutes les collections. Le *made in France* est une valeur portée avec ferveur par la famille. En effet, Molinard est le seul parfumeur grassois à détenir le label Entreprise du Patrimoine Vivant (EPV). Un stage à l'atelier de création s'impose où un nez vous aide à associer les notes. On emporte sa création de parfum en vaporisateur de 50 millilitres et son diplôme numéroté. Magique ! Une activité à expérimenter seul, en couple, ou en famille. Vous l'aurez compris, voici une visite hautement recommandée.

SUD-EST

Grasse.

AUBERGE DE PROVENCE €€

2, place Saint-Donat
✆ 04 93 42 40 83
www.aubergedeprovence.fr
Fermé le mercredi. D'avril à octobre : midi et soir. De novembre à mars : midi. Formule midi : 16,50 €. Menu Auberge 29€

Plascassier est un des hameaux rattachés à Grasse. La « môme Piaf » s'y est éteinte en octobre 1963. Il mérite une visite car il cache au moins deux perles. L'une est la jolie petite église Saint-Pancrace l'autre est l'Auberge de Provence gérée par Eric et Carine Graziotti. Ils ont déjà un établissement à Valbonne, Le bistrot du Sommelier. Passionné de vins, Eric aime partager une cuisine niçoise qui a bercé son enfance. En salle, Carine vous reçoit avec le sourire. Et la terrasse permet de savourer le tout en profitant du soleil. Une adresse à découvrir.

ANTIBES ★★★

Fondée par les Grecs aux alentours du Ve siècle avant J.-C., Antibes, ou Antipolis, fut pendant longtemps une plaque tournante terrestre et maritime avant de devenir la place forte du royaume de France face au comté de Nice et de Savoie.
Dotée d'une architecture très intéressante, on aime ainsi déambuler dans les ruelles étroites de la vieille ville, profiter de sa plage de sable, admirer les bateaux amarrés au port de plaisance, se perdre dans le quartier du Safranier et se laisser bercer par les odeurs du marché provençal. On s'y arrête quelques instants au gré des terrasses des places ombragées et l'on apprécie le charme d'un lieu hors du temps.

Tourisme

Dotée d'un climat très doux, c'est surtout l'été qu'Antibes fait parler ses meilleurs arguments : touristes et locaux se mêlent alors sur les nombreuses plages de sable fin pour profiter du soleil et de la chaleur.
Ainsi, si Antibes attire surtout par l'atmosphère de sa vieille ville perchée au-dessus des flots, elle peut se prévaloir d'abriter quelques-unes des plus belles plages de sable de la Côte d'Azur. Il faut dire que le cap d'Antibes, qui relie la ville à Juan-les-Pins, offre un cadre unique, avec ses plages aux eaux turquoise et ses criques bordées de pins parasols. Côté Antibes : la Gravette au pied des remparts, le Ponteil et la Salis en amont du cap d'Antibes, la Garoupe et ses eaux turquoise. Côté Juan : l'Olivette et ses barques, les Ondes et sa tour, la Galice à côté du port, puis la longue plage s'étendant jusqu'à Golfe-Juan. Vous avez l'embarras du choix, même si la plage des Ondes est notre coup de cœur pour ses somptueux couchers de soleil.

Mais ne vous laissez pas absorber uniquement par le soleil : il y en a pour tous les goûts à Antibes, et en toute saison ! Ainsi, ceux pour qui Côte d'Azur rime avec culture seront également ravis de pouvoir s'éloigner des sentiers battus en découvrant les fastes de la villa Eilenroc, la majesté du Fort Carré ou encore les trésors du musée Picasso, l'artiste ayant été, comme tant d'autres, un amoureux de cette jolie ville dont les remparts massifs de dressent au-dessus de la Méditerranée. La « perle de la Côte d'Azur » est un surnom qui convient bien à Antibes.

CANNES ★★★★

Ici se côtoient dans une atmosphère incomparable les palaces de la Croisette, les pierres chargées d'histoire du quartier du Suquet, l'authenticité de l'ancien port de pêche, la beauté lumineuse des îles de Lérins, les plages baignées de soleil et l'effervescence des grands événements programmés au célèbre palais des Festivals et des Congrès. Sa promenade de la Croisette, plantée de palmiers, suit la courbe de la plage de sable et est bordée d'hôtels de luxe. Le port est une escale pour les yachts et les paquebots transatlantiques. Cannes révèle aussi un précieux patrimoine historique, naturel et artistique. La rue commerçante Meynadier est piétonne de bout en bout.

Le port du Suquet

MUSÉE PICASSO, ANTIBES ★★

Promenade Amiral de Grasse
✆ 04 92 90 54 28
Gratuit jusqu'à 18 ans. Adulte : 8 € (réduit 6€). Fermé le lundi.

Le site où se niche le musée est superbe : au sein du château Grimaldi, qui fut la résidence d'une branche de la famille au Moyen Âge avant d'être transformé en hôtel de ville durant la révolution française. De 1820 à 1924, il servira de caserne. Le château est ensuite acquis par la ville d'Antibes en 1925 pour abriter un musée historique et archéologique régional. Vingt ans plus tard, Romuald Dor de La Souchère, son conservateur, invite Pablo Picasso à y installer son atelier : l'artiste, très épris de la Côte d'Azur et de son arrière-pays, accepte cette offre et se met au travail avec entrain. À son départ, Picasso laisse en dépôt certaines de ses œuvres créées sur place. Il s'agit de dessins et de peintures telles que *La Joie de vivre*, *Satyre, faune et centaure au trident*, *Le Gobeur d'oursins*, *La Femme aux oursins*, *Nature morte à la chouette et aux trois oursins*, *La Chèvre*... Dans les années qui suivent, les collections du musée s'enrichissent d'autres créations du génial artiste, notamment de céramiques conçues dans l'atelier Madoura de Vallauris. En 1966, le site prend le nom de musée Picasso, la première institution de France à s'intituler ainsi. Une autre collection du musée est également consacrée à Nicolas de Staël. Ce peintre d'origine russe était un homme tourmenté qui se suicida à Antibes en 1955. À mi-chemin entre la figuration et l'abstraction, ce grand maître de la couleur a créé des tableaux à l'intensité singulière. Grâce à un don de sa veuve puis à des acquisitions, le musée peut aujourd'hui présenter une belle sélection de ses œuvres. Pour terminer, l'art moderne tient une place importante dans ce beau musée, notamment représenté par des pièces issues d'une donation effectuée par la Fondation Hans Hartung et Anna-Eva Bergman ainsi que par des tableaux ou des sculptures d'autres artistes. La plupart des tendances de ces cent dernières années sont présentes à travers des créations d'Arman, Jean-Michel Atlan, Balthus, Ben, Vincent Bioulès, Pierre Buraglio, Pol Bury, Alexander Calder, Louis Cane, Denis Castellas, César, Eduardo Chillida, Antoni Clavé, Robert Combas, Olivier Debré, Daniel Dezeuze, Max Ernst, Albert Gleizes, Henri Goetz, Simon Hantaï, Christian Jaccard, Yves Klein, Jean Leppien, Alberto Magnelli, Robert Malaval, Paul Mansouroff, Georges Mathieu, Amedeo Modigliani, Zoran Mušič, Francis Picabia, Jean-Pierre Pincemin, Martial Raysse, Sarkis, Daniel Spoerri, Claude Viallat... Vous apprécierez d'aller prendre un verre dans le café du musée situé au cœur d'un jardin ombragé (superbe sur le cap d'Antibes).

CAMPING PARC BELLEVUE

67, avenue Maurice Chevalier ✆ 04 93 47 28 97
www.parcbellevue.com
Ouvert de fin mars à fin octobre. Emplacement + voiture + 2 personnes : 34 € (haute saison), 25 € (basse saison).

Bienvenue au camping Parc Bellevue, un grand camping verdoyant de 5 ha. Il met à la disposition des vacanciers de plein air des emplacements nus pour y installer sa tente, sa caravane ou son camping-car, mais aussi des mobil-homes tout confort et tout équipés. De nombreuses activités sont proposées selon la saison, et l'on appréciera se baigner dans la piscine extérieure ou se reposer sur les transats. Les blocs sanitaires sont propres. Une aire de services est à disposition des camping-cars. Un beau camping idéalement situé pour visiter Cannes et ses alentours.

LA FARIGOULE €

82, rue Meynadier
✆ 04 93 38 94 95
Tous les jours le midi et le soir. Terrasse

C'est dans la jolie rue commerçante Meynadier que se situe ce petit restaurant aux allures de bistrot. L'ambiance est conviviale, tableaux aux murs et tables à carreaux Vichy rouge et blanc, on profite d'un service efficace et attentionné. La cuisine est simple mais la qualité est toujours au rendez-vous : filet de rouget grillé, assiette du pêcheur, légumes farcis, tarte au citron meringuée... Et le menu complet est un excellent rapport qualité/prix. Une halte sympathique dans l'un des quartiers les plus authentiques de la belle Côte d'Azur.

ASTOUX & BRUN €€€

27, rue Félix Faure
✆ 04 93 39 06 22
www.chezastoux.com/
Ouvert tous les jours le midi et le soir. Vin au verre. Terrasse. Vente à emporter.

Astoux & Brun, c'est une institution à Cannes, un repère des amoureux des produits de la mer depuis 1953. Pas moins de 3 générations ce sont succédé pour partager leur cuisine savoureuse et authentique. Ici, tout est frais, de grande qualité et préparé maison, qu'il s'agisse du poisson sublimé par le chef, des plateaux de fruits de mer, du saumon fumé maison ou encore des desserts élaborés par le chef pâtissier. Autant de recettes à retrouver également au sein de la Brasserie voisine, quant à elle ouverte en continu de 9h à 23h.

La plage du Veillat à Saint-Raphaël.

SUD-EST

SAINT-RAPHAËL ★★★

Station balnéaire et touristique baignée par la Méditerranée, Saint-Raphaël se divise en différents quartiers qui offrent une grande diversité : la vieille ville, le centre-ville, les ports, Valescure (quartier où sont regroupées des villas luxueuses dans le style palladien), Boulouris, le Dramont, Agay, Anthéor, le Trayas. La cité s'étend sur 36 km de littoral et propose 30 plages. Port de pêche, Saint-Raphaël acquiert au XIXe siècle la notoriété d'une ville de villégiature grâce à la présence de nombreux artistes et écrivains. En 1878, son maire et polytechnicien lui donne son profil définitif de station balnéaire, conforté par l'arrivée du chemin de fer.

SAINTE-MAXIME ★★

Petit comptoir créé par les Grecs, avant de devenir romain, le village appartient aux moines de Lérins qui le fortifièrent et lui donnèrent le nom de Maxime, une moniale disparue en 750 et qui est célébrée chaque année les 14 et 15 mai, lors d'une grande fête votive en bleu et blanc. Au VIIe siècle, pour fuir les Sarrasins, les habitants se retirèrent sur les hauteurs et fortifièrent les villages de Gassin, Ramatuelle, Cogolin, Grimaud et aussi le Vieux-Revest qui fut entièrement détruit en 1395 par des brigands. Le premier embarcadère, construit en 1748, permit de développer le transit du fret, bois, liège, vin, huile, et autres produits des Maures.

FRÉJUS ★★

Ville de marchés et de marchands, bien placée sur la route du sel et base d'échanges entre la Provence et l'Italie, Fréjus connut une grande prospérité, mais fut envahie par les impériaux en 1536, par les Savoyards en 1707, par les Austro-Piémontais en 1746. À la suite de la rupture du barrage de Malpasset, le 2 décembre 1959, la modernisation fut en route, avec la canalisation du Reyran et l'urbanisation des quartiers de Villeneuve et de l'Agachon et la construction de Port-Fréjus, qui sera inauguré le 12 juillet 1989. 20 ans plus tard, c'est sous un nouveau souffle et un grand dynamisme que Port-Fréjus II voit le jour. Ce canal s'étire jusqu'aux portes du cœur historique.

SENTIER MARIN DE LA POINTE DES SARDINAUX

Accessibilité : à pied depuis la D559 (5 à 10 minutes). Mise à l'eau : depuis la plage au pied de l'ancien bunker.

Equipé de palmes, masque et tuba, pour évoluer en toute sécurité sur la totalité du parcours balisé, parcourez en toute autonomie le sentier marin, grâce à des panneaux implantés sur le site des Sardinaux : une aire marine protégée, et un espace naturel remarquable. Le sentier permet de découvrir de la surface cette richesse méconnue que représentent les herbiers de posidonie, le jardin des anémones, en compagnie des poulpes, des girelles et des étoiles de mer…

SAINT-TROPEZ-MARSEILLE

LIEUX	Km partiel	Km cumul	Routes
SAINT-TROPEZ	0	0	D61
RAMATUELLE	13	13	D93 puis D559
CAVALAIRE-SUR-MER	15	28	D559 puis D98
LE LAVANDOU	19	47	D98
CAP BÉNAT	7	54	Route locale
LA LONDE-LES-MAURES	15	69	D559 puis D12 puis D197
GIENS	18	87	D197 puis D142 puis D559
TOULON	30	117	Route locale
SIX-FOURS-LES-PLAGES	12	129	D559
BANDOL	10	139	D559 puis D141
CASSIS	32	171	D559 puis route locale
CAP CROISETTE	25	196	Route locale
MARSEILLE	11	207	A55 puis D568
L'ESTAQUE	11	218	D598 puis D5
CARRY-LE-ROUET	17	235	D5 puis D9
CARRO	12	247	Arrivée

Sens du circuit
Itinéraire 247 km
Aire de service
Aire de camping
Villes
Curiosités
D Départ
A Arrivée

3 KM

SAINT-TROPEZ ★★★★

Ce port de commerce et de pêche connut une grande prospérité aux XVIIe et XVIIIe siècles, mais rien ne l'avait prédisposé à sa vocation de capitale de la jet-set. La silhouette de Brigitte Bardot dans *Et Dieu créa la femme* de Roger Vadim (1956), et les fameux gendarmes entraînés par Louis de Funès ont beaucoup contribué à le faire connaître, sous l'œil paternel du bailli de Suffren, enfant du pays statufié sur le port. Sa statue a été coulée en 1866 avec du bronze provenant des canons pris par Napoléon III aux Autrichiens. Les armoiries de la cité représentent un corps couché dans une barque : celui de saint Torpès (devenu Saint-Tropez), né Caïus Silvius Torpétius à Pise. Dignitaire des armées romaines, il fut choisi par l'empereur Néron comme intendant de son palais. Gardien de saint Paul, il se convertit au catholicisme. Néron le fit décapiter à Pise. Son corps fut placé dans une barque entre un chien et un coq, et dériva jusqu'à l'emplacement actuel du port. A plusieurs reprises au Moyen Age, la ville fut détruite par les Sarrasins, une fois en 739, une deuxième fois en 889. Au Xe siècle, le comte de Provence Guillaume Ier chasse les Sarrasins, fortifie la ville, et fait bâtir le château fort. En 1056, Saint-Tropez est cédée aux moines de Saint-Victor, qui fertilisent la région. Au XIVe siècle, la ville est ravagée par de nouvelles guerres entre les princes provençaux. En 1441, le gouverneur de la Provence confie la reconstruction de la ville à un architecte génois, Raphaël Pornazio de Garezzio. Saint-Tropez devient une république autonome et un port réputé pour la qualité de ses marins. Toute la ville est fortifiée. C'est de cette époque que datent la porte de la Ponche, la tour Jarlier, la tour Vieille, la tour du Portalet. La citadelle a été construite sur ordre d'Henri IV. On trouve dans la ville des encadrements de portes et fenêtres en serpentine, une roche verdâtre. Elle provient de carrières du massif des Maures. Jusqu'au XIXe siècle, Saint-Tropez vit principalement du commerce maritime. En 1894, Paul Signac arrive à Saint-Tropez, il s'installe dans une cabane de pêcheur de la plage des Graniers. Dans son sillage, Matisse, Derain, Renan, Liszt ou encore Colette vont contribuer à faire connaître ce petit village dans le monde entier. Mais c'est surtout dans les années 1950 que sa notoriété va littéralement exploser et devient un lieu de villégiature de la jet set européenne et américaine. Saint-Tropez attire les touristes à la recherche de célébrités, ou qui souhaitent découvrir une des villes les plus glamours de la côte.

CITADELLE SAINT-TROPEZ – MUSÉE HISTOIRE MARITIME ★

1, montée de la Citadelle ✆ 04 94 97 59 43
www.saint-tropez.fr/culture/citadelle
Ouvert toute l'année, tous les jours. Visites guidées de la forteresse sur réservation uniquement. Tarif unique : 4 €.

La Citadelle

Depuis 1589, la Citadelle couronne la ville, suite à des travaux sur la colline des Moulins, supervisés par le maréchal de Villars. Ce fortin est détruit six années plus tard, avant que de nouveaux aménagements défensifs soient réalisés au début du XVIIe siècle, au même endroit, par l'ingénieur militaire Raymond de Bonnefons. Le donjon actuel de la citadelle, tour hexagonale ceinturant une cour intérieure accessible par un pont-levis, sera terminé en 1607. Une enceinte viendra entourer le bastion quelques années plus tard. Elément de défense le plus important entre Antibes et Toulon durant des siècles, elle demeure l'un des seuls monuments de cette ampleur sur la côte varoise. Durant la première guerre mondiale, la citadelle sert de camp d'internement pour prisonniers allemands, puis elle sera occupée par les troupes italiennes et allemandes en 1942. Lors du débarquement d'août 1944 sur les plages méditerranéennes, l'ouvrage est libéré avec la ville par les troupes alliées et la 1re armée française.

Dans cette citadelle, deux types de visite sont possibles. Voir le paysage, le fort et faire le tour du musée en 45 minutes. Ou bien le musée est fait de telle façon que l'on peut y rester 3 heures, avec 2 degrés de lecture. Chaque salle (il y en a 21) propose un thème et une histoire.

Musée d'histoire maritime

La forteresse permet aux visiteurs de découvrir dans son beau donjon, l'épopée des marins tropéziens sur toutes les mers du monde, à l'image de celles du capitaine Annibal Bérard à Zanzibar ou du capitaine Morello sur les côtes indiennes. Au rez-de-chaussée, les visiteurs découvrent les activités maritimes de proximité comme la pêche, le cabotage, la construction des torpilles ou l'école d'hydrographie qui a formé des centaines de capitaines au XIXe siècle. À l'étage, le musée propose de s'évader aux quatre coins de la planète en compagnie des marins tropéziens. Voyages en Orient au XVIIIe siècle, sur les côtes d'Afrique ou des Indes à bord des grands trois mâts en bois au XIXe siècle sans oublier les campagnes au-delà du cap Horn ou sur les navires de guerre pour ne citer que quelques exemples. Dans une scénographie moderne qui laisse la place à l'interactivité, les visiteurs plongent dans une histoire maritime peu connue à travers quelque 300 objets répartis dans 21 salles. La visite s'achève sur la terrasse du donjon avec les salles consacrées à la plaisance et au motonautisme et en prime sur une vue incroyable de la région.

RAMATUELLE ★★★

Ce village tire son nom des Camatulici, d'origine celte. Gérard Philipe y résida et repose dans le petit cimetière du village. Les ruelles sont fleuries. La place de l'Ormeau doit son nom à un orme planté par Sully en hommage à la conversion d'Henri IV. Il fut remplacé en 1983 par un olivier. En bas du village, la porte Sarrasine, bien conservée. Chaque été, Ramatuelle accueille, en juillet, le festival de musique classique, en août le festival de théâtre et variétés de Ramatuelle et le jazz festival Ramatuelle, créé par le facteur du village (facteur Swing) et tous les lundis de juillet et août, les concerts de l'Escalet s'installent devant la mer.

LA PLANCHA €€

Nouveau port

✆ 04 94 94 90 50

Ouvert du 1er avril au 30 septembre. Menus de 19,50 à 39,50 €. Carte : 40 € environ. L'été, piano-bar tous les soirs.

Ce restaurant de cuisine traditionnelle et provençale fait rimer terre et mer, où sur la belle terrasse face aux bateaux, on se régale de viandes et de poissons grillés à la plancha, d'une daurade ou d'un bar selon arrivage, d'une cassolette de la mer, avec jus de poissons de roche, rouget, saint-pierre, gambas, moules, supions, rouille maison, d'un tartare de thon japonais préparé par le chef, de moules à la plancha avec crème d'ail, d'une pluma de pata negra, une viande exceptionnelle de cochon noir ibérique... et de la limoncello cup pour clore le repas.

LE 1051 €€

1051, chemin des Canniers

✆ 04 94 45 36 97

www.le1051.com

Fermé du 1er au 30 novembre. Ouvert tous les jours de 12h30 à 15h30. Suggestion du jour 24 €. Plat du jour 24 €.

C'est une histoire de famille qui dure depuis... 7 générations et qui se poursuit aujourd'hui avec Maxime Lamon. Avec pour cadre idyllique la baie de Pampelonne, ce restaurant-bar de plage s'intègre parfaitement dans le paysage et le nouveau schéma d'aménagement, imaginé dans un décor naturel où le bois est omniprésent avec sa terrasse couverte et sa terrasse extérieure qui cheminent jusqu'à la plage. La cuisine proposée est traditionnelle, méditerranéenne et locavore, à accompagner de cocktails créations et de gouleyants rosés de Provence !

LE LAVANDOU ★★★

Le village aurait été fondé par des pêcheurs génois et trois hypothèses sont émises quant à l'origine de son nom : lavadou (lavoir en provençal), lavandula stoechas (variété de lavande) ou le lavendour, vent d'est « lévent dur ». Jusqu'en 1913, le Lavandou était un quartier de Bormes, date à laquelle il devint une commune à part entière. Entièrement tourné vers la mer, le Lavandou est l'une des stations touristiques les plus en vue des côtes varoises. Son port peut accueillir jusqu'à mille cent bateaux de plaisance et ses douze plages constituent sans doute son meilleur attrait. Son surnom de « station aux douze sables » n'est pas usurpé.

CAVALAIRE-SUR-MER ★★

L'histoire de Cavalaire, qui tient son nom de la colonie grecque Heracléa Caccabaria qui avait pris position dans la baie, commence 800 ans avant notre ère avec les Ligures installés dans leur oppidum du Montjean. Petit hameau de pêcheurs dépendant de Gassin au XVIIIe siècle, cette jeune commune du Var, créée en 1929 et classée station balnéaire en 1956, est située au fond d'une baie très abritée, entre le cap Cavalaire à l'ouest et le cap Lardier à l'est. Elle dispose d'une longue plage de sable fin sur plus de 4 km (où la 3e division d'infanterie américaine a débarqué le 15 août 1944), idéale pour les activités touristiques et nautiques.

PARC CAMPING DE PRAMOUSQUIER** €€

Chemin de la Faverolle ✆ 04 94 05 83 95

www.campingpramousquier.com

Ouvert d'avril à novembre, résa recommandée. Réception 8h/20h. Gardé 24h/24. 165 emplacements sur un terrain de 4,5 ha.

On se sent comme à la maison tout en étant dans un cadre exceptionnel, à seulement 400 mètres de la plage de sable fin de Pramousquier, cet agréable camping propose des emplacements aménagés en terrasse sur un parc avec vue mer et l'île du Levant. On conseille les bungalows avec terrasse extérieure couverte et salon de jardin ou les mobil-homes avec terrasse extérieure semi-couverte avec salon de jardin. Plus atypiques, les tentes BB : tente canadienne sur pilotis pour 2 à 4 personnes.

LA LONDE-LES-MAURES ★★

S'étirant sur 7 800 ha, La Londe-les-Maures est recouverte au deux tiers de vignobles et de forêts. Un village dont l'avenue principale a récemment été rénovée avec goût, qui offre une grande diversité de paysages, des plages de sable, une vue imprenable sur les îles de Porquerolles et de Port-Cros, et le massif des Maures. La commune réserve aux visiteurs de magnifiques promenades et propose des loisirs sportifs, nautiques, culturels et festifs qui sauront séduire un large public. Parmi ces événements les plus emblématiques, la fête des vins courant avril, Nature en fête le même mois, le festival de jazz fin juillet et le marché des vins de La Londe.

GIENS ★★★

L'ancienne île de Giens faisait jadis partie de l'archipel des îles d'Or. Deux cordons de sable, des tombolos, formés par les courants marins et par les petits fleuves le Gapeau et le Roubaud, ont progressivement rattaché le rocher de Giens à la côte. Ainsi est née la presqu'île. Le cordon ouest n'est large que de 50 m et bordé tout le long par la plage de l'Almanarre, où se retrouvent les meilleurs spécialistes du monde de planche à voile et de kitesurf (possibilité de visionner la plage sur le site internet de l'office de tourisme). Celui de l'est, plus large (200 m dans sa partie la plus étroite), est bordé par la plage de la Capte, plage rêvée pour les enfants et pour la tranquillité des parents, puisque l'on a pied jusqu'à 60 m du rivage ! Entre ces deux tombolos se trouve l'étang des Pesquiers, une zone de salins où, jusqu'à une époque très récente (1994), on ramassait encore le sel. Propriété du Conservatoire du littoral, c'est une zone de nidification où se plaisent quelques espèces remarquables, il n'est d'ailleurs pas rare de pouvoir observer des dizaines de flamants roses venus ici après un très long voyage, mais aussi foulques, canards et autres aigrettes. Plus de 250 espèces d'oiseaux se rencontrent ici chaque année. La douceur du climat favorise également la croissance de plantes adaptées au sel et à la chaleur, des orchidées sauvages, la salicorne, le réséda blanc, le panicaut maritime, plante rarissime. Autour de Giens, ne manquez pas de visiter les petits ports traditionnels qui font le charme de la presqu'île hyéroise : petit port du Niel et le port de La Madrague. Découvrez aussi le port de la Tour-Fondue – déformation de « fendue », pour souligner son état de ruine –, site d'embarquement privilégié pour la traversée en direction des îles d'Hyères. A l'extrême pointe sud-est de la presqu'île, des pointes sauvages (notamment la pointe de la Badine à l'est), ont su garder le caractère typique d'une langue de terre qui hésite encore à se laisser tenter comme ses sœurs par l'appel du large. Au milieu du square Bachagha-Boualem, une table d'orientation permet d'admirer le paysage dans un panorama à 360°, idéal pour comprendre la géographie particulière du double tombolo unique au monde et les îles de Porquerolles, du Levant, et le parc national de Port-Cros. Le poète-diplomate Saint John Perse, prix Nobel de littérature en 1960, est inhumé dans le petit cimetière du village de Giens.

© CHRISTIAN MUSAT - FOTOLIA

Le port du Lavandou.

CAMPING CLAIR DE LUNE**** €€

27, avenue du Clair de Lune
✆ 04 94 58 20 19
www.campingclairdelune.fr
Emplacement tente + véhicule + 2 personnes de 20 € à 35 €. Appartements à partir de 182 € la semaine.

Le Camping Clair de Lune répondra certainement à vos attentes. Avec un emplacement idéal, situé à 200 m de la mer et à 600 m de la plage, ce camping possède des appartements et mobil-homes, dont certains bénéficient d'une vue sur la mer et d'un Jacuzzi privatif. Le camping idéal pour les petites familles, est situé à 150 m de l'école de planche à voile Spin-out, de l'école de kitesurf, du centre de plongée Diving Giens et de L'Aphrodite Spa. Bon plan !

LA BOUILLABAISSE €€

3305, route de la Madrague
✆ 04 94 58 22 15
www.labouillabaisse.fr
Tous les jours midi et soir sauf le mercredi. Menu à 38 €. Formule midi : 25 € (entrée, plat, dessert).

Comme son nom l'indique, ce restaurant est spécialisé dans la bouillabaisse traditionnelle, qu'il réalise à merveille avec des poissons de roche arbanais de la pêche locale (port de la Madrague). Vous pourrez également déguster une délicieuse soupe de poisson mijotée durant 3 heures, accompagnée de croûtons et rouille au safran maison. Les plats côté terre ne sont pas en reste : tartare de bœuf au couteau ou magret de canard rôti au miel et sa polenta. En plus, les desserts sont faits maison. Une belle adresse conviviale, face au petit port de la Madrague.

TOULON ★★

Souvent taxée de ville peu attractive, ancrée dans le passé et éternellement militaire, Toulon fait peau neuve et il serait dommage de passer à côté ! Dans la vieille ville, sur les plages du Mourillon et bientôt face au tribunal de grande instance, le paysage urbain se modernise, s'émancipe. Le patrimoine culturel est valorisé de plus belle, et la ville animée comme jamais auparavant. En quelques années, Toulon a repris ses lettres de noblesse auprès de ses habitants ; la clientèle touristique quant à elle, se la réapproprie peu à peu et profite enfin d'une véritable offre hôtelière. Nul doute que bientôt Toulon constituera une destination de choix sur la côte varoise.

© TELLY - SHUTTERSTOCK.COM

Le Circuit des Fontaines.

MÉMORIAL DU DÉBARQUEMENT ET LIBÉRATION DE PROVENCE ★★

Route communale du Faron
✆ 04 94 88 08 09
toulon.fr
Tarif plein : 5 €. Tarif réduit : 2 €. Visite guidée (sous réservation).

Souhaité et inauguré le 15 août 1964 par le général de Gaulle, le Mémorial a pour vocation d'honorer la mémoire des hommes et les femmes engagés dans les opérations du débarquement sur les plages varoises le 15 août 1944 et de la libération de la Provence. Souvent oublié au profit de celui de Normandie, le débarquement de Provence souligne pourtant le rôle essentiel de la France dans la guerre : sur les 330 000 soldats ayant pris part à l'opération, plus de 70 % étaient français. Inauguré à nouveau par le président de République en 2017 après 18 mois de fermeture et un an de travaux, le Mémorial rénové restitue fidèlement la réalité des événements historiques, militaires et politiques de l'époque. Ces événements sont expliqués de manière très pédagogique, le parcours accorde une place extrêmement importante aux témoignages directs, à l'aspect chronologique et thématique des événements. Le Mémorial est une structure pédagogique adaptée au XXIe siècle, qui utilise des moyens vidéo et audio qui rendent le site très attractif. Progressivement le spectateur est immergé dans le passé où toutes les facettes de cette époque sont abordées. La projection d'un film sur un écran de 17 m de long rappelle toutes les manœuvres militaires entre le 15 août 1944, jour du débarquement, et le 28 août, jour de la fin de la libération de la Provence. Dominant la rade de Toulon, accessible en téléphérique, le Mémorial, implanté dans un ancien fort du XIXe siècle, offre un panorama exceptionnel.

SIX-FOURS-LES-PLAGES ★★

Situé sur le littoral de la côte provençale, à deux pas du port de Sanary, Six-Fours-les-Plages vous invite à libérer vos envies entre mer et forêt. 18 kilomètres de côtes où alternent plages, criques secrètes, l'archipel des Embiez, ports de pêche et de plaisance, 1 000 hectares de forêt préservée, vieilles pierres et riche patrimoine... s'offrent à vous pour des vacances inoubliables. Sur les hauteurs du cap Sicié, Notre-Dame-du-Mai - chapelle construite en 1653 - bénéficie d'une vue imprenable sur toute la région et la grande bleue. La collégiale Saint-Pierre, vestige du vieux village, domine quant à elle le centre-ville et la rade de Toulon.

AUBERGE DU PORT MAISON GHIRIBELLI €€

9, allée Jean-Moulin ✆ 04 94 29 42 63
www.auberge-du-port.com

Tous les jours dès 6h30, en continu. Plat 20-29 €. Bouillabaisse 49 €. Formule du midi : 16,50 €. Terrasse.

Le décor de cette institution bandolaise fondée en 1971 est résolument moderne et élégant. Mobilier chic et feutré, luminaires réalisés par un verrier italien, terrasse, jardin et véranda ouvrant sur les palmiers : superbe ! La carte persiste sur les saveurs marines avec les plateaux de coquillages, la pêche du jour, le poisson grillé flambé au Pastis, cuit en croûte de sel ou préparé façon meunière, et la bouillabaisse. On apprécie les soirées musique live certains vendredis soir.

BANDOL ★★★

La ville de Bandol vit tout au long de l'année. On l'apprécie pour ses nombreuses plages, de sable ou de galets, pour son charmant port de plaisance et pour l'animation de son marché (le mardi matin), pour son plaisant sentier de la corniche abritant çà et là des criques naturelles insoupçonnées. Des sports nautiques à la randonnée pédestre, en passant par le superbe golf de Frégate niché entre les collines et la Méditerranée, ici les activités de plein air ne manquent pas ! Et c'est sans compter la cinquantaine de domaines viticoles classés en AOP Bandol, dont nous recommandons vivement la dégustation (avec modération toujours), ou le casino.

CASA NOSTRA BY BIANCA

898, route du Beausset
✆ 06 28 46 42 60

Épicerie fine corse et italienne. Ouvert du mardi au samedi 9h-12h30 et 15h30-19h30, le dimanche matin, fermé le lundi.

C'est l'envie de revenir à la passion familiale (une mamie fromagère en Corse) qui a poussé Bianca dans cette belle aventure. Avec humilité et beaucoup de rigueur, l'épicerie Casa Nostra se déplace chez les producteurs de l'île de Beauté, en Italie et en Provence, pour dégotter des produits d'exception : brie à la truffe, chèvres fermiers locaux, tommes de chèvres et de brebis, burrata des Pouilles, la liste est longue. On vient aussi pour la charcuterie corse, les confitures, l'huile d'olive, les pâtes, les galettes, vins et liqueurs. Une belle adresse gourmande.

Un port tout en charme et couleurs.

CASSIS ★★★

Qu'a vist Paris, se noun a vist Cassis, n'ai rèn vist ! Ces vers extraits du poème *Calendal* de Frédéric Mistral sont aujourd'hui la devise de Cassis. Ils signifient *Qui a vu Paris et pas Cassis n'a rien vu !* Et montrent bien que les Cassidains sont très attachés à leur ville aux multiples atouts. À une vingtaine de kilomètres de Marseille, le petit port de Cassis allie charme et authenticité toute méridionale. C'est un détour obligatoire pour qui visite la région. Flâner dans ses ruelles fleuries, colorées, parfumées, apprécier ses boutiques, admirer le panorama depuis le port et se régaler des restaurants font partie de la carte postale.

CAMPING LES CIGALES** €

43, avenue de la Marne
✆ 04 42 01 07 34
www.campingcassis.com

Ouvert de mi-mars à mi-novembre. Sans réservation. Empalcement + voiture + 2 personnes : environ 20-25 €. Wifi. Laverie.

Un modeste camping deux étoiles, le seul de la commune. Il propose des services basiques, mais a l'avantage d'être situé à quelques minutes à pied de la mer et d'être très abordable, dans une région très demandée, à deux pas des calanques. Ici pas de mobil-homes, de piscine ou d'animations, mais de nombreuses tentes, camping-cars et caravanes posés à l'ombre de la pinède. Un cadre simple et charmant, avec de l'eau chaude dans des sanitaires, une aire de jeux pour les enfants, une épicerie pour vos courses et un snack pour les petits creux.

LA VIEILLE AUBERGE €€

14, quai Jean-Jacques-Barthélémy
✆ 04 42 01 73 54

Ouvert toute l'année. Fermeture de la 2e semaine de janvier à mi-février. Fermé le mercredi.

Cette table située sur le port de Cassis est tenue par la même famille depuis 1978, qui se transmet les secrets d'une cuisine régionale de génération en génération. En terrasse au soleil, la vue est magnifique ! La salle a des allures d'auberge à l'ancienne avec ses tons chauds et ses poutres apparentes. En entrée, optez pour la soupe de poissons ou les noix de Saint-Jacques crues marinées. A suivre côté mer : pavé de thon en croûte aux herbes ou loup grillé au fenouil... Côté terroir les fameux pieds paquets à la provençale. Du fait maison à un prix raisonnable !

CSLN CASSIS

Plage de la Grande Mer ✆ 04 42 01 80 01
https://cassis-kayak.com

Location de kayaks, paddles, sailboat, cours de wingfoil. Randonnée avec visite des calanques. À partir de 30 €.

Bien plus qu'une base de location, le CSLN est le club historique de Cassis, membre actif du tissu associatif de la ville. Une équipe jeune, dynamique et professionnelle pour vous accompagner dans la pratique du kayak, du paddle, du bateau à voile et du wingfoil. De la simple location de matériel aux randonnées encadrées au cœur des Calanques, en passant par des stages de perfectionnement, le CSLN est un partenaire idéal. À tester, le paddle géant, jusqu'à 8 personnes en simultané pour une expérience mémorable ! Réservation sur le site Internet de l'association.

MARSEILLE ★★★★

Bienvenue à la cité phocéenne. Vous trouverez ici divers quartiers, une multitude de visages, une bonne dose de caractère et une convivialité toute méridionale. De leur gouaille si ensoleillée, les Marseillais évoqueront ce port que l'on dit vieux, qui a pourtant la beauté du cœur battant d'un marin de 20 ans. Aux bâtiments médiévaux rescapés de la destruction des vieux quartiers en 1943 répondent aujourd'hui des bâtiments contemporains et futuristes le long du front de mer. Marseille se remémore et se réinvente. Se perdre dans les ruelles du Panier, remonter la légendaire Canebière, vivre une soirée endiablée au cours Julien avant de se baigner aux Catalans le lendemain.

MARLY-PARC

120, chemin de Morgiou (9e)
✆ 06 09 14 66 06
www.marlyparc.com

Ouvert toute l'année. Vidange eaux usées et WC, eau. Stationnement. Tarifs : 12 €.

Cette aire de service et de stationnement, excentrée à l'est de Marseille, peut constituer une option pour visiter Marseille sans se demander comment circuler avec son camping-car dans la deuxième plus grande agglomération de France. Vous trouverez des places de stationnement adaptées aux camping-cars, une aire pour effectuer les services. N'hésitez pas à contacter les gérants pour obtenir plus de renseignements sur Marly-Parc. Ils vous indiqueront par ailleurs comment circuler en transports et vous rendre, pourquoi pas, vers les calanques de Cassis ou Martigues.

Pêcheur quai des Belges, Vieux Port.

LA CRÉMAILLÈRE €

11, boulevard René-Cailloux
SAINT-VICTORET
✆ 04 42 79 60 90
www.resto-lacremaillere.com
Ouvert du lundi au samedi le midi ; le samedi soir. Midi : formule 15 ou 17 €. Le soir : menu à 28 €.

L'établissement, lové dans un décor typique et chaleureux, une ancienne ferme des années 1960, est un concentré d'âme provençale. Depuis les tableaux jusqu'aux boutis qui nappent les tables en bois en passant par la cheminée et le mobilier, tout y est. Dans l'assiette, une cuisine typique de la ferme, des plats qui changent tous les jours au gré des produits de saison. L'accueil est très sympathique et les prix très corrects. Un excellent rapport qualité-prix, une adresse familiale recommandée sans la moindre hésitation par le Petit Futé.

CARRY-LE-ROUET ★

Bienvenue à Carry-le-Rouet, la «perle de la Côte Bleue» et une des stations balnéaires préférées des Marseillais. Son petit port et ses belles demeures en font un lieu prisé pour une balade le week-end, de même que ses nombreux restaurants qui ne désemplissent pas. L'été, ce qui est d'ordinaire une petite ville calme voit sa fréquentation augmenter considérablement. Ses plages, les différents événements et de nombreuses activités sportives attirent. Depuis 2019, la commune détient le label « Station classée de tourisme ». Le nom de Carry est indissociable des Oursinades qui y sont organisées chaque début d'année, ainsi que de l'acteur Fernandel qui y a vécu.

CALANQUE DES EAUX SALÉES ★★

La calanque est uniquement accessible à pied. Parking au niveau de la plage du Rouet puis prendre l'avenue Blanche-Calvet et le chemin des Eaux-Salées.
Calanque accessible à pied depuis le parking au niveau de la plage du Rouet.

C'est la première calanque en pleine nature en direction d'Ensuès. Elle est moins fréquentée que les autres. Enjambée par le viaduc centenaire du même nom, la crique entourée de pins d'Alep abrite une plage de gros galets polis à l'eau translucide. La résurgence d'eau salée sous le viaduc est une pataugeoire idéale pour les enfants. Au milieu de la calanque se trouve l'îlot de la Grande Mona, accessible pour les bons nageurs qui veulent se prélasser dans une sorte de baignoire naturelle. Un lieu idéal pour la plongée, le kayak ou *stand up paddle*.

MUCEM ★★★★

7, promenade Robert-Laffont (2e)
✆ 04 84 35 13 13
www.mucem.org

Ouvert tous les jours sauf mardi. De 10h à 20h en juillet-août. Gratuit le premier dimanche du mois. Tarif plein 11 €.

Ouvert en juin 2013 à l'occasion de Marseille Provence 2013, capitale européenne de la culture, le MuCEM, dont le nom complet est Musée des Civilisations d'Europe et de Méditerranée, est devenu un des monuments les plus visités de Marseille et un emblème de la cité phocéenne et de son renouveau. Son élégante modernité fascine les amateurs d'architecture et sa réputation est désormais internationale. Constitué de deux ensembles, le bâtiment cubique, signé par l'architecte marseillais Rudy Ricciotti, et le fort militaire Saint-Jean, interdit au public jusqu'à cette rénovation et véritable bijou accessible gratuitement aujourd'hui, offrant des points de vue magnifiques sur le Vieux-Port et le large. Le MuCEM est une véritable réussite architecturale et esthétique, magistralement intégré dans le paysage urbain de la ville. Il est à la fois un lieu de promenade gratuit (l'accès à son toit par la passerelle) offrant une vue spectaculaire sur la cité phocéenne et la mer, et un lieu d'exposition renommé. Quelques expositions événement y ont été organisées ces dernières années (dont celle consacrée à Jeff Koons en 2021), d'autres sont plus confidentielles mais souvent en lien avec le monde méditerranéen, ses cultures et populations. Ce bâtiment, son ensemble est à voir absolument lors de votre séjour marseillais ! L'accessibilité physique, sensorielle et cognitive du musée ont été réfléchies en collaboration entre le MUCEM et des associations marseillaises représentatives du handicap. Outre la collection permanente, des expositions temporaires d'exception sont organisées toute l'année, le programme est à retrouver sur le site du musée et celui de la ville. Notons que des expositions sont également proposées dans le fort Saint-Jean. L'accès au musée et à la billetterie se fait côté esplanade devant la cathédrale de la Major et la Villa Méditerranée. Par le toit panoramique, vous pourrez également y accéder en descendant tout autour du bâtiment et sa dentelle de béton. Un restaurant gastronomique se trouve au sommet du MUCEM. Vous pourrez également y faire une halte pour un café dans la journée. Un autre restaurant se trouve dans le fort, ainsi qu'un pop-up store proposant des articles de créateurs méditerranéens. Petit conseil futé : accordez-vous une balade en contrebas du fort Saint-Jean, le long du bassin sous la passerelle, des murailles historiques et longez l'entrée du Vieux-Port, en admirant le va-et-vient des navires. Sans doute la plus belle manière de pénétrer le Vieux-Port. C'est aussi un lieu où les marseillais aiment lézarder.

LES TERRASSES €€

2, place Jean-Jaurès
✆ 04 42 45 00 46
www.restaurant-lesterrasses.com

Tous les jours le midi et le soir. Réservation recommandée. Menu déjeuner 21 €. Pizzas dès 12,50 €.

Ce restaurant panoramique est ouvert toute l'année. Sa position dominante lui offre une vue imprenable sur les bateaux à quai. Trois grandes salles avec baies vitrées et autant de terrasses chauffées en hiver offrent une vue imprenable. Dans l'assiette, parillada de crustacés, tentacule d'encornet à la plancha, souris d'agneau au jus de romarin ou encore un beau choix de coquillages et crustacés. Des assiettes à partager pour plus de convivialité. Une adresse fûtée, rénovée récemment, dans un cadre enchanteur il faut bien le dire.

CARROS ★★

Carros est une ville à l'histoire chargée, qui peut aussi bien désigner le village (centre historique construit autour d'un château), la ville nouvelle ou les Plans (cœur artisanal, agricole et horticole). Ce nom signifierait « rocher », le village étant construit sur une falaise surplombant le lit du Var, ce qui ne l'a pas protégé des grandes guerres puisqu'il a été plusieurs fois détruit. Les temps modernes ont apporté à Carros une réelle prospérité, d'abord par la création d'espaces de maraîchage et d'horticulture arrachés au lit du Var, puis par l'aménagement de la partie sud de la commune en zone industrielle. Dès lors, la commune de Carros s'établit autour de 3 centres.

LES JARDINS SUSPENDUS €

34, boulevard de la République
✆ 04 92 13 65 54

Ouvert toute l'année. Tous les jours le midi. Carte : 20 € environ (plat + dessert). Terrasse.

Dans le petit centre commercial du quartier Saint-Pierre se trouvent Les Jardins Suspendus, une belle surprise culinaire. Situé au rez-de-chaussée de la résidence senior Saint-Pierre, ce restaurant est apprécié des résidents pour la qualité de ses plats, mais tout le monde peut en profiter. Ainsi, tous les midis, il est ouvert au public et tous les âges se côtoient, en salle ou sur la belle terrasse ensoleillée, pour profiter d'une cuisine traditionnelle goûteuse proposée par le chef et son équipe. Au menu par exemple : gratin dauphinois, brochettes, burgers...

VILLAGES CORSES

PARCOURS GPX

LIEUX	Km partiel	Km cumul	Routes
NONZA	0	0	D80 puis D81
BASTIA	33	33	T11 puis T20
CASAMOZZA	23	56	T20
PONTE-LECCIA	26	82	D71
CERVIONE	64	146	T10
ALÉRIA	31	177	T10
GHISONACCIA	15	192	D344
GHISONI	26	218	D69
ZICAVO	29	257	D69
AULLÈNE	26	283	D420 puis D20
SAINTE-LUCIE-DE-TALLANO	22	305	D268 puis D368
PORTO-VECCHIO	57	362	D859 puis T40
BONIFACIO	39	401	Arrivée

BASTIA ★★

Préfecture de la Haute-Corse, c'est la seule agglomération qui ressemble à une grande ville : foisonnante de gens et dont les environs, de Poretta à Toga, constituent la plus importante bande industrielle et économique (et pour dire la seule) de l'île. C'est aussi une ville musée : dès le XVIe siècle, de nombreux édifices religieux et conventuels émergent. Bastia peut être considérée comme la capitale française du baroque qui s'exprime dans l'art sacré tout autant que dans son cadre urbain. Édifices publics, religieux ou privés, bâtiments rénovés aux couleurs d'antan riches des ocres méditerranéens, jardins en escarpe accrochés au-dessus des flots...

NONZA ★★★

Village médiéval, littéralement perché en nid d'aigle et dominant sa célèbre plage de galets noirs et la mer Méditerranée. Contrairement aux autres villages du Cap Corse, Nonza n'est pas éclaté en hameaux mais fait corps au piton rocheux. Par temps dégagé, on découvre les neiges du Monte Cintu, voire les sommets enneigés des Alpes. Les ruelles du village permettent de se hisser jusqu'à la tour génoise, construite en 1970 par Pascal Paoli. Ce petit village fête sa patronne, Sainte-Julie, le week-end du 22 mai en organisant une procession durant laquelle on porte la statue de la sainte jusqu'à la fontaine des mamelles, plus bas dans le village.

LA ROUTE DES SENS AUTHENTIQUES

Avenue Paul-Giacobbi
✆ 04 95 30 95 23
www.gustidicorsica.com
Itinéraire disponible sur le site internet.

Charcuterie, fromages, miels, biscuits, huile d'olive, vins, bières, couteaux, bijoux, tables de terroir, au menu de cet itinéraire de charme dédié aux hédonistes et à tous ceux qui s'intéressent à la découverte d'une Corse authentique. Voici une multitude d'occasions de rencontres passionnantes. Et toutes les bonnes adresses pour remplir vos paniers, d'un bout à l'autre de la Corse, avec les bons produits du terroir. Cette route relie des centaines d'artisans et de producteurs attachés à leur ile et soucieux de la valoriser à travers leurs activités et leurs produits. Profondément impliqués dans le développement économique et touristique de leurs terres et leurs villages, ces femmes et ces hommes passionnés vous offrent la chaleur d'un accueil traditionnel et la garantie d'un produit d'origine. Dans ces lieux à forte identité, les savoir-faire ancestraux et la modernité se côtoient en composant un accord irréprochable entre authenticité et qualité. En suivant les panneaux de cette Route des Sens authentiques vous accédez à leurs exploitations, leurs ateliers, leurs auberges. Les adhérents de la Route des Sens respectent un cahier des charges précis qui vous garantit non seulement des productions de qualité et d'origine, des saveurs et des savoir-faire uniques, mais également une hospitalité rare, tout à fait emblématique de la Corse ! Une sélection qui mérite que l'on y porte toute notre attention. Itinéraire et adresses disponibles sur le site : gustidicorsica.com

LA PLAGE DE NONZA ★★

Accessible toute l'année.

© XAVIER BONNIN

Que serait Nonza sans sa magnifique plage de galets noirs ? Cette plage, est due aux rejets inoffensifs de l'usine d'extraction d'amiante qui se trouvait à Canari, à quelques kilomètres au nord. De 1920 à 1965 cette carrière fut la principale zone d'extraction d'amiante en France. Les courants transportèrent dans les baies d'Albu et de Nonza les matières rejetées et les bouchèrent formant ainsi les plages. Pas de crainte, se promener sur cette plage ne serait pas dangereux, les fibres d'amiante ayant passé un long séjour en mer, elles ont été lavées par le sel.

CERVIONE ★★

Ce village est situé à quelque 350 m ou 400 m d'altitude, mais la commune s'étend jusqu'aux plages de sable fin de Prunete, 5 km plus loin. Bourg en balcon surplombant la plaine orientale, le village se situe à la lisière de la Castagniccia, avec l'Alesani. En excursion pédestre, balade pour le panorama jusqu'à la pointe de Nevera qui culmine à un peu plus de 800 m. Juste à côté de Cervione, une chapelle mérite la visite, même celle des mécréants : Santa-Cristina, à Valle-di-Campoloro, une petite chapelle romane qui possède de très remarquables fresques, notamment sur le plafond voûté de ses deux absides en cul-de-four.

CAFÉ DES SPORTS €

Lieu dit Ponte Leccia

✆ 06 18 61 47 28

Ouvert à l'année. Tous les jours midi et soir en saison. Carte : 20 € environ. Terrasse. Vente à emporter

Ghislain et Marie-Anne vous accueillent chaleureusement toute l'année au Café des Sports de Ponte Leccia dans une décoration toute neuve et vous ne le regretterez pas ! Grandes salades-repas tout en fraîcheur et même une salade tomate burrata, escalopes de veau, sauté de veau corse, les savoureuses tripettes de veau corse concoctées par Jean et les pizzas ! Côté desserts, c'est Marie-Anne la pâtissière et si vous avez de la chance goûtez la soupe de fraise au top ! Un super rapport qualité-prix, un sens inné de l'accueil que nous recommandons avec grand plaisir !

LE MOULIN DE PRUNETE

Acqua Vida Prunete

✆ 04 95 38 01 84

Haute saison : ouvert du lundi au samedi de 9h à 12h et de 15h à 19h.

Après quelques années d'exploitation, Joseph Rioli est passé de la presse traditionnelle à la chaîne continue en 1995. Une modernisation qui lui permet de presser jusqu'à 400 tonnes d'olives chaque année. Il exploite un domaine de 6 ha où sont cultivées des variétés comme la ghjermana, la Sabine ou la picholine. Deux huiles AOP en découlent : le moulin de Prunete (olives cueillies sur l'arbre, assemblage de ghjermana, sabine et picholine) et l'huile d'olive du couvent de Cervione (olives cueillies sur filet après leur chute naturelle, prédominance de ghjermana).

ALÉRIA ★★

Ses nombreux villages mêlent paysages naturels et intérêt culturel. Faire de préférence un tour complet des villages, pour découvrir à la fois l'identité des villages du Fium'Orbu et leur personnalité singulière. Magnifiques paysages avec un surplomb continuel sur la côte orientale. Aleria, cousine de Marseille, fut fondée au VIe siècle avant J.-C. également par les Phocéens, ces hardis navigateurs grecs qui avaient le sens du commerce. Elle fut appelée Aleria par la colonie romaine. Ce n'est qu'à l'époque contemporaine que des fouilles ont été organisées de manière systématique pour mettre au jour les vestiges romains. La plage est située à 3 km.

PONTE-LECCIA

C'est le carrefour routier important sur le Golo, au nord de Corte et du Niolu. C'est un lieu de pause avec son joli pont sur le Fleuve et de quoi ravitailler la voiture et les hommes. On prend un verre et on mange un morceau au café des Sports et sa terrasse accueillante près de l'embranchement pour Calvi. Le bourg s'est beaucoup développé ces dernières années et, avec ses terrasses et ses boutiques, est beaucoup plus animé qu'il y a une dizaine d'années. On peut même aujourd'hui, à quarante minutes de Corte et une grosse demi-heure de L'Ile-Rousse, y séjourner.

RIVA BELLA NATURE & THALASSO SPA RESORT**** €€

Route de Riva-Bella

✆ 04 95 38 81 10

www.rivabella-spa.com

Emplacement + véhicule + 2 personnes à partir de 19 €. Lodge, bungalow et mini villa de 1 à 6 pers : de 45 à 259 €.

Paradis sauvage à perte de vue, entre mer et vastes étendues d'eau où se reflètent les hautes montagnes de l'île… Bienvenue chez Riva Bella. Dans le calme et la convivialité, découvrez votre maison près du sable, à deux pas d'une eau turquoise. Outre son parcours de santé de 3 km et sa piste cyclable, qui permettent de découvrir son parc animalier de lamas, Riva Bella, propose à la carte des formules de bien-être. Au restaurant, on se délectera d'une cuisine de la mer et du terroir.

CÔTÉ PLAGE RIVA BELLA €€

Riva bella

✆ 04 86 15 48 84

Ouvert du 1er avril au 14 novembre tous les jours du petit-déjeuner, service midi et soir. Hors saison le week-end.

Dominant mer et plages à perte de vue, ce restaurant propose une cuisine généreuse adaptée aux saisons tout au long de l'année. Avec le délicieux clapotis des vagues en ambiance (quand il y en a) vous profiterez des terrasses couvertes côté mer ou côté étang : Saint-Pierre ou côtes de veau, moules ou pizzas et beaux desserts, certains clients du camping voisin en font souvent leur cantine tant l'accueil chaleureux et l'ambiance détendue sont appréciables en plus d'un bon rapport qualité prix. Soirées musicales trois fois par semaine en saison recommandées !

GHISONACCIA ★

Ghisonaccia est un lieu touristique stratégique de par sa localisation puisque situé à exacte distance de Bastia et de Bonifacio. Autrefois simple lieu de transhumance pour les bergers de Ghisoni, le village est devenu au cours des années 60, avec l'essor de l'agriculture, une petite ville prospère. Ne pas manquer la forêt et la plage de Pinia, plage de sable bordée de pins (la dernière grande forêt de pins maritimes du littoral de Corse). Elle offre la possibilité d'organiser des pique-niques à l'ombre des pinèdes. La plage de Vignale est surveillée en été avec accès handicapés et un tiralot est à disposition. Mise à l'eau pour les petites embarcations.

ÉTANG D'URBINO ★★

Urbino

Accès libre. Zone protégée.

Second plus grand étang de Corse avec 790 hectares, c'est un milieu fragile donc protégé, mais il est possible d'en faire le tour en traversant la forêt de Pinia, composée de pins maritimes et de genévriers, puis les marais, les collines et la plage. Ce site protégé abrite plus d'une centaine d'espèces d'oiseaux : goélands, vanneaux huppés, hérons, cormorans, martins-pêcheurs, mouettes... Privilégiez vos sorties le matin ou en fin de journée, lorsque la lumière est la plus belle et les oiseaux moins farouches. Soyez silencieux et respectez bien leur tranquillité.

GHISONI ★★

Datant du XVIe siècle, le village est construit au pied des Christie Eleison et Kyrie Eleison, ces deux sommets remarquables dont les noms rappellent l'épisode des Giovannali condamnés et sacrifiés par l'Eglise parce qu'à l'époque jugés hérétiques et licencieux. Ghisoni est le point de départ idéal pour les randonnées et les balades. Les forêts de Marmanu par la D69 et de Sorba offrent des sentiers accessibles à tous. A voir au village : une statue en bronze représentant Neptune, l'église romane Santa-Maria, et l'église paroissiale. Dans la chapelle Santa-Croce, le sculpteur Ignace Raffali de Piedicroce a réalisé une très belle descente de croix.

FROMAGERIE BALDOVINI

Salastraco Pietroso

✆ 04 95 56 63 32

www.fiore-di-muntagna.com

Ouvert du lundi au samedi de 8h à 13h.

Xavier Baldovini vous invite à visiter sa fromagerie artisanale qui est située en plein maquis sur la côte orientale de l'île de Beauté. Ici sont fabriqués d'authentiques fromages corses avec toute la tradition et les saveurs que cela signifie. Xavier confectionne le petit Brebis et la tomette de brebis *Fiore di Montaggna*, Fleur de Montagne, le Broccio Passu AOC, les tomettes Corse, le Corsetin de brebis... Un savoir-faire transmis de père en fils. Un lieu idéal pour découvrir toutes les saveurs locales, dans un cadre idyllique.

ZICAVO ★

Dans un magnifique territoire de moyenne et haute montagne, près de la superbe forêt de l'Incudine, Zicavo est village de grand caractère, étiré sur un versant. Ce fut l'un des plus importants villages du sud de l'île au XVIe siècle. On y trouve des maisons anciennes construites dans le granit, aux porches avec clés sculptées. L'église paroissiale de l'Assomption, de style néo-classique, possède une toile du XVIIe siècle représentant le mariage mystique de sainte Catherine. A environ 8 km du village, la chapelle San-Pietro (XVIe siècle) est réputée être miraculeuse. Nous sommes dans le fief de la famille Abbatucci, dont des ancêtres furent général d'Empire et ministre d'Etat. La statue du général surveille la vallée depuis les jardins de l'église.

Balade

Le village est un lieu d'étape de montagne avec ses sentiers : celui du Taravo, de Cozzano, de Ciamanacce, une très belle excursion en boucle pour passer à Ciamanacce, Tasso, de 4 à 6 heures, et le sentier balisé pour rejoindre le GR20 en 4 heures environ. Ne pas manquer, à 1 km de la sortie du village vers Aullène, juste au niveau du pont la Camera, le joli coin de baignade, avec ses rochers plats pour bronzer et sa cascade vivifiante. Enfin ne pas oublier le départ du fameux sentier vers le plateau du Cuscione par son accès nord par la D69 puis la D428.

SAINTE-LUCIE-DE-TALLANO ★★

Ce village est considéré à juste titre comme l'un des plus beaux villages de Corse. Il possède un grand caractère et une belle architecture homogène, composée de hautes façades étroites de pierre, d'escaliers extérieurs, de passages voûtés et, derrière l'église, une tour pisane datant du XVIe siècle. Au centre se trouve une belle place avec une fontaine, et le socle du monument aux morts est en diorite orbiculaire datant de 1875, provenant d'un gisement rare, aujourd'hui épuisé, proche du village. C'est un village qui vit toute l'année et organise au printemps une foire de l'huile d'olive qui attire de toute la Corse les amateurs et les curieux.

AULLÈNE ★★

Les maisons anciennes à arcades sont construites en granit, et l'ensemble est dominé par les ruines d'un château. Aullène est entouré de reliefs, comme le col de la Vacca, qui offre un panorama immense sur la région. On peut également se promener dans la forêt de Tacca, ou encore accéder au rocher en équilibre par les sentiers de randonnée. Le bourg montagnard était autrefois un lieu important de transhumance, et organisait une foire aux bestiaux qui était considérée comme l'une des plus importantes de l'île. Au village, l'église Saint-Nicolas est classée monument historique, et possède un clocher à étages sculptés, ainsi qu'une belle chaire en bois.

PORTO-VECCHIO ★★

La ville et sa marine sont dominées par les anciennes fortifications génoises, dont certaines parties sont encore bien conservées. On peut y voir cinq bastions, et une porte, qui était l'entrée principale de la vieille ville. Sur sa place se trouve l'église paroissiale Saint-Jean-Baptiste, construite au XIXe siècle, qui renferme de belles fresques. Les plages du grand sud sont les plus prisées. Sur la presqu'île de Piccovaggia, où l'on trouve la réserve naturelle des îles Cerbicale, on peut se baigner à la plage de Palombaggia, entourée de roches rouges. Les plages les plus proches de la ville sont Cala-Rossa, Santa-Giulia et Golfo di Sogno.

Zicavo, fief des Abbatucci.

La plage de Palombaggia.

LA FORÊT DE L'OSPEDALE ★★

La forêt de l'Ospedale est enchanteresse. Le village tient son nom « u Spidali » d'un ancien hôpital qui accueillait des voyageurs et des bergers en route vers la montagne dès le XVe siècle. Fontaine, horloge solaire, grands escaliers et maisons de pierres nous rappellent la vie d'autrefois. Autour du village, une forêt de pins lariccio et de hêtres abrite une faune et une flore endémiques. Plus haut, son barrage dessine un décor surprenant. Puis, à quelques pas, un sentier balisé mène à la cascade Piscia di Ghjaddu, une chute d'eau spectaculaire de 60 mètres !

RANCHO PLAGE €€

Plage de Cala-Rossa ✆ 04 95 71 62 67
www.rancho-plage.com

Ouvert d'avril à octobre tous les jours le midi et le soir. Carte : 35 € environ. Suggestion du jour : 18 € (à 20 €).

Un superbe restaurant, posé sur la plage de Cala Rossa aménagée de transats et parasols, où Yannick et François Colonna Cesari reçoivent leur fidèle clientèle comme des amis. La carte élégante du chef Roland Cazaux permet de satisfaire tous les appétits avec un service agréable et attentif et une addition sans excès. La cuisine est semi-gastronomique, avec une carte du midi pour rester léger sur le sable, et une carte du soir plus élaborée. Le feu de bois pour les pizzas et grillades et une nouvelle terrasse décapotable pour en profiter en toutes saisons.

PITRERA VILLAGE*** €€

Pitrera
✆ 04 95 70 20 10
www.pitrera.com

Ouvert d'avril à mi-octobre. Emplacement entre 14 € et 19 €. Camping Qualité. Restaurant. Animations. Piscine.

Pitrera village, tenu par la famille Branca depuis près de 35 ans offre de nombreuses possibilités d'hébergements : emplacements de camping, bungalows, un mobil-home et une yourte. Des toboggans acquatiques, deux piscines et une pataugeoire, un restaurant pizzeria grill ouvert à tous midi, soir et petit-déjeuner. Deux à trois fois par semaine profitez des soirées musicales en juillet et en août. A quelques minutes en voiture de Porto Vecchio et tout près des plages de Cala Rossa et Saint Cyprien. Belle ambiance familiale pour une vraie détente.

BONIFACIO ★★★★

Nichée sur un plateau calcaire, c'est sans doute la plus élégante cité de l'île. La ville haute, bâtie au Moyen Age, conserve encore intacts les vestiges de ses fortifications et offre un panorama époustouflant sur la Sardaigne, distante de 11 km. Bonifacio est riche de son patrimoine architectural, religieux, culturel mais c'est aussi un lieu très prisé de la plaisance de luxe. Haut lieu des nuits insulaires, sa marine attire chaque année toujours plus d'estivants qui se mêlent avec la jeunesse dorée insulaire et la jet-set. Les environs offrent aussi de magnifiques plages, telles que la célèbre Rondinara, régulièrement en bonne place dans le podium national.

CASADELMAR***** €€€

Route de Piccovagia ✆ 04 95 72 34 34
www.casadelmar.fr

De mai à octobre. 35 chambres (+ suites et villa). A partir de 720 € la nuit. Chèques non acceptés. American Express.

Sur la route de Palombaggia, dans un parc de 2 ha hectares piqués d'ifs et de pins parasols, cet hôtel déploie ses jardins de terrasse en terrasse et se fond dans la végétation. L'architecture élégante, contemporaine et écologique de Jean-François Bodin associé au savoir-faire du paysagiste Jean-Mus ont composé un établissement d'exception. Le restaurant gastronomique vient en contrepoint, de même qu'un superbe spa conçu et aménagé selon les principes du feng-shui. Une adresse de grand luxe pour un séjour de grand bonheur, du Cercle des Grandes Maisons Corses.

CALA DI GRECO*** €€

Lieu-dit Bancarello
✆ 04 95 73 70 74
www.hotel-caladigreco.com

Ouvert d'avril à octobre. 14 chambres et suites de 27 à 55 m2.

Un hôtel-boutique de grand charme, incontestablement l'un des plus somptueux établissements de l'île, qui est l'œuvre de la famille Amadei. A l'origine, un restaurant sur le port pour les grands-parents, puis l'achat, par Antoine et Joséphine, d'un terrain de maquis, dans un site classé, face à Bonifacio et ses falaises, transformé en un site de luxe, d'abord avec Terre Marina, puis Cala di Greco qui vient d'inaugurer ses nouveaux hébergements inspirés d'un village grec. Une architecture, une décoration, une oliveraie, des prestations et une vue d'exception.

LA RÉSERVE NATURELLE DES ÎLES LAVEZZI ★★★★

Parc marin des Bouches de Bonifacio
www.rnbb.fr
Ouvert toute l'année.

Incontournables, ces magnifiques blocs de granit polis par la mer font partie des plus beaux joyaux de la Corse. Le paysage, presque lunaire, est préservé : véritables réservoirs de la biodiversité, les îles Lavezzi sont considérées par les scientifiques comme un lieu d'observation de nombreuses espèces naturelles. Ballet de poissons et dauphins dans une eau turquoise. Vrai paradis pour les plongeurs (la plongée en bouteille est toutefois interdite), l'archipel appartient au parc marin international. La pêche y est strictement interdite. D'un point de vue historique les Lavezzi furent le théâtre d'un naufrage qui coûta la vie de 773 hommes le 15 février 1855 lors du naufrage de la frégate française *La Sémillante* qui venait de Toulon en direction de la mer noire afin d'apporter du renfort lors de la guerre de Crimée. Essuyant une violente tempête, le navire se brisa sur les hauts fonds et aucun homme n'en réchappa. Une pyramide de granit rend hommage aux victimes. Plusieurs compagnies de Bonifacio ou de Porto Vecchio pour vous rendre sur les Iles ou louer un bateau. Évitez si possible la visite durant les mois de juillet et août, le nombre de touristes venant découvrir les lieux vous empêchera de profiter du paysage. Le chemin du littoral sillonne l'île de part en part. N'oubliez pas les chapeaux, l'indispensable crème solaire car le soleil refleté par le granit et l'eau est surpuissant, bouteille d'eau car il n'y a pas d'eau potable sur l'île et quasiment pas d'ombre !

CASA MARTINI €€

Cavallo Morto ✆ 04 95 10 80 45
www.bonifacio-location.fr
Ouvert d'avril à fin octobre. Chambre double à partir de 85 € petit déjeuner inclus (en chambre d'hôtes).

Marie-Antoinette et Marius Martini proposent leurs chambres d'hôtes et gîtes de charme dans leur grande propriété, juste à la sortie de Bonifacio. Elles donnent sur un joli jardin arboré et fleuri. On aimera se délecter d'essences méditerranéennes ainsi que d'un bassin de nage chauffé. L'accueil est sympathique et les chambres nous rappellent que nous sommes dans le sud ! En plein maquis, entouré de jolis petits murets de pierres sèches, à n'écouter que le bruit des oiseaux et même descendre à pied sur le port ou à la Citadelle et à seulement 2 km du port.

ARIA NOVA €€

4, rue Fred-Scamaroni
✆ 04 95 73 19 85
www.restaurant-aria-nova.com
Ouvert de début avril à fin octobre. Haute saison : ouvert tous les jours le midi et le soir. Carte : 39 € environ.

Cette jolie table, référence dans la haute-ville, est située à côté de l'Office de tourisme et nous offre un cadre magnifique et une cuisine d'exception élaborée à partir d'une excellente sélection de produits locaux en circuit court et du jardin bio. Tout est fait maison et les saveurs sont dignes des plus grandes maisons. Aubergine à la bonifacienne, tartare de poisson ou de veau bio, langouste, sélection de charcuterie corse AOP, gibier, pêche locale et jusqu'au dessert, un sans-faute. L'ambiance est chaleureuse et l'accueil sympathique. Chaudement recommandé.

SUD-EST

La réserve naturelle des îles Lavezzi.

INDEX

O

P

Q

R

S

EDITION

Directeurs de collection et auteurs : Dominique AUZIAS et Jean-Paul LABOURDETTE

Auteurs : Sarah DEHAUT, Caroline BINET, Céline ANSELMO, Stéphanie LEBORGNE, Catherine VALES, Jean-Paul LABOURDETTE, Dominique AUZIAS et alter

Directeur Editorial : Stéphan SZEREMETA

Rédaction France : Briséis CREAC'H-MENUT, Nicolas WODARCZAK, Mélanie COTTARD, Audrey VEDOVOTTO

Rédaction Monde : Laure CHATAIGNON, Morgane VESLIN, Pierre-Yves SOUCHET, Natalia COLLIER

FABRICATION

Maquette et Montage : Romain AUDREN, Julie BORDES, Delphine PAGANO

Iconographie et Cartographie : Anne DIOT, Julien DOUCET

WEB ET NUMERIQUE

Directeur Web : Louis GENEAU DE LAMARLIERE

Développeurs : Guillaume BARBET, Adeline CAUX et Roland SPOUTIL

Intégrateur Web : Mickael LATTES, Antoine DION

Webdesigner : Caroline LAFFAITEUR

Community Traffic Manager : Alice BARBIER, Mariana BURLAMAQUI et Noémie LE SAUX

DIRECTION COMMERCIALE

Directeur commercial : Guillaume VORBURGER

Coordinatrice des Régies commerciales : Manon GUERIN

Account Manager Marketplace : Leila ROUGEOT assistée de Lola FAVRE-MOT

Responsable Régies locales : Michel GRANSEIGNE

Responsables Développement régie inter : Jean-Marc FARAGUET et Guillaume LABOUREUR

Chefs de Publicité Régie internationale : Camille ESMIEU

Chefs de Publicité Régie nationale : Caroline AUBRY, François BRIANCON-MARJOLLET, Perrine DE CARNE MARCEIN, Amélie NOEL

DIFFUSION ET PROMOTION

Directrice des Ventes : Bénédicte MOULET assistée d'Aissatou DIOP

Responsable des ventes : Jean-Pierre GHEZ assisté de Nelly BRION

Relations Presse-Partenariats : Jean-Mary MARCHAL

ADMINISTRATION

Président : Jean-Paul LABOURDETTE

Directrice des Ressources Humaines : Dina BOURDEAU assistée de Sandra DOS REIS et Eva BAELEN

Directrice Administrative et Financière : Valérie DECOTTIGNIES

Comptabilité : Guillaume PETIT, Aminata BAGAYOKO, Jeannine DEMIRDJIAN

Recouvrement : Fabien BONNAN assisté de Sandra BRIJLAL

Responsable informatique : Elie NZUZI-LEBA

PETIT FUTÉ FRANCE EN CAMPING CAR ET VAN

LES NOUVELLES EDITIONS DE L'UNIVERSITE
18, rue des Volontaires - 75015 Paris.
© 01 53 69 70 00 - Fax 01 42 73 15 24
Internet : www.petitfute.com
SAS au capital de 1 000 000 € - RC PARIS B 309 769 966
Couverture : © Twin Pics
Impression : IMPRIMERIE CHIRAT - 42540 Saint-Just-la-Pendue
Achevé d'imprimer : février 2022
Dépôt légal : 21/03/2022
ISBN : 9782305070438

Pour nous contacter par email, indiquez le nom de famille en minuscule suivi de @petitfute.com
Pour le courrier des lecteurs : info@petitfute.com

IMPRIMÉ EN FRANCE

T

U

V

Y

Z